中世熱田社の構造と展開

題字　千秋季頼氏

目次

中世熱田社の構造と展開

序章

熱田神宮（以下本書が主として中世期を考察の対象とするので、熱田社と記す）に関する研究は、三種の神器のひとつ「草薙剣」を祀る皇室と由縁の深い大社として古来から信仰を集めてきたという、いわば常識的な観点に加えて、我が国の近代国家形成にともなう国家的崇敬を基盤として出発した関係から、さほど多いとはいえない研究史のなかにおいて、これら聖的・宗教的な側面を前提とする研究が主流であったことは事実である。しかし熱田社をより俗的な側面（全く聖的な側面を除外したという意味ではない）に主体をおいた一つの社会組織として、政治史的・経済史的な分析も行われてきた。そのいずれも熱田社の全体像を把握するためには有益な研究指針ではあるが、本書の課題は前者と比較してより客観的な史料が残されている政治史的・経済史的な観点に立った方法論で、中世における熱田社の成立・展開・構造を解明することにある。

というのも以下に簡述する筆者の熱田社に対するごく素朴な疑問点から出発していることを、ここでお断りしておきたい。冒頭で述べたというよりも、周知のことではあるが、熱田社は三種の神器の一つの草薙剣を祀るという皇室と深い関係の伝承をもちながら、神階の初見は弘仁十三年（八二二）に従四位下と高いものではなかった。[1]『延喜式』によると、伊勢の神宮をはじめ多くの諸社は皇室祭祀の新嘗祭・月次祭の班幣に与るが、熱田社は対象外であり、祈年祭においては国幣社として規定されており、例祭への勅使差遣もなく、またのちの二十二社にも入っておらず、皇室由縁の神社としての特別な格式はあまりみられないのである。[2]しかし一方では、康保三年（九六六）までに神階は正一位に昇り、[3]十一世紀初頭には「近日自」東自」西、萬民子來」[4]、尾張国の「鎮主（守）熱田宮」[5]との隆盛をみせ、また律令土地制度の変質にともない社領の集積をはかり、やがて「大宮司の威勢國司に増りて、國の者共おぢ恐れたりけり」(6)と評されたように、地方大社としての体面と実力とを兼備するようになった。ところが第一編第一章で述べるように、十二世紀はじめには大宮司職が尾張氏に比べてさほど格式が高いとはいえない尾張国目代であった南家藤原氏の庶流に移るという激変も起きたのである。このような事実を考えあわせたとき、ごく常識的に語られるように熱田社が古来から国家的崇拝を受けているとか、伊勢の神宮に次ぐという由緒・社格をもつということよりも、尾張国という地方における大社としての認識を深めざるを得ないのである。もちろん古代と中世とでは史料の残存性について著しい量的な差があることを承知してはいるが、それにしても管見の限り、古代・中世において熱田社が畿内の大社と同様に国家的な崇敬を継続的に受けたという裏付けは、ほとんど見当たらないのである。しかしそうはいっても記紀以来語り続けられている熱田社の由緒は、尾張国内においては他社に抽んじた格式あるものとして受け止められていたことに誤りはない。

そこで第一編で検討しておかなければならないことは、地方にあったからこそどのようにして一社の運営を行い維持してきたのか、つまり中央権力との接触のありかた、またその権力機構における位置付けはいかなるものであったのかという、基本的な問題の解明である。とくに中世という政治過程における大宮司家の動向を検討するときには、神官という聖的な社会身分よりも常に武士的側面の追求が必要である。すなわち、それは大宮司家のおかれた院の近習的身分、鎌倉御家人、室町奉公衆という身分秩序が、結果的には中世における熱田社の位置付けの決定的条件を占めていたことを明らかにするものである。

第二編ではこれと密接に関連する社領の維持・集積・拡大という、当時の社会経済の動きのなかで必然的に求められる熱田社のもつ経済的命題の分析である。第一編をふくめて第二編においてこの視点からの作業をおこなうことにより、中世熱田社の内部構造も自ずと明らかになるものと考えるのである。この問題を解明するには、まず大宮司の社家に対する支配権力を考察しなければならない。その支配権力の具体的内容としては、社領の領知権・社職の任命権・祭祀権などをあげることができよう。とくに社領の問題については、すでにいくつかの先行業績はあるが、その先駆は西岡虎之助氏の研究で、大略次のように整理できる。(7)

(a)　社領は司祭者の私有化したものとして成立し、司祭者は神社に対しては領主という経済的関係をとるに至る。

(b)　社領は、社家によって給田として分領され、社家はその得分の一部を熱田社に負担し社職を帯びて勤仕するが、大宮司はこれらを経済的領知権（社職任命権を含む）として有する。

(c)　大宮司の社領保全の背景は、源氏との血縁結合に求められる。

この西岡説に対して小島鉦作氏は、社領荘園の全貌および領知制の検討がなされていないとし、百四十四ヶ所におよぶ社領の検出と本所皇室の伝領関係を明らかにされた。しかし社領に関しての理解は、大宮司が権宮司家領以下の各分属社領全般の統制にあたり、その領知権は社領全般におよんだとして、大宮司が社家・社領支配に強大な権力を有していたことを述べられたにとどまり、基本的には西岡説の延長線上にあった。(8)

これらに対して上村喜久子氏は、大宮司の領知権が等しく全社領におよんでいたことを疑問視され、各社領の形成過程・成立時期・支配構造・大宮司の領知権の在り方などの相違を検討された。(9)その内容は、次のように整理できる。

(a) 鎌倉後期以降の社領は㋐一円神領（熱田社が現地に政所・公文・郷司を置き、経営権を有する直接支配の強くおよぶ社領と大宮司家私領）、㋑落合郷型の独立性の強い社領（中世的郷で、本所皇室に対して在地社領主は熱田社と対等の立場にあり、一定の神役を負担する意味において社領）、㋒国衙側からみると免田、熱田社側からみると料田（国役を免ぜられ、油料・修理料など熱田社への特定用途を負担する散在社領。名主・神官〈上級社家〉・在庁らが国衙領から引募ったもので、熱田社に経営権はない）、という三類型に分けられる。特に、㋑㋒は鎌倉前期までに拡大し、大宮司私領的社領とそれ以外の社領との構成比は変化した。

(b) 大宮司を最高責任者とする熱田太神宮庁による社職補任・給分宛行は、供僧職・末社禰宜職・下級神職に限られ、権宮司にはおよばない。

(c) 権宮司職は尾張氏（旧大宮司家）の一定の家系に相伝され、その所領安堵は院宣に求められる。

(d) 鎌倉期の大宮司職は国司庁宣によって補任され、社家（上級社家）の請文によって効力を発する。

(e) 以上の結果、鎌倉後期から南北朝初期において、神社と社領は大宮司との私的関係では律しきれず、権宮司は大宮司に対して独立性をもつに至る。

右の上村氏の成果については、いまさら検討を加える要素はほとんどないといってよいが、(b)(c)(e)には反証や補足する若干の史料があり、それらは第一編でも述べることになるが、南北朝期以降における大宮司家による社家支配体制の再編を確認させるものでもある。

第三編では大宮司家と権宮司である祝師《のっとし》家・惣検校家の系図の考察を試みた。系図は史料的価値の上で問題が多く、記述の傍証が最重要課題であるが、ここで採り上げた系図類はこれまでほとんど検討が行われないまま利用されてきた。そこでできうる限りの尻付の傍証によって、史実および系図独自の記述部分、さらには明らかな作為による部分とを峻別することによって、社家系図の諸問題を考察するものである。

以上大きく三編にわたって中世熱田社の構造と展開を検討するが、最初に述べたとおり、熱田社の本質で聖的・宗教的な側面である神社としての問題、つまり国家祭祀との関わりを含めた由緒・縁起・年中行事、また東海地方に分布したといわれる熱田信仰、さらには熱田神宮寺など、社会全般との関わりについては全くといって触れていない。それは古代・中世においてこれらの様相を窺うに足る充分な史料の存在を、いまだ確認できていないからにほかならない。

〔補註〕

(1)『日本紀略』弘仁十三年六月二十一日条。
(2) なお以上の点については、岡田精司「草薙剣の伝承をめぐって」(桜井徳太郎編『日本社会の変革と再生』学生社、一九八八年〈のち「草薙剣伝承と古代の熱田社」に改題して『古代祭祀の史的研究』塙書房、一九九二年に再録〉)に詳しい。
(3)『日本紀略』康保三年三月二十二日条。
(4) 長保四年十二月九日「大江匡衡祭文」(『朝野群載』巻第三、文筆下)。
(5) 寛弘元年十月十四日「大江匡衡大般若経供養願文」(『本朝文粋』巻第十三、願文上)。
(6)『宇治拾遺物語』四十六「伏見修理大夫俊綱の事」。
(7)「熱田社領を背景とする大宮司家の変遷」(『頼朝会雑誌』四号、一九三二年、のち『荘園史の研究』下巻一、岩波書店、一九五六年に再録)。

（8）「中世における熱田社領―社会経済発展の基盤と領知制―」（『神道史研究』七―六、一九五九年、のち小島鉦作著作集第三巻『神社の社会経済史的研究』吉川弘文館、一九八七年に再録）。

（9）「尾張三宮熱田社領の形成と構造」（『日本歴史』二九四号、一九七二年）。

第一編　熱田大宮司家の成立と展開

第一章　藤原姓熱田大宮司家の成立と平治の乱

一、

寛徳二年（一〇四五）から応徳年間（一〇八四〜七）に大宮司職にあったという尾張員職は、その一女を藤原季兼の妻とし、二人の間に生まれた季範《としのり》は、のちに大宮司職を継ぎ尾張氏からこの職が離れた。(1) このことについて正和元年（一三一二）成立の『玉葉和歌集』には「櫻花ちらなむ後のかたみにはまつにかかれるふぢをたのまん」(2) という、熱田大明神の託宣による出来事として記されているが、これが後世の潤色であることは言を俟たない。

そこで藤原季兼の周辺について述べておこう(3)（以下の関係は巻末の【中世初期熱田大宮司人脈関係略系図】〈以下【関係略系図】と記す〉を参照されたい）。季兼は文章博士・大学頭を歴任した実範を父にもち、同様の官歴をもつ成季・季綱を兄弟とする、いわば学者の家柄に生まれたが、決して有力な家格とはいえなかった。(4) 彼は三河国に住み「參河四郎大夫」と号し、尾張国目代在任中の康和三年（一一〇一）に五十八歳で没した。(5) その子季範は「額田冠者」と称し、従四位下に進み、久寿二年（一一五五）に六十六歳で没した。(6) また実範の叔父保相が長元元年（一〇二八）から同四年頃まで三河守であったことや、(7) 季綱が同じく三河守に任じられたこともあった。(8) このようなことは、季兼・季範父子と三河国額田郡との密接な関係を窺わせられるものがある。

これを補うものとして、愛知県岡崎市瀧山寺所蔵の『瀧山寺縁起』(9) が注目される。この縁起によると、保延六年（一一四〇）に季範が同寺に仏性灯油料として額田郡内の恵那河内郷を寄進したのをはじめ、子息長暹・祐範および孫寛伝の入門、子息範忠・祐範による寺領の確定、および造営・再建などに深く関与していたことが知られる。これらはこの藤原氏が額田郡における所職を有していなければ、到底不可能であったはずである。また『大森葛山系図』(10)には、摂関藤原道隆の孫忠親と季兼姉妹との間に生まれた惟康が、のちに八条院領となる「三河國高橋庄領主」(11)で、季兼に養育されたことが記されている。これが事実であれば、季兼が開発領主であった三河国加茂郡西部の所領を外甥惟康に譲与したものと考えられよう。以上の所説に従うと、季兼は彼の一族が三河国司であったことを利用して同国西部に土着し、この地域の開発領主として勢力をもつようになったことが理解でき、すなわち額田郡一帯は季兼以来、藤原大宮司家の本貫に相応しい地域といってよいのである。(12)

　このような実力を有する季兼は、何故に尾張国へ進出したのであろうか。いまのところ、その実態を解明することはほとんど不可能であるが、父実範の従兄弟資良（三河守保相の子）が尾張守になっており(13)、その関係によるのであろうか。ともかく季兼は尾張国目代在任中に没したが、そのときの尾張守は康和元年（一〇九九）に任じられた藤原長実で(14)、その父顕季も応徳元年（一〇八四）から寛治四年（一〇九〇）までその任を務めた(15)。季範の生年が寛治四年であることは、大宮司員職女と季兼との婚姻時期が顕季の尾張守在任期間と一致するようである。このことは顕季のときにも季兼は目代であった可能性があり、その由縁から長実の尾張守在任中も目代となったと考えることができよう。

　ではこの婚姻にはどのような意味があるのであろうか。そこで十一世紀頃の熱田社および大宮司家について述べておこう。康保三年（九六六）三月以前に熱田社の神階は正一位に昇っているが(16)、それよりも長保四年（一〇〇二）に尾張権守にあった大江匡衡が熱田へ捧げた祭文に「近日自レ東自レ西、萬民子來云々、是尤神恩之深也」(17)と記されたこと、寛弘元年（一〇〇四）に匡衡が同じく熱田社に納めた大般若経供養願文に「當國守代代奉三爲鎮主〔守〕熱田宮一、奉レ書二大般若經一部六百巻[18]一」とあることなどから、尾張国における熱田社への国衙・庶民の崇敬の篤さが窺われることに注目しておきたい。そしてこの地元での神威を背景に、大宮司家は社領の集積を図っていたとみられるのである。しばしば引用される『宇治拾遺物語』に「大宮司の威勢國司にも增りて、國の者共おぢ恐れたりけり」[19]とある大宮司家の実力は、その「しらん所ども」[20]つまり社領を基盤としていたといってよい。

ところで匡衡の室赤染衛門は、ともに尾張国へ下向したときのこととして、

そのころ國人はらたつことありて田もつくらし、たねとりあけほしてんといふときゝて、またますたのみ社といふところにまうてたりしに神にまうさせし、
賤の男のたねほすといふ春の田を作りますたの神に任せん
かくてのち田みなつくりてきとぞ、[21]

という話をのこしている。つまり尾張守である匡衡に対して国人が「はらたつことありて」耕作を怠ったので、田地を没収し「ますたのみ社」（のちの尾張国一宮真清田社）に寄せることを歌にして奉納したところ、国人は恐れて耕作を再開したというのである。十一世紀初頭に尾張国で一宮制が確立したというわけではないが、少なくともこのことは国衙と真清田社との密接な関係、つまり国衙が神祇機構を媒介として国人を支配することを示唆しているし、尾張国内では国衙と有力神社とが有機的に連結していたことを推測させられるのである。[22]

しかし一方で前出『宇治拾遺物語』は、長久三年（一〇四二）に尾張守として赴任した橘俊綱と熱田大宮司[23]との対立を伝えている。これによると俊綱が着任したとき大宮司が挨拶に出向かなかったので、俊綱は怒り「しらん所

ども黜ぜよ」と大宮司の所領没収を命じた。驚いた大宮司は参上するが、俊綱は大宮司を「召したててゆう程に、籠めて勘當」したので、「心うき事に候、御神はおはしまさぬか」と大宮司を嘆かせたという。この説話は十一世紀半ば頃における大宮司家の実力を如実に物語っているといえよう。すなわち、大宮司家はその神威に任せて、所領集積を重ね尾張国内での威勢を保持したため、国司の危機感を高めさせ、ついには国司の実力の前に屈服せざるをえなかったことを示している。この国司と大宮司との対立の結末を知ることはできないが、その後、尾張姓大宮司家が「威勢國司にも增」さることはなかったはずである。冒頭で述べたように、十一世紀後半大宮司員職はその一女を尾張国目代季兼の妻としており、のちに外孫季範に大宮司職が移ったことからも明白であろう。

以上のように考えると、熱田大宮司尾張氏と目代藤原氏との婚姻は、大宮司家が国衙との和解・関係改善を求めなければならなかったことを意味している。同時に季兼にとっては国司代理としての責務を果たすためにも、[24]尾張国に権威をもつ大宮司家との姻戚関係は望むところであったに違いない。その結果、国衙と大宮司家との関係は修復され、国衙領寄進の形態で社領の集積が図られるようになったものとみられる。[25]

さて永久二年（一一一四）に季範が大宮司職に就くわけであるが、[26]その時期が康和年間（一〇九九〜一一〇四）に季兼が目代を務めたときの尾張守であった藤原長実の姉妹の夫である藤原実行の兄弟季成の尾張守任官と同年である[27]のは偶然であろうか。恐らくは季兼没後、国衙と熱田社との関係は、また一時不調になったのではあるまいか。そのため長実の縁者である季成の尾張守任官を契機に、大宮司員職の外孫季範が大宮司に迎えられたのであろうし、[28]また季成サイドの意志も強く作用したのであろう。[29]換言すれば、そこまで尾張氏による熱田社経営は弱体化していたのである。そこで尾張氏の選択した方策は藤原氏への大宮司職委譲であるが、これは熱田社領の中核であった大宮司家領の寄進、つまり藤原氏を領家と仰いだことにほかならない。しかしそのことは尾張氏が熱田社経営から全面的に撤退することを意味するものではなく、また藤原氏に吸収されたものでもなかった。(30) 第二編第五章で述べるように、尾張氏は権宮司層（祭主・祝師・惣検校職）として祭祀権・社領経営権の実質的な担い手として存続したのである。

　このように藤原氏は軍事力に加えて経済力、そして宗教的権威を獲得して尾張地方における政治的地位を確立することになった。さらに季成の姉妹にのちの待賢門院璋子がいたことは、大宮司家の院・女院への接近が有利となり、熱田社領が待賢門院――上西門院（璋子の子、統子）領となる道を開いた。その結果、藤原氏は大宮司として熱田社に常住することはなく、京都指向性を強めることになるのである。

二、

　熱田大宮司職を継いだ藤原季範は尾張国にとどまることなく、主に京都に在住していたようである。角田文衛氏によると、季範は大治四年（一一二九）には蔵人所雑色(31)にあり、それは同二年から蔵人頭にあった藤原顕頼の斡旋によるものという。(32) 顕頼の父顕隆は「天下之政在二此人一言一也、威振二一天一、富満二四海一」(33)と評された白河・鳥羽両院屈指の近臣であり、母は季範の従姉妹である従三位鳥羽院乳母悦子であった。したがって悦子の口添えによって、季範の京都進出の第一歩がここに記されたというのである。巻末【関係略系図】に示したように、季範の周辺には縁故を通じて鳥羽院との関係者が実に多い。(34) そして季範が蔵人所雑色を足がかりに従四位まで昇進し、鳥羽院政との関係を成立維持することができたのは、父季兼方の縁故に加えて三河国額田郡を中心とする所職と大宮司職就任にともなう同家領の相続とからくる経済力にその背景があったといえよう。(35) 具体的には社領の寄進であったことが容易に察せられるものの、社領が鳥羽院・待賢門院に寄進されたことを示す史料は認められず、二人の間に生まれた上西門院領[36]としてみえるのがいまのところ初出である。

　さて、『尊卑分脈』熱田大宮司流から季範の子女のみを抽出し、朝廷との関係をまとめたのが【表1】である。一覧してわかるように、ほとんどの子女が京都に関係しているので、以下簡単に触れておこう。

【表1】

系列	人名	
Ⓐ	範忠	従四位下・内匠頭・諸大夫・後白河院北面
Ⓑ	範信	式部丞・上野介
Ⓒ	範雅	後白河院上北面
Ⓓ	範綱	大学助大夫
Ⓔ	範智	園城寺法眼(橋)
Ⓕ	長暹	仁和寺法眼・諸寺執行
Ⓖ	祐範	園城寺法橋
Ⓗ	女子	上西門院女房千秋尼
Ⓘ	女子	待賢門院女房大進局
Ⓙ	女子	源義朝室・頼朝母
Ⓚ	女子	源師経室・隆保母

Ⓐ　範忠は大宮司であるとともに後白河院の近臣であった。応保元年（一一六一）九月、平時忠は後白河院と平滋子（時忠姉妹、のちの建春門院）との間に憲仁親王（のちの高倉天皇）が誕生したとき、親王の立太子を謀ったため二条天皇に解官された。[37]これに関係したのであろうか、十一月には藤原信隆をはじめとする「上皇近習之輩」六名が解官され、このなかには内匠頭範忠もいた。[38]さらに翌二年六月、時忠は出雲国に、範忠は周防国に配流された。[39]この一連の解官・配流の処罰を受けたこと自体、範忠の後白河院近臣中での位置付けを明確に示しているといえよう。[40]

Ⓑ　範信が院近臣であったことは管見に及ばないが、その子憲朝が八条院判官代、範清が上西門院蔵人、信雅が高松院蔵人であったことは、[41]範信自身が院に近い存在であったことを否定することにはならない。ただ彼は第一編第二章で述べるように鎌倉御家人でもあった。

Ⓒ　範雅は大宮司であるとともに、後白河院の上北面でもあった。

Ⓓ　範綱が大学助であったのは、祖父季兼の兄弟の関係によるものかもしれない。

ⒺⒼ　範智・祐範はともに園城寺の僧で、範智は粟田口と号したことから、京都粟田口に住していたようである。[42]祐範は頼朝母の七々仏事を営み、また頼朝が伊豆に流されたときには従者一人を付け、毎月使者を配所に遣わした。[43]

Ⓕ　長暹については石井進氏が八条院庁関係文書から述べられているので、[44]以下に紹介しておこう。長暹は仁和寺恵命院に住した僧侶で、後白河院第二皇子守覚法親王に仕えた。法親王は仁和寺御室六代で、美福門院を准母とし八条院の養子であった。興福寺東金堂衆が山田寺から仏頭を奪う事件が発生したとき、法親王は摂政九条兼実に抗議をしたが、その際に長暹は法親王の使者となり活躍している。

Ⓗ Ⓘ Ⓙ Ⓚ　四人の女子のうち二人は待賢門院・上西門院の女房で、また一人は源義朝に嫁いだ。【関係略系図】で明らかなように、義朝母方の一族には待賢門院庁別当藤原清隆・同蔵人藤原康俊らがおり、季範女と義朝との縁組、つまり大宮司家と源氏との接近に関与したものとみられる。さらにあとの一人は、村上源氏師隆の子師経に嫁いだ。師経の伯母は待賢門院女房で、姉妹は待賢門院官女・上西門院乳母一条であり、これまた待賢門院関係者と結ばれている。

以上概観してきたことから、季範およびその子女が一門をあげて京都に進出し、主に京都を活動の場として、鳥羽院を中心とする院・女院とその周辺に位置していたことが知れよう。このような事情の結果の一つとして、大宮司家と源氏との姻戚関係が生じたのである。

従来大宮司家と源氏との結び付きについては、義朝が尾張国に勢力を伸張させようとしていたこと[45]、そのために宗教的権威をもつ大宮司家に接近しようとしたこと、また大宮司家が源氏に頼ろうとしたことなど、両者の利害の一致から大宮司家と源氏との婚姻が成立したと説明されている。そして季範の外孫頼朝の官歴が上西門院関係から出発していることは、待賢門院・上西門院・後白河院との関係者が多い外家大宮司家の事情によるものといわれている[46]。そこで【関係略系図】をみると、義朝母の兄弟・従兄弟らには待賢門院庁別当藤原清隆をはじめ女院関係者の多いことが知られる。そうすると義朝母が女院女房であった可能性もあり、また義朝の姉妹にも鳥羽院官女美濃局がいた[47]。保延五年（一一三九）近衛天皇誕生・立太子、永治元年（一一四一）の即位、康治元年（一一四二）の待賢門院の出家により、近衛天皇生母美福門院の権勢が強力であったと思われる時期に、義朝があえて待賢門院系に接近したのは、このような事情が一因となったからであろう。実に頼朝は待賢門院系に連なる父方・母方に囲まれていたのである。

三、

さて、熱田大宮司家と源氏との関係で、この時期もっとも注目しなければならない事件が保元・平治の乱である。大宮司藤原氏が両乱に参戦できるほどの軍事力を有していたことを示すものとして、次のようなことをあげることができよう。

第一節で少々述べたが、藤原氏の支配下にあったと考えられる三河国額田郡瀧山寺内の東谷に、大宮司季範夫妻は保延六年（一一四〇）蓮花寺を建立し、仏性灯油料として「惠那河内郷」を寄進したのをはじめ、その子範忠・祐範による寺域四至確定・寺領寄進・造営・再建など、藤原大宮司家との関係は氏寺として相応しいものがあった。[48]この瀧山寺と三河国司藤原顕長との間に、軍事衝突寸前の事件が起きた。正確な年次を明らかにできないが、顕長が国司であったのは保延三年（一一三七）十二月から久安元年（一一四五）十二月までと、同五年四月から久寿二年（一一五五）十二月までの二度にわたるから、[49]そのいずれかである。『瀧山寺縁起』によるとこの事件は、顕長が大般若経の書写を瀧山寺に奉納したい旨を告げたことに対して、寺院側がこれを拒否したことに始まる。顕長は「阿知波・稲熊更國領也、瀧山寺郎阿知波郷内也、何不レ随二國威一乎」と重ねて申し入れたが、再び拒否された。その結果、顕長が「自二宮地一山東、催二數多武士一、欲レ責二當山一」したので、寺院側はこれに対抗して「數百餘騎構二城墎一相二待之一」ち、「城墎有様、軍兵氣色、非レ所レ及二人力一」ざる様相を呈したため、顕長は攻撃を中止したという。国衙側にとって阿知波・稲熊両郷は国領であり、瀧山寺にとっては寺領であるという主張の相違がこの事件の真相であるが、ここで重要なことは国衙軍に攻撃を断念させるほどの軍事力を瀧山寺が動員できたということにある。

そこで考えてみたいのは、季範とその子孫の動向である。『瀧山寺縁起』はこの事件の中で大宮司家に関して何も語ってはくれないが、瀧山寺に対する季範夫妻の保護からみて、国衙軍に加担し瀧山寺へ圧力を加えたとは到底考えられない。しかし国衙側に対抗した徴証も見あたらない。というのも瀧山寺側に加担したのであれば、『瀧山寺縁起』に何らかの記載があるはずだからである。保元・平治の乱に兵力を派遣できる軍事力をもつ大宮司家が瀧山寺の背後にあったことを思えば、小林光吉氏が述べられたように[50]、その軍事力による内々の援兵は可能であったはずであり、「數百餘騎構二城墎一」という記述は、あながち誇張とは言い切れない。少なくとも大宮司家は国衙側に攻撃を断念させるほどの軍事力と影響力とを、額田郡内に保有していたと考えるのが妥当であろう。

また季兼が尾張国目代にあったことや大宮司家とその姻戚関係を結び、次いで季範が大宮司職を継いだことは、尾張国内における藤原氏の勢力拡大を意味する。そこで在地勢力に眼を向けると、愛智郡司であった慶範という人物と源氏との間には姻戚関係が結ばれているので、その略系図を『尊卑分脈』から作成した[51]。

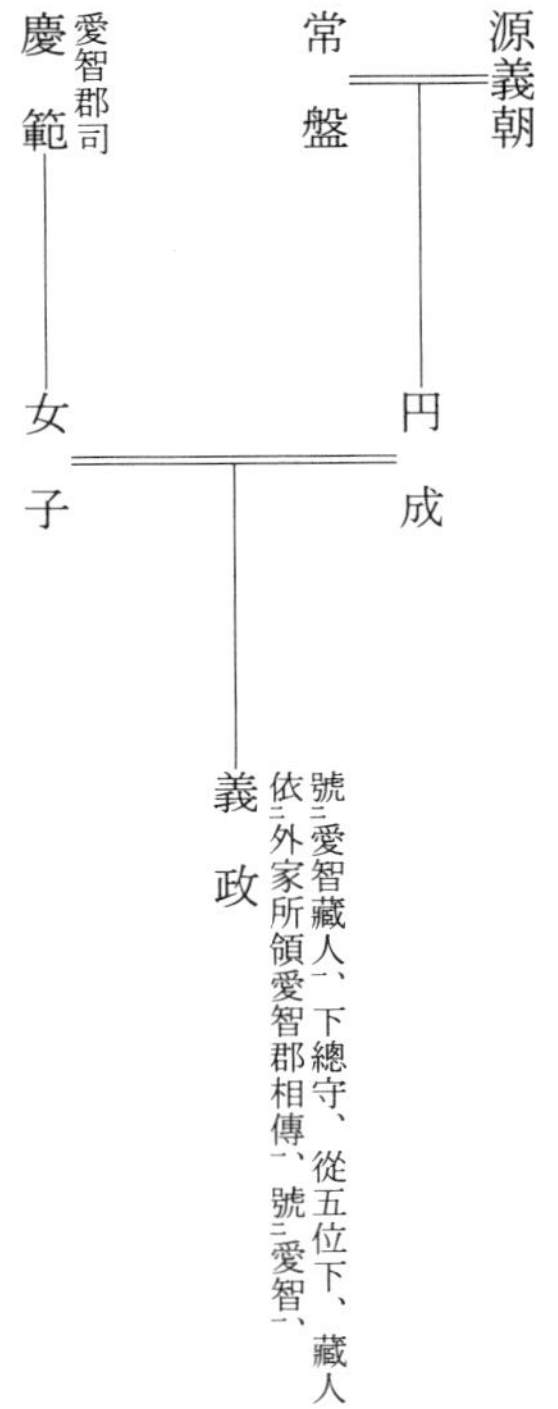

義朝と常盤との一子円成は久寿二年（一一五五）の生まれで、[52] 養和元年（一一八一）三月、源行家とともに尾張国墨俣で平重衡と戦い戦死した人物である。[53] 彼の室は愛智郡司であった慶範の娘で、その婚姻は当然平治の乱以降であるから、義朝と慶範とは平治の乱以前から何らかの関係があったと考えるべきであろう。慶範については明らかにすることはできないが、熱田社の鎮座する愛智郡の郡司であったこと、また「範」の一字が季範・範忠ら大宮司家一門の通字と共通することから、この一員と考えることも可能かもしれない。[54] もしそうであれば、大宮司家は郡衙機構を掌握し、自らの経営を伸長させていったものと思われるのである。

さて保元・平治の乱における源平参戦勢力は、軍記物語とはいえ『保元物語』『平治物語』にみえ、とくに源義朝・平清盛麾下の兵力については詳細な記述があり、地方武士の動向を窺うことができる。金刀比羅本『保元物語』が「尾張國には、熱田大宮司、舅なりければ、我身はのぼらず、家の子郎等差遣」[55]、また同じく金刀比羅本『平治物語』が「尾張國には熱田大宮司太郎は義朝にはこじうとなり、我身はとゞまり、子共家子郎等さしつかはす」[56] と記しているように、両乱において熱田大宮司家は義朝に加担しているが、それは義朝の室が大宮司藤原季範の娘という姻戚関係によるものであった。[57] そしてこのことは、ほとんど疑われずに歴史の常識として受け止められているといってよい。

しかし平治の乱における義朝敗退の結果、当然考えられることのひとつに、当時大宮司であった藤原範忠が戦後処理において処罰の対象となったはずということである。『平治物語』には藤原信頼をはじめとして「今度の謀反のともがら六十餘人きられけり」[58]、また「謀反の輩おほく流罪せられけり」[59] とあり、『百錬抄』は「其外被レ誅者多」[60] と記し、斬罪に処せられた者が多かったことを伝えているが、『愚管抄』が「武士ドモヽ何モ〳〵程々ノ刑罰ハ皆行ハレニケリ」[61] と語るように、武士はその身分に応じて処罰を受けたようである。[62] つまり『平治物語』が記すように、たとえ範忠自らは参戦しなかったとしても、一族郎党を派兵した責任からは逃れることができなかったのではなかろうか、ということである。義朝敗退直後の平治元年十二月二十七日の除目において、平頼盛が勲功によって尾張守に任じられたことで(63)、大宮司家には圧力がかけられたであろうし、また範忠が定めた瀧山寺の寺領決定の証文は、このとき平氏に没収されたようで、額田郡に関する所職も喪失したと考えるのが自然である(64)。範忠が「我身はとゞまり」といっても、義朝に援軍を派遣した反平氏の責任は免れなかったと理解するのも一つの解釈であり、以上のような情況は、この推測を一層深めるのである。

ところが、この常識的予想に反するかのように、乱後における範忠の官職上の地位は乱前に増して高くなり、平氏との結びつきも信じ難いほど強固なものであった。かつて旧稿ではその理由を次のように考えた(65)。

① 範忠が早くから雅仁親王（後白河院）の近習であったらしいこと。
② 熱田社が上西門院を本所としていたこと。
③ 平清盛・同時忠が上西門院の院司で、範忠の姉妹と時忠の姉妹である平滋子（後白河院女御、建春門院、高倉天皇生母）とは、ともに上西門院の女房であったこと。

つまり範忠と平氏とは、後白河院・上西門院系列下において関係があったのである。しかし一方では源頼朝が上西門院の蔵人となっており、頼朝の母が範忠の姉妹であるという事実は、大宮司家にとっては平氏との関係と比べて決して弱い絆とは言い難いであろう。結局旧稿では明快な結論を得ないまま、範忠は後白河院・上西門院の影響力によって処罰を回避でき、その後は時勢に身を任せて平氏政権に追従し、立身していったと理解したのである。

ただ乱後に大宮司家のなかには、範忠とは対照的な動きを示した人物がいた。範忠の弟で姉（頼朝母）の七々仏事を修した僧祐範は前節で述べたように、頼朝の伊豆配流に際しては従者一人を付け、さらに毎月使者を頼朝のもとに遣わしているのである。(66)範忠と相反するこのような行為も祐範が僧侶であること、また当時の熱田社の立場から嫡流である範忠が時流に乗らなければならなかったことを考慮すれば、ことさらに問題とする必要はないのかもしれない。

しかし、現存最古態本で史実に近いとされている陽明文庫蔵(一)本、(67)および学習院大学図書館蔵本の『平治物語』には、これまでの理解を根底から覆す注目すべき一節が記されている。そこで次節以下では主として大宮司範忠の行動を通して、当時の熱田社の立場を改めて検討することにしたい。

四、

藤原範忠の経歴については第二節で若干述べたが、ここで再確認しておきたい。彼が史料上に初めて登場するのは、久安五年（一一四九）四月の小除目で縫殿助・文章生所から兵部少丞正六位上に昇進したときである。(68)次いで式部丞となり、仁平三年（一一五三）三月の祭除目で従五位下に叙されているが、このとき義兄弟の源義朝は下野守、範忠と同じく従五位下に任叙された。(69)そして保元・平治の両乱において、義朝軍に従ったことは周知である。しかし平治の乱後に敗戦の処分を受けたような形跡もなく、応保元年（一一六一）の小除目では左近将監になっている。(70)さらに憲仁親王（高倉天皇）立太子に際しては平時忠とともに活動したらしく、二条天皇の逆鱗に触れて同年十一月には解官されるが、そのときまでには内匠頭に昇進している。(71)翌年には平時忠とともに二条天皇呪詛事件の嫌疑を受けて彼は周防に配流となるものの、(72)承安二年（一一七二）には平清盛によって大宮司職に還補し、後白河院北面

に列したのである。(73)

以上が、これまで知られている範忠の経歴といってよかろう。そして範忠の母が白川院近臣であった源行遠の娘であり、(74)のちに述べるように美福門院女房の上総を室にしていることから、(75)前述したように季範一家が京都にいたことは確実である。そして陽明文庫本『平治物語』の「待賢門院の軍の事」に、

　義朝の女子、今年六歳になりけるをことに寵愛しけるが、六條坊門烏丸に母の里ありしかば、坊門の姫とぞ申ける、

とあるように、季範の居館は六条坊門烏丸にあり、源氏の宿所のある六条堀川とは至近距離であったのである。

さて、問題とする平治の乱について考えていこう。先に記したように、金刀比羅本は「大宮司太郎」が派兵したとし、このときの大宮司は範忠であることを伝えている。しかし陽明文庫本には、この範忠の参戦記事がみえないのである。それればかりか学習院本「頼朝遠流の事付盛康夢合せの事」には、次の注目すべき内容が収められている。

　兵衞佐（源頼朝）は當社（熱田社）大宮司季範が娘の腹の子也、この腹に男女三人の子あり、（中略）今一人の男子は、駿河國かつら（香貫）と云所に有けるを、母方のおぢ内匠頭朝忠（範）と云者、搦とりて平家へ奉りしを、名字なくては流さぬならひにて、希義と付られて、土佐國きら（介良）と云所にながされておはしければ、きらの冠者とは申けり、(76)

これによると、範忠は甥で源頼朝の同母弟でもある希義を駿河国香貫《かつら》（静岡県沼津市上香貫《かぬき》・下香貫）において搦

取り、平家に渡したというのである。そうすると、これまで一般的な理解であった範忠の義朝方への加担記事と戦後の立身との齟齬を、どのように解釈すべきであろうか。

金刀比羅本より古態本である学習院本の方が原初形態に近いという国文学の成果から判断すれば[77]、範忠の参戦記事は後出本の増補部分ということになる。この学習院本の記事を事実とみた場合、平治の乱後における範忠の近衛将監・内匠頭への累進や後白河院の皇子憲仁親王（高倉天皇）立太子に関して平時忠とともに活躍したこと、またその一連の行動で後白河院と対立する二条天皇呪詛の嫌疑をかけられ、配流に処せられたという近臣としての立場、さらに承安二年には平清盛によって大宮司職に復帰したという、範忠の一連の経歴を自然に了解することができるのである。

つまり、範忠は平治の乱では義朝に与しなかった、あるいは最後まで行動をともにしたとは考えにくいのではなかろうか、ということである。範忠が希義を捕らえた行為が敗戦後の保身のためであったのならば、義朝を尾張国野間で謀殺した長田忠致が、のちに清盛に強く罵られたことを想起せざるを得ない。もしそうであれば、乱後の範忠の立身と平氏の庇護はなかったのではなかろうか。

では範忠が義朝との姻戚関係を顧みずに離反した理由は、どのような事情によるものであったのだろうか。そこでいま一人、平治の乱で注目すべき人物である源頼政について若干みておきたい。一般的に頼政は乱の途中で平氏に与力したことになっているが、陽明文庫本の「待賢門院の軍の事」にある「義朝たのむ所のつはものども」のなかに頼政の名前は出てこないのである。そして学習院本の「六波羅合戦の事」は、義朝と頼政とのやり取りを次のように伝えている。

義朝、申けるは、「や、兵庫頭。名をば源兵庫頭とよばれながら、云甲斐なく、など伊勢平氏にはつくぞ。御邊が二心によりて、當家の弓矢に疵付ぬるこそ口惜けれ」と、たからかに申ければ、兵庫頭頼政は、「累代弓箭の藝をうしなはじと、十善の君に付奉るは、全く二心にあらず。御邊、日本一の不覺人信頼卿に同心するこそ、當家の恥辱なれ」と申せば、義朝、ことはり肝にあたりけるにや、其後は詞もなかりけり。

このように頼政は「十善の君」（天皇）に従うことを理由に義朝から離反したのであるが、これに対して義朝は何ら反駁できなかったというのである。頼政は保元の乱では後白河天皇につき、保元三年（一一五八）十二月には後白河院の昇殿を聴された[78]。さらに正確な年代は確定できないが、二条天皇の御代（保元三年〜永万元年〈一一六五〉）には大内守護の任にあった[79]。平治の乱当時、すでに大内守護であったのであれば、この頼政の発言は義朝が後白河院・二条天皇を幽閉したことに対するものと考えてもよいであろう。また頼政の母が信西の従姉妹であったことも[80]、見逃せない要件である。以上のような頼政の立場を考慮すると、彼が義朝から離反した行動は無理のないことといってもよいのである。

そして問題の範忠も、頼政と近似した立場にあったことが認められよう。熱田社領は上西門院領となるが、それは本章第二節で述べたように恐らく季範の従姉妹悦子の斡旋に基づく鳥羽・後白河院への接近の結果であり、その悦子は信西の伯母に当たるから範忠とは又従兄弟になる。また美福門院と信西は二条天皇の即位を決定したときに、「唯佛與佛評定、餘人不レ及二沙汰一歟」[81]と陰口を囁かれたほどの間柄であったが、範忠はこの美福門院に仕えた女房上総を妻にしているのである。つまり範忠は待賢門院・上西門院系と美福門院系の両者ともに関係をもっていたのであり、大宮司家と義朝との結び付きは皇室と熱田社との関係の一つである上西門院系とでつながっていただけなのである。平治の乱の起因の一つが信西と信頼との対立にある以上、範忠が反信頼となるのは、このような利害関係からみても考えられないことではなかろう。

確かに範忠は姉妹を通じて義朝と姻戚関係にあったが、これは直ちに主従関係を意味するものではない。先に述べたように、範忠と義朝は同時に従五位下に叙されているが、それは二人が身分的には同列にあったことを示しているのである。また範忠は源氏だけではなく、京都政界において多元的な関係を有していた。そしてこれらの優先順位は多分に当事者の利害関係によって左右されるわけであるが、このような多元的関係は決して珍しいものではなかった。鎌倉御家人制が成立してからも明らかに多元的な主従関係は認められるし[82]、中世を通じて存在していたのである。したがって平治の乱において、①義朝が後白河院御所三条殿を襲い、院と上西門院を大内裏の一本御書所に幽閉し、三条殿に火をかけたこと、②平清盛が熊野詣から六波羅に戻り、二条天皇を内裏から六波羅に迎え、後白河院が仁和寺へ脱出したことにより、頼政・範忠のとるべき道は決定されたといえよう。そしてここに清盛は、信頼・義朝追討の宣旨を得ることになる[83]。以上のように考えると、希義を捕縛し平氏に渡した範忠の行動は決して不可解なことではなかったのである。

五、

次に兄範忠の行動と、流刑の頼朝のもとに援助を続けた祐範の行為との整合性をどのように理解すればよいのであろうか。青山幹哉氏は範忠が自分の甥を捕縛した行為を「保身をはかりつつ、かつ甥の助命嘆願を行ったようである」とし、角田文衛氏の見解を引用して祐範と彼の姉妹上西門院女房の活動から上西門院の口添えに期待したことを述べ、清盛もこの時期後白河院・上西門院近臣勢力の反発を受けることをさけて、頼朝・希義の処刑を諦めたと推測されている。(84)この見解は基本的には筆者旧稿と同様であり、考えられる一つの方向ではある。しかしこの祐範の活動は、必ずしも範忠と連携したものではないとみられる節がある。以下この点について若干検討を加えておきたい。

『熱田大宮司千秋家譜』は範雅について、次のように記している。

五郎大宮〔司脱〕　一云九郎大宮司、雖レ為二季範五男一、依レ告二靈夢一、先譲二範雅一云々、

範　雅

大宮司家　庶子一流　一ニ作レ昌、後白河院上北面
保延三年八月得二父譲一、在職十九年、
應保元年十月再任九年、治承五年三月還補、

これによると季範は嫡子である範忠に先んじて、庶子である範雅に大宮司職を譲っているが、その理由は「告二靈夢一」によるものという。しかも在職十九年目に範雅は範忠と交替するわけであるが、この十九年目は季範の没年久寿二年（一一五五）にあたり、父の死とともに範雅が大宮司職を退いたことは、季範・範忠父子の間に何らかの対立不和が存在したことを窺わせられるのである。父子の対立は、範忠・範雅兄弟の対立につながってもおかしくはない。そして応保元年（一一六一）十月の範雅再任は、二条天皇呪詛事件において範忠が平時忠と関係したことに起因するものとみられるが、範忠は赦免されると範雅に替わって再び大宮司に復帰するのである。

次いで治承二年（一一七八）には「依二二位殿命一」、(85)つまり平時子の命によって範忠は孫忠兼に大宮司職を譲っており、範忠系列による世襲化が始まるかにみえた。しかし治承五年三月には、三度範雅が還補することになる。この年の閏二月に清盛が薨去したことと関係があるのかもしれないが、実はこの間の事情が不明なのである。忠兼か

ら範雅への交代理由は記されていないが、忠兼が死亡したわけでもないので、熱田社の権力構造に何らかの変化があったとみられる。具体的な史料で確認することはできないが、この頃には熱田社が源氏の勢力下に組み込まれたと考えることはできないだろうか。

三月には源行家が尾張・三河国の反平氏勢力を結集し、墨俣川において平重衡率いる追討軍と戦った。先述したようにこのとき行家と行動をともにした義円（頼朝異母弟）は、当時愛智郡司で大宮司一門ともみられる慶範の娘を室にしていた。合戦は行家軍の一方的な敗戦に終わるが、敗走の途中「熱田宮へ引き退き、在家を壊ち垣楯を掻き防戦したという。(86)最終的に行家軍は三河の矢作川東岸まで退き、ここで「當國額田郡の兵共も馳來て、源氏に力を合支た」(87)ので、戦線は膠着状態を迎えることになった。

三河国額田郡は大宮司家の本貫であり、菩提寺とでもいうべき瀧山寺があるわけであるから、この「額田郡の兵共」とは大宮司家に関係する勢力ではなかろうか。すなわち三月に大宮司に還補した範雅は行家・義円軍とともに平氏と戦ったとみられ、推測を逞しくすれば、忠兼は反平氏勢力の結集という情勢を判断して自ら大叔父範雅に大宮司職を譲ったのかもしれないし、または交替を強要されたのかもしれないのである。元暦二年（一一八五）平氏が壇ノ浦で滅亡した翌四月に、範雅の子息範経が大宮司に就いていることは、この系列が明らかに源氏に従っていたことを示しているし、その功績からか範経は頼朝在世中に限って在職して何度も奉幣を受け、別禄をも賜っている。(88)これらのことは、頼朝と範雅・範経父子との間に格別な結び付きの存在を想定させられるのである。そうすると、配流時代の頼朝に援助を続けた祐範と治承の内乱期に源氏方についた範雅、そして頼朝・希義・坊門の姫（一条能保室）の生母とは、同母兄弟の可能性があるのではないだろうか。さらに彼ら兄弟と問題の範忠とは異母兄弟、という想定はできないであろうか。

範忠の母は源行遠の娘であるが、祐範・範雅・頼朝母らの生母が彼女であるかは明らかにできない。ただ寿永二年と推定される権宮司尾張奉忠の後家宛の頼朝書状の文面に、

（前略）故奉忠すいふんほうこう《(奉公)》ちう《(忠)》ある仁に候しあひた、（中略）たかひ《(他界)》せられて候はん事、眞實なけき《(嘆)》入て候、（中略）ともたゝ《(奉忠)》のきたう《(祈禱)》かんのう《(感應)》して、いまはふしき《(不思議)》のいのち《(命)》いきて、かくて候へハ、（中略）ちきやう《(知行)》のふん《(分)》おちう《(注)》してまいらせられ候へ、よきさま《(良様)》にはからひ申へく候、（中略）又するの子息一人まいらせられ候へ、心やすくたのみ候ハん、（下略）[89]

とあり、頼朝は奉忠の祈禱に感謝するとともに、驚くことには知行地の安堵や末子一人を鎌倉で取り立てるという、大宮司家と同じほどの厚遇をもって旧恩に報いている。[90] 奉忠の没年は承安五年（一一七五）と伝えられるから、[91] 奉忠の祈禱は頼朝配流時代であり、祐範の援助と同一の性格をもつものである。その結果奉忠の子孫は、頼朝との個人的関係から大宮司家と同様に御家人として位置することになったのである。[92] これらのことは範雅・祐範・頼朝母の生母が、尾張氏一族の出自である可能性をごく僅かではあっても示唆しているものといえよう。つまり範忠の生母が京都系、祐範・範雅・頼朝母の生母が在地尾張系と考えると、範忠が希義を平氏に引き渡したという行為に対して、祐範・範雅が反発したのは当然であり、平氏追従の範忠とは異なる動きをみせたのではあるまいか。もちろんそこには、大宮司職就任にともなう大宮司家領支配権獲得という利害問題も内在していたであろう。[93]

寿永二年希義が配流先の土佐国介良で謀殺されたことを知った頼朝が即座に報復したことを思えば、範忠のとった行為を頼朝が赦すはずはない。のちに頼朝は父義朝を謀殺した長田忠致・景致父子を義朝の墓前で、「世のつね

の磔にはあらず、（中略）左右の足手を大釘にて板に打付、足手の爪をはなち、頬の皮をはぎ、四五日のほどに、なぶり殺し」[94]という残忍な復讐を遂げたというが、同様のことが範忠の身に起こっても不思議ではなかった。しかし、そのような記録も伝承も見あたらず、また『吾妻鏡』には大宮司家の人々が多く登場するものの、範忠については一言も触れていない。さらに範忠の子息忠季は実朝に仕え、[95]孫の忠兼は正治二年（一二〇〇）に大宮司に再任されているが、[96]彼らはともに頼朝生存中は『吾妻鏡』にみえないのである。これらは平家滅亡頃までに範忠が死亡していたためであろうし、[97]大宮司家との関係を配慮してのことなのかもしれない。

多分に推測を重ね、また同母異母関係を中心として判断することは危険であることを承知しながらも、このようにみるとこれまでの経緯がよく理解されると考えるのである。

六、

以上後半はとくに平治の乱を通して大宮司家一門の動静を検討してきたが、範忠の時代を見極める資質はともかく、彼と後白河院との結びつきが回復の背景にあったことは確実である。以後範忠の兄弟およびその子孫は、後白河院およびその周辺との関係をより強めていった。おわりにこれを範忠兄弟の系列ごとに、主に『尊卑分脈』を参考に眺めておきたい。

〔Ⓐ範忠子孫〕

忠季は蔵人所雑色から従五位下に進み、その子範仲は皇后宮大進・高松院蔵人になった。範高も蔵人所に属した。範忠は美福門院女房上総との間に仁和寺僧侶となる任暁を儲け、また一女は鳥羽院北面であった足利義康に嫁ぎ八条院蔵人になる義兼を生んだ。

〔Ⓑ範信子孫〕

憲朝は有範・信綱とも称した八条院判官代で、その子範成は院蔵人、同じく範時とその子孫は蔵人であった。範清は範行とも称した検非違使・上西門院蔵人で、その子孫も蔵人になったものが多い。信雅は高松院蔵人で、実豪は延暦寺権僧正となった。

〔Ⓒ範雅子孫〕

範高は検非違使・蔵人で、その子孫は非蔵人になった。保範は高松院蔵人で五条大宮司、その子範直は白川大宮司と称しており、この呼称は両者の京都での拠点を示唆しているようである。(98)

〔Ⓔ範智子孫〕

この系列は僧侶の道を進んだようで、延暦寺・園城寺との関係者が多い。

〔Ⓕ長暹子孫〕

この系列も僧侶の家であるが、長暹の関係から仁和寺を主とした。長暹の一女は元永二年（一一一九）に尾張守になった藤原敦兼の孫能季に嫁いだ。

〔Ⓖ祐範子孫〕

この系列も僧侶の家で、仁和寺・延暦寺の関係者がいた。

以上のような事情は、鎌倉期から南北朝期にかけての大宮司家一門の動静に、決定的な影響を及ぼすことになったのである。

〔補註〕

（1）『熱田大宮司千秋家譜』（『神道大系』神社編十九熱田、神道大系編纂会、一九九〇年、および『熱田神宮文書』千秋家文書下巻、熱田神宮宮庁、一九九二年）。なお季範は人名辞書などでは「すえのり」としているが、愛知県岡崎市の瀧山寺所蔵の『瀧山寺縁起』（『新編岡崎市史』史料古代・中世編〈新編岡崎市史編集委員会、一九八三年〉所収）には「熱田大宮司季範《トシノリ》」とある。

（2）『玉葉和歌集』二十、神祇歌（『新編国歌大観』第一巻、勅撰集編所収）、この和歌の述べるところは『尊卑分脈』をはじめ大宮司家の諸系譜に用いられている。

（3）この点に関しては、西岡虎之助「熱田社領を背景とする大宮司家の変遷」（『頼朝会雑誌』四号、一九三二年、のち『荘園史の研究』下巻一、岩波書店、一九五六年に再録）、小島鉦作㋐「熱田神宮の由緒についての若干の考察」（『朱』〈伏見稲荷大社社報〉十六号、一九七四年）、㋑「中世における熱田社領」（『神道史研究』七―六、一九五九年）〈ともに『神社の社会経済史的研究』同氏著作集第三巻、吉川弘文館、一九八一年に再録〉、角田文衛「源頼朝の母」（『古代文化』二六―一二、一九七四年、のち『王朝の明暗』東京堂出版、一九七七年に再録）、新行紀一「足利氏の三河額田郡支配」（『芳賀幸四郎先生古稀記念日本社会史研究』笠間書院、一九七七年）、上横手雅敬「院政期の源氏」（『御家人制の研究』吉川弘文館、一九八一年）などの論考がある。

（4）『尊卑分脈』国史大系本（以下同）第二篇四六〇、四六八、四七六頁。

（5）『尊卑分脈』第二篇四七〇頁。

（6）『尊卑分脈』第二篇四七〇頁。

（7）『小右記』長元元年十一月二十九日、同四年正月一日条。

（8）『水左記』承暦四年六月五日条、『師記』永保元年正月五日条、『尊卑分脈』第二篇四七六頁には季綱を「或本季兼舎兄也」と記している。

(9) 前掲註(1)書。前掲註(3)新行紀一論文によると、この縁起の成立は鎌倉末期で信憑性が高いという。

(10) 『続群書類従』第六輯下、系図部。

伊勢新二郎大夫或高橋殿

惟康

三河國高橋庄領主、故號、母實範三位女、外戚叔父伊勢権守令レ養二育之一、伊勢権守ハ尾州熱田大宮司尾張貞基之聟熱田大宮司之父也、(下略)

(11) 「八条院領目録」内閣文庫蔵山科家古文書(『平安遺文』第十巻五〇六〇号文書)。

(12) 季兼・季範父子の通称から、彼らは三河国額田郡に何らかの権益をもっていたと察せられる。この点について小林吉光氏は、額田郡に一荘も荘園が確認できないことから、季兼は一郡の領主的存在となり郡司職を獲得したようで、これは一郡が荘園化することを恐れた国衙側の妥協であり、季兼とその子孫は郡司職の立場を自己の利益追求に利用し、ときには権門・国司・在庁などと結託あるいは抗争してこれを達成したとみられ、その背景には権門の保護を必要としないほどの政治的成長と領域内を支配する武力の蓄積があったとみなければならない、と推測された(『新編岡崎市史』2中世三三三〜三五頁、新編岡崎市史編集委員会、一九八九年)。季兼は額田郡を本貫とした開発領主であり、郡司職にあったと考えてよかろう。

(13) 『尊卑分脈』第二篇四六一頁。なお同書季兼の項に「爲二能通子一云々」とみえており、そうであれば季兼と資良とは従兄弟となる。

(14) 『本朝世紀』康和元年正月二十三日条。『公卿補任』国史大系本(以下同)第一篇三九〇頁は、正月二十二日とする。

(15) 『中右記』寛治四年八月十日条、『公卿補任』第一篇三六七頁。

(16) 『日本紀略』康保三年三月二十二日条。

(17) 『朝野群載』巻第三、文筆下。

(18)『本朝文粋』巻第十三、願文上。

(19)『宇治拾遺物語』四十六「伏見修理大夫俊綱の事」。

(20) 前掲註(19)書。

(21)『赤染衛門集』(『群書類従』第十五輯、和歌部)。

(22) この点については、水谷類「国司神拝の歴史的意義」(『日本歴史』四二七号、一九八三年)を参照。

(23)『熱田大宮司千秋家譜』によると、このときの大宮司は長元五年(一〇三二)から寛徳二年(一〇四五)の間その任にあった尾張員信(員職の父)が該当する。

(24) 社寺関係でいえば、国司にはその修造管理が義務付けられていたが(宝亀八年三月十日付太政官符「督㆓課諸祝㆒掃㆓修神社㆒事」、弘仁二年九月二十三日付太政官符「應㆑令㆔神戸百姓修㆓理神社㆒事」ともに『類聚三代格』第一神社事)、その費用は諸国正税を充当するものであった。しかし一方では、十一世紀になると官物以外にその費用を求めている。例えば尾張国では、大江匡衡が美濃守を望んだときの申状に「匡衡爲㆓尾張守㆒之時、(中略)又依㆓官符宣旨㆒、修㆓造國分尼寺・神社㆒、諸定額寺十二箇處、不㆑申㆓請官物㆒」(寛弘六年正月十五日付「大江匡衡申美濃守状」〈『本朝文粋』巻第六、奏上中〉)とあることからも知れる。また季兼自身としてはこれらの費用捻出の外に、藤原顕季の成功などのために国衙領を熱田社に寄進し(この場合熱田社の得分は神役のみと思われる)、私的利益を図る狙いもあったと考えられる。

(25) 熱田社領に関しては前掲註(3)西岡虎之助・小島鉦作㋑論文、および奥野高広『皇室御経済史の研究』正篇(畝傍書房、一九四二年)、上村喜久子「尾張三宮熱田社領の形成と構造」(『日本歴史』二九四号、一九七二年)、同『半田市誌』(本文編一一二～一二二頁(半田市、一九七一年)、同『講座日本荘園史』第5巻三六〇～三六三頁(吉川弘文館、一九九〇年)などを参照。
　なかでも上村喜久子論文は、康治二年(一一四三)の「尾張国安食庄検注帳案」醍醐寺文書(『平安遺文』第六巻二五一七号文書)の分析により、平安末期から南北朝初期に至る社領の形成過程・成立時期・支配構造・大宮司家の領知権などについて言及されており、教えられる点が多い。本章に関連する問題である平安末期の社領形成について、上村氏は(a)名主層の私領形成への動きの中で行われた寄進、(b)国司と大宮司家との結託による国領寄進、(c)開発領主が国司の了承を得て寄進したものなどに分類された。

確かに上村氏が指摘されるように、国衙と結びつくことにより社領は国衙領寄進の形態をとり増加したのであるが、そこには『宇治拾遺物語』が語る十一世紀中葉の国衙と熱田社との対立を考えなければならないだろう。本文で述べたように、十一世紀初頭にみられる国衙と真清田社との関係のようなものが、熱田社との間ではいまだ成立していなかったのではなかろうか。尾張守橘俊綱と大宮司との対立は、国衙支配再編過程の動きの中での事件として位置付けなければならないし、国衙と熱田社との力学関係を示したものであった。これを契機に熱田社は国衙と宗教的・経済的な紐帯を強めるが、それは大宮司職が尾張氏から離れる要因となったのである。なお、のちに熱田社が一宮ではなく三宮と称されるようになる由縁がこの事件に端を発しているように思われるが、確信があるわけではない。

(26)　『張州雑志』巻三十四所収の「大宮司系譜」には、季範の大宮司就任を永久二年とする。

(27)　『公卿補任』藤原季成の項に「永久二四三尾張守」（第一篇四〇八頁）とある。因みに季成はこのとき十三歳であった。

(28)　『尾張宿禰田島氏系譜』（『熱田神宮文書』田島家文書・馬場家文書、熱田神宮宮庁、一九九七年）によると、員職の子息季宗・季員・職実の三名が大宮司に就いている。員職は応徳年間（一〇八四〜七）まで大宮司職にあったというから、寛治元年（一〇八七）から永久二年（一一一四）までに前記三名（同系譜には員職の兄弟員頼の孫頼奉も大宮司に就いたことがみえる）の大宮司交替があったわけである。しかも『熱田大宮司千秋家譜』の季宗の尻付に「落二下信濃國一、伊奈人々是也」とあり、大宮司職をめぐる内紛があったらしいことを窺わせられる。

(29)　季範が尾張国目代となった徴証はないが、その可能性は考えてよいのかもしれない。

(30)　但し、やや時代は下がるが、久安六年（一一五〇）左大臣藤原頼長が家人である旧熱田神主尾張成重の困窮を憐れみ援助しようとしたとき、成重は「臣昔爲二熱田神主一、是以彼國有レ勢者、敬禮尤深、今貧賤向二彼國一、昔従者必有二蔑如一、何況去二神主職一之日、誓言、不レ還二補此職一、不三復向二此國一矣、何貪二小利一變三先誓一乎、敢辭レ之」（『台記』久安六年七月二十三日条）と答えている。尾張氏のなかには衰退を止めることができなかった人物もいたのである。

(31)『禁秘抄』（『群書類従』第二十六輯、雑部）には「本員數八人、代々皆轉二藏人一、仍公卿子孫又可レ然諸大夫多補レ之」とある。

(32) 前掲註(3)角田文衛論文、『中右記』大治四年四月十九日条。

(33)『中右記』大治四年正月十五日条。

(34) 季範が大宮司職を継いだ永久二年（一一一四）から、蔵人所雑色に在任していた大治四年頃までの間の尾張守は次の通りである。藤原季成・永久二年四月三日補任（『公卿補任』）、源師俊・永久三年十二月十六日補任（『公卿補任』）、藤原敦兼・元永二年十二月十五日補任（『中右記』）、藤原長親・大治二年正月十九日重任（『二中歴』）、藤原顕盛・大治四年二月二十四日見任（『長秋記』）。

この五名について本章の関心事に限って述べておこう。季成は本文で述べたように、永久五年に鳥羽天皇の女御となったのちの待賢門院の兄弟である。師俊は太政大臣源師房の孫で、関白藤原忠実が尾張国知行国主のとき（『殿暦』永久四年十一月十六日条）の国司で、摂関家家司であった。敦兼は堀河天皇の乳母三位兼子を母に持ち、また鳥羽院と待賢門院との間に生まれた通仁親王の乳母家であり近臣であった（『尊卑分脈』第一篇三三九頁、『中右記』大治四年閏七月十一日条）。長親・顕盛は康和元年（一〇九九）に尾張守に補任された藤原長実の子で、長実については本文で述べた。なおこの二人の姉妹に美福門院得子がいる。以上のように、師俊を除いて白河・鳥羽両院の近臣が尾張守に任じられており、季範の京都での活動に少なからず影響を与えたものとみられる。

(35) 父季兼が従五位上に叙された形跡はなく、また祖父実範も従四位上であったから、季範は蔭子孫にあずかれない。

(36)『吾妻鏡』建久二年八月七日条、前掲註(3)小島鉦作㋑論文。

(37)『山槐記』『百錬抄』応保元年九月十五日条、『愚管抄』（巻第五、二条天皇の項）に「時忠ガ高倉院ノ生レサセ給ヒケル時、イモウトノ小辨ノ殿（滋子）ウミマイラセケルニ、ユヽシキ過言ヲシタリケルヨシ披露シテ、前ノ年解官セラレニケリ」とある。これ以後、後白河院・二条天皇父子の関係は悪化する。この点については前掲註(3)上横手雅敬論文参照。

(38)『山槐記』応保元年十一月二十九日条。

(39)『百錬抄』応保二年六月二十三日条、「後清録記」(『清獬眼抄』所引、『群書類従』第七輯、公事部)。

(40)以上前掲註(3)上横手雅敬論文、なお氏はこの憲仁親王立太子に範忠が関わったのは、生母滋子が上西門院女房であったためとされた。

(41)『尊卑分脈』第二篇四七二～四七四頁。

(42)『吾妻鏡』建保六年五月九日条に「女房三條局督典、侍女自二京都一帰参、是亡父越後法橋範智之粟田口遺跡造二一堂一、依二此事一上洛」とある。

(43)『吾妻鏡』文治四年十一月九日・建久二年八月七日条。

(44)「源平争乱期の八条院周辺―八条院庁文書を手がかりに―」(『中世の人と政治』、吉川弘文館、一九八八年所収)。

(45)義朝が尾張国に進出したことは、智多郡内海庄司長田忠致が頼朝の「相傳の家人」(金刀比羅本『平治物語』中巻「義朝内海下向の事、付たり忠致心替わりの事」『日本古典文学大系』31所収)であること、また愛智郡司慶範の一女は義朝の子円成の室となり、その子孫は愛智姓を名乗ったこと(『尊卑分脈』第三篇三〇二頁)などからも知られる。

(46)前掲註(3)上横手雅敬論文。

(47)『尊卑分脈』第三篇二九五頁。

(48)前掲註(1)『瀧山寺縁起』。

(49)『公卿補任』第一篇四四二頁。

(50)前掲註(12)『新編岡崎市史』2中世、四一～四二頁。

(51)第三篇三〇二頁。

(52)前掲註(51)。

(53)『吾妻鏡』養和元年三月十日条。

(54)網野善彦「尾張国の荘園公領と地頭御家人」(『御家人制の研究』、吉川弘文館、一九八一年)一六頁参照。

(55)金刀比羅本『保元物語』上巻(『日本古典文学大系』31所収)「官軍勢汰へ并主上三条殿に行幸の事」。

(56)金刀比羅本『平治物語』上巻「源氏勢汰への事」。以降、金刀比羅本と記す。

(57)『尊卑分脈』など。ただし季範は保元の乱の前年久寿二年(一一五五)十二月二日に六十六歳で卒しているので、『保元物語』の「舅」は「小舅」が正しい。『熱田大宮司千秋家譜』によると、範雅の尻付には「保延三年八月得二父譲一、在職十九年」とあり、範雅が大宮司職に就き久寿二年まで在職したという。また範忠の尻付には「保元元年七月亂世、大宮司範忠家子郎黨令レ従二官軍一」とあり、大宮司として義朝に派兵したことがみえるが、続けて「保元三年補レ之、在職三年」とあることは記事の内容に齟齬を生じる。そればかりか奇妙なことに、範忠が保元三年に大宮司に任じられたのであれば、保元の乱のとき範忠・範雅はともに大宮司ではなかったことになる。もちろん『熱田大宮司千秋家譜』の成立は江戸時代十八世紀初頭の作成と考えられるから(本書第三編第一章参照)、この家譜の尻付を全面的に信頼するわけにはいかない。しかし後述するように仁平三年(一一五三)に範忠は従五位下に叙されていること(『兵範記』同年三月二十八日条)、大宮司職をめぐって父季範と範忠との間に何らかの対立があったようであること、それを証明するかのように範雅が季範の没年に大宮司職を離れていることなどを考慮すると、保元の乱時の大宮司を範忠とみることにさほど抵抗は覚えないであろう。

(58)中巻「信頼降参の事并びに最後の事」。

(59)中巻「謀反人流罪付けたり官軍除目の事并びに信西子息遠流の事」。

(60)平治元年十二月二十六日条。

(61)巻第五、二条天皇の項。

(62)武士が個別にどの程度の刑を受けたのか明らかではないが、『平治物語』(学習院大学図書館本〈『新日本古典文学大系』43所収、以降学習院本と記す〉、中巻「官軍除目行はるる事付けたり謀反人賞職を止めらるる事」)は謀反人およびその親類縁者七十三人が解官されたと記している。なお安元二年（一一七六）六月十八日、建春門院（平滋子、後白河天皇女御、高倉天皇生母）の病により非常の大赦が行われ、流罪となっていた義朝の党類が赦免されていることから（『吉記』同日条）、この頃までには義朝方の武士も多くは赦されたのであろう。

(63)『公卿補任』第一篇四六二頁、仁安元年、平頼盛の項。

(64)前掲註(3)新行紀一論文。

(65)「熱田大宮司家の一側面—軍事行動を中心に—」（『軍事史学』二六—四、一九九一年）。

(66)『吾妻鏡』文治四年十一月九日、建久二年八月七日条。

(67)『新日本古典文学大系』43所収、以降陽明文庫本と記す。

(68)『本朝世紀』久安五年四月九日条。

(69)『兵範記』『本朝世紀』仁平三年三月二十八日条。

(70)『山槐記』応保元年七月二十三日条。

(71)『山槐記』応保元年十一月二十九日条。

(72)『百錬抄』応保二年六月二十三日条、「後清録記」（『清獬眼抄』所引、『群書類従』第七輯、公事部）。

(73)『尊卑分脈』第二篇四七一頁（藤原範忠の項）、『熱田大宮司千秋家譜』。

(74)『宇治拾遺物語』巻十一—五「白川法皇北面受領の下りまねの事」、同右『尊卑分脈』、および前掲註(73)。

(75)前掲註(73)。

(76)のちの古活字本では、学習院本の「と云所有けるを、母方のおぢ内匠頭朝忠」の部分が故意かどうか不明だが脱落しており、「香貫」が地名ではなく人名になっている。

また何故希義が香貫に潜伏していたのか詳細は不明だが、源義朝は「管₂領海道十五ヶ國₁」（『吾妻鏡』文治五年九月七日条）したといわれ、義朝の「一ノラウドウ」（『愚管抄』巻第四、後白河天皇の項）であった鎌田正清の父通清は『山内首藤氏系図』（『大日本古文書』家わけ第十九、山内首藤家文書、五六九号）に「北條四郎時政烏帽子親云々、住二駿河國一」とあることから、正清は駿河国に根拠地をもっていたとみられる。さらに正清の娘には「香貫三條局」（『続群書類従』第六輯上、系図部にはみえない）との尻付があり、香貫の地が正清の所領であった可能性は高い。この系図の記述については、日下力氏のご教示に与った。記して謝意を表したい。

なお南北朝期に熱田社領にその一部が組み込まれた尾張国智多郡英比郷に関する「源胤雅申状」（斉民要術〈九〉紙背文書、『金沢文庫古文書』追加篇六九六七号所収）には、「賀貫三條局（中略）當郷者三條局跡也、而於二惣領一者、去貞應三年之比、譲二与能親一」との記載がみえる。検討を要することではあるが、『吾妻鏡』に正清の娘が源頼朝から尾張国志濃幾（篠木）・丹波（丹後）国田名部荘の地頭職を与えられたことがみえており（建久五年十月二十五日条）、のちに英比郷の地頭職も兼ねた可能性もある。頼朝は長田氏滅亡後に根拠地の同郡野間内海荘を梶原景高の室に与えており（『吾妻鏡』正治二年六月二十九日条）、長田氏の所領は配分されたとみられる。また正清の室は長田忠致の娘であることから、「香貫三條局」は二人の間の娘かもしれない。英比郷は智多郡に勢力を保持していたといわれる長田氏が支配していたとも考えられ、そうであれば正清の娘に地頭職が与えられる理由としては、相応しいものといえよう。そして「賀貫三條局」が惣領職を能親に譲与した貞応三年（一二二四）は、正清の娘の生存期間として許容できる年代である。以上推測を重ねただけにすぎないが、「香貫三條局」と「賀貫三條局」とは同一人物ではなかろうかと考えている。

因みに本論史料冒頭に「兵衞佐は當社大宮司季範が娘の腹の子也」とある記述に着目すると、この部分が熱田社に関係の深い人物によって記されたと考えることも可能であろう。

(77) 前掲註(56)書、永積安明解説、一九六一年。前掲註(62)『平治物語』日下力氏解説、一九九二年。なお日下氏はこれまでの成果に補説を加えて、『平治物語の成立と展開』（汲古書院、一九九七年）としてまとめられている。

(78) 『公卿補任』第一篇四八八頁。

(79) 『源三位頼政歌集』（『群書類従』第十四輯、和歌部）。

(80) 『尊卑分脈』第二篇四七七頁。

(81)『兵範記』保元三年八月四日条。
(82)この点については上横手雅敬『日本中世政治史研究』（塙書房、一九七〇年）第三章「幕府政治の展開」第二節「承久の乱の諸前提」三四四～三五三頁を参照。
(83)陽明文庫本はこの間の様子を、

「衛門督、左馬頭を語ッて、院御所三條殿を夜討にして火をかけけるあいだ、院内もけぶりのなかを出させ給はず」とも申し、又「大内へ御幸行幸はなりぬ」ともきこえけり。さるほどに、大殿・關白殿、大内へはせまいらせ給。（中略）太政大臣師方・大宮の左大臣伊通以下、公卿・殿上人、北面のともがらにいたるまで、我さきにとはせまいる。（「信西の子息闕官の事」）

事ゆへなく六波羅へ行幸なりにければ、清盛も勇の言を顯し、御方のつはもの共、興に入てよろこびあへり。藏人右少弁成頼をもつて、「六波羅、皇居になりぬ。朝敵とならじとおもはんともがらは、みな〳〵馳せまいれ」とふれさせければ、大殿・關白殿・太政大臣・左大臣以下、公卿・殿上人、みな〳〵はせまいられけり。（「主上六波羅へ行幸のこと」）

と、伝えている。なお『愚管抄』（巻第五、二条天皇の項）によると、後白河院は上西門院・美福門院をともなって、六波羅に移ったという。
(84)『新修名古屋市史』第二巻八六～八八頁（新修名古屋市史編集委員会、名古屋市、一九九八年）。
(85)『熱田大宮司千秋家譜』藤原忠兼の項。なお本書第一編第五章註(8)を参照。
(86)『源平盛衰記』巻二十七「墨俣川合戦付矢矯川軍事」（『改訂史籍集覧』編外四所収）。
(87)前掲註(86)。
(88)頼朝が参詣したのは『吾妻鏡』建久元年十月二十七日、同六年七月一日、代参は同四年十二月一日、同五年九月二十八日条。
(89)『熱田神宮文書』馬場家文書、二号文書（熱田神宮宮庁、一九九七年）、『平安遺文』第八巻四二三四号文書。

(90) 大宮司家の処遇については、本書第一編第二章を参照。
(91) 『熱田惣検校尾張宿禰家譜』（前掲註〈89〉『熱田神宮文書』馬場家文書所収）。
(92) 本書第二編第五章参照。
(93) 『吾妻鏡』寿永元年九月二十五日、同年十一月二十日条。
(94) 学習院本『平治物語』下巻「頼朝義兵をあげらるる事付平家退治の事」。
(95) 『吾妻鏡』建保元年四月十七日、二十七日条。
(96) 『熱田大宮司千秋家譜』藤原忠兼の項。
(97) 管見の限り範忠は治承四年六月十六日に正五位下に叙された史料が下限である（「除目聞書」石清水八幡宮文書『大日本古文書』、石清水文書二の六三二号）。
(98) 『熱田大宮司千秋家譜』。

第二章　鎌倉幕府と熱田大宮司家

一、

まず、治承・寿永内乱期、所謂源平合戦期について述べておこう。治承四年（一一八〇）四月の以仁王挙兵に始まるこの全国的内乱には、多くの武士が参戦した。大宮司家も源頼朝の外戚家として、軍事的支援を送ったと考えることはできる。しかし頼朝の挙兵以来、文治元年（一一八五）三月の壇の浦における平氏滅亡に至るまで、大宮司家の軍事的活動にはみるべきものがない。内乱中、頼朝と熱田社との関連することとしては、挙兵直後、頼朝は北条政子の御経師である伊豆山尼僧法音に心経十九巻を一巻一所に宛て読経させたが、熱田社は源氏の氏神、石清水・鶴岡八幡宮に次ぐ順位に別宮八剣宮とともに位置したこと(1)、また元暦元年（一一八四）七月に鶴岡若宮の傍に社壇を新造して熱田大明神を勧請し末社としたこと(2)、文治五年九月の鶴岡臨時祭には熱田社祭を行ったことなど(3)をあげられるものの、いずれも「依レ為二外戚祖神一、殊被レ致二中心之崇敬一」(4)という崇敬の対象として捉えており、軍事行動に関することはみられない。

ただ一件だけ、大宮司家が関与したと思われる合戦がある。養和元年（一一八一）三月に起きた尾張国墨俣河の合戦である。源氏の陣容は「十郎蔵人行家武衛叔父・子息蔵人太郎光家・同次郎・僧義圓號二卿公一・泉太郎重光等、相二具尾張・參河兩國勇士一」(5)したものであった。戦況は行家軍が行動を起こす以前に、平重衡を大将軍とする平氏軍に奇襲攻撃を受け、「侍中從軍等頗失レ度、雖二相戰一無レ利」く、義円・重光らは戦死し、軍兵六百九十余人を失い大敗した(6)。

行家軍を構成する軍事集団は「尾張・參河兩國勇士」であり、義円（円成）が参戦していることから、大宮司家の名前はみえないものの、その周辺の武士が加わった可能性は多分にあろう。しかし尾張国内の在庁の多くは平氏に従い、行家に加担したのは大屋安資以下僅かであった。行家は敗戦後、熱田社に籠ったが、その様子は「熱田にて在家をこぼちて、かいだてを構へ、爰にて暫く支へたり」[8]とあるように、熱田社を遅滞戦の建造物とみての行動であった。さらに熱田を退いた行家は参河国矢矧に陣を構えたが、ここに「額田郡の兵共走り來て、源氏について戰」[9]った。額田郡は前章において述べたように藤原大宮司家の本貫ともいうべき地域で、大宮司縁故の武士がこれに含まれていたと考えても不思議ではない。しかし繰り返すが、この合戦に大宮司家一門の人々の名前を見出すことはできないのである。[7]

二、

治承・寿永の乱が終熄すると大宮司家が頼朝の外戚であったことは、彼らを鎌倉幕府内における特殊な一門へと導いた。頼朝の熱田社および大宮司家に対する厚意はよく知られるところで、他に異なる深い情愛を見せている。例えば頼朝生母の兄弟祐範の子息任憲が相伝する熱田社領内の御幣田郷を僧勝実に侵され朝廷で相論になったとき、頼朝は後白河院近臣の高階泰経に私信を認め任憲の解状の副状として擁護したことなどからも[10]、容易に察することができよう。次頁【表1】は、『吾妻鏡』その他から大宮司家一門と幕府との関わりを示す記事を大よそ抽出したものである。

これから明らかなように、一門の中には御家人化したとみられる人物も少なくなかったのである。そのなかでとくに留意しておきたいのは、Ⓑ系列の範信・憲朝父子で、『尊卑分脈』には【略系図1】のようにある[11]。範信は【表

【表1】

人名	事項	年月日	出典
忠孝	実朝、和田朝盛の出家を惜しみ忠季を使者となす。	建保元・四・十七	吾妻鏡
	和田義盛の乱のとき実朝の使者。	〃元・四・二十七	〃
範(憲)信	頼朝南御堂勝長寿院の義朝供養に供奉。	文治元・十・二十四	吾妻鏡
	将軍家相模国日向山参詣に供奉。	建久五・八・八	〃
	南御堂勝長寿院の鎌田正清供養の布施取。	〃五・十・二十五	〃
	頼朝新造薬師堂供養に供奉。	〃五・十二・二十六	〃
憲(有範)朝	頼朝の推挙にて駿河守任官。	建久二・六・五	玉葉
	尾張国海東郡地頭職補任。	〃八	尊卑分脈
範清	頼朝任右大将拝賀、前駈十人の内。	建久元・十二・一	吾妻鏡
範俊	実朝大倉大慈寺供養に供奉。	建保二・七・二十七	吾妻鏡
	実朝任左大将拝賀、鶴岡御参に供奉。	〃六・六・二十七	〃
	実朝直衣始、鶴岡御参に供奉。	〃六・七・八	〃
	実朝右大臣拝賀、鶴岡御参に供奉。	承久元・正・二十七	〃
範高	実朝永福寺渡御に供奉。	建暦元・四・二十九	吾妻鏡
	実朝鶴岡御参に供奉。	〃二・正・十九	〃
	実朝大倉に遊び、文屋康秀の故事問答を記録す。	〃二・十・十一	〃
	学問所番に選ばれる。	建保元・二・二	〃
	実朝の命により納涼の地を求める。	〃二・五・二	〃
	実朝兼左大将除書を実朝御前に置く。	〃六・三・十六	〃
	実朝任左大将拝賀、鶴岡御参に供奉。	〃六・六・二十七	〃
三位(条)局	実朝御所縫殿別当。	承久元・二・四	吾妻鏡
	営中の古儀に堪能な女性。	寛元二・九・二十一	〃

【略系図1】

- 範信（従四下　式部丞　上野介）
  - 憲朝（號二千秋一關東奉公、駿河守、本名有範、後改二信綱一、八條院判官代）
  - 信綱（千秋駿河守　建久八年尾張國海東地頭職給云々、號二中隆一（條カ））

1】で示したように、文治元年（一一八五）頼朝の父義朝の納骨堂南御堂勝長寿院供養、また建久五年（一一九四）同所で鎌田正清の娘が義朝および父の仏事を修したとき、さらに同年頼朝の娘大姫の本復祈願のための相模国日向山参詣および永福寺新造薬師堂供養などに随行参列しており、かつ上野介に任官していることなどから、鎌倉に住し御家人となった可能性が高い。その子憲朝は建久八年尾張国海東荘地頭職に補任された御家人であるが、これより先に頼朝の推挙によって建久二年六月四日の臨時除目で駿河守に任官した。実はこの時期が重要なのである。源氏一門の受領任官が元暦元年（一一八四）および文治元年であり、頼朝の岳父北条時政の遠江守任官は正治二年（一二〇〇）であった[12]。憲朝の任官はその間に位置し、しかも頼朝生前中に一般御家人が受領に任じられることはなかったことを考慮すると、大宮司一門は源氏に準じる特殊な門閥として幕府内部で位置付けられていたことを確認できるのである。

憲朝はまた八条院判官代として女院に仕えたが、彼と同様な性格をもつ人物として範清があげられる。範清は上西門院蔵人であったが、女院崩御後には七条院に仕えるとともに、頼朝の任右大将拝賀において前駈に名を連ねた御家人でもあった[13]。また【表1】には記していないが、季範の兄弟兼実の子仲経は九条院蔵人であり、美濃国土岐多良荘地頭職を給された御家人であった[14]。以上のように、これら三名は女院に仕えるとともに御家人として幕府にも仕えるという二元的主従関係をもっていた。記録にはみられないもののこのような性格を備えた人物は、この一

門のなかに少なくなかったと推定されるのである。(15)

それを示す具体例が、承久の変におけるこの一門の動静である。そこで変に際し、この一門が京方に参じた例証をいくつかあげておこう。

㋐『尊卑分脈』によれば範雅の曾孫能範に、「大宮司、承久參二京方一、永被二棄捐一」とある。『尊卑分脈』で京方に参じたことを確認できるこの一門の人物は彼一人であるが、『熱田大宮司千秋家譜』によると能範の子範広および能範の兄弟範直の子範行に、各々『尊卑分脈』と同様に京方参陣と変後に棄捐された尻付がみえる。ただ範行は文永八年（一二七一）大宮司職に補任されており、(16)承久の変参戦には時間的に問題が残る。範行の父範直が「白川大宮司」と称し、承久二年（一二二〇）九月に大宮司職に補任されていることは、彼が在京の大宮司で京方勢力であった可能性があり、範行の尻付は範直の項の誤伝であろう。(17)

㋑尾張国海東荘地頭職に憲朝が補任されたことは前に述べた。田中稔氏によると、変の翌年貞応元年（一二二二）と推定される関東御教書に、「蓮華王院領尾張國海東庄（中略）地頭名田五十餘町事、依二先地頭有範（憲朝）之例一、不レ可レ有二新儀一」(18)とあり、また康永元年（一三四二）の足利直義裁許状に「尾張國海東上庄（中略）且爲二承久沒收之地一」(19)とあることから、憲朝が承久京方武士で変後この所職を没収されたことを明らかにされた。(20)

㋒網野善彦氏によると、元亨二年（一三二二）の円覚寺領尾張国林・阿賀良村名主等連署状に、「當村、爲二春日部郡司範俊開發內一之條、無二異儀一候、但彼跡篠木・野口・野田以下者、爲二關東御領一」(21)とある範俊を憲朝の子と想定された。(22)憲朝・範俊父子は建保元年（一二一三）後鳥羽院による法勝寺九重塔供養に際し、北面大門を守護しており、(23)範俊は父とともに京方に参陣したとみられる。変後範俊は春日部郡司職を没収され、北条氏の

手を経て、正応六年（一二九三）篠木荘は北条時貞から円覚寺に寄進されている。(24)

㊁　三河国額田郡は季兼の開発以来、藤原大宮司家の本貫というべき地域であった。季範の子範忠は同郡瀧山寺の四至決定や、仁平元年（一一五一）の造営を執り行っており、(25)同郡の所職を継いだようである。平治の乱後一時この所職は平氏に渡ったようだが、その後回復し忠季――忠兼の系列に相伝されたと推測される。新行紀一氏によると、変の翌年貞応元年（一二二二）の瀧山寺造営のとき同郡は足利義氏が地頭職であることから、変後この地域の所職が大宮司家の手を離れたという。(26)巻末【関係略系図】に示したように、義氏の祖母が範忠の娘であったことが同郡給与の理由であろう。(27)

右のように大宮司家一門の多くの人物が京方に参じたわけであるが、その原因として幕府との関係が疎遠になったことや尾張国の地域性をあげることはできよう。しかし、より重要なことはこの一門のもつ京都指向性である。それは熱田社が神剣を祀る朝廷と深い由縁のある大社というだけではなく、季兼以来、積極的に重ねてきた院・天皇との接触は、これを本所として仰ぎ、(28)経済的利益関係を保持したことを認識しておく必要がある。その結果、院・女院の近臣的存在となり、尾張本国よりも基本的に京都に在住することになり、保範が「五條大宮司」、その子範直が「白川大宮司」と称したほどである。(29)また憲朝は尾張国海東郡地頭職にあった御家人でありながら、八条院判官代でもあり、(30)前述したように建保元年（一二一三）四月には、子の範俊とともに後鳥羽院の法勝寺九重塔供養で北面大門を守護しており、朝廷との関係の強さを示している。さらに建保三年に、変の首謀者の一人坊門忠信が尾張国知行国主になったことも考慮すべきであろう。(31)上横手雅敬氏は、後鳥羽院とその近臣は実朝とは近い立場にあり源氏とは結び付くことはできたが、執権政治とは訣別しなければならなかったことを指摘されており、(32)京方大宮司家もそれに似た立場にあったものといえよう。

以上のように大宮司家一門の多くが承久京方武士として参戦したが、その結果大打撃を被り、大宮司職についても混乱があったようである。忠兼の養子となり承元二年（一二〇八）大宮司職を嗣いだ大江広元の子忠成はその後に職を離れたようだが、その子忠茂は「承久三年辛巳、雖レ未レ賜二廳宣一、自二關東一押テ入二于社内一、同七月賜二廳宣一」と『熱田大宮司千秋家譜』に記されたように、変の混乱に乗じて幕府から大宮司として派遣されている。「未レ賜二廳宣一」とあることが、大宮司正式補任を待たずに慌ただしく熱田社へ入ったことを示していよう。

変後、尾張国でも地頭職の改替が行われ、京方大宮司家もそれを逃れることはできなかったが、大宮司家の命脈が途絶えることはなかった。例えば所職を没収された憲朝の子範時は蔵人・六波羅評定衆、[33]また曾孫範宗は蔵人・上野介に任じられ、一条大宮篝番役・六波羅評定衆[34]を務めるなど、在京人として幕府に再編成されたのである。五味文彦氏は、承久の変前の幕府による西国在住御家人の掌握は京都守護が弱体であるため各国守護を媒介とするものに限られており、院によって守護が組織化されたときこの方法は役に立たず、そのため幕府の西国支配の弱点克服の一つの手段として、六波羅探題による直接掌握が図られたと述べられたが、[35]それは院の武力基盤を幕府が包含することによって、院と武士との一種の主従関係の遮断を目途としたのであった。

その他、京都に参陣したため棄捐された人物の中にも、その後許された者がいる。『熱田大宮司家千秋家譜』によると、能範は嘉禄元年（一二二五）七月、範広は宝治二年（一二四八）三月頃に各々大宮司職に補任された。これらの赦免も幕府の西国支配の一環といってよいであろう。

三、

さて承久の変のとき、熱田社はどうなっていたのだろうか。『承久記』下巻に「海道ノ先陣相模守ハ、橋本ノ宿ヲ立テ、（中略）熱田ノ宮ヘソ參リ給フ、上差拔テ進セテ」[36]とあり、北条時房が上洛遠征途上で熱田社に詣でて上差を奉納したとあるが、大宮司家一門が京方に参じてはいるものの、熱田社が幕府に敵対行為をとった様子はない。熱田社の祭祀を掌るのは本来大宮司であるが、藤原氏に大宮司職が移行してからも、尾張氏大宮司の流である権宮司田島・馬場氏が実質上祭祀権を掌握していたと考えられることや、加えて藤原氏に対する尾張氏としての立場からか、熱田社が一社をあげて京方に加担してはいなかったものとみられる。さらに『承久記』には幕府軍を迎え撃つため東山道に派遣された京方諸将の「打見・御料・寺本殿」は尾張川畔の防禦のため「火ノ御子」を固めたが、「尾張熱田大宮司ニ懸ツメラレテ、モロコシ河ニテ討レニケリ」とあるように、大宮司に攻撃を受け討死したという注目すべき記事がある。大宮司家の一門が幕府方にあり京方を破ったことを記す史料は、これ以外管見に及ばないが、事実であればこの大宮司は幕府軍に属したことになる。

この大宮司は誰であろうか。『熱田大宮司千秋家譜』によると、これに比定できそうな人物に、大江広元の子で忠兼の猶子となった忠成の子忠茂と、範忠の曾孫朝氏があげられる。忠茂は先述したように承久三年七月以前に熱田社に入り、正式な手続きを経ず幕府の圧力を背景に大宮司職に就いた様子が窺われ、時間的には整合性をもつ。また朝氏は建長六年（一二五四）四月二日から康元二年（一二五七）の間大宮司職にあったとみえ、時間的には整合しない。しかし朝氏は、『尊卑分脈』に「鷹司冠者　大宮司　和田義盛之亂、屬㆓足利義氏㆒、爲㆓義秀㆒被㆑殺」[37]とある朝季の子で、足利義氏の祖母は大宮司範忠の娘（朝季の叔母）であり[38]、朝氏の室は義氏の姉妹であった[39]。このような義氏が承久の変に際し幕府東海道方面軍第三陣の指揮官であったことから、朝氏がこれに従軍し大宮司を名乗った可能性は捨て切れない。天福二年（一二三四）下野国鑁阿寺大御堂建立のときの「方方雑掌」の一人として「巽、藤原朝氏私云、野田大宮司殿」(40)とみえるのである。のちに足利尊氏が筑前国多々良浜において南朝方と戦ったとき、足利家重代の鎧小袖を着したり(41)、尊氏死去に際して出家し元明と号した近習は朝氏の孫家季であった(42)。このように足利氏と極めて関係の深いこの系列が、承久の変に際して東海道大将軍の一人であった義氏に従った可能性は高い。この問題はにわかに決し難いが、大宮司家はどうやら京方・幕府方双方に分裂したといわねばならないだろう。因みに変勃発の時「あつたの三郎・同四郎・同うこん」(43)の三名が京都守護伊賀光季に属し京方と戦っているが、彼らは熱田社に関係する人物であろうか。

では大宮司家は何故に朝幕に分裂したのであろうか。そこでこの情況を系譜上に示すと【略系図2】のようになる。

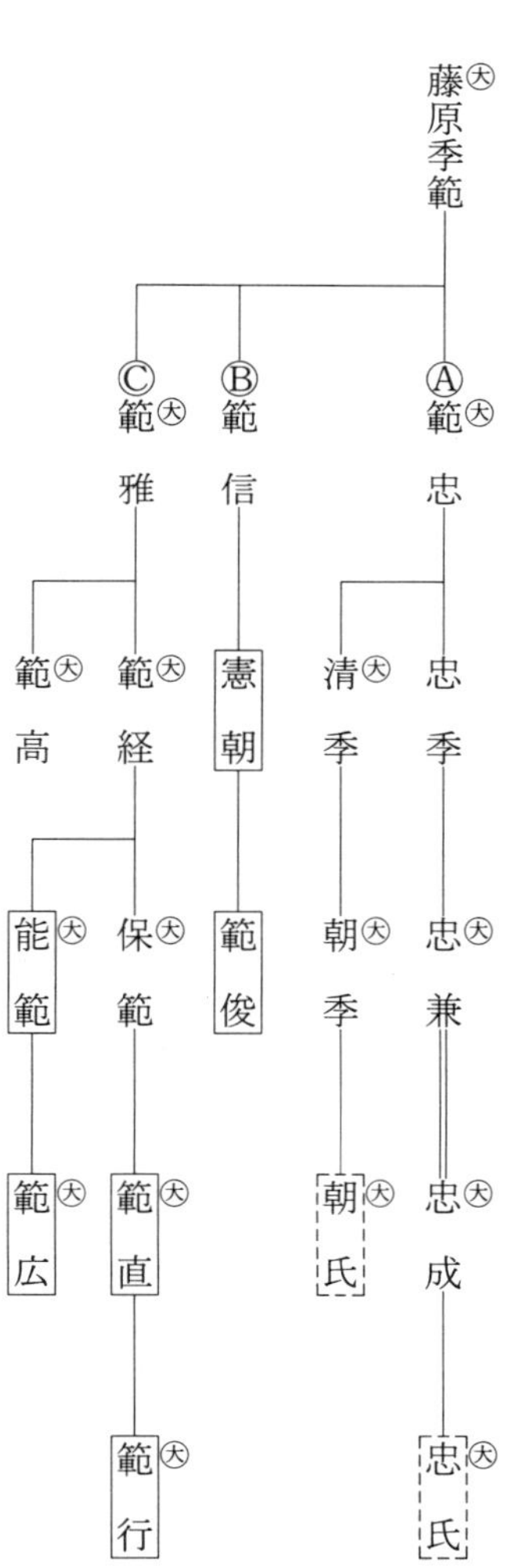

【略系図2】『尊卑分脈』『熱田大宮司千秋家譜』より作成。㊇（大宮司）・□（京方）・┆┆（鎌倉方）

Ⓑ©系列の一門は御家人でありながら、朝廷とも関係の深い人物を多く輩出している。しかしこの一門と幕府との関係は本質的には頼朝との個人的な結び付きに支えられたものであり、彼の薨去により消滅する性質さえ内包していた。事実、実朝が暗殺されると幕府との関係は、僧侶・女性を除いてみるべきものがない。大宮司季範以来積極的に重ねてきた皇室との接触は経済的利益関係を共有しており、後鳥羽院政下においてⒷ©系列を京方に向かわせた要因の一つとして強く認識しておかなければならない。朝廷とこの一門との関係は、幕府とのそれより時間的に先行していたのである。[44][45]

これに反してⒶ系列は、逆の路線を進んだ。前章で検討した範忠こそ後白河院の近臣として活躍し平家にも追従したが、他に朝廷と直接関係をもった人物はあまり見あたらない。前述したように足利家とは婚姻関係により強い結び付きがあり、また忠季は実朝の腹心で、その孫忠成は幕府政所別当大江広元の実子であった。このⒶ系列は大宮司家嫡流ではあるが、全体的にみて実朝暗殺後も幕府有力御家人の足利・大江氏との関係から関東にその基盤を置いたとみてよい。朝氏の孫行氏が野田常陸介、その孫範重が野田常陸太郎と称したのも、その本拠地と関係がありそうである。

以上のようにⒷ©系列は西国、Ⓐ系列は東国を各々基盤としていたとみることができよう。承久の変において両者の路線が異なったのは、このような事情によるものであったのである。変後Ⓑ©系列は先述のように打撃を受けるが、幕府によって再編された。しかしこの二つの路線は、その後も大宮司家一門に内在し、南北朝動乱のもとで再び二極に分裂することになるのである。

なお大宮司家が京方に参じたのは、草薙剣を祀り古来から皇室と密接な関係があるので当然という見解をよく聞くが、これが不毛の議論であることはいうまでもない。因みに次章で述べるが、南朝方に参じた大宮司昌能は©系列の子孫である。

〔補註〕

（1）『吾妻鏡』治承四年八月十八日条。
（2）『吾妻鏡』元暦元年七月二十日条。
（3）『吾妻鏡』文治五年九月十日条。
（4）『吾妻鏡』建久元年十月二十七日条。
（5）『吾妻鏡』養和元年三月十日条。
（6）前掲註(5)。
（7）『吾妻鏡』養和元年三月十九日条。
（8）長門本『平家物語』巻十二「墨俣河合戦事」。
（9）前掲註(8)。
（10）『吾妻鏡』建久二年八月七日条。
（11）第二篇四七二頁。
（12）『吾妻鏡』元暦元年六月二十日、文治元年八月二十九日、正治二年四月九日条。
（13）『吾妻鏡』建久元年十二月一日条に「七條院非藏人範清」とある。
（14）『尊卑分脈』第二篇四七一頁、『吾妻鏡』建久元年四月十八日、同四年九月二十一日条。なお頼朝は仲経の亡父兼実の遺跡を後家に安堵した（同書建久四年九月二十六日条）。
（15）このような二元的主従関係は、当時決して珍しいものではなかった。上横手雅敬氏によると後藤基清は頼朝の妹婿一条能保の家人で、讃岐国守護職を務めた有力な御家人でもあり、また後鳥羽院西面の武士であるという多元的な主従関係を有していた（『日本中世政治史研究』三四七頁以下、塙書房、一九七〇年）。

(16)『熱田大宮司千秋家譜』（『熱田神宮文書』千秋家文書下巻、熱田神宮宮庁、一九九二年）。

(17) 前掲註(16)『熱田大宮司千秋家譜』。なお『尊卑分脈』能範の尻付「承久參㆓京方㆒、被㆓棄捐㆒」は、前田家所蔵脇坂氏本・前田家所蔵一本・国立国会図書館内閣文庫本では、範直の尻付とする（『尊卑分脈』第二篇四七四頁）。

(18) 貞応元年八月十五日、『久我家文書』第一巻一二号（國學院大學久我家文書編纂委員会、一九八二年）、『鎌倉遺文』第五巻二九九一号文書。

(19) 康永元年八月二十一日、『久我家文書』第一巻六一号。

(20)「承久の乱後の新地頭補任地〈拾遺〉―承久京方武士の一考察・補論―」（『史学雑誌』七九―一二、一九七二年）。『尊卑分脈』（第二篇四七二頁）憲朝の尻付に「本名有範、後改㆓信綱㆒」とある。

(21) 元亨二年六月二十七日、円覚寺文書（『鎌倉遺文』第三十六巻二八〇七五号文書）。

(22)「尾張国の荘園公領と地頭御家人」（『御家人制の研究』、吉川弘文館、一九八一年）。なお、この範俊を天養元年（一一四四）当時の郡司橘氏一族とみる見解もある（『講座日本荘園史』第五巻三五九頁、上村喜久子執筆部分、吉川弘文館、一九九〇年）。

(23)『明月記』建保元年四月二十六日条に「北面、大門、中條駿河前司信綱、同馬助範俊」とある。

(24) 正応六年六月二十五日、北条貞時下文、円覚寺文書（『鎌倉遺文』第二十三巻一八二二七号文書）。

(25)『瀧山寺縁起』（『新編岡崎市史』史料古代・中世編、新編岡崎市史編集委員会、一九八三年）。

(26)「足利氏の三河額田郡支配」（芳賀幸四郎先生古希記念『日本社会史研究』笠間書院、一九七七年）。

(27)『尊卑分脈』第二篇四七二頁。因みに『熱田大宮司千秋家譜』には、義氏の父義兼がこの由縁によって「一旦補㆓大宮司㆒」されたことがみえる。

(28)『吾妻鏡』建久二年八月七日条。小島鉦作「中世における熱田社領」（『神道史研究』七―六、一九五六年、のち『神社の社会経済史的研究』同氏著作集第三巻、吉川弘文館、一九八一年に再録）。

(29) 前掲註(16)『熱田大宮司千秋家譜』。
(30) 『尊卑分脈』第二篇四七二頁。
(31) 『伏見宮御記録』御逆修部類記（『大日本史料』建保三年五月二十四日条、第四編之十三、五五六頁）。
(32) 前掲註(15)上横手雅敬『日本中世政治史研究』三四六～三四七頁。
(33) 前掲註(16)『熱田大宮司千秋家譜』。
(34) 『尊卑分脈』第二篇四七二頁。
(35) 「在京人とその位置」（『史学雑誌』八三―八、一九七四年）。
(36) 以下の『承久記』はすべて「慈光寺本」（『新日本古典文学大系』43所収）による。
(37) 『尊卑分脈』第二編四七一頁。
(38) 『尊卑分脈』第二編四七二頁の範忠娘の項に「足利左馬頭、義氏祖母、義兼母」とある。
(39) 『尊卑分脈』第三編二七三頁の義氏姉妹の項に「野間〔田〕三郎朝氏妻」とある。
(40) 「鑁阿寺大御堂棟札写」（『近代足利市史』第一巻、足利市史編さん委員会編、一九七七年）二一六頁。
(41) 『梅松論』下（『群書類従』第二十輯、合戦部）。
(42) 『熱田大宮司千秋家譜』。
(43) 『承久軍物語』（『群書類従』第二十輯、合戦部）。
(44) 範智の孫審範は鶴岡八幡宮供僧になり、同宮の学頭で碩学として北条時頼に帰依された（『吾妻鏡』弘長元年二月二十日、九月三、四日条）。また女性については、本章第二節【表1】の三位局を参照。
(45) 承久京方勢力が全て院との主従関係に基づくものではない。西国守護・国衙勢力が院の期待しうる動員勢力であり、それは京都守護が在京御家人を掌握できなかったことなど、幕府による西国支配の脆弱性に原因があった。「續二前征夷將軍源朝臣遺跡一、宜レ令三彼家人郎從等如レ舊奉二行諸國守護一」（『吾妻鏡』正治元年二月六日条）という内容の宣旨によって幕府の存続と諸国守護権が認められたことは、論理上、朝廷の幕府に対する優位を意味する。つまり武士の院への接近は容易であり、この時期幕府や武士にとって院の権威は大きく存在していたのである。なおこれらの点については前掲註(15)上横手雅敬『日本中世政治史研究』三五一頁および「主従結合と鎌倉幕府」(『法制史研究』二〇、一九七一年、のち『日本中世国家史論考』塙書房、一九九四年に再録)を参照。

第三章　室町幕府と熱田大宮司家

一、

前章で述べたように、熱田大宮司家一門は鎌倉幕府源氏三代の間、源頼朝の外戚家としてとくに実力のある家柄ではなかったが、一般御家人に比べると殊遇された一面はあった。しかし頼朝が没し実朝が暗殺されると、幕府と大宮司家一門とは一部を除いて次第に疎遠になったようであり、承久の変では京方に参じた一門も少なくはなく、変後大打撃を被った。それでも幕府の在京人再編成の過程で、一門はその命脈を保ち続けた。そして南北朝期には大宮司藤原昌能が南朝の一員として活躍したことを、『建武年間記』『園太暦』『太平記』『尊卑分脈』『熱田大宮司千秋家譜』など種々の史料によって確認できる。なかでも戦前の学界においては承久の変に京方で参じたことと、南朝方に属した昌能の勤皇のことの二点が、熱田社史のなかで重要な位置を占め強調されたことは、朝廷と深い伝承関係をもつ由緒ある大社として当然の理解であった。

元弘三年（一三三三）五月、鎌倉幕府が滅亡し、後醍醐天皇の親政が開始された。建武二年（一三三五）十月、足利尊氏は鎌倉で叛旗を翻し西上するが、京都で敗れ九州に逃れた。翌年四月、尊氏は九州から東上し、十一月には後醍醐天皇と和し光明天皇に神器が譲られ、建武新政はその幕を閉じた。しかし翌十二月、後醍醐天皇は吉野に潜幸、ここに「一天両帝、南北京」(1)と称される南北朝動乱が始まったのである。以後正平六年（観応二年・一三五一）十一月、一統が成立したものの、翌年閏二月には早くも瓦解し、明徳三年（一三九二）閏十月に南朝後亀山天皇が北朝後小松天皇に譲位の形式をとるまでの間、皇統は南北両朝に分裂したのであった。この間の一時期、熱田社は二十二社に準じる朝廷直轄の官社に列されたという見解もあるが、[2]やがて尊氏によって前代と同様に北朝（持明院統）の管領するところとなった。小島鉦作氏は大宮司家の向背が南北両朝に分裂した原因を、このような熱田社の置かれた情況に求められたのである。[3]

そこでまず、南朝方大宮司家一門の動静について略述しておきたい。『尊卑分脈』によると、範雅の曾孫で承久の変には京方に参じた能範の曾孫昌能の尻付に「大宮司、南朝祗候」[4]とみえるが、『尊卑分脈』で確認できる南朝方の大宮司家一門は彼ただ一人である。確実な史料としては『建武年間記』に「武者所結番事」として一番から六番まで六十三名が記されており、その一番に新田義顕とともに「熱田播津守昌能」の名がみえる。また『園太暦』に「熱田大宮司昌能・蜂屋・原等輩幷吉良・石塔等一揆與み（美濃）の守護代合戰、以外有力之間、守護代引退、引二洲俣橋一、忩可レ賜レ勢之由、此一両日飛脚到來、就レ其種々有二評定一」[5]とある。昌能ら南朝軍が北朝美濃守護代と合戦した戦況を伝えるもので、南朝軍優勢のため守護代が京都に援軍を要請し、北朝の苦慮した様相を窺えよう。これらから昌能が南朝に属した武士の一員であったことは確実である。

『太平記』にはこのほか、南朝方大宮司の活躍がたびたび登場するので次に列記しておきたい。

ⓐ建武二年（一三三五）八月「足利殿東国下向事付時行滅亡事」巻十三

中先代の乱を起こした北条時行は足利尊氏に敗れたが、時行方の武士三浦時継は「尾張國へ落テ、舟ヨリ擧リケル所ヲ、熱田ノ大宮司是ヲ生捕テ京都へ上セケレバ、則六條河原ニテ首ヲ被レ刎ケリ」とみえる。

ⓑ建武二年十一月「節度使下向事」「矢矧・鷺坂・手越河原闘事」巻十四

足利尊氏が鎌倉で叛したとき、後醍醐天皇は尊良親王・新田義貞を大将軍とする追討軍を編成した。その中に「熱田攝津大宮司」がみえ、遠江国鷺坂にて足利勢力を破った。

ⓒ建武二年十二月「箱根竹下合戦事」「官軍引退箱根事」巻十四

新田義貞が箱根山に足利直義と戦ったとき、「熱田ノ大宮司」はこれに従い責戦した。しかし義貞は箱根竹下での南朝敗戦を知ると箱根山を下りたが、「三ツ葉柏」の旗を翻した「熱田ノ大宮司百騎計」と出会わせたので、これをあわせて野《の》七里《くれ》に進出したことがみえる。

ⓓ延元元年（一三三六）五月「聖主又臨幸山門事」巻十六

新田義貞・楠木正成が九州から反撃してきた足利尊氏と湊川で戦い敗れると、後醍醐天皇は再び近江国東坂本に行幸した。その供奉者に「熱田大宮司昌能」がみえる。

ⓔ延元元年十月「義貞北国落事」巻十七（毛利家本、金勝院本、天正本〈『大日本史料』第六編之三所収〉）

後醍醐天皇が和睦のため京都に還幸したとき、これに従った七百余騎の中に「熱田大宮司昌能」がみえる。また一説に昌能は義貞とともに北国へ落ちたともいう。

ⓕ延元三年正月「追二奥勢跡一道々合戦事」巻十九

北畠顕家が鎌倉に足利義詮を破り、次いで西上し尾張国熱田にその前陣が到着したとき、「攝津大宮司入道源雄、五百餘騎ニテ馳付」け、これに加わったことがみえる。

ⓖ延元四年九月「先帝崩御事」巻二十一

後醍醐天皇崩御のとき、南朝の諸将が列記されており、そのなかに「尾張ニ熱田大宮司」とみえる。

ⓗ延元四年九月「義助被レ参二芳野一事并隆資卿物語事」巻二十二

南朝方脇屋義助の籠る美濃国根尾城が土岐頼遠・頼康に攻め落とされ、義助は「郎等七十三人ヲ召具シ、微服潛行シテ、熱田大宮司ガ城尾張國波津ガ崎へ落テ、十餘日逗留」したことがみえる。

これらの大宮司の行動を、『熱田大宮司千秋家譜』(6)で追ってみよう。ⓐは昌能の養子昌胤の尻付に「正慶二年八月、朝敵北條高時二男相模二郎時行於鎌倉暫戰、負落下尾張國、于時大宮司昌胤生捕之、遣于京都」(7)とある。ⓒは忠氏の尻付に「建武二年十二月十一日、相州箱根竹下合戰、忠氏武氣太、進出雄壯之勢喚叫責戰、同北山立三葉柏紋旗、備於百騎計勢競」とみえる。ⓓは昌能の尻付に「延元元年五月十九日、　主上山門臨幸、昌能供奉」とみえる。ⓕは昌能の叔父親昌の尻付に「建武四年正月、　先帝官軍到着于尾張國、攝津大宮司入道源雄率五百餘騎馳加」とある。ⓗは季氏の尻付に「暦應三年、脇屋刑部卿義助自美濃國根屋城、郎黨召連七十三人、微服潛行而落于尾張國波豆崎、於大宮司城十餘日滯留」とみえる。このように『熱田大宮司千秋家譜』は『太平記』の記事を五名の大宮司に分散して記しているが、これは明らかに作為的な操作であり、小島氏の指摘があるようにすべて昌能のことと解すべきである。(8)

では昌能の根拠地はどこであったろうか。尾張国であることは疑いえないが、熱田社であったとは思えず、前記『太平記』ⓗに「尾張國波津ガ崎」とあるのは考えておく必要がある。「波津ガ崎」は羽豆崎・播豆崎・宮崎ともいい、(9)知多半島の南端に位置し、伊勢湾を間に大湊とを結ぶ役割を果たした。ここには現在羽豆神社が鎮座し、その社記には「正平十年、大宮司攝津守親昌猶子昌能、羽豆神社修覆」(10)とあり、「熱田大宮司家由緒書上写」には「當大宮司より四代以前千秋四郎迄ハ、尾州知多郡筈ケ崎今ノ諸崎歟之城主にて、四五万石も領地仕候様ニ申傳候」(11)とみえ、「千秋四郎」つまり季忠の代まで羽豆崎を根拠地としていたと伝える。

この二つの史料はやや信憑性に欠けるが、南朝側にあった伊勢外宮禰宜村松家行の行動を記した「外宮禰宜目安状案[12]」はこれを解決してくれる。

目安

外宮前禰宜家行御敵同意悪行條々事、（中略）

一、貞和四今年七月十二日、山田ヨリ出立、春日侍従《北畠顕信》中納言殿大將軍トシテ、全福大夫・雅樂入道・同子息部類等・家行孫聟鹿島・山田一揆衆等以下凶徒等、以㆓船五艘㆒、大湊ヨリ船ニ乗テ、尾張國宮崎ノ城ノ舊跡ニ取上テ、城墎構之刻、散々合戰シテ被㆓退却㆒、手追等相具テ、又山田ヘ歸ル、（中略）

一、家行進㆓御迎於宮崎㆒、奉㆑招㆓請北畠入道殿㆒、奉㆑置㆓我舘㆒、數日之後、吉野御所ヘ以㆓家行之家人等㆒奉㆑送、御共名字交名事、（下略）

このように宮崎（羽豆崎）が南朝の拠点のひとつであったことが知られ、大宮司家がこの地を守護していたのである。

以上のように南朝側に立ち行動した昌能は、前掲註（5）『園太暦』の観応三年（一三五二）以後、史料上に現われず、『熱田大宮司千秋家譜』からも猶子昌胤を最後にその裔は姿を消している。その後、羽豆崎を根拠地としたと伝えられる大宮司家は、『熱田大宮司千秋家譜』によると、次節で述べる足利氏に被官化した系列と考えられるのである。

しかし一方では、承久の変では鎌倉方に、南北朝期には足利氏に属した大宮司家の一流も存在した。しかもこの一流は初代藤原大宮司季範の嫡子で、平安末期に後白河院近臣であった大宮司範忠の子孫にあたり、明治初期まで大宮司職を継承した家柄であったことを改めて認識しておく必要がある。

そこで本章では室町期の大宮司家一門について、足利氏との関係を中心に考察しておきたい。歴代足利将軍家が熱田社に対して造営や奉納を行ったことは史上明らかであり、(13)それは崇敬の篤さであることに疑いをえない。しかし両者の関係を崇敬という宗教的観念のみで理解することはあまりにも短絡的であり、そこには両者の実質面での関係があったはずである。大宮司家が武士的色彩の濃い、というより実質武士であったことを考えれば、それは当然のことであろう。そしてこの関係を検討することは、室町期の熱田社の内部構造を解明するためにも必要な準備作業と思うのである。

二、

まず平安後期から鎌倉期における、大宮司家と足利氏との関係について触れておこう（以下巻末【関係略系図】参照）。範忠は一女を足利義康の室とし、源氏庶流との関係を深めた。(14)康治元年（一一四二）足利義国は鳥羽上皇建立の安楽寿院に足利荘を寄進してその下司職に就き、(15)これを契機としてその息義康は鳥羽上皇に仕え北面・左衛門尉に任じられた。(16)保元の乱では、平清盛三百余騎・源義朝二百余騎とともに、義康は百余騎を率いて後白河天皇方にあって、(17)範忠の「家の子・郎等」(18)とともに戦い、戦後昇殿を聴され従五位下・検非違使に叙任された。(19)義康は保元二年（一一五七）に没したが、彼と範忠の娘との間に生まれた義兼はその跡を継ぎ、(20)治承四年（一一八〇）には頼朝のもとに参じた。(21)翌年義兼が北条時政の娘を妻室に迎えたことにより頼朝とは義兄弟となり、またともに熱田大宮司家を出自とする母をもつことから、源氏嫡流・足利氏・大宮司家の関係は一層密接なものとなったのである。

大宮司家一門の中には御家人化して鎌倉に在住していたとみられる人物は多くいるが、足利氏との関係を確認できるのは範忠の子朝季の子孫である。建保元年（一二一三）和田義盛が北条義時の挑発に乗せられ生起した和田合戦において、清季の子朝季は義時方に参じた足利義氏のもとで義盛の三男朝夷名義秀と戦った。『吾妻鏡』によると、義秀は幕府惣門を破って将軍御所以下の諸施設を焼き払ったが、このとき北条泰時・同朝時ら北条一門とともに防戦に努めたのが義氏である。義秀と義氏は政所の前の橋で遭遇し戦ったが、「鷹司官者隔二其中一依二相支一、爲二義秀一被レ害、此間義氏得レ遁奔走」することができた。[22] この「鷹司官者」が、『尊卑分脈』にみえる「鷹司冠者、大宮司、朝季」[23]であるに違いあるまい。このような事情は朝季が足利氏に被官化していたとも想定できるが、若干問題が残される。朝季の子朝氏は、天福二年（一二三四）下野国鑁阿寺大御堂建立の際の棟札に、「方方雑掌」七名の一人として「巽　藤原朝氏私云、野田大宮司殿」[24]とみえる人物であり、また彼の妻室が義氏の姉妹であったことを勘案すると、[25] この時期に朝季――朝氏の系列が足利氏に被官化していたと考えるには無理があるかもしれない。縁戚者と理解しておくのが穏当であろう。

さて承久の変に、義氏は幕府東海道軍の大将軍の一人として上洛しているが、[26] 朝氏が成人していればこれに従った可能性は高いといわねばならない。承久の変の際、「火ノ御子」に陣を構えた京方の諸将「打見・御料・寺本殿」が、「尾張熱田大宮司ニ懸ツメラレテ、モロコシ河ニテ討レニケリ」[27]とみえており興味深い。しかし変後の大宮司家の様相を窺うと、所領・所職を没収された人物もあり、変のとき大宮司であったとみられる範直は棄捐された。[28] それは彼らが京方にあったためであり、藤原大宮司家の本貫であった三河国額田郡の所職は義氏に給されたが、これは義氏の祖母が大宮司家の出自であったからという。[29] 当時の慣習として没収地は同族に給することが、一般的ではあったが、この場合はそれが実施されなかった。朝季――朝氏がどこを本拠としていたか不詳だが、それは案外三河国ではなく関東であったのかもしれない。朝氏の孫行氏が「野田常陸介」、その孫範重が「野田常陸太郎」と称したことも気になるところではある。[30]

いま一人、範忠の子寛伝について述べておこう。彼は『尊卑分脈』に「號二額田僧都一」、『熱田大宮司千秋家譜』に「號二額田式部僧都一、住二參州瀧山寺一」とある人物で、藤原大宮司家の氏寺とでもいうべき三河国額田郡瀧山寺の僧侶であった。寛伝は頼朝の従兄弟で、かなり親密な関係にあったようである。『日光山列祖伝』に「第十九世座主觀纏僧都傳（中略）壽永元年依二右大將愛董〔重カ〕一光山寺職、（中略）厭二寺務一紛紜、退至二三州額田郡一、而領二六十六郷一、就レ其極二幽邃一處、創二建精舍一區一」[31]とみえ、寿永元年（一一八二）頼朝の支援によって下野国日光山満願寺の第十九世座主となり、のち額田郡に帰り六十六郷を領し精舎一区を創建したという。また『瀧山寺縁起』には、寛伝は頼朝の没にともない、その菩提を弔らため瀧山寺域内に惣持禅院を建立して、頼朝等身大の聖観音像を安置したことがみえる。[32]

このような寛伝が領した六十六郷の実体は不詳であるが、藤原大宮司家の本領を伝領したか、或いは瀧山寺領を管領したものとみられる。[33]寛伝は元久二年（一二〇五）に没しており、[34]その後この六十六郷はどのようになったのか明らかにできないが、寺領でなければ承久の変後に義氏に給与された地域に含まれると考えてよかろう。また変の翌貞応元年（一二二二）瀧山寺本堂造営のとき義氏は「額田郡・碧海荘・吉良東西條等」の人夫を差出し援助しており、棟上の日には義氏妻室が同寺へ参詣している。[35]以後、鎌倉期を通じて足利氏の瀧山寺に対する庇護は厚く、足利氏・額田郡・瀧山寺は深い絆で結ばれていた。

なお足利氏にとって寛伝は縁戚者にあたり、また下野国満願寺の座主であったことも関係していると思われるが、鑁阿寺の奥院である樺崎法界寺の一切経は、「額田僧都寛典　熱田大宮司息、本願上人叔父、自宋朝渡之、然左馬入道之時、當寺江令レ越給」[36]わったものであった。この一切経はいつ法界寺の経蔵に納められたのか不明だが、足利氏と寛伝との関係は充分に察せられるのである。

以上のように、大宮司範忠の子清季系列と足利氏との関係は、範忠の一女が義康の室になって以来、朝氏の代頃までは足利氏の被官としてではなく、縁戚者としての立場にあったものと考えられる。

三、

鎌倉中期以降幕末に至るまで、大宮司家と足利氏との関係は判然としない。元弘の変の際、足利尊氏に従った武士は『太平記』に列記されているが、その中に大宮司家一門の人物はみあたらない。しかし『御的日記』[37]建武元年（一三三四）条には「公家一統之御時」として御的の記事があり、一〜五番各二名の計十名が射手を勤めており、そのなかには仁木頼章・細川頼春ら足利一門とならんで「三番星野左近藏人・千秋左近藏人」の名がみえる。星野・千秋氏はともに大宮司家一門であり、範忠の兄弟範信の子孫にあたる。また建武三年三月、尊氏が筑前国多々良浜において菊池武敏を破ったとき、足利家重代の鎧・小袖を着用したのは「熱田の野田の大宮司」[38]であったという。さらに『熱田大宮司千秋家譜』は朝氏の孫家季について、「延文三年四月廿九日、依二于足利尊氏卿逝去一、家季入道、元明」[39]と記している。このように建武新政・南北朝期初頭にかけて、範忠・範信の子孫はすでに足利氏に被官化して近習の立場にあったとみられるのである。

建武二年（一三三五）十月・十二月、尊氏は熱田社に対して祭主職の交替と祈禱命令とを相次いで下した。次にそれを記しておこう。

①　尾張國熱田社祭主職事

當祝師・惣検校、天下依二不忠一、被二｜｜違勅一了、早任二重代旨一、彼所職者六郎大夫信成至〔致〕二當知行一、可レ随二神事一、仍執達如レ件、

建武二年十月十四日　武藏權守（高師直）判

本祝師舘(40)

②　祈禱事、殊可レ被レ致二精誠一之狀如レ件、

建武二年十二月廿五日　（足利尊氏）（花押）

權宮司舘(41)

①の日付十月十四日は尊氏が中先代の乱を鎮圧し、上洛命令を固辞して鎌倉に留まり後醍醐天皇に叛旗を翻した直前で興味深い。理由はよくわからないが、祝師（田島氏）・惣検校（馬場氏）の「不忠」によって祭主職が守部信成に改替されたことは、恐らく尊氏が熱田社への介入を意図したもので、熱田社を勢力下に組み込もうとしたものとみられる。これに続き②は十二月十一日箱根竹下の戦いに勝利した尊氏が、西上の途次に熱田社権宮司宛に発したものである。『尾張宿禰田島氏系譜』(42)によると、このときの権宮司は正和五年（一三一六）から延文元年（一三五六）の間在職した田島仲衡になるが、そうすると先の祭主職の改替と齟齬を生じる。十二月に祈禱を行ったのは惣検校馬場良継と確認されることから(43)、それは一時的な改替であったのかもしれない。あるいは、①の宛所が「本祝師舘」とあることから、祭主職を停められたのは代行者なのかもしれない。ただ良継は暦応二年（一三三九）八月に本領を

【表1】西暦は成立年代。㋐㋑は各番帳の部分の成立年代。

	所属	文安番帳 一四四四～九	永享番帳 一四五〇～五	長享番帳 一四八七～九	東山殿番帳 一四九二～三	貞助記 ㋐一五二一～三五 ㋑一五五九～六一	永禄番帳 ㋐一五六三～四 ㋑一五六六～七
千秋	二番衆					㋑千秋次郎	
	三番衆	千秋刑部少輔	千秋刑部少輔		千秋刑部少輔	㋐千秋刑部少輔	
	三番衆		千秋駿河守	越前千秋駿河守			
	三番衆						㋑千秋月斎
	五番衆	千秋民部少輔	千秋民部入道	越前千秋民部大輔政宗			
	五番衆				千秋中務少輔		
	五番衆				千秋次郎		
	外様衆	千秋宮内大輔		千秋宮内大輔尚範			
	御台様御相伴衆		千秋中務少輔				
	申次						㋐千秋左近将監輝季
萩	四番衆	萩内匠助	萩内匠助入道				
	四番衆	萩左京亮（在国衆）					
	四番衆		萩小太郎				
	四番衆		萩弥五郎				
	四番衆		萩内八郎				
	四番衆			萩又三郎信平			
	四番衆				萩修理亮		
星野	五番衆			星野宮内少輔			
一宮	五番衆	一宮大蔵大輔					
長山	五番衆	長山右馬助	長山左馬助入道				

【熱田大宮司家略系図】

(1) この略系図は『尊卑分脈』『千秋家譜』をもとに作成。
(2) 大・㊅は大宮司。
(3) ○・⬭・（　）は『千秋家譜』、その他は『尊卑分脈』。
(4) □の忠広・範重・高範・永能は、『園太暦』貞和二年（一三四六）十二月二十一日条で大宮司職を競望した人物。

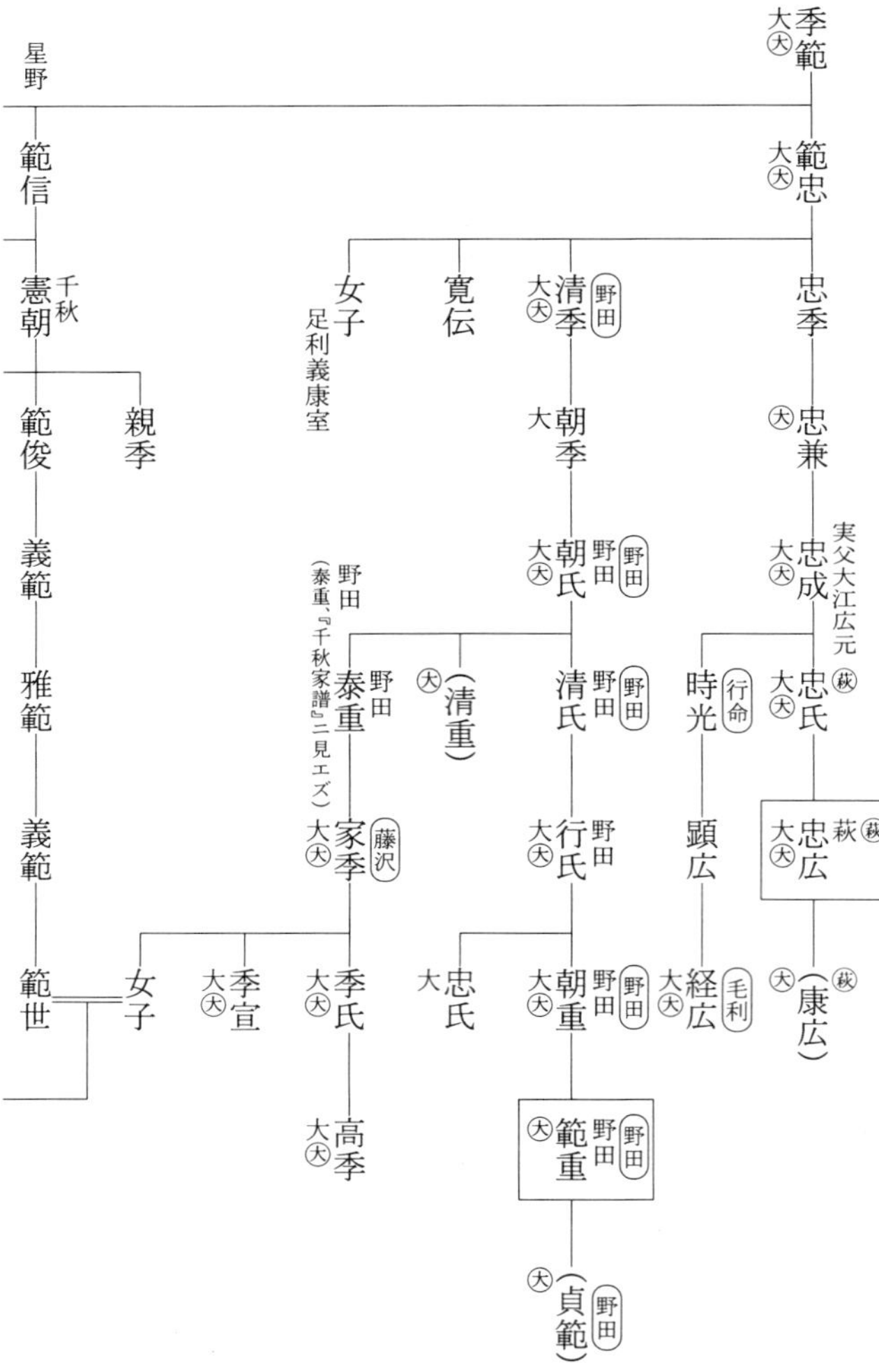

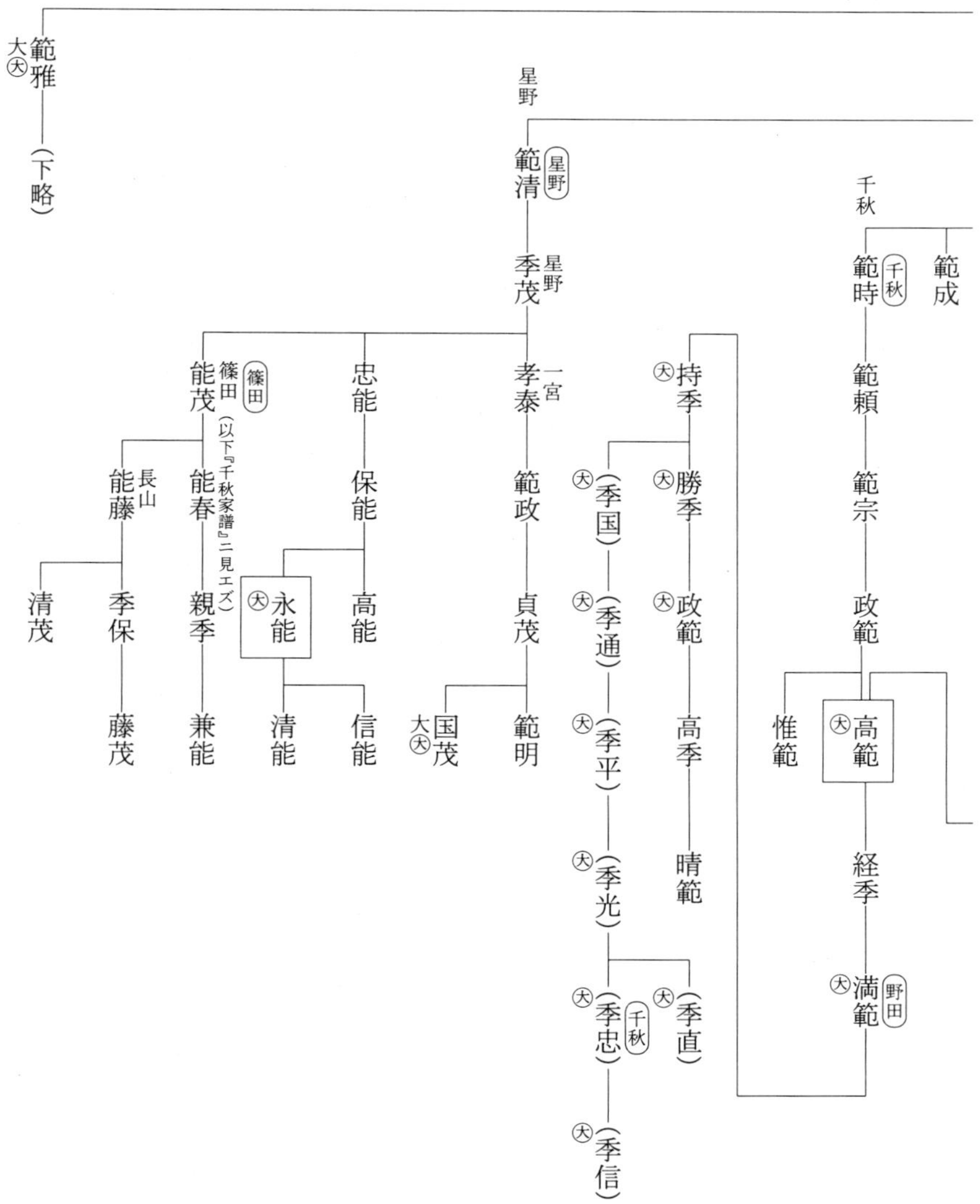

範雅 大㊅
（下略）
星野
範清 星野
季茂 星野
孝泰 一宮
範政
貞茂
範明
国茂 大㊅
忠能
保能
高能
㊅永能
信能
清能
能茂 篠田 篠田（以下『千秋家譜』ニ見エズ）
能春
親季
兼能
能藤 長山
季保
藤茂
清茂
㊅持季
㊅勝季
㊅政範
高季
晴範
㊅（季国）
㊅（季通）
㊅（季平）
㊅（季光）
㊅（季忠） 千秋
㊅（季直）
㊅（季信）
千秋
範時 千秋
範成
範頼
範宗
政範
㊅高範
惟範
経季
㊅満範 野田

尊氏に安堵されているので、(44)北朝側にあったことを否定することはできない。このように大宮司昌能が建武政権下にあったとき、尊氏は熱田社を内部から切り崩しにかかり、これに成功した。南朝で活躍している大宮司昌能を考えたとき、足利氏に付いた大宮司家一門の熱田社への影響力を認めないわけにはゆかないのであり、そこには野田大宮司の存在を考慮しておく必要が多分にあろう。このような事情を踏まえて、以下、室町期における足利方大宮司家一門の動静について述べてゆこう。

さて室町幕府将軍の近習として想起されるのは奉公衆であるが、これは幕府初期の近習随兵を中核とする集団が組織化されたものである。(45)足利義満のとき明徳の乱（一三九一）に「御馬廻三千餘騎」、(46)応永の乱（一三九九）に「御馬廻二千餘騎」(47)とみえる将軍直轄軍がそれにあたる。奉公衆体制についてはこれまで多くの研究がなされているが、当面本章に関連することを福田豊彦氏の所説(48)に従ってまとめておきたい。

㋐　在京奉公が原則で、構成員は有力守護の庶子・奉行人の一族・鎌倉以来の足利被官・有力国人層であった。

㋑　奉公衆の体制は永享年間（一四二九〜四一）初期頃までに整備され、応仁の乱をはさんで延徳三年（一四九一）の足利義稙による六角高頼攻めまでは完全に機能していた。

㋒　この間、奉公衆の所属番（一〜五番）は家ごとにほぼ固定され、各番衆は強い連帯意識によって結ばれていた。

㋓　奉公衆は幕府直轄領（御料所）の代官となり、御料所を預け置かれ、年貢収納の責任を負った。

この奉公衆のほぼ全貌を知るには、所謂「番帳」と称される『永享以来御番帳』（永享番帳）、『文安年中御番帳』（文安番帳）、『長享元年九月十二日常徳院殿様江州御動座当時在陣衆着到』（長享番帳）、『東山殿時代大名外様附』（東山殿番帳)、『貞助記詰衆五番組』(貞助記)に記された番衆・番方、および奉公衆体制が収縮化し詰衆としての体制を記した『永禄六年諸役人附』(永禄番帳)が便利であることは周知の通りである。[49] そこでこれらの「番帳」から、大宮司家一門と考えられる千秋・萩・星野・一宮・長山氏を抽出しまとめたのが67頁の【表1】である。また上記五氏の【熱田大宮司家略系図】を『尊卑分脈』と『熱田大宮司千秋家譜』から68〜69頁に作成しておいた。以下各氏について述べてゆきたい。

四、(千秋氏)

千秋氏は『尊卑分脈』によると範信の子憲朝に始まり、親季・範俊・範成・範時の四氏に分流したが、結果的には系図上範時の子孫がこれを継承していった。憲朝はその子範俊とともに承久の変では京方に参じ、その所職を没収されるが、[50] その後この子孫は後述するように越前国丹生北郡に本拠を置いたようである。また範時の孫範宗は一条大宮篝番役・六波羅評定衆を勤めるなど、鎌倉幕府の西国御家人再編成によって在京人の立場にあった。[51] ただこの千秋氏からは鎌倉期に大宮司職に就任した人物は一人もなく、このことは千秋氏がもともと大宮司職を輩出する家柄ではなかったことを示唆している。

ところが南北朝期になると、千秋高範が千秋氏のなかから初めて大宮司に就任したらしい。[52] 前掲【熱田大宮司家略系図】に示したように、『園大暦』貞和二年(一三四六)十二月二十一日条は萩忠広・野田範重・千秋高範・星野永能の四名による大宮司職競望を伝えているが、このときには範重が就任したらしいので、高範の補任はこの後になる。これ以降、若干の例外はあるものの、高範の子孫が主に大宮司職に任じられており、このことは鎌倉から室町へ移行した時期的な問題を含めて留意しておくべきことである。

そこで高範について、少しく述べておこう。彼は範俊の子孫にあたる範世を実父とし、鎌倉期に足利氏と縁戚関係にあった野田大宮司家の系列である家季の娘を母にもっていた。のち高範はいかなる事情か不明だが、在京人の系譜を引く千秋政範の跡を継いでいる。実父範世は「宇治江五郎」と称し、越前国丹生北郡宇治江村を本拠としていたようである。[53] それは嘉元四年（一三〇六）、範世の父兼範が同郡糸生郷山方の大谷寺に弘法大師御影供料田として、「在二宇治江村源五郎名内一、字柿木町」[54]の田二反を寄進しており、兼範がこの地を所領としていたことから明らかであろう。この範俊の子孫はいつどのような事情で越前国に居住したのか不明だが、文安六年（一四四九）の「大谷寺衆徒・山臥等申状案」に、「當山者（中略）今及二二百五十年一、地頭千秋方、成二當代一無レ謂彼御神田押、被（マヽ）神木悉切賣、剰無理非法臨時依レ無二際限一」[55]とあり、地頭千秋氏が二百五十年来支配を続けていたという。これが事実であれば、十三世紀初頭頃から千秋氏は越前国丹生北郡に地頭もしくは地頭代として存在したことになる。

さて家季の娘は、このような千秋氏の室となったのであるが、長坂一郎氏によると、この野田氏は宇治江村の東に隣接する野田郷を本拠にしていたらしい。[56] そうであるとすれば、大宮司範忠の子清季の系列は、『倭名類聚抄』にみえる野田郷を苗字にした可能性もあり、興味深い指摘ではある。通説では、野田氏は三河国設楽郡野田に居住したことに始まるというが、[57] これを明証する確実な史料を知らない。鎌倉期の野田氏については前述したように、足利氏の縁戚者として三河国もしくは関東に在住した可能性は高いが、或いは野田泰重の系列が越前国野田郷に住したのかもしれない。また野田を越前国で名乗ったかどうかについては、保留しておきたい。なお佐藤進一氏によると、建治二年（一二七六）頃に足利上総介（吉良満氏）が越前守護になっているが、[58] これも何か関係があるのかもしれない。

いずれにしろこの問題の解決は困難であるが、高範について考えておきたいのは、『熱田大宮司千秋家譜』に、

家季――季氏┬高季
　　　　　　└女子――高範

とある記載である。このように女子の後を継ぐ形式で記されているのは、『熱田大宮司千秋家譜』全体のなかでもこの部分だけであり、特別な事情を想定せざるをえない。それは高範母が父季氏の所領・所職の一部を相続し(59)、高範に伝えたからと考えることはできないだろうか。これが認められるならば、高範は父範世と母両者の所領を継いだことになる。長禄四年（一四六〇）の「足利義政袖判御教書」に「越前國野田本郷千秋民部少輔入道浄祐跡(60)」、寛正二年（一四六一）の「足利義政袖判御教書」に「越前國野田郷内千秋民部少輔入道跡(61)」、同じく「室町幕府奉公人連署奉書写」に「越前國野田郷千秋民部少輔入道跡(62)」、また明応六年（一四九七）の「足利義澄袖判御教書」に「越中國宮川庄・越前國野田本郷・同郷内元興寺領分代官職千秋民部少輔入道浄祐跡(63)」とあり、室町期に野田（本）郷が千秋氏の知行となっていたことは、長坂氏が述べられたように千秋氏と野田氏との姻戚関係に基づくものであろう。

高範は足利尊氏の反鎌倉挙兵当初からこれに従っていたのか不明だが、それ以後の関係をあげておこう。康永三年（一三四四）尊氏・直義兄弟は高野山金剛三昧院で仏名和歌会を催し、のちに直義はこのときの和歌百二十首を同院に奉納しており、このなかには高範が詠んだ二首も含まれている(64)。翌貞和元年（一三四五）の尊氏による天龍寺供養に際して、「諸大夫　千秋駿河左衛門大夫」「於二佛殿辰巳角軒一、取二布施一千秋左〔右カ〕衛門大夫高範傳レ之(65)」とみえ、諸大夫・布施取役を勤めている。このとき高範の兄弟惟範も「千秋參河左衛門大夫」としてみえ、直義の御笠役を勤仕している。貞和二年には「千秋右衛門大夫高範自二將軍一爲二御使一來臨、大友後室中、三條地事、尋聞可レ令二和讒一、但自レ是非ニ口入一、私可ニ相計一云々」[66]とあるように、尊氏の御使を務め醍醐寺三宝院に赴いている。また前に述べた『御的日記』建武元年（一三三四）条にみえる「千秋左近藏人」は、高範の可能性が高い。このように高範は、南北朝期初頭から尊氏の近習としての位置にあったことが知られるのである。

では越前国の千秋氏が、何故足利氏の近習になりえたのであろうか。ひとつには高範母が鎌倉以来足利氏と関係の深い野田氏の出自であったこと、またひとつには高範が在京人の系譜を引く千秋政範の養子となったことなどが考えられよう。とくに後者は、六波羅滅亡のとき六波羅が探題被官と在京人とに分裂しており、やがて在京人が尊氏のもとに掌握されたことを思うと重要なことと考えられるのである。

以後、室町期の将軍出御の際に千秋氏が衛府侍・御沓役などとして随行していることは、『花営三代記』をはじめ諸史料に散見するが、ここでは実名が明記してある人物をあげておくに留めたい。応永三十年（一四二三）の足利義量の社参には「御ワラジノ役、千秋二郎持季」[67]がみえ、永享二年（一四三〇）の足利義教の右大将拝賀には「衛府侍、十騎一行、千秋刑部少輔持秀〔季カ〕」[68]、宝徳二年（一四五〇）の足利義政の参内には「衛府侍十人、従五位上千秋駿河守持季」[69]とみえており、この持季は高範の曾孫にあたる人物である。また『御的日記』によると、文安二年（一四四五）の「千秋左近將監勝秀〔季カ〕」、宝徳二年・康正二年（一四五六）には「千秋刑部少輔勝季」が的始の射手を務めており、この勝季は持季の子息にあたる。また天文四年（一五三五）に定められた足利義輝の御産所の所役に「御祈禱奉行、千秋左近大夫將監晴季」[70]がみえ、天文十五年の義輝元服には「公方御走衆十人、千秋刑部少輔晴季」[71]とあり、この晴季は勝季の孫高季の養子である。[72]なお『長禄二年以来申次記』には「番頭幷節朔衆には、一色阿波守・小笠原・中條・結城・千秋・三上・楢葉等懸ニ御目一也」[73]とあり、千秋氏は節句・朔日に将軍に目通りする節朔衆の一員でもあった。

さて前掲【表1】にまとめたように、千秋氏は奉公衆であった。この表から二名以上の人物がみられる所属番の官職に注目すると、三番衆は刑部少輔・駿河守、五番衆は民部少輔・民部大輔、外様衆は宮内大輔という特色がみられる。また『永享番帳』と『東山殿番帳』の中務少輔を同一の千秋氏とみることもできよう。足利義満以降、家の官職が世襲化されたことから、同一の家の所属番衆は固定化していたと考えられ、千秋一族は少なくとも本家・庶家ともども四家以上にわたって将軍に仕えたことになる。

問題となるのは各番帳にみえる人物の実名であるが、このうち『尊卑分脈』で確認できるのは三番衆の系列である。『文安番帳』『永享番帳』の「千秋刑部少輔」は、『康正二年（一四五六）造内裏段銭并国役引付』に「四貫百十五文（中略）千秋刑部少輔殿賀州熊坂庄段銭[74]」とある人物であることは年代的にみて間違いなく、その実名は前出『御的日記』文安二年にみえる「千秋刑部少輔勝季」である。彼は『長禄二年（一四五八）熱田大神宮渡用御殿御遷宮供奉人差定[75]』に「十五番　大宮司千秋勝季」ともある。また『長享番帳』の「越前千秋駿河守」は、『伺事記録』延徳二年（一四九〇）にみえる「千秋駿河守政範[76]」で勝季の子息である。政範は『熱田宮年代記[77]』文明二年（一四七〇）・同十三年・永正二年（一五〇五）・同十一年・同十二年に大宮司としてみえ、前出『伺事記録』延徳二年に「千秋駿河守政範申ニ熱田社太宮司職事一、等持院殿（足利尊氏）御以（マヽ）代來、帯ニ代々御判一、相續知行[78]」とあり、政範の先祖は足利尊氏の代から大宮司にあったことが知られる。さらに『貞助記』三番衆の「千秋刑部少輔」は先述したように足利義輝元服のとき「公方御走衆」であった春季で、彼は高季の養子なので、『東山殿番帳』三番衆の「千秋刑部少輔」は高季ということになる。

そうすると『永享番帳』の「千秋駿河守」は、『尊卑分脈』に「従五位上、左將監、刑部少輔、駿河守」と記された勝季の父持季の可能性が強い。持季は『熱田宮年代記』永享二年（一四三〇）・同五年・文安六年（一四四九）・宝徳三年（一四五一）に大宮司としてみえ、また熱田神宮所蔵金銅装唐鞍の居木裏刻銘には「大宮司千秋駿河守従五位上藤原朝臣持季修復焉、寶德三年卯月廿六日[79]」とあり、それは『永享番帳』の成立年代と一致する。このように奉公衆三番衆は、持季——勝季——政範——高季——春季五代にわたって確認でき、この系列は高範の子孫にあたるのである。また『文安番帳』五番衆の「千秋民部少輔」と『永享番帳』の五番衆「千秋民部少輔入道」は、前出長禄四年「足利義政袖判御教書写」にみえる「千秋民部少輔入道浄祐」であり、『長享番帳』の五番衆「越前　千秋民部大輔政宗」はその子孫とみなすことができよう。ただ民部少（大）輔・中務少輔・宮内大輔を世襲とする千秋氏を、系譜の上からは確認することはできない。

　次に千秋氏の所領について述べておこう。承久の変前には千秋氏始祖憲朝が尾張国海東荘地頭職で、その子範俊は同春日部郡司職にあったが、変後没収されたことは前に述べた。範俊の兄弟範時の子孫で在京人の系譜を引く千秋氏の所領は管見に及ばず遺憾であるが、高範が大宮司職に就くようになってからは、主に奉公衆三番衆の系列が熱田社領[80]を相伝したものと思われる。ただ残る問題として、社領を公的な所領とすれば千秋氏の私的な所領について考えておく必要があろう。高範が越前国丹生北郡を本拠としていただろうこと、その後に同郡野田郷が千秋氏に領されたことは前述したが、ここでは越前国をはじめ北陸道での千秋氏の所領に関するものとみられる史料を要約して【表2】に整理した[81]。

【表2】

(1) 嘉元四（一三〇六）・八・二十一	藤原兼範寄進状　越知神社文書（『福井県史』資料編5　中近世三） ○兼範、越前丹生北郡宇治江村源五郎名内字柿木町の田二段を大谷寺に寄進。
(2) 応安五（一三七二）・七	越前国河合荘雑掌申状案　醍醐寺文書（『福井県史』資料編2　中世） ○千秋駿河左近将監の代官、越前吉田郡河合荘にて新儀非法。

⑶応永三十一（一四二四）・七・三	丹生浦山沽却注文　三方郡美浜町丹生区有文書（『福井県史』資料編8　中近世六） ○越前三方郡丹生浦、重代相伝私領の山を竹波在家「せんしう」に沽却。
⑷文安五（一四四八）・十・	大谷寺寺僧申状案　越知神社文書（『福井県史』資料編5　中近世三） ○地頭千秋、越前丹生北郡糸生郷山方の大谷寺神田を押領沽却。
⑸文安六（一四四九）・四	大谷寺衆徒・山臥等申状案　越知神社文書（『福井県史』資料編5　中近世三） ○地頭千秋、越前丹生北郡糸生郷山方の大谷寺神田押領、神木切売、無理非法。
⑹宝徳二（一四五〇）・正	大谷寺衆徒・山臥等申状案　越知神社文書（『福井県史』資料編5　中近世三） ○地頭千秋、越前丹生北郡糸生郷山方の大谷寺修理供田九十石押領沽却、神木切売。
⑺康正二（一四五六）	康正二年造内裏段銭并国役引付（『群書類従』第二十八輯） ○千秋刑部少輔、加賀熊坂荘段銭四貫百十五文納銭。
⑻長禄二（一四五八）・十一・二十五	足利義政寄進状　筑波大学付属図書館所蔵文書（『福井県史』資料編2　中世） ○義政、千秋宮内少輔範安跡の越前丹生北郡糸生郷山方を北野宮寺に寄進。
⑼長禄四（一四六〇）・四・二	足利義政袖判御教書　内閣文庫所蔵文書（『福井県史』資料編2　中世） ○義政、千秋民部少輔入道浄祐跡の越前丹生北郡野田本郷を一色政熙に宛行う。
⑽寛正二（一四六一）・九・十七	足利義政袖判御教書　青山文庫文書（『福井県史』資料編2　中世） 室町幕府奉行人連署奉覆写　一色家古文書（『福井県史』資料編2　中世） ○義政、千秋民部少輔入道跡の越前丹生北郡野田郷を一色政熙に宛行う。
⑾文明十一（一四七九）・三	清水寺再興勧進状并奉加帳　清水寺成就院文書（『福井県史』資料編2　中世） ○越前千秋式部少輔季藤、清水寺再建のため柱一本代二十貫を寄進。
⑿延徳元（一四八九）・十・二	室町幕府奉行人連署奉書　北野社家日記（『室町幕府文書集成』奉行人奉書編上） ○足利義政、千秋伊豆守をして敷地彦右衛門尉の加賀福田荘押領を退けることを命ず。
⒀明応六（一四九七）・十一・六	足利義澄袖判御教書　青山文庫文書（『福井県史』資料編2　中世） ○義澄、千秋民部少輔入道浄祐跡の越中宮川荘・越前野田本郷・同郷内元興寺領分代官職を一色政具に知行せしむ。

このなかで実名・法名が知られるのは、⑴藤原兼範・⑻千秋宮内少輔範安・⑼⑽⒀千秋民部少輔入道浄祐・⑾千秋式部少輔季藤である。また⑵の千秋左近将監は『尊卑分脈』に「従五位上　左將監　刑部少輔　駿河守」と記された経季とみて年代的に誤りなく、官職も奉公衆三番衆に通じる。⑺の千秋刑部少輔は、前出『御的日記』永正二年（一五〇五）にみえる千秋刑部少輔勝季である。これらの人物で系図上確認できるのは、⑴兼範・⑵経季・⑺勝季にすぎないのであるが、前掲【表1】に照らして官職からこれをみると、

⑺千秋刑部少輔勝季……………三番衆
⑻千秋宮内少輔範安……………外様衆
⑼⑽⒀千秋民部少輔入道浄祐……五番衆

という系列下に官職の一致をみることができる。このように彼らは奉公衆・外様衆の系譜を引く千秋氏なのである。また⑿の千秋伊豆守は文明十八年（一四八六）から十九年にかけて、相国寺林光院領加賀国江沼郡横北荘を押妨し訴えられていることが『蔭涼軒日録』に散見しており、その中に「立町《（千秋）》伊豆守爲二彼在所之代官一、（中略）早々致二參洛一、可レ遂二六箇年之勘定一」[82]とみえ、現地に拠点をもっていたと考えられる。そうすると奉公衆三番衆・五番衆・外様衆・⑾の式部少輔・⑿の伊豆守の各千秋氏は、全て越前・加賀・越中国にその本拠もしくは所領を有していたことになろう。

これらに対する千秋氏の支配はいつまで続いていたのか明瞭にしえないが、⑻によると「千秋宮内少輔範安跡地」である糸生郷山方が北野宮寺に寄進されていること、⑼⑽⒀によると「千秋民部少輔入道淨祐跡」である越前国丹

生北郡野田郷・同郷内元興寺領分代官職・越中国宮川荘が一色氏に宛行われていることなどから、遅くとも長禄年間頃（一四五七〜六〇）までには法的な面でこれらが千秋氏の手を離れていたものとみてよい。しかし長禄四年（一四六〇）に野田郷が一色氏に宛行われたにもかかわらず、その後も度々同様の御教書が発給されていることは、実質上、千秋氏の支配が及んでいたことを示唆しているようである。なお長享二年（一四八八）一向一揆に滅ぼされた加賀国石川・河北郡守護職富樫政親の妻室は、「尾州熱田大宮司友平息女巳女」[83]と伝えられ、また年代は下がるものの永禄十一年（一五六八）足利義昭が越前国に朝倉義景を頼ったとき、朝倉氏の家臣として辻固めを勤めた人物に「千秋因幡守・千秋左京亮」[84]がみえ、さらに前田利家の家臣に「千秋主殿助」[85]を確認できるなど、千秋氏は北陸道に留まり戦国期にその名を遺している。以上、実にまわりくどい進め方をしたが、奉公衆の系譜を引く千秋氏が越前国を中心に北陸道に勢力を維持していたことは疑いのないところなのである。

因みに平成二年（一九九〇）、福井県丹生郡朝日町杖立区（大谷寺飛地）の越知山本道の登り口にある宝篋印塔の塔身とみられる石塔の銘文が調査された。石材は凝灰岩で、横三五センチ、奥行き三四・五センチ、高さ三一センチ、前面と側面とに梵字が彫られ、裏面に「十五歳　藤原範□　建武四年七月七日　義道」の銘文がある[86]。この石塔は「藤原範□」の寄進によるもの、もしくは彼の墓塔・供養塔とみられ、その所在地が千秋氏と関わりのある越知山であること、および「範」の通字との関係から、この人物は大宮司一門である可能性が高い。

五、（萩氏）

萩氏は『尊卑分脈』によると範忠の子孫忠氏に始まるが、忠氏の父忠成は鎌倉幕府政所別当大江広元の子で忠兼の猶子となり、また忠氏も同じく大江姓で忠成の猶子であった。『尊卑分脈』『熱田大宮司千秋家譜』によると、忠成――忠広――康広はいずれも大宮司職に就き、忠氏は刑部権少輔、忠広は左京亮にあった。

忠広は文和二年（一三五三）頃には大宮司にあり、尾張国国衙領である智多郡英比郷北方を濫妨押領したことと、本所皇室への年貢未進とをあわせて訴えられている。(87) 後光厳天皇は足利義詮に対し忠広の押妨を停めるよう綸旨を発し、(88) 義詮は御教書によってこれを命じた。(89) しかし英比郷の領有問題はなかなか決着が付かず、文和四年に「尾張國英比郷、所レ被レ付二國衙一也」(90) との後光厳天皇綸旨によって、尾張国衙に帰属することとなった。だが、その後もこの係争は続いたようで、応永十一年（一四〇四）には忠広の子孫と考えられる大宮司萩駿河守が熱田社領と号しておそらく英比郷北方を押妨し、国衙方知行主日野氏から幕府へ訴えられている。(91) そもそもこの係争の原因は英比郷南方八町が熱田社領であったことにあり、(92) それは建武年間（一三三四～八）に足利尊氏によって熱田社に大般若経料所として寄進されたからだという。(93) 国衙・榎山寺・熱田社の三者による支配がこの係争をもたらしたのである。

さて前掲【表1】に示したように『文安番帳』四番衆に「萩内匠助」、同在国衆に「萩左京亮」、また『永享番帳』の四番衆に「萩内匠助入道」「萩小太郎」「萩彌五郎」「萩内八郎」(94)、『長享番帳』四番衆に「萩又三郎信平」、『東山殿番帳』に萩修理亮がみえ、奉公衆としての萩氏を確認することができる。また延徳二年（一四九〇）足利義政の葬儀では、足利義植の警固についた走衆の中に「萩三郎」(95) がみえる。彼らは系図上確認はできないものの、『文安番帳』四番衆の「萩左京亮」が忠広と同官職にあったことに唯一の根拠を求めると、大宮司萩氏とかすかにつながってくるようである。

この萩を三河国の地名に求めると、宝飯郡に萩がある。ここに鎮座する下賀茂神社の応永十六年（一四〇九）十二月二十三日付の棟札に「地頭大江高廣□藤原家光（中略）當保地頭并家光」(96) とあり、この地が萩保といい大江氏の支配にあったことは興味深い。大江氏系図に年代に合う高広はみえないものの、大江姓萩氏の可能性は多分にあるとみられる。しかし大宮司忠広が萩を根拠としていたことは詳らかにできない。ただ『康正二年造内裏段銭并国役引付』に「参百五十文（中略）三淵掃部助殿 三河荒井并萩分段銭」とあることは、康正二年（一四五六）以前までに萩保は奉公衆三淵氏に預け置かれていたようである。すると『永享番帳』に名を連ねる萩氏は、少なくともこの頃には萩を失っていたことになりはしないだろうか。『文安番帳』四番衆在国衆の「萩左京亮」の在国とは三河国と思われるものの、確定する典拠は管見に及ばない。なお明徳二年（一三九一）の「布施某打渡状」に「祇園社領春近内吉家郷　萩大宮司跡」(97)、同じく「松田九郎左衛門打渡状」に「祇園社領美濃國吉家郷　萩大宮司跡」(98)とあり、これ以前に萩大宮司が美濃国吉家郷を領有していたことを付記しておく。以上のように、大宮司を輩出した萩氏と奉公衆・走衆にあった萩氏とは、系図上そのつながりを確認できないものの、同一系列にあったと考えられよう。

六、（星野氏ほか）

星野氏は『尊卑分脈』によると範忠の兄弟範信に始まり、その子範清の子孫に継がれていった。範清は本名を範行といい、「星野左衞門大夫」と号し上西門院蔵人であり、建久元年（一一九〇）源頼朝の任右大将拝賀行列前駈十名の一人に名を連ねた(99)。その子季茂の子孫は一宮・篠田・長山氏を分出し、星野氏は忠能が継いだようである。大宮司に就いた人物としては、貞和二年（一三四六）に大宮司を競望し(100)、『熱田大宮司千秋家譜』に「依㆓所望㆒補㆓大宮司㆒」とみえる永能がいる。また系図以後の人物として永享六年（一四三四）大宮司職に就いた星野義信(101)、同じく文明十六年（一四八四）の星野政茂(102)を確認できる。また分流した一宮氏の国茂が大宮司職に就いたことは『尊卑分脈』にみえる。

足利氏との関係をみてゆくと、建武元年（一三三四）公家一統の際の前出『御的日記』に「星野左近將監」がみえ、貞和元年（一三四五）足利尊氏の天龍寺供養には「諸大夫　星野刑部大輔[103]」、また応安三年（一三七〇）足利義満の六条新八幡宮・北野社・祇園社の社参に、「御沓　星野左近大夫[104]」がみえる。このように、星野氏は足利将軍近習としての位置にあった。ここにあげた三名の実名は詳らかにできないが、前二者は年代的にみて『尊卑分脈』に「昇殿、従五下、左衞門尉、刑部少輔、左近將監」と記された前出永能の可能性がある。

次に星野氏の所領について述べてみよう。延文五年（一三六〇）七月、畠山国清は細川清氏・土岐頼康らと謀って、三河守護仁木義長を討とうとした[105]。このとき清氏がこれに同意した理由の一つとして『太平記』は、「今度南方ノ合戰ノ時、仁木右京大夫、三河ノ星野・行明等ガ守護ノ手ニ屬セズシテ、相模守ノ手ニ付タル事ヲ忿テ、彼等ガ跡ヲ闕所ニ成テ家人共ニ宛行ハレタリシヲ、所存ニ違テ思ハレケル人也[106]」と評したことを伝えている。星野・行明ら[107]が義長に属せず清氏に加わったため、その所領を没収されたというのである。その後、義長が失脚し守護が大島義高に替わったことにより[108]、星野・行明らはその所領を回復したとみられるが、詳細は明らかでない。

星野氏は譜代の所役として「大嘗會天羽衣織所役[109]」を勤仕していたが、文正元年（一四六六）には本領である三河国宝飯郡星野荘の知行権が離れており、この所役を務めることができなくなっていた[110]。そして『親長卿記』には「天羽衣事、星野四郎宗範依二無足一、被レ返二下星野庄一、可二織進一云々申レ之去夏比被レ申二武家一也、雖レ然、件星野庄被レ成二御料所一、被レ下二伊勢守一了、今更難レ被レ改[111]」とあり、星野宗範が天羽衣織所役勤仕のため星野荘返付を申し入れたが、すでに同荘は幕府御料所として政所執事伊勢貞親に預け置かれており、その改替は困難との理由で認められなかったのである。しかしその後『長享番帳』には、前掲【表1】にあるように五番衆として「星野宮内少輔」がみえ、星野荘が御料所のまま星野氏に返付されたものと考えられる。

星野氏から分かれた一宮・長山氏は、『文安番帳』の五番衆に「一宮大藏大輔」「長山右馬助」、『永享番帳』の五番衆に「長山左馬助入道」が各々みえることから、本家星野氏とともに奉公衆であった。苗字を三河国に求めると、一宮は宝飯郡一宮、長山は同郡長山に比定できよう。因みに星野氏は篠田氏を分流しているが、各番帳にはみられない。ただこれを地名に求めると、星野・一宮・長山と同様に宝飯郡篠田郷に比定できる。篠田郷は明徳二年（一三九一）には久下重元の知行地として「参河國篠田半濟」[112]とみえ、この久下氏は『文安番帳』四番衆在国衆に「久下三郎左衛門」、『長享番帳』四番衆に「久下新左衛門尉政光・同三郎次郎」と記された奉公衆であった。このことから篠田郷は、時期不詳ながら篠田氏の手を離れたものと考えられよう。

七、

以上、南北朝・室町期における熱田大宮司家一門の武士的側面の一端を述べてみた。大宮司家一門と足利氏との関係はもともと大宮司範忠の娘と足利義康との婚姻に始まり、義康の孫義氏の姉妹を妻室とした野田朝氏の代まで、両者は被官関係ではなく縁戚関係を保っていた。鎌倉幕府滅亡に際して、足利氏が大宮司家嫡流の野田氏、在京人の系譜を引く千秋氏、三河国を本拠としていた萩・星野氏とその分流を掌握していたらしいことは、朝氏以後も大宮司家と足利氏との関係は続き、やがて被官化していったものと考えられる。

足利氏に被官化した大宮司家一門は、野田・篠田氏を除いて奉公衆として確認できる。野田氏は各番帳にはみえないものの、千秋高範が野田氏出目の母を持ち、その孫満範が『熱田大宮司千秋家譜』[113]に「野田上野守(マヽ)」とあり、また奉公衆五番衆の系譜を引くと思われる千秋民部少輔季貞が「千秋野田」と称していたことなどから、高範の子孫に養子で入ったものと推察される。

また奉公衆三番衆の千秋氏は高範系列の嫡流と考えられるが、その先祖は鎌倉期には大宮司職に就くことができないという、一門では庶流に位置しており、その本拠は越前国丹生北郡にあった。この千秋氏が在京人の系譜を引く千秋政範の家系を継ぐことにより、元弘の変から足利氏との関係がさらに密接となり、歴史の表舞台に登場してくる。そして大宮司家嫡流野田氏と在京人千秋氏との結合の結果が、室町期に千秋氏を大宮司職に就任できる家格に昇格させた要因といえよう。その中心人物が高範であり、彼こそ千秋熱田大宮司始祖と称してよいのである。そうすると、室町期に大宮司家本流が野田姓ではなく、何故千秋姓になったのかという疑問が生じる。これについて確実な解答を導きえないものの、それは足利氏が京都を拠点にしたこと、それには在京人であった千秋氏の実績が有効であったことなどをいまのところあげておきたい。

そして足利将軍権力が衰退したのちの『永禄六年諸役人付』には、事実上番衆が日常的に将軍に近侍する詰衆に縮小された体制が記されており、その中に足利義輝の申次として「千秋左近將監輝季」がみえ、「輝」の一字を冠していることは、足利将軍との緊密な関係を窺わせられよう。以上のように室町時代の大宮司家一門は御料所を預け置かれ、足利将軍家に近侍し護衛する奉公衆＝武力集団の一員という側面を有していたのである。

なお『熱田大宮司千秋家譜』によると勝季の兄弟季国の系列が大宮司職を継ぐようになるが、遅くとも天文三年（一五三四）八月に死去した季通の代から尾張国織田氏との関係をもちはじめたようである。その後、天文十三年織田信秀に従い美濃国稲葉山にて斎藤氏と戦ったとき季通の孫季光が戦死し、また永禄三年（一五六〇）の桶狭間の戦では季光の子季忠が織田信長に従い討死した(114)。ここに十二世紀以来発揮されていた藤原姓熱田大宮司家の軍事的側面はその幕を降ろし、江戸時代を通して大宮司家領尾張国愛智郡野並郷七百十七石を知行する祭祀者の立場を全うすることになる。

〔補註〕

（1）『大乗院日記目録』建武三年十二月二十日条。

（2）建武三年八月三十日「足利尊氏御内書写」（京都御所東山御文庫文書『大日本史料』第六編之三）および『園太暦』観応二年十二月十八日条所載の北畠親房の折紙。前者は、

熱田社事、如レ元可レ有二御管領一之由、謹承了、以二此旨一可下令二奏達一給上候、尊―恐惶謹言

建武三年八月卅日　　　　右兵衛督尊―判

で、尊氏が一旦廃止された熱田社領を復活したことを北朝の光厳上皇に伝えたものである。後者の関連する部分は「熱田宮事　元弘一統之初、被レ定二官社一了、不レ可レ違二彼例一之由、可レ被二申入一矣」で、元弘一統のとき熱田社を官社に列したとするものである。この説には、宮地直一『神祇史大系』第四鎌倉時代（明治書院、一九四一年）、小島鉦作「中世における熱田社領」（『神道史研究』七―六、一九五五年）、同「熱田社の由緒についての若干の考察」（『式内社のしおり』三三号、一九八六年）（のち、ともに同氏著作集第三巻『神社の社会経済史的研究』、吉川弘文館、一九八七年に再録）などがある。

とくに小島氏は前者論文で「（後醍醐）天皇は当宮（熱田社）が三種神器の一なる草薙神剣を奉斎する国家の宗祀であるにかかわらず、享けられる祀典がそれにそぐわないことを遺憾として、『延喜式』における国幣の大社を昇進せしめて、二十二社に準ずる朝廷直轄の大社として、一般諸社と区別せらるべき当宮の本質を、制度上明確にせられたもの」（著作集一一五頁）、後者の論文では「その奉斎の本義にのっとって、これ（熱田社）を朝廷直轄の大社となし、朝廷において年中恒例・臨時の祭祀を厳粛に執り行い、大神宮（伊勢）に次ぐ国家の宗祀たらしめられた」（著作集七〇頁）と結論付けられた。しかしこれには、熱田社を「官社」と記載した事例がこの『園太暦』以外にまったくみえないことや、二十二社に準じる待遇を受けた様子も窺われないことなど問題は多い。

この点から黒田俊雄氏は、後醍醐天皇が元弘三年に持明院統（熱田社領本所）の本家職支配を否定した事実と、皇位のシンボルとされる神器との関係から熱田社を伊勢の神宮並に独立性をもたせたことは推定できるが、熱田社を

「官社」と定める政策を、つまり神祇制度の復活とは考えられないことを指摘された。また親房が熱田社の官社列格を折紙に記した理由として、彼が「皇太神宮・熱田ノ神アキラカニマボリ給コトナレバ、天位ツツガマシマサズ」（『神皇正統記』後鳥羽天皇条）と考える「皇位＝神器」論の立場から、熱田社を伊勢とならんで重視したという、個人的趣向による表現と捉え、そして後醍醐天皇の政策は「従来いわれたように一括して大社を上代の姿に復せしめるなどということではなく、寺社の王権への直属化傾向という新たな条件のなかで、統治のための宗教的中枢と脈管を整備し制度化することをもくろんだもの」と通説を論駁されたのである（「建武政権の宗教政策」―諸国一宮・二宮本所停廃に関連して―〈時野谷勝教授退官記念会編『日本史論集』清文堂、一九七五年〉、のち『日本中世の社会と宗教』岩波書店、一九九〇年、また黒田俊雄著作集第七巻『変革期の思想と文化』法蔵館、一九九五年に再録、本書では著作集を参照した）。

筆者はこの議論に参加する材料も余裕ももちあわせないが、基本的には熱田社が「官社」として遇されたという具体的な事例がないかぎり、黒田説を支持しておきたい。なお建武政権が短命であったから史料上に「官社」の語句があらわれない、との見解を複数の方から口頭で伺ったことがある。では親房はなぜ『二十一社記』に熱田社が「官社」となったことを記さなかったのであろうか。また新政崩壊後の南朝には熱田大宮司の一流が属していたが、後掲註(5)にあるとおり、観応三年にいたってもその活動は盛んであったことから、南朝派熱田大宮司に対する親房の個人的な感情の表現だったのかもしれない。

(3)　前掲註(2)小島鉦作論文。

(4)　第二篇四七四頁。

(5)　観応三年四月五日条。

(6)　『熱田神宮文書』千秋家文書下巻、熱田神宮宮庁、一九九二年所収。

(7)　正慶は建武、捕えられたのは三浦時継の誤り。また建武二年九月二十日「少別当郎覚書状」到津文書（『大分県史料』一巻〈到津文書七〇号〉、『愛知県史』資料編八巻九八五号）に、

（前略）

一、關東も足利殿(尊氏)御下向候間、凶徒等悉被二追落一候、無爲ニ鎌倉へ御下著候間、諸方靜謐無爲、返々目出候、三浦介(時繼)入道一族廿餘人大船ニ乘テ、尾張國熱田浦ニ被二打寄一候處、熱田大宮司悉召二捕之一、一昨日京都ヘ令レ進候間、被レ刎レ首、被レ渡二大路一候後ニ、可レ被レ懸二獄門一之由、治定候、（後略）

とみえる。なお文言に若干の異同があるので、ここでは『愛知県史』資料編に拠った。

(8) 小島鉦作「建武中興と熱田神宮」（『建武』三―一、一九三八年）四七〜五一頁。

(9) 前掲註(2)小島鉦作論文。

(10) 西村伝之助『南知多師崎誌』（一九三四年）一七頁。

(11) 『熱田神宮文書』千秋家文書中巻二八五号文書（熱田神宮宮庁、一九八九年）。

(12) この文書は書出部分に「外宮前禰宜家行御敵同意惡行條々事」とあること、また北朝年号を用いていることから、北朝側にあった伊勢外宮禰宜の手によるものと考えられる（『南山遺芳』神宮皇學館、一九三五年）。

(13) 『熱田宮年代記』（『熱田神宮史料』造営遷宮編上巻、熱田神宮宮庁、一九八〇年）。

(14) 『尊卑分脈』第二篇四七二頁、第三篇二五〇頁。

(15) 「安楽寿院領諸庄所済注文案」、安楽寿院古文書（『栃木県史』史料編中世四、栃木県史編さん会、一九七九年）によると、足利荘の立券は康治元年十月日である。

(16) 『尊卑分脈』第三篇二四九頁、『栃木県史』通史編三中世一、一九八四年。

(17) 『兵範記』保元元年七月十一日条。

(18) 『保元物語』上巻「官軍勢汰へ并主上三条殿に行幸の事」。

(19) 『兵範記』保元元年八月六日条。

(20) 『熱田大宮司千秋家譜』（『熱田神宮文書』千秋家文書下巻、熱田神宮宮庁、一九九二年）には、その由縁から義兼が「一旦補二大宮司一」されたとみえる。また義兼は八条院蔵人であったが、範忠の甥憲朝も八条院判官代であった（『尊卑分脈』第二篇四七二頁)。

(21)『吾妻鏡』養和元年二月一日条。

(22) 以上、『吾妻鏡』建保元年五月二日条。

(23)『尊卑分脈』第二篇四七一頁。朝季の尻付に、「和田義盛之亂、屬二足利義氏一、爲二義秀一被レ殺」とみえる。

(24)「鑁阿寺大御堂棟札写」(『近代足利市史』第一巻二一六頁、足利市史編さん会、一九七七年)。

(25)『尊卑分脈』第三篇二七三頁。義氏の姉妹に「野間〔田〕三郎朝氏妻」とある。

(26)『吾妻鏡』承久三年五月二十五日条。

(27) 慈光寺本『承久記』下巻(『新日本古典文学大系』43)。

(28) 本書第一編第二章参照。

(29) 新行紀一「足利氏の三河額田郡支配―鎌倉時代を中心に―」(『芳賀幸四郎先生古稀記念日本社会史研究』笠間書院、一九八〇年)。

(30)『尊卑分脈』第二篇四七一頁。

(31) 前掲註(15)『栃木県史』史料編中世四。

(32)『新編岡崎市史』史料6古代中世編(新編岡崎市史編集委員会、一九九三年)。なお聖観音像の胎内には頼朝の頭髪と歯が納められたと縁起は記しているが、X線調査で胎内物の存在は確認されている。

(33)『日光山列祖伝』の「六十六郷」は文意から本文で述べたように、寛伝が三河国額田郡に帰住してから領したようにとれる。しかし、『日光山常行三昧堂新造大過去帳』所載の「日光山本房幷惣徒舊蹟之記」(『栃木県史』史料編中世四)に「日光山往古社領六拾六郷(中略)下野九郡之内都賀郡、寒河郡、河内郡半郡、桓武・平城・仁明之三皇幷源頼朝卿御寄附云々」とあり、いずれかに錯簡があるとみられる。

(34)『瀧山寺縁起』に「式部ノ僧都御坊寛傳、元久二年乙丑逝去六十四」とある。

(35) 以上『瀧山寺縁起』。

(36)「鑁阿寺樺崎縁起并仏事次第」鑁阿寺文書（『栃木県史』史料編中世一、栃木県史編さん委員会、一九七三年）。
(37)『続群書類従』第二十三輯下、武家部。
(38)『梅松論』下巻（『群書類従』第二十輯、合戦部）。
(39)『熱田大宮司千秋家譜』によると、家季は永仁四年（一二九六）に大宮司職に初任したとあり、延文三年（一三五八）にはかなりの高齢であったと思われる。また延元元年（一三三六）の「熱田の野田の大宮司」にこの家季を比定することもできるが、このとき初任から四十年を経過しており、この人物は家季の子孫、或いは従兄弟行氏の子まで下がるようである。とくに後述する高範または範重の可能性が高い。
(40)「足利尊氏御教書案写」（『熱田神宮文書』千秋家文書中巻二三〇号文書）。
(41)「足利尊氏御判御教書」（『熱田神宮文書』宝庫文書四号文書、熱田神宮宮庁、一九七八年）。
(42)『熱田神宮文書』田島・馬場家文書（熱田神宮宮庁、一九九八年）。
(43)暦応二年八月日付「尾張良継申状案」粟田厳穂氏所蔵文書（『新編一宮市史』資料編六―五五三号文書、一九七〇年）。
(44)前掲註(43)文書。
(45)佐藤進一「室町幕府論」（『講座日本歴史』中世三所収、岩波書店、一九六三年）。
(46)『明徳記』上巻（『群書類従』第二十輯、合戦部）。
(47)『応永記』（『群書類従』第二十輯、合戦部）。
(48)「室町幕府の『奉公衆』―御番帳の作成年代を中心として―」（『日本歴史』二七四、一九七一年）、「室町幕府『奉公衆』の研究―その人員構成と地域的分布―」（『北海道武蔵女子短期大学紀要』三、一九七一年）、ともに『室町幕府と国人一揆』吉川弘文館、一九九四年に再録。
(49)『東山殿時代大名外様附』（京都大学文学部国史研究室所蔵）と『貞助記詰衆五番組』（内閣文庫所蔵『武家故実雑集』第六冊所収）は今谷明「『東山時代大名外様附』について」（『史林』六三―六、一九八〇年、のち『室町幕府解体過程の研究』岩波書店、一九八五年に再録）による。そのほかは『群書類従』第二十九輯、雑部。以下、本文中では『文

安番帳』『永享番帳』『長享番帳』『東山殿番帳』『貞助記』『永禄番帳』と記す。
(50) 田中稔「承久の乱後の新地頭補任地〈拾遺〉―承久京方武士の一考察・補論―」(『史学雑誌』七九―一二、一九七〇年)、網野善彦「尾張国の荘園公領と地頭御家人」(『御家人制の研究』吉川弘文館、一九八一年)。
(51) 『尊卑分脈』第二篇四七二頁、五味文彦「在京人とその位置」(『史学雑誌』八三―八、一九七四年)。
(52) 『熱田大宮司千秋家譜』に「所望、大宮司補˥之」とあるが、確実な証拠はない。
(53) 以上、『尊卑分脈』第二篇四七一～二頁。
(54) 嘉元四年八月二十一日「藤原兼範寄進状案」越知神社文書(『福井県史』資料編五中近世三、福井県編、一九八五年)。
(55) 前掲註(54)文書。
(56) 「福井・大谷寺・泰澄大師像の造像をめぐって―仏師叶圓と千秋氏―」(『MUSEUM』四七二、一九九〇年)。
(57) 『新城市誌』八〇頁(新城市誌編集委員会編、国書刊行会復刻版、一九八〇年)。
(58) 佐藤進一『増訂鎌倉幕府守護制度の研究』一〇九～一一〇頁(東京大学出版会、一九七一年)。
(59) 『尊卑分脈』では、高範母は家季の娘になっている。恐らく彼女は家季、季氏のいずれかの娘で、どちらかの養女となったのであろう。
(60) 長禄四年四月二日、内閣文庫所蔵文書(『福井県史』資料編二中世、福井県編、一九八六年)。
(61) 寛正二年九月十七日、青山文庫文書(国立国会図書館所蔵文書、前掲註〈60〉)。
(62) 寛正二年九月十七日、一色家古文書(前掲註〈60〉)。
(63) 明応六年十一月六日、青山文庫文書(前掲註〈60〉)。
(64) 『高野春秋』康永三年三月十八日条、『直義金剛三昧院奉納和歌』(康永三年十月八日)、ともに『大日本史料』第六編之八、康永三年十月八日条所収。
(65) 天龍寺供養に関しては全て『園太暦』貞和元年八月二十九日条、および三十日条所載の「天龍寺供養日記」。
(66) 『賢俊日記』貞和二年三月二十日条(前掲註〈43〉)。

(67)『花営三代記』応永三十年十一月二日条（『群書類従』第二十六輯、雑部）。
(68)『普広院殿御元服記』（『群書類従』第二十二輯、武家部）、『大将御拝賀記』（『後鑑』永享二年七月二十五日条所収）。
(69)『康富記』宝徳二年七月五日条。
(70)『御産所日記』天文四年十一月一日条（『群書類従』第二十三輯、武家部）。
(71)『光源院殿御元服記』（『群書類従』第二十二輯、武家部）。
(72)「土御門敷地訴訟文書案」の文書群の天文七年二月日「二問状案」に、千秋晴季の「養父高季」とある（大徳寺文書四、一五五五号、『大日本古文書』家わけ所収）。なお【熱田大宮司家略系図】に記した「晴範」とこの晴季が同一人物であるかどうかは不詳。
(73)『群書類従』第二十二輯、武家部。
(74)『群書類従』第二十八輯、雑部。
(75)前掲註(13)『熱田神宮史料』造営遷宮編上巻。
(76)延徳二年九月二日、同二十一日、十一月八日条（『室町幕府引付史料集成』上巻）。
(77)前掲註(13)『熱田神宮史料』造営遷宮編上巻。
(78)延徳二年九月二日条。
(79)『熱田神宮名宝図録』八二～八三頁（熱田神宮宮庁、一九九二年）。なお「鞍飾図」には持季の官位を「従五位下」と記すが、これは「従五位上」の誤り。
(80)文和三年（一三五四）四月二十三日の「熱田社領注進状案」およびその端書にみえる「熱田大宮司当知行所々延文二六注之」（『熱田神宮文書』宝庫文書五号）などの社領がそれにあたるのであろう。なお『熱田神宮文書』は文和三年の注進状を権宮司家領とするが、当時の熱田社一円神領とする説が有力で（『講座日本荘園史』第五巻三六一～三六二頁、吉川弘文館、一九九〇年）、この点については本書第二編第一章・二章で詳述する。また、これらの社領が大宮司職に付帯するもので大宮司家渡領とでも称すべきものなのかどうか、今後検討を加えなければならない問題である。

室町期、千秋氏と星野氏とは大宮司職をめぐって度々争っているが、その原因の一つには社領の相続に関係があるとみられる。

(81) これらの所領には幕府御料所が含まれている可能性があるものの、徴証がみあたらない。

(82) 文明十八年十一月三日条。なおこの前後に「立町伊豆」を「千秋伊豆」とする記事が散見する。

(83) 『富樫記』（『群書類従』第二十一輯、合戦部）。

(84) 『朝倉亭御成記』（『群書類従』第二十二輯、武家部）。

(85) 『末森記』（『群書類従』第二十一輯、合戦部）。

(86) 「日刊福井」平成二年七月七日。この件については長坂一郎氏からご教示をいただき、また福井県丹生郡朝日町誌編纂室長の山口信嗣氏から、写真・拓本の提供にあずかった。記して謝意を表したい。

(87) （文和二年）七月二十日「尾張国国衙領英比郷文書案」醍醐寺文書（前掲註〈43〉『新編一宮市史』資料編六―三五八号―一文書）。この係争については、本書第二編第一章を参照。なお忠広は『熱田大宮司千秋家譜』に「貞和三年三月初任、至同年十二月、或云、應安年中在職」とある。

(88) 前掲註(87)の「後光厳天皇綸旨案」（前掲註〈43〉『新編一宮市史』資料編六―三五八号―二文書）。

(89) 文和二年七月二十一日「足利義詮御教書案」醍醐寺文書（前掲註〈43〉『新編一宮市史』資料編六―三五九号文書）。

(90) 文和四年五月四日「後光厳天皇綸旨」醍醐寺文書（前掲註〈43〉『新編一宮市史』資料編六―三七〇号文書）。

(91) 応永十一年四月二十一日「室町幕府管領畠山基国施行状写」京都御所東山御文庫記録（前掲註〈43〉『新編一宮市史』資料編六―五八〇号文書）。

(92) 前掲註(80)文和三年「熱田社領注進状案」に「芙北〔英比〕郷　田畠拾貳〔貳脱〕町内北方十町國〔衙〕ヶ分、榎山寺方四町、南方八町社家分」とある。

(93) 応永十九年十一月日「熱田太神宮祠官供僧等申状」に、「彼英比郷者、去建武年中等持院殿〔足利尊氏〕御寄進」とみえる（「京都御所東山御文庫記録」『大日本史料』第七編之十七、応永十九年十一月是月条）。

(94) 萩内八郎は萩内匠助入道の次に記されており、「萩内匠□八郎」が正しいかもしれない。後考に俟ちたい。

(95)『蔭涼軒日録』延徳二年正月二十三日条。

(96)『神社を中心としたる宝飯郡史』三六六頁（愛知県宝飯郡神職会、一九三〇年）。

(97)明徳二年八月十日、『増補八坂神社文書』下巻一五八二、一五八三号（八坂神社社務所、一九九四年）。

(98)明徳二年八月十日、前掲註(97)『増補八坂神社文書』下巻一五八二、一五八三号。

(99)『吾妻鏡』建久元年十二月一日条。

(100)『園太暦』貞和二年十二月二十一日条。

(101)『看聞御記』永享六年二月二十八日、三月二十七日条（『続群書類従』補遺二）、『熱田宮年代記』。

(102)文明十六年八月二十七日、「足利義尚御判御教書案」（『諸状案文』『大日本史料』第八編之十六、文明十六年八月二十六日条）。なお管見に及んだ大宮司職補任状はこの一通だけであるが、補任については本書第一編第五章を参照。

(103)『園太暦』貞和元年八月二十九日条。

(104)『花営三代記』応永三年四月九日条。

(105)『太平記』巻三十五「新将軍帰洛事付擬討仁木義長事」。

(106)巻三十五「新将軍帰洛事付擬討仁木義長事」。

(107)星野行明をひとりの人物とする説は多いが、『熱田大宮司千秋家譜』には時光の項に「號ニ行命大宮司ニ」とみえる。これに従うと『太平記』の「星野・行明」は別氏となろう。三河国に地名を求めると宝飯郡に行明郷があり、『康正二年造内裏段銭并国役引付』に「参貫文（中略）毛利宮内少輔三頭〔劦カ〕行明段銭」とみえる。この毛利氏は奉公衆一番衆にみえる家柄で、『熱田大宮司千秋家譜』によると時光の孫経広の項に「號ニ毛利四郎一大江」とある大江姓毛利氏で、この毛利宮内少輔は大宮司家一門の可能性がある。

(108)佐藤進一『室町幕府守護制度の研究』上巻九一～九二頁（東京大学出版会、一九六七年）。

(109)『親長卿記』補遺、文正元年五月二十一日条。

(110)『親長卿記』補遺、文正元年十月十六日条。

(111) 前掲註(110)。
(112) 明徳二年八月十日「足利義満御判御教書案」久下文書（『新編埼玉県史』資料編五、埼玉県編、一九八二年）。
(113) 『看聞御記』永享六年六月二十九日条。
(114) 以上、本書第二編第六章を参照。

第四章　熱田大宮司の社家支配

一、

熱田社の内部組織については不明な点が多く、大宮司が権宮司以下の社家に対してどのような支配体制をとってきたのか、これまでの研究史の中で解明されたとは必ずしもいえない。研究史を振り返ると序章で述べたように、それは社領の構成・領知権の分析によって求められてきた。西岡虎之助氏は、大宮司は社職任免権を含む経済的領知権を有すると述べられ[1]、小島鉦作氏はこれを発展させて、大宮司の領知権は権宮司家領以下の社領全般に及び、社家・社領支配に強大な権力を保持したとの見解を示された[2]。これに対して上村氏は、大宮司の任免権は供僧職・下級神官などに限られるもので権宮司には及ばず、権宮司は大宮司に対して独立性をもったとして、西岡・小島説を批判されたのである[3]。社領に関する問題は本書第二編で検討を試みるが、上村氏の指摘のとおり、大宮司―権宮司―下級社家という単純な構造で、中世全期間における大宮司の社家支配を理解することはできないのである。

さて管見に及んだ十五世紀までの、社家に対する大宮司下達文書の様式を大別すると、第一に「熱田太神宮廳」という書出をもつもの、第二に大宮司個人の下文・下知状・充行状などの直状、第三に家司・社務代などの奉書という三類型がある。とくに注目すべきは、熱田太神宮庁という組織の存在が認められることである。しかも権宮司は太神宮庁の構成員に含まれておらず、応永年間（一三九四〜一四二八）になると、記録類に社務・管領などの所職が大宮司と併記されるようになってくる[4]。このような事情は、大宮司の社家支配強化の変遷を窺うに足るものであろう。

その結果の一例として、応永二十六年（一四一九）の遷宮をとりあげておきたい。同十九年二月三日、熱田社宝殿が不慮の災いに遭うという事件が起きた。翌二十年十一月四日に本殿・渡殿再建の用材が集められたが、実際に遷宮が執行されたのは二十六年六月十七日であった。その間には八剣宮・大宮東門・中鳥居・海蔵門など熱田社の諸施設が相次いで建立され、それは正応四年（一二九一）以来の大規模な遷宮となったのである。この遷宮についての祝詞は写ではあるが、中世熱田社のものとしては珍しく現存しているので、次に紹介しておきたい。(5)

遷宮祝詞

維當應永廿六年歳次己亥六月十七日庚寅、亥時吉日良辰撰定天、掛忝恐々申言、去應永十九年二月三日、不慮外御寶殿依レ有二奉行一、忝　熱田皇太神宮宇津廣前、祭主權宮司尾張宿禰仲稲恐々申言、奉レ新二造御殿一宇一、五間渡殿如レ本奉レ作二御遷宮一候、御捧物等當御所義持（足利）御劔一振、御鏡一面、法華經一部、御扇一本、御馬一疋月毛、若君（足利義量）御馬一疋鹿毛、社務野田上野守滿範御馬一疋、同内匠頭貞範御馬一疋鹿毛、吉賀和美作入道建照御馬一疋、同四郎左衞門尉季泰御馬一疋、如二往古一鹽船御贄之在所須賀・田中・□□〔正　取カ〕三ヶ村、今度依二御返一、十一箇村地下檀那奉レ爲二御遷宮一處候、忝當　皇太神宮此狀乎平久安久聞食天、垂二厚恤一施二廣助一、天長地久・聖朝安穩・本家泰平・武家繁昌、當國司社務滿範、同貞範保務久、祠官快樂・凡座主・寺家・社家靜謐、□〔國〕衙在廳・所司・内人・御宮兄〔守〕・祝部・巫女・宮中民家門々戸々、總一天下有志不レ漏二一緣一、常盤〔磐〕堅盤〔磐〕夜守日守平久安令レ守幸給申、此狀聞食給申、

この遷宮には将軍足利義持と子息義量とが、剣・鏡・法華経典・扇・神馬を奉納するなど幕府との関わりが認められるし、(6)またその援助によってか、往古の塩船御贄の在所であった須賀・田中・正取の三ヶ村が返付された。また大宮司（社務）野田満範・同貞範と並んで、家司である吉賀和建照・同季泰の名前が記されていることは、熱田社内における大宮司家司の地位が高かったことを意味するのである。(7)記録上（『熱田宮年代記』）「社務」の存在が認められるのは応永二十年であり、この社務がのちの管領・社務代・社家奉行・大宮司代などの前身とみられることから、(8)この遷宮に要した期間は社内組織の改編が進められた時期であったともいえるのである。

そこで本章では、これまで管見に及んだ十五世紀までの、大宮司の権宮司以下社家に対する下達文書四十九通すべてを紹介し、各文書の用途・時期などを検討して社家支配の変質過程を明らかにするとともに、熱田太神宮庁についても若干言及したい。

二、

以下に掲げる文書は【熱田太神宮庁発給文書】、【熱田大宮司発給文書】、【家司・社務代等発給文書】（奉書を含む）である。なお以下四十九通の文書には疑うべきものもあるが、敢えてここに紹介しておくことにする。

【熱田太神宮庁発給文書】

①文書

熱田太神宮廳

補任　供僧職事

八剣宮法華問答講一口（上旬料田貳町）

大法師覚遍

右以レ人、補二任彼職一如レ件、但任二起請文之旨一、為任（マヽ）不退、可レ令レ勤二行之一、仍神官等宜二承知一、敢勿二違失一、以補、

弘安六年五月　日　　祝佐伯近花押

大宮司散位藤原朝臣（宗範）

②文書

熱田太神宮廳

補任　供僧職事

大宮中法華經一口（上旬料田一町）

大法師慶幸

右以レ人、補二任彼職一如レ件、但任二起請文之旨一、為任社（マヽ）不退、可レ令レ勤二行之一、仍神官等宜二承知一、敢勿二遺失一、以補、

正應二年卯月　日　　物部為重花押

大宮司散位藤原朝臣（宗範）

③文書

熱田太神宮廳

補任五位職事

出雲行宗

右以レ人、彼職補任如レ件、神官等宜二承知一、勿二違失一、故補、

正和参季十一月廿一日　祝物部爲弘

大宮司前日向守藤原朝〔臣脱〕判（家季）

④文書

（花押影）（藤原季氏）

熱田太神宮廳

補任開闔職事

林眞重

右以レ人、所レ補二彼職一如レ件、祠官等宜二承知一、勿二違失一、故補、

建武三年八月　日

大宮司藤原朝臣（季氏）

⑤文書

判

熱田太神宮廳

補任　御井料田伍段在所大間

散位尾張秀仲

右、於二彼料田一者、任二(尾張)實仲讓状之旨一、不レ可レ有二知行相違一之状、如レ件、

應安三年十二月　日　　祝三國弘守

大宮司藤原朝臣

⑥文書

判

熱田太神宮政所

補任　五位職事

出雲光吉

右以レ人、所レ補二彼職一如レ件、職掌等宜二承知一、敢勿二違失一、故以補、

康應元年七月十二日　　大藏吉里

⑦文書

熱田太神宮廳

補任開闔職事

林重弘

右、依レ爲二譜代之職一、如レ元所二補任一也者、神官等宜二承知一、聊勿二違失一、故以補、

應永二年二月廿三日

祝三國友松

大宮司藤原朝臣（花押）

⑧文書

熱田太神宮廳

補任　開闔職事

林宗重

右、任二亡父重弘之讓狀、且代々相續之文書一、所レ令レ補二任彼職一也、神官等宜二承知一、敢勿二違失一、故以補、

應永七年三月廿九日

祝三國友松

太宮司藤原朝臣（滿範）（花押）

⑨文書

熱田太神宮廳

補任　開闔職幷家屋敷等事

林宗重

右、依レ爲二譜代之職一、如レ元所二補任一也者、神官等宜二承知一、聊勿二違失一、故以補、

應永十七年十月七日　　祝三國友松

太宮司藤原朝臣（満範）判

⑩文書

熱田太神宮廳

補任　祝師職内

氷上宮禰宜職事

散位尾張仲稻

同大般若田壹町

右以レ人、所レ補二任彼職一也、且爲二祝師職之内一之間、惣領重代之旨、被二還付一者也、神官等宜二承知一、敢勿二違失一、故以補、

應永廿四年九月十四日　　祝三國友

大宮司藤原朝臣（貞範）書判

⑪文書

熱田太神宮廳

合畠貳段者 坪江縁田嶋 坪麥畠

右、任二惣領職〔之脱カ〕旨一、祝師尾張守（田島）仲稲被二補任一所也、然者如二先例一可レ有二知行一旨、依レ仰執達如レ件、

應永廿八年七月十九日　社務代 建照（吉賀和）書判

祝師殿（田島仲稲）

⑫文書

熱田太神宮廳

楠木禰宜職事　林重明

右彼職者、代々御下知□□、今度就二八剱宮御遷宮一、在洛忠節、旁以令二還補一所也、神役等者守二先例一、可レ致二其沙汰一由、依レ仰執達如レ件、

應永卅五年二月十三日　沙彌判

小開闔大夫所

⑬文書

熱田太神宮廳

補任開闔職事

右、依レ爲二譜代之職一、且任二代々相續證文等一、所レ被二林重明補任一也、神官等宜二承知一之旨、依二（藤原）滿範仰一、下知如レ件、

應永廿〔卅〕五年夘月廿三日　前美作入道（吉賀和）建照判

⑭文書

熱田太神宮廳　(花押)(藤原持季)

楠木御前禰宜職事

補任　林重明

右、於㆓彼禰宜職㆒者、開闔大夫宗重(林)代々捧㆓支證㆒歎申間、且者謂㆓理運㆒、且者謂㆓奉公忠節㆒、宗重子重明令㆓補任㆒處也、然者神官宜㆓承知㆒、敢勿㆓違失㆒、故以補㆑之、

永享三年八月廿八日　祝　三國友菊

大宮司刑部少輔藤原朝臣(持季)

(異筆)「よしまささけう」

⑮文書

熱田太神宮廳

補任　五位職事

(三国)吉政

右以㆑人、所㆑補㆓任彼職㆒如㆑件、神官等宜㆓承知㆒、敢勿㆓違失㆒、故以補、

嘉吉貳年五月廿六日　祝三國松長

大宮司藤原朝臣（季貞）判

判

⑯文書

熱田太神宮廳

補任　五位職事

行兼

右以ㇾ人、所ㇾ補二任彼職一如ㇾ件、神官等〔宜脱〕承知、敢勿二違失一、故以補、

寶德元年十月　日　　祝三國吉正

太宮司藤原朝臣（持季）

⑰文書

熱田太神宮廳

補任　五位職事

守部保當

右以ㇾ人、補二任所（マヽ）彼職一也、神官等宜二承知一、勿二違失一、故以補、

文明二年　卯月朔日　　祝三國

太宮司藤原朝臣（千秋政範）（花押影）

⑱文書

熱田太神宮　廳

差定春季御祭官幣使并分配之事

高藏宮　大宮司藤原朝臣　粟田

八劔宮　大宮司藤原朝臣　三國

氷上宮　大宮司藤原朝臣　藤江

日破宮　權宮司尾張守尾張宿禰仲奉　宗安

乙子社　權宮司中務中輔尾張宿禰俊仲　三國

彥若宮　權宮司上總守尾張宿禰仲實　土師

姉子社　權宮司伊豫守尾張宿禰氏仲　土師

今彥社　權宮司彈正忠尾張宿禰貞繼　土師

素盞雄社　權宮司散位尾張宿禰　土師

日長社　權宮司散位尾張宿禰　土師

白衾社　權宮司散位尾張宿禰　土師

右、任二先例一可レ令二勤仕一之状如レ件、

長享二年二月四日

⑲文書

熱田太神宮　廳

差定春季御祭東六社官幣并分配事

姉子社　權宮司散位尾張宿禰　土師

今彥社　權宮司散位尾張宿禰　土師

水向社　權宮司散位尾張宿禰　土師

素盞雄社　權宮司散位尾張宿禰　土師

日長社　權宮司散位尾張宿禰　土師

青衾社　大内人散位守部宿禰　土師

右、任二先例一可レ令二勤仕一之狀如レ件、

長享二年二月四日

【熱田大宮司発給文書】

①文書

今度大師大夫所レ申之旨、千萬尤也、依而應レ需令レ授二與小師大夫補任躰一之事、如レ望與レ之、自今以後、從二大師大夫一出二小師大夫一事、二人宛二行之一、專以二正道一、宜レ修二神事一矣、亦御供師之輩、益不レ可レ背二大師大夫之解一、敬而可レ預二神事一者也、永不レ可レ有二違亂一之狀、爲レ其如レ件、

文治四年甲四月　　大宮司藤原範經判

大師大夫殿ゟ

②文書

下　大師大夫補任狀之事
南新宮之祭事、令レ掌之事、上下之御宮、爲二大物忌奉仕一事、如二先令〔例〕一、尤以二清淨一爲レ本、可二奉仕一也、上下之御宮師大夫御供師並南新宮之宮守等、庶事宜レ應二大師大夫之解一、神事祭式任レ之、永代不レ可レ有二相違一者也、如レ件、

嘉禎二年申正月　　大宮司能範判

祭主祭主大師大夫殿

③文書

「（外題）如二申狀一者、觀音利生之砌、利益嚴重之地也、仍隨喜殊深、現當專所レ奉レ馮也、然□□〔者カ〕於二件敷地參町內一、永禁二斷殺生一、免二除神役・院役一、兼又令レ停二止檢非違所使者亂入狼藉一之狀如レ件、

大宮司散位藤原朝臣（能範）（花押）」

笠寺勸進沙門阿願解　申請　本社（熱田社）御裁事

請下殊蒙二　社恩一、被レ優二免尾張國愛智郡東條寺尾笠寺敷地荒野參町餘神役・院役幷檢非違所使濫入狼藉一、令レ興中立一寺上子細狀、

右、當寺者、曩古建立之靈所、觀音利生之道場也、傳聞、呼二續之一浦有二一寄木一、夜々放レ光、見レ之浦人、時々

有二病惱一、于レ崎有二一人上人一、號二禪光一、其行儀不思議、而遠近皆隨二喜之一、貴賤悉歸二伏之一、爰彼上人蒙二夢想之告一狀云、此浮木者、是桂旦國預〔頂カ〕山之靈木也、以二此木一奉レ造二顯十一面觀音像一者、人民安穩利益可二嚴重一云云、驚告レ狀、而上人速抽二信心一、致二精進一、去天平五年癸酉、以二件靈木一、造二顯十一面觀音像一、建二立一宇精舍一奉レ安二置之一、而號二之小松寺一、凡緣所靈佛利益速疾、如二夢中之告一、名譽遙及二州外一、効驗普溢二海內一、遠近成レ市、貴賤運レ步、懸レ馮之輩者、三毒七難皆離、凝レ思之類者、二求兩願悉滿、然間上人入滅之後、送二數廻之星霜一之間、堂舍爲二大風一顚倒、佛像爲二雨露一朽損、僅本尊觀世音菩薩許、依レ可三利益及二將來一、朽二殘荒野中一立給、爾時或女人哀レ之、以二我所用笠一、奉レ覆二此本尊一、時々參二佛邊一、致二心中祈請一、本誓有レ驗、件女人不慮之外、現身昭宣〔藤原基經〕公三男兼平朝臣、成二夫婦之契約一之後、野中佛像利生嚴重之由、常令二會談一之日、本誓銘二心肝一、公私忘二成敗一、件兼平朝臣被レ經　奏聞一、去延長年中之比、奉レ改二造此寺一、號二笠寺一、被レ寄二進數百町田畠一畢、其寄無二違例一二百餘歲、而末代之習不レ憚二冥覽〔鑒〕一、寺領顚倒之後、堂舍朽損如レ前、爰阿願宿緣所レ催、拜二靈佛一朽損心騷、見二精舍古跡一淚落、仍捧二流記一、申二子細於當領主一、比丘尼念二阿彌陀佛一之日、淨信驚二冥應一、心願通二佛界一之間、領主悲歎入レ骨、隨喜染レ心、所レ恨者、年來不レ知之由云云、仍古寺邊荒野參町餘、水田□〔壹〕町貳段、擬二本堂一宇・僧房十餘宇之跡一、被レ施二入精舍一、已雖レ令二朽失一、本尊威光是新者歟、早欲レ企二建立一、爰件地社領內也、奉二爲貫首御祈禱一、爭不レ驚二高聽一哉、尤可レ被二優許一者哉、然者早爲レ興二隆佛法一、廣作二佛事一、二世御願、成就圓滿、件寺內永禁二斷殺生一、免二除神役・院役一、可レ停二止檢非違所使者濫入等狼藉一之由、蒙二御裁許一、納二佛前一、備二龜鏡一、抽任レ力造二立一寺一、爲レ奉レ祈二本家幷貫首御願一、言上如レ件、以解、

嘉禎三年十二月　日　　勸進沙門阿願上

④文書

（藤原宗範）（花押写）

下　爲安郷

定補郷司職事

（田島）尾張仲廣

右以レ人、所レ定二補彼職一如レ件、有限御年貢并恒例臨時院役・社役等、守二先例一任二傍例一、無二懈怠一可レ令レ弁レ勤、

仍沙汰人・百姓等宜二承知一、勿二違失一、故以下、

正應三年三月十三日

⑤文書

（藤原行氏）（花押写）

下　爲安郷

補任郷司職事

（田島）中勢〔務〕小大夫仲廣

右以レ人、爲二彼職一所二補任一也、早守二先例一可レ致二沙汰一之狀、如レ件、百姓等宜二承知一、勿二違失一、故以下、

正應六年七月十六日

⑥文書

（藤原朝重カ）
（花押）

下　給田事

海東　一百丁内

衣縫　十二坪壹町舞免田

右、爲二代々給分一之上者、伶人宮楠大夫資衡、任二先例一可レ令二知行一者、仍所二充給一如レ件、以下、

正中二年八月三日

⑦文書

（藤原経広）
（花押影）

下　開闔職事

林重安

右、任二親父重清（林）譲状之旨一、所レ補二任彼職一之状如レ件、

元徳三年三月十八日

⑧文書

（藤原昌能）
（花押影）

龍壽社禰宜職事

開闔所

於二禰宜職一者、所レ被レ付二開闔一也、仍有レ限御神事等、任二先例一可レ致二其沙汰一之由候也、仍執達如レ件、

建武元年九月　日

⑨文書

(花押影)(藤原季氏)

熱田太神宮領山田郡内野田村、幷柏井庄内十五坪、及玉野村等、各半分代官職事

右幡屋大夫政繼(守部)、任二社家往古例一、各半分可レ令二知行一之狀、如レ件、

建武四年卯月五日

⑩文書

宛行　宮楠大夫資衡

給分事

右、以二穂保(尾張国愛智郡)御上分跡一宛行候也、彼御年貢廿五貫文内、以二十五貫文一者、舞装束令二調進一也、殘十貫文者、可レ爲二恩給一之狀、如レ件、

貞和二年十一月三日

(花押影)

⑪文書

充行給分之事
　田五反大一切經田內、公文□張跡
一所　畠貳反高藏宮大門
　御口絹代壹疋分
　友繼忠親
右、爲二給分一所二宛行一如レ件、
　貞和三年十月九日

⑫文書
力王子內幡屋〔尾張国愛智郡〕屋敷貳段小事
□〔員カ〕貞、云二由緒相傳一、云二當住道理一、如レ元□□〔不可カ〕有二知行相違一、但自二往古一爲二社家領一之上者、募二武威一事、可二向後□〔停カ〕止一也、仍下知之状如レ件、
　貞和五年七月十八日
　宮司〔大脱カ〕藤原朝臣〔忠広〕（花押影）

⑬文書
　（花押写）
葉栗郡誠五名事、祝師仲衡〔田島〕所二充給一也、可レ被二其旨存知一之状如レ件、

観應二年六月廿四日

（花押）（藤原忠広）

⑭文書

宛給　楠木御前禰宜職事

開闔林眞重

右、彼禰宜職者、爲㆓眞重重代相傳當知行㆒之處、祝師管領之由雖㆑申㆑之、無㆓指支證㆒上者、任㆓建武貳年九月廿五日　季氏補任㆒、其以㆑先、代々支證分明間、所㆑被㆓宛補㆒也、仍於㆓御神事等㆒、守㆓先例㆒無㆓懈怠㆒、可㆑致㆓其沙汰㆒者也、

文和二年十二月十三日

大宮司常陸介藤原朝臣（忠広）

⑮文書

（花押）

下　楠木御前禰宜職事

開闔（林）重弘

右、於㆓禰宜職㆒者、去任㆓觀應三年六月十五日御書下之旨㆒、如㆑元所㆑被㆓宛下㆒也、至㆓于御神事以下㆒者、守㆓先例㆒可㆑致㆓其沙汰㆒、仍由執達如㆑件、

永徳三年八月十五日

（藤原康広）
（花押）

⑯文書

下　楠木禰宜職事

開闔林重弘

右、於㆓彼禰宜職㆒者、如㆑元所㆓返付㆒也、仍去至徳三年二月廿五日始任㆓神田寄進旨㆒、御神事以下無㆓懈怠㆒可㆑致㆓其沙汰㆒也、仍執達如㆑件、

嘉慶二年六月廿七日

⑰文書

（藤原満範）
（花押）

楠木社禰宜職事、別忠之上、任㆓代々支證等㆒、爲㆓給恩㆒所㆓宛行㆒也、早任㆓先例㆒、可㆑致㆓其沙汰㆒之状如㆑件、

應永七年四月十六日

（林宗重）
開闔大夫

⑱文書

判

宛下
　中嶋郡内給分在所事
一所　重包
一所　一木
　林幸重
右、雖二笛役人一、及二無職一候之由聞食處、上洛仕、依二笛稽古御感一、被二仰付一處也、彌々御公事等、可レ令二懃仕一之狀、如レ件、
　應永八年正月十一日
大宮司藤原朝臣（滿範）

⑲文書
熱田社開闔職幷楠木御前之事
　林宗重
如レ元所二宛行一也、早任二先例一、可レ致二其沙汰一狀如レ件、
　應永八年七月廿四日
太宮司藤原朝臣（花押）

【家司・社務代等発給文書】（奉書を含む）

①文書

宛下　開闔職事

判

林重清

右、於二所職一者、可レ爲二大内人管領一之由政繼(守部)申レ之、重清(林)者爲二惣開闔職一上者、不レ可レ隨二大内人所勘一之旨申之間、兩方申詞可レ爲二何樣一哉之由、相二尋神官中一之處、重清所レ申不レ可レ有二子細一、隨而可レ下二直任補之由一、勘状分明上者、成二本職安堵之恩一、爲二惣沙汰人一、御公事等彌可レ抽二無貳忠節一之□〔旨〕、所レ被二仰下一也、可レ令二存知一之状、如レ件、

正中貳年三月十六日　左衛門尉遠秋奉

②文書

(藤原高季カ)
(花押)

宛行　給田畠事

一百丁内壹町清氏跡

同内參段坪下田資繼跡

右、爲二代々給分一之上者、伶人宮楠大夫資衡、任二先例一可レ令二知行一者、依レ仰執達如レ件、

康永三年十二月廿六日

圓道

③文書

判

宛下　政所御井修理田事

合四段者

右、件修理田者、惣検校雖二管領一、永代沽脚〔却〕之文書分明之上者、任二其理一所レ宛二下粟田守眞一也、早任二先例一、可レ致二其沙汰一之由、依レ仰執達如レ件、

明徳二年十一月十五日　　左衞門尉奉

④文書

宛行　高藏宮日番職事

補任林重明

右、依レ爲二無職一、與二行之一處也、仍執達如レ件、

應永廿五年十月廿一日　　左衞門尉常齊判

⑤文書

宛給　家屋敷事

林宗重

右、彼家屋敷者、爲二代々相續支證明鏡一、任二亡父重弘(林)讓狀之旨一、如レ元被レ返二付之一者也、社家宜二承知一之狀如レ件、

應永廿六年五月廿日　建照(吉賀和)（花押）

⑥文書

熱田社領

神戸内西田嶋屋敷事

合壹所者

右、今度大宮御遷宮云二忠節一、且依レ難レ分、祝師惣領屋敷之内于(マヽ)至二仲稻子々孫々一、不レ可レ有二相違一之由、依レ仰執達如レ件、

應永廿六年六月十七日　吉賀和美作入道 建照（花押写）

祝師尾張守殿(田島仲稻)

⑦文書

熱田太神宮祝師職事 所々知行分 在二別帋一

右、任二仲稻(田島)之讓狀之旨一、仲清(田島)爲二惣領一、万事可レ専二神用一狀、依レ仰、執達如レ件、

應永卅五年正月廿三日　社務代 建照書判

祝師（田島仲清）殿

⑧文書

鈴御前禰宜職之事

□〔右〕彼社者、礒部眞幸致レ所二持代々御判一、爲二重代相傳一、雖レ然、秀助左衛門自レ家火事出、眞幸社籠申折節也、隣端之事、惡黨令二亂入一、財寶取散畢、仍眞幸之祖母〔父カ〕則眞仁被二宛下一持季（千秋）之御判以下數通被レ取候、萬一於二末代一、彼支證共對而、禰宜職違亂之輩者、惡黨而可レ處二罪科一者也、仍爲二末代一下知如レ件、

應仁貳年代〔戊〕子十一月廿六日

社務代加賀守（千秋）
季國

⑨文書

西水向社權禰宜職之事

大宮司持季（千秋）帶二御判一、礒部眞幸知行云々、然彼職之重書、龜井道場梵阿藏預置處、去霜月五日夜、盜賊致二亂入一取散訖、万一於二後代一帶二彼重書一、權禰宜職令二訴詔〔訟〕一有レ輩者、爲二惡黨一可レ被二罪科一者也、仍爲二末代一、粉〔紛〕失狀如レ件、

文明元年霜月九日

社家奉行（千秋）
季國

⑩文書

社僧持寶坊一後〔期〕之已後、跡之諸職已下事、出雲公〔信正〕雖レ爲二無足一、爲二講衆一神奉公之上者、當補畢、於二末代一、不レ可レ有二相違一者也、仍下知如レ件、

延徳貳年庚戌十二月十三日

千秋加賀入道藤原朝臣〔季国〕
月栖書判

⑪文書

福樂寺大坊敷并當寺承仕給分之事、出雲公信正住〔任〕補上者、勤二行寺役等一、守二先例一可レ有二取沙汰一者也、仍下知如レ件、

延徳三年六月十四日

大宮司代千秋加賀入道藤原朝臣〔季国〕月栖花押

これらを編年順に整理したものが、次頁以下の【表1】熱田太神宮庁発給文書、【表2】熱田大宮司発給文書、【表3】家司・社務代等発給文書である。

三、

【表1】太神宮庁発給文書には、様式上次のような特徴がある。文書の奥に大宮司の署名が記され、花押は袖判と奥上判の二例があり、管見においては後者がわずかに多い。文言には「神官等宜二承知一」とあり、神官に通達する形式をとっている。ただ【表1】⑪⑫⑬文書のように、大宮司の署名がない例も存在するが、これらはすべてに

【表1】熱田太神宮庁発給文書

如…如法院文書　鎌…鎌倉遺文　千…熱田神宮文書(千秋家文書)　田…熱田神宮文書(田島家文書)　東大史料…東京大学史料編纂所影写本
守…守部家文書　年…熱田神宮史料(年中行事編・熱田祭奠年中行事考)　※花押は大宮司

	和暦	西暦	文書名	花押	差出書	宛所	内容	出典
①	弘安6・5	一二八三	熱田太神宮庁補任状写		大宮司藤原宗範・祝佐伯近	大法師覚遍	供僧職補任	如・鎌二〇-一四八六六
②	正応2・4	一二八九	熱田太神宮庁補任状写		大宮司藤原宗範・物部為重	大法師慶幸	供僧職補任	如・鎌二二-一六九九〇
③	正和3・11・21	一三一四	熱田太神宮庁補任状写	奥上	大宮司前日向守藤原家季・祝物部為広	出雲行宗	五位職補任	千(中)三〇六
④	建武3・8	一三三六	熱田太神宮庁補任状写	袖	大宮司藤原季氏	林真重	開闔職補任	千(上)一〇
⑤	応安3・12	一三七〇	熱田太神宮庁安堵状写	袖	大宮司藤原朝臣・祝三国弘守	馬場秀仲	御井料田五段知行安堵	千(中)二九六
⑥	康応元・7・12	一三八九	熱田太神宮政所補任状写	袖	(大宮司名欠落)・祝大蔵吉里	出雲光吉	五位職補任	千(中)三〇四
⑦	応永2・2・23	一三九五	熱田太神宮庁補任状	奥上	大宮司藤原朝臣・祝三国友松	林重弘	開闔職補任	千(上)一四
⑧	応永7・3・29	一四〇〇	熱田太神宮庁補任状	奥上	大宮司藤原満範・祝三国友松	林宗重	開闔職補任	千(上)一五
⑨	応永17・10・7	一四一〇	熱田太神宮庁補任状写	奥上	大宮司藤原満範・祝三国友松	林宗重	開闔職補任	千(中)二九九
⑩	応永24・9・14	一四一七	熱田太神宮庁補任状写	奥上	大宮司藤原貞範・祝三国友松	田島仲稲	氷上宮禰宜職補任	千(上)二六
⑪	応永28・7・19	一四二一	熱田太神宮庁宛行状写		社務代(吉賀和)建照	田島仲稲	畠二段知行宛行	田一一-一二
⑫	応永35・2・13	一四二八	熱田太神宮庁補任状写		沙弥	開闔大夫所	林重明楠木社禰宜職還補	千(中)三〇二
⑬	応永35・4・23	一四二八	熱田太神宮庁補任状写		前美作入道(吉賀和)建照(満範仰)	林重明	開闔職補任	千(中)三〇〇
⑭	永享3・8・28	一四三一	熱田太神宮庁補任状	袖	大宮司刑部少輔藤原持季・祝三国友菊	林重明	楠木社禰宜職補任	千(上)一九
⑮	嘉吉2・5・26	一四四二	熱田太神宮庁補任状写	奥上	大宮司藤原季貞・祝三国松長	三国吉政	五位職補任	千(中)三〇五
⑯	宝徳元・10	一四四九	熱田太神宮庁補任状写	袖	大宮司藤原持季・祝三国吉政	行兼	五位職補任	千(中)三〇三
⑰	文明2・4・1	一四七〇	熱田太神宮庁補任状写	奥上	大宮司藤原政範・祝三国	守部保当	五位職補任	守・東大史料
⑱	長享2・2・4	一四八八	熱田太神宮庁補任状写				春季御祭官幣使・分配	年(下)九
⑲	長享2・2・4	一四八八	熱田太神宮庁補任状写				春季御祭東六社官幣・分配	年(下)九

【表2】熱田大宮司発給文書

大…大物忌職大夫家譜　笠…笠覆寺文書　張州…張州雑志　田…熱田神宮文書（田島家文書）　鎌…鎌倉遺文　林…林正木大夫家文書

千…熱田神宮文書（千秋家文書）　守…守部家文書　東大史料…東京大学史料編纂所影写本　地…熱田地蔵院文書

	和暦	西暦	文書名	宛所	内容	出典
①	文治4・4	一一八八	熱田大宮司藤原範経書下写	大師大夫（大原武頼）	小師大夫（御供師）二員を置く	大・張州 巻三五
②	嘉禎2・正	一二三六	熱田大宮司藤原能範下文写	大師大夫（大原武明）	大師大夫職補任	大・鎌七‐四九一四
③	嘉禎4・12	一二三八	熱田大宮司藤原能範外題安堵	勧進僧阿願	笠寺敷地荒野三町余の神役・院役免除	笠・鎌七‐五三三六
④	正応4・4・13	一二九一	（熱田大宮司藤原宗範）袖判下文写	尾張（田島）仲広	為安郷司職補任	田九‐一・鎌二三‐一七五九四
⑤	正応6・7・16	一二九三	（熱田大宮司藤原行氏）袖判下文写	尾張（田島）仲広	為安郷司職補任	田九‐二・鎌二四‐一八二五六
⑥	正中2・8・3	一三二五	（熱田大宮司藤原朝重ヵ）袖判下文写	宮楠大夫資衡	海東郡一百町内給田宛行	林・鎌三七‐二九一七二
⑦	元徳4・3・18	一三三二	熱田大宮司藤原経広袖判下文写	林重安	開闔職補任	千（上）八
⑧	建武元・9	一三三四	熱田大宮司藤原昌能袖判下文写	開闔所	龍寿社禰宜職を開闔所に付す	千（上）九
⑨	建武4・4・5	一三三七	熱田大宮司藤原季氏袖判書下写	幡屋大夫政継	山田郡野田村以下の半分代官職補任	守・大日本史料六篇の四
⑩	貞和2・11・3	一三四六	（熱田大宮司）某宛行状写	宮楠大夫資衡	穂保郷上分跡宛行	林・張州 巻三六
⑪	貞和3・10・9	一三四七	熱田大宮司藤原忠広袖判宛行状写	友継忠親	一切経田・高蔵宮大門畠等宛行	守・東大史料
⑫	貞和5・7・18	一三四九	熱田大宮司藤原忠広下知状写	地蔵院	力王子内の幡屋屋敷二段小安堵	地・張州 巻五五
⑬	観応2・6・24	一三五一	（熱田大宮司）某袖判書下写	祝師（田島）仲衡	葉栗郡誠五名宛行	田九‐三
⑭	文和2・12・13	一三五三	熱田大宮司藤原忠広袖判補任状	開闔林真重	楠木社禰宜職補任	千（上）一一
⑮	永徳3・8・15	一三八三	熱田大宮司某袖判下文	開闔林重弘	楠木社禰宜職補任	千（上）一二
⑯	嘉慶2・6・27	一三八八	熱田大宮司藤原康広袖判下文	開闔林重弘	楠木社禰宜職補任	千（上）一三
⑰	応永7・4・16	一四〇〇	熱田大宮司藤原満範袖判書下	開闔大夫（林宗重）	楠木社禰宜職補任	千（上）一六
⑱	応永8・正・11	一四〇一	熱田大宮司藤原満範袖判宛行状写	林行重	中島郡内重包・一木給分宛行	千（中）二九八
⑲	応永8・7・24	一四〇一	熱田大宮司藤原某補任状	林宗重	開闔職・楠木社禰宜職補任	千（上）一七

【表3】家司・社務代等発給文書

千…熱田神宮文書(千秋家文書)　林…林正木大夫家文書　田…熱田神宮文書(田島家文書)　張州…張州雑志　如…如法院文書

	和暦	西暦	文書名	宛所	内容	出典
①	正中2・3・16	一三二五	熱田大宮司藤原朝重袖判左衛門尉遠秋奉書写	林重清	開闔職補任	千(中)二九四
②	康永3・12・26	一三四四	(熱田大宮司藤原高季カ)袖判円道奉書写	宮楠大夫資衡	田畠給分宛行	林・張州　巻三六
③	明徳2・11・15	一三九一	熱田大宮司藤原某袖判左衛門尉某奉書写	粟田守真	政所御井修理料田四段宛行	千(中)二九七
④	応永25・10・21	一四一八	左衛門尉常斉補任状写	林重明	高蔵宮日番職補任	千(中)三〇一
⑤	応永26・5・20	一四一九	(熱田社社務管領吉賀和)建照宛行状	林宗重	家屋敷返付	千(上)一八
⑥	応永26・6・17	一四一九	(熱田社社務管領)吉賀和美作入道建照奉書写	祝師尾張守(田島仲稲)	遷宮行賞により西田島屋敷宛行	田八五
⑦	応永35・正・23	一四二八	熱田社社務代(吉賀和)建照奉書写	祝師(田島仲清)	祝師職・知行地安堵	千(上)二八
⑧	応仁2・11・26	一四六八	熱田社社務代加賀守藤原季国下知状写	礒部真幸	鈴御前社禰宜職補任状盗難の紛失安堵	千(上)二〇
⑨	文明元・11・9	一四六九	熱田社社家奉行藤原季国紛失状写	礒部真幸	西水向社権禰宜職補任状盗難の紛失状	千(上)二一
⑩	延徳2・12・13	一四九〇	(熱田大宮司代)藤原月栖(季国)下知状写	出雲公(信正)	社僧持宝坊跡職補任	如・千(上)二九
⑪	延徳3・6・14	一四九一	熱田大宮司代藤原月栖(季国)下知状写	出雲公信正	福楽寺大坊敷・同寺承仕給分宛行	如・張州　巻五四

「依レ仰」との文言があり、大宮司の意を伝える奉書様式になっている。[9] また日下もしくはその次行に、「祝」という太神宮庁職員とみられる佐伯・物部・大蔵・三国氏などの署名があり、そのうち物部・三国氏については、往古は社職にあり江戸期には断絶していたというが、[10] 詳細を明らかにできない。

さて【表1】【表2】文書を一見して理解できることは、その多くが社職の補任・知行宛行、それらの安堵、および相論の裁定による補任・宛行に関するものといえよう。[11] 上村喜久子氏はこれらを分類して、おおよそ【表1】文書を事務的な安堵・補任に用い、【表2】文書を恩給的な性格や係争の裁定を経た場合に発給したとみられている。[12]

例えば【表1】⑧文書は、亡父林重弘の譲状と代々の相続文書によって子息宗重の開闔職補任[13]を追認したもので、【表2】⑭文書は林真重が重代相伝していた楠木御前禰宜職を祝師が管領すると主張したが、その証拠はないので、真重は建武二年の大宮司藤原季氏の同職補任状や代々の支証に任せて正当性を主張し、それが認められたものである。

このように、確かに上村氏の述べるような傾向は認められるものの、実は必ずしも明確に分類できるとはいえない。そこで楠木社禰宜職補任を例として、上村氏の見解に相反する事例を【表1】【表2】から一例ずつあげておこう。【表1】⑭文書は林重宗が代々の証拠をもって楠木社禰宜職の世襲を訴えたので、大宮司藤原持季がこれを認め、子息の重明を同職に補任したものであるから、これは明らかに裁定の結果としての任命である。【表2】⑲文書は林宗重を開闔職・楠木社禰宜職に任じたものであるが、宗重は【表2】⑰文書によって、この前年すでに楠木社禰宜職に補任されていること、および【図1】に示したように⑲文書の大宮司花押と⑰文書のそれとは異なることから、⑲文書は大宮司交代による追認・安堵とみた方がよかろう。また譲状の承認という性格の補任状は、【表2】⑦文書の開闔職補任にもみえる。このように【表1】文書には裁定を経た補任状や、またその逆に【表2】文書には事務的に追認をした補任状が混在しているのであり、【表1】【表2】文書を用途面から区別することは不可能なのである。そこで宛所別、つまり上級社家（権宮司）・下級社家・社僧に分けて文書内容を整理したものが次頁の【表4】である。

【表4】から【表1】太神宮庁発給文書と【表2】大宮司発給文書とを比較すると、お

【図1】大宮司花押

⑰文書　藤原（野田）満範　　⑲文書　藤原（萩）某

およそ次のようなことがいえよう。

【表4】発給文書宛所別内容

	【表1】太神宮庁発給文書	【表2】大宮司発給文書	【表3】家司・社務代発給文書
上級社家	摂社禰宜職補任 知行宛行・安堵	一円神領郷司職補任	祝師職安堵
下級社家	末社禰宜職補任 開闔職補任 五位職補任	末社禰宜職補任 開闔職補任 給分宛行・安堵	開闔職補任 摂社日番職補任 給分宛行 本宅安堵 紛失安堵
社僧	供僧職補任	屋敷地安堵	社僧職補任 給分宛行

㋐【表1】【表2】文書の共通内容として、下級社家に対する楠木社禰宜職・開闔職などの社職補任・安堵があり、なかには相論裁定にともなう補任・宛行などもある。

㋑【表1】文書のみの内容としては、上級社家に対する氷上社禰宜職安堵・料田宛行・知行安堵、および下級社家に対する五位職補任、また神宮寺僧への供僧職補任などがある。

㋒【表2】文書のみの内容としては、上級社家に対する一円神領郷司職補任、下級社家への給分宛行などがある。

しかし社職補任はそれに付帯する給分が存在するので、結局のところ【表1】【表2】文書の使用基準を明らかにできない。例えば【表1】【表2】文書両者を用いた藤原（野田）満範は、【表1】の⑧⑨⑬文書では開闔職補任・安堵、【表2】の⑰文書では楠木社禰宜職補任というように社職によって文書様式を使い分けているが、これらは譲状や譜代の職であることを承認した補任・安堵であり、その用途面からは区別できないし、㋐に示したように他の例から【表1】【表2】文書に共通するものなのである。また一例をあげておくと、源頼朝発給文書の様式は奥上署判下文→袖判下文→政所下文と変遷したが、満範の場合には応永七年（一四〇〇）三月に【表1】⑧文書があり、同年四月には【表2】⑰文書、同八年には⑱文書、そして同十七年には【表1】⑨文書が存在しており、それは認められないのである。さらにこれらの宛所はすべて下級神官の林氏であって、受取人の身分上の問題も介在しない。あえてその基準を求めるならば、【表1】【表2】の明確な相違は補任・安堵などの対象となる社職名称であって、【表1】の氷上社禰宜職・五位職・供僧職補任および【表2】の一円神領郷司職補任ということになる。

五位職については、その職掌を明らかにする史料の存在がまったく見当たらない(14)。江戸期にはその職自体の存在を確認できないので、恐らく中世期にのみ設置されたものとみられる。ただこの五位職は太神宮庁（太神宮政所の例もある）による補任例だけが認められること、一社の重儀である遷宮の供奉人にその名称がみられないこと、また【表1】⑮文書に三国吉政が任じられているが、この三国氏は太神宮庁の祝として太神宮庁発給文書に署名していることなどから、熱田社の社職というよりも太神宮庁においての文書事務関係に従事する職名であったものとみられる。したがって太神宮庁による補任は、一応相応しいのである。

供僧職とは神前において経典を誦読するための僧職で、【表1】①文書は大宮司が大法師覚遍に熱田八剣宮で法華問答講を行うための供僧職に任じ、料田二町を給付したものである。②文書によると大宮司は大法師慶幸に熱田大宮中で法華経をあげさせるため、同じく供僧職に任じて料田一町を与えている。大宮司の社僧に対する支配権はこの二通以外にみえず詳細は分からないが、熱田座主との関係を考慮しなければならないであろう。座主職はもと尾張氏が代々継承していたが、藤原氏に大宮司職が移るとともに座主職も藤原氏に替わった。『尊卑分脈』によると、初代藤原大宮司季範の弟兼実の子息勝覚が「熱田宮座主」[15]となり、『系図纂要』には勝実（勝覚子息）・堯覚（勝覚弟）が「熱田座主」[16]を務めていたと記されており、大宮司の支配権が及んでいたものとみられる。[17]

なお氷上社禰宜職は下級神官が任じられる楠木社禰宜職とは異なる祝師職田島家の世襲であり、この応永二十四年に大宮司が初めて関与したこと自体に問題があるので、次節で述べることにする。また一円神領は大宮司が本所に年貢負担の責任を負う社領であるため、その現地責任者である郷司職の補任権をもっていたとみられる。[18]

このように五位職は太神宮庁内部の職名であるらしいことから、太神宮庁によって任じられることに問題はないが、なぜ供僧職は太神宮庁によって補任されるのか、また一円神領郷司職が大宮司の直状によって任じられるのだろうか。さらに開闔職補任のように、同一内容を下達するときにいかなる事情によって、一方では太神宮庁、他方では大宮司直状の様式を用いたのであろうか。これまで述べたように、文書の用途面、大宮司の身分変化、宛所身分の上下などに、その理由を求めることができないのであれば、大宮司そのものについて考えなければならないであろう。

四、

まず、大宮司の居住地を検討しておきたい。すでに第一編第一章で述べたが、陽明文庫蔵（一）本『平治物語』上巻「侍賢門の軍の事」には「義朝の女子（源頼朝同母妹）、今年六歳になりけるをことに寵愛しけるが、六條坊門烏丸に母（熱田大宮司藤原季範女）の里ありしかば、坊門の姫とぞ申ける」[19]とあり、藤原氏初代の大宮司季範が京都に居館を構えていたことが知られる。鎌倉期には、承元二年（一二〇八）五月に大宮司となった藤原保範は「五條大宮司」、その子息範直は「白川大宮司」と京都の地名を称し、また範直の孫範春は大宮司に就任しても「不レ入レ社」とあり、熱田社に赴いていない。[20]室町期には、『看聞御記』永享七年（一四三五）六月二十九日条に「熱田大宮司職事、千秋野田ニ被レ補之由、（中略）星野、公方（足利義教）不レ申レ暇、尾州下向之間、失二面目一被二改替一」とあり、同書嘉吉三年（一四四三）七月九日条には「熱田小社二社破壊之間被二造替一、供養之儀大宮司可二罷下一之由、自二社家一申」、また「神職中雖レ爲二披見一之（大宮司職補任の院宣）、彼地依二于遠境一、不レ能レ入二宮中（熱田社）一」[21]などとあることから、大宮司在京の実態を窺うことができよう。さらに大宮司が熱田社へ下向するのは就任のとき、および遷宮や造替のときなどにほぼ限定されるようで、中世の大宮司は熱田社に常住していたというより基本的には在京していたのである。故に通常はのちに「大宮司代」「社務代」「社務管領」と称する代官が、大宮司の代理として熱田社へ派遣されていたものと考えられよう。

そこで一つの試論ではあるが、熱田社内にあったと漠然と考えられている太神宮庁は、京都の大宮司居館に設置されていたのではなかろうか。つまり【表1】太神宮庁文書は京都で、【表2】大宮司文書は熱田社で発給されたものとみることはできないだろうか、ということである。

第一に【表1】太神宮庁発給文書の差出書には大宮司のほかに尾張姓ではない祝職が署名し、尾張姓権宮司層である田島・馬場氏の署名例はまったくみられない。このことは権宮司層が太神宮庁の構成員ではなかったものとみられ、太神宮庁の実態は解明されていないものの、大宮司家内部の組織（家政機関）であった可能性が高く、その場合所在地は京都の大宮司居館であった方が相応しい。

第二に応永八年（一四〇一）の【表2】⑲文書を最後に大宮司個人の発給文書がなくなり、【表3】に整理したように、家司や管領・社務代・社家奉行と称する大宮司代による奉書・直状へ変化していることである。このことは十五世紀初頭には熱田社の現地経営が大宮司の代官に委ねられたものと考えられ、『熱田大宮司千秋家譜』がこのころの大宮司である満範について、「應永四・五年任レ之、近代天下亂世未二靜治一、雖レ補二彼職（大宮司）一在レ都、偶往二復于宮社一、猶二遥授一官、故沙彌全壽・法眼良珍類族如二家臣一、恒掌二於祭祀・公事等一」と伝えていることは、この間の事情を物語っているのである。

第三に先述したように、【表1】文書には「神官（等）宜二承知一」との文言があり神官への通達形式をとっているが、これは形式的なものであって実質は【表2】文書の本人宛と同じ意味である。つまり神官と本人とに各々別の補任状が発給されたわけではないので、これも内容上の使い分けの基準を詳らかにできない。しかし京都在住の大宮司が熱田社神官に下達するのであれば、その受取人はまず熱田社現地の代表者である上位の権宮司（祝師・惣検校）ということになる。そして「神官（等）宜二承知一」という文言によって、権宮司が大宮司に代わって神官全体に通告披露する形式をとり、最終的に文書に記された人物に渡されたとみることは可能であろう。

第四に【表1】【表2】文書をみると、同日に発給された事例がないことである。日付がもっとも接近しているのは、【表1】⑧文書応永七年三月二十九日と【表2】⑰文書同年四月十六日で、発給者である大宮司はともに満範であるが、そうすると満範は三月二十九日には在京し、四月十六日には熱田社へ下向していたと考えることができるのではあるまいか。もちろんこれらの文書だけで判断するには心許なく、同日付の文書が存在すれば撤回しなければならないことは承知している。

第五に【表1】太神宮庁発給文書のうち④⑤⑥⑭⑯には、発給者の袖判と奥上に署名があり（⑥は署名欠）、これが在京知行国主の発給する庁宣の様式と酷似していることである。つまり在京の大宮司が庁宣の様式を模倣したものとみることもできよう。[22]

したがってさらなる事例の精査を必要とはするものの、【表1】【表2】文書に機能面からの区別が付け難いことから、いまのところ熱田太神宮庁は熱田社内ではなく京都の大宮司居館に設置されていたという推測を提示して、後考に俟ちたい。

なお熱田社の内部組織には太神宮庁のほかに、政所・公文所の存在も確認できる。この政所は幕府や摂関家などに設置されたものと同じ機能を有しているわけではなく、「今神事ノ日、祠官先ッ此舎ニ集會シテ後大宮ニ行ク者ハ、是古ヘ神事ノ雑務ヲ沙汰セシ其ノ遺習也」[23]という、神事に関する諸事を行う機関であったようである。また「熱田宮公文所」[24]としてみえる公文所は、一円神領の在地機関を直接的に統轄する機関で、その構成員は権宮司層であったとみられる。[25]

では太神宮庁がこれらの機関を包括する機構であったのか、つまり熱田社の最高意志決定機関として常置されていたのかどうか、という問題は残るが、これについては明快な答えを導けない。ただ史料の残存性を考慮のそとにおくと、大宮司の直状である【表2】文書が応永八年を最後にみられなくなるのに対して、太神宮庁発給の【表1】はそれ以降に⑨文書以下が存在しており、さらには十六世紀以降になってもそれを確認することができる。例えば

次の永禄二年（一五五九）、承応二年（一六五三）の文書である。(26)

熱田太神宮　廳
差定御祭早令ニ參勤一來年五月五日御馬頭人之事
卿代名乗
補代名乗
馬頭名乗
右、任ニ先例一早勤仕之狀如レ件、
永祿二年五月朔日　祝三國
大宮司藤原朝臣
權宮司散位尾張宿禰
權宮司散位尾張宿禰
權宮司散位尾張宿禰
權宮司散位尾張宿禰
大內人散位守部宿禰
檢校太夫眞人
別當太夫眞人
權內人太夫眞人

已上

熱田太神宮　廳

諸社奉御幣之次第令（マヽ）

承應二年癸巳卯月廿八日

郷代頭人　粟田朝臣守直

御祓師　林　朝臣重久

大神宮　御幣三本、御服絹壹疋二丈、御膝着七十五丈、御菓子三十五合、御粽三束五把、御大瓶二、筒二、

高藏宮　同斷、

八劔宮　同斷、

日破宮　御幣二本、御服絹三丈、御膝附十八丈、御菓子六合、御粽七把、御酒筒二、

氷上宮　同斷、

大福宮　同斷、

源大夫宮　同斷、

八社之分

孫若宮　御幣二本、御服絹一丈、御膝着八丈、御菓子五合、御粽二把、御酒筒一、

七　社　同斷、

東六社之分

姉子社　同斷、
十二社　同斷、
小社之分
一神前社　御幣一本、御服絹五尺、御膝着五文、御菓子三合、御粽一把、御酒筒一、
廿八社　同斷、
已上

これらは神事に関する人事と境内諸社奉幣に関するもので、前者には権宮司以下の署名があり、【表1】の様式とは異なる。それは大宮司が京都を離れ熱田社に居住するようになった時期のものであり、太神宮庁の機能そのものが変質した結果とみられる。しかし仮に形骸化した機関であったとしても、後者のように神事に専念した江戸期の大宮司が、太神宮庁の書出を有する文書によって神官に命令を下達していることは、もともと太神宮庁が熱田社の組織上においての最上級機関であった名残を伝えているものと考えられよう。

五、

さて【表1】【表2】とは異なり、大宮司の意を奉じた大宮司代または大宮司家司の奉書、および彼ら自身の下知状など十一通を124頁の【表3】にまとめておいたが、まず全文書の内容を簡単に紹介しておきたい。

①文書…　開闔職補任はもともと大内人の管領であることを大内人の守部政継は主張したが、林重清は惣開闔職

であったので、大宮司の「直任補」にするという裁定を左衛門尉遠秋が奉じたものである。なお以後の【表1】【表2】の開闔職補任状は、これを先例とした惣開闔職のこととみられる。

②文書…大宮司の意を承けた円道なる人物が、代々宮楠大夫資衡の給分である田畠を安堵したものである。

③文書…熱田社政所の井戸の修理料田四段は、もともと惣検校馬場氏の管領するところであったが、粟田守真が所持する永代沽却証文にしたがって、守真に宛行う旨の大宮司裁定を左衛門尉某が奉じたものである。

④文書…左衛門尉常斉が、無職であった林重明を高蔵宮の日番職に補任したものである。

⑤文書…(社務代)吉賀和建照が林宗重に、代々の支証と父重弘の譲状によって家屋敷を返付したものである。

⑥文書…応永二十六年の遷宮の功として、大宮司が祝師田島仲稲に対して西田嶋屋敷を子々孫々まで安堵する旨を、吉賀和建照が奉じたものである。

⑦文書…大宮司が田島仲清を父仲稲の譲状によって惣領と認め、祝師職とその知行分を安堵したことを、社務代吉賀和建照が奉じたものである。

⑧文書…議部真幸が火災のさいに歴代大宮司による鈴御前社禰宜職補任状を盗まれたので、社務代である千秋季国がこの補任状を悪用した輩は罪科に処すという通達を出したものである。

⑨文書…議部真幸が時宗遊行道場である亀井山円福寺(現熱田区神戸町)の梵阿に預けておいた大宮司千秋持季による西水向社権禰宜職補任状が盗まれたので、社家奉行千秋季国がこれを証明した紛失状である。

⑩文書…社家奉行千秋季国が、講衆である出雲公信正を社僧持宝坊跡職に任じたものである。

⑪文書…大宮司代千秋季国が、出雲公信正に福楽寺の大坊敷と承仕給分を宛行ったものである。

【図２】文書残存期間略年表

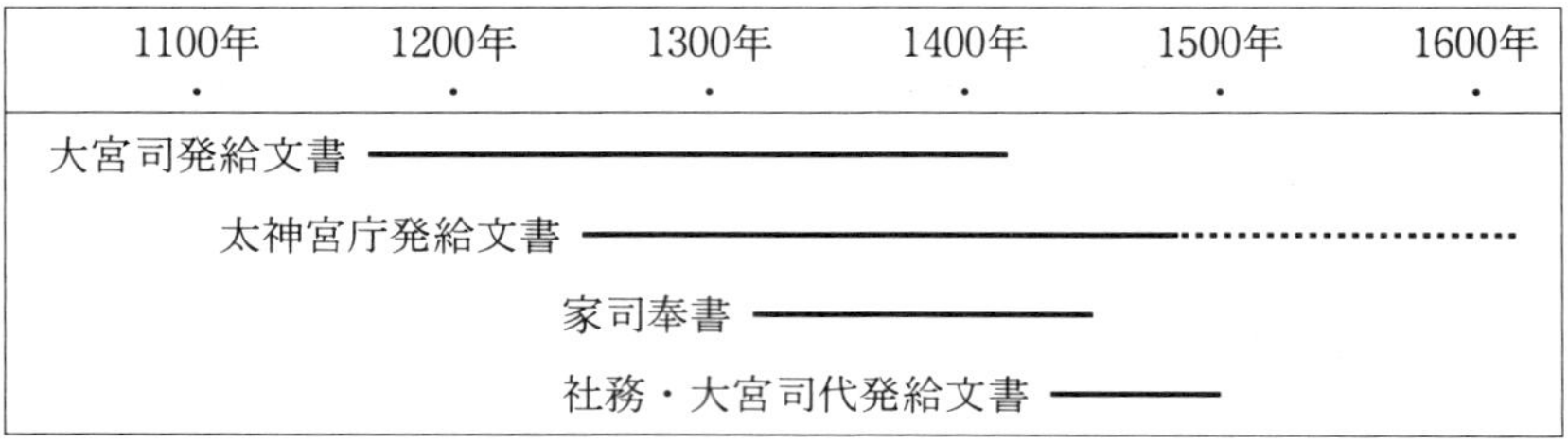

以上通覧してきたが、①文書以外は南北朝期以降のもので、さらに応永年間（一三九四～一四二七）以後の文書が八通存在することをとくに注意しておきたい。①②③文書は大宮司の意を奉書様式で伝達した例であるが、鎌倉時代末から大宮司家司奉書がみられることは、第二編第二章で述べるように、永仁六年（一二九八）の国衙勘落による打撃を契機として、社家と社領支配の再編を試みた大宮司の具体的な行動の現れとみることもできよう。また応永年間になると、④文書のように家司による社職補任の例をみるが、応永二十年（一四一三）には大宮司と並んで「社務」職が初出し、同二十四年には「管領」として吉賀和建照が登場する。[27] 建照は【表１】⑪文書・【表３】⑦文書では「社務代」にあり、これは大宮司の代官として社務を掌ったものである。[28] そこで改めて【表１】【表２】【表３】各文書の存在期間を示すと、【図２】文書残存期間略年表のようになる。

　十五世紀を境にして大宮司の命令は、【表２】大宮司直状がみられなくなり、【表１】太神宮庁発給文書と【表３】社務代などの家司によるものに限られるようになる。しかも応永二十年頃以降でとくに注目しておかなければならないことは、第一に【表３】⑥文書で、権宮司祝師職田島仲稲に西田島屋敷を遷宮の忠節によって安堵したものであるが、それは大宮司代の奉書であることから、明らかに大宮司による社家支配が強化された結果とみることができよう。また【表１】⑩文書の権宮司田島惣領家が相伝する氷上社禰宜職の安堵を大宮司が太神宮庁発給文書によって執り行い、同じく⑪文書では大宮司が祝師田島仲稲に畠二段を宛行っており、さらには【表3】⑦文書にあるように、これまで大宮司がまったく関与していなかった権宮司家の世襲である祝師職を社務代の奉書によって任じているが、とくに後の二通は大宮司の署名がない社務代建照の奉書形式によるものであった。第二に応仁年間（一四六七～九）になると【表3】⑧文書以下にみえるように、社務代・社家奉行・大宮司代が大宮司を介さず、上級社家に対しての文書はみられないものの、下級社家に対しては下知状・紛失状などの直状を発給していることである。これらのことは十四世紀以前まで大宮司に対して独立的で、ある意味では並列であった権宮司家との関係に変更が生じたことを示唆しているといえよう。すなわち大宮司と社家との間に代官（大宮司家司）を介在させ、さらに大宮司直状を止め太神宮庁による発給文書と家司奉書に変更したことは、大宮司が社家に対する支配権を強化したことを意味する。そして応仁年間頃以降、大宮司代が少なくとも下級社家に対する案件について、大宮司の裁定・判断を仰がずに独断で処理していることは、より一層強力な社家支配体制が確立したものとみることができるのである。[29]

つまり十四世紀末から十五世紀初頭は、南北朝合一・応永の乱を経て、足利義満による将軍権力が強化される時期であった。しかし尾張国内では明徳三年（一三九二）から応永七年にかけて守護の交代が著しく、また応永六年には土岐氏の内訌による美濃の乱の影響で国衙領の未進・押領が広がり、「國中物忩」[30]の状態で混乱した。そして応永七年に守護となった斯波義重は、瞬く間に国衙領に被官人を給人として配置し領国支配を強化したのである。[31]その結果守護と国人との対立は深刻なものになり、没落する国人もあらわれ、当然熱田社領への影響も予想されたであろう。この情勢下において守護支配から独立を保たなければならなかった大宮司は、将軍直属の奉公衆という政治的立場を活用し、この遷宮を将軍協賛と位置付けて最大限に利用したと考えられる。しかも大宮司は在京を常としており、熱田社に居住するわけではなかったため、代官を派遣しなければならなかった。それは守護領国支配体制に対する大宮司の危機意識と将軍近習としての性格から生じた必然的な選択肢であり、また熱田社支配を大宮司のもとに強化する試みでもあったのである。

やがて応仁の乱によって大宮司は奉公衆として在京を余儀なくされ、こののちも将軍に近侍し、幕府末期の『永禄六年諸役人附』(32)には奉公衆三番衆千秋月斎・申次同輝季を確認できる。そして【表3】⑧文書以下の大宮司代下知状のように社務の実権は大宮司代に移り、季国の系列が京都の一門から離れ大宮司職を継ぎ織田氏に属するようになるのである。

〔補註〕

(1)「熱田社領を背景とする大宮司家の変遷」(『頼朝会雑誌』四号、一九三二年、のち『荘園史の研究』下巻一、岩波書店、一九七八年に再録)。

(2)「中世における熱田社領—社会経済的発展の基盤と領知制—」(『神道史研究』七—六、一九五九年、のち小島鉦作著作集第三巻『神社の社会経済史的研究』吉川弘文館、一九八七年に再録)。

(3)「尾張三宮熱田社領の形成と構造」(『日本歴史』二九四号、一九七二年)。

(4)『熱田宮年代記』(『熱田神宮史料』造営遷宮編上巻、熱田神宮宮庁、一九八〇年)。

(5)「応永二十六年大宮遷宮祝詞写」(『熱田神宮史料』造営遷宮編上巻四号〈『張州雑志』巻三十七〉)。なお中世以前の祝詞は『熱田神宮史料』造営遷宮編上巻一号に断簡を若干収載している。

(6)これらのことは前掲註(4)『熱田宮年代記』も参照。また足利義持の奉納品は応永二十六年三月二十六日付の幕府奉行人飯尾清藤の「熱田社御遷宮神宝物注文」(『熱田神宮文書』田嶋家文書八四号、一九九七年、熱田神宮宮庁〈『張州雑志』巻三十六「田島家蔵古證状之類」〉)にもみえる。

（7）『満済准后日記』正長元年十月十六日条に「大宮司内者吉川ト云者」とある。

（8）前掲註(5)応永二十六年の祝詞および(4)『熱田宮年代記』には社務として野田上野守満範・内匠頭貞範の両名が記されており、大宮司の名前はみえないが、『熱田宮年代記』の同二十年十一月四日条に「大宮司満範」と「社務」とが別人で表記されていることから、二十六年の大宮司は満範であり、貞範が社務であったとみられる。

（9）「熱田太神宮庁」の書出をもつ文書様式から便宜上【表1】に収めたが、詳しくは本章第四節で述べる。

（10）「熱田祠官略記」（『張州雑志』巻第三十四所収）。

（11）これらの文書の中で【表2】大宮司発給文書③は、他と異なる外題安堵である。これは嘉禎四年（一二三八）十二月、笠覆寺（名古屋市南区）の復興を試みる勧進僧阿願が、熱田社領であった寺の敷地荒野三町余に課せられていた神役・院役および検非違使の濫入狼藉の優免を熱田社に願い出たので、大宮司は署名花押を記してこれを認めたものである。さらに阿願はこの「社家免判」を添えて本所宣陽門院にも解状を提出し、院は熱田社に対してこれを承認する旨伝えている（暦仁元年十二月日「宣陽門院庁下文」笠覆寺文書〈『鎌倉遺文』第八巻五三六四号文書〉）。この例は社領に対する神役などの賦課・免除の権限が、大宮司にあったことを示すものといえよう。

（12）『新修名古屋市史』第二巻第五章三九三頁（名古屋市、一九九八年）。

（13）開闔職は江戸期に「大宮司の下で所司大夫と並んで神事・公裁等を掌り、大宮司故障の時には、代わってその職を勤める重職」（『熱田神宮文書』千秋家文書上巻八号文書解説参照）であったというが、中世期の職掌は不明である。なお江戸中期以前に成立したとされる『熱田祠官祠掌私記』には「毎月朔日・十一日・十五日・廿一日・廿八日朝、本宮祭文殿隔子ヲ開キ、大床ニ燭臺ニ火ヲ燃、毎暮合ニ散銭箱之鎰持參メ、散銭配分之時刻ニ鎰兵部大夫ニ渡シ、代官中・兵部大夫立會ニ而散銭配分ス」（『神道大系』神社編十九熱田、神道大系編纂会、一九九〇年）とある。また【表1】④⑦⑧⑨⑬文書はすべて林氏を補任・安堵したもので、文明十七年（一四八五）以前までは林家の世襲であったが、以後は長岡氏がこれに就いている（「文明十七年年中行事」〈『熱田神宮史料』年中行事編上巻、熱田神宮宮庁、一九七一年〉）。

(14) 管見によれば五位職は熱田社だけにみられる職名ではなく、例えば元亨元年十二月日「五位職補任状案」紀伊中原文書（『鎌倉遺文』第三十六巻二七九三五号文書）にもみえるが、その職掌は不明である。
(15) 第二篇四七一頁。
(16) 藤原朝臣姓熱田大宮司。
(17) 鎌倉後期から醍醐寺僧が座主職に任じられるようになり、『理性院院務次第』（『続群書類従』巻九十七）の法務前大僧正頼助に「武藏守（北条）經時子、（中略）尾張國熱田社座主」とあり、また正和五年（一三一六）十一月日の「熱田社領注進状写」（『楓軒文書纂』中巻）に「田宮郷座主隆勝法印跡」とある隆勝は、「僧正醍醐寺報恩院」（『尊卑分脈』第二篇三七〇頁）と記された人物であろう。なお熱田神宮寺には座主・供僧職のほかに講衆職があり、この職は座主の署名を有する「熱田神宮寺政所下文」によって補任された例がある（如法院文書〈『鎌倉遺文』第三十四巻二五九五三号文書〉）。なおこれは座主によって大法師公遍が熱田大宮で法華経を不断読経する講衆職に任じられ、料田三町を給されたものである。上村喜久子氏はこれと先の【表1】①②文書から、供僧職は大宮司、講衆職は座主に補任権がそれぞれ分かれていたと理解されているが（『新修名古屋市史』第二巻四〇七頁）、この正和五年（一三一六）の座主は醍醐寺僧である可能性が高く、大宮司の神宮寺支配が弱体した結果にもとづくものなのかもしれない。
(18) 本書第二編第一章を参照。
(19) 新日本古典文学大系43『保元物語・平治物語・承久記』一九〇～一頁（岩波書店、一九九二年）。
(20) 以上、『熱田大宮司千秋家譜』（『熱田神宮文書』千秋家文書下巻、熱田神宮宮庁、一九九二年）各人物の項。
(21) 『熱田大宮司千秋家譜』藤原季宣の項。
(22) この点については青山幹哉氏のご教示を得た。記して謝意を申し上げたい。
(23) 『張州雑志』巻第三十一「政所」の項。
(24) 例えば年未詳正月二十三日「熱田宮公文所書状案」、年未詳五月二十一日「熱田宮某奉書案」、ともに猿投神社文書（『鎌倉遺文』第二十七巻二〇七三三、二〇七三四号文書）。

(25) 本書第二編第一章を参照。本論で述べた政所・公文所と同名の機関が一円神領の在地に設置されているが、それとは異なる。
(26) 『熱田祭奠年中行事故実考』(『熱田神宮史料』年中行事編下巻、一九七五年、熱田神宮宮庁)。
(27) 『熱田宮年代記』。
(28) なお建照については、以下のことを確認できる。応永三十二年(一四二五)将軍足利義量が死去すると前将軍足利義持が執政をとったが、同三十五年(正長元年)義持の死去により後継をめぐって、一時鎌倉公方足利持氏に将軍宣下の風聞がたった。それは「大宮司(熱田社)内者吉川ト云者、方々令㆓料簡㆒、此院宣(将軍宣下)事申出」たからであった。その弁明のため大宮司野田貞範は幕府政所執事伊勢貞経に出向き、「召仕候吉川、就㆓都鄙雑説㆒不儀事共候間、可㆓打進㆒由代官方へ申付處、其身ハ逐電了、内者一人打㆑之候、可㆑然可㆓披露㆒」と申し開いた。「吉川」がこのような謀議に関与していたのは、貞範の父が持氏に奉公していたためとみられる(以上『満済准后日記』正長元年十月十六日条)。この「吉川」は吉賀和建照のこととみられ、逐電したために【表1】⑬文書(応永三十五年四月二十三日)以後、彼の署名が文書にみえないのであろう。
　因みに、貞範の父は『熱田大宮司千秋家譜』によると野田範重になるが、大宮司在職期間を考慮すると野田満範の可能性が高い。
(29) 大宮司家と権宮司家との関係は本書第二編第五章を参照。
(30) 応永六年「尾張国国衙正税未進注文」醍醐寺文書(『新編一宮市史』資料編六―四〇一号、一宮市、一九七〇年)。
(31) 上村喜久子「国人層の存在形態―尾張国荒尾氏の場合―」(『史学雑誌』七四―七、一九六五年)。
(32) 『群書類従』巻五百十一。

第五章　熱田大宮司職の補任

一、

『熱田大宮司千秋家譜』[1]によると、成務天皇六年に宮簀媛（小止女命）が尾張国造になったとき「亦曰二神主一」とあり、初めて熱田社神主の名称がみられる。次いで天武天皇朱鳥元年（六八六）稲置見が「始稱二大宮司一」したとみえ、神主から大宮司に社職が変更されたらしい。但し『尾治宿禰田島氏系譜』[2]には稲公（稲置見）の父で壬申の功臣である大隅に「熱田大神宮司」との呼称があるが、大宮司との関係は詳らかにできず、また『熱田大宮司千秋家譜』には大隅の名前がみえない。なお『尾張国熱田太神宮縁起』[3]には朱鳥元年六月草薙剣が熱田社に送置された際に「始置二御社守七人一、一人爲レ長、六人爲レ烈一」とあることから、後世において熱田社の理解では天武天皇最末期に「長」、つまり大宮司職が設置されたとみたのであろう。

以後、尾張氏の時代にあっては、系図上に大宮司の名称は登場するものの、その補任形態を示す記載は一切認められない。しかも『熱田大宮司千秋家譜』では大宮司職が親子の間で継承されているが、『尾治宿禰田島氏系譜』では親子兄弟の間で相続されている。しかし両者に共通する大宮司が多いことは、その相続は『尾治宿禰田島氏系譜』の記載を尊重すべきであり、『熱田大宮司千秋家譜』は大宮司職そのものの相伝過程を記したものとみなければならない。

さて永久二年（一一一四）熱田大宮司職は、尾張員職から外孫藤原季範に譲られた。尾張氏から藤原氏への移動に

【関係図1】熱田大宮司職相伝略系図（『熱田大宮司千秋家譜』・『尊卑分脈』）

一、人物名右肩のアラビア数字は【表1】熱田大宮司補任一覧の番号。
二、72星野義信、73・74千秋季貞、77千秋四郎、79星野政茂は、『熱田大宮司千秋家譜』にみえず。
三、□の四名は貞治二年の大宮司競望者。

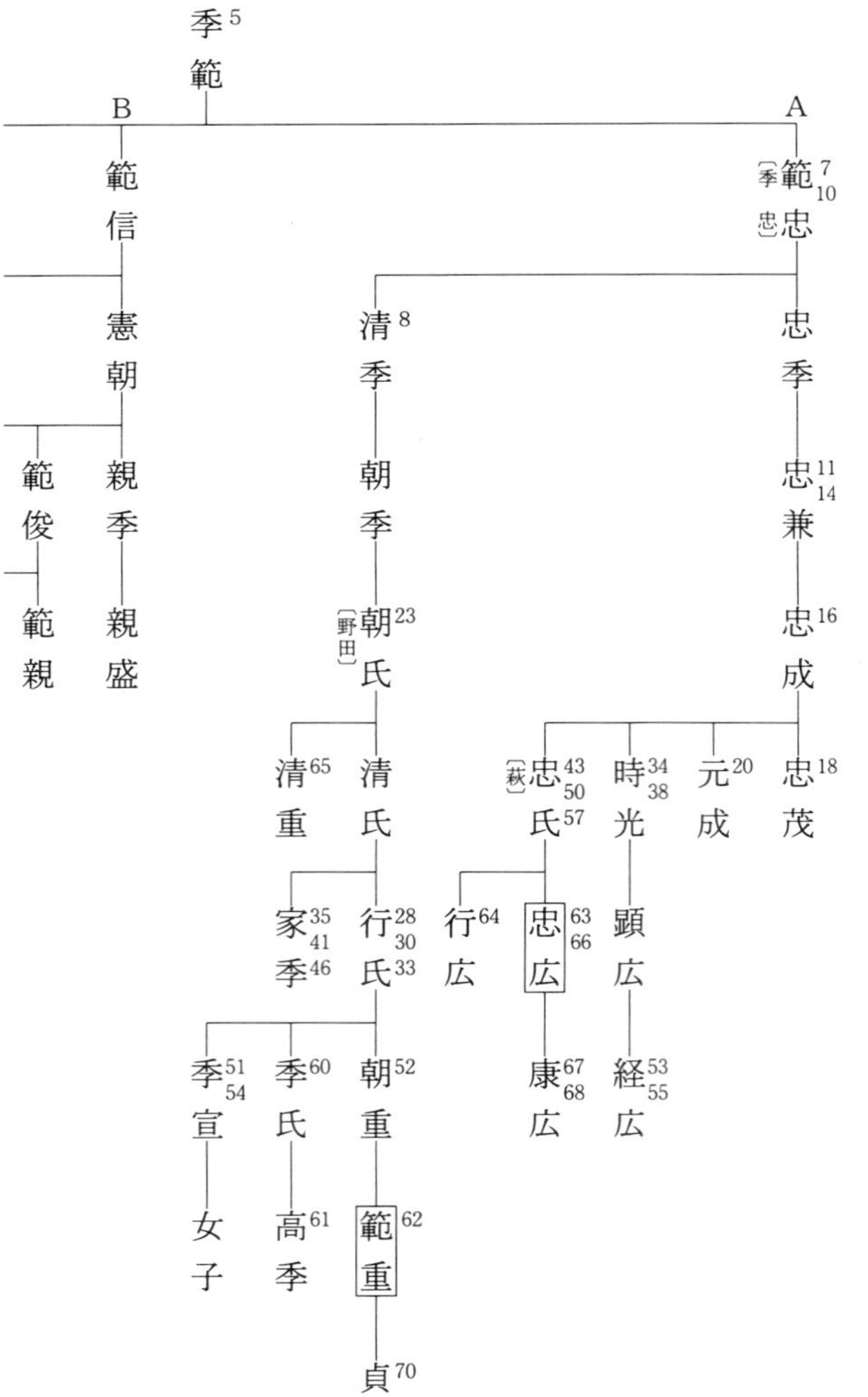

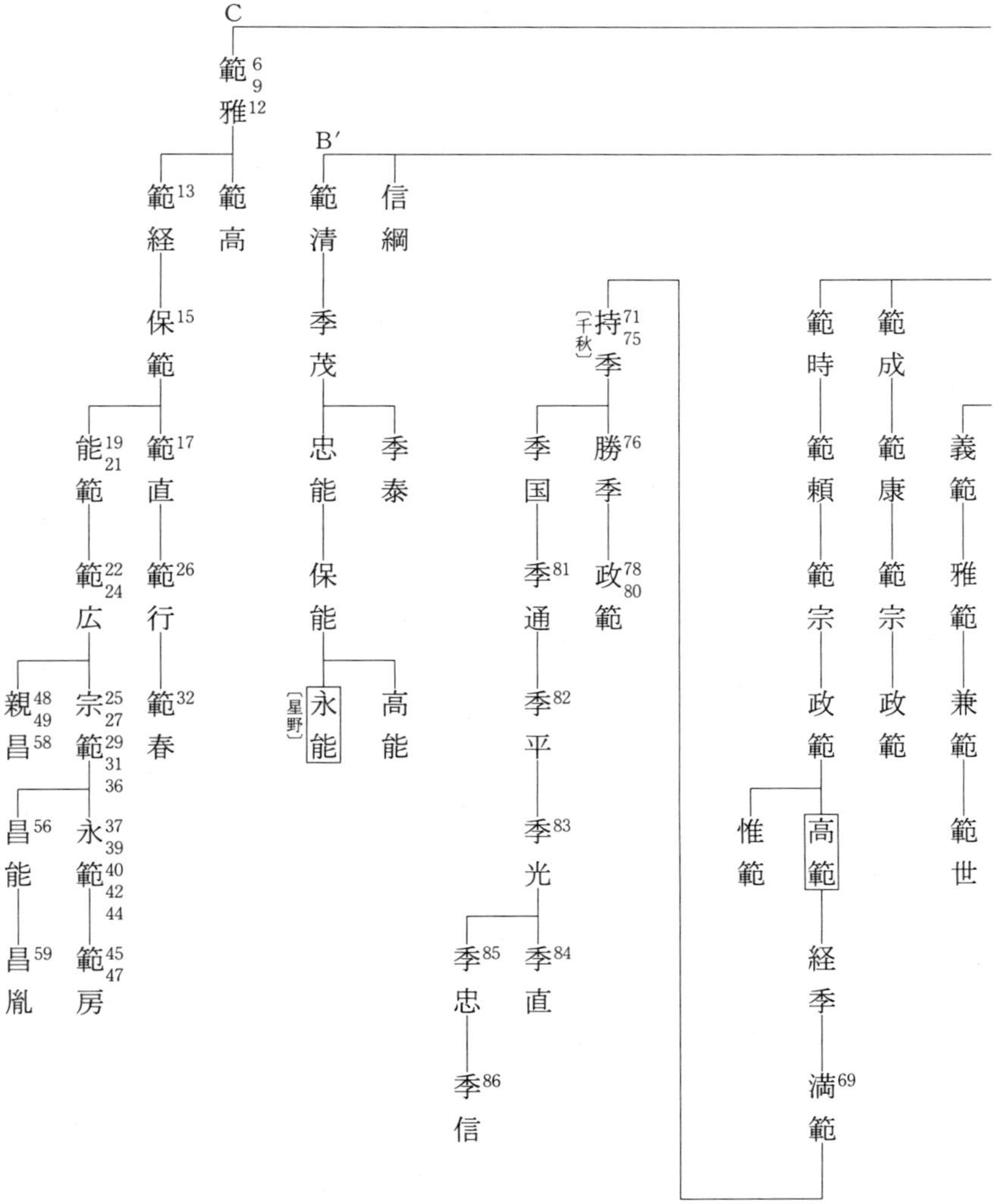
C
範雅 6 9 12
B′
範経 13
範高
範清
信綱
保範 15
季茂
〔千秋〕持季 71 75
範時
範成
能範 19 21
範直 17
忠能
季泰
季国
勝季 76
範頼
範康
義範
範広 22 24
範行 26
保能
季通 81
政範 78 80
範宗
範宗
雅範
親昌 48 49 58
宗範 25 27 29 31 36
範春 32
〔星野〕永能
高能
季平 82
政範
政範
兼範
昌能 56
永範 37 39 40 42 44
季光 83
惟範
高範
範世
昌胤 59
範房 45 47
季忠 85
季直 84
経季
季信 86
満範 69

【表1】熱田大宮司職補任一覧

	系列	名前	補任年月日 和暦(見)＝見任	補任年月日 西暦	補任形態	出典	退任年月日 和暦(見)＝見任	退任年月日 西暦	出典	備考
1		尾張員職	寛徳2	一〇四五		千	応徳年間	一〇八七	千	
2		尾張季宗				田				信濃国へ落下
3		尾張季員				田				
4		尾張職実				田				
5		藤原季範	永久2	一一一四	熱田大神宮霊告	千	保延3・8	一一三七	千	久寿二年十二月死去
6	C	藤原範雅	保延3・8	一一三七	父譲り、霊夢	千	久寿2	一一五五	千	季範五男
7	A	藤原範忠	保元元?	一一五六		千	応保元	一一六一	千	内匠頭、応保元解官
8	A	野田清季	保元3?	一一五八	上西門院庁宣	千	承安元	一一七一	千	
9	C	藤原範雅	応保元・10	一一六一		千	嘉応元	一一六九	千	再任、後白河院上北面
10	A	藤原範忠	承安2	一一七二	平清盛	千	治承2	一一七八	千	再任、後白河院北面
11	A	藤原忠兼	治承2	一一七八	二位殿(平時子)	千	養和元	一一八一	千	
12	C	藤原範雅	養和元・3	一一八一		千				三度目
13	C	藤原範経	元暦2・4	一一八五	父譲り	千	正治元	一一九九	千	薦野大宮司
14	A	藤原忠兼	正治2・12・19	一二〇〇	庁宣	千	承元2・閏4・19(死去)	一二〇八	千	再任、庁宣披露、社家請文
15	C	藤原保範	承元2・5	一二〇八	庁宣	千				五条大宮司、高松院蔵人
16	A	大江忠成	承元2・6・22	一二〇八	庁宣	千				大江広元男、忠兼猶子、庁宣披露
17	C	藤原範直	承久2・9	一二二〇	庁宣	千				白川大宮司、庁宣披露
18	A	大江忠茂	承久3	一二二一	庁宣	千				庁宣到着以前に幕府より派遣入社、七月庁宣
19	C	藤原能範	嘉禄元・7	一二二五	庁宣	千				薦野と号す、庁宣披露

20	A	大江元成	嘉禎3・11	一二三七	庁宣	千				早良大宮司
21	C	藤原能範	嘉禎4・閏2	一二三八		千				再任
22	C	藤原範広	宝治2・3	一二四八	庁宣	千				承久京方、在職八年とあるも不審
23	A	野田朝氏	建長6・4・2	一二五四	庁宣	千	康元2	一二五七	千	
24	C	藤原範広	康元2・正・11	一二五七	庁宣	千				再任
25	C	藤原宗範	文永2・12	一二六五	挙補	千				大喜大宮司、伯耆守
26	C	藤原範行	文永8・5	一二七一		千				承久京方、但馬蔵人
27	C	藤原宗範	文永8・12	一二七一		千				再任、大喜大宮司
28	A	大江行氏	弘安7・8	一二八四		千				忠成子、常陸介
29	C	藤原宗範	弘安8・11	一二八五		千				三度目、大喜大宮司
30	A	大江行氏	正応3・2・6	一二九〇		千	正応3・3	一二九〇	千	再任
31	C	藤原宗範	正応3・3・28	一二九〇		千	正応5	一二九二	千	四度目、大喜大宮司
32	C	藤原範春	正応5・4	一二九二		千				不入社
33	A	大江行氏	正応6・6	一二九三		千				三度目
34	A	大江時光	永仁3	一二九五		千				行命大宮司、右近将監、因幡守
35	A	野田家季	永仁4・3・26	一二九六		千				藤沢大宮司、日向守、刑部権少輔
36	C	藤原宗範	永仁5・2・5	一二九七		千				五度目、大喜大宮司
37	C	藤原永範	永仁6・4・20	一二九八	挙補	千				
38	A	大江時光	正安2・2・22	一三〇〇		千				再任、行命大宮司
39	C	藤原永範	正安3・正・23	一三〇一		千				再任
40	C	藤原永範	乾元2・7・26	一三〇三		千				三度目
41	A	野田家季	嘉元2・2	一三〇四		千	嘉元3・正	一三〇五	千	再任・解任
42	C	藤原永範	嘉元3・正・26	一三〇五		千				四度目

43	A	萩　忠氏	嘉元4・7・23	一三〇六		千				刑部権少輔
44	C	藤原永範	徳治2・5	一三〇七		千				五度目
45	C	藤原範房	延慶2・7・25	一三〇九	挙補	千				
46	A	野田家季	延慶3・12・20	一三一〇		千				三度目、大喜大宮司足利尊氏被官
47	C	藤原範房	正和2・3・12	一三一三		千	文保元・5	一三一七	千	再任、家譜に延慶二年とあるは誤り
48	C	藤原親昌	正和5・5・9	一三一六		千				摂津守
49	C	藤原親昌	文保元・5	一三一七		千	文保元・7	一三一七	千	再任
50	A	萩　忠氏	文保元	一三一七		千				再任
51	A	野田季宣	文保2・10	一三一八		千				
52	A	野田朝重	元応元	一三一九	庁宣	千	元徳元末	一三二九	千	毛受八郎、経広・季宣の就任拒否
53	A	大江経広	嘉暦3・12	一三二八	庁宣	千				毛利四郎、朝重に拒否
54	A	野田季宣	元徳元・8・25	一三二九	庁宣・院宣	千				再任、朝重に拒否、元徳元死去
55	A	大江経広	元徳2・正・20	一三三〇		千				再任、関東御教書・打渡状により朝重退去
56	C	藤原昌能	元弘元・8・7	一三三一		千	建武元	一三三四	千	南朝祗候
57	A	萩　忠氏	正慶元・6・1	一三三二	綸旨	千				三度目
58	C	藤原親昌	正慶2・7・21	一三三三	綸旨	千				三度目、綸旨披露、社家請文
59	C	藤原昌胤	正慶2・8（見）	一三三三		千				
60	A	野田季氏	建武2	一三三五		千				上野介
61	A	野田高季	建武3・12・26	一三三六		千	貞和3	一三四七	千	
62	A	野田範重	貞和年間	一三四五		千	貞治年間	一三六八	千	常陸介
63	A	萩　忠広	貞和3・3	一三四七		千	貞和3・12	一三四七	千	常陸介、左京亮
64	A	萩　行広	貞和3・12・11	一三四七	院宣	千				
65	A	野田清重	貞和6前後	一三五〇		千				大宮司にあらず

66	A	萩　忠広	応安年間	一三六八		千	応安年間	一三七五	千	再任
67	A	萩　康広	永和年間	一三七五		千	永徳年間	一三八四	千	
68	A	萩　康広	嘉慶元・3・6(見)	一三八七		年				再任？
69	B	野田満範	応永4〜5	一三九七		千	応永22・6・24(見)	一四一五	年	従五位上、左近将監、駿河守、刑部少輔
70	A	野田貞範	応永24（見）	一四一七		年	永享元・10・16(見)	一四二九	年	内匠頭
71	B	千秋持季	永享2・10・20(見)	一四三〇		年	永享6・2・28	一四三四	看	従五位上、左近将監、駿河守、刑部少輔
72	B′	星野義信	永享6・3・26	一四三四	将軍御判御教書	看	永享7・6・29	一四三五	看	
73	B	千秋季貞	永享7・7・5	一四三五	綸旨・将軍御判御教書	看	嘉吉3・正・5	一四四三	看	
74	B	千秋季貞	嘉吉3・9・4	一四四三	綸旨・管領下知状	看	嘉吉3・9・29(見)	一四四三	年	再任
75	B	千秋持季	文安元・11・27(見)	一四四四		年	宝徳3・6・11(見)	一四五一	年	再任
76	B	千秋勝季	長禄2・4・28(見)	一四五八		長				従五位上、左近将監、駿河守、刑部少輔
77	B	千秋四郎	文明元・4・8(見)	一四六九		年				
78	B	千秋政範	文明2・11・16(見)	一四七〇		年	文明13・4・28(見)	一四八一	年	従五位上、左近将監、駿河守、刑部少輔
79	B′	星野政茂	文明16・8・27	一四八四	将軍御判御教書	諸				
80	B	千秋政範	永正2・5・26(見)	一五〇五		年	永正12・3・27(見)	一五一五	年	再任
81	B	千秋季通	天文2・7・28(見)	一五三三		言	天文3・8（死去）	一五三四	熱	紀伊守
82	B	千秋季平					天文6・3（死去）	一五三七	由	加賀守
83	B	千秋季光					天文13・9・23(討死)	一五四四	千	紀伊守、織田信秀に属す
84	B	千秋季直	天文16（見）	一五四七		千				
85	B	千秋季忠					永禄3・5・18(討死)	一五六〇	信	加賀守、織田信長に属す
86	B	千秋季信	天正4・正・10	一五七六	織田信長朱印状	千32	慶長17・11・17(死去)	一六一二	由	以後従軍を止め、社務を務むべし(系図纂要)

※千（熱田大宮司千秋家譜）、年（熱田宮年代記）、看（看聞御記）、長（長禄二年熱田大神宮渡用殿遷宮供奉人差定）、諸（諸状案文）、言（言継卿記）、由（熱田大宮司由緒書）、信（信長記）、千32（千秋家文書32号）

※系図類に大宮司とあっても、年代が不明な場合は本表に記していない。たとえば藤原高範。

ついては第一編第一章で述べたので繰り返さないが、尾張国衙に勢力を有した南家藤原氏の一流への熱田社領寄進がその根底にあったものとみられる。その後明治に至るまで、この藤原氏の子孫からほとんどの大宮司を輩出するが、その在任期間や補任形態については極めて複雑なものがある。

第一に大宮司職の補任はもともと「譲」であったらしいが、鎌倉期には国司庁宣、南北朝期には院宣・綸旨、室町期には綸旨・将軍御判御教書というように、明確な変遷が認められる。第二に大宮司の在職期間を通覧すると、多くは極めて短期間で、しかも数回にわたって還補される例が珍しくない。これらの特色は何を意味するものなのだろうか。そこで本章では、大宮司職補任について検討を加え、中世熱田大宮司職について基本的な整理を試みたい。この問題を解明することは、大宮司職そのものを考察する上でも重要な観点であるとともに、大宮司職の機能について一応の結論は得られるものと考えるからである。

大宮司職の補任形態を検討の対象にした理由は、それが大宮司職安堵の主体であること、つまりどのような上級権力者によって保証されるものなのかを整理することにある。検討の素材は、主に『熱田大宮司千秋家譜』に求めた。これは旧大宮司千秋家所蔵本で、十八世紀の成立とみられ、内容に留意すべき点は多いものの、補任形態や在職期間を豊富に記載した記録は他になく、独自の内容をもつことから十分検討に値するものと考えているからである(4)。そこで検討のため144～149頁に【関係図1】大宮司職相伝略系図と【表1】大宮司職補任一覧を、『熱田大宮司千秋家譜』およびその他の史料から作成したので参考にされたい。以下【関係図1】【表1】に従って、補任形態について概観しておこう。

二、

まず、鎌倉時代までの補任形態について述べておきたい。『熱田大宮司千秋家譜』の藤原季範には、次の尻付がある。

實自二南家武智麻呂一十三世三河四郎大夫季兼子、母大宮司尾張姓員職女、謂二松御前一矣、前嫁二季兼一產二季範一、住二參河國一而爲二尾張國目代一矣、于レ時、熱田太神宮佐久良花神詠靈告、令二季範一補二大宮司職一、爾以還二當家一改二尾張姓一爲二藤原一矣、委見二于玉葉集一、久壽二〔年脱〕十二年〔月カ〕卒、六十六、

季範は冒頭で述べたように永久二年（一一一四）外祖父から大宮司を受け継ぐが、傍線部にあるように霊告というだけでその理由は判然としない[5]。藤原氏への交替は尾張氏にとって大問題であったことは明白であり、これが藤原氏の立場を正当化する後世の脚色であることはいうまでもない。この交替の事情を正確に伝える史料は管見におよばないが、季範の父季兼は尾張国目代であり、この時点ですでに尾張氏の実力では社領の経営が保てず、国衙機構・在庁官人有力者の保証を必要とする事態になっていたことは、その後の社領経営において留意すべき問題を残している。つまり、尾張氏は大宮司職と社領とを藤原氏に寄進し領家として仰いでまでも、社領の保全を図ったものと考えられよう[6]。

また『熱田大宮司千秋家譜』の藤原範雅には、

雖レ爲二季範五男一、依レ告二靈夢一、先讓二範雅一云々、（中略）保延三年八月得二父讓一、在職十九年、應保元年十月再任九年、治承五年三月還補、

同じく藤原範忠には、

保元三〔元〕年補レ之、在職三年、應保年中坐レ事配二流周防國一、承安比後白河院北面諸大夫、候二下北面一、承安二年屬二于平相國家一、還補六年、

との尻付がある。季範は嫡子範忠より先に庶子である範雅に大宮司職を譲っているが、これも霊夢の告による父の「譲」であったという。このように父から子への「譲」が一般的な相続形態であったとみられるが、わざわざ「靈夢」を持ち出しているところに、不可解な問題の存在を想起させられる。この事実関係を史料の上からは明らかにできないが、季範の存命中に譲られたこと、また範雅は季範が卒した久寿二年（一一五五）まで在職して、後白河院に接近した範忠がそのあとに就任したようであること、さらには範忠が応保元年（一一六一）に二条天皇呪詛の嫌疑で解官されると(7)範雅が代わって還補するものの、承安二年（一一七二）平清盛によって範忠は返り咲くという、範忠と範雅との間の目まぐるしい大宮司交替には、大宮司家内部における大宮司職をめぐる権力闘争の存在を否定できないものがある。その結果、一族外の権力者の保証を求めることになったといえよう。

範忠が孫忠兼に譲渡するときにも『熱田大宮司千秋家譜』(8)の忠兼に「治承二年依二二位殿命一、範忠讓二與忠兼一、初任職間三年」とあるように、「二位殿（平時子）命」によって直系子孫に譲るという、いわば相続安堵の形式を中央

権力者平家から受けることによって、一族内に正当性を示したものとみられるのである。しかし治承五年（一一八一）三月には、範雅が三度就任することになる。この月には源行家が尾張・三河国の反平家勢力を結集して、墨俣川において平重衡と戦っているので、この範雅の再々任は熱田社が源氏勢力下に入ったことを語っているのかもしれない。[9] 元暦二年（一一八五）三月平氏が壇ノ浦で滅亡すると、翌四月範雅は子息範経に譲るが、これはこの父子が源氏に加担していたことを示すものであり、現に源頼朝は熱田社に建久元年の上洛の途次、同四年に大内惟義の代参、および同六年鎌倉下向の際に奉幣を行い、とくに四年には大宮司範経に別禄を与えている。[10] 大宮司家は平氏に代わる新しい権力者で姻戚関係のある頼朝に、その保証を求めたのである。

　ところが頼朝が没すると、翌正治二年（一二〇〇）には忠兼が還補される。『熱田大宮司千秋家譜』の忠兼の尻付には、

> 亦正治二年十二月十九日賜㆓廳宣㆒、同三年正月四日始於㆓海藏門㆒欲㆑披㆑之、然稱㆓新規㆒而於㆓紀大夫殿神前㆒開㆑之、但社家等令㆓御請㆒、施行者同月十四日獻㆑之、

とみえ、その承認は「廳宣」（国司庁宣）によるものであった。【表1】を参照すると、54野田季宣の元徳元年（一三二九）まで庁宣による補任承認例の確認がとれ、ほぼ鎌倉時代を通じてとられた補任形式であったといえよう。その最初の例がこの忠兼で、彼は庁宣を受けた翌年正月、熱田社海蔵門（当時熱田社本宮南門）において社家に庁宣を披露しようとしたが、これが新規であるから紀大夫殿（熱田摂社、現下知《しもち》我《が》麻《ま》神社《じんじゃ》）神前へ変更され、しかも社家から承諾（請文）を得たのは十日後であったという。庁宣を受けただけでは正式な手続きは終わらず、大宮司は熱田

社において庁宣を披露し、社家から請文を得なければならなかったのである。国衙と有力神社との関係は強く、しかも熱田社領の形成と現地支配を務める社家勢力（権宮司層）の発言権が前代と比較して高まったものとみてよいであろう。なおこの点については、後述したい。

　また、承久の変において熱田社は京方・幕府方に分裂したが、『熱田大宮司千秋家譜』によれば、その混乱に乗じてか大江忠茂が「承久三年辛巳、雖レ未レ賜二廳宣一、自二關東一押テ入二于社内一、同七月賜二廳宣一」という事態を招いた。忠茂の父は大江広元の実子忠成で忠兼の猶子となっていることから、忠茂の入社は幕府の実力による後ろ楯があったものとみられるが、庁宣を得ていなかったため、同年七月に庁宣を受けて正式に大宮司に就任している。たとえ幕府の介入があったとしても、庁宣の手続きは必要であったのである。

　このような庁宣による補任は、先述したように元徳元年の野田季宣を最後に史料上にはあらわれなくなるが、このとき大宮司就任をめぐって、一つの事件が起きた。『熱田大宮司千秋家譜』は、これを次のように伝えている。

○元應元年己未父行氏逝去、忌中賜二廳宣一、先使入レ社、（野田朝重の項）

○元徳元年己巳八月廿五日賜二廳宣一、先使小木四郎右衛門尉、然朝重不レ用之故、不レ入レ社而歸矣、其中間季宣逝去、（中略）一記、季宣元徳元年八月廿五日被レ下二　院宣一、神職中雖レ爲レ披二見之一、彼地依二于遠境一、不レ能レ入二宮中一、（野田季宣の項）

○嘉暦三年十二月賜二廳宣一、先使伊賀七郎、元徳元年季宣自二補任之時一有二對論一、朝重猶不レ用レ之、仍以二關東御教

書一、爲二守護御使一被二打渡一、朝重退出、同元徳二年正月廿日經廣入レ社、（大江経広の項）

元徳元年（一三二九）八月二十五日季宣は庁宣によって任じられたが、元応元年（一三一九）に父行氏の逝去によって庁宣を受け大宮司であった野田朝重の拒否にあい入社できず、その間に死亡したようである。また大江経広も嘉暦三年（一三二八）に庁宣を得ていたが、季宣と同様な事態に見まわれていたらしい。ここにいたってついに経広は幕府に訴えたようで、関東御教書を獲得し守護御使による打渡状によって朝重を退け、翌元徳二年にようやく入社を果たしたという。鎌倉時代末には庁宣を得ても前大宮司との交替が必ずしも履行されないことがあり、その場合には幕府が実力をもって介入したのである。庁宣の無力化を示す具体例の一つであろう。なお一説には季宣は院宣を得たとあるが、これもまた庁宣と同様に社家への披露とおそらく彼らの請文が必要であったことは、次の南北朝期の史料に明らかである。

鎌倉最末期・南北朝期において、大宮司家も両朝に分裂して争った。『尊卑分脈』に「南朝祗候」と記される藤原昌能は『熱田大宮司千秋家譜』に、

元弘元年八月七日入二彼宮（熱田社）一、至二建武元年一在職、延元元年五月十九日　主上（後醍醐天皇）山門臨幸、昌能供奉、（以下は藤原親昌の記事）亦記、正慶二年七月廿一日賜二　綸旨一、先使左衛門次郎、同廿六日令レ入レ社披レ之、即日社家等御請文進レ之、　後深草院・伏見院兩御代雖レ被二召放一、同年八月二日還二附於地所一、即社家賜二　綸旨一、使伯耆六郎、建武四〔五〕年正月　先帝官軍到二着于尾張國一、攝津大宮司入道源雄率二五百餘騎一馳加、(11)

とあり、同じく北朝方の萩忠氏とその子息行広には、

○嘉元四年七月廿三日初任、文保元年再任、自二元應一元亨間、北條高時武權頻振二逆威一、犯二帝業一天下騷動、依三于顯二　後醍醐天皇御隱謀一、元弘元年奉レ移二於隱岐國一、因レ玆正慶元年六月朔日、足利殿方隨三于　光嚴院一、勅命重補二大宮司一、　綸旨同九日中野刑部左衞門尉持參入レ社、着二甲冑直垂一於二海藏門一披レ之、祝師仲衙〔衡〕以下等御請申文如二頃年一、

○貞和三年十二月十一日帶二　院宣一、

とみえるように、大宮司は綸旨・院宣によって任じられるが、前代と同様、熱田社において社家にこれを披露して請文を得ている。就任の正当性は庁宣から綸旨・院宣に変更されたわけであるが、社家の請文はやはり必要条件であったのである。しかしこの綸旨・院宣による補任形態は南北朝期に限られ、室町時代にはさらに変容する。

なおこのような南北朝二重の大宮司制という混乱の中、権宮司層など上級社家の動向は判然としない。ただ建武二年（一三三五）十月には後醍醐天皇に叛する直前の足利尊氏が祭主職を交替させる人事権を発動したり[12]、同年十二月箱根竹下の戦で新田義貞を破った尊氏が西上の途次に権宮司に戦勝祈願を命じたこと[13]、また建武五年北畠顕家が熱田に到着し、前掲昌能の尻付にあるように南朝方の摂津大宮司源雄（昌能）が馳加わったことなど[14]、熱田社の支配権をめぐる両朝の抗争の渦中では時勢に従ったようで、やがて熱田社は北朝の勢力下に置かれるようになったのである。

最後に室町時代の補任形態について検討するために、十五世紀の72星野義信、73・74千秋季貞、79星野政茂の関連史料をあげておきたい。

星野義信（『看聞御記』永享六年三月二十七日条）

熱田新大宮司星野參、昨日御判拜領之間御禮參云々、（中略）千秋違二御意一、去比被二召放一之由奉及、然而星野于レ今無二申旨一、不審之處參申、先神妙也、星野親父大宮司被レ補云々、

千秋季貞（『看聞御記』永享七年七月六日）

千秋野田參〈庭田／來〉へ、昨日綸旨、公方御判拜領畏入之間、御禮參云々、

星野政茂（「足利尚久御判御教書写」〈「諸状案文」『大日本史料』第八編之十六所収〉）

尾張國熱田社太宮司職事、所レ補二任星野宮內少輔政茂一也、者早守二先例一、可レ致二沙汰一之狀如レ件、

文明十六年八月廿七日　（足利尚久）御判袖

義信は御判、季貞は綸旨・御判によって大宮司に補任されているが、御判とは政茂が拝領したような将軍御判御教書のことである。つまり室町時代には綸旨・将軍御判御教書の二通が大宮司の正当性を保証するために不可欠な要件であった。なお政茂に出された「足利尚久御判御教書写」が、管見に及んだ唯一の大宮司補任状であることを補足しておきたい。また季貞は永享七年（一四三五）に補任されたのち嘉吉三年（一四四三）正月に改替されている

が(15)、同年九月に「抑千秋民部少輔（季貞）参、大宮司職如レ元、可二執沙汰一之由、今朝管領（細川持之）召仰、自二禁裏一被二仰出一奉書拝見畏入、重可レ被レ下二補任一之由申、落居珍重、禁裏へ此申入」(16)とあり、将軍に代わり管領細川持之が季貞の還補を承認している。それは将軍足利義勝がこれより前七月に十歳で没し、将軍職が空位であったためである。

その後の安土桃山・江戸時代には、基本的には父からの「譲」によって就任するが、それは叙位・任官の口宣案・宣旨による社会的身分と、判物・朱印状による大宮司家領の知行安堵によって、保証・正当化されたのである。

三、

以上大宮司の補任形態を概観して、補任・安堵の主体が「譲」―庁宣―綸旨・院宣―綸旨・将軍御判御教書と変化した事例の確認はできた。次の問題は、なぜこのような変容が起きたかということである。補任形態が時代とともに変遷してきたということは、補任の主体と継承形態とが一定ではなかったことを意味する。すなわち荘園体制下にある熱田大宮司を任命するのは、社領の本所皇室とは限らなかったのであり、政治状況によるそのときの権力者や一宮制との関係に左右されたのである。例えば前節の星野義信については『看聞御記』永享七年（一四三五）六月二十九日条に「星野、公方（足利義政）不レ申レ暇、尾州下向之間、失二面目一、被二改替一云々」とあり、本所にあったと考えられている大宮司の任免権は、場合によっては足利将軍にもその権限があったことが知られるのである。また将軍による大宮司補任は『伺事記録』延徳二年（一四九〇）九月二日条に「千秋駿河守政範申二熱田社太宮司職事一、等持院（足利尊氏）殿御以代（代以）來、帯二代々御判一、相續知行」とあることから、大宮司職補任は実質的には足利尊氏の代から将軍に移り、本所へ執奏する形式になったものとみられる。

そこで室町幕府との関係に着目すると、次の二通をあげておかなければならない。

尾張國熱田社領事、御知行候へく候、室町殿（足利義教）よりねんころに御申候程に、まいらせ候、返〻めてたく候、
永享五年十二月十二日　（後花園天皇）（花押）(17)

尾張國熱田社領事、可レ有二御管領一之由、被レ進二勅書一候、目出候也、誠恐謹言、
十二月十二日　（足利義教）（花押）
人々御中(18)

これは熱田社本所の後花園天皇が足利義教の斡旋により、父後崇光院貞成《さだふさ》親王に社領を譲与したことを伝えるものであるが、将軍が社領に関与した事実を明確に示している。また大宮司補任について将軍が関与して大宮司職がB系列に固定化していったのは、高範以来の将軍被官という政治的立場にもとづくものであり、その後も将軍出御に際しては衛府侍・御沓役、また祈禱奉行などを勤仕し、幕府奉公衆であったことに求められよう(19)。

ところで鎌倉時代の国司庁宣による補任は、一宮制との関わりで考えなければならない。熱田社には平安末から鎌倉時代前期にかけて免田の寄進が多くみられ、社領形成においてかなりの割合を占めていた。尾張国におけるこの方法での社領形成は、国衙との関係が深い一宮真清田社・二宮大縣社・惣社大国霊社にもみられる。寄進された所領は特定の用途にあてる修理料田・講田などと呼ばれ、寄進者が国役を免じられる代わりに神役を勤仕するものであった。社領になるとはいっても寄進者の所領から僅かな上分を受けるもので、実質的な支配は寄進者にあったから、寄進は彼らにとってかなり有利な条件での所領集積手段であったに違いない。また寄進者は免田の許可を受

けるために申請時に勘料を国衙に納めるので、寄進を許可する国衙官人にとっても有益であったといえよう。ここに一宮制の経済的な側面をみることができるのである。上村喜久子氏は、鎌倉前期において社家が免田の寄進によって熱田社の経済的基盤の一部を担ったという事実が、神社運営における彼らの発言権を高め、大宮司家の専制下にあった熱田社のあり方に変化をもたらし、庁宣による補任形態はその反映であることを指摘されているが、[20]これはまさに国衙と社家との癒着関係にもとづくものであった。

さて前掲【表1】大宮司職補任一覧を一見すると、大宮司在職期間が短く、しかも同一人物が数度にわたって重任されていることが了解されよう。例えば25 27 29 31 36藤原宗範とその子息37 39 40 42 44永範は、それぞれ『熱田大宮司千秋家譜』に、

○文永二年十二月擧補、範廣存生時也、同八年十二月再任、弘安八年十一月還補、十二月廿五日入部、正應三年三月廿八日還補、職間三年、永仁五年二月五日還補、合五ヶ度重任、

○永仁六年四月廿日擧補、正安三年正月廿三日再任、乾元二年七月廿六日還補、嘉元三年正月廿六日還補、徳治二年五月重任、

とあり、父子ともども生涯五度にわたって大宮司職に就いているのである。これらを整理したものが、前掲【関係図1】大宮司職相伝略系図である。

これによると、平安末期から南北朝時代まではA系列とC系列とが相続を争っており、B系列からはじめて大宮

司に就任した確実な人物は69野田満範で、千秋氏によって世襲化されるようになるのは80千秋政範、つまり十六世紀になってからなのである。その要因は先述したように補任形態が一様でなかったことにあり、したがって一族間の大宮司職争奪は、激化したものであったといえよう。同一人物が再度ならず五回も大宮司職に還補されているという特殊な補任例や、大宮司職競望の相論まで起きたのである。

大宮司職を競望するのは、宗教的地位と職に付帯する権益の獲得であることはいうまでもない。権益とは社領からの得分であり、例えば文和三年（一三五四）の熱田社側の主張する一円神領の年貢は、千二百九十一貫文であった。(21)一円神領とは熱田社の直接支配が強く及ぶ社領ではあるが、本所への年貢負担を課された社領であり、大宮司の得分はその一部にとどまり、大宮司直轄領がこれに加わり大宮司職全体の収益になったとみられる。

一方年貢負担のほか大宮司に就任するためには、本所へ任料を納めなければならなかった。やや時代は下がり文和三年の年貢高と比較するには躊躇いもあるが、目安として永享七年の73千秋季貞の例を『看聞御記』から紹介しておきたい。

六月廿九日（中略）熱田大宮司職事、千秋野田（季貞）ニ被レ補之由、伊勢守定國、以レ狀庭田ヘ申、御年貢等事委細奉、可二申付一云々、仍御年貢肆万疋、任料毎度万疋、細美布十五段進之由、一帋注遣了、治定珍重也、

七月六日（中略）任料折紙万疋進之但未レ到、珍重也、殊更太刀一革袋被レ下、無二御對面一、聽退出、庭田ニも劔一革袋出云々、此外無レ禮、星野ハ任料之外折帋千疋持參、

季貞は本所伏見宮家に年貢四万疋（四百貫文）を毎年負担し、大宮司職任料として一万疋（百貫文）と細美布（麻織物）十五段を納めているが、前大宮司であった星野義信はこれに加えて千疋を持参したという。すなわち熱田大宮司職は一種の売官であり、そのような意味において熱田大宮司は、「本所進止之職人」[22]であったのである。

また同じく七月四日条には「熱田大宮司事申談、千秋野田ハ初て被レ補、窮困之者云々、國事無案内、文書も不二所持一、御年貢麤究濟、如何之由被レ申」とあり、本所にとって最大の関心事は大宮司が納める年貢にあった。また季貞も本所への年貢納入には意を尽くしていたようで、永享十年の永享の乱出陣の際に本所に出向き「熱田御年貢不レ可レ有二等閑一、雖レ在二陣一可レ致二沙汰一」ことを伝え、さらに季貞は軍陣からも使節を上洛させ、重ねて「御年貢可二沙汰一之由」を申し出たので、本所では「珍重也」と喜びを隠していないのである。[23]

ともあれ大宮司はこれに見合うだけの収入を確保しなければならず、そのためには一円神領の支配権、つまり荘園体制下の熱田社領家としての地位である大宮司職の競望は激しかったといえよう。一例をあげれば、貞和二年（一三四六）にA系列の萩忠広・野田範重、B系列の千秋高範・星野永能の四人が競望したのである。諮問を受けた洞院公賢は忠広は大江氏の子孫であること、また高範・永能は「非二當職相續之流一」として退け、結局範重を推挙したようだが、のちには忠広も任じられている。[24]このように大宮司職をめぐる執拗なまでの一族間の抗争は、千秋家の単独相伝が確立する十六世紀まで常態として存続したのである。

四、

大宮司一族は職の獲得のために利用しうるあらゆる権力に接近し、自己利益を追求した。権力者の保証によって自己の地位を確立し、神領からの収取体系の独占、つまり神領の支配権を目指したものといえよう。在職期間が短く、しかも還補重任を重ねる例が多いのは、それを目的とした一族間の抗争の激しさを示す結果なのである。熱田社の場合、具体的な抗争を語ってくれる史料は管見に及ばないが、第二節で述べた元徳元年（一三二九）の朝重・季宣・経広や、第三節『園太暦』貞和二年（一三四六）にみえる高範・永能・忠広・範重による大宮司職の競望の様相から、その一端を垣間見ることはできよう。

本所にとっては熱田社からの年貢収納がもっとも重要な問題であり、したがって大宮司職は本所の代官としての職責を果たすべき存在であった。大宮司は宗教的権威を一身にもつ立場にはあったが、中世期においては武士・領主としての性格が常に前面にあらわれている。大宮司として遷宮や重儀の際に熱田社へ下向することはあっても、応永年間（一三九四〜一四二八）に至るまでは、熱田社の現地経営・祭祀は旧大宮司家である権宮司層を中心とした尾張氏一族にそのほとんどを委ねていたのである。

〔補註〕

（1）『熱田神宮文書』千秋家文書下巻（熱田神宮宮庁、一九九二年）。

（2）『熱田神宮文書』田島家文書・馬場家文書（熱田神宮宮庁、一九九七年）。

（3）『神道大系』神社編十九熱田（小島鉦作・井後政晏校注、神道大系編纂会、一九九〇年）。

（4）『熱田大宮司千秋家譜』については、本書第三編第一章を参照。

（5）『尊卑分脈』第二篇四七〇頁にも同様の記載がみられる。

（6）本書第一編第一章および第二編第五章を参照。

（7）二条天皇呪詛事件については、上横手雅敬「院政期の源氏」（『御家人制の研究』〈御家人制研究会編、吉川弘文館、一九八一年〉）一六一頁以下を参照。

(8)　これまで「二位殿」を平宗盛と考えていたが、元木泰雄氏から男性は官職で呼ばれるのが通例で、位階のみで呼ばれるのは女性であり、当時平氏一門で「二位殿」と呼ばれるのは平時子である、との旨のご私信を受けた。時子の弟時忠・妹滋子（建春門院）と大宮司範忠の関係から考えると、時子が大宮司の人事に発言力があったとみても不思議ではない。また『熱田大宮司千秋家譜』の付箋には「此忠兼ノ時ハ、二位尼將軍ヨリモ大宮司ヲ命ゼラレ」とあり、「二位殿」を北条政子と理解していることは誤りだが女性と判断している。元木氏のお許しを得てここに紹介させていただくとともに、御礼を申し上げたい。

(9)　この点については、本書第一編第一章を参照されたい。

(10)　『吾妻鏡』建久元年十月二十七日、同四年十二月一日、同六年七月一日各条。

(11)　小島鉦作氏によると、昌能と親昌の尻付は『太平記』の記事をもとにしているが、これはすべて昌能に係るという（「建武中興と熱田神宮」〈『建武』三―一、一九三八年〉）。

(12)　建武二年十月十四日「足利尊氏御教書案」（『熱田神宮文書』千秋家文書中巻二三〇号文書、熱田神宮宮庁、一九八九年）。

(13)　建武二年十二月二十五日「足利尊氏御判御教書」（『熱田神宮文書』宝庫文書四号文書、熱田神宮宮庁、一九七八年）。

(14)　『太平記』巻十九「追奥勢跡道々合戦事」。

(15)　『看聞御記』嘉吉三年正月五日条。

(16)　『看聞御記』嘉吉三年九月四日条。

(17)　「後花園天皇宸筆御消息」（『熱田神宮文書』宝庫文書一号文書）。

(18)　「足利義教自筆御内書」（『熱田神宮文書』宝庫文書二号文書）。

(19)　その関係で熱田神宮には足利将軍家の奉納品が多く伝存する。なお足利氏と大宮司家との関係は、本書第一編第三章を参照。

(20)　「尾張三宮熱田社領の形成と構造」（『日本歴史』二九四号、一九七二年）。

(21)　文和三年四月二十三日「熱田社一円神領注進状案」(『熱田神宮文書』宝庫文書五号)。この注進状については、本書第二編第一章を参照。

(22)　文和二年七月二十日「尾張国国衙領英比郷熱田大宮司藤原忠広濫妨条々事書案」醍醐寺文書(『新編一宮市史』資料編六—三六〇号文書、一九七〇年)。

(23)　『看聞御記』永享十年九月十八日、十二月十八日条。

(24)　『園太暦』同年十二月二十一日条。この相論については、本書第三編第一章を参照。

第二編　熱田社領の構造と変質

第一章　文和三年熱田社「一円御神領」注進状

一、

中世熱田社領[1]の全容を把握するには、その史料に断片的なものが多く困難をともなうが、本章で検討する熱田神宮所蔵（権宮司田島家旧蔵）文和三年（一三五四）の社領注進状案は、そのなかではまとまった領域を有する社領を記載したものであり、当時の社領の一部を知るうえで貴重な文書として、しばしば利用されている。そこでまず、やや長文ではあるが、検討の対象とする注進状案の全文をあげておこう[2]。

（端書・別紙貼付）
ⓐ「熱田大宮司當知行所々延文二六注二進之一」
注進「以上年貢千二百九十一貫文　除二御幣田郷一〔分〕　文和三年四月廿三日」
ⓑ熱田太神宮一円御神領目錄　當知行□

合

一愛智郡

南高田郷　田畠肆拾捌町陸段大

除　以上　捌町五反三百歩

定　肆拾町三百歩

作良郷　田畠貳拾五町陸段大
　除　已上　拾三町四段六十歩
定　拾貳町三段半
上中村郷　畠二十二町八反
　除　已上　二丁二反六十歩
定　二十町五段三百歩
岩基〔墓カ〕郷　畠二十一町六段大
　除　已上　五町七反半十歩
定　拾五町玖段五十歩
榎墓郷　畠十二丁八段半
　除　以上　壹町七段
定　拾壹町一段半
大脇郷　畠拾町六段三百歩
　除　以上　貳町四段大
定　捌町貳段六十歩
宇連一色　田畠三十二町四段二十歩
　除　已上　十二町一段
定　二十町三段二十歩

一切經田　田畠貳拾玖町壹段六十歩
　除　已上　三町十歩
　定　二十六町一段五十歩
高戸郷　畠三町四段
　除　已上　四反
　定　三町
北高戸郷　畠柒町六段小
　除　已上　一町六反□〔大〕
　定　五町九段大
薦野郷　田畠四段〔町〕壹段
　除　已上　二町六段小
　定　一町四反大
一智多郡
（別納）御幣田郷　田畠伍拾三町九段貳十歩
　除　已上　九町二反大十歩
　定　四十四丁六反小十歩
大郷郷　田畠三十三町八段小三十歩
　除　已上　拾三町四段卅歩

定　貳拾町四段小
乙河御薗　田畠四十四町三段小十歩
除　已上　二十七町五段〔半脱〕廿歩
定　拾六町七段大五十歩
芙北〔英比〕郷　田畠拾〔貳脱〕貳町内　北方十町國ケ〔衙〕分　校〔榎〕山寺方四町　南方八町社家分
生道郷　田畠十四町九段小五十歩
除　已上　二町四反大五十歩
定　十二町四段大
木田郷　田畠廿壹町半
除　已上　陸町九段
定　拾四町一段半
一中嶋郡
鈴置郷　畠二十六町八段半
除　已上　八町八段三百五十歩
定　十七町九反半十歩
田宮御薗　去二座主方一云々、　畠貳拾四町
除　以上　二十一町七反半

定　壹町八段
玉江庄長山押領云々、　田畠十四町四段三十歩
一葉栗郡
般若野郷　畠貳拾玖町八反十歩
除　以上　十二町三反大五十歩
定　拾七町四段八十歩
一舟〔丹〕羽郡
上治〔沼〕御薗　畠拾陸町三反半
除　已上　五町三反半
定　十一町
八嶋御薗　畠十二町小
除　以上　四段〔町〕三反
定　七町九反小
公賀三刀墓御薗　畠廿七町八反半
除　以上　十一町八反
定　十六町半
柴墓郷　畠二十五町三段大
除　已上　六丁八反半

定　拾捌町五段十歩

都合惣田畠五百六十二町八段百十歩

除　百七十九町一段小四十歩

以上　土貢千二百九十一貫文、除二一切經會料足二十五貫文定一、

定　田畠三百廿九町一反五十歩　ⓒ除二御幣田郷　田宮御園　玉江庄定一、

ⓓ右、一圓御神領社家當知行分注二進之一、此内云二神社佛寺以下色々除一、云レ被レ進二年貢分一、雖レ爲二一事一僞申候者、可レ罷二蒙當社太神宮御罰於各身一者也、仍注進如レ件、

文和三年四月廿三日

ⓔ權宮司尾張仲勝

同　實仲

同　仲賢

同　員衡

同　仲衡

この文和三年の社領注進状案（以下、文和三年文書と記す）には二十五ヶ所の郷・御園・荘などと称する社領について、所在郡ごとに所々の田畠面積（田畠を分類して記していない、以下同じ）と除田畠・定田畠とを記載し、これらを集計して数値は合わないが、惣田畠数五百六十二町八段百十歩、除田畠百七十九町一段小四十歩・定田畠三百二十九町一段五十歩、および定田畠に課された年貢千二百九十一貫文の銭貨が計上されている。年貢は田畠の比率お

よび各社領の年貢率を無視すると、段別約三百九十二文となる。また記載された社領のうち、傍線ⓒにあるように、本所への年貢が別納化した御幣田郷、熱田社神宮寺座主領となった田宮御園、尾張守護土岐頼康の被官長山頼基に押領された玉江荘は定田畠から除かれている。

さて、この文和三年文書について『大日本史料』の綱文には「熱田社、神領ヲ注進ス」(3)とあるが、問題となるのは、小島鉦作氏がこれら二十五ヶ所を熱田社領の一部を構成する権宮司家領と断定し、本文書を「熱田宮権宮司家領注進状案」とされたことにある。(4)その解説は『神道大系』(神社編熱田)(5)にもっとも詳しく記されているので、精確を期するために関連部分を抜粋して検討の助としたい。

① この文書は、文和三年四月二十三日、当宮権宮司家が同家領を本家(崇光上皇)に注進したものの案文であると思われる。

② 従来、この注進状案は、端書(本文とは別紙貼付、筆者註)に「熱田大宮司當知行所々延文二六注二進之一」の一行があるため、奥に「文和三年四月廿三日　權宮司尾張仲勝」云々とある年紀と署名とが抵触し、矛盾するにもかかわらず、これまで熱田社がその神領を注進したものの如く解されていた。しかし、原本について見ると、「熱田大宮司」云々の一行は、本文と同筆で、紙質も同じであるけれども、本文にはその年紀も大宮司知行地の記述も見当らない。恐らく延文二年六月の大宮司領注進状の端書(または端裏書)が切り取られ、誤ってこれに張り付けられたものであって、文和三年の権宮司家領注進状案とは、全然関係がないことが判明する。

③ この文書の差出者の一人である尾張仲衡については、『田島家譜』の仲衡の条に、正和五年より延文元年まで四十一年の間、権宮司の職にあった旨が見えている。なお、応永十九年十一月祠官供僧等連署解(『東山御文庫

記録』甲八五）に権宮司九員、同二十六年六月十七日遷宮所役定文奥書（田島家文書）に権宮司二員が記されているから、ここの仲衡以下の五員も権宮司と考えてよいであろう。

④　中世における熱田の社領は、三百数十年の久しきにわたって皇室御領とされたもので、その地域は、主に尾張一帯に棋布し、美濃・三河にも若干存していた。その全容については不明であるが、正安頃には、ある係争にかかわる社領だけでも、二千六百四十四町に達したことが知られ、広大な社領を有していた。本文書によれば、文和三年に権宮司領だけでも五百六十二町に上ったことが知られ、尾張国の愛智郡・知多郡・中島郡・葉栗郡及び丹羽郡の五郡に存していたことが判る。

すなわち小島氏は、文和三年文書の端書から延文二年（一三五七）六月の「熱田大宮司家領注進状」が別に存在したことを根拠として、文和三年文書が大宮司家領を記したものであるならば、大宮司知行の文言があるはずなのにそれがみえないこと（文書傍線ⓐ・解説②）、差出者五名が権宮司であること（文書傍線ⓔ・解説③）、正安（一二九九〜一三〇二）頃、ある係争にかかわった社領は二千六百四十四町余あるが、文和三年文書の社領はその一部の五百六十二町余にすぎないこと（解説④）などを主な論拠とされたのである。これに対して、上村喜久子氏は社領の形成・構造・支配の検討過程において、文和三年文書の社領は「一円御神領」として成立したものの系譜をひく所領で、これらは当時大宮司の支配がもっとも直接的におよぶ社領と規定し、小島説を批判された(6)。

以上のような小島氏と上村氏との見解の相違については、いまだに結論がでていないようである。例えば『日本歴史地名大系(7)』と『日本地名大辞典(8)』の愛知県該当項目には、この文和三年文書を引用している部分があるが、その文書名は小島説を支持する「熱田宮権宮司家領注進状案」「熱田社権宮司領注進状案」と、上村説を支持する「熱田大神宮一円御神領目録案」「熱田社領目録案」「熱田神宮神領目録案」などとが混用されており、各項目担当執筆者によっては文和三年文書の理解が異なっているのである。

文和三年文書にみえる中島郡鈴置郷が貞治六年（一三六七）大宮司常端によって、同郡妙興報恩禅寺末の円光寺に寄進されたことについては後述するが、[9]大宮司が寄進することができたのは、鈴置郷が権宮司家領ではなく大宮司の直接支配のおよぶ社領であったからと理解しており、私見は上村氏説を支持する立場にある。そこで本章では小島・上村両氏に導かれつつ文和三年文書を検討し、この問題の解明と中世熱田社領の一面について考察を試みたい。

二、

文和三年文書のほかに社領をまとめて記したものとしては、正和五年（一三一六）十一月の「熱田社領注進状写」[10]（以下、正和五年文書と記す）がある。これには計七十二ヶ所の社領がみえるが、所々の地目・面積については極一部に記されるだけで、年貢高・差出人・宛所などの記載は全くない。書出には「熱田太神宮御領別納等事」とあり、本文は七十二ヶ所の社領を㋐「本別納外新別納事」四十二ヶ所、㋑「近年別納事正和三年以後別納等」十五ヶ所、㋒「當社務以後別納事」（正和五年以後カ）九ヶ所、㋓その他六ヶ所、以上の四項目に分類している。このうち二十ヶ所に「當」（当知行分）と記してあるが、これらは次頁【表1】に整理したように、すべて文和三年文書に記載される社領であり、または文和三年文書の社領二十五ヶ所のうち中島郡玉江荘を除く二十四ヶ所は、正和五年文書にみえるものである。「當」の文字が正和五年に記されたのかどうかは確定できないが、少なくとも正和五年の七十二ヶ所の社領は、文和三年には二十五ヶ所に減少したと認められよう。そうであれば、正和五年文書と文和三年文書と

【表1】文和三年文書所収社領一覧

所在郡	郷名	地目	総面積（町）（段）（歩）	除地面積（町）（段）（歩）	定地面積（町）（段）（歩）	①正和五	②猿投	備考
愛智郡	南高田郷	田畠	四八・六・二四〇	八・五・三〇〇	四〇・〇・三〇〇	●		
	作良郷	田畠	二五・六・二四〇	一三・四・六〇	二〇・三・一八〇	●	○	
	上中村郷	畠	二二・八・	二・二・六〇	二〇・五・三〇〇	●	○	
	岩墓郷	畠	二一・六・二四〇	五・七・一九〇	一五・九・五〇	●		いわつか・応永九年国衙領
	榎墓郷	畠	一二・八・一八〇	一・七・	一一・一・一八〇	●		えのはか
	大脇郷	畠	一〇・六・三〇〇	二・四・二四〇	八・二・六〇	●	○	明徳二年、熱田社神宮寺座主領
	宇連一色	田畠	三二・四・二〇	一二・一・	二〇・三・二〇	●		北一色・下之一色？
	一切経田	田畠	二九・一・六〇	三・〇・一〇	二六・一・五〇	●		
	高戸郷	畠	三・四・	・四・	三・・	●		ごうど、神戸、神主名主職屋敷地
	北高囲郷	畠	七・六・一二〇	一・六・二四〇	五・九・二四〇	●		
	薦野郷	田畠	四・一・	二・六・一二〇	一・四・二四〇	●		米野
知多郡	御幣田郷	田畠	五三・九・二〇	九・二・二五〇	四四・六・一三〇	○	○	大宮司家領
	大郷郷	田畠	三三・八・一五〇	一三・四・三〇	二四・四・一二〇	●	○	おおざと　大郷御園？
	乙河御園	田畠	四四・三・一三〇	二七・五・二〇〇	一六・七・二九〇	●	○	乙河村？
	英比郷	田畠	二二・			○		あぐい、南方八町社家分、明徳二年熱田社神宮寺座主領
	生道郷	田畠	一四・九・一七〇	二・四・二九〇	一二・四・二四〇	●		いくじ、応永十六年熊野那智御師良尊且那場
	木田郷	田畠	二一・〇・一八〇	六・九・	一四・一・一八〇	●		
中島郡	鈴置郷	畠	二六・八・一八〇	八・八・三五〇	一七・九・一九〇	●		貞治六年円光寺寄進
	田宮御園	畠	二四・	二一・七・一八〇	一・八・	○	○	正和三年以後熱田社神宮寺座主領
	玉江荘	田畠	一四・四・三〇			×		文和三年までに守護被官長山頼基押領
葉栗郡	般若野郷	畠	二九・八・一〇	一二・三・二九〇	一七・四・八〇	●	○	
丹羽郡	上治御園	畠	一六・三・一八〇	五・三・一八〇	一一・	○		上沼、かみつぬ？
	八島御園	畠	一二・二・一二〇	四・三・	七・九・一二〇		○	
	公賀三刀墓御園	畠	二七・八・一八〇	一一・八・	一六・〇・一八〇	●●	○○	公賀御園、三刀墓御園
	柴墓郷	畠	二五・三・二四〇	六・八・一八〇	一八・五・一〇	●	○	

①●印は正和五年十一月日「熱田社領注進状写」に「當」（当知行分）とある社領、○印は同文書にみえる社領、×印は同文書にみえない社領。
②○印は永仁六年～嘉元元年頃の猿投神社所蔵の「本朝文粋紙背文書」（熱田社領関係文書）に、国衙勘落や社役対捍がみえる社領。

に記載される社領は、その性格が一致するものと考えられるのである。それはどのような性格の社領であったのだろうか。次に文和三年文書を検討してみよう。

第一に文和三年文書の傍線ⓑに、「熱田太神宮一円御神領目録當知行□〔分〕」とあることに注目したい。小島鉦作氏は文書傍線ⓓに「右、一圓御神領社家當知行分注二進之一」とあることから、「社家」すなわちこの場合、差出人である五名の権宮司の知行分と理解されたようであるが、つまりそれは「一円御神領」のうち権宮司家が家領として知行している社領を意味することになる。そしてこのことは、文和三年文書に記載された「一円御神領」以外に大宮司家が知行する「一円御神領」の存在を示し、その根拠を端書傍線ⓐ「熱田大宮司當知行所々　延文二六注二進之一」に求められたのである。

しかし小島氏が「一円御神領」について、まったく言及されていないのは不審である。ごく常識的に述べると、「一円御神領」とは熱田社が検注権をもち、現地に政所・公文・郷司などを置いて、年貢・雑役などを賦課・徴収することができるという、直接支配のもっとも強くおよぶ社領を指すものである。つまり、熱田社の特定の用途、例えば油料などに国衙領の一部が「上分」(11)として宛てられた料田（国衙側からみれば免田）という散在性の社領、また領域がまとまっていても在地領主が本所に対して熱田社と対等の立場にあり、熱田社側からみれば経営権はなく年貢を得る権益だけを有する社領、以上二つの性格の社領に対比する用語なのである。ただ留意しておきたいことは「一円神領」を主張するのは熱田社側であり、それは必ずしも国衙や在地勢力に認められているとは限らないということである。

さて散在性の料田はともかく、領域的にまとまっているものの代表例として春日部郡落合郷があげられる。当郷は「正月　花頭代五ヶ年一度致二沙汰一者也、二月　白蕪・牛房〔蒡〕、五月　芝田樂・庭草削人夫一人、六月　御田殖一人、七月　苽篭

七、八月　借屋用途、九月　神子渡用途、十一月　白蕪・牛房」という、古い神役形態をもつ社領である。[12] その成立年代は明らかではないが、永仁六年（一二九八）から貞治四年（一三六五）までは確実に熱田社領であった。[13] しかし、この間の正和五年文書・文和三年文書に落合郷は記されていない。それは当郷が「一円御神領」ではなく、落合氏が在地支配権を有し、熱田社へは神役を勤仕納入するだけであったからである。したがって、文和三年文書にみえる二十五ヶ所の社領は、傍線ⓑの述べる通り熱田社の直接支配のおよぶ所領なのである。

第二に文和三年文書記載の智多郡御幣田郷と中島郡鈴置郷については若干の史料が存するので、これらを手掛りに、さらに文和三年文書の社領の性格をみておこう。

御幣田郷は、「御幣」という地名からみても熱田社との関係が想定される。その面積は田畠五十三町九段二十歩で、文和三年文書記載社領のなかでは最大のものである。『吾妻鏡』建久二年（一一九一）八月七日条によると、当郷はもともと藤原氏初代の大宮司季範の息祐範が「年來知行」し、「多年領掌之由緒」のある所領であり、その後に祐範の息僧任憲が相伝領掌し、しかもその地は「先人《祐範》亡骨在所」であった。しかし僧勝実がこれを妨げ、しかも奏聞を経て知行権を認められるという事件がおきたため、任憲はこれを不服とし、当郷の知行権の回復を図るために解状を整えるとともに、従兄弟の源頼朝に副状を願い朝廷への周旋を依頼した。頼朝は異例ではあるが、外戚縁者である祐範の生前の恩に報いるため、これに応じている（以上の人物については巻末【関係略系図】を参照）。また当郷は文和三年文書に「別納」と記され、文書傍線ⓒにあるように社領年貢の課せられる定田畠から除かれた地であった。このように当郷は早くから大宮司家と由縁の深い特別な社領として扱われており、社領ではあるが大宮司家の直轄地で私領化していたものと考えられる。したがって、このような性格の当郷が文和三年文書に記されていることから、この文書が権宮司家領を書き上げたものではないといえるのである。

鈴置郷は長寛元年（一一六三）に前尾張国司平頼盛の下文によって社領として成立したが、それは当郷の開発領主もしくはその系譜をひく佐伯遠長が、「於二有レ限神役一、無二懈怠一、可レ令レ勤二仕熱田宮一」[14]ことを条件にその領掌を認められたもので、熱田社からみれば神役のみを得る社領であり、下地支配権を有したわけではなかった。その後、時期不詳であるが「一円御神領」に変質したので、正和五年文書および文和三年文書に記されたのである。それは次の事実によって証明される。当郷は本書第二編第三章で述べるように、貞治六年（一三六七）大宮司によって円光寺に寄進されるが、その寄進状には以下の文言がある。

當郷（鈴置郡）者、雖レ爲二熱田社領一、於二下地一者、爲二當寺（円光寺）興行一、限二永代一所レ令レ寄二進之一也、至二色濟一者、以二拾貫文一毎年不レ闕仁可レ有二其沙汰一也、[15]

これによると、寄進前に大宮司が当郷の下地支配権と年貢徴収権とを有していたことは明白である。つまり「一円御神領」の条件である直接支配権を大宮司が保持していたから寄進できたのであり、小島氏が主張されるように権宮司家領であるならば、寄進者は大宮司であるはずがないのではあるまいか。[16]

第三に前掲解説④にあるように、正安（一二九九～一三〇二）頃、係争にかかわった社領だけでも二千六百四十四町余に達していたことから、文和三年文書の五百六十二町余はその一部の権宮司家領にすぎない、という指摘である。この広大な社領を記すのは、猿投神社文書のうち永仁六年（一二九八）から嘉元元年（一三〇三）までの年紀を有し、一連の熱田社関係文書を収める「本朝文粋巻二紙背文書」[17]（以下猿投神社文書はすべてこれを指す）のなかの「熱田社領新別納郷等注文案（断簡）」[18]である。これには「新別納郷々并當役勤仕要郷內、被レ割レ名所々等二千六百四十四丁六反百四十歩」とあるが、その内訳をみると次の四ヶ所の社領は文和三年文書にもみえており、面積を比較することができる。南高田郷は正安頃には百六十三町八段二百四十歩であったが、文和三年には四十八町六段二百四十歩に減少している。同様に作良郷は七十六町一段三百歩が二十五町六段二百四十歩、大郷御園[19]は三百二十五町六段二百四十歩が三十三町八段百五十歩と大きく変化しているが、木田郷のみが二十町九段三百歩から二十一町百八十歩と僅かに増加している。これら正安頃の社領の地目・定除の比率などについては記載がなく不明であり、一部の社領の面積には荒野・山林が含まれているのかもしれない。

しかし猿投神社文書には、「一円御神領」である作良郷・御幣田郷に関して「有レ限社役對捍之條、太不レ可レ然、任二先例一早可レ致二其沙汰一」[20]とあり、社役が対捍されている様相や、同じ頃に前掲【表1】の猿投の項に○印を記した社領に対して、国衙が「散々苛法濫責」[21]を行い、社領を顚倒して年貢を責め取っていること、さらにこれに呼応して「名主百姓等、同二心于國衙一、不レ従二社家一」[22]という情況を呈していることなど、熱田社の社領に対する支配力の低下を示す文言が散見するのである。これらのことは、鎌倉末から社領が確実に減少し、その経営の困難化が進行していた事実を示唆するものであり、南高田郷・作良郷・大郷御園などの社領面積の減少は、その結果として認めなければならないだろう。

また先の「熱田社領新別納郷等注文案」は断簡であり、二千六百四十四町余のすべての社領が記されているわけではないが、これにみえる二十八ヶ所の社領のうち、二十一ヶ所が正和五年文書にもあることは、両者記載の社領の性格が同様であるとみて疑いない。そして前述したように、正和五年文書と文和三年文書との社領の性格は国衙別納と一円神領という呼称の違いはあっても、熱田社側からいえば同じものであった。したがって、文和三年文書の社領面積五百六十二町余は正安頃の二千六百四十四町余が減少した数値とみるべきであり、権宮司家領の面積ではないのである。

第四に、文書傍線ⓔの差出人である権宮司について考えておきたい。権宮司家は寛徳二年（一〇四五）まで大宮司職にあった尾張員信の息員頼が祝師田島家、同じく信頼が惣検校馬場家として分家成立し以後世襲化したというが、それは彼らの兄弟員職の大宮司在職期間である寛徳（一〇四四～六）から応徳（一〇八四～七）頃と伝えられている。(23)つまり権宮司家は各々別の社職をもつ独立した家柄であり、中世における所職・所領の相続についても田島・馬場両家は養子継嗣を除いて、まったく別個の存在であった。

文和三年文書の差出人五名のうち、仲衡は『尾張宿禰田島氏系譜』に、実仲は『熱田惣検校尾張宿禰家譜』にみえ、ともに権宮司に就き、その在職期間は文和三年文書の年紀と重なり、文書解説③の通り仲勝・仲賢・員衡も権宮司であったと考えられる。しかし、五名の権宮司が各々いずれの社領を家領として知行しているのか、文和三年文書の記載様式からはまったく判断できないし、また繰り返すが、より重要なことは仲衡が祝師田島家、実仲は惣検校馬場家という独立した別家の人物であり、さらにその分家と考えられる三名の権宮司、合わせて五名の権宮司が署名していること自体が、文和三年文書所載の社領が権宮司家領ではないことを端的に示しているのではなかろうか。そもそも、五名の権宮司が連署する文書所載の社領を、一括して権宮司家領とする概念自体が誤謬なのである。

以上の考察から、文和三年文書所載の社領は権宮司家領ではなく、熱田社一円神領であることが判明した。したがって正和五年文書所載の社領も、のちに熱田社側が主張する一円神領と同質のものと認められよう。では何故、文和三年の一円神領注進状に五名の権宮司が署名し、大宮司の署名がないのであろうか。以下二節にわたって検討してみることにしたい。

三、

右の問題を検討するために、まず文和三年文書所載の一円神領である智多郡大郷郷についてみておこう。当郷には正安二年（一三〇〇）の年紀をもつ次の「熱田社領大郷郷検見注進状案」(24)がある。後半部分を欠いているが、これは熱田社領の内部構造を知るうえで極めて稀な史料である。

大　郷
注進　正安二年庚子早田検見目録事
　合参拾参町捌段貳佰柒拾歩者
除八〔田脱〕丁一反大
常不一反　　木田押領半
氷上宮神田一丁二反　　當郷新宮田二丁六十□〔歩カ〕
寺田五反　　科野殿跡三丁
郷司給一丁三反
定田二十五丁七反卅歩
早田十三丁一反半
晩田

これによると、当郷の面積は文和三年（田畠三十三町八段百五十歩、内訳〈除田畠十三町四段三十歩・定田畠二十町四段百二十歩〉）に至ってもほとんど変化はみられないが、文和三年には定田畠が五町余減少し、その分除田畠が増加している。但し、正安二年の地目は田地であり畠地は含まれていないので、比較にならないかもしれない。さて、正安二年の除田の内訳には、常不田（不作田）・木田による押領田・熱田社の末社氷上宮神田・大郷郷内の神宮田・寺田・科野殿跡・大郷郷司給田などがみえ、そのなかでも注目すべきは「郷司給一丁三反」という記載である。郷司は給田を得て、郷内の年貢・神役の徴収、人夫役の賦課などについて熱田社に対して責任を負い、また検注・年貢率については熱田社から御使を派遣するが、実際には郷司の注進によって決定されたらしい(25)。熱田社領の場合には、郷司のほかに政所・公文などの在地機関の名称も散見するが、前述したようにこれらは一円神領においてのみ任命されたものと考えられる(26)。

大郷郷の郷司がどのような階層の人物なのか不明だが、猿投神社文書のなかの前出「熱田社領新別納郷等注文案」に「爲安郷四十二丁六反百二十歩」、また正和五年文書に「爲安郷此内少々地頭押領」とみえる一円神領為安郷には、正応四年（一二九一）と同六年とに郷司職を補任した次のⒶⒷ二通の文書が存在する。

Ⓐ　　（花押写）

下　爲安郷

定補郷司職事

尾張仲廣

右、以レ人所レ定二補彼職一如レ件、有レ限御年貢并恒例臨時院役社役等、守二先例一任二傍例一、無二懈怠一可レ令二弁勤一、

仍沙汰人百姓等宜二承知一、勿二違失一、故以下、

正應三年三月十三日[27]

(花押写)

Ⓑ

下　爲安郷

補任郷司職事

中勢〔務〕小大夫仲廣

右、以レ人爲二彼職一、所二補任一也、早守二先例一、可レ致二沙汰一之狀如レ件、百姓等宜二承知一、勿二違失一、故以下、

正應六年七月十六日[28]

Ⓐ文書によると、為安郷には「有レ限御年貢并恒例臨時院役社役」が課せられ、尾張仲広[29]が郷司として納入責任を負うことになった。仲広は『熱田祝師尾張宿禰田島氏系譜』に「田島小大夫　在職自二正喜〔嘉〕二一至二永仁元一」とみえる田島氏で、正嘉二年（一二五八）から正応六年（永仁元年・一二九三）にかけて権宮司を勤めた。同系譜系線上において、仲広の曾祖父奉仲・祖父頼仲・父頼継らがともに中務大輔に任じられていることから、Ⓑ文書の仲広と同一人物ということになり、また文和三年文書の差出人の一人仲衡は、この仲広の孫にあたる。つまりⒶⒷ文書は、権宮司が熱田社一円神領の郷司職に任じられたことを示す実例ということになるのであるが、では仲広を郷司職に任じた主体、つまり本文書の発給者は誰であろうか。

『鎌倉遺文』はⒶ文書を「某下文写」、Ⓑ文書を「某袖判下文写」と慎重な態度を示しているが、『張州雑志』には

Ⓐ文書の端書に「久明親王ヨリ下シ文之寫」とあり、また熱田神宮所蔵の田島家旧蔵文書にはⒶⒷ文書を並記しⒷ文書の奥に「以上二通、久明親王御判」と記され、さらに『張州雑志』と熱田神宮所蔵の田島家旧蔵文書には、ともに次の【図1】に示した花押影を載せている。[30]

【図1】

Ⓐ文書花押影

Ⓑ文書花押影

久明親王は後深草天皇の第二皇子で鎌倉幕府八代将軍となり、その在職期間は正応二年（一二八九）から徳治三年（延慶元・一三〇八）である。ⒶⒷ文書の年紀はともにその期間内にあり、右の註記が正しいとすれば、為安郷の支配関係は、

後深草上皇（本所）――久明親王（領家）――権宮司田島仲広（郷司）

となる。郷司仲広の負担に「院役」が存在するのも、この関係で理解できるかもしれない。

しかし一円神領為安郷に対して、右の支配関係のように大宮司がまったく関与していないとすれば、やはり問題がある。果たして、ⒶⒷ文書の発給者は久明親王なのだろうか。久明親王の花押がⒶⒷ文書のように複数存在するのか管見に及ばず不明だが、ⒶⒷ文書をみて即座に気付くことは、第一にⒶ文書の花押が二年後にⒷ文書の花押に変化していること、第二にⒶⒷ文書がともに下文であり、権宮司仲広が為安郷の郷司職に二年を隔てて再度任じられていることの二点である。これらのことはⒶⒷ文書の発給者が久明親王ではなく、しかもⒶⒷ文書は各々別人の発給によるものであったことを示唆している。そこで権宮司の上級社家である大宮司に注目すると、『熱田大宮司千秋家譜』には、これに有力な二名の大宮司を認めることができるので、次にあげておこう。

宗範　號㆓大喜大宮司㆒、範廣嫡子、伯耆守
文永二年十二月擧補、範廣存生時也、同八年十二月再任、弘安八年十一月還補、十二月廿五日入部、
正應三年三月廿八日還補、職間三年、永仁五年二月五日還補、合五ヶ度重任、(下略)

行氏　大宮司　常陸介　朝氏孫、清氏子、實忠成子、
弘安七年八月補任、九月入部、正應三年二月六日、職間一ヶ月、同六年六月再任、

右によると、藤原宗範は五度にわたって大宮司就任を繰り返しているが、そのうち一度は正応三年三月二十八日に還補し、同六年までその任にあった。また藤原行氏は、正応六年六月に大宮司に再任している。これらのことは、Ⓐ文書の年紀が宗範の大宮司在職期間に含まれ、同様にⒷ文書は行氏のそれと一致するとともに、Ⓑ文書の発給は行氏の大宮司就任直後なのである。つまりⒶⒷ文書の発給者を久明親王とみるよりも、大宮司宗範・行氏とみるの

が自然であり、一円神領の郷司職は大宮司によって任命されたと考えられる。すなわち、Ⓐ文書は「熱田大宮司藤原宗範袖判下文写」あるいは「熱田大宮司藤原宗範為安郷郷司職補任状写」、Ⓑ文書は「熱田大宮司藤原行氏袖判下文写」あるいは「熱田大宮司藤原行氏為安郷郷司職補任状写」となり、Ⓑ文書は宗範から行氏への大宮司代替りによる安堵状にほかならないのである。

なお、為安郷のように権宮司が一円神領の郷司職に任じられることもあったが、正応四年十一月日付の「熱田社領海東郡有里名作田検見注進状写」[31]には「郷司左衞門尉源（花押影）」とあり、また猿投神社文書には嘉元元年（一三〇三）十一月□九日到着の「熱田社領朝日中郷公文橘兼末請文包紙」[32]ともある。このように「左衞門尉源」「橘兼末」など社家以外の人物、おそらくは在地の人物が郷司職にあったことも確認できる。

以上のようにみてくると、文和三年文書の差出人五名の権宮司は、二十五ヶ所の一円神領の郷司・政所・公文などの任にあったとも考えられる。しかし各権宮司の担任地が文和三年文書からは判然としないし、また有里名・朝日中郷の例があるように、権宮司以外の人物がこれら在地機関を担う場合もあったことから、このような推定は早計のようである。

そこで、熱田社の内部組織についてみておきたい。熱田社の最高機関は大宮司を長とする熱田太神宮庁であり、いまに伝来する太神宮庁の発給文書を通覧すると[33]、下級神職に対する社職の補任や給分の宛行および神宮寺供僧職の補任などを取り扱っている[34]。また太神宮庁の一部局かどうか不明だが、「熱田宮公文所」が存在した。この公文所の機能については判然としないものがあるが、これに関しては次のⒸⒹ二通の文書が参考になる。

Ⓒ

仰

□□御使人夫事、院宣并御奉行所施行到來、案文如レ此、田宮郷・牛野郷兩所分一人、來廿五日御料にて候、
可レ被レ沙二汰一進公文所一候、仍執達如レ件、

五月廿一日　熱田宮（花押影）

牛野郷政所[35]

Ⓓ當宮御造營人夫事、任二町數一、先年進二切符一候了、于レ今未二人夫給一候事、何樣次第候乎、別納所々平均之役候、
御材木於美乃國手向山、被二採置一候、來廿八日可レ給二人夫一候、所役十ヶ日可レ令二勤仕一之旨、可レ有二御下知一
候、努々不レ可レ有二緩怠一之儀候、恐々〳〵、

正月廿三日　熱田宮公文所

謹上　信俊法師跡政所[36]

Ⓒ文書は御使人夫一名を田宮・牛野両郷分として「公文所」に進めることを熱田社が「牛野郷政所」に命じたものので、またⒹ文書は熱田社造営のための人夫を十日間差し出すよう「熱田宮公文所」が再度「信俊法師跡政所」に催促したものであり、ともに公文所の機能の一端を窺うことができよう。田宮郷は文和三年文書に田宮御園としてみえ、牛野郷は前出「熱田社領新別納郷等注文案」にみえており、また信俊法師跡には政所があり人夫役を催促していることからいずれも一円神領であるが[37]、これらに人夫役を課し、その集合所である公文所は[38]、一円神領の在地機関を直接的に統轄する上部機関であったと考えられる。そうすると、文和三年文書記載の社領が一円神領であること、またその一円神領の郷司など在地機関責任者に任じられたのが権宮司ばかりではないことから、文和三年文

書に連署した五名の権宮司は「熱田宮公文所」の責任者・構成員であったとみてまず疑いない。(39)そして文和三年文書に大宮司の署名がないことは、一円神領の実質的経営権を掌握していたのが大宮司ではなく、公文所・権宮司層であったことを示唆している。実際、応永十九年（一四一二）に熱田社神宮寺座主領（文和三年時点では一円神領）であった智多郡英比郷南方が智恩院の隆秀に押領されたとき、「如ㇾ元社家進止蒙二御勅裁一」(40)ることを訴えたのは、神宮寺供僧のほか九名の権宮司と一名の大内人であり、大宮司ではなかったのである。

四、

次に、文和三年文書の宛所について考えておこう。これについては前掲文和三年文書解説①にあるように、熱田社本所である崇光上皇に注進したものと理解されている。しかし、正平一統が崩壊した正平七年（一三五二）閏二月、南朝方によって崇光上皇は光明・光厳両上皇とともに八幡、同三月に河内東条、同六年に賀名生、(41)さらに文和三年（一三五四）三月には河内金剛寺に移された。(42)延文二年（一三五七）二月に至り、ようやくその拘束を解かれ還京し、光厳法皇・崇光上皇は伏見殿に入ったのである。(43)つまり、このような政治情況下において、文和三年の北朝年号をもつ本文書が、南朝に拘束中の崇光上皇のもとに注進されたとは考え難いのではなかろうか。確かに大宮司のなかには南朝に属した人物もいたが、もし当時の熱田社を南朝方大宮司が支配していたならば、北朝方の文和三年ではなく、南朝年号である正平九年を用いたはずなのである。

そこで当時北朝天皇位にあった後光厳天皇（文和元年八月十七日践祚）と熱田社との関係を次の文和二年の文書からみておこう。

(端裏書)
「□□英比郷事書案文幷綸旨」

兩條

一、尾張國々衙領英比郷(智多郡)北方大宮司(熱田)忠廣(藤原)濫妨事

號二講衆等使者一、爲二忠廣之結構一、差二遣家人等一押妨、結句召二誡住民等一、及二種々惡行一之條、以外之次第也、乍レ居二重職一、爭於二御分國一可レ致二狼藉一乎、就レ中忠廣補二任當職一之最初、於二當郷一不レ可レ致二違亂一之由、進二置請文一了、而今伺二世上物忩之隙一、致二濫妨一之條、旁可レ有二誡沙汰一哉、

一、熱田社領御年貢無沙汰事

云二臨幸料足一、云二廣義門院(藤原寧子)京都御用一、就二彼足(料脱カ)一還幸以前可レ致二沙汰一、員數可二定申一之由、度々雖レ被レ仰、于レ今不レ及二請文一上者、武家嚴密可レ加二催促一乎、

綸旨案

尾張國領英比北方押領、幷熱田社領御年貢無沙汰事、御事書如レ此、兩條急速可下被レ下二知忠廣一給上之由、
天氣候也、仍執達如レ件、

七月廿日　　左大辨(藤原仲房)

謹上　鎌倉宰相中將(足利義詮)殿(44)

これによると、藤原（萩）忠広は大宮司に任じられたとき、尾張国衙領智多郡英比郷北方に対して違乱しない旨の請文を進めたにもかかわらず、家人を差し遣わして押妨するとともに、住民にも種々の悪行におよび狼藉を犯したとして、国衙方より訴えられた。またこれと合わせて、忠広は本所に納入する年貢を度々の催促にもかかわらず

滞納していた。そこで忠広の英比郷北方への押妨停止と本所への年貢納入とについて、後光厳天皇は忠広へ下知するよう幕府に綸旨を下したのである。つまり、このときの熱田社本所は崇光上皇ではなく後光厳天皇であり、文和三年文書の宛所を本所とするならば、後光厳天皇とみなければならないのである。

しかし、権宮司僧が一円神領の実質的経営権を握っていたとしても、熱田社の長である大宮司をまったく介しないで、直接本所へ文和三年文書を注進したとみるには、いささか躊躇を覚える。というのも、前述したように、貞治六年（一三六七）に一円神領である中島郡鈴置郷を円光寺に寄進したのは大宮司であったからである。

この問題を解決するために、文和三年文書の作成目的を考えてみよう。文和三年文書作成の前年に、熱田社領の問題として、前掲した大宮司忠広の国衙領英比郷北方に対する濫妨と本所皇室への年貢未進事件が糾弾された。前者英比郷北方については、文和三年文書に「芙〔英 比〕北郷　田畠拾貳町内　北方十町國ケ〔衙〕分　校〔榎〕山寺方四町　南方八町社家分」とあるように、英比郷の下地分割が記されているが、これは熱田社が北方を国衙領として認めた現実の支配情況にほかならない。最終的には、翌四年五月の後光厳天皇綸旨(45)によって、正式に北方は国衙領となった。後者の年貢未進については、足利義詮が文和二年七月二十一日・同八月十日の二度にわたって、「熱田社領年貢無沙汰事、右爲二嚴重料足一之上者、先以二自稱分一定二員數一、且究濟分、差二日限一、彼是急速可レ申二左右一之由(46)」という御教書を忠広に発し進済を厳命した。その後どのような経緯をたどったか不明だが、文和三年文書には一円神領の年貢として千二百九十一貫文が計上されているのである。

このように文和三年文書には、前年の大宮司忠広による英比郷北方濫妨と本所への年貢未進事件とに対する回答そのものとでもいうべき内容が含まれているのである。そうすると、文和二年事件で糾弾されたのは大宮司忠広であるから、これに対する回答は当然忠広がなすべきものであり、権宮司が行うものではない。つまり、文和三年文書は大宮司忠広の命により一円神領の実質的経営権をもつ五名の権宮司によって作成され、忠広のもとに注進されたものと考えられる。忠広はこの文和三年文書、もしくは新たに作成した目録に請文を添えて、本所に提出したとみるのが自然であろう。本所に年貢納入の責任を負うのは、名義上大宮司なのである。

因みに、忠広は遅くとも貞治五年までには出家して大宮司常端を名乗るが、(47)文和四年から貞治四年までの十一年間、史料上に確認できない。貞治年間には藤原範重が大宮司であったとする『熱田大宮司千秋家譜』の記載を尊重するならば、忠広はこの間に文和二年事件の責任から出家し、一時大宮司職を離れたのかもしれない。(48)

なお、文和三年文書の端書傍線ⓐ熱田大宮司當知行所々　延文二六注進之」について付言しておきたい。この端書によって前掲文和三年文書解説②にあるように、延文二年（一三五七）六月の大宮司家領注進状の存在を確認できるが、大宮司家領の実態については不詳なことが多く、これまでほとんど解明されていないし、この注進状もいまに伝わっていない。端書の文言にしたがえば、大宮司が延文二年六月時点で知行している社領(49)を本所へ注進したことになり、とくに問題はないようにもみえる。しかし、延文二年六月という注進された年月を南北朝政治史上に位置付けると、延文二年注進状の作成理由を垣間みることができるようである。

熱田社領の管領は康永二年（一三四三）四月に光厳上皇から興仁親王（崇光天皇）へ分譲されたが、(50)正平六年の正平一統により崇光天皇が廃された関係で一時北朝の手を離れたようで、翌七年閏二月、正平一統が崩壊したことにより、熱田社領は旧に復し北朝の管領するところとなった。(51)そして前述したように崇光上皇は光厳・光明両上皇とともに南朝方に拘束され京都を離れるにおよび、その結果、熱田社の本所となったのは崇光上皇の弟宮後光厳天皇であった。そして延文二年二月に至り、光厳法皇・崇光上皇は還京するが、『椿葉記』はこのとき熱田社領について、さて延文二年二月十八日、上皇《崇光院》は伏見の離宮に還幸なる。閑素にてましまず。両法皇、先坊《(光厳・光明法皇、直仁親王)》もみな還御なる。抑長講堂領・法金剛院領・熱田社領・同別納・播磨國衙・同別納等は、後深草院以來正統につたはる。然は法皇《光厳院》の御譲を受て上皇《(崇光院)》御管領あり。

と記し、光厳法皇から崇光上皇へ熱田社領の管領が譲与されたことを伝えている。つまり、延文二年二月に崇光上皇に復したことから、上皇は大宮司に対して社領目録の提出を求め、大宮司がこれを請けて注進したのが、文和三年文書の端書傍線ⓐ「熱田大宮司當知行所々」の注進状であったと考えられないだろうか。

確かに端書の文言は、大宮司の「當知行所々」であって社領全体を指してはいない、という前述の解釈が普通であろう。小島鉦作氏もこれに対応するものとして、文和三年文書を権宮司家領と理解されたと思われるのである。しかし、大宮司は「本所進止之職人」[52]であり、「禁御領熱田太〔大〕宮使〔司〕職」[53]であったこと、また文和三年文書の一円神領が大宮司の支配の強くおよぶ社領であったこと、さらに文和三年文書には御幣田郷のような大宮司の私領化した社領が年貢高からは除かれてはいても、一円神領として記載されていることなどから、「熱田大宮司當知行所々」とは、大宮司職に付帯する所領を含めた一円神領を意味すると推定できるのではあるまいか。さらなる検討が必要であることは承知のうえで、いまのところ延文二年六月の注進状は、大宮司が復帰した崇光上皇に注進した熱田社一円神領目録であり、またその作成にあたっては文和三年文書と同様に権宮司層の手によってなされたものと考えておきたい[54]。

五、

以上、文和三年文書について述べてみたが、ここでまとめておこう。本文書に記載された社領群は文書傍線ⓑの語るとおり、「熱田太神宮一円御神領」であり、もともとは大宮司直轄地に由来しているものの系譜をひく社領を含み、社領の中核となるものであった。一円神領は大宮司によって任命された郷司・政所・公文と称する在地機関によって経営され、彼らはその職に付帯する郷司給などの給分を得る代わりに、熱田社への年貢・労役の負担に責任をもった。しかし、これら在地機関を統轄し、一円神領の実質的経営権を掌握していたのは「熱田宮公文所」であり、その責任者・構成員が権宮司層（田島・馬場氏からの二名に限定されない）とみられ、組織上大宮司に対して責任を負った。そして最終的には「本所進止之職人」である大宮司が、本所への年貢納入負担などを請負ったものと考えられる。したがって、本文書名は小島鉦作氏が主張される「熱田宮権宮司家領注進状案」とするべきではなく、例えば「熱田社一円神領注進状案」と改めなければならない。またその宛所は本所ではなく、太神宮庁の長である大宮司であったのである。

なお、いまだに不明な点が多く不完全ではあるが、文和三年文書の検討を通して判明した熱田社領の支配関係を一円神領に限って図式化すると、おおよそ次頁【図2】のようになる。熱田社には領家の存在がないといわれているが、組織のうえからは大宮司が領家的存在といえるのである。それは十二世紀初頭に大宮司職が尾張氏から藤原南家の一庶流に移行したこと、その実態は尾張氏大宮司の私領を中心とする社領が、藤原氏に寄進されたと推定できることに、その根源がある。しかし藤原氏大宮司は初代季範をはじめとして、その一門は尾張国ではなく、むしろ京都で活動した形跡が多分にある。院政期には大宮司・従四位上・内匠頭で後白河上皇の近臣であった範忠をは

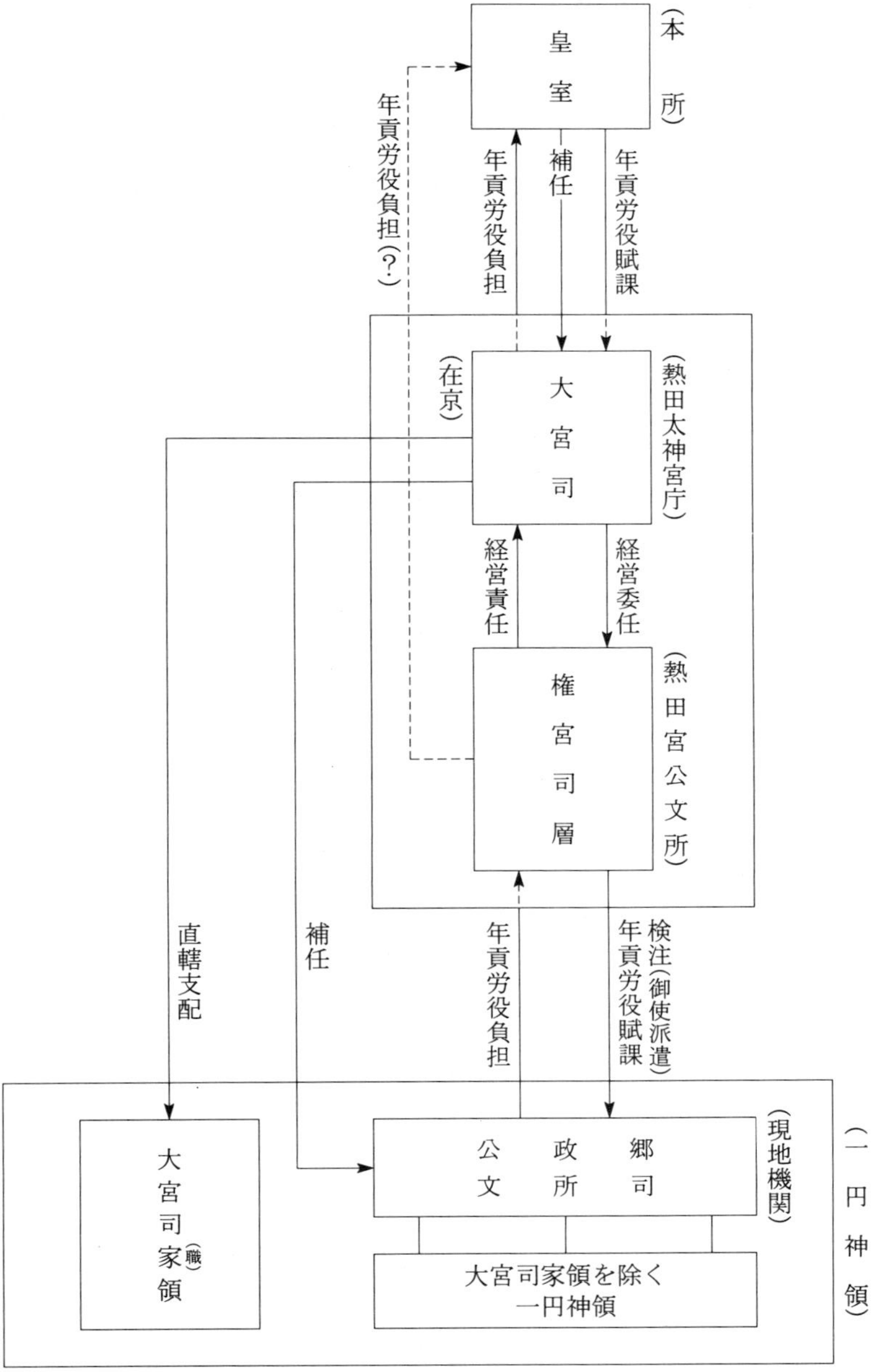

【図2】熱田社一円神領支配関係図

じめ、その兄弟には大宮司で院上北面であった範雅、同じく後白河上皇第二皇子守覚法親王に仕えた僧長暹がおり、そのほか院北面・女院蔵人・女院女房になった人物を多く輩出して、一門をあげて皇室に仕えその関係を深め、本所として仰ぐようになった。(55) その結果、大宮司は京都に居住し、この傾向は室町期に至っても変わらなかった。(56) すなわち、このような大宮司家の事情が一円神領の実質的経営を権宮司層に委ねる要因であったのである。

〔補註〕

(1) 熱田社領の研究について主要なものは以下の通り。西岡虎之助「熱田社領を背景とする大宮司家の変遷」(『頼朝会雑誌』四号、一九三二年、のち『荘園史の研究』下巻一、岩波書店、一九七八年に再録)、奥野高廣『皇室御経済史の研究』正篇六六頁以下(畝傍書房、一九四二年)、小島鉦作「中世における熱田社領―社会経済的発展の基盤と領知制―」(『神道史研究』七―六、一九五九年、のち同氏著作集第三巻『神社の社会経済史的研究』吉川弘文館、一九八七年に再録)、上村喜久子「尾張三宮熱田社領の形成と構造」(『日本歴史』二九四号、一九七二年)、『新修名古屋市史』第一巻第七章第六節・第二巻第五章第二節(ともに上村喜久子執筆部分、一九九七、一九九八年、名古屋市)。

(2) この注進状案は『大日本史料』第六篇之十九、『新編一宮市史』資料編六(一宮市、一九七〇年)、『熱田神宮文書』宝庫文書(熱田神宮宮庁、一九七八年)、『神道大系』神社編十九熱田(神道大系編纂会、一九九〇年)などに収められているが、本書では『熱田神宮文書』本に拠った。

(3) 第六編之十九、文和三年四月二十三日条。

(4) 前掲註(1)小島鉦作論文、前掲註(2)『熱田神宮文書』宝庫文書巻頭解説。

(5) この解説は井後政晏氏の執筆によるものだが、内容についてみると、小島鉦作前掲註(1)論文および前掲註(2)『熱田神宮文書』宝庫文庫解説を増補したもので、かつ本書が両氏の共著でもあり、小島氏の最新の見解が述べられているので、これを引用した。

(6) 前掲註(1)上村喜久子論文。上村氏は鎌倉後期以降の熱田社領を、①一円神領（大宮司家私領を含む）、②落合郷型独立性の強い所領（熱田社に対して在地領主が対等の立場にあり、一定の神役を負担する意味での社領）、③国衙側からみると免田、熱田社側からみると料田、以上三類型に分けられた。なお本書序章を参照。

(7)『日本歴史地名大系』23愛知県の地名（平凡社、一九八一年）。

(8)『角川日本地名大辞典』23愛知県（角川書店、一九八九年）。

(9) 本書第二編第三章を参照。

(10) 正和五年十一月日、『楓軒文書纂』中巻五二九〜三〇頁（小宮山昌秀編、内閣文庫影印叢書、国立公文書館内閣文庫、一九八四年）。なおこの社領注進状については、本書第二編第二章で検討する。

(11) 嘉禎二年十月日「尾張国司庁宣案」尾張性海寺文書（『鎌倉遺文』第七巻五〇七五号文書）。

(12) 年月日未詳「熱田社領落合郷神役注文案」妙興寺文書（『新編一宮市史』資料編五、四七—二号文書、一九六三年、以下妙興寺文書番号は本書による）。

(13) 永仁六年九月一日「後深草上皇院宣」（妙興寺文書五号文書）に「熱田社領尾張國落合郷」、貞治四年十二月十二日「造宮所権禰宜某奉書」（同前一二二号文書）に「當國熱田社□〔領〕落合郷」とある。なお、『新編一宮市史』『鎌倉遺文』（二十六巻一九七八〇号文書）はともに永仁六年文書を「伏見上皇院宣」とするが、熱田社領が後深草上皇より伏見上皇に譲与されたのは、嘉元二年七月八日（「後深草上皇処分状案」『鎌倉遺文』二十八巻二一八八八号文書）であるので改めた。

(14) 長寛元年八月十七日「平頼盛下文案」白描五智如来図書館文書（『平安遺文』第十巻・補一〇三号文書）および同年十月二十七日「尾張国留守所下文案」白描五智如来図書館文書（同補一〇四号文書）。なお旧稿「熱田社領尾張中島郡鈴置郷について—南北朝期を中心に—」（『神道史研究』四一巻四号、一九九三年）、および「中世熱田社『一円御神領』の一考察—文和三年社領注進状を素材として—」（谷省吾先生退職記念『神道学論文集』国書刊行会、一九九五年）では、前者を同年正月二十四日に「任尾張守（頼盛朝臣名替）」（『公卿補任』治承五年平重衡の項）とあることから、「尾張守平重衡下文」と理解していたが、この差出人「修理大夫」は平頼盛であるのでここに改める。また前掲註(1)上村喜久子論文、本書第二編第三章を参照。

(15) 貞治六年十二月五日「熱田大宮司常端寄進状案」妙興寺文書一六〇―九号文書。

(16) 小島鉦作氏は熱田社領支配について、大宮司は「権宮司領以下の各分属社領全般の統制に任じ、その領知権は社領全般に及んだ」（前掲註〈1〉論文）と述べられた。これによると、小島氏が権宮司家領注進状案と主張される文和三年文書にみえる鈴置郷を大宮司が処分（寄進）しても問題ない、ということになる。もちろん、鈴置郷は一円神領であるから、この想定は成り立たないが、上村喜久子氏は前掲註(1)論文で、権宮司家領は大宮司の領主権のもとにあったのではなく、むしろ独立性をもつと、小島説を批判されている。

なお、大宮司が権宮司家の社職・所領の安堵・充行・相続などについて関与した事例を本書第二編第五章に整理したので、ここでは権宮司祝師田島家には大宮司が関与した類例が多くあり、これに対して同惣検校馬場家にはそれがほとんどみられなかったことを記すにとどめる。

(17) 『豊田史料叢書』猿投神社中世史料（豊田史料叢書編纂会、豊田市教育委員会、一九九一年）に写真版で収めてある。以下、猿投神社文書および番号は本書による。

(18) 年月日未詳・猿投神社文書一四号文書（『鎌倉遺文』第二十六巻一九八三七号文書）。

(19) 大郷御園と大郷郷とは同一かどうか不明だが、一応あげておく。ただし、本章第三節にあげる正安二年の大郷郷の面積は、文和三年文書とほとんど変わりない。

(20) 年月日未詳「（熱田大宮司藤原）宗範申状案」猿投神社文書一三号文書（『鎌倉遺文』第二十七巻二〇七三八号文書）。

(21) 年月日未詳「熱田社神官等注進状案」猿投神社文書一六号文書（『鎌倉遺文』第二十六巻一九八三五号文書）。

(22) 前掲註(21)に同じ。

(23) 『熱田大宮司千秋家譜』、前掲註(2)『神道大系』および『熱田神宮文書』千秋家文書下巻（熱田神宮宮庁、一九九

二年）。『尾張宿禰田島氏系譜』（『熱田神宮文書』田島・馬場家文書、熱田神宮宮庁、一九九七年）によると、員頼・信頼はともに大宮司に就任しているが、『熱田惣検校尾張宿禰家譜』（同前）にはその記載がなく、信頼の惣検校就任を天喜二年（一〇五四）とする。なお権宮司家については本書第二編第五章および第三編第二・第三章を参照。

(24) 猿投神社文書七号文書。

(25) 前掲註(1)上村喜久子論文。

(26) 以下はすべて猿投神社文書。年未詳三月十四日「忠宗政所請文案」二〇号（『鎌倉遺文』第二十七巻二〇七三一号文書）、年未詳五月二十一日「熱田宮某奉書案」二六号（『鎌倉遺文』第二十七巻二〇七三四号文書）、年未詳正月二十三日「熱田宮公文所書状案」二七号（『鎌倉遺文』第二十七巻二〇七三三号文書）、嘉元元年十一月二十日到着「文書包紙」三一号（『鎌倉遺文』第二十八巻二一六八〇号文書）、嘉元元年十一月□九日到着「熱田社領朝日中郷公文橘兼末請文包紙」三二号（『鎌倉遺文』第二十八巻二一六七九号文書）、嘉元元年十二月一日到着「熱田社領狐穴郷政所請文包紙」三五号（『鎌倉遺文』第二十八巻二一六九五号文書）など。また前掲註(1)上村喜久子論文参照。

(27) 「某（袖判）下文写」（前掲註(23)『熱田神宮文書』田島家文書九―一号文書、『鎌倉遺文』第二十三巻一七五九四号文書）。なお『熱田神宮文書』と『鎌倉遺文』とでは語句に異同があるので、『熱田神宮文書』を採用した。

(28) 「某袖判下文写」（前掲註(23)『熱田神宮文書』田島家文書九―二号文書、『鎌倉遺文』第二十四巻一八二五六号文書）。『熱田神宮文書』と『鎌倉遺文』とでは語句に異同があるので、『熱田神宮文書』を採用した。

(29) 『鎌倉遺文』は「尾張仲廣」とするが、『張州雑志』巻第三十六所収の同文書、および熱田神宮所蔵の田島家旧蔵文書には明らかに「尾張仲廣」とある。

(30) 花押掲載は熱田神宮のご厚意による。なお『熱田神宮文書』千秋家文書上巻（熱田神宮宮庁、一九八三年）二二号文書にはⒶ文書を「久明親王為安郷司職補任状写」としているが、前掲註(27)田島家文書によって正された。但し私見とは異なり発給者を特定せず、小島鉦作説（前掲〈1〉論文）を採用して「某」としているが、本章本文で後述するように、発給者はⒶ文書「藤原宗範」、Ⓑ文書「藤原行氏」である。

(31)『張州雑志』巻第三十六長岡長大夫所持文書（『鎌倉遺文』第二十三巻一七七六五号文書）。
(32)前掲註(26)猿投神社文書三二号文書。
(33)熱田太神宮庁発給文書については、本書第一編第四章を参照。
(34)例えば前者には正和三年十一月二十一日「熱田太神宮庁五位職補任状写」（『熱田神宮文書』千秋家文書中巻、三〇六号文書、熱田神宮宮庁、一九八九年）、応安三年十二月日「熱田太神宮庁御井料田知行安堵状写」（同前、二九六号文書）など。後者には弘安六年五月日「熱田太神宮庁供僧職補任状写」如法院文書（『鎌倉遺文』第二十巻一四八六六号文書）などがある。
(35)前掲註(26)猿投神社文書二六号文書。
(36)前掲註(26)猿投神社文書二七号文書。
(37)牛野郷は文和二年七月日「右大臣家領牛野郷年貢注文」によると、右大臣家（近衛道嗣）家領に移っている（妙興寺文書七三号文書）。
(38)Ⓒ文書の発給者が「熱田宮」であるのは、御使人夫役を命じたのが本所院だからであり、それに対してⒹ文書の発給者が「熱田宮公文所」であるのは、造営人夫役という熱田社内部のものであったからともみられるが、判断できない。
(39)ただし、権宮司層を太神宮庁の主要構成員とみることはできない。この点については本書第一編第四章を参照。
(40)応永十九年十一月日「熱田太神宮神官供僧等連署解」京都御所東山御文庫記録甲八十五諸社（『大日本史料』第七篇之十七所収）。
(41)以上、『園太暦』正平七年閏二月二十一日条、観応三年（正平七年）三月四日条、同六月二日条。
(42)『薄草子口決』二十、河内金剛寺蔵（『大日本史料』第六編之十八、正平九年（文和三）三月二十二日条）。
(43)『園太暦』延文二年二月十九日条。なお光明天皇は文和四年八月八日に還京（『園太暦』同日条）。
(44)（文和二年）七月二十二日「尾張国国衙領英比郷文書案」「尾張国国衙領熱田大宮司藤原忠広濫妨条々事書案」「後光

本書による）。巌天皇綸旨案」醍醐寺文書（『新編一宮市史』資料編六、三五八―一、二号文書、一九七〇年、以下醍醐寺文書番号は本書による）。

(45) 文和四年五月四日「後光巌天皇綸旨」醍醐寺文書三七〇号文書。

(46) 文和二年七月二十一日、同八月十日「足利義詮御教書案」醍醐寺文書三五九、三六五号文書、引用部分は三六五号文書。

(47) 貞治五年成立とされる頓阿の『草庵和歌集』に「熱田大宮司入道常端來て歌讀み侍りにし」とある（『校註国歌大系』第十四巻）。

(48) 『熱田大宮司千秋家譜』は忠広の大宮司在職を「貞治三年三月初任、至同年十二月、或云、應安年中在職」と記すが、文和二年事件の文書からみて、貞治三年の初任は再任の誤りであろう。

(49) 大宮司家領が社領の一部を占めるのは当然だが、それは大宮司一門全体の所領を指すのか、また大宮司職に付帯する所領をいうのか、という問題がある。大宮司のなかには数度にわたって重任している人物がいること、また星野・千秋・萩氏などの出身者が大宮司に就任し、一つの家系によって世襲化されることがなかったことなどから判断して、大宮司家領とは職に付帯する所領であったと考えられる。文和三年文書では御幣田郷がこれにあたるのであろう。

なお江戸期の文献であるが、『尾張志』上巻（愛知県郷土資料刊行会復刻版、一九七九年）の「上神戸町」の項には「延文二年六月の熱田神領注進状には高戸郷と書けり」とあり、文和三年注進状にみえる高戸郷が含まれていたことを確認できる。そうすると文和三年と延文二年の注進状は、その性格が一致するものと考えた方がよいようであり、本文で後述する理解の補足となろう。

(50) 康永二年四月日「光厳上皇処分状」伏見宮御記録（村田正志著作集第四巻『證註椿葉記』附録「御領文書并御領目録」所収、思文閣出版、一九八四年）。

(51) この間の経緯は、小島鉦作前掲註(1)論文および「熱田神宮の由緒についての若干の考察―特に『古語拾遺』の熱田社「所遺一也」に関連して―」（『式内社のしおり』三三号、一九八六年、のち著作集第三巻『神社の社会経済史的研究』に再録）に詳しい。但し北畠親房が正平一統に際して熱田社を元弘一統のときと同様「官社」に復することを北朝と折衝し（『園太暦』観応二年十二月十八日条）、それが実現したと述べられているが（同著作集一一六頁）、その確証は得られない。熱田社の官社列格については戦前から神祇制度復活の一例として説明されているが、これには黒田俊雄氏による有力な反論がある。この点については本書第一編第三章補註(2)を参照されたい。

(52)（文和二年）七月二十日「尾張国国衙領英比郷熱田大宮市藤原忠広濫妨条々事書案」醍醐寺文書三六〇号文書。なお、この文言は前掲註(44)文書にはみえない。

(53)『十輪院内府記』文明十七年八月十八日条。

(54) 延文二年六月注進状の端書が権宮司田島家に伝存したことは、この注進状の写が同家に所蔵されていたからであろう。

(55) 以上については、本書第一編第一章を参照。

(56) この点については、本書第一編第三・四章を参照。

第二章　熱田社一円神領補論

一、

前章の文和三年（一三五四）の「熱田社一円神領注進状案」[1]の検討過程において、これに記載されている社領のうち、玉江荘を除く二十四ヶ所は正和五年（一三一六）の社領注進状にも載せられ[2]、また正和五年注進状に「當（知行分）」と記された二十ヶ所はすべて文和三年注進状に存在することの二点から、正和と文和の注進状所載の社領はその性格が一致するものと考えた[3]。また上村喜久子氏も、一円神領は正和五年までに成立した別納社領との見解を示されている[4]。これに対して後藤武志氏は、正和五年注進状に「岩次御免田愛智郡」「福成御免田」という免田が存在することから、この注進状に記載される全ての社領が一円神領であるとは断定できないと述べ、文和三年注進状記載の玉江荘・田宮御薗・御幣田郷を除いた社領は、正和五年あるいは文和三年までに当知行となった別納社領であるとされる。さらに中島郡鈴置郷を検討して、「国役を免除されて成立した免田の系譜を引く社領が、国衙領の別納である別納社領になり、その当知行分が一円御神領へと発展していることから、免田から一円御神領へと発展する過渡期に存在する社領こそが（正和五年注進状の）別納社領」という批判を展開された[5]。後藤氏の見解は上村説に基本線をおいてはいるものの、一円神領の成立過程を「免田」→「別納社領」→「一円御神領」と考えられた点に特色があり、別納社領に着目しての成果は有益で教えられる点も多い。しかし検討すべき問題はいくつか存在し、なかでも関心をもたざるを得ないことは次の二点である。

まず第一に永仁三年（一二九五）の「国衙興行」法にもとづく、同六年の社領に対する勘落実行の国衙側の論理は、これ以前に社領が国衙別納社領であったということであるが、熱田社によるこれら社領支配の実態については何ら言及がなされていない。少なくとも国衙勘落以前の別納社領と以後とのそれは、実質的にいかなる変質が認められるのか、それとも認められないのか、当然分析しておくべきことであろう。

第二に、「免田から別納社領へ発展」するという指摘である。これについては免田系の社領と別納社領との構造的な差異を検討すべきであるが、「発展」という表現では具体的に何がどう発展したのか不明といわざるを得ない。後藤氏にしたがうと免田が一元的に国衙別納社領に発展するということになるわけだが、果たしてそのようなことがあり得るのであろうか、という素朴な疑問をどうしても拭い去ることができないのである。別納社領がすべて免田の系譜を引くものと結論付けるには、いま少し慎重な論証が必要ではなかろうか。

そもそも後藤氏の理解は、鈴置郷が免田として成立した社領と考えられたことにはじまる。しかしそれは鈴置郷がもともと領域的にまとまった「村」という単位で寄進されたとみる、上村氏や筆者の立場と反するものであるにもかかわらず、免田の散在性という特徴も含めての比較検討が行われていない。しかも氏の展望は、熱田社領の分類である①国衙領の一部を上分として充てられる免田（料田）という散在性を特徴とする社領と、②在地領主が一定の年貢のみを熱田社に納める条件で寄進し、本所への年貢も熱田社を介さない領域的にまとまった社領（上村氏規定の落合郷型）、という二つのタイプの社領を同質とみなす方向へと進展してゆくようである。そこで本章では天福年間（一二三三〜四）および永仁三年の「国衙興行」法による「国衙勘落」を通して、この正和五年社領注進状所載の別納社領に至る過程について検討を試みたい。すなわち本章の主目的は別納社領の構造を検討し、正和五年社領注進状の性格を解明することであり、一円神領について考察した前章の補論の位置を占めるものである。なお行論上前章と重複する史料を扱うことになるが、後藤氏の批判に応えるためには必要なものとの諒解を得たい。

二、

次の史料【1】【2】によると、尾張国では永仁三年（一二九五）の国衙勘落より六十年ほど前の天福年間（一二三三～四）に国衙興行、一種の荘園整理の宣旨あるいは綸旨が出されている。

【1】

廳宣　留守所

可下早任二宣旨・院廳御下文并關東下知一、致中其沙汰上、國免外承久三年以後新免田畠顚倒分諸社上分事

右、近來在廳國民等、恣語二取眼代以下之免判一、引二募神領一之間、公領減失正税如レ無、因レ茲、承久三年以後勅免・國免之外、悉被二顚倒一畢、於二其分神役一者、可レ爲二國衙之沙汰一歟、將又以二拾壹町別壹町一、可レ爲二神領一歟之由申請畢、仍顚倒之時、以二件子細一各相二觸本社一之處、皆以無二受用一云云、然而神役不レ可二默止一、早社社割二宛拾壹町別壹町之上分一、田畠定二置給主名主一、可レ令レ致二其沙汰一、但田者町別絹肆丈四兩壹分國庫斤定、畠者町別油壹升國庫升定可レ令レ濟二給主許一之状、所レ宣如レ件、以宣、

嘉禎二年十月　日

大介藤原朝臣在御判(7)

【2】

廳宣　　留守所

可下早任二天福宣旨狀一、爲中當國諸社御神領上田畠等事

右、當國之法、以二甲乙人之私領一、寄二進諸社一□〔之カ〕日、蒙二國宰之裁免一、爲二永代之神領一、前司一與之後、後司不レ能二反覆一、而先々國司目代以下、自由之免判過法之間、去天福之比、申二下綸旨幷將軍家御使一、令二糺斷一之刻、於二國免地一者、被レ免二顚倒一畢、然者彼時被二優免一之地者、卽爲二勅免一、依レ被レ載二綸旨一也、所謂彼時國免之名主四人之內、沙彌成蓮假名千騎名田肆拾壹町參段者、熱田宮中門・同廻廊廿間幷惣社造營料田也、左衞門尉尾張俊村假名重松分、一乘寺保參拾柒町陸段大、私領國領拾陸町肆段、神宮寺修理田不足壹町貳段半、是皆熱田宮御領也、平經忠假名國重分、眞清田宮修理田貳拾町也、以上爲二不入勘之地一、任二天福　宣旨一、可レ停二止向後牢籠一者也、但四人內、左衞門尉源成廣假名友重、熱田宮右方屋十間料田畠拾伍町者、彼成廣爲二重代在廳身一、令レ忽二緒〔諸〕國威一之間、顚二倒神領之號一、自今以後爲二國領之地一、任二傍例一、可レ令レ勤二仕所當以下國役一者也、於二其跡熱田宮右方屋料田畠一者、奉公名主引二募自名之田畠拾伍町一、爲二彼免內一、停二止國衙之所役一、不レ可レ懈二怠神事一之狀、所レ宣如レ件、故以宣、

曆仁元年十二月　日

大介藤原朝臣[8]

その内容は【1】によると、「承久三年以後新免田畠顚倒分諸社上分」を「勅免・國免之外、悉顚倒」し、「去承久以後不レ帯二勅免・國免一新立神領、一國平均可レ顚倒二」[9]という、承久三年以後の免田（神社料田）・神領を顚倒して國衙領にもどすというものであった。文言に「於二其分神役一者、可レ爲二國衙之沙汰一歟、將又以二拾壹町別壹町一、可

レ爲二神領一歟」「割二宛拾壹町別壹町之上分一」とあるように、知行国主は収公した免田十一町につき一町を神領としてその上分をあらためて諸社に給与するよう留守所に命じたのである。また【2】によると、暦仁元年（一二三八）には名主である沙弥成蓮・尾張俊村・平経忠らが熱田社・真清田社・惣社に寄進していた免田は国免であったために収公の対象ではなかったはずであるが、条件が拡大され収公の対象となった。しかし結局は「優免」され、「勅免」によって収公を免れているのである。ただ熱田社右方屋十間料田畠拾五町を寄進していた源成弘は、在庁官人でありながら国威を疎かにしたために[10]「優免」されず、その地を国衙領とされたが、熱田社はその喪失した分と同面積の料田畠を別の名主から獲得している。なお成弘はその地の支配権まで失ったわけではなく、国衙への所当年貢・国役を請け負う国衙領名主の地位は保ったのであるが、その負担は当然ながら熱田社へのそれと比べて高額であったことはいうまでもない。

この天福の宣旨をめぐる一連の動きから本章に関連することとして、次のようなことを看取できよう。

① 収公の対象は承久三年以後に成立した免田畠（神社料田畠）に限定され、勅免・国免（のち国免も対象）以外のものであったこと。

② 国内有力神社を国衙のもとに再編管理して、修理料などを国衙が税をもって支出する本来の体制をもくろんだこと。

③ 結果的にこの国衙興行はあまり効果がなかったようで、神社自体はそれまでの料田を確保できたこと。

④ 在庁官人源成弘にとっては立場上の問題はあるにしても、他の名主層に比べて冷淡な決着であり、不満の残るものであったこと。

このうち④の在庁官人の権益が守られなかったことは、国司との対立が生起する可能性を孕んでいる。成弘がどのような対抗策を講じたのか、あるいは何か交換条件を獲得したのか知る由もないが、一部の名主層のみ保護されたことはよほどの理由がなければならない。いまそれを明らかにしえないのは遺憾であるが、先の沙弥成蓮・尾張俊村・平経忠ら三名は大規模な領主的名主であるので、成弘と同じく在庁官人もしくはその系譜を引く在地領主であったとみられ、国衙内における彼らの力学関係を想定せざるを得ない。この国衙興行が宣旨のみならず、「将軍家御使令二糺弾一」[11]という幕府権力をもって実施されたことは、その困難さを示しているのである。

しかし明らかなことは、一般的に国衙興行の目的は国衙領を回復し税収の確保にその目的があったのであるから、国司や知行国主に有利なものであって、国衙領を熱田社へ寄進し私領化を図って獲得した権益をもつ在庁官人にとっては、利害を異にするものとなる。すなわち彼らが神領として寄進した所領は、社領となっても僅かな上分を熱田社へ納めるだけで、支配権は保有する私領であったから、その権益が収公されるとなれば国司側との対立は避けられないものになるはずである。この前提は次の永仁三年の国衙興行においても認められるのであろうか。

三、

永仁六年（一二九八）から嘉元元年（一三〇三）にかけての年号が散見する『本朝文粋』巻二紙背の猿投神社文書群[12]は断簡が多いものの、熱田社領の国衙勘落の情況を明瞭に伝えている。そのうち、まず二通をあげておきたい。

Ⓐ　注進　熱田太神宮御領、令二氏永(中島郡)御油畠國衙勘落一、引二率在廳官人并目代代官下部等八十餘人一、以數多人勢及

（以下欠）(13)

Ⓑ

注進

熱田太神宮御領、被レ停二止國衙勘落濫責一由、去六月卅日并八月七日、被レ成二下兩度　院宣一後、猶以致二輕哢違背一、稱レ可レ令二國衙勘落一、責二取御年貢所當一、號二札根一、稱二箸臺代錢貨一、供給雜事以下、質馬衣類以下、種々追二捕質納損物等、并苅取色々作物一、或堀〔掘〕取、或引捨、壞二取在〔住カ〕宅一、伐二採樹竹一、運二取所有資財資具大小雜物一、致二散々苛法濫責一所々事、但名主・百姓等、同二心于國衙一、不レ從二社家一、神領數ヶ所雖レ在レ之、恐二國方一不レ出二注文一之間、就二名主・百姓當〔等カ〕進二注文一、且注二進之一、

（中略）

力〔爲カ〕吉名　廚雜事已下注文到來、

別納
則末名　名主狀到來、

右、國衙濫責神領所々、就二名主百姓等注文到來一、且注進如レ件、

永仁六季月(14)　日

この国衙による勘落濫責についてはすでに稲葉伸道氏によって紹介されているが、(15)以下に改めて整理しておきたい。永仁六年六月以前に「熱田太神宮御領」である「氏永御油畠」に、「在廳官人并目代代官下部等八十餘人」（勘落使）が「國衙勘落」と称して乱入したので、熱田社はその停止を求めて本所に訴え六月三十日付の院宣を得たが、それでも効果がなかったらしく再度八月七日付の院宣を獲得して国衙側に抵抗した。しかし国衙側は「國衙勘落」を理由に年貢所当を責取り、札根と号したり箸台代銭貨・供給雑事・質馬衣類などと称して質納損物等を追捕し、作物

の刈り取り・掘り取り・引き捨てを行い、そればかりか名主や百姓の住宅破壊・竹木伐採・資材資具の奪取など濫妨狼藉を働いた。熱田社では社領ごとにこれらの被害注文の提出を求め、それらを整理作成したものが前掲Ⓑおよび左掲Ⓑ'の注進状である。国衙の「勘落」とは検注によって給免田や名田の権利が否定され、これらが公領となること、つまりもともと国衙領であった熱田社領が収公されることを意味する。その結果、熱田社領が国衙の検注により税の徴収を受けることになり、熱田社の様々な用途の費用は国衙の責任において捻出するという国衙本来の機能が復活することになる。

さて前節で述べたように、在庁官人の私領が勘落の対象であった場合、国司（知行国主）と在庁官人との間に対立が起こる場合もあろう。しかしⒶ注進状には「在廳官人幷目代代官下部等八十餘人、以㆓数多人勢㆒」とあり、尾張国では国司側と在庁官人との協調関係によって国衙興行が実施されている。また暦仁元年（一二三八）にとられた有力名主の私領を除外するという例外的な措置は、ここにはみられないのである。それはどのような事情によるのであろうか、次に検討しておきたい。

まずそれには、永仁六年に国衙勘落を受けた熱田社領の性格を明らかにする必要があろう。これらは前出注進状Ⓑの（中略）部分に記載された社領で、次のようにある。

Ⓑ'

御敷地神戸郷内三丁畠

別納　御敷地内市部郷

上中村郷

大脇郷
則光郷
於保珎耀
西多岐　勘落使濫責注文到來、
爲松
經能名
池尻今村
麻續毎朔御供料田
友房郷
大間郷
爲時名　致二濫責一、札根用途責取注文到來、
守行名
小次郎丸
柿木國友
柴墓郷　度々雜事已下幷責取所當等注文到來、
公賀郷
三刀墓郷
大郷　度々雜事札根用途色々經入注文到來、

乙河御厨　度々厨雑事已下責取御年貢幷奪取質物等注文到來、
友里御免田　號二御跡田一、神戸郷中勢住人駒入道仁來着、雑事以下張行注文到來、
念朝名　五郎大宮司範昌朝臣墓所、
般若野郷　厨雑事已下注進到來、
野依供御所　二ヶ度着致〔到〕、厨雑事已下責畢、
田宮郷　度々雑事、被二責取一所當等注文到來、
南条醬殿
平手助方郷　厨雑事、被二責取一御年貢札根等注文到來、
重弘郷
友末
智多新御領　度々雑事已下責取所當等注文到來、
成武郷　度々雑事以下質物等注文到來、
武藤郷
光任郷
吾蕩〔鬘〕郷
別納
鵤嶋郷
清方名
鹿田吉藤　度々雑事幷被二責取一所當等注文到來、

福光・則國兩郷　度々厨雑事質物并被二責取一所當等注文到來、
鹿田本地郷　度々雑事已下被二責取一所當等返抄并注文到來、
鹿田新御領　度々雑事并被二責取一所當等返抄到來、
小比々野
右吉　在下被二奪取一質物上、已下注文到來、
八瀬郷　被二奪取一質物等注文到來、
麻續恒岡名　厨雑事已下奪取質物等注文到來、
陸田吉藤　度々雑事并責取所當色々質物等注文到來、
堀江新御領　度々雑事、被二責取一所當等注文到來、
河俣郷　依二亂入濫責一、用途經入狀到來、
借屋戸　度々雑事用途并被二責取一所當返抄等注文到來、
光末小名(16)

右によると、Ⓐ Ⓑ注進状所載および右のⒷ’社領合計五十四ヶ所が国衙の勘落を受けた様子を窺えるが、それらの割注には「雑事」や「所當」が「責取」された記載が多く、このことは国衙勘落以前には熱田社がこれらをともに直接徴収していた事実を示している。また国衙側は「責取」した所当などについての「返抄」を提出しているので、これらの社領についての国衙の認識は国衙領であった。もともと国衙によって徴収すべき正税や雑役が直接熱田社へ納められていたのであるから、国衙別納の地というわけである。

しかし右の社領すべてがそうであったわけではなく、「御敷地」と称される神戸郷や市部郷は、熱田社の所在地やその周辺地で特別な地域であった。郷内部には神官らの居住地域があり、それらは一般の在地領主の屋敷地と同様にあつかわれるもので国衙の賦課対象からは除外されていたから、勘落使の入部は国衙興行法を逸脱した行為であった。見方を変えると、熱田社の社領経営がそこまで弱体化していたわけで、さきにみた嘉禎二年（一二三六）の十一町につき一町の神田の上分を給与するという神社に対する申し入れとは異なり、永仁六年の国衙興行は実力をもっての断行であった(17)。

問題はⒷ、Ⓑ'の社領の構造であるが、後藤武志氏は前掲論文において「第二章別納社領の構造と変遷・第二節別納社領の構造」を設けているにもかかわらず、これに関して具体的な言及はまったく行わずに、免田が別納社領に発展したと述べられているにすぎず、氏の意図するところを理解できない。免田社領とは雑役免系で本来国衙へ納める雑役の部分を神役として熱田社へ納入する社領、また別納社領とは官物・雑役ともに熱田社へ納入する社領、というのであろうか。そうすると別納社領に変質することによって、熱田社は増収となることを「発展」と考えられたものとみられる。しかし残念なことに、それでも別納社領の構造が説明されているとは思えないのである。そこで永仁六年の国衙勘落以前の年紀をもつ有里名に関する注進状と、勘落以後の年紀をもつ時光・恒正名と牛野郷、およびⒷ'社領群にみえる大郷郷を例にあげて検討しておこう。

Ⓒ　海東郡　一百丁　有里名

注進　正應三年辛卯作田検見目録事

合

肆町肆段半者
　常石蓑
見作四丁半
　年不一反
拾〔残カ〕三丁九反半
　銭田一丁反
米田二十〔丁カ〕八反半
　損田二丁三反ト
　得田三反六十ト
　　二斗代五反　分米三斗三升三合三夕四才
　　二斗五升代反大　分米四斗一升六合六夕七才
　　三斗代一反三百ト　分米五斗五升
右、大略注進如件、
　正應三年十一月　日
　　　御使沙彌妙業（花押）
　　　郷司左衞門尉源（花押）(18)

Ⓓ

熱田宮御領時光・恒正百姓等言上

欲下被レ遂二早御内檢一、任二損亡實一、治中定御年貢上、大旱魃損亡子細事

右、件旱魃損亡子細者、當年自二五月廿五日一、迄二于閏七月十六日大旱魃一之間、御上分田毛不レ及二出穂一、何申哉、於二陸畠之作毛一者、麥仁そふハり（瘴霧）候て損亡之条、不レ限二御領中一、これを所二歎申一、未レ蒙二御免一、彌大旱魃之間、陸田作毛麥以下夏作芋・大豆・小豆・粟・稗、皆悉拂レ地令二旱損一畢、早有二御檢見一、任二損亡實一、爲レ被レ治二定御年貢一、恐々謹言上如レ件、

正安二年閏七月(19)

Ⓔ

仰

□□御使人夫事、院宣并御奉行所施行到來、案文如レ此、田宮郷・牛野郷兩所分一人、來廿五日御料にて候、可レ被レ沙二汰一進公文所一候、仍執達如レ件、

五月廿一日　　熱田宮（花押影）

牛野郷政所(20)

Ⓕ

大　郷

注進　正安二年庚子早田檢見目録事

合參拾參町捌段貳佰柒拾歩者

除〔田脱〕八丁一反大

常不一反　　木田押領半

氷上宮神田一丁二反　　當郷新宮田二丁六十□〔歩カ〕
寺田五反　　科野殿跡三丁
郷司給一丁三反
定田二十五丁七反卅歩
早田十三丁一反半
晩田[21]

Ⓒ注進状は正応四年（一二九一）の海東郡一百丁内にある有里名の検見注進状であるが、この作成には熱田社から派遣された「御使」と現地を管理する「郷司」が共同であたったようである。またⒹ申状は、正安二年（一三〇〇）時光・恒正百姓らが五月から七月にかけての大旱魃によって、熱田社への上分田は稲穂が出ず陸田の麦も損亡し、しかもそれは社領に限らないことを明記して、検見による年貢額減免を願い出たものである。このように熱田社は、社領の検注を実施し税率を決定する権限を、永仁四年の国衙勘落以前も以後も有していた。しかもⒺ文書によると、本所から御使人夫一人の供出命令を受けた熱田社は田宮郷・牛野郷へこれを課し同社公文所まで差し出させており、社領へ夫役を賦課することもできたのである。

またⒸ注進状の郷司である左衛門尉源某は、官職を帯びていることからおそらくは在庁官人で、先にあげた暦仁元年に熱田社右方屋十間料田畠十五町を収公された左衛門源成弘の子孫とみられる[22]。彼は有里名の名主として本来は国衙へ年貢公事をとりまとめて納入する職責があり、その得分権である名主職を得ていたのであろう。この郷司は一百丁の郷司を指すのか、有里名の郷司を意味するのか判断は難しいが、少なくとも御使が検注に関与していることは、正応四年以前に熱田社が有里名の下地支配権を獲得していたためと考えるのが自然であるから、(23)有里名がそのような意味での社領に変質した段階で設置された郷司とみられる。

このような郷司は正安二年のⒻ注進状によると、社領内では除田扱いされる「郷司給」を給分とし、定田に賦課される年貢を熱田社へ納入する責任を負うわけである。郷司の任命は為安郷の例をあげると、正応四年と同六年に次の二通の補任状がある。

Ⓖ　（花押写）

下　爲安郷

定補郷司職事

尾張仲廣

右、以レ人所レ定二補彼職一如レ件、有レ限御年貢幷恒例臨時院役社役等、守二先例一任二傍例一、無二懈怠一可レ令二弁勤一、仍沙汰人百姓等宜二承知一、勿二違失一、故以下、

正應三年三月十三日(24)

Ⓗ　（花押写）

下　爲安郷

補任郷司職事

中勢〔務〕小大夫仲廣

右、以レ人爲二彼職一、所二補任一也、早守二先例一、可レ致二沙汰一之状如レ件、百姓等宜二承知一、勿二違失一、故以下、

正應六年七月十六日(25)

これは第二編第一章で述べたように、Ⓖは大宮司藤原宗範、Ⓗは藤原行氏がともに権宮司田島仲広を為安郷の郷司職に任じたもので、仲広は「有レ限御年貢并恒例臨時院役社役等」の徴収と納入とに責任を負い、その給分として大郷郷にみえる郷司給を得ていたものとみられる。

そうすると、検注権・夫役賦課権・郷司任命権などを熱田社がもつこのような社領は、熱田社側からみればたとえ国衙別納であっても一円的に支配のおよぶ中核的なものであった。事実熱田社はこのⒷ注進状の書出において、「熱田太神宮御領」が国衙勘落に遭い、しかも再度の院宣にも背く国衙側の不当を主張しているのである。したがってⒶⒷⒷ'注進状の社領は国衙にとっては国衙別納社領であり、熱田社にとっては一円神領という認識になる。

実はここに、永仁六年に国司と在庁官人とが共同で熱田社領に対する国衙勘落を断行した事情が存在する。それは国衙勘落以前のⒶⒷⒷ'社領支配の実態が、国司・在庁官人の介入を排除したものになっていたためである。換言すれば、彼らは熱田社に所領や開発地を寄進していない人物、または寄進の当事者あるいはその系譜を引く者であったにしても、ここに記された社領に対しては、この時点までに私領所有者としての権益を喪失していたものとみられる。故に一般的にみれば、国司と在庁官人とが利害を異とし対立を招く国衙領回復政策は、尾張国では共同歩調をもって進めることができたといえよう。そしてこれら熱田社の一円神領は、収公されることになったのである。

なお国衙領回復政策は王朝国家の財源を支えるものとして必要な政策であったが、前掲Ⓑ'にある二度の院宣によ

る国衙勘落停止命令は、この政策とは明らかに反するものであった。しかし熱田社の本所皇室にとって国家財源の確保とともに、皇室自体の収入安定も図らなければならないという現実に直結する問題も恒常的に内在していた。そこに熱田社の要請を受け容れ、院宣を下す必然性と矛盾が認められるのである。

四、

次に永仁六年（一二九五）の国衙勘落によって収公された社領は、どのようになったのであろうか。そこで正和五年（一三一六）の社領注進状の全文をあげておきたい。

註進
　熱田太神宮御領別納等事
　　合
一本別納外新別納事
○御幣田郷
○小鍋郷
粟野氷室郷
横田竹鼻
當作良郷 愛智郡
當般若野郷 葉栗郡
本堀津北方郷
岩次御免田 愛智郡
當南高田郷 愛智郡
當柴墓郷 丹羽郡
當岩墓郷 當知行ノ内、愛智郡
藤江村 本別納

當鈴置郷中嶋郡　　鹿田本地郷
○雲福寺　　○鹿田新御領
當宇連一色　　小山郷
○千代郷　　盛直跡
福嶋郷　　當上中村郷愛智郡
實目村　　戸部村
俊直名　　水野上御厨
八嶋郷　　○貞弘名
下中村郷　　○福成御免田
菊次名　　永良郷
朝日下郷　　寺野村
能千村　　○成武郷則武イ本
武藤郷　　篠墓郷
爲安郷此内少々地頭押領、　　得壽丸名
則末名　　木全別納諸郷内在レ之、
已上四十二ヶ所
一近年別納事正和三年以後別納等
當公賀御薗丹羽郡　　當三刀墓御薗同　畠拾陸町半、

●福光郷　則國郷
●北條醤殿　當木田郷
上治郷御薗者　吾寸郷
當生道郷知多郡、田畠十二町四段大、八丁二段六十歩　田宮郷座主隆勝法印跡
當大脇郷隆勝法印申給、愛智ー八町二反　當鷹野郷愛智郡
當北高田郷愛智ー、ー五町九段大　鶏〔鵜カ〕嶋郷
當榎墓郷
已上十五ヶ所
一當社務以後別納事
華河　●堀江新御領
蜂須賀　河俣
安任　包元
毛栗村　西浦氷
須賀村
已上九ヶ所
右且註進如レ件、
正和五年十一月　日
一切經田愛當　高田郷同　大郷同　乙河御薗智多　同英比南方郷

上道郷同　　般若野郷葉栗　　鈴置郷朱中嶋

當知行廿ヶ所

本別納五ヶ所(26)

この正和五年注進状に書き上げられた七十二ヶ所の熱田社領は、「熱田太神宮御領別納等事」とあるように国衙の別納となっている社領であるから、永仁六年以降に一旦収公された社領は、その後まもなく再び国衙別納と規定されるものとなったのである。(27)その事情については正安・正和の神領興行に関連しているかもしれないが、猿投神社文書の留守所下文（断簡）に、

留守所下　　諸郡司

可㆑令㆘早任㆓社家所㆑進公驗㆒、奉㆗免熱田宮御領諸郡散在田畠等㆖事

公驗所載

田柒箇處

伍ヶ所載貳佰玖拾參町貳佰捌拾歩(28)

とあるように、留守所が熱田社の提出した「公驗」に任せて社領の「奉免」を諸郡司に命じていることから、熱田社の抵抗もあって国衙との折衝がおこなわれた形跡が窺える。(29)この下文は断簡であるためどれほどの社領が国衙興行法を逃れることができたのか不明だが、結局正和五年注進状所載の社領は国衙別納の社領、すなわち熱田社へ直納するという、もとの徴税システムに戻ったことは明らかなのである。そうすると改めて国衙別納となった社領は、

勘落以前に国衙側が主張する国衙別納社領とはどのような構造の違いをもつのであろうか。

なかには前節にあげた正安二年Ⓕ注進状の大郷郷に郷司職が存在するのは、この正和五年注進状の追記部分にあり、この時点では別納社領になっていないため、との反論があるかもしれない。そこで次の文書をあげておきたい。

Ⓘ　當宮(熱田社)御造營人夫事、任二町數一、先年進二切符一候了、于レ今未二人夫給一候事、何樣次第候乎、別納所々平均之役候、御材木於二美乃國手向山一、被二採置一候、來廿八日可レ給二人夫一候、所役十ヶ日可レ令二勤仕一之旨、可レ有二御下知一候、努々不レ可レ有二緩怠一之儀候、恐々〵〵、

正月廿三日　熱田宮公文所

謹上　信俊法師跡政所(30)

この書下は熱田社造営に関する人夫役の催促であるが、造営用材は美濃国手向山に集積されているにもかかわらず、人夫役に応じない信俊跡政所に再度命じたものである。この夫役は熱田社公文所が社領の町数に応じて「別納所々平均」に要求したものであるから、国衙勘落以後あらためて国衙別納となった社領に対しても夫役を賦課できたことを示している(31)。つまり永仁六年を境とする二つの別納社領については、構造上何ら相違を認めることはできないのである。したがって繰り返し述べるが、このような別納社領は熱田社が現地に郷司・政所・公文などの機関を置き、検見・検注を行い年貢高を決定し、人夫役などの労役を賦課する権限をもつという熱田社の支配権が強くおよぶ社領であり、熱田社側の主張からいえば、たとえ別納社領という文言を用いても、それはいわゆる一円神領であったのである。

さて注進状はこれらをⓐ「本別納外新別納事」(正和三年以前)四十二ヶ所、ⓑ「近年別納事 正和三年以後別納等」十五ヶ所、ⓒ「當社務以後別納事」(正和五年十一月まで)九ヶ所、ⓓ追記六ヶ所(般若野郷・鈴置郷を除く)というように、社領が別納となった時期ごとに分けて記載している。このうち二十ヶ所には当知行を意味する「當」の文字が付けられ[32]、「本別納五ヶ所」とある。社領は郷を単位とするものがもっとも多く、ほかには御薗・名・村などや単に地名のみの記載も混在している。文和三年(一三五四)の社領注進状とは異なり、個々の地目・面積などについては僅か四ヶ所にみえるだけで、除田・定田や年貢高など詳細な記述はみられない。また注進者はもちろん宛所も記載されておらず、判然としないことが多い。この注進状の作成目的について上村喜久子氏は、①社領が国衙別納となった時期によって区分し、②熱田社が国衙に対して社領は別納であるから国衙より直接徴税されるのは不当であることを主張するため[33]、という二点をあげられており、後藤武志氏もこれにしたがっている。

まず①についてであるが、社領をⓓ追記の部分を除いてⓐ正和三年以前、ⓑ正和三年以後、ⓒ正和五年十一月までという三期に分類をしたのは如何なる理由からであろうか。注進状自体は何も語ってはくれないが、理由なくしてこのような分類をすることはあるまい。しかも社領の所在地ごとに整理していないことから、時期という問題に着目せざるを得ない。正和三年について熱田社側にその理由を求めると、遷宮が行われているものの[34]、その関連性を説明できない。一方国衙側に眼を向けると、この年に藤原光顕が尾張守を去っているので[35]、ⓐⓑの区分は国司交替にともなう新国司による国検実施の結果とみられる。ⓒについては「當社務以後」とあることから、藤原親昌が大宮司に就任した正和五年五月九日以降十一月までを指しているものであろう[36]。

そうすると、この注進状の作成者と宛所は誰なのであろうか。上村氏が述べる作成目的の②という理由からは特定できないし、後藤氏もこの点については触れていない。そこで正和五年という作成時期についてはいまひとつ、権宮司田島仲経から同仲衡への祝師職交替をあげておきたい[37]。社領の現地経営を統括したのは権宮司層であるから[38]、大宮司と社領経営責任者権宮司という二重の新任者誕生により、必然的に社領の目録が作成されたものと考えられる。つまりこの注進状は社領の経営を任されている権宮司が京都在住の大宮司へ、もしくは大宮司が本所へ正和五年時点での社領を注進したものにほかならないであろう。

次に作成理由の②であるが、上村氏の理解は永仁六年の国衙勘落によって社領が収公されたままの情況であれば首肯できるものである。しかしこの注進状所載の社領は国衙別納であることを熱田社側でも認めているわけであるから、収公されたままの状態ではない。つまり天福年間（一二三三〜四）の国衙興行法にもとづいて収公した免田の代わりに、十一町につき一町を神田として、その上分を給するという社領ではなく、これまで述べたように熱田社への直納が認められた社領の一覧なのである。したがって社領が別納になった時期を⒜正和三年以前、⒝正和三年以後、ⓒ正和五年十一月までと分類しているのは、各々の時期までに熱田社への直納が認められた時間的経過、すなわち国衙に収公された社領が別納として回復したことを示している。ようするに、この正和五年の注進状は永仁六年以来収公された社領がもとのように別納社領に復した過程、および新たに国衙別納となった社領を記した報告文書であり、上村氏やこれに同調する後藤氏の理解は成り立たないのである。

五、

おわりに冒頭で紹介した①免田（料田）と②落合郷型社領とを、同質とみなそうとする後藤武志氏の展望について検討しておきたい。上村喜久子氏によると、①②の社領の特徴は次のようになる[39]。

① 神社・神宮寺でおこなわれるさまざまな神事・仏事のための費用や、造営・修理の用途を賄うために、国役を免除された田畠であって、神社側にとっては料田畠となる。これらは神官一族や国衙領名主たちが自名や開発地のなかに免田を得て寄進したもので、著しい散在性をもち、用途の徴収は寄進者に委ねられていた。

② 落合郷のように大宮司に対して独立性の高い社領。熱田社へは一定の神役を納めるのみで、本家に対しても領主は大宮司と対等な立場にある。本家年貢の納付も大宮司の管轄外であって、別に納付されていたと推定される。

この見解について筆者は同意見であり何ら問題を見出しておらず、長寛元年（一一六三）佐伯遠長が平頼盛から熱田社への寄進を認められた中島郡鈴置村は②に属する社領と考え、その性格を「神役徴収権のみをもつまとまった領域として成立した」と述べたのである。(40) これに対して後藤氏は、②の社領は①免田の範疇に入る社領との見解を示された。(41) そこで、問題となる鈴置村に関する二通の文書をあげておこう。

Ⓙ □遠長□領、於㆓有㆑限神役㆒、無㆓懈怠㆒、可㆑令㆑勤㆓仕熱田宮㆒之状、所㆑仰如㆑件、留守所宜㆓承知㆒、敢勿㆓違失㆒、以下、

長寛元年八月十七日

修理大夫平朝臣（頼盛）在判(42)

Ⓚ 留守所下　中嶋郡南條司

可下早任二御下文之旨一、佐伯遠長領中掌鈴置村上□〔事〕

右、去八月十七日御下文、今月廿七日到來、子細之具也者、任二御下文旨一、可レ令二遠長領掌一之状、所レ仰如レ件、

但於二有レ限神役一者、任二先例一、可レ令レ勤二仕社家一之状如レ件、以下、

長寛元年十月廿七日

目代散位惟宗朝臣　在判(43)

この二通の下文によって鈴置村は熱田社領として認められたのであるが、後藤氏の批判の根拠は「於二有レ限神役一、無二懈怠一、可レ令レ勤二仕熱田宮一」「於二有レ限神役一者、任二先例一、可レ令レ勤二仕社家一」という条件が、②の「一定の神役徴収権」と共通するということにある。したがってこの鈴置村は、寄進を認可された長寛元年時点では免田であったというのである。一見後藤氏の見解はもっともなように受け取れるが、寄進されたのは鈴置村に散在する免畠地ではなく「鈴置村」という領域であることを見逃している。この「村」については、嘉元四年（一三〇六）に沙弥覺藏らが大圓覺寺に中島郡今村を寄進した例から、すでに上村氏が言及されているので次に紹介しておこう。(44)

奉レ寄　大圓覺寺　今村福滿寺ゝ職畠地坪付事

合參町伍段者

在管尾張國中嶋郡南條下池部里内、

右、謹考二往昔案内一、於二當村一（今村）者、覺藏之先祖父貞親、以二私領畠地一、自レ奉レ寄二進熱田太神宮上分御燈油畠地一以來、星霜年尚、雖レ然、重奉レ仰二當寺御威一、絶二將來牢籠一、爲二全地主職一、地主・寺僧等令二同心一、所レ奉レ寄二當寺

御領畠地一也、於二年貢一者、毎季代錢以二參貫伍佰文一、無二懈怠一可レ令二備進一、此外雖レ至二于後々將來一、不レ可レ有二餘役并別使入部一者也、於二向後一、守二寄進契約之旨一、不レ可レ有二相違一、但被レ違二背契約狀一之時□〔者〕、可レ任二地主・寺僧等之雅意一者也、仍爲二末代證文一、寄進之狀如レ件、

嘉元四季十一月十八□〔日〕　　□〔沙彌〕覺藏（花押）[45]

（以下十五名略）

この寄進状によると、かつて覺藏の父貞親は「私領畠地」を熱田社に寄進したが、その時点もしくは現時点では「今村」という地名が付けられている。この点について上村氏は、「地域的にまとまりをもつ私領地が形成されつつあって、この地域に関する権益を他に示し認めさせる必要が生じてきたとき、これを村と称して他と区別したもの」と考えられたのである。つまりⓀ文書において、佐伯遠長が「私領畠地」を熱田社に寄進したときには鈴置村であり、のちに熱田社領として再編成されるにおよんで荘園化し鈴置郷となったものとみられる。したがって鈴置村は散在する免田畠ではなく、一円的な領域の所領として領主権をもつ佐伯氏が寄進したものなのである。

そもそも免田とは散在性の特徴をもち、国衙領・荘園のなかでは常に除田として扱われる。上村氏の指摘によると、一円神領である前出Ⓕ注進状の大郷郷においても「氷上宮神田一丁二反」は除田扱いされており、熱田社への年貢は賦課されないのである[46]。鈴置村の場合、開発者佐伯氏は国衙へ負担すべき定田の税を熱田社へ納めるのであって、鈴置村の一部の田畠を免田畠として寄進し、その上分を熱田社へ納入するものとはまったく異なるのである。

さらに後藤氏は免田として成立した社領が発展して別納社領になると主張されており、正和五年注進状に「岩次

御免田 愛智郡」「福成御免田」とある社領をその例としている。この二つの免田についてその構造を明らかにする史料を見出せないが、「岩次」「福成」という仮名を呼称としていることから、免田であったものが雑役のほか官物まで免除され私領・荘園化した一例とみることはできないだろうか。熱田社の免田（料田）は史料上には修理料田・供料田などのように特定用途の名称をもつほか、単に「田一反 熱田領」「三宮」などと記載されていることから、充分に考えられることである。また免田は所有者の自由によって譲渡・売買できたことから、仮名で呼ばれる「岩次」「福成」免田は散在する免田の交換・買得などによって集積されたものとみることもできよう。正和五年注進状が岩次御免田の所在地を愛智郡と明記していることは、その証左となるであろう。

このような推測が許されるならば、もとは免田であった社領が領域的な社領へ変質したことになり、後藤氏の見解は活きてくるのである。しかし結局はⒶⒷ′Ⓑ注進状や正和五年注進状所載社領の支配実態をどう捉えるかに係っており、本論で述べてきたとおり、正和五年注進状の社領は熱田社にとって中核的な社領であったと考えざるを得ない。

なお念のために申し添えておくと、文和三年注進状の「熱田太神宮一円御神領」とは熱田社側の主張であり、熱田社の排他的支配を国衙が認めたわけではない。事実その注進状には、地頭による押領や国衙・寺家との下地中分が行われた情況が注記されているのである。そして文和三年注進状に熱田社が自ら社領を一円神領と呼称しているのは、大宮司が社領支配の強化を社内外に示したことにほかならないのである。(47)

〔補註〕

（1）『熱田神宮文書』宝庫文書五号（熱田神宮宮庁、一九七八年）。

(2)『楓軒文書纂』(内閣文庫影印叢刊) 中巻五二九～三〇頁。

(3) 本書第二編第一章を参照。

(4)『新修名古屋市史』第二巻第五章、新修名古屋市史編纂委員会、一九九八年。

(5)「中世熱田社領の構造と変遷」(『皇學館史学』一五号、二〇〇〇年)。

(6)「尾張三宮熱田社領の形成と構造」(『日本歴史』二九四号、一九七二年) および前掲註(4)書。

(7) 嘉禎二年十月日「尾張国司庁宣案」性海寺文書 (『鎌倉遺文』第七巻五〇七五号文書)。

(8) 暦仁元年十二月日「尾張国司庁宣案」大国霊神社文書 (『鎌倉遺文』第八巻五三六六号文書)。

(9) 仁治四年四月二十四日「官宣旨案」醍醐寺文書 (『鎌倉遺文』第八巻五八〇八号文書)。

(10) なお源成弘は暦仁二年正月日「尾張国留守所下文」(大国霊神社文書 (『鎌倉遺文』第八巻五三七七号文書)) に、「左衛門尉源 (花押)」と署名している人物と同一の可能性が高い。そうであれば成弘は自ら私領を国衙領に復する庁宣に署名したことになる。

(11) 前掲註(8)暦仁元年十二月日「尾張国司庁宣案」。

(12) 以下の猿投神社文書はすべて『豊田史料叢書』猿投神社中世史料『本朝文粋』巻二紙背文書所収のものであるが、『鎌倉遺文』所収文書はその収載番号を付記しておく。

(13)「某注進状案」猿投神社文書 (『鎌倉遺文』第二十六巻一九八三一号文書)。

(14)「熱田社領注進状案」猿投神社文書 (『鎌倉遺文』第二十六巻一九八三五号文書)、また (中略) よりあとは一九八二七号文書。なお (中略) の部分は、のちに本文であげる国衙により濫責された社領の一覧である。

(15)「鎌倉後期の『国衙興行』・『国衙勘落』―王朝と幕府の国衙興行対策―」(『名古屋大学文学部研究論集』史学三七、一九九一年)。

(16)「国衙勘落熱田社領注進状写」猿投神社文書 (『鎌倉遺文』第二十六巻一九八三六号文書)。

(17) その国衙興行の背景として稲葉伸道氏は、次の永仁三年の鎌倉幕府追加法六五四条 (『中世法制史料集』第一巻) が発布されたと推定されている（前掲註〈15〉論文）。

一　可ニ諸國興行一事　　永仁三　五　廿九評
　糺ニ明寛元之例一、被レ分ニ付下地一否、可レ有ニ御沙汰一、

この国衙興行法の意味は、寛元年間（一二四三〜七）の国衙興行法を例として下地（国衙領）を国衙に分付することであろう。稲葉氏は元亨三年（一三二三）頃の備中国隼嶋保をめぐる訴訟文書に、貞応二年（一二二三）以後の新立荘園は「被付國衙之条、寛元・文永不易之　聖断、弘安・元亨有道之勅裁也」（「某申状案」壬生家文書官務所領関係文書二〈『鎌倉遺文』第三十七巻二八九二〇号文書〉）とあることから、寛元年間に貞応以後の新立荘園を停止する「不易之　聖断」、つまり荘園整理令が出されたことを明らかにされている。「寛元之例」とは、この整理令を指すのかもしれない。

ただこの諸国興行が法令として施行されたのか確証はないが、幕府で評議が行われ「可レ有ニ御沙汰一」との結論が出ていることは、国衙興行政策に幕府が積極的な姿勢であったことは認められよう。

(18)「熱田社領有里名検見注進状写」『張州雑志』巻三十六、長岡長大夫所持文書（『鎌倉遺文』第二十三巻一七七六五号文書）。

(19)「熱田社領時光・恒正百姓等申状写」猿投神社文書（『鎌倉遺文』第二十七巻二〇五四四号文書）。

(20)「尾張熱田宮書下写」猿投神社文書（『鎌倉遺文』第二十七巻二〇七三四号文書）。

(21)「熱田社領大郷郷検見注進状写」猿投神社文書七号。

(22)前掲註(10)を参照。

(23)正中二年（一三二五）一百丁の「衣縫　十二坪壹町舞免田」（「熱田大宮司某宛行状写」『張州雑志』巻三十六正木大夫家蔵〈『鎌倉遺文』第三十七巻二九一七二号文書〉）と康永三年（一三四四）同じく「壹町　清氏跡」「参段坪坂下資儀跡」（「熱田大宮司某袖判円道奉書写」『張州雑志』巻三十六正木大夫家蔵）が大宮司から伶人宮楠大夫資衡に給分として与えられていることも、一百丁内において熱田社の支配地の存在を窺える。

(24)「熱田大宮司藤原宗範為安郷郷司職補任状写」（『熱田神宮文書』田島家文書九の一号、『鎌倉遺文』第二十三巻一七五九四号文書）。なお『鎌倉遺文』は「尾張仲廣」とするが、これは「尾張仲廣」が正しい。また「任二傍例一」が脱している。

(25)「熱田大宮司藤原行氏為安郷郷司職補任状写」（『熱田神宮文書』田島家文書九の二号、『鎌倉遺文』第二十四巻一八二五六号文書）。

(26)前掲註(2)「熱田社領注進状写」。

(27)猿投神社文書の永仁六年に国衙勘落を受けた前掲註(16)社領と、「熱田社領新別納郷等注文写」（『鎌倉遺文』第二十六巻一九八三七号文書）に「新別納郷々當役勤仕要郷内」とある「新別納」とは、若干一致するものがある。これは永仁六年の国衙勘落によって収公された社領が、改めて国衙別納の社領に復したことを示している。

(28)「尾張国留守所下文写」猿投神社文書（『鎌倉遺文』第二十六巻一九八三四号文書）。

(29)ただしこれは「熱田宮御領諸郡散在田畠等」という散在する免田畠を対象にしているので、いま検討している社領とは性格を異にするが、もともとこれら免田畠は国衙領であったことから、利用するにあたっての問題はないものと考える。なおこの留守所下文を含めて本書に用いた猿投神社文書の年代比定は、すべて永仁六年（一二九八）から嘉元元年（一三〇三）にかけての年号が散見するという一定の制約下にあることを改めて断っておきたい。

(30)「熱田宮公文所書下写」猿投神社文書（『鎌倉遺文』第二十七巻二〇七三三号文書）。

(31)この①書下写の社領が永仁六年以後の勘落によってあらたに別納となったという根拠は、熱田社側がそれより以前に用いていない「別納所々」という表記をしていることである。

(32)この当知行がいつの時期にかかるか確定できないが、後藤氏が指摘するように正和五年から文和三年に至る期間であろう。

(33)前掲註(4)書、三六四～七頁。

(34)『熱田大宮司千秋家譜』家季の項（『熱田神宮文書』千秋家文書下巻〈熱田神宮宮庁、一九九二年〉）、『熱田旧事記』

（名古屋市史史料本『名古屋寺社記録集』六）。

(35)『公卿補任』元弘元年光顕の項（第二篇五三三頁）。

(36)『熱田大宮司千秋家譜』親昌の尻付。

(37)『尾治宿禰田島氏系譜』仲経・仲衡の尻付（『熱田神宮文書』田島家・馬場家文書、熱田神宮宮庁、一九九七年）。

(38) 前掲註(3)。

(39) 前掲註(4)書、三八一頁。

(40) 旧稿「中世熱田社『一円御神領』の一考察—文和三年社領注進状を素材として—」（谷省吾先生退職記念『神道学論文集』国書刊行会、一九九五年）、および本書第二編第三章を参照。

(41) 前掲註(5)後藤武志論文。

(42)「平頼盛下文案」白描五智如来図書館文書（『平安遺文』第十巻、補一〇三号文書）。

(43)「尾張国留守所下文案」白描五智如来図書館文書（『平安遺文』第十巻、補一〇四号文書）。

(44)「中世尾張の「村」について」（『名古屋市博物館研究紀要』第二巻、一九七九年）。

(45) 嘉元四年十一月十八日「覺藏等連署寄進状」円覚寺文書（『鎌倉遺文』第三十巻二二七七〇号文書）。

(46) 前掲註(6)上村喜久子論文。

(47) 建武政権時には、すでに北朝方大宮司家は足利家と被官関係にあったようで、以後その関係を有効に用いて社領の支配権を強めていく。この点については本書第一編第三・四章を参照。また熱田社が一円神領と自称する事例は、管見の限り文和三年注進状以外にみえない。

第三章　尾張国中島郡鈴置郷

一、

意外なことに南北朝期において、熱田大宮司が自ら社領を尾張国中島郡妙興報恩禅寺（以下妙興寺と記す）末の円光寺に寄進した事実がある。貞治六年（一三六七）同郡鈴置郷の寄進であるが、寄進状にはその理由が記されておらず、また大宮司が社領を、しかも「一円御神領」[1]と規定された鈴置郷を寄進する行為は、熱田社関係の史料に照らしてみると極めて異例なことであった。

その背景を理解するには、寄進の時期が南北朝動乱期であったこと、妙興寺の寺領形成期にあたっていたことなどを当然念頭に置く必要があろう。この問題についてはすでに上村喜久子氏によって、当時中島郡国衙領地頭職にあり妙興寺の大壇越となった荒尾氏と、在庁官人系の中島氏とを中心に分析した詳細な論考がなされており、また熱田社領と妙興寺領との関係についても簡潔にまとめられている。[2]そこで本章では上村氏に導かれつつ、鈴置郷の寄進問題について述べるとともに、これにより派生する若干の問題を考察してみることとしたい。

二、

まず、鈴置郷が妙興寺末円光寺に寄進されるまでの概況について若干述べておこう。鈴置郷は現在の愛知県稲沢市南部の矢合町付近に比定され、史料上の初見は長寛元年（一一六三）の次の二通の文書である。

（前欠）

□遠長□領、於二有レ限神役一、無二懈怠一、可レ令レ勤二仕熱田宮一之状、所レ仰如レ件、留守所宜二承知一、敢勿二違
失一、以下、

長寛元年八月十七日

修理大夫平朝臣（頼盛）在判（3）

留守所下　中嶋郡南條司

可下早任二御下文之旨一、佐伯遠長領中掌鈴置村上□〔事〕

右、去八月十七日御下文、今月廿七日到來、子細之具也者、任二御下文旨一、可レ令二遠長領掌一之状、所レ仰如レ件、
但於二有レ限神役一者、任二先例一、可レ令レ勤二仕社家一之状如レ件、以下、

長寛元年十月廿七日

目代散位惟宗朝臣　在判（4）

佐伯氏については不詳だが、恐らく在庁官人系とみられ、鈴置村は遠長もしくは彼の先祖によって開発され、遠長が熱田社への寄進を国衙に願い出た。右によると、遠長は前尾張国司平頼盛によって鈴置村の領掌を認められたが、熱田社に対する「有レ限神役」の勤仕が条件として付けられた。つまり神役負担の意味において熱田社領となり、佐伯氏は国衙への負担を免除されたと考えられる。すでに上村喜久子氏によって明らかにされているが、十二

世紀半ば頃までに成立した尾張国一・二宮制が熱田社領の拡張を促進し、当時の社領形態として、一つには小規模な散在耕地、いま一つにはある程度まとまりをもつ社領があった。(5) 前者は名主層の私領形態による寄進、また後者は令制崩壊後の神社修復・管理に伴う財源確保の一手段として、①国司による国衙領寄進、②開発領主が国司の認可を得て寄進する場合とがあった。鈴置村は②に該当するのであるが、この場合に熱田社が得た権利は佐伯氏を介しての一定神役徴収権のみであり、開発経営については何ら関与できなかったものとみられる。

　これ以後、鎌倉後期に至るまで鈴置村を史料上に見出せないが、正和五年（一三一六）の社領注進状には当知行分として「鈴置郷中嶋郡」(6)とある。また南北朝期の文和三年（一三五四）の社領注進状には、「一、中嶋郡　鈴置郷　畠二十六町八段半　除　已上　八町八段三百五十歩　定　十七町九反半十歩」(7)とみえ、これは地目と除畠・定畠の面積とが記された「當知行□〔分〕」であり、経過は不明であるが「一円御神領」と規定される支配地に変質していた。鈴置郷の場合、一円支配の具体的内容を示す史料の存在をみないが、同じ文和三年注進状にみえる智多郡大郷郷には後半部分を欠くものの、本書第二編第一章で全文を示した正安二年（一三〇〇）の「熱田社領大郷郷検見注進状案」(8)があり参考になる。これによると大郷郷は田数三十三町八反二百七十歩、うち除田八町一反大、定田二十五町七反三十歩からなり、除田には「郷司給一丁三反」が含まれており、給田をもつ郷司の存在を確認できる。郷司は郷の年貢・神役の徴収納入・人夫役の賦課などについて責任を負っていたものと考えられ、検注・年貢率については熱田社から御使が派遣されるものの、実際には郷司の注進によって決定されたとみられる。(9) この注進状と同じ頃の熱田社領関係の史料には、「忠宗政所」「牛野郷政所」「信俊法師跡政所」「堀津中村政所」「朝日中郷公文」「狐穴郷政所」(10)などのように政所・公文が散見しており、これらは大郷郷の郷司と同様の職掌をもっていたのであろう。恐らく鈴置郷にもこれらと同様の在地機関が存在していたであろうし、文和三年注進状に載せられていることから鈴置郷は他の散在社領と異なり、熱田社による直接支配が強く及んでいたとみてよい。

三、

文和三年（一三五四）の社領注進状の上で「一円御神領」とある鈴置郷は、以下に示すように貞治六年（一三六七）妙興寺末の円光寺に寄進され、妙興寺の管領するところとなった。妙興寺は貞和三年（一三四七）荒尾宗顕より妙興寺保三十三町六段余が寺地として寄進され[11]、翌四年から滅宗宗興が創建に着手した。寺領は滅宗宗興の代に集積が図られ、文和二年には百十八町七段余[12]、嘉慶二年（一三八八）には三百四十六町一段余と拡張した[13]。このほか坪付注文に記されていない寺領については、応安二年（一三六九）の「公役納法下地等注文[14]」、永和三年（一三七七）の「妙興寺領年貢注文[15]」、その他寄進状・売券によって知ることができる。妙興寺へ寄進・売却したのは、冒頭で述べたように荒尾・中島氏を中心とする人々であったが、その他に在地の小領主とみられる人々の寄進も含まれていた。鈴置郷の寄進もこれら一連の寺領形成期に行われたことを、繰り返し確認しておきたい。

では、鈴置郷の寄進について検討を加えるために、その寄進状をあげておこう。

寄進　萩薗圓光寺

尾張國中嶋郡鈴置郷事

右當郷者、雖レ爲二熱田神領一、於二下地一者、爲二當寺興行一、限二永代一所レ令二寄進一之也、至二色濟一者、以二拾貫文一毎年不レ闕仁可レ有二其沙汰一也、此外全不レ可レ有二他役一矣、然者寺家一圓仁、可レ令二所務一之狀如レ件、

貞治六年十二月五日　　沙彌常端[16]

鈴置郷は先にみたように文和三年注進状では「畠地二十六町八段半」[17]からなっていたが、寄進された面積は嘉慶二年の「妙興寺領坪付注文」によると、「一、伏見院御寄附分　一所拾捌町此内五町荒野　鈴置郷」[18]と記された部分であった。このことから、鈴置郷全体が寄進の対象であったわけではないとみることもできよう。つまり熱田社の支配権が留保されたという考え方である。しかしもしそうであれば、寄進状にその旨の条件が明記されているか、あるいは「鈴置郷之内十八町」とでも記されてよいはずではあるが、寄進状にみえるのは「鈴置郷」「下地」「寺家一圓仁可レ令二所務一」という文言であり、妙興寺側が獲得したのは鈴置郷の一円下地知行権であった。したがって、熱田社が寄進したのは文和三年注進状の面積とは異なるものの、貞治六年時点で熱田社が領有していた十八町が寄進されたとみてよかろう。なお、文和三年注進状の面積より八町八段余不足しているが、それがどのような事情によるものなのか徴証はない。ただこの注進状にみえる社領のうちいくつかは、すでに鎌倉後期には国衙勢力による押妨を受けており[19]、鈴置郷にそのような記載はみえないものの情況は似ていたであろうし、南北朝期に各地にみられたように尾張国守護土岐頼康の勢力によって、文和三年から貞治六年までの間に鈴置郷の一部が押領された可能性はあろう。また寄進面積十八町は文和三年注進状の定畠分「十七町九反半十歩」と考えることもできるが、十八町のうちには荒野五町が含まれており、確信はもてない。

この寄進は、最終的には応安四年（一三七一）に熱田社本所であった崇光上皇により安堵され[20]、熱田社にとって鈴置郷は「一円御神領」という性格から、毎年の上分である色済十貫分を妙興寺側を介して得るという意味での社領となった[21]。そもそも鈴置郷は、神役徴収権のみをもつまとまった領域として成立した。この意味で同様の性格をもつ社領に、第二編第一章で若干触れた尾張国春日部郡の落合郷がある。貞和五年頃と推定される「熱田社領落合郷神役注文案」には、「正月　花頭代（五カ年一度致㆓沙汰㆒者也）　二月　白蕪・牛房〔蒡〕　五月　芝田樂・庭草削人夫一人　六月　御田殖一人　七月　苽籠七　八月　借家用途　九月　神子渡用途　十一月　白蕪・牛房」[22]という具体的な神役がみえているが、実はこれが落合郷の熱田社領としての実態であった。落合郷は落合氏が惣領主職を代々相伝する土地であったこと、[23]また同郷に役夫工米が課せられたとき、落合氏は「代々免除之地」であることを院に訴え、これを免除されたこと、[24]さらに熱田大宮司の同郷に対する「新儀沙汰」を訴え、その停止を得ていることなど[25]から、上村氏の指摘の通り落合郷の支配権は落合氏が掌握しており、本所皇室に対して熱田社と落合氏とは対等の立場にあったといえよう。[26]

鈴置郷は佐伯氏の寄進によるものであったが、鈴置郷と落合郷との決定的な相違は、文和三年注進状に落合郷が記載されていないことである。文和三年注進状が領域的な意味のみでの郷を社領として記載したのであれば、落合郷は永仁六年（一二九八）に熱田社領として確認できるから、[27]当然記されてよいはずであろう。それはこの注進状が「一円御神領」のみを記したものであり、熱田社が落合郷の地下知行権を有していなかったことにほかならない。鈴置郷はその経緯は不詳ながら、遅くとも鎌倉後期頃までには「一円御神領」として熱田社に領知されていたのである。

さて熱田社は鈴置郷寄進によって、毎年十貫文の色済を得る権利のみ保持した。これは寄進以前の収益に比べて減少したようにみえるが、このような見方は正しいのであろうか。これを解決するには、寄進以前と以後との収益にどのような差異があったかわかればよいのであるが、これを示す史料はいまのところ管見に及ばない。そこで妙興寺側から熱田社へ納入されたのが「色濟」という表記であったことに注目し、少しく述べて参考に具したい。「色濟」あるいは「色」と称する年貢は、もともと国衙正税および国役に相当するものであり、一般に低率であったことが知られている。(28)応安二年の「公役納法下地等注文」には、妙興寺が寺領から国衙・一宮（真清田社）・二宮（大縣社）・三宮（熱田社）に対しての「公役」と称する年貢負担が記されているので、以下に熱田社の事例をあげておこう。

一、三宮方
本目六内〔録〕
一所四反　　松木垣内　　八十文
一々四反　　笠組　　四百文　作人弁、
一々三反　景三反　八瀬郷内　清須畠　七百五十文
一々三反　景一反　平野　宮松　色作人弁、
一々五反　　須賀里廿六　　三百文　左方屋タメシ⊥リ云々、阿彌陀寺放券内
一々七反小　　志弁里廿　七橋　二貫九百卅二文　本講
一々五反　　弥燿　常陸垣内　六百文　作人弁、
以上五貫六十二文(29)

参考のために、これに一宮・二宮の記載分を加えたものが、次頁の【表1】である。このうち妙興寺側の年貢が判明し、かつ「公役納法下地等文書」と面積の一致する土地を永和三年の「妙興寺領年貢注文」にみると、245頁のようになる。

【表１】応安二年「公役納法下地注文」所収の一宮・二宮・三宮への公役負担一覧

	地　名	面積(段)	色（文)	段別色(文)	色納付者
一宮	金　森	2	200	100	清吉方
	高　木	7	1,400	200	作　人
	宮　重	10	2,000	200	乙澤方
	在名田	10	140	14	妙興寺
	高木田	3	32	約11	妙興寺
	洗足里	6	480	80	与州御内加藤方
	砥墓里	10	2,000	200	与一大夫方
	大由里	5	900	180	妙興寺
	志弁里	10	70	7	妙興寺
	柳　坪	10	1,000	100	妙興寺
二宮	櫛作北方	100	10,000	100	妙興寺
	櫛作陸畠	4	600	150	地　下
	左手原	50	3,000	60	妙興寺
三宮	松木垣内	4	80	20	妙興寺
	笠　組	4	400	100	作　人
	八瀬故内	3	750	250	妙興寺
	平　野	3			作　人
	須賀里	5	300	60	妙興寺
	志弁里廿	7・小	2932	約400	妙興寺
	弥　謹	5	600	120	作　人

三丁五反　五丁内一丁五反、壹岐太郎押妨、　十貫五百文　此内色三貫、　左手原
四反　二貫文　笠組　色百姓弁、
四反　此内一反景　二貫文　色作人弁、　平野宮松(30)
六反　公畠三反　四貫文　八瀬郷内

左手原の場名、地目は不明だが妙興寺は三町五段に年貢十貫五百文（段別三百文）を賦課することになり、大縣社への色三貫文（段別六十文）はこの寺領年貢から納めることになる。因みに、永和三年の年貢注文では一町五段が押妨されているが、【表1】から明らかなように妙興寺はこの部分の色を大縣社に納入しなければならなかった。八瀬郷の場合熱田社への色七百五十文は、寺領年貢四貫文のうちから納入される。「公畠三反」とあるのがその部分であり、残り三段には熱田社への色が課せられていない。熱田社への色は畠段別二百五十文で、寺領年貢は熱田社への色七百五十文を差し引くと段別約五百四十二文となる。笠組の場合は前記二例と異なり、熱田社への色四百文は作人が直接納入し、妙興寺はこれとは別に二貫文の年貢徴収を行うので、笠組四段の総年貢は二貫四百文となる。笠組四段の地目は不明だが、熱田社への色は段別百文、寺領年貢は段別五百文となる。平野宮松の場合も笠組と同様に熱田社への色は作人が直接納入することになっているが、その額は記されていない。これは妙興寺が色を把握していないためであり、寺領年貢二貫文（段別五百文）から納められるわけではない。

このように僅かな例ではあるが、年貢率でみると寺領年貢は熱田社の色と比べて二〜五倍であり、地目を特定できないものの、熱田社へは段別二十〜四百文の色が納入されている。年貢率が一定ではないのは各土地の様々な成立事情によるものと考えられるが、志弁里廿は他に比べてかなり高率であった。その他の年貢率は【表1】で明ら

かなように、真清田社と大縣社との例とほぼ一致するのである。そして鈴置郷から納められる色済十貫文を同郷十八町から荒野五町を差し引いて平均すると段別約七十七文であり、これは【表1】の各例の年貢率の範囲内にある。先に述べたように、平安末期の神役（寄進者の国衙への負担分に相当するか）がこの色済の由来であったと考えられることは、鈴置郷における熱田社の収益は、妙興寺寄進後も神役分については確保されていたといってよいのではあるまいか。

さて文和三年の社領注進状には、定田畠三百二十九町余について千二百九十一貫文の年貢が計上されている。[31]これは段別約三百九十二文になるが、注進状には田畠の比率が記されておらず、また各社領によって年貢率が異なるであろうから正確な数字とは到底いえない。それを承知の上で進めていくが、畠地の年貢率が一般的に田地のそれより低率であること、また寄進分十八町から荒野五町を差し引いた十三町全てが定畠であったか判然としないことを考慮し、寄進以前に十三町に課せられたと推定される年貢は、三百九十二文×百三十段＝五十貫九百六十文を下回る数字であったことは確実であろう。この約五十一貫文が全て熱田社の収益となっていたわけではなく、この中から本所への貢納分を差し引かなければならないが、これを明確にすることはできない。

しかし仮の数字約五十一貫文から色済の実数十貫文を差し引いた約四十一貫が妙興寺の収益となったと考えられるわけだが、前述したように寺領年貢率が熱田社の色に比べて二〜五倍であったことから、まったく無意味な数字とはいえないのである。断定はできないものの、妙興寺の収益分が本所へ貢納されていた額に相当すると推定されよう。[32]また嘉慶二年の「妙興寺領坪付注文」には、鈴置郷が熱田社本所伏見院の寄進とあることから、[33]形式的には本所が寄進したことになり、寺領年貢のうち妙興寺の収益分は本所の得分であった可能性は残される。そうであれば先に述べたように、熱田社への色済十貫文はもともと同社の収益であったという可能性を否定できないのである。

四、

次に鈴置郷の寄進者について検討してみよう。貞治六年（一三六七）の寄進状には「沙彌常端[34]」とあるが、この寄進を安堵した応安四年（一三七一）の崇光上皇院宣には「熱田社領尾張國鈴置郷、大宮司寄附之由、被二聞食一了[35]」とあり、また応永十八年（一四一一）の起請文に「右於二彼地一者、爲二熱田社領一之處ニ、先大宮司萩常陸入道常端時、妙興寺仁令二寄進一[36]」とみえ、沙弥常端が熱田大宮司萩常陸入道常端であったことが分かる。この常端について『新修稲沢市史』は、妙興寺開山堂前室に安置されている位牌の銘文に、

（表）　鈴置院殿萩園常端大居士覺靈

（裏）　貞和六年十月廿五日　熱田大宮司藤原清重、法名常端[37]

とあることから、藤原清重としている。鈴置郷寄進が貞治六年であり大宮司が出家しているから、位牌の年紀貞和六年を逆修と考えてのことであろう。

清重は『尊卑分脈』にはみえないが、『熱田大宮司千秋家譜』には「大宮司　朝氏子、清氏・泰重弟云々、貞和六年前後彼職、有二支證一[38]」とあり、位牌銘文と一致する記載がみられる。しかし『熱田大宮司千秋家譜』によると、清重の父朝氏は建長六年（一二五四）に大宮司に任じられ、康元二年（一二五七）まで在職していた。また天福二年（一二三四）の下野国鑁阿寺大御堂建立の際の棟札に、朝氏は「方方雜掌」七名の一人として「巽　藤原朝氏　私云、野田

大宮司殿[39]」とみえ、さらに彼の室は足利義氏（一一八九～一二五四）の姉妹であった。[40]つまり朝氏と清重との間には百年間ほどの開きがあり、『熱田大宮司千秋家譜』にみえる清重の大宮司在職期間は到底信じ難いのである。そのためか、明治九年（一八七六）に大宮家より華族会館に提出された『熱田大宮司千秋家系』[41]は、清重の在職期間に関する記述部分を採用していない。また中世大宮司家を記す最も古い系図と思われる『園太暦』貞和二年十二月二十一日条所載の略系図には、『熱田大宮司千秋家譜』が清重の兄弟とする清氏・泰季（『熱田大宮司千秋家譜』は泰重）は記されているものの、清重その人は記載されていないのである。少なくとも沙弥常端（大宮司萩常陸入道常端）は、『熱田大宮司千秋家譜』にみえる清重ではないと断言できよう。

そうすると、『熱田大宮司千秋家譜』にみえない全く別人の大宮司清重が、存在していたことになるのであろうか。位牌銘文に「熱田大宮司」や「鈴置」「萩園」[42]という熱田社領の地名が記されている以上、この清重と熱田社領との関係を一応検討する必要はある。十八世紀後期に尾張藩士内藤正参が著わした尾張国の地誌書『張州雑志』には、足利尊氏をはじめ歴代足利将軍六名および織田信長・豊臣秀吉・徳川家康の位牌とともに、清重の位牌が妙興寺に安置してあることが記されており、[43]その関係の深さを示しているが、清重についても同様なことが考えられるのである。

そこで妙興寺文書のなかに清重を求めてみると、まず次の二通が注目される。

ⓐ　寄進　　報恩寺
　尾張國中嶋郡平野畠地事
　　合捌段景貳反者

右畠地者、藤原清重譜代相傳當知行無二相違一地也、然而爲二當寺造營料足一、限二永代一、所レ令二寄進一レ之也、於二地頭役一者、所二免申一也、然寺家一圓可下令二知行一給上也、仍爲二後證一、寄進之狀如レ件、

貞和六年十月廿五日　（付箋）「野田大宮使」

藤原清重（花押）(44)

ⓑ

（端裏書）「平野畠八反」

沽却

尾張國中嶋郡平野屋敷畠地事

合捌段景貳反者

右畠地者、藤原清重ゝ代相傳地也、而依レ有二直要用一、代錢拾參貫文仁、相二副支證等狀一、限二永代一、所レ令レ沽二却于當寺一也、於二地頭役以下公事等一者、賣付申上者、寺家一圓仁、可レ有二御管領一也、若於二此地一、違乱煩出來者、以二清重知行分內一、被二割召一時、一言不レ可レ及二子細一候、又子孫等中ニ、背二此狀一致レ煩者、可レ被レ申二行罪科一也、仍爲二後證一、沽却之狀如レ件、

貞和六年十月廿五日

藤原清重（花押）(45)

この二通の文書は、中島郡平野（稲沢市平野町）にある清重相伝の屋敷畠地八段を妙興寺に寄進・売却したもので、前者は寄進状、後者は売券の様式をとり、同一の土地を対象とした、いわゆる売寄進である。ⓐⓑ文書にみえる清重の花押と沙弥常端の花押とが一致すれば、二人が同一人物であることは確定するが、沙弥常端の寄進状には

花押がないため確認がとれない。それよりも気がかりなことは、ⓐⓑ文書の年紀である貞和六年十月二十五日が位牌のそれと一致していることである。そこでいま少し清重の素性について手がかりを求めてみよう。

妙興寺文書には平野屋敷畠地八段を寄進した清重について、次の一連の文書が存在する。

ⓒ　弘安八年（一二八五）八月二十三日　沙弥妙観（藤原清嗣）譲状案（三三―二号）
ⓓ　暦応二年（一三三九）ヵ　平野一丁畠文書紛失状案（三二号）
ⓔ　暦応二年十月日　久田幸徳丸（藤原清重）等紛失状案（三三―一号）
ⓕ　暦応二年十二月十七日　尾張国守護代等証判案（三三―三号）
ⓖ　暦応三年十一月十二日　尾張国守護書下案（三三―四号）
ⓗ　暦応三年十一月十三日　沙弥正生（毛利彦三郎）起請文案（三三―五号）

ここで検討するのは、ⓒⓓ文書とⓔの副進文書の一部である。

ⓒ　(外題)「任此状、可レ令二領掌一之由、依レ仰下知如レ件、
　　　嘉元〻年十一月廿五日
　　　　　　　　　　　　相摸守(北条師時)　御判
　　　　　　　　　　　　武蔵守(北条時村)　御判」

　　薬師丸處分
　合
中嶋郡内散在畠地
　平野屋敷捌段

自餘略レ之、

右件畠地者、沙彌妙観先祖相傳所領也、然間相ニ副調度之證文等一、藥師所〔丸脱カ〕ニ讓渡一實正也、仍爲ニ向後龜鏡一、處分之狀如レ件、

弘安八年八月廿三日　沙彌妙観 在判

ⓓ

（端裏書）「平野一丁畠紛失狀等案」

久田左衞門尉直清
沙彌妙観 ——— 崇政 久田宰相房、童名藥師丸

宰相妻
後家尼妙鎮 ——— 藤原清重 久田五郎、童名幸德丸

崇政、爲ニ夜討一被ニ殺害一間、爲ニ後家尼妙鎮之計一、所領ぉ所レ令ニ支配一也、

ⓔ　尾張國久田宰相房崇政今者死去子息幸德丸并女子二人字幸壽尼心光等立申紛失狀事

副進

一通　關東御下文案　貞應三年十月廿九日、亡父崇政之祖父清嗣給レ之、

一通　六波羅御下知案　永仁六年八月三日、崇政之舍兄信清紛〔給〕レ之、信清之所領内崇政相ニ傳之一、

一通　關東御下文案　正安四年九月卅日、子細同前、

一通　同御外題案　嘉元々年十一月廿五日、崇政童名藥師丸給レ之、

一通　同御外題案　元應二年六月十六日、同前、
此外御下知以下證文、幷於二都鄙一致二軍忠一證判狀等多レ之、依レ繁略レ之、
（中略）
曆應二年十月　日

右によると、中島郡平野の屋敷畠地八段は久田氏代々の相伝所領であり、その系譜は、

清嗣――直清┬―信清
　　　　　└―崇政――清重

となる。また鎌倉期には幕府の御家人であり、それは直清が平野屋敷畠地八段を崇政に譲ったとき幕府の安堵を受けていること（ⓒ文書）、ⓔ文書にみえる五通の副進文書から明らかであろう。また建武四年（一三三七）の「尾張国司庁宣」によると、久田孫四郎が「惣社修理料田」を領知し、国府宮の修理を命じられているが[46]、彼は崇政の可能性もある。ⓐⓑ文書において清重は地頭役を免除する旨を記していることから、南北朝期には地頭職であったとみてよかろう。

平野の屋敷畠地は文和二年（一三五三）の「妙興寺領坪付注文」には「一所　壹町　平野上畠[47]」とみえるが、これには実際の寄進者清重ではなく、中島氏の惣領正介（長利）の寄進分として記されている。この点について上村喜久子氏は、実際の寄進者と「妙興寺領坪付注文」にみえる寄進者とが異なる事例を検出し、庶子の所領寄進には惣

領の加判例があること、つまり惣領による庶子所領の統轄を明らかにするとともに、非血縁者の場合にもこれに準じた統轄がとられていたことを指摘された[48]。中島長利と藤原（久田）清重とが血縁関係にあったか不明だが、中島氏が久田氏に対して何らかの規制を有していたことは事実であろう[49]。このように久田氏が在地領主で鎌倉期には御家人であったこと、また中島郡の有力国人中島氏との関係などは窺われるものの、久田氏と熱田社との関係は明らかにできず、ⓐⓑ文書の清重と位牌との関連も詳らかではない。

位牌銘文についていま少し述べると、鈴置郷を妙興寺末円光寺に寄進した人物は先に記したように「大宮司萩常陸入道常端[50]」であったが、後世位牌を作成したときその実名が分からず、「萩」を鈴置郷に西接して円光寺の所在する萩園村と解して「鈴置院殿萩園大居士」という戒名を付けたのかもしれない。また妙興寺文書の貞和五年十一月七日の「藤原範重寄進状案[51]」に「野田大宮司」との裏書がある。妙興寺文書は室町・戦国期に数回整理されているが、その際もともとこの範重のところにあった付箋が誤ってⓐ文書に貼られた可能性さえ考えられる。範重は『尊卑分脈』に「野田常陸太郎[52]」とみえるのである。しかしこの位牌については、年紀の問題・実名清重の使用・ⓐ文書付箋が「野田大宮使〔司〕」である理由など不明な点が多く、位牌そのものの真偽についても問題が残るところである。

ところがⓓ文書を除くほかの文書は、「熱田大宮千秋家古文書、料紙奉書堅書、長文ハ堅継、都合十八通」その他を収める『熱田宮及大宮司文書写[53]』に収録されている。この文書写は、熱田社が妙興寺文書を書写し大宮司千秋家が所蔵していた文書を[54]、明治四十四年九月に奥村定が同家より借用し書写した『名古屋市史資料本』の一冊である。千秋家が所蔵していた妙興寺文書写は、熱田社との関係があったために書写されたとみるのが自然であり、それはすなわち妙興寺文書を調査した人物がⓐⓑ文書の清重を大宮司と認め、清重が寄進した平野の屋敷畠地八段を社領であったと判断したものと考えざるをえない。その根拠となったのは、ⓐ文書の付箋「野田大宮使」と位牌銘文であることはまず疑いないであろう。大宮司藤原清重は十八世紀前半に成立したとみられる『熱田大宮司千秋家譜』には記されているが、これ以前に成立した諸系図類には一切みえていない。ⓐⓑ文書と位牌銘文が『熱田大宮司千秋家譜』成立以前の系図、例えば元禄七年（一六九四）成立の『熱田大宮司千秋系図』[55]作成までに調査されていれば、清重は当然記されていたはずである。したがって『熱田大宮司千秋家譜』にみえる清重は、『熱田大宮司千秋家譜』作成にあたり、妙興寺文書が調査されたとき、新たに付加されたとみて大過ないであろう。その際『熱田大宮司千秋家譜』作成者は充分な考証をせず、清重を大宮司と認定し、位牌銘文を『熱田大宮司千秋家譜』の註記に採用するという過ちを犯したものとみられる。

では鈴置郷寄進者は一体誰なのであろうか。そこで寄進者「大宮司萩常陸入道常端」の萩姓・常陸・法名常端に注目してみると、『熱田大宮司千秋家譜』は忠広を次のように記している。

　　萩大宮司　常陸介　左京亮　忠氏子、曰二常陸入道常端一、

忠　廣

　　貞和三年三月初任、至二同年十二月一、或云、應安年中在職、左京亮所二携備前焼古器一瓶一存二于今一、常端好二風雅一、頓阿等恒會、爲二歌友一、

これによると忠広は萩姓の大宮司で、常陸介にあり、出家して常端と名乗った。大宮司在職期間は、貞和三年および応安年間（一三六八〜七五）という。『熱田大宮司千秋家譜』のこれらの記述は先の位牌銘文とほとんど一致しているのであるが、一応忠広について他の史料によって検討してみよう。

忠広は『園太暦』貞和二年十二月二十一日条によると、大宮司一門の範重・高範・永能らとともに大宮司職を競望している。これを詮擬した洞院公賢は範重を有資格者として奏聞したが、のちには忠広も補任されている。[56] 忠広が大宮司職にあったことを示す史料として、

① 貞和三年十月九日「熱田大宮司某充行状写」の袖判影、[57] 同五年七月十八日「熱田大宮司某下知状写」の花押影、[58] 文和二年十二月三日「熱田大宮司某楠木社禰宜職充行状」の袖判が同一であること。[59]

② 文和二年七月、尾張国衙領の知多郡英比郷北方を濫妨押領して訴えられた人物が「熱田大宮司忠廣」[60] であること。

などがあり、①の「熱田大宮司某」はすべて忠広になる。また『熱田大宮司千秋家譜』を傍証するものとして、

③ 貞治六年十二月五日に鈴置郷を寄進した大宮司萩常陸入道常端は、応安四年三月二十日の「崇光上皇院宣写」[61] に「前（先）大宮司」ではなく「大宮司」と記され、常端は応安四年には大宮司であったこと。

④ 『尊卑分脈』は忠広を萩姓としていること。[62]

⑤ 貞治五年の成立とされる頓阿の歌集『草庵和歌集』続編に、「熱田大宮司入道常端來て歌讀み侍りにし」[63] と出家した姿をみせていること。

などがあげられる。このように忠広は貞和三年から応安年中にかけて大宮司に在職していたと思われ、これを含め

その他の忠広についての『熱田大宮司千秋家譜』の記述は信用できるものといえよう。すなわち、鈴置郷寄進者の実名は大宮司萩忠広であり、『新修稲沢市史』のいう藤原清重は訂正されねばならない。ただ文和三年から貞治五年までの間、忠広の姿を史料上捉えることはいまのところできないが、あるいは文和二年の英比郷押領により一時大宮司職を退き出家したのかもしれない。

五、

貞治六年（一三六七）に「一円神領」、つまり熱田全社領のうち領域的にまとまりをもち、かつ得分権（神役徴収権）だけではなく下地知行権を有する社領、と称された鈴置郷は妙興寺末円光寺に寄進されたが、その寄進状には理由を示す文言が記されていない。ただ寄進から約九十年後の享徳二年（一四五三）に無隠徳吾が記した、妙興寺開山の滅宗宗興の一代記『圓光大照禅師行状記』には次のようにある。

師一曰、①詣二熱田宮一、見二神社荒廢□面築地破壊一、委レ身修治、不日終レ功、依レ有レ好、以二社領一寄二附寺家一、即今鈴置郷是也、②昔弘法大師修二葺此神祠一、遂讖云、我却後七百年、重有二修營一者、其名曰レ興、興者弘也、便我再誕也、(64)

この行状記によると、寄進の理由は傍線①の部分にあるように、滅宗宗興が熱田社に参詣してみると、築地が壊れるなど荒廃していたので修復したところ、熱田社はその謝礼として鈴置郷を寄進した、というのである。また傍線②では、これより以前に弘法大師も熱田社の神祠の「修葺」を行ったが、七百年後に重ねて熱田社を修営する人物があらわれ、その名を「興」つまり「宗興」と予言し、「興」は「弘」であり弘法大師の再誕と記すのである。①の事実確認はできないが、②は説話の域を出るものではない。しかしこれは、妙興寺が寺領公田から熱田社末社造営料段銭(65)・同社築地覆要脚段銭(66)を負担していることから、傍線①の話が生まれたとも考えられる。また応永十八年（一四一一）以降には熱田社が鈴置郷の一円所務を主張する(67)など、妙興寺による維持が困難な状況となったため、改めて寄進の由来をこのように記し維持存続に努めたのかもしれない。

では寄進の主体である熱田社側から考えてみるが、まず鎌倉後期からの熱田社領の様相を概観してみよう。猿投神社（愛知県豊田市）所蔵の『本朝文粋』第二の紙背には、永仁六年（一二九八）から嘉元元年（一三〇三）の年紀のある熱田社領に関する文書が書写されている。そのなかには「熱田太神宮御領被㆓停止㆒」「於㆓熱田太神宮御領㆒、稱㆑可㆓國衙勘落㆒、致㆑狼㆓藉留守所在廳官人等㆒」「國衙濫責神領所々(68)」などの文言がみえたり、さらには文和三年（一三五四）の社領注進状に一円神領としてみえる、柴墓郷・公賀郷・三刀墓郷・大郷郷・乙河御厨・般若野郷・田宮郷・上中村郷・大脇郷でさえ国衙勘落をうけていた(69)。この頃、熱田社領は国衙方によって顚倒あるいは公事徴収が強行され、経済的打撃を被っていた。また文和三年注進状には「中嶋郡（中略）玉江庄 長山押領云々、田畠十四町四段三十歩(70)」とあり、南北朝期には尾張国守護土岐頼康の被官長山頼基により玉江庄が押領されていたのである。鎌倉後期から南北朝期にかけて、熱田社領のなかでも最も支配力の及んでいたと考えられる一円神領がこのような状況であったことは、他の散在社領もこの状況以下ではなかったであろう。社領支配の実態は、かなり動揺していたものと考えなければならないのである。

動乱期初頭から足利幕府が度々発した寺社本所領保護の一連の追加法は、守護・武士勢力による押領の実態を反映するものであった。幕府は観応三年（一三五二）七月令によって寺社本所領の押領を禁じながらも、近江・美濃・

尾張国に半済を施行し[71]、同年八月令では半済を近江・美濃・伊勢・志摩・尾張・伊賀・和泉・河内国に拡大したが、「寺社一圓所領」をとくに保護し、「本所領」と区別した[72]。さらに延文二年（一三五七）九月令では、その対象を「寺社一圓之地并　禁裏仙洞勅役料所　除二本家領家諸門跡兼帯地一」に限定して保護した[73]。このように、幕府は武士の荘園押領の現実を認めつつ、寺社本所の支配権益の強い地域である一円領を保護することに努めたのである。そしてこれは応安元年（一三六八）六月令[74]につながってゆく。ただ法令が発布されたことと、それが個別に効力を及ぼしたこととは別の問題であることはいうまでもない。武士の押妨が弱まったり、無くなったというような現象は起きなかったのである。このような状況において熱田社も深刻な立場にあったのであり、何らかの自衛策を立てる必要に迫られていたことは自明であろう。

尾張国の代表的国人で妙興寺の大壇越となる荒尾氏は、多くの国人と異なり守護土岐氏と被官関係を結ばず対抗したが、その最も有効な手段として用いたのが所領の妙興寺への大量寄進であった。文和二年に足利義詮は妙興寺に「任二申請之旨一、可レ爲二祈願所一[75]」との御教書を発給し、翌三年に足利尊氏は、荒尾・中島氏らが妙興寺へ寄進した所領百十八町余を尊氏の寄進として安堵して[76]、妙興寺の保護に努めている。尊氏のこの寄進状に「彼輩（荒尾・中島等）寄進之許否、聊雖レ有二其沙汰一」との文言があり、荒尾・中島氏らの寄進について幕府内では何か議論があった様子が窺われる。これは彼らの狙いが、幕府の禅寺院保護政策のもとにある妙興寺への寄進を通して、半済の適用を回避するものであったことを、幕府が看破していたことを示しているといえよう。

鈴置郷の寄進はこれより遅れるが、実は文和三年の足利尊氏寄進状には、荒尾・中島氏とともに野田太郎成氏が所領を寄進したことがみえている。成氏の寄進地は「砥基〔墓〕内　天福寺」以下七ヶ所の田畠十三町八段大であったが[77]、これは貞和五年（一三四九）に藤原範重が寄進した所領[78]と全く同一である。範重については前に少しく述べたが、『尊卑分脈』『熱田大宮司千秋家譜』ともに野田姓とし、貞和二年十二月には萩忠広らと大宮司就任を競い、同五年の彼の寄進状には「野田大宮司」との裏書がある人物である。実際の寄進者が範重で、「妙興寺領坪付注文」では成氏となっているのではあるが、これは範重と成氏とがともに野田姓であることから、父子もしくは同族であったと考えられる。つまり大宮司一門の相伝所領（大宮司家領ではなく私的所領）の妙興寺への寄進は、荒尾氏らの寄進と同時期に行われたのであり、その目的も同じであった。大宮司萩忠広も幕府による度重なる寺社一円領保護にもかかわらず、より現実的な手段として鈴置郷を寄進することにより、同郷の保全を図ったと理解してよかろう。因みに何故鈴置郷であったかといえば、文和三年の社領注進状にみえる中島郡内の社領のうち、熱田社の支配が及んでいたのは鈴置郷だけであり、しかも寄進先の妙興寺末円光寺は隣接する萩園村にあったためとみられる。

大宮司嫡流家（藤原範忠系野田氏）と足利氏との接触は南北朝期に始まったものではなく、すでに平安末期から鎌倉前期にかけて両者は姻戚関係にあった。(79)とくに南北朝期になると、もともと大宮家庶流であった千秋氏の高範・惟範兄弟が足利尊氏の近習としてみえ、室町期にはその子孫である持季・勝季・晴季らは歴代将軍出御に際し、衛府侍・御沓役として随伴し、幕府的始の射手・産所の祈禱奉行を勤め、また節句・朔日に将軍へ目通りする節朔衆であったように、将軍に近侍する立場にあった。また千秋氏は将軍直轄軍である奉公衆に所属したが、萩忠広の子孫もこの四番衆としてみえており、荒尾氏もまた同じく四番衆として、その名をとどめているのである。(80)しかし南北朝期初頭、大宮司家は両朝に分裂しており、とくに大宮司藤原昌能は建武政権下では武者所に所属し、のち南朝方の有力な一将として各地を転戦し、尾張国智多郡羽豆崎を根拠としていた。(81)そのため北朝方の大宮司家は、尾張国内において社領の確保と自らの政治的立場をさらに明確にする必要があったのである。

以上推測を重ねた展開に終始したが、ここでまとめておくことにしたい。熱田社領は鎌倉後期から国衙方による顚倒、南北朝期には守護勢力の押領によって、「一円御神領」と称される熱田社の最も支配力の及んでいたと考えられる社領でさえ、その経営力は著しく低下していた。大宮司萩忠広は、このような状況下において社領を保全するために、また南朝方大宮司一門との政治路線に一線を引き、熱田社自体が北朝方であることを、より明確にするために、足利氏の禅寺院保護政策を契機に鈴置郷を妙興寺末円光寺へ寄進した。これは熱田社領のいわば公的な社領であったが、この寄進以前より、大宮司家一門のうち平安期から鎌倉期にかけて足利氏と姻戚関係にあった野田大宮司家は、その相伝社領を尾張国の有力国人である荒尾氏らとともに妙興寺へ寄進していたのである。

寄進によって熱田社は、鈴置郷から年に十貫文の色済を得るのみとなり地下支配権を失ったが、これは鈴置郷が社領として成立したときの神役徴収という得分権が留保されたものであり、寄進以前に比べて深刻な収益減少というものではなかったと推測される。それにもまして足利将軍の保護下におかれ、半済を逃れて守護勢力の支配を回避することができた。こののち萩大宮司家は荒尾氏や以後大宮司家の主流となる千秋氏一門とともに、奉公衆として幕府とさらに接近することになってゆくのである。

六、

なお鈴置郷は嘉慶二年（一三八八）をはじめとして、それ以降の「妙興寺領坪付注文」に、

一、伏見院御寄附分　一所拾捌丁　此内五町荒野　鈴置郷

と記されているが、これには若干問題が存する。というのも、熱田社の一円社領を本所皇室が寄進した形式をとることについては、何ら問題はないのであるが、鈴置郷が妙興寺末の円光寺に寄進された貞治六年（一三六七）[82]は、伏見院崩年の文保元年（一三一七）から五十年ものちになるからである。つまり伏見院からの寄進はあり得るはずがない。また同じ理由から、建武三年（一三三六）崩御の後伏見院の誤記とも考えられることはできない。

では、伏見院を伏見宮とみることはできるだろうか。伏見宮貞成《さだふさ》親王の日記『看聞御記』永享五年（一四三三）十二月十二日条に、

三條宰相中將（正親町三条実雅）參、室町殿（足利義教）爲二御使一、則對面、禁裏（後花園天皇）勅書並室町殿御内書賜レ之、熱田社領可レ致二知行一云々、祝著喜悅千萬也、舊好異二于他一、御領之間事、更自愛無レ極、勅書・御内書御返事則申[83]、

との記事があるが、これは後花園天皇が熱田社領を父貞成親王に譲進することを伝えたものである。つまり熱田社領が伏見宮家領となったのはこのときであり、伏見院を伏見宮と解釈することも許されないのである。事実、応安四年（一三七一）に鈴置郷寄進を安堵したのは崇光上皇であった[84]。

すると「伏見院御寄附分」という記載を、どのように理解すればよいのであろうか。そこで円光寺と妙興寺はともに、南浦紹明を勧請開山としていることに注目してみたい[85]。『本朝高僧伝』[86]によると、紹明は嘉元二年（一三〇四）伏見院の詔により筑前崇福寺から入京し、伏見院は宮中において禅要を問い、京都万寿寺に入寺させた。また伏見院は京都東山に嘉元寺を建立して、紹明を開山にしようともした。その後、紹明は北条貞時の招請により関東に下ったが、延慶元年（一三〇八）に鎌倉建長寺において入寂した。伏見院の悲しみは軽からず、翌二年に国師号を勅謚し

た。円通大応国師である。このように伏見院の紹明に対する敬愛には、並々ならぬものがあったようである。そしてこの時期、嘉元二年から正和元年（一三一二）の間、熱田社領は伏見院の管領のもとにあった。(87)紹明の弟子で妙興寺の実際の開山である滅宗宗興は、このような伏見院と紹明との関係を踏まえて、円光寺・妙興寺の勧請開山である紹明と熱田社領鈴置郷とを結び付けることにより、鈴置郷を「伏見院御寄附分」としたのではなかろうか。永徳二年（一三八二）宗興入寂ののちもこれが伝えられ、嘉慶二年（一三八八）以降の「妙興寺領坪付注文」にも記されたものと、いまのところ考えておきたい。

最後に、その後の鈴置郷について熱田社との関係を略述しておこう。応永十八年（一四一一）以降に熱田大宮司は鈴置郷の「一圓可レ致二所務一由」(88)を主張したり、応永三十三年には熱田社管領吉賀和建照が鈴置郷に入部してるが、尾張国守護代織田常松により貞治六年（一三六七）寄進当時の条件をもとに妙興寺の下地支配権が確認されている。(89)しかし同年の「妙興寺領押妨分坪付注文」には「伏見院御寄附分　肆段半　鈴置郷内守護方(90)」とあり、守護勢力による押領も進行していたのである。なお妙興寺に寄進された熱田社領は本文で述べた以外にまだ数カ所あるが、これらについては次章で述べることとする。

〔補註〕

（1）文和三年四月二十三日「熱田宮権宮司家領注進状案」熱田神宮文書（『宝庫文庫』五号文書、熱田神宮宮庁、一九七八年）。なお、この文書の社領を権宮司家領と解釈するには多くの疑問があり、本書第二編第一章で指摘したように一円神領であることは明らかなので、本章では文和三年社領注進状と記す。

（2）「国人層の存在形態―尾張国荒尾氏の場合―」（『史学雑誌』七四―七、一九六五年）、『新編一宮市史』本文編上巻第七章第四節「妙興寺領」（一宮市、一九七七年）。

(3)「平頼盛下文案」白描五智如来図書館文書（『平安遺文』第十巻、補一〇三号文書）。

(4)「尾張国留守所下文案」白描五智如来図書館文書（『平安遺文』第十巻、補一〇四号文書）。

(5)「尾張三宮熱田社領の形成と構造」（『日本歴史』二九四号、一九七二年）。

(6)正和五年十一月日「熱田社領注進状案写」（『楓軒文書纂』中巻五二九〜三〇頁）。

(7)前掲註(1)文書。

(8)猿投神社所蔵本朝文粋巻二紙背文書七号（『豊田史料叢書』猿投神社中世史料、豊田市教育委員会、一九九一年）、以下文書番号は同書による。なお本書第二編第一章を参照。

(9)他の例として、正応四年十一月日「尾張有里名検見目録写」『張州雑志』巻三十六長岡長大夫所持文書（『鎌倉遺文』第二十三巻一七七六五号文書）がある。

(10)いずれも前掲註(8)猿投神社所蔵本朝文粋巻二紙背文書。順に、年未詳三月十四日「忠宗政所請文案」二〇号（『鎌倉遺文』第二十七巻二〇七三一号文書）、年未詳五月二十一日「熱田宮某奉書案」二六号（『鎌倉遺文』第二十七巻二〇七三四号文書）、年未詳正月二十三日「熱田宮公文所書状案」二七号（『鎌倉遺文』第二十七巻二〇七三三号文書）、嘉元元年十一月二十日到着「文書包紙」三一号（『鎌倉遺文』第二十八巻二一六八〇号文書）、嘉元元年十一月□九日到着「熱田社領朝日中郷公文橘兼末請文包紙」三二号（『鎌倉遺文』第二十八巻二一六七九号文書）、嘉元元年十二月一日到着「熱田社領狐穴郷政所請文包紙」三五号（『鎌倉遺文』第二十八巻二一六九五号文書）。

(11)貞和三年九月三日「荒尾宗顕寄進状」妙興寺文書三七号（『新編一宮市史』資料編五、一九六三年）。以下、妙興寺文書は全てこれによるもので、号数は所収文書番号。

(12)文和二年十□日「妙興寺領坪付注文」妙興寺文書七二号。

(13)嘉慶二年八月十三日「妙興寺坪付注文」妙興寺文書一八一号。本文の三百四十六町一段余は、文和二年の注文との総計。

(14) 応安二年八月日、妙興寺文書一四九号。
(15) 永和三年、妙興寺文書一六七号。
(16) 「常端寄進状写」妙興寺文書一六〇—九号。
(17) 前掲註(1)文書。
(18) 前掲註(13)文書。
(19) 本書第二編第二章を参照。
(20) 応安四年三月二十日「崇光上皇院宣写」妙興寺文書一六〇—一〇号。『新編一宮市史』は「後光厳上皇院宣案」とするが、後光厳天皇が譲位したのは応安四年三月二十三日である。
(21) 前掲註(3)(4)文書。
(22) 年未詳「熱田社領落合郡神役注文写」妙興寺文書四七—二号。
(23) 永仁六年九月一日「後深草法皇院宣」妙興寺文書五号および年未詳「落合行長・知範和与状」妙興寺文書六号。なお『新編一宮市史』『鎌倉遺文』(第二十六巻一九七八〇号文書)は五号文書を「伏見上皇院宣」としているが、熱田社領が後深草法皇より伏見上皇へ相伝されたのは嘉元二年七月八日(「後深草法皇処分状案」『鎌倉遺文』第二十六巻二一八八八号文書)であり訂正しなければならない。
(24) 年未詳十月二十八日「某上皇院宣」妙興寺文書四四号。
(25) 年未詳六月六日「左衛門督某奉書案」妙興寺文書四七号。
(26) 前掲註(2)上村喜久子論文。
(27) 前掲註(23)五号文書。
(28) 『新編一宮市史』本文編上巻第七章「一宮地方の荘園と尾張国衙領」四一七～八頁。
(29) 前掲註(14)文書。
(30) 前掲註(15)文書。

(31) 前掲註(1)文書。
(32) 本文のように理解すると、熱田社の収益より本所皇室のそれがかなり多額になるような気もするが、小島鉦作氏はこのような例を越前国気比宮に求められている（「越前気比宮の社会経済史的考察」『政治経済論叢』十一―二号、一九六一年、のち小島鉦作著作集第三巻『神社の社会経済史的研究』吉川弘文館、一九八七年に再録）。
(33) 前掲註(13)文書。
(34) 前掲註(16)文書。
(35) 前掲註(20)文書。
(36) 応永十八年九月六日「上条久光・朝日範行連署起請文案」妙興寺文書二五九号。
(37) 『新修稲沢市史』本文篇一（一九九〇年）、二三九頁にあるが、実物は本文に記したように（表）に「覺靈」の尊称がある。
(38) 『神道大系』神社編「熱田」（神道大系編纂会、一九九〇年）、『熱田神宮文書』千秋家文書下巻（熱田神宮宮庁、一九九二年）所収。なお『熱田大宮司千秋家譜』については、本書第三編第一章を参照。
(39) 「鑁阿寺大御堂棟札写」（『近代足利市史』第一巻二一六頁、足利市史編さん会、一九七七年）。
(40) 『尊卑分脈』（第三編二七三頁）に、義氏の姉妹として「野《(田)》間三郎朝氏妻」とある。
(41) 『熱田神宮文書』千秋家文書下巻所収。
(42) 萩園村は「熱田宮色、生栗代貳百文」を毎年納める熱田社領であった（延文四年二月十五日「宗暁置文」妙興寺文書八一号）。
(43) 『張州雑志』巻八十二、妙興寺村長嶋山妙興報恩禅寺「古位牌」。
(44) 「藤原清重寄進状」妙興寺文書四九号。
(45) 「藤原清重売券」妙興寺文書五〇号。
(46) 建武四年二月二十八日、妙興寺文書二六号。

(47)　前掲註(12)文書。
(48)　前掲註(28)書、四三二～三頁。
(49)　中島氏惣領長利が中島一族に対して強い惣領権をもっていたわけではない。文和二年の「妙興寺領坪付注文」には、長利以外に中島宗竺・同祐俊の寄進分が独立して記されており、妙興寺の大檀越であった荒尾氏のように惣領寄進分として一括記載されていないことから明らかであろう。なおこの点については前掲註(2)上村喜久子論文参照。
(50)　前掲註(36)文書。
(51)　妙興寺文書一一六—一〇号。
(52)　『尊卑分脈』第二編四七一頁。
(53)　名古屋市鶴舞中央図書館蔵。
(54)　小島鉦作氏が昭和十五～六年にかけて千秋家文書を調査されたときのカード現存分にⓐⓑⓒ文書がみえており、昭和二十年の戦災に遭うまで妙興寺文書の写が旧大宮司千秋家に所蔵されていたことが知られる。なお、このカードは『熱田神宮文書』千秋家文書下巻に「焼失文書編年目録」として収められている。
(55)　『熱田神宮文書』千秋家文書下巻所収。
(56)　この大宮司競望については、本書第三編第一章を参照。
(57)　守部家文書（東京大学史料編纂所所蔵影写本）。
(58)　尾張熱田地蔵院文書（『張州雑志』巻五十五、熱田寺院之部二所収）。
(59)　『熱田神宮文書』千秋家文書上巻一一号および付録「花押集」三八八頁（熱田神宮宮庁、一九八三年）。
(60)　（文和二年）「尾張国衙領熱田大宮司濫妨条々事書案」、（文和二年）七月二十日「後光厳綸旨案」、文和二年七月二十一日「足利義詮御教書案」。いずれも『醍醐寺文書』（『新編一宮市史』資料編六所収、順に三五八—一、二号、三五九号）。
(61)　前掲註(20)文書。

(62)『尊卑分脈』第二編四七一頁。
(63)『草庵和歌集』続編第三雑（『校註国歌大系』第十四巻近古諸家集、復刻版、講談社、一九七六年）。
(64)享徳二年七月十一日妙興寺文書三八三号。
(65)応永二十六年十一月十三日「熱田宮末社造営料段銭請取状」妙興寺文書二九三号。
(66)応永二十八年十一月七日「熱田社築地覆要脚段請取状」妙興寺文書二九六号。
(67)年未詳（応永十八年以降）九月日「尾張国妙興寺雑掌申状案」妙興寺文書三〇一号。
(68)いずれも前掲註(8)猿投神社文書。順に「某注進状案」二号（『鎌倉遺文』第二十六巻一九八二九号文書）、「某注進状案」三号（『鎌倉遺文』第二十六巻一九八三〇号文書）、永仁六年九月日「某注進状案」六号（『鎌倉遺文』第二十六巻一九八二七号文書）。
(69)いずれも前掲註(8)猿投神社文書。順に年月日未詳「熱田社領国衙方押妨注文案」一七号、「熱田社神宮等注進状案」一八号（ともに『鎌倉遺文』第二十六巻一九八三六号文書）。この国衙勘落については、本書第二編第二章を参照。
(70)前掲註(1)文書。
(71)室町幕府追加法五六条（『中世法制史料集』第二巻、室町幕府法）。
(72)前掲註(71)五七条。
(73)前掲註(71)七九条。
(74)前掲註(71)九七条。
(75)文和二年十月二十八日「足利義詮御教書」妙興寺文書七一号。
(76)文和三年七月二十八日「足利尊氏寄進状」妙興寺文書七五号。
(77)前掲註(12)文書。
(78)前掲註(51)文書および貞和五年十二月五日「藤原範重寄進状案」妙興寺文書一一六―一一一号。
(79)これ以下の点については本書第一編第三章を参照。

(80)『文安年中御番帳』、『永享以来御番帳』、『長享元年九月十二日常徳院殿様江州御動座当時在陣衆着到』（いずれも『群書類従』二十九輯、雑部所収）、『東山殿時代大名外様附』（今谷明「『東山殿時代大名外様附』について」『史林』六三―六、一九八〇年、のち『室町幕府解体過程の研究』岩波書店、一九八五年所収）のいわゆる番帳にみえる。なお本書第一編第三章を参照。

(81) 小島鉦作「建武中興と熱田神宮」（『建武』三―一、一九三八年）、および本書第一編第三章を参照。

(82) 貞治六年十二月五日「常端（熱田大宮司萩忠広）寄進状案」妙興寺文書一六〇―九号。

(83) 因みに『看聞御記』にみえる勅書と室町殿御内書とは、永享五年十二月十二日「後花園天皇宸筆御消息」、同「足利義教自筆御内書」（『熱田神宮文書』宝庫文書一号、二号）であり、ともに重要文化財として熱田神宮に所蔵されている。なお、この熱田社領譲進については同書文書解説を参照されたい。

(84) 応安四年三月二十日「崇光上皇院宣案」妙興寺文書一六〇―一〇号。

(85) 前掲註(42)および享徳二年七月十一日「妙興寺由来記」妙興寺文書三八四号。

(86) 巻二十二（『大日本仏教全書』史伝部二）。

(87) 嘉元二年七月八日「後深草上皇処分状案」伏見宮家蔵（『鎌倉遺文』第二十八巻二一八八八号文書）、正和元年十二月「伏見上皇宸筆処分状案」伏見宮家蔵（『鎌倉遺文』第三十二巻二四七六七号文書）。

(88) 前掲註(67)文書。

(89) 応永三十三年十一月二十五日「尾張守護代織田常松書状」妙興寺文書三一七号。同文書にみえる吉賀和入道は、『応永二十六年大宮御遷宮供奉人差定』（『熱田神宮史料』造営遷宮編上巻、熱田神宮宮庁、一九八〇年）に「社務管領吉賀和美作入道建照」、また応永三十五年正月二十三日「吉賀和建照奉書写」（『熱田神宮文書』千秋家文書上巻二八号）には「社務代建照」とあり、熱田社において大宮司に代わり社務を代行していたようである。なおこの点については、本書第一編第四章を参照。

(90) 応永三十三年十一月日、妙興寺文書三二〇号。

第四章　熱田社領と妙興報恩禅寺領

一、

前章において、熱田社領尾張国中島郡鈴置郷が、貞治六年（一三六七）に同郡妙興報恩禅寺（以下、妙興寺と記す）末の円光寺へ寄進されたことについて若干述べた。もともと鈴置郷は、開発領主とみられる佐伯氏が領する鈴置村を、長寛元年（一一六三）神役勤仕を条件に前尾張国司である平頼盛によって認められ成立した社領で[1]、当時熱田社はその下地支配権を有しておらず、神役を得る意味においての社領であった。その後、文和三年（一三五四）の熱田社の「一円御神領」を記した「熱田社領注進状案」[2]に鈴置郷がみえており、時期不詳ながら熱田社は領域的に下地支配権を獲得するに至ったものと考えられる。

このような鈴置郷の成立、および変質と同様の性格をもつ社領は他に多くの類例があると思われるが、一方では、鈴置郷成立期のような神役のみ徴収し得て、下地支配権を保持しない社領の存在もまた多かったことは容易に予想されよう。それらはある程度まとまった領域をもつ社領と散在的な社領とに分けられるが、とくに後者の数量は社領全体からみて、実は無視できないものがあったと推測されるのである。これらをすべて把握することは到底不可能ではあるが、本章では妙興寺文書[3]を手掛かりとして、第一に鈴置郷以外に熱田大宮司一門が妙興寺へ寄進した社領・所領、第二に一門外の領主が同寺へ寄進した所領のうち熱田社領と考えられるもの、以上二点の検出とその性格について検討を加えておきたい。

二、

貞和五年（一三四九）藤原（野田）範重は、中島郡に散在する所領を妙興寺に寄進した。次の二通の寄進状がそれである。

㋐寄進　報恩寺（妙興寺）

尾張國中嶋郡砥基〔墓〕内田畠事

合四町八段　此内二反大田也、

右件所領者、範重重代相傳地也、而爲二現當二世善根一、除二万雑公事等一、限二永代一、所レ令レ寄二附于當寺一也、若子孫中背二此狀一、致二違乱煩一者、可レ爲二不幸仁一也、仍爲二後證一、寄進狀如レ件、

貞和五年十一月七日

藤原範重　在判

（裏書）「野田大宮司」(4)

㋑寄進　報恩寺

尾張國中島郡内散在田畠等事

合

一所參町壹段　在名田　柳坪　九坪

一所貳町六段　毛受村内　人見塚

一所壹町　　同村内
一所参段小　小嶋
一所参段小　副田
一所壹丁七反　珍耀

右件所領者、範重重代相傳地也、而爲二現當二世善根一、除二万雑公事等一、限二永代一、所レ令レ寄二附于當寺一也、若子孫中背二此状一、致二違乱煩一者、可レ爲二不幸仁一也、仍爲二後證一、寄進状如レ件、

貞和五年十二月五日　　藤原範重　在判[5]

範重は貞和二年十二月、大宮司一門の萩忠広・千秋高範・星野永能らとともに大宮司職を競望した人物で、前左大臣洞院公賢は提出された申状・証文・略系図などを参考にして銓擬し、「爲二社家一、以下堪二器用一之仁上、可レ被二撰補一」として、範重を推挙奏聞したようである。[6]『熱田大宮司千秋家譜』[7]の範重には、「大宮司　野田太郎　常陸介朝重子、貞和・貞治職間、有二證書一」との尻付があり、また㋐文書に「野田大宮司」と裏書があることから、貞和五年頃には大宮司職にあったらしい。小島鉦作氏は範重が寄進した㋐㋑文書の所領について、論証は省かれているが、恐らく㋐文書の裏書によって熱田社領として認められたものとみられる。[8]

そこで範重が寄進した「重代相傳地」について、若干検討してみよう。範重の所領が散在的であったことは、熱田社が直接支配する一円神領とは異なる性格のものであることから一応了解されよう。しかも㋐㋑文書いずれにも熱田社への負担義務が記されておらず、寄進以前に範重は熱田社に対して年貢を納入していたか否か、つまり社領としての意味をもつのかどうか、これらの寄進状から判断することはできないのである。

しかし幸いなことに、応安二年（一三六九）の「公役納法下地等注文」(9)には、その一端が記されており参考になる。㋑文書の「一所壹丁七反　珍耀」については、妙興寺が、国衙方へ負担する年貢として「一所一丁七反　珍耀　四貫百四十文　地下取二沙汰之一、須網收レ之、又熱田方在レ之、本主神戸」とあるが、このなかには「熱田方在レ之」として熱田社に納入する年貢も含まれている。このことは、「公役納法下地等注文」のなかで妙興寺が熱田社へ納入した年貢を記した部分に、「一所五反　珍耀　常陸垣内　六百文　作人弁」とあることを指しているものと考えられ、実際は妙興寺ではなく作人が直接熱田社へ納入することになっていた。しかも、珍耀一町七段のうち熱田社への負担のある土地は五段であった。珍耀一町七段は妙興寺へ寄進されたのちも、このような国衙方・熱田社への負担が存在していたのである。そうすると、範重が所有していた珍耀は国衙領であるとともに熱田社領でもあったといえよう。

妙興寺が珍耀一町七段から得る年貢額は、永和三年（一三七七）の「妙興寺領年貢注文」(10)に「一町七反　九貫八百文　珍耀　此内七反垣内　未熊」とみえるものであったが、前出「公役納法下地等注文」に国衙方への年貢は「須網收レ之」、また熱田社へのそれは「作人弁」とあるように、作人が直接納入していることから、寺領年貢額にはこれらの負担は含まれていなかったし、妙興寺が関与することもなかった。そして範重の所領珍耀は、確かに熱田社領を含んではいたが、それは五段分六百文の年貢負担においての意味であったのである。

なお珍耀が鈴置郷と同様に、もともと開発領主某により料田として熱田社に寄進され、それがのちに範重の先祖に給付されたのか、また或いは範重の先祖が開発領主だったのか明らかにできないが、珍耀のうち五段が「常陸垣内」に含まれていたことは若干留意しておきたい。垣内の名称は開発領主の名前と密接な関係をもつものであるが、範重は『尊卑分脈』(11)に「野田常陸太郎」、『熱田大宮司千秋家譜』に「野田太郎常陸介」とみえ、彼の祖父行氏は『尊卑分脈』に「野田常陸介」、『熱田大宮司千秋家譜』に「常陸介」と記されており、珍耀のうち「常陸垣内」は範重、もしくは行氏によって開発されたのかもしれない。

次に㋑文書に「一所參町壹段　在名田（柳坪 九坪）」とある、柳坪についてみてみよう。柳坪は「公役納法下地等注文」に「一宮方（真清田社）（中略）一所一丁　柳坪　在二名田内一　一貫文」と記されており、妙興寺は真清田社に対して柳坪一町の年貢一貫文を納入しなければならなかった。つまりこれは、寄進以前には範重が請け負っていた年貢であり、柳坪一町は真清田社領でもあったのである。また㋑文書の「一所貳町六段　毛受村内　人見塚」と「一所參段小　小嶋」とについては、前出永和三年の「妙興寺領年貢注文」に「三町二反　公畠二丁六反　□貫八百文　人見塚」、「三反小二貫文　小嶋」とみえるだけで、㋐㋑文書の他の所領については不明である。

以上述べてきたように、範重が妙興寺に寄進した「重代相傳地」には熱田社に対して年貢負担のある所領、つまり熱田社領は含まれてはいたが、これとは別に国衙や真清田社へ年貢負担義務のある所領も同時に存在していた。それは鈴置郷が「一円御神領」と規定された社領であったのに対して、範重の所領が「重代相傳地」と記された私領であり、散在する所領であったからであろう。そしてこれらの所領は、たとえ熱田社への負担がある場合でも、熱田社から制約を受けることなく第三者への寄進売却はできたが、熱田社への負担義務はその地の作人、もしくは新所有者（妙興寺）に引き継がれたのである。

なお本書第二編第三章で述べたように、範重が寄進した所領は四年後の文和二年（一三五三）の「妙興寺領坪付注文」によると、すべて野田太郎（成氏）の寄進分として記されており、[12] しかも成氏が寄進した所領は、これ以外に全くみられない。範重は『尊卑分脈』に、

季範（熱田大宮司）―範忠（熱田大宮司）―清季（大宮司）―朝季（大宮司）―朝氏（野田三郎 大宮司）―清氏（野田太郎）―行氏（野田常陸介 大宮司）―朝重（野田八郎 大宮司）―範重（野田常陸太郎）

と続く野田大宮司家の嫡流であり、成氏は範重の子息である可能性が高い。恐らく範重が寄進した所領は成氏が相伝し（不自然な言い方だが）、妙興寺に再寄進されたものと思われる。(13)そうであれば、範重は寄進の際に所領の全権益を妙興寺に与えたことにはならず、何らかの権益を留保していたことになるのではなかろうか。この点、史料上明確にできないのは遺憾であるが、上村喜久子氏は妙興寺大壇越で中島郡国衙領地頭職にあった荒尾氏について、その寄進状・売券を分析され、寄進の内容は地頭としての得分権を中心としたもので、実質的な領主権は留保されていたことを指摘されている。(14)荒尾氏と野田氏とを同一視することはできないが、野田大宮司の寄進についても同様であったものとみられる。

例えば前述した珍耀一町七段について明らかなように、国衙方・熱田社への年貢に妙興寺が関与していないことを考えると、範重が寄進した権益は彼の得分権だったとみるのが自然であろう。(15)そして禅寺院妙興寺への寄進は、幕府の禅寺院保護政策のもと、幕府・守護からの臨時課役を免除されることになり、その部分を範重が逆に作人へ賦課し収益を得る権利を保持したものと考えられる。㋑文書に記された範重の所領が限定された田畠であったことも、何か意味をもっているようである。

三、

妙興寺に所領を寄進した人物に、毛受将監《めんじょう》入道遠能がいる。遠能は嘉慶二年（一三八八）の「妙興寺領坪付注文」(16)によると、中島郡毛受村内の瓦堂前一町をはじめ十三ヶ所、計七町七段二百四十歩を寄進しているが、そのうち西高井・南高井の計三段を除いて他はすべて毛受村内にあり、毛受氏の在地領主としての性格を窺えよう。なお地名としては、嘉禎元年（一二三五）の「真清田社領注文」(17)に「毛受茅原二丁半」とみえるのが初見である。また前節㋑文書によると、野田範重が妙興寺に寄進した所領には、「一所貳町六段　毛受村内人見塚」と「一所壹町　同村内」という毛受村に含まれる土地があった。そしてこの範重の父熱田大宮司朝重は、『熱田大宮司千秋家譜』に「毛受八郎・野田八郎」との尻付があり、毛受・野田両姓を名乗っている。大宮司諸系図のなかで毛受姓がみえるのはこの朝重だけではあるが、ここには些か興味を惹くものがある。毛受氏と野田大宮司家との関係を明確にすることはできないものの春部《かすかべ》郡安食《あじき》荘に僅かながら両者のつながりがあるように思えるので、以下若干述べて参考としたい。

安食荘は仁和三年（八八七）頃に立券された皇室領と推測されるが、その後停廃され、康治二年（一一四三）に醍醐寺領として復旧された。同年の検注帳案(18)によると、荘域には醍醐寺領の他に大縣社領・熱田社領・伊勢大神宮領・皇后宮領朝日荘（以上田畠地）・左大将家領・中将家領・如意寺領・季貞私領・吉道私領・秋元私領・郡司領・国領（以上畠地）が混在していた。醍醐寺領としては「定田百四町三段三〔百脱カ〕歩」があり、大縣社領・熱田社領・伊勢大神宮領・皇后宮朝日荘の田地は除田扱いされ、醍醐寺領からは独立していた。また畠地百二十八町六段百二十歩は、熱田社領の四十九町二百四十歩をはじめ、すべて醍醐寺以外の領主によって分割されていた。しかし検注帳案には、

畠地百廿八町六段小
　所在桑□
　代糸八十七兩二分四朱
　在家七十宇
大縣宮領九町三段六十歩

桑准大百十本　代糸七両

熱田宮領四十九町大

桑准大百九十三本半　代糸十二両一分□朱

（下略）

とあり、大縣社領・熱田社領・その他の領主の畠地には、その土地にある桑木に桑代糸が賦課され、醍醐寺には計八十七両二分四朱の徴収権があった。したがって畠地は、醍醐寺と他の領主とが重複して支配していたことになる。なお、その他に熱田社領として荒野百七十八町余があった。

このような安食荘も他の多くの荘園と同様、とくに承久の変以降地頭による押領が頻発したが、弘安年間（一二七八〜八八）頃には、荘園内の五郎丸名主だった毛受袈裟鶴丸（能実）が地頭の押領・濫妨を六波羅探題に訴えた。このとき地頭の押領により年貢が全く有名無実となっていたので、醍醐寺座主定済は弘安四年（一二八一）、この毛受能実と次のような契約を交わしている。

契約　尾張國安食庄預所職幷名田畠事

右當庄務者、爲二本所進止一之處、地頭動押二領田畠一、令レ濫二妨所務一之間、乃貢追年有名無實、爰當庄内五郎丸名主毛受袈裟鶴丸、爲二開發相傳領主一、於二六波羅一致二沙汰一者歟、然則當庄所務以下一具可レ有二沙汰一者也、別々雖レ可レ宛二沙一汰用途一、所務之次第令二落居一之時者、於二當庄預所職一者、袈裟鶴丸永代可二相傳領掌一者也、且志依レ不レ淺、所レ令二讓與一也、然者令レ興二行庄家一、可レ被レ專二院家乃貢一者也、但此沙汰落居之時者、年貢可レ弁二濟

貳佰貫文一之旨、所レ被レ書二進請文一也、早任二彼狀一可レ有二其沙汰一者也、若末代於背二此狀一門弟者、永不レ可レ知二
師匠之跡一、仍爲二後日一契狀如レ件、
弘安四季三月十日　　法印（定済）在御判[19]

これによると、能実は「開發相傳領主」と記される荘内の有力在地領主であり、六波羅探題への訴訟が落居したときには「當庄所務以下一具可レ有二沙汰一」として安食荘の年貢請負が任され、「於二當庄預所職一者、袈裟鶴丸永代可二相傳領掌一」とのことが醍醐寺によって認められることになり、能実は年貢二百貫文を請け負うことになったのである。[20]安食荘は能実の預所職によって請所化されることになり、ここに毛受氏が熱田社領畠地へ賦課された桑代糸徴収に関与した可能性を全く捨てることはできないであろう。

恐らく妙興寺に所領を寄進した毛受遠能は、その姓および「能」の一字を通字としていることから、この能実の系譜[21]を引く人物と考えられる。しかし、この毛受氏と野田範重の父朝重とは母系との関連が想定されるものの、両者の具体的な関係は、いまのところ前出『熱田大宮司千秋家譜』の記事以外は不明である。しかも能実が安食荘預所職にあった頃、熱田社領が安食荘にどのような形態で存在したのか、或いは社領そのものが存在していたのか明らかにできないのである。また遠能の寄進状が数通存在するものの[22]、これらには熱田社への負担義務を含めて、その関係を窺い知ることはできない。したがって、安食荘を通して熱田社と毛受氏との関係を鎌倉後期に僅かに推測できるものの、結局遠能の寄進した所領が熱田社領とどのような係わりをもつのか俄かに判断できないものがある。今後の精査に期したい。

四、

妙興寺領となった土地のなかには熱田大宮司家一門の寄進による社領や私領はあったが、その他に一門外の領主によって寄進された所領にも、熱田社への年貢負担を義務付けられているところがあった。本書第二編第三章で述べたように、応安二年（一三六九）の「公役納法下地注文」[23]には、妙興寺が「三宮方(熱田社)」に対して年貢納入義務のある土地、すなわち「松木垣内・笠組・八瀬郷内清須畠・平野宮松・須賀里廿六・志弁里廿七橋・珍耀常陸垣内」の七ヶ所の面積・年貢額などが記されており、散在する社領の一部が知られる。いまこれらの寄進状は伝わらないが、文和二年（一三五三）の「妙興寺領坪付注文」[24]には、中島長利・同宗竺ら在庁官人の系譜を引く中島氏の寄進分と一致する土地がみえ、その部分は寄進以前には中島氏が熱田社への年貢を負担していたものと考えられる。これらもまた、年貢を得る意味での熱田社領であったのである。

右以外にも妙興寺文書からいくつか熱田社領として確認のとれるところがあるので、以下に述べておこう。まず領域的なまとまりをもつところとして萩園村をあげておきたい。萩園村は鈴置郷の西に接し、建武二年（一三三五）の「後醍醐天皇綸旨案」[25]に「尾張國圓光寺、爲㆓御祈願所㆒、寺領萩園、如㆑元可㆑致㆓管領㆒」とみえる円光寺領であったが、延文四年（一三五九）に円光寺が妙興寺の末寺になるにおよび妙興寺領となった[26]。嘉慶二年（一三八八）の「妙興寺領坪付注文」[27]には、荒尾泰隆の寄進分として「一所萩園村　荒野　僧宗曉寄㆓附圓光寺敷地㆒」とみえる。またこれより前の延文四年の「宗曉置文」[28]には、「當寺(円光寺)鎭守山王社領五段田、自㆓荒尾方先祖㆒寄進地也」、「榮林菴々領事、壹町眞佐波田貳町内也、荒尾方寄附矣」とあるように、円光寺の鎮守山王社領と栄林庵領とが荒尾氏の寄進によって成立していることから、円光寺と荒尾氏との関係の深さを窺えよう。

また一方では、同じく「宗曉置文」に、

當寺領萩薗村拾捌町者、宗曉重代相傳地也、熱田宮色、生栗代貳佰文、毎年令二備進一之外、全無二他役一矣、

とあり、萩園村は熱田社への色（年貢）として毎年二百文の生栗代を納入する熱田社領でもあったが、熱田社が下地支配権を有していたわけではない。また妙興寺が管領するようになってからも、熱田社への納入は継続されたものと考えられる。生栗代という神役形態からみて、熱田社領としての成立は円光寺領のそれより古く、遅くとも平安後期まで遡る可能性が高い。先に述べたように長寛元年（一一六三）平頼盛が佐伯遠長の申請により鈴置郷の領掌を認めたとき、「於レ有レ限神役一、無二懈怠一、可レ令レ勤二仕熱田宮一」[29]との神役負担の条件を付けられていたが、鈴置郷と萩園村とが隣接する位置関係からみて、萩園村の生栗代はもともと鈴置郷神役の一部であったのかもしれない。

なお前出「宗曉置文」によると、円光寺栄林庵領の一部には、

五町四段小　熱田神領北國分郷（尾張国海部郡）内畠、此内壹丁五反平畠、　參町玖段小、色 段別百文宛定、（熱田）大宮司方寄附矣、

があったが、これは時期不詳ながら熱田大宮司の寄進によるものであった。

次に春日部郡落合郷についてみておこう。落合郷は建保年間（一二一三～一二一九）の検注帳案に[30]、「落合郷　田十町九段　畠三十三丁四段小　見作二十二丁三反六十歩　神畠四町　新宮一丁　寺地三町七段　絹在家二十五宇」とあり、正嘉元年（一二五七）の内検注文には[31]、田八町四段二十歩・桑代十六両とみえる。この一部が応永十二年（一

四〇五）妙興寺領となったが、先に述べたように、落合郷も萩園村と同様に年貢負担のある意味では熱田社領であった。ここでは落合郷が惣領主職にあった落合氏について、次の建武四年（一三三七）の「藤原季氏施行状」をみておきたい。

当□□□□（宮警固）将軍家（足利尊氏）、所レ被レ成二下御教書一也、早任下被二仰下一之旨上、相二催庶子等一、可レ被レ守二護当所（熱田社）一候也、仍執達如レ件、

建武四年二月廿三日　上野介（藤原季氏）（花押）

落合左近大夫（行長）入道殿(32)

この施行状は足利尊氏の御教書を受けた熱田大宮司藤原季氏が、落合郷惣領主職であった落合行長に対して、庶子を率いて熱田社を警固するよう伝えたものである。この前年十二月、後醍醐天皇が吉野に潜幸し、いよいよ混乱を極めつつあるとき、熱田社内部においても南朝方に属した大宮司昌能と北朝方の大宮司季氏との間に、主導権をめぐる対立があったようである。(33)そこで麾下の軍事力では昌能に対抗できないとする季氏が、尊氏に対して援軍を要請したものと考えることも可能であろう。(34)事実、昌能は観応三年（一三五二）までは確実に尾張での勢力を維持して、南朝方の有力な一将として奮戦を重ねていた。(35)

いま尊氏の御教書の存在を確認できないが、落合氏に対する軍勢催促であったことは疑いない。つまり落合氏への動員令は大宮司ではなく尊氏の命令によるものであり、落合氏が熱田社の支配下にあったことを意味するわけではない。すでに上村喜久子氏が指摘されているように、落合郷は神役負担の存在によって熱田社領ではあるが、こ

れを通して熱田社と落合氏との間に支配関係はなく、むしろ両者は対等の立場にあったことを再確認しておきたい。[36]

五、

次にその他、妙興寺に寄進された散在的な熱田社領を示して、おわりにかえたい。

①永享七年（一四三五）の「友広等連署寺領寄進状」[37]には、妙興寺畊雲庵に大工目友広が私領である中島郡山口保の熱田社色成の負担がある田畠三段、内訳「畠壹段、在所靈福寺前號中垣内、田貳段、在所下切下津橋」を永喜大師菩提のために油田として寄進したとある。だが、これには熱田社への具体的な負担は記されていない。

②永享十一年の「浄透売券」[38]には、瑞応庵の浄透が山口保の熱田社色成の畠地一段「在所堀カロ」を代銭二貫五百文で畊雲庵に永代売却したとあるが、これも同様に、熱田社への具体的な負担は記されていない。①②ともに他の例からみて熱田社への負担は畊雲庵に引き継がれたと考えられるが、これらの寄進状・売券からは判然としない。因みに②には、「縦雖二新儀御徳政出來一、不レ可レ有二悔變之儀一」との徳政文言が記されている。

③永正十二年（一五一五）の「宗成寄進状」[39]には、「須賀垂散在内丹波垣内」の田畠五段、内訳「田四反、嶋畠一反也、嶋大小七ッ在之」を宗成が妙興寺に永代寄進したとある。この田畠はもと「小河新三郎普〔譜〕代相傳之持分」であったのを、宗成が直銭三貫文にて買得した土地であった。これには「此下地者、熱田宮へ毎年色齊〔濟〕五百文充可レ有二沙汰一、閏年ニハ可レ爲二貳百五十文一」という熱田社への年貢負担条件が付けられており、この地が熱田社領であったことが知られる。

以上、本書第二編第三章に関連して、妙興寺文書にみえる熱田社領について眺めてみた。本章でとりあげた社領は、すべて熱田社の支配が直接およぶものではない。社領には文和三年（一三五四）の「熱田社領注進状案」[40]にみえる「一円御神領」という規定される熱田社の直接支配地（例えば鈴置郷）があり、また大宮司家以外の社家の有する社領・所領も当然存在した。なお後者については、次章で述べることとする。

〔補註〕

（1）長寛元年八月十七日「平頼盛下文案」白描五智如来図書館文書、長寛元年十月二十七日「尾張国留守所下文案」白描五智如来図録裏文書（『平安遺文』第十巻、補一〇三号、一〇四号文書）。

（2）文和三年四月二十三日「熱田宮権宮司家領注進状案」（『熱田神宮文書』宝庫文書五号、熱田神宮宮庁、一九七八年）。なお、本文書に記された社領を権宮司家領とする小島鉦作氏の説（「中世における熱田社領—社会経済的発展の基盤と領知制—」『神道史研究』七—六、一九五九年。のち同博士著作集第三巻『神社の社会経済史的研究』吉川弘文館、一九八七年に再録）には問題がある。著者は本文書名を本文のように「熱田社領注進状案」とするのが妥当と考えているが、この点については本書第二編第一章で述べた。

（3）本章で用いた妙興寺文書は『新編一宮市史』資料編五（一宮市、一九六三年）を利用した。以下の文書番号はこれによる。

（4）「藤原範重寄進状案」妙興寺文書一一六—一一〇号。

（5）「藤原範重寄進状案」妙興寺文書一一六—一一一号。

（6）『園太暦』貞和二年十二月二十一日条。なお本書第三編第一章を参照。

（7）『熱田神宮文書』千秋家文書下巻（熱田神宮宮庁、一九九二年）所収、以下同じ。

（8）前掲註(2)小島鉦作論文。

（9）妙興寺文書一四九号。これは妙興寺が上級領主である国衙・一宮（真清田社）・二宮（大縣社）・三宮（熱田社）・国衙領地頭荒尾氏らに納入する「公役」と称する年貢負担の存する寺領について、その面積・所在地・年貢額・納付責任者などを記したものである。詳細は上村喜久子「国人層の存在形態―尾張国荒尾氏の場合―」（『史学雑誌』七四―七、一九六五年）を参照されたい。

(10) 妙興寺文書一六七号。

(11) 第二編四七一頁。以下同じ。

(12) 妙興寺文書七二号。なお野田太郎が成氏であることは、文和三年七月二十八日「足利尊氏寄進状」（妙興寺文書七五号）にみえる。

(13) 上村喜久子氏は実際の寄進者と「妙興寺領坪付注文」（七二号、一八一号）に記載された寄進者とが異なる例を分析され、注文にみえる寄進者は実際の寄進者の惣領であって、庶子の所領を統轄する場合と非血縁者にもこれに准じた統轄が行われたことの二点を指摘された（『新編一宮市史』本文編上巻四三一～三頁、一宮市、一九七七年）。しかし範重と成氏との場合は、範重が嫡流であることから、この例にはあてはまらないようである。因みに『熱田大宮司千秋家譜』には成氏の名前はなく、範重の子として大宮司貞範がみえる。

(14) 前掲註(9)上村喜久子論文。

(15) この点、範重が寄進した所領は、彼の領有する一部であったと推測される。

(16) 妙興寺文書一八一号。

(17) 久我家文書（『新編一宮市史』資料編六、三二六号、一宮市、一九七〇年）。

(18) 康治二年七月十六日「尾張国安食荘立券文案」醍醐寺文書（『平安遺文』第六巻二五一七号）。本章では上村喜久子氏に従い「尾張国安食荘検注帳案」とする（「尾張国三宮熱田社領の形成と構造」『日本歴史』二九四号、一九七二年）。

(19) 「醍醐寺座主定済契状写」醍醐寺三宝院文書（『愛知県史』別巻三二六頁、愛知県、一九三九年）。

(20) 以上この事件については『講座日本荘園史』第五巻三八一～三頁（須磨千穎執筆部分、吉川弘文館、一九九〇年）を参照されたい。

(21) 能実は醍醐寺文書によって建武元年三月二十四日まで、その存在を確認できる（前掲註〈19〉書三二六頁「醍醐寺三宝院法橋某奉書写」)。

(22) 妙興寺文書、貞和六年三月十五日（四八号)、貞治二年十二月十九日（一一一号)、貞治三年四月五日（一一二号)。なお延文二年十二月三日「橘遠厳売券案写」（七八号）と貞治四年十二月二十日「毛受遠篤寄進状案写」（一二四号）とには、毛受遠能の証判がある。とくに後者には「為二後證一、惣領加判候也」との文言があり、寄進された毛受村莇田の畠地五段は嘉慶二年の「妙興寺領坪付注文」（一八一号）に遠能の寄進分として記されている。

(23) 前掲註(9)に同じ。

(24) 前掲註(12)に同じ。

(25) 建武二年五月十九日、妙興寺文書一六〇—八号。

(26) 延久四年二月十五日「円光寺住持宗曉置文」妙興寺文書八一号。

(27) 前掲註(16)に同じ。

(28) 前掲註(26)に同じ。

(29) 前掲註(1)に同じ。

(30) 「落合郷検注帳案」妙興寺文書一号。

(31) 正嘉元年七月二十三日「おちあい内検注文」真福寺本倭名抄裏文書（『鎌倉遺文』第十一巻八一二九号)。

(32) 「藤原季氏施行状」妙興寺文書二五号。

(33) 『熱田大宮司千秋家譜』の季氏の尻付には「暦應三年、脇屋刑部卿義助、自二美濃國根屋城一郎黨召二連七十三人一微服潛行、而落二于尾張國波豆崎一、於二大宮司城一十餘日滯留」とあり、季氏が南朝方であったことを伝えており、また『熱田神宮文書』千秋家文書上巻第一〇号「熱田大宮司藤原季氏開闔職補任状写」の解説もこれを採用している。しかしこれは、『太平記』巻二十二「義助被レ参二芳野一事并隆資卿物語事」を引用した部分であり、すでに小島鉦作氏が指摘されているように昌能の記事として理解しなければならない。（「建武中興と熱田宮—熱田宮の官社列格問題の考察」『建武』三—一、一九三八年)。また季氏系列の先祖・子孫が足利氏と密接な関係をもっていたことも看過してはならないだろう。これについては、本書第一編第三章を参照。

(34) このような熱田社の状況が、北朝方大宮司家を尊氏の庇護厚い禅寺院妙興寺への接近に向かわせる一因となったといえよう。

(35) 『園太暦』観応三年四月五日条。

(36) 前掲註(18)上村喜久子論文。

(37) 永享七年十二月二十五日、妙興寺文書三四九号。

(38) 永享十一年十二月三十日、妙興寺文書三五七号。

(39) 永正十二年十月十一日、妙興寺文書四六一号。

(40) 前掲註(2)文書。

第五章　熱田社権宮司家の所領と所職

一、

藤原氏への大宮司職移譲と権宮司家の成立とを図示すると、次頁の【略系図1】のようになる。尾張員信の長男員頼が権宮司の祝師《のっとし》田島家祖、次男信頼が権宮司惣検校馬場家祖として本家より独立分家するが、その年代は判然としない。『熱田惣検校尾張宿禰家譜』[1]は信頼の惣検校就任を天喜二年（一〇五四）三月と記し、また『熱田大宮司千秋家譜』は三男員職の大宮司在職期間を寛徳年間（一〇四四～六）から応徳年間（一〇八四～七）としていることから、一般には十一世紀半ば頃の分家成立とみなされている。ただ分家と同時に祝師・惣検校職が成立したかどうかは、一考しておく必要がある。諸系図のなかで「永仁三年（一二九六）五月六日　於二田嶋大殿御前一、書寫」との奥書を有する「田島丹波系図」[2]に初出する「祭主権宮司」（祝師）は頼奉であり、【略系図1】でわかるように藤原大宮司季範と同世代である。したがって、十二世紀初頭の大宮司交替の渦中において、祝師・惣検校職は成立したとみるのが穏当なようである。

なお員頼・信頼が大宮司に就けなかった理由は、よく分からない。[3]「田島丹波系図」は員頼の母を「内大臣頼通公祇候人佐渡式部大夫成季之女子」、信頼の母を「召使女」と記してはいるものの、員職の母についての記載はなく、その比較はできないが、三兄弟のなかでは員職のみが任官（伊勢権守）していることから、各母の出自に身分的差異があったのかもしれない。

【略系図1】

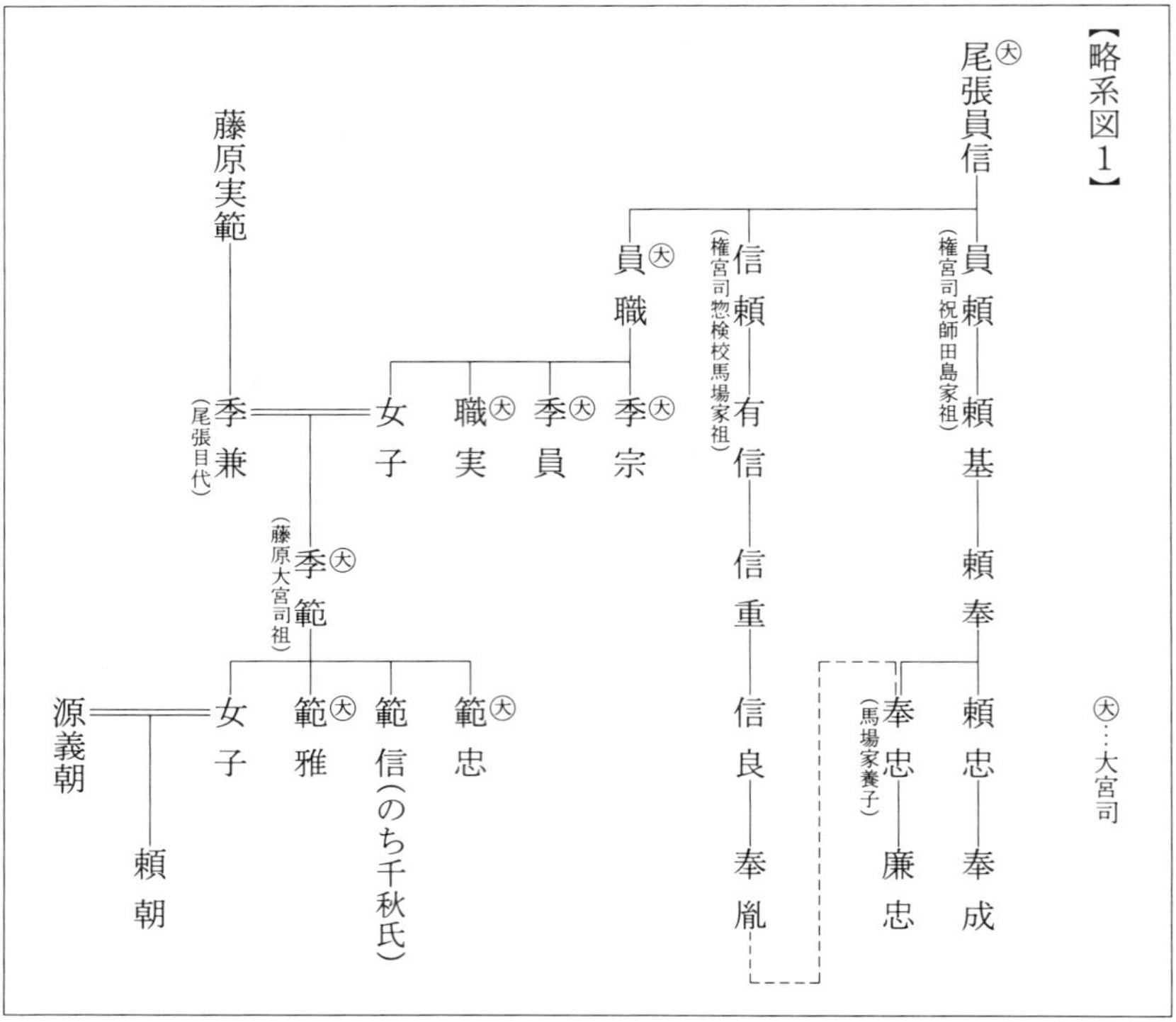

次に権宮司の職掌の一つである祝師と惣検校についてみておきたい(4)。田島家の祝師は「権宮司兼祭主、謂之祝詞師」(5)とあることから、神事において祭主として祝詞を奏上する役職を指すことに由来しているといえよう。馬場家の惣検校は社内の庶事を監督する立場にあったというが(6)、明確な職掌規定を見出せない。しかし、祝師と惣検校とは対応する職掌用語と考えられることから、惣検校とは神事の庶務に関わる役職とみられ、惣検校のみが熱田社内全般の庶務・経営、例えば社領に関わることまで管轄したわけではない(7)。なお田島・馬場家の順座は祝師・惣検校在職者の年老によること(8)、【略系図1】で示したように馬場家断絶のとき田島奉忠を養子相続に迎えていること(9)、また馬場家も田島家と同様に祭主を務めた例があることなど(10)から、両家は相互補完関

係にあり、他姓を入れない旧大宮司尾張姓権宮司家として存続した。

さて尾張氏は権宮司家として祭祀権を維持したとはいえ、大宮司職が藤原氏のもとに移ったという事実は、社領・大宮司家領の支配権が藤原氏に渡ったことを意味し、それが尾張氏にとって経済的打撃をもたらしたことは想像に難くないといわれている。[11]その一例として、久安六年（一一五〇）左大臣藤原頼長が熱田社の旧神官であった尾張成重の窮乏を憐れみ、尾張国海西郡日置《へき》荘を検注して援助する旨を伝えたところ成重が、

臣昔爲二熱田神主一、是以彼國有レ勢者、敬禮尤深、今貧賤、向二彼國一、昔從者必有レ蔑、如何、況去二神主職一之日誓言、不レ還二補此職一、不三復向二此國一矣、何貪二小利一變二先誓一乎、敢辭レ之、[12]

と返答したことがしばしば引用される。この成重の言のなかに尾張氏の経済的没落が集約された感はあるが、その経済的基盤がすべて消失したわけではない。十二世紀前期における権宮司家の所領について語る史料はいまのところ管見におよばないが、次節で述べる権宮司家惣検校馬場奉忠の所有する「大宮・八剣宮兩社新季大般若経料田拾參町陸段」[13]は、平頼盛の尾張国司在任中の長寛元年（一一六三）に奉忠が国免を蒙り熱田社料田に引募ったもので、[14]もともとは奉忠もしくはその先祖の開発地なのであろう。しかも料田に引募った十三町六段は、奉忠の全所領を示す「力王子已下名田」[15]に含まれたとみられ、[16]尾張氏の所領は少なからず存在したのであり、先の成重の困窮は尾張氏の傍流であったためかもしれない。[17]

本章では、このような権宮司家の所領と所職とについての関連文書を紹介して整理を試み、[18]中世大宮司の社家支配の一面を考察しておきたい。

二、

これまで管見におよんだ馬場家の所領・所職に関わる文書を編年順に整理したものが292頁【表1】の十四通で、その残存期間は鎌倉初期から南北朝期にかけての二世紀間に限られる。馬場家の所領は、まず次の⑪⑭文書によってその大略を知ることができる。

⑪文書　尾張（馬場）伊賀守実仲譲状

譲付屋敷田畠曠野等事

合

一所　屋敷　熱田宮西菖蒲池　四至　限レ東律々木　限レ南小路　限レ西寶光安寺　限レ北縣社路

一所　參町陸段　同宮領成武畠加餘畠定、

一所　參町　同宮供御所野依曠野

一所　壹町　同宮御油料所細地脇曠野　母儀一胡〔期〕後、可二知行一也、

一〔所脱〕　伍段　同宮供御所塔迫田

右件屋敷并散在田畠曠野等者、伊賀守實仲重代相傳地也、爲二病躰一之間、相二副關東代々御下文并次第證文等一、嫡男家仲永所二譲付一也、敢付二親疎一、不レ可レ有二他妨一、仍爲二後日一譲渡之状如レ件、

文和三年十一月十日　伊賀守實仲（花押）

⑭文書　尾張（馬場）美作守家仲譲状寫（斷簡）

（前欠）

山田郡　野寄荒野參町
中嶋郡　珍〔於保〕耀名郷司職
山田郡　大金塔迫七段
□〔右カ〕件屋敷幷散在田畠等者、美作守家仲重代相傳之本領而、當知行無二相違一地也、然間任二則關東□〔代〕々御下知幷次第證文等一、常陸介重仲永所二讓付一□〔也〕、雖レ然一期後者、劔若丸直仲可レ被二讓與一者也、□〔如カ〕レ斯定置上者、敢不レ可レ成二其外者望一、仍爲二後日一□依渡狀如レ件、

應安五年八月　日　　惣檢校美作守　家仲（花押影）

⑪文書は、文和三年（一三五四）に馬場実仲が嫡男家仲へ譲与した重代相伝地を記している。その内訳は㋐屋敷地と㋑熱田社領成武郷内の畠地・同社供御所・同社御油料所の田地・曠野の計八町一段の散在田畠曠野で、屋敷地と成武郷の畠地以外の所領は、供御所・油料所などとして特定の用途に宛てられた料田畠（曠野を含む）である。また⑭文書は応安五年（一三七二）家仲が叔父重仲へ譲与した屋敷地・散在田畠などを記しているが、このなかには「中嶋郡　弥耀名郷司職」とあるように一円神領[19]の郷司職も含まれていた。すなわち惣検校馬場家の所領は、熱田社領の一部を構成するものなのである。

なお右にあげた所領は⑪文書に「一所壹町　同宮供御所 細地脇曠野　母儀一胡〔期〕後、可二知行一也、」という註記がみられるものの、全体としては惣領に譲与された所領である。しかし⑩⑬文書によると、没後の追善のために庶子や僧侶に対して小規模

【表1】惣検校馬場家関係文書

※『鎌倉遺文』未所収文書　②③④⑥

和暦年月日	西暦	文書名	宛所	内容	出典
①寿永2・(7・16カ)	一一八三	源頼朝書状案	故奉忠後家	馬場奉忠の奉公に対する礼状	馬場家文書二号〈平安遺文八－四二三四号〉
②(文治元)9・8	一一八五	某添状写〈包紙に元暦二年〉	(故奉忠後家カ)	馬場奉忠遺跡の本宅・力王子名を後家尼へ安堵	馬場家文書八六号〈張州雑志巻三五〉
③建久3・12・10	一一九二	将軍家(源頼朝)政所下文写	尾張国熱田宮権宮司奉忠後家	馬場奉忠遺跡の本宅・力王子以下名田安堵	熱田宮及大宮司文書写〈名古屋市史資料本〉
④正治2・8・	一二〇〇	源頼家下文写	熱田社講衆廉忠	本所安堵	熱田宮及大宮司文書写〈名古屋市史資料本〉
⑤(文暦2)	一二三五	尾張親継申状案〈断簡〉	熱田社家、国衙	焼失私領名田調度文書の紛失証判申請	粟田厳穂氏所蔵文書〈鎌倉遺文補遺二－一一七二号〉
⑥(正元元年カ)	一二五九	将軍家(宗尊親王)政所下文写	熱田宮権宮司散位尾張親継	相伝私領知行安堵	熱田宮及大宮司文書写〈名古屋市史資料本〉
⑦永仁5・2・25	一二九七	後深草院女房奉書写	(馬場奉仲カ)	成武郷相伝知行安堵	馬場家文書七号〈鎌倉遺文二五－一九二八八号〉
⑧元亨元・4・	一三二一	平宰相安堵状写	あつたのすけこ大夫	成武郷内の馬場員仲相伝分知行安堵	馬場家文書八号〈鎌倉遺文三六－二七七七七号〉
⑨暦応2・8・	一三三九	尾張良継申状案〈断簡〉		所領文書紛失の証判申請	粟田厳穂氏所蔵文書〈一宮市史、資料編六－五五三号〉
⑩観応2・5・22	一三五一	尾張良継譲状	宝光庵方丈等	知行所々の分割譲与(庶子分カ)	田島家文書三号
⑪文和3・11・10	一三五四	尾張伊賀守実仲譲状	尾張家仲	相伝屋敷・散在田畠・曠野等を嫡子家仲へ譲与	粟田厳穂氏所蔵文書〈名古屋温故会史料葉書〉
⑫貞治6・11・14	一三六七	崇光上皇院宣写	尾張美作権守家仲	惣検校職・源大夫杜禰宜職以下所帯安堵	馬場家文書〈千秋家文書上巻二四号〉
⑬応安3・12・	一三七〇	熱田太神宮庁補任状写	散位尾張秀仲	御井料田五段知行安堵	熱田神宮文書〈千秋家文書中巻二九六号〉
⑭応安5・8・	一三七二	尾張美作守家仲譲状写	尾張常隆介重仲	相伝屋敷、一円神領郷司職、散在田畠等を重仲に譲与	粟田竹大夫家文書〈一宮市史・史料編六－二五五号〉

の田畠が譲与されていることから、[20] ⑪⑭文書以外の所領も若干所有していた。

　では馬場惣領家の相伝所領は、社領とはいってもどのような性格を有していたのであろうか。長文ではあるが、その性格を具体的に示している⑤文書をみておこう。

⑤文書　尾張（馬場）親継申状案（断簡）

熱田宮神官散位尾張宿禰親継解、申請社家國衙□〔御〕□

請下早且任二先例傍例一、申三請社家幷國衙御證判一、備二後代龜□〔鏡〕一、去年〔文暦元年〕十二月廿八日未尅令レ焼二失私領名田調度文書等一子細狀上、

合拾通

㋐神宮寺修理料田拾町事

一通　母堂賢子藤原氏讓二于親繼一狀　建永元□〔年〕□

件料田者、去建久年當國冷泉〔藤原隆宗〕大納言家御任中、親繼母堂□氏申三請五十町奉免廳宣一、令レ寄三進當寺修理料田一畢、彼一期□終建永元季四月日逝去之刻、五十町内以二四十町一者、讓二于子□〔息〕僧範明一親繼外威舎兄、以二拾町一讓二于親繼一畢、各相傳領掌而致二□□□〔修理修〕造一事、既經二數十年一者也矣、

㋑一　大宮〔熱田本宮〕・八劔宮兩社新季大般若經料田拾參町陸段事

一通　神官奉忠宿禰申三給池大納言〔平頼盛〕家御奉免廳宣一

一通　奉忠讓二于子息廉忠一狀　永〔承〕安五年三月十八日

一通　廉忠讓二于子息頼嗣一狀　永〔承〕元二年三月十一日

一通　頼嗣〔譲脱〕于親繼狀　寛喜元年五月三日

一通　久田彌五郎左衛門尉清嗣牛跡里廿坪壹町去文〔嘉〕□□年中

件料田者、去長寛年中、池大納言家御任中、奉忠蒙二國免一、引二募件講經供料田一畢、親繼既四代相傳、而有レ限①社家上分絹參疋幷講僧供料、毎年無二懈怠一者也、牛跡里廿坪壹町者、年年□依レ不レ辨、令二去出一畢、

㋒一　神宮寺藥師講田一町五段幷同法花經料田五町事

一通　愛智郡前地頭圖書左衛門尉時施行〔脱アルカ〕　承久元□〔年〕

四至　限レ東岸　限レ南堤　限レ西堤　限レ北市部堤

一通　名主良暹入道放劵　元仁元年

一通　藤原氏 法名淨忍　讓二于親繼一狀　貞永元年

一通　當地頭禪尼以二同餘田五町一被レ奉レ寄二法花經料田一狀　同年

件料田者、神宮寺修理勸進良暹法師子息大江成宗之開發、愛智郡小船津里也、成宗讓二付親父良暹一畢、良暹去承久元年藥師講田陸町五段蒙二國免一之內、以二此田一町五段一、令レ□〔引〕二募彼內一畢、其後元仁元年絹捌疋代仁令レ放二劵親繼養母藤原氏一淨忍畢、藤原氏貞□□〔永元〕年讓二于親繼一畢、而當地頭御時、以二彼餘田五町一、被レ奉レ寄二當寺之法花料田一者也、

右件私領名田文□〔書〕等、〔張紙〕「文暦」去年十二月廿八日未尅、自二鎭皇門之西一災火出來、暴風起レ巽之間、八劒宮拜殿・日〔割〕張宮御殿炎上幷在家百餘宇燒亡之刻、今所二注進一之調度文書等併以所レ□〔令〕二燒失一也、然者早且任二先例傍例一、申二請社家幷國衙御證判一、將□□□□□□□□□□〔備後代之龜鏡仍勒在狀以解〕一、（後欠）

本文書はすでに上村喜久子氏によって検討されているが、[21] 以下上村氏の論に拠りつつ筆者なりに整理しておきたい。この申状案は、馬場親継が文暦元年（一二三四）十二月二十八日の熱田社炎上の際に消失した「私領名田調度文書」の紛失証判を「社家并國衙」[22] に申請したものである。親継の私領名田は、傍線部㋐神宮寺修理料田十町、㋑大宮・八剣宮両社新季大般若経料田十三町六段、㋒神宮寺薬師講田一町五段・同法華経料田五町で、いずれも料田、つまり熱田社領である。

各所領の成立・相伝過程をみてゆくと、㋐は建久年間（一一九〇～九）に尾張国司であった「冷泉大納言家」藤原隆宗[23] から親継の母藤原賢子が庁宣を受け、熱田社へ寄進して成立した熱田神宮寺修理料田五十町で、建永元年（一二〇六）四月の賢子死去に際して、そのうち十町を親継が譲り受けたものである。㋑は前節で少しく述べたが、長寛元年（一一六三）に親継の祖父奉忠が国司平頼盛の庁宣を受けて「引募」った大般若経料田で、祖父奉忠―父廉忠―兄頼嗣[24] ―親継と代々惣検校家に相伝された所領である。このうち牛跡里廿坪の一町は久田清嗣に売却して、残り十二町六段を親継が相続している。熱田社には毎年「上分」として「絹參疋并請僧供料」を納めることが、国免を受け料田とするときに定められた契約であった。㋒は大江成宗が開発した愛智郡小船津里を神宮寺修理勧進僧である父良暹へ譲与し、良暹が承久元年（一二一九）に国免を受けた薬師講田六町五段のうち一町五段を元仁元年（一二二四）に親継の養母藤原浄忍が「絹捌疋」で買得して、これを貞永元年（一二三二）に親継が譲り受けたもので、残り五町は同年に当地頭の禅尼が神宮寺法華経料田として寄進している。

このように親継の相伝した所領は、もともと熱田社に対して修理料などの神役負担を条件に国衙への負担を免除された免田であり、本書序章に整理した上村氏の社領分類（以下同じ）のⓐ―㋐（料田・免田）に該当する。具体的な神役は、⑤文書の傍線①にみえる「社家上分絹參疋并請僧供料」などと称するもので、それが熱田社の料田に対する支配のすべてであって、新規の課税や検注などの権限を有したわけではなかったのである。また上村氏の指摘によると、親継の所領の相伝経緯を示すものは馬場家内部の譲状だけで、大宮司はその安堵にさえ関与していないが、それは料田を引募って寄進する者の権益が大宮司よりも強く残るためという。[25] これは極めて重要な指摘であり、これまで単純に考えられていた本所皇室―大宮司―社家（権宮司を含む）という支配関係に変更を迫るものといえよう。

　では馬場家所領の安堵の主体はどこに求められるのであろうか、その具体例を見ておこう。まず元亨元年（一三二一）の次の安堵状をあげておきたい。

⑧文書　平宰相安堵状写

（花押影）

あつた《熱田》の宮の御りやうなりたけのかう《成武郷》の氣ち《下地》、神官かすなか《員仲》ゝさうてん《相伝》のふん三丁六反、たい〳〵《代々》の院せん《宣》を給わりてち《知》行さうゐ《相違》なきうへハ、かの院せんのむねにまかせて、しさい《子細》あるへからさるよし、りやうけ《領家》平宰相とのゝ御つぼねおほせ事候、あなかしく、

元亨元年卯月　日

あつたのすけこ大夫殿

この安堵状によると、一円神領成武郷[26]のうち馬場員仲の相伝知行分三町六段の安堵は、「たい〳〵の院せんを給りてち行さうゐなき」とあり、上村氏指摘のⓒの通り院宣によって行われていた。[27] この三町六段が公文・政所・郷司

などの現地管理職もしくは社職にともなう給分なのか、料田として員仲の先祖が社領として寄進したものなのか、この安堵状は何も語ってはくれないが、院宣による安堵から判断して前者の可能性はないようである。[28] そうであれば、この所領は序章に整理した上村氏指摘のⓐ—㋒（料田・免田）にあたるが、加えてⓐ—ⓑ（落合郷型）の性格をももちあわせているといえよう。また社領である以上、熱田社への上分は存在するわけで、この地の性格は⑤文書の親継の所領と同様とみなされる。[29] いずれにしろその支配関係は、「後伏見院（本所）—平宰相（領家）—馬場員仲」[30]となり、これに大宮司がまったく関与していないことはとくに注目されるのである。

但し、⑪文書に記された所領の一つに「一所　参町陸段　同宮領成武畠加餘畠定、」とあることは、成武郷のうち定畠の一つの加余畠が大宮司からの給分となっていたからかもしれない。給分とは社領の一部を神官に給した田畠や熱田社への上分そのものを与えたもので、給与にさいしては、たとえば次のような宛行状が発給される。

宛行　宮楠大夫資衡

給分事

右、以㆓穂保(海東郡)御上分跡㆒宛行候也、彼御年貢廿五貫文内、以㆓十五貫文㆒者、舞装束令㆓調進㆒也、残十貫文者、可㆑為㆓恩給㆒之状如㆑件、

貞和二年十一月三日[31]

この宛行状は貞和二年（一三四六）下級神官の宮楠大夫資衡に穂保郷の「御上分跡」を給分として与えたもので、もともと存在した熱田社への年貢二十五貫文のうち「舞装束」料として十五貫文を調進させる条件を付けて、残額

十貫文を恩給としたことを伝えている。この例から員仲の相伝地は本所への直接負担が義務付けられて、給分として与えられたのかもしれない。

また⑧文書の宛所である「あつたのすけこ大夫」についても、若干考えておきたい。筆者は本章初出論文において、「大宮司と記されていないことから、一円神領の実質的経営を行う権宮司層の一員、または成武郷の郷司、あるいは当時の馬場家惣領である惣検校良継のいずれかであろうとみられるが、後考に俟ちたい[32]」と保留していた。そこでこの宛所を分析すると、次のようになるのではなかろうか。

あつたの　…　熱田社の
すけ　　　…　次官、つまり権宮司
こ大夫　　…　小大夫

すなわち、「熱田社権宮司尾張小大夫」となる。次に熱田社家の文書および系図からこの「小大夫」を名乗る権宮司を探してみると、該当する人物が一人だけ存在する。『尾治宿禰田島氏系譜』にみえる、尾張仲広である。彼は次節【表2】祝師田島家文書②正応六年（一二九三）七月十六日付の「熱田大宮司藤原行氏袖判下文写」によって、熱田社一円神領である為安郷の郷司職に任じられているが、その宛所には「中勢《(務)》小大夫仲廣」とある。仲広の権宮司在職期間が元亨元年を含んでいれば問題はないのであるが、『尾治宿禰田島氏系譜』によると正嘉二年（一二五八）から永仁元年（一二九三）の間であるから、これを信じれば「あつたのすけこ大夫」を仲広に比定することはできない。そうすると在職期間の一致する人物は正和五年（一三一六）から延文元年（一三五六）に在職した仲衡になるが、

「太郎大夫」を名乗っているから彼もまた該当しないことになる。

ここに至り人物特定の困難を覚えるのであるが、いま少し検討してみよう。『尾治宿禰田島氏系譜』の中世部分は嫡子、つまり祝師職（権宮司で祭主を兼ねる）の継承を伝えることを目的とし兄弟姉妹関係を全く記していないので、「あつたのすけこ大夫」に該当する人物が記載されていない可能性は高い。仲広を継いだ仲経は「七郎大夫」、次の仲衡は前述したように「太郎大夫」を名乗っているから、彼ら各々の兄弟いずれかに「あつたのすけこ大夫」が実在したとみることは考えられないわけではない。さらに権宮司職の員数を、田島・馬場氏からの各一員の計二員と理解するのは誤りで、文和三年（一三五三）には五員[33]、応永十九年（一四一二）には九員[34]の例を文書の上から確認できるから、仲衡と同時期に「あつたのすけこ大夫」（権宮司）がいてもおかしくはない。ただ、実名が判明しないだけなのである。よって、宛所が権宮司であることを確認できたことから、旧稿で保留していた疑問はほとんど解消されたといってよかろう。

なお熱田社領の領家について、少々述べておきたい。かつて小島鉦作氏は⑧文書から領家の存在を指摘し、正応四年・同六年の尾張仲広宛二通の一円神領為安郷郷司職補任下文の発給者を領家と理解された[35]。恐らく、「平宰相」のような領家が複数存在することを想定されていたものとみられる。しかし社領の性格を画一的に把握することは、すでに上村喜久子氏の批判があるように問題がある[36]。熱田社の直接支配のおよぶ社領、つまり為安郷のような一円神領の現地機関である政所・公文・郷司などの任免権は大宮司が有していたから、大宮司職自体が領家ということになる。大宮司職に幾度も還補する人物が多くみられるのは、大宮司直轄領支配権に含まれるとみられる、この領家としての得分権も大きく関係しているのであろう。

また成武郷の員仲相伝地のように、社家が熱田社に対して一定の神役（油料・修理料など）を負担するだけで、熱田社に経営権がない社領の場合は、本所に対して熱田社と社家とは対等な立場にあったのである。この場合の領家「平宰相」は、本所院から領家としての得分を与えられた人物にほかならない。「平宰相」が「しさいあるへからさるよし」と権宮司に伝えたのは、当時弱体化しつつあった社領の直接支配権再編を図ろうとする熱田社に対する抵抗であった。その宛所が権宮司であったのは、一円神領の実質的経営権を掌握していたのが「熱田宮公文所」の責任者・構成員の権宮司層だからなのである(37)。

次に南北朝動乱初期で、後醍醐天皇崩御前後の暦応二年（一三三九）八月の⑨文書をみておこう。

⑨文書　尾張（馬場）良継申状案（断簡）

□状等紛失畢、㋐但先代之時、依二訴訟事一、良繼(尾張)在二鎌倉一之時、□□(参)河前司前披見畢、㋑次當知行事、大宮司上野介季氏(藤原)・小笠原二□(郎)四郎 當國名和地頭・山田次郎入道 八事迫地頭・貝越三郎藏人 貝越并中地頭 等爲二近隣一之□(間)、令二存知一者也、㋒爰建武二年十二月将軍家(足利尊氏)御上洛之刻、當社(熱田社)御坐□良繼致二忠節一之間、御祈禱事、任二右大將家(源頼朝)御例一、可レ致二精誠一之由、同□(月)廿五日忝所レ被レ成二下御教書一也、加之、㋓宮内大輔殿(吉良貞経カ)・高美作太郎(師秋カ)當國□時、良繼重致二忠節一之間、本領等不レ可レ有二相違一之由、給二御下知一畢、然早下二□(賜)紛失御下知一、備二後代龜鏡一、彌爲レ抽二御祈禱之忠勤一、言上如レ件、

暦應二年八月　日

この申状案は馬場良継が所領知行関係文書を紛失したために、その紛失状を申請したものである。良継当知行の

正当性は、傍線㋑に大宮司藤原季氏や近隣の地頭である小笠原二郎四郎・山田次郎入道・貝越三郎蔵人らが「令二存知一者」となっていることから明らかである。しかし、このことは申状の宛所が大宮司ではないことを示唆している。また傍線㋒に箱根竹下合戦に勝利した足利尊氏が西上の途次、良継に祈禱を命じていること、[38]さらに傍線㋓には在国守護代とみられる宮内大輔・高美作太郎によって「本領等」の安堵を受けたとある。つまり良継の所領を安堵したのは大宮司以外の権力者であり、⑧文書のように本所院でもない。それは当時の情勢から尊氏（幕府）とも考えられるのである。そして傍線㋐によると、良継は鎌倉期には御家人であり、幕府により所領安堵を受けていた。このことは序章に記した上村氏指摘のⓒ（権宮司の所領安堵は院宣に求められる）の修正を意味するものといえよう。

これを端的に示すのが、次の二通の文書である。

⑥文書　将軍家（宗尊親王）政所下文写（断簡）

将軍家政所下　熱田宮権宮司散位尾張親継

可レ令三早領二知尾張國熱田神宮寺修理料田拾町・同大宮八劔宮兩社新季大般若經料田拾參町陸段・神宮寺藥師講田壹町伍段・同法花經料田伍町・本仁王講田參拾町伯母譲レ之・當宮南大門西屋敷等一事

右如二申狀一者、本主曾祖父奉忠（尾張）後家・祖父廉忠等奉忠嫡子、建久・正□〔治〕給二當家御下文一、相傳知行無二相違一之間、親繼得二其讓一領知之處、文暦元年十二月廿八日炎上之時、御下文以下之證文等□〔令〕二紛失一之間、同二季二月十七日前大宮司能範（藤原）以下社官・講衆・御家人・在廳立二紛失證判一畢、任二彼狀一、爲二後代一、欲レ被レ賜二安堵御下文一云々、取意、仍被レ尋二下大宮司範廣一之處、如二今月一日請文一者、御下文燒失并紛失狀及當知行之條、親繼申狀無二相違一、且無下可二支申一之仁上云々、取意者、此上者不レ及二子細一、任二建久・正治御下文并□〔紛〕失證判・養母尾張氏女仁治二年正月廿八譲状一、且守先（以下欠）(39)

この文書によると、親継が神宮寺修理料田十町その他の所領について、幕府に対し「爲二後代一、欲レ被レ賜二安堵御下文一」したので、幕府は大宮司藤原範広に子細を尋ね調査し、その結果親継の申分が正当であったので、将軍家政所下文によってこれを安堵している。大宮司が関与したのは、文暦元年十二月二十八日の熱田社炎上によって、親継が所持していた所領に関する幕府下文以下の証文を紛失したので、その証判を記しただけである。本文書は前出⑤文書の申請によって発給された紛失状をさらに確たるものとするために、親継が最終的に幕府へその安堵を求めたものといえよう。

いま一通の文書は、前出⑪文書尾張（馬場）伊賀守実仲譲状である。この譲状に「關東代々御下文」が添えられていたことは、実仲重代相伝所領が幕府の安堵によって保証されていたことを示しており、⑥文書と同様に馬場氏は御家人であったことを意味するのである。

馬場氏が鎌倉御家人となった経緯は、寿永二年（一一八三）七月十六日付と推定される馬場奉忠の未亡人宛の①文書源頼朝書状に窺うことができる。(40) この書状で頼朝は「故奉忠すいふん《(随分)》ほうこう《(奉公)》ちう《(忠)》ある仁に候」「たかひ《(他界)》せられて候はん事、眞實なけき入て候」「ともたゝ《(奉忠)》のきたう《(祈禱)》かんのう《(感応)》して、いまはふしき《(不思議)》のいのち《(命)》、いき《(生)》てかくて候」と奉忠の奉公祈禱に深く感謝したのち、「ちきやう《(知行)》のふん《(分)》ちう《(注)》してまいらせ候へ、よきさま《(良様)》にははからい《(計)》申へく候」と未亡人に奉忠の遺領相続の安堵を申し出ている。(41) 具体的には包紙に元暦二年（一一八五）の年紀がみえる、次の文書がある。

②文書　某添状写

奉忠(尾張)後家尼本宅并ニ力王子名給候由也、鎌倉殿(源頼朝)御下文□給處候、早令レ存ニ知此旨一、委細期□狀如レ件、

(元暦二年)九月八日　　(花押影)

②文書にみえる「鎌倉殿御下文」の存在は明らかにできないが、元暦二年九月までに①文書の頼朝の約束は果たされたものとみられよう。また建久三年（一一九二）の③文書によって奉忠未亡人は再度遺領の領掌を確認され、[42]さらに正治二年（一二〇〇）には源頼家の④文書によって子息の廉忠に安堵されているのである。

③文書　将軍家（源頼朝）政所下文写

將軍家政所下　尾張國熱田宮權宮司奉忠(尾張)後□□(家尼カ)

可下早任ニ相傳一安ニ堵本宅一、令レ致レ沙中汰力王子并所□私領田畠上事

右件本宅并力王子已下名田、任ニ故奉忠之沙汰一、後家□(尼)無ニ相違一令ニ領掌一、可レ致ニ沙汰一之狀如レ件、以下、

建久三年十二月十日　　案主

令民部少丞藤原(二階堂行政)　在判　　知家事□□(中原光家)　在□(判)

別當前因幡守中原(大江広元)　在判

④文書　源頼家下文写

下　熱田社講衆廉忠（尾張）
　可三早安二堵本所一事
右件廉忠可二安堵一之由、先度被二仰下一畢、今又仰□、然者一事而無二相違一、可レ安二堵本所一者、依二鎌倉中（源頼家）将□（殿）□（仰）一、以下、
　正治二年八月
　　　　前〔掃部允惟宗脱カ〕
　　　　散位〔藤原朝臣脱カ〕

このような頼朝と奉忠との個人的な関係から馬場家は御家人として位置することになり、その意味で前出⑨文書傍線㋐の馬場良継が鎌倉へ所領の訴訟に赴いたことも理解されよう。そして大宮司一門が多く御家人化していることを考え合わせると、少なくとも鎌倉期には、大宮司家と権宮司惣検校馬場家とは程度の差はあるにしても、御家人身分としては並立関係にあったといえるのではなかろうか。しかもこの両者の並立関係は、正治二年の大宮司藤原忠兼再任の際に窺うことができる。すなわち『熱田大宮司千秋家譜』の忠兼の尻付に、

治承二年依二二位殿（平時子）命一、範忠譲二与忠兼一、初任職間三年、亦正治二年十二月十九日賜二廰宣一、同三年正月四日始於二海藏門一欲レ拔レ之、然稱二新規一而、於二紀大夫殿神前一開レ之、但社家等令二御請一、施行者同月十四日獻レ之、

とある。これには治承二年（一一七八）に二位の尼平時子の命によって藤原範忠が忠兼に大宮司職を譲与したこと、

正治二年に忠兼は国司庁宣によって再任されたことなど、大宮司補任形態が「譲」から「廳宣」に変質したという重要な問題も含まれているが、ここでは忠兼の再任が「社家等」の請文提出によって承認されたことに注目したい。忠兼は海蔵門（当時熱田社本宮南門）において庁宣の披露を望んだにもかかわらず、これを紀大夫殿（下知我麻神社）神前に変更したばかりか、庁宣披露後十日を経過しての請文献上という「社家等」の行動には、大宮司に対する独立的な立場を窺うことができよう。その背景には上村氏の指摘があるように、鎌倉初期は尾張国内における免田の急増期であり、「社家等」がそれを寄進することによって熱田社の経済的基盤の一部を担い、その結果社内での大宮司一門に対する発言権を高めたものとみられる。[43] そして『熱田大宮司千秋家譜』によると、庁宣による大宮司補任は元徳元年（一三二九）の藤原季宣まで確認できるので、鎌倉期を通じて社家の請文が大宮司就任の最終手続となっていたものと考えられる。このような両者の関係が大宮司の社家支配に様々な影響・制約を与えたことは自明であり、大宮司が馬場家所領（料田）に対して定められた上分を得る以外に何ら介入できなかったことは、その結果の一つなのである。

また一方では、⑧文書の「あつたの宮の御りやうなりたけからの氣ち、神官かすなかゝさふてんのふん三丁六反」と、⑪文書の実仲所領のうち「一所　參町陸段　同宮領成武畠加餘畠定、」とは同一とみられることから、馬場家の所領は全体的にみると、院と幕府とによって二重の安堵を受けていたことになる。そうすると馬場家は、㋐熱田社権宮司惣検校という大宮司の次位に位置する神官としての本来的な身分、㋑本所院に所領安堵を受けていることから院仕身分、少なくとも院役を勤める身分、㋒鎌倉幕府に所領安堵を受けていることから御家人であり、御家人役としては①文書から祈禱奉公が考えられるなど、三重の性格をもっていたといえよう。[44]

しかも南北朝・室町期になると本所院との関係はさらに深まったようで、それは次の貞治六年（一三六七）の⑫

文書に認められる。

⑫文書　崇光上皇院宣写

熱田社惣檢校職幷〔源〕驗大夫禰宜以下所帯等、　奏聞之處、家仲當知行不レ可レ有二相違一由者、　院御氣色如レ此、悉レ之、以状、

貞治六年十一月十四日　　在判

〔馬場家仲〕美作權守

すなわち、馬場家の世襲社職である「惣檢校職幷〔源〕驗大夫禰宜以下所帯等」までもが本所院によって安堵されているのである。勿論、大宮司による安堵例は馬場家に関しては一例もない。この所帯には社職にともなう給分も含まれているようだが、このような院宣による社職自体の安堵は本文書一例だけであって他にまったくみられず、そのため明確にしえないこともあるが、南北朝・室町期において馬場家が院によって社職・所領の安堵を受けていたことは動かすことはできないのである。

以上のことから、十二世紀後半から十四世紀における大宮司の馬場家に対する支配が強力であったとは到底考えられず、両者は本所院また幕府に対して独立・並立的関係にあったとみなければなるまい。したがって馬場家の事例に限ると、本書序章で述べた小島鉦作氏の大宮司が社家全般を統制したという見解は成立し難く、上村説に従わなければならないのである。但し、馬場家を検討した文書は十四世紀までのものであり、それ以降についてはいまのところ何ら検討する材料をもちあわせていない。そこで次節では、十五世紀の文書が伝存するいま一つの権宮司

田島家について考察を加えてみることにしたい。

三、

田島家の所領・所職に関する文書を編年順に整理したものが、次頁の【表2】である。まず田島家の所領については、次の⑩文書によってその大略を知ることができる。

⑩文書　尾張（田島）仲奉譲状写

譲与　諸職等事

合

㋐祝師職　　當任屋敷家等

㋑一社職給歩　　私領其外悉

㋒一氷上禰宜職　　其外諸社等

㋓當知行分惣領職之事

右、㋔代々本重書等相副而、左京亮範和(尾張)仁、一円ニ所二譲渡一實正也、但庶子配分之事者、爲二成敗一少可レ有二扶持一候、如レ此定置上者、不レ可二親類他妨一者也、仍爲二後代一、譲之状如レ件、

明應六年五月廿一日

権宮司祝師尾張守仲奉　書判

【表2】祝師田島家関係文書

	和暦年月日	西暦	文書名	宛所	内容	出典
①	正応4・4・13	一二九一	熱田大宮司藤原宗範袖判下文写	尾張仲広	一円神領為安郷郷司職補任	田島家文書九-一号〈鎌倉遺文二三-一七五九四号〉
②	正応6・7・16	一二九三	熱田大宮司藤原行氏袖判下文写	(田島)中務小大夫仲広	一円神領為安郷郷司職補任(安堵)	田島家文書九-二号〈鎌倉遺文二四-一八二五六号〉
③	正安元・8・	一二九九	尾張員仲申状案	(社殿御代ヵ)	一円神領神戸郷内正住名名主職返給申請	猿投神社文書〈鎌倉遺文二六-二〇二一九号〉
④	(正安2ヵ)	一三〇〇	尾張員仲申状案(断簡)	(熱田大宮司ヵ)	一円神領神戸郷内正住名名主職返給	猿投神社文書〈鎌倉遺文二六-二〇二二〇号〉
⑤	観応2・6・24	一三五一	某(熱田大宮司ヵ)袖判宛行状写	祝師仲衡	誠五名宛行	田島家文書九-三号〈一宮市史・資料編六-二五四号〉
⑥	応永24・9・14	一四一七	熱田太神宮庁補任状写	散位尾張仲稲	祝師職の内の氷上宮禰宜職、同大般若田の還付	田島家文書〈千秋家文書上巻二六号〉
⑦	応永26・6・17	一四一九	(熱田社管領)吉賀和建照奉書写	田島仲稲	一円神領神戸郷内の西囲島屋敷充行	田島家文書八五号〈張州雑志巻三六〉
⑧	応永28・7・19	一四二一	熱田太神宮庁宛行状写	尾張守仲稲	畠二段宛行	田島家文書一一-一二号〈張州雑志巻三六〉
⑨	応永35・正・23	一四二八	熱田社務代吉賀和建照奉書写	祝師仲清	祝師職、知行地安堵	田島家文書〈千秋家文書上巻二八号〉
⑩	明応6・5・21	一四九七	尾張仲奉譲状写	左京亮(田島)範和(仲和)	視師織、社職給歩、私領、諸社禰宜職譲与	田島家文書〈千秋家文書上巻三〇号〉

この⑩文書は、明応六年（一四九七）田島仲奉（在職・寛正五〈一四六四〉～明応六）[45]が、息男左京亮範和（のち仲和、在職・明応六～大永三〈一五二三〉）に宛てた譲状である。仲奉の所領・所職は傍線㋐祝師職とそれにともなう屋敷家、㋑社職にともなう給分と私領、㋒摂社の氷上社および諸社の禰宜職であり、これらは㋓にあるように田島家惣領職

に付帯するものであった。この譲状には㋔「代々本重書等」、つまり安堵状・証文などが添えられていたが、その主体は明記されていない。また「社職給歩」とは氷上社をはじめ諸社禰宜職に付帯する給分もあろうが、その他にはないのか、さらに私領の実例など、この譲状からは多くを知ることはできない。そこで以下においてこれらの実態をできうるかぎり明らかにしておきたい。

①文書　熱田大宮司藤原宗範袖判下文写

（花押写）

下　爲安郷

定補郷司職事

尾張仲廣

右、以レ人所レ定二補彼職一如レ件、有レ限御年貢幷恒例臨時院役社役等、守二先例一、任二傍例一無二懈怠一、可レ令二弁勤一、仍沙汰人百姓等宜二承知一、勿二違失一、故以下、

正應三年三月十三日

②文書　熱田大宮司藤原行氏袖判下文写

（花押写）

下　爲安郷

補任郷司職事

右、以レ人爲二彼職一、所二補任一也、早守二先例一、可レ致二沙汰一之狀如レ件、百姓等宜二承知一、勿二違失一、以下、

正應六年七月十六日

中勢〔務〕小大夫仲廣

為安郷はその所在地の比定を詳らかにできないが、熱田社一円神領であり、①文書は正応四年（一二九一）四月に大宮司藤原宗範が祝師田島仲広（在職・正嘉二〈一二五八〉～永仁元〈一二九三〉）を当郷の郷司職[46]に任じたもので、この職は社職の一種である。その結果、仲広は熱田社に対して定田畠の「御年貢」および「恒例臨時院役社役」を納入する責任を負うことになったが、郷内の除田畠のうちから郷司給を給分として与えられたものとみられる。②文書はその二年後の正応六年七月に、大宮司藤原行氏が仲広を再度為安郷の郷司職に任じたもので、これは同年六月に宗範から行氏に大宮司が交替したことによる安堵状である[47]。

このように田島家の所領には、熱田社一円神領の現地経営責任者としての郷司給分を含んでいるが、この権益は応安五年（一三七二）八月の前節⑭文書に惣検校馬場家仲が同重仲に「重代相傳之本領」を譲与したとき、そのなかに一円神領とみられる「中嶋郡　弥耀名郷司職」が含まれていることから、本領として子孫へ譲渡できるものであった。但し、②文書の大宮司代替わりの安堵状が存在することからみて、譲与のときには大宮司の安堵を必要としたようである。それは国免によって成立した熱田社の特定用途料を負担する散在料田、また一定の神役勤仕を条件に社領として成立した中世的郷は、ともに名主・領主の支配が強く、熱田社にとっては彼らを通じて神役を得るだけの権利を有するという社領であったのに対して、為安郷など一円神領は熱田社の直接支配のおよぶ中核的な社領であったからである。

次に正安元年（一二九九）八月の③文書と、その翌年と推定される④文書とをみておこう。

③文書　尾張（馬場）員仲申状案

散位員仲(馬場)言上

欲下早且任二傍例一、且任二道理一、蒙中御下知上、神戸郷(愛智郡)内今村禪祐房琳慶跡、祖父祝師頼仲(田島)傳領正任名畠壹段大事

副　進

禪祐房琳慶讓狀案　一通

祝師大夫仲繼(田島)〔讓脱カ〕狀案　一通

親父大炊助讓狀案　一通

神戸郷内當名主注文　一通

件畠者、去承久三年三月十日、琳慶依レ爲二弟子一頼仲讓レ之、頼仲依レ有二要用一、爲二質劵一入二置當宮(熱田宮)供僧慶円一之後、彼慶円聟平三郎博奕之故、□□〔被カ〕二點召一畢、然者祖父頼仲〔コノ間脱アラン〕所科之上、嫡男祝師大夫仲繼□□〔讓狀〕顯然也、如レ此舊領令二安堵一□〔者〕傍例也、先例也、可レ然者、任二道理一、返二給名主職一、任二先例一、地□□〔子麥〕段別壹斗爲レ令二進濟一、□□〔恐々〕言上如レ件、

正□〔安〕元年八月　日

④文書　尾張（馬場）員仲申状案（断簡）

散位尾張員仲申

神戸（愛智郡）内横田壹色正住名壹段大、去年社殿御代、相傳子細言上之時、同年十月十三日預二御下知一、令（以下欠）

③文書は、馬場員仲が愛智郡神戸《ごうど》郷内のうち祖父田島頼仲以来の所領である正住名畠地一段大の名主職返給を申請したものである。宛所はみえないが、④文書に「去年社殿御代、相傳子細言上之時」とあることから、「社殿御代」おそらく大宮司の代官とみてよいであろう。この神戸郷は天長十年（八三三）に十五戸の神戸を封された地(48)に由来するとみられるが、中世には熱田社を囲む地域で一円神領となり、そこには神官が名主的地位として屋敷内や畠地を所有していたようである。

③文書によると正住名の伝領過程は、承久三年（一二二一）三月、禅祐房琳慶が員仲の祖父頼仲へ譲り、のち頼仲は神宮寺供僧慶円に質入していたが、慶円の聟平三郎が博奕の罪を犯したために召し上げられた。文書に欠落があるようで経緯を明らかにできないが、そののち再び頼仲の所有に帰しその嫡男の祝師田島仲継に伝わったようで、次いで員仲の父大炊助へ譲られた。文言に「地□□〔子麥〕段別壹斗」とあることから、正住名は借畠地とも考えられるが、譲与や質入が認められるなど名主に処分権があること、熱田社への地子負担は新所有者に受継がれていることなどから、もともとは琳慶が神宮寺の何らかの職に付帯する給分として与えられていた畠地とみるべきであろう。そうであれば、この地子は畠地年貢ということになる。このように正住名一段大という小片畠地の名主職についても大宮司の安堵を必要としたわけだが、それは質入するなどの処分権を名主が有していても、正住名は①②文書の為安郷と同様に一円神領神戸郷の一部を占めており、給分として与えられていたためであろう。

因みに③文書からは正住名の伝領過程のうち仲継から大炊助へ伝わった事情が不明であるので、これを検討しておきたい。頼仲・仲継父子はともに『尾治宿禰田島氏系譜』「田島家譜」に「中務大夫〔輔〕」としてみえるが(49)、大炊助・

員仲を含めた四人については前出「田島丹波系図」に、頼仲は員仲の祖父、その嫡男は仲継、また仲継と大炊助成仲は兄弟、員仲は成仲の息男とあり、【系図2】のように③文書の人物関係が示されているのである。

【系図2】

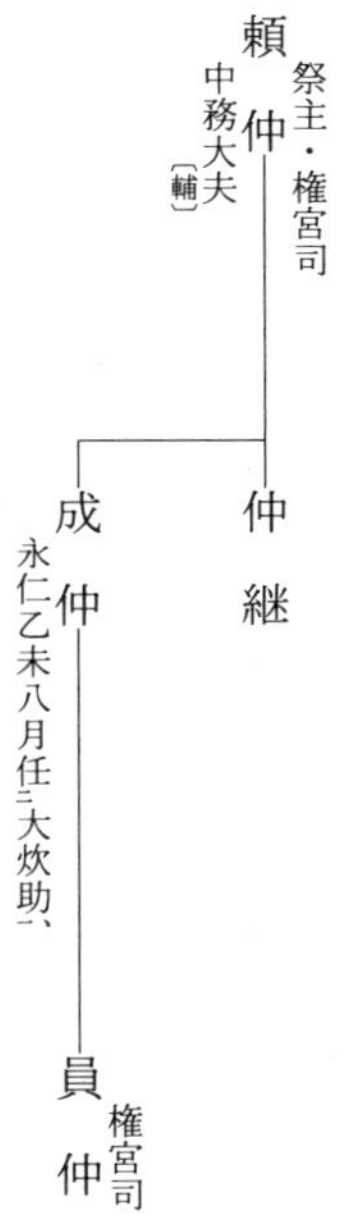

ところが成仲・員仲父子は、次頁の【系図3】『熱田惣検校尾張宿禰家譜』では馬場親継の子孫として記されている。成仲の肩には「大炊介〔助〕」とあり、また親継の没年建治元年（一二七五）、同じく奉継の永仁三年（一二九五）からみて、正安元年（一二九九）③文書の大炊助と【系図3】の大炊介成仲とは同一人物とみられる。㋑の員仲は十二世惣検校頼仲が嘉元三年（一三〇五）に没し、その子息良継が幼少であったために後見を務めて十三世惣検校となり、文保元年（一三一七）良継に同職を譲っている。[50] 没年は建武二年（一三三五）であるから、前節⑧文書元亨元年（一三二一）「平宰相安堵状写」の「神官かすかな」と同一人物であろうか。そこで【系図2】と【系図3】とを統一的に考えてみよう。【系図2】の員仲の肩に「権宮司」とあるのは、【系図3】の㋑の員仲が良継の後見として惣検校にあったことを示すものである。したがって、兄仲継から正住名畠一段大を譲与された大炊助成仲は、【系図3】を参照すると馬場親継の養子となり、さらにその子息㋐の員仲は奉仲の養子となり、義兄頼仲の子息良継の後見として

惣検校を継いだことが理解できよう。つまり正住名畠一段大は田島家から馬場家の所有に移ったことになるわけだが、おそらく員仲の系列に伝わっていったものとみられる。なお本節で正住名について述べたのは、もともとこの地が田島家の所領であったからである。

【系図3】　○印の数字は惣検校歴代数、（　）内の年号・数字は没年・年齢。

- ⑨親継（建治元・78歳）
  - ⑩奉継（永仁3・67歳）
    - ⑪奉仲（正安3）
      - ⑫頼仲（嘉元3・30歳）
        - ⑭良継（貞和5・53歳）
      - ⑬員仲㋑（建武2・52歳）
  - 成仲　大炊介〔助〕
    - 員仲㋐

次に十四世紀の史料であるが、遺憾なことに観応二年（一三五一）の⑤文書が管見におよんだ唯一のものである。

⑤文書　某（熱田大宮司ヵ）袖判宛行状写

（花押影）

葉栗郡誠五名事、祝師仲衡所二宛給一也、可レ致〔被ヵ〕二其旨存知一之状如レ件、

観應二年六月廿四日

これは田島仲衡（在職・正和五〈一三一六〉～延文元〈一三五六〉）が葉栗郡誠五名を宛行われたものであるが、発給

者を詳らかにできない。当然想定されるのは①②文書のように大宮司ということになるが、この時期にその任にあったとされる藤原忠広・同範重の花押と[51]⑤文書のそれとは異なっており、俄かに判断できないものがある。ただ誠五名が一円神領ではなかったことは、正和五年（一三一六）の「熱田社領注進状写」[52]と文和三年（一三五四）の「熱田社一円神領注進状案」[53]に記載されていないことから窺うことはできるが、このことはただちに社領ではなかったことを意味しない。確かに⑤文書の文言には熱田社への負担条件その他はみえないが「祝師仲衡」に給されている以上、社領とみることも可能であろう。また誠五名が⑤文書の前年観応元年に中島祐俊が中島郡の妙興報恩禅寺へ寄進した「尾張國丹波郡瀬邊散在　薩摩前司跡内　畠地事（中略）一所　誓吾村内捌段」[54]の誓吾村と同一であれば、仲衡は誠五名の名主職として熱田社に対して年貢徴収の責任を負い、前掲註(30)の「某宛行状写」のように年貢の一部を給分として与えられていたのかもしれない。しかし⑤文書については、前節⑧文書「平宰相安堵状写」と同様に領家の存在も考慮する必要があり、詳しくは後考に俟ちたい。

次に十五世紀前半の文書についてみておこう。

⑥文書　熱田太神宮庁補任状写

熱田太神宮廳

補任　祝師職内

氷上宮禰宜職事

散位尾張仲稻

同大般若〔經料脱〕田壹町

右、以レ人所レ補二任彼職一也、且爲二祝師職之内一之間、惣領重代之旨、被二還付一者也、神官等宜二承知一、敢勿二違失一、故以補、

応永廿四年九月十四日　　祝三國友松

大宮司藤原朝臣（貞範）　書判

この補任状は応永二十四年（一四一七）に熱田太神宮庁（大宮司藤原貞範）が田島仲稲（在職・明徳四〈一三九三〉〜正長元〈一四二八〉）を氷上宮禰宜職に任じ、その給分とみられる大般若経料田一町を宛行ったものである。文言に「祝師職内」「惣領重代之旨、被二還付一」とあり、また本節前出⑩文書「尾張（田島）仲奉譲状写」からも明らかなように、氷上宮禰宜職は田島惣領家相伝の社職[55]であった。仲稲の祝師職就任から二十五年も経過しての禰宜職還付は、この職が一時仲稲から離れていたかの憶測を生じさせるが、それは応永二十四年頃に藤原満範から貞範に大宮司が交替したための安堵状とみられる[56]。つまり田島惣領家の世襲である祝師職に含まれる氷上宮禰宜職は、大宮司の安堵によって保証されることが知れるわけだが、このような手続はこれ以前にはその例をみないことに留意しておきたい。

さらに祝師職自体についてみると、仲稲の跡を継いだ子息仲清（在職・正長元〈一四二八〉〜寛正五〈一四六四〉）に発給された次の文書がある。

⑨文書　熱田社務代吉賀和建照奉書写

熱田太神宮祝師職事　所々知行分在二別帋一

右、任二仲稲之譲状之旨一、仲清爲二惣領一、万事可レ専二神用一状、依レ仰(藤原貞範)、執達如レ件、

應永卅五年正月廿三日　　社務代 建照書判

(田島仲清)祝師殿

注目すべきことは、仲稲から仲清に譲られた祝師職とそれに付帯する知行分とを、大宮司貞範が一括して安堵していることである。いまのところ、中世における祝師職自体の大宮司による安堵例は他にこれをみないし、前節で述べた馬場家の惣検校職のそれにいたっては一例もないが、このことは応永年間（一三九四～一四二八）を境として、大宮司の権宮司家に対する支配関係に何らかの変容があったことを想定させられるのである。そこで次の二通の文書をみておこう。

⑦文書　熱田社管領吉賀和建照奉書写

熱田社領

神戸内西田嶋屋敷事

合壹所者

右、今度大宮御遷宮、云二忠節一、且依レ難レ分、祝師惣領屋敷之内、于至(マヽ)二仲稲子々孫々一、不レ可レ有二相違一之由、

依レ仰(藤原貞範)、執達如レ件、

應永廿六年六月十七日　　吉賀和美作入道 建照（花押写）

(田島仲稲)祝師尾張守殿

⑧文書　熱田太神宮庁宛行状写

熱田太神宮廳

合畠貳段者　坪江縁田嶋　坪　麥　畠

右、任二惣領職一、祝師尾張守仲稲被レ補二任一所也、然者如二先例一、可レ有二知行一旨、依レ仰、(藤原貞範)執達如レ件、

應永廿八年七月十九日　社務代(吉賀和)建照書判

(田島仲稲)祝師殿

⑦文書は応永二十六年の熱田社遷宮に功労のあった仲稲に対して、大宮司貞範が一円神領神戸郷内の西田島屋敷を宛行ったもので、⑧文書は同二十八年に大宮司貞範が仲稲に畠地二段を給与したものである。ともに知行宛行状であるが、留意しておきたいことは、前出の①②文書の様式が大宮司の直状であったのに対して、⑦⑧⑨文書は「社務代」と称する吉賀和建照の奉書様式に変化していることである。本書第一編第四章で述べたが、「社務代」とは、応永二十六年の遷宮の際に大宮司貞範を「社務」、建照を「社務管領」と記していることから、[57]社務を大宮司から委任された社職であり、のちにみえる「社家奉行」[58]「大宮司代」[59]の前身とみられる。この吉賀和氏は『満済准后日記』応永三十五年十月十六日条に「(熱田社)大宮司内者吉川ト云者」とみえる大宮司の家司であり、その子息左衛門季泰とともに大宮司貞範の在職期間に限って史料にあらわれる。またさらに、次の宛行状に明白なように、建照が大宮司を介さずに社家の家屋敷安堵を直接行った例さえ存在するのである。

宛給　家屋敷事

林宗重

右、彼家屋敷者、爲二代々相續支證明鏡一、任二亡父（林）重弘譲状之旨一、如レ元被レ返二付之者一也、社家宜二承知一之状如レ件、

應永廿六年五月廿日　　建照（花押）[60]

奉書様式による下級社家への社職補任・給分宛行は⑦文書より以前には三例を確認でき、[61]それらにはいずれも大宮司の袖判が認められ、基本的にはこれらの補任・宛行は大宮司の直状によって行われていた。また右宛行状と同様に大宮司家司とみられる人物が直状で社家を社職に任じた例としては、この前年の応永二十五年に左衛門尉常斉が、林重宗を摂社高蔵宮の日番職に任じたものもあるが、[62]その後に大宮司が署判する熱田太神宮庁補任状による下級社家の社職任命の例もあることから、[63]ただちに文書様式の変更があったと断言することは控えたい。

しかし、応永年間の田島家に対する発給文書について振り返ると、これまでの大宮司直状から⑦⑧⑨文書の家司奉書様式へ変化したこと、⑨文書にみられるように祝師職自体の安堵に大宮司が関与するようになったことは留意しておくべきであり、さらに大宮司家司による下級社家への直接安堵などは、これまでにみられない大宮司の社家への対応として捉えなければならないであろう。このようなことは、やはり応永年間頃に大宮司の社家に対する支配が強化されたとみるべきではなかろうか。すなわち、本書序章で紹介した上村喜久子氏の説ⓑⓒⓔは、十五世紀になると右述のように変質したとみるべきと考える。この問題の解明には、大宮司および熱田太神宮庁発給文書の網羅的な検討がぜひとも必要である。いまのところ管見におよんだ十二世紀末から十五世紀末までの間の文書は四

十九通であるが、第一編第四章で述べたので、ここでは応永年間を境に大宮司の社家支配が変容したことを指摘するに留めておきたい。

四、

以上述べたところを整理しておこう。

【惣検校馬場家】

㋐　所領は開発して国免を受けた免田（熱田社にとっては料田）、買得した料田、一円神領の郷司職給分が史料上確認できる。

㋑　所領安堵の主体は、鎌倉期には本所院および幕府。南北朝期には院との関係がさらに強まり、惣検校職自体の安堵を受けるようになる。また大宮司による安堵は、いまのところ史料上に確認できない。

㋒　鎌倉期には、神官・院仕身分・御家人の三重の性格をもち、大宮司とは並立的な関係にあった。

【祝師田島家】

㋐　所領は一円神領の郷司職給分、摂末社の禰宜職給分、他より譲与された一円神領内の畠地（名主職）が史料上確認できるが、料田の存在をみない。

㋑　所領安堵の主体は確認できる限り大宮司によるものだけで、本所院・幕府によるものは一例もみない。また応永年間頃から大宮司が祝師職自体の安堵を行うようになる。

これらの相違は史料の年代や残存性に問題があるのかもしれず、これらを総合的に把握するならば、両権宮司家の所領のうち料田は大宮司の直接支配を受けない私領的性格をもち、売買はできたが熱田社への負担は新所有者に引継がれ、また一円神領の郷司職・名主職や諸社禰宜職の給分は公的な性格が強く、大宮司の安堵を必要としたが、質入した例もある。しかし一方では、馬場家については院・幕府の安堵例がみられ、田島家にはその例が皆無であることは、両家の著しい相違としていまのところ認識しておく必要はあろう。

また応永年間（一三九四〜一四二八）頃から、それまでみられなかった大宮司による祝師職自体の安堵が行われたり、社務代と称する大宮司家司が下級社家に対して大宮司を介さずに直接補任安堵をする例が認められることなどは、大宮司の社家に対する支配強化の姿勢を窺うことが可能である。つまり十四世紀末までは上村喜久子氏指摘のⓔの通り、大宮司と権宮司家とは並立関係にあったとみてよいのであるが、以後この関係は第一編第四章で述べたように、明らかな変質が認められるのである。

〔補註〕

（1）『神道大系』神社編十九熱田（神道大系編纂会、一九九〇年）、『熱田神宮文書』田島家・馬場家文書（熱田神宮宮庁、一九九八年）所収。前者はこの系図の名称を『熱田惣検校尾張宿禰馬場氏系図』とするが、本書では後者にしたがう。なお本系図については、本書第三編第三章を参照。

（2）別名「伊勢尾張氏系図」（『張州雑志』巻三十六）、『熱田神宮文書』田島家・馬場家文書所収。この系図は大宮司尾張員信より起こし、他の田島系図に比べて詳細である。特徴として、㋐女子の嫁ぎ先、㋑女子所生子息の系譜、㋒他系図にみえない権宮司の人名などが記されており、田島氏と他氏との関係を知るうえで貴重な系図である。ただ遺憾なことに原本の所在を明らかにできない。なお本系図については、本書第三編第二章を参照。

（3）『尾治宿禰田島氏系譜』（前掲註〈1〉『熱田神宮文書』所収）は員頼・信頼をともに大宮司とするが、他の系図にはみえない。とくに前掲註(2)の「田島丹波系図」に記載がないことを尊重しておきたい。なお前掲註(1)『神道大系』

は名称を『熱田祝師尾張宿禰田島氏系譜』とする。

（4）祝師・惣検校は権宮司であることが条件だが、権宮司は必ずしも祝師・惣検校に就くとは限らない。例えば文和三年（一三五四）四月二十三日「熱田社一円神領注進状案」（『熱田神宮文書』宝庫文書五号、熱田神宮官庁、一九七八年）には五名の権宮司、また応永十九年（一四一二）十一月日「熱田太神宮祠官供僧等連署解」（京都御所東山御文庫記録甲八十五諸社〈『大日本史料』第七篇之十七〉）には九名の権宮司を確認できる。この権宮司層は田島・馬場家の本家・庶家によって構成されたとみられ、両家の本家が祝師・惣検校職を世襲した。

（5）前掲註(3)『尾治宿禰田島氏系譜』頼忠の尻付。なお祝師を祝詞師と記す場合もあるが、本書では通例の祝師と記す。

（6）『熱田神宮史料』年中行事編上巻解説三「当宮の諸職掌」（熱田神宮官庁、一九七一年）。

（7）一円神領の実質経営を掌握していたのは権宮司層であって、惣検校単独の権限によって扱われたことはない。これについては、本書第二編第一章を参照。

（8）『熱田祠官略記』前掲註(1)『神道大系』所収。

（9）『熱田祠官祠掌私記』（前掲註〈1〉『神道大系』所収）に「祝師・惣檢校両家ハ、断絶之時互ニ相續する故ニ、今ニ至而他姓之者ハ勿論、女子方より家を建る例なし」とある。

（10）前掲註(2)「田島丹波系図」の惣検校馬場廉忠の子息頼嗣、その猶子親継の尻付に「祭主權宮司」、すなわち祝師になった事例がみえる。

（11）西岡虎之助「熱田社領を背景とする大宮司家の変遷」（原題「熱田大宮司家と清和源氏との関係」〈『頼朝会雑誌』四号〉、一九三二年、のち『荘園史の研究』下巻一、岩波書店、一九七八年に再録）。

（12）『台記』久安六年七月二十三日条。

（13）（文暦二年〈一二三五〉）「尾張（馬場）親継申状案」（断簡）粟田巌穂氏所蔵文書（『鎌倉遺文』補遺第二巻一一七二号文書）。

(14) 前掲註(13)文書に「件料田者、去長寛年中池大納言家御任中、奉忠蒙二國免一、引二募件講經供料田一畢」とあり、また平頼盛は長寛元年正月二十四日に国司を辞任しているので(『公卿補任』第一篇四六二頁、仁安元年条)、長寛年中とは長寛元年を指す。しかし本書第二編第二章で述べたように、頼盛は同年八月十七日付で佐伯遠長に中島郡鈴置郷の領掌を認めるなど、尾張国司の権限を執行している。

(15) 建久三年(一一九二)十二月十日「将軍家(源頼朝)政所下文写」(『熱田宮及大宮司文書写』名古屋市鶴舞中央図書館所蔵、『鎌倉遺文』未収録)。

(16) 上村喜久子「尾張三宮熱田社領の形成と構造」(『日本歴史』二九四号、一九七二年)。

(17) 成重は尾張氏の諸系図にみえず、どの系列につながるか不詳。

(18) 次節に掲載した鎌倉期の文書のなかには、『鎌倉遺文』および同補遺に未収録のものがある。

(19) 年月日未詳「尾張熱田宮領注進状案」三河猿投神社蔵『本朝文粋』巻二紙背文書(『鎌倉遺文』第二十六巻一九八三六号文書)。

(20) ⑩文書　尾張(馬場)良継譲状

譲渡　面〻支配田畠等注文事

　合

一、寶光庵方丈分

　　南新田經田貳反　鑄師迫當作

一、證心院房分

　　御社迫貳反半　　東五反

一、忍一御房分

　　多賀ノ後家讓分五反　入ノ口付當　貳反　佛性田一反除田

中瀬屋敷

一、中瀬殿分

苗代田自二明年一　參反小　永仁三反佃、當作

存生之間可レ有二知行一候、

一、明三侍者

東面　神佛名跡

一、大貳殿分

石津年貢、内毎年壹貫文南御堂可レ致二沙汰一也、

殘分連々可レ加二修理一候、又一百丁鄕司職可レ致二領知一□、

一、宰相房分

講田一圓　可レ被二知行一候、

面々不レ可レ有二他煩一者也、

右各良繼任二支配之旨一、可レ有二知行一者也、相互成二水魚之思一、聊不レ可レ有二違乱一之儀候、兼復面々隨二分限之多少一、專二沒後之追善一、令レ資二助覺路一者、尤所レ願也、更々不レ可レ有二退轉一候、仍爲二末代龜鏡一、支配如レ斯、

觀應貳年辛卯五月廿二日　　惣檢校法眼良繼（花押）

⑬文書　熱田太神宮庁補任状写

判

熱田太神宮廳

補任　御井料田伍段在所大間

散位尾張秀仲

右、於二彼料田一者、任二實仲讓狀之旨一、不レ可レ有二知行相違一之狀、如レ件、

　　應安三年十二月　日　　　　　祝三國弘守

大宮司藤原朝臣

(21) 前掲註(16)上村喜久子論文。

(22) この場合の「社家」とは、後述の⑥文書によると大宮司・社官（上級社家・権宮司層）を指すものとみられる。この集合体は熱田太神宮庁とも考えられるが、同庁発給文書には大宮司の署名はあるものの権宮司のそれはまったくみられない。この点については、本書第一編第四章を参照。

(23) この冷泉大納言家は、冷泉万里小路に住み冷泉を号した藤原隆房で、尾張守には建久六年（一一九五）六月三日に息男隆宗が就任している（『尊卑分脈』第二篇三六四頁、『公卿補任』第二篇二七頁、建保六年条）。

(24) 『熱田惣検校尾張宿禰家譜』前掲註(1)。

(25) 前掲註(16)上村喜久子論文。

(26) 正和五年（一三一六）十一月日「熱田社領注進状写」（『楓軒文書纂』中巻五二九～三〇頁）に「本別納外新別納」として「成武郷 則武イ本」とある。但し文和三年（一三五四）四月二十三日「熱田社一円神領注進状案」（前掲註〈4〉文書）には記載されておらず、南北朝期には一円神領からはずれていた。

(27) 成武郷の安堵については、次の⑦文書永仁五年（一二九七）二月二十五日「後深草院女房奉書写」がある。

なりたけ《（成武）》の事、御けち《（下知）》のゐんせん《（院宣）》をなされ候て、ふきやう《（奉行）》のもとに御遣、ゆいくわん《（遺言）》ハうに、いそきとりて、くたすへきよしおほせられて候へハ、しハらくたうし《（当時）》の御かんに、しさい《（子細）》を申して□《〔と〕》るへきよしそ《（訴）》人申候て、いまたとらす候、いそきさう《（左右）》を申されて、とらるへく候よし、申せとて候、あなかしく、〳〵、

なお本文書は『張州雑志』巻三十五馬場家古証状にも収められており、「伏見院御局安堵御書　永仁五年二月廿五日事不分明文字不詳」という注記がある。『鎌倉遺文』はこれを採用してのことであろうか「伏見天皇女房奉書」とし、『熱田神宮文書』（馬場家文書七号解説）もこれに従って「伏見天皇女房奉書写」と名付けている。伏見天皇の父後深草院が正応三年（一二九〇）二月出家して天皇の親政になったこと、また永仁六年（一二九八）に伏見天皇は譲位して院政を開始していること、注記の「伏見院云々」の部分はのちの追記であるので永仁五年に「伏見院」と記しても不思議でないことなどから、一見この文書名で不都合はないとすることはできよう。

しかし注記の「永仁五年」という年紀が正しいのであれば、文言に「ゐんせん」とある以上、伏見天皇女房奉書であるはずがない。しかも嘉元二年（一三〇四）七月八日に後深草院は処分状によって「長講堂以下管領所々、不ㇾ漏二一所一、可ㇾ有二御管領一之由」、すなわち熱田社領を含めた「管領所々」を伏見院に譲っているのだから、永仁五年時点での熱田社領の本所は後深草院であった。つまり⑦文書は注記の年紀が正しいという条件付きで、「後深草院女房奉書写」ということになる。

(28)　一円神領の郷司職は大宮司によって任じられる。これについては前掲註(7)。

(29)　成武郷は一円神領であるが（前掲註〈26〉）、この一円神領内に料田が存在した場合、一定の用途料を負担するのみで、扱いは除田となる（前掲註〈16〉上村喜久子論文）。また一円神領郷司給分も除田として扱われる（正安二年〈一三〇〇〉「熱田社領大郷郷検見注進状案」三河猿投神社蔵『本朝文粋』巻二紙背文書〈『豊田史料叢書』猿投神社中世史料、豊田市教育委員会、一九九一年〉）。

(30)　⑧文書は『鎌倉遺文』『熱田神宮文書』ともに「かやそゐ局安堵状写」としており、筆者もこれらに倣っていた。しかし平成十三年十月十二日の一宮制研究会において本文書を閲覧する機会を得た際に、福島金治・岡野友彦氏から「かやそゐ」は「平宰相」と解読すべきことをご教示いただいた。顧みれば、すでに小島鉦作氏が「平宰相」と読まれていたことをここに記しておきたい（「中世における熱田社領―社会経済的発展の基盤と領知制―」〈『神道史研究』七巻六号、一九五九年〉、のち同氏著作集『神社の社会経済史的研究』吉川弘文館、一九八七年に再録）。

また「なりたけからの氣ち」は、もと「うち」と読んでいたが、これも「氣ち」つまり「下地」と判読すべきことを福島氏からご指摘いただいた。

次に『熱田神宮文書』（馬場家文書八号）の解説に、「かやそゐ局（平宰相）(筆者註)は、伏見院を本所とする領家」とあることは検討を要する。まず第一に、伏見院は⑧文書が発給された元亨元年（一三二一）より以前の文保元年（一三一七）に崩御していることである。第二に伏見院が正和元年（一三一二）十二月日の処分状（伏見宮蔵『鎌倉遺文』第三十二巻二四七六七号）に、

一法金剛院領目録在別
當時新院(後伏見院)御管領也、不レ可レ有二相違一、熱田社日來未レ付レ之、愚身(伏見院)令二管領一、被レ付二惣領一、始終同可レ被レ進二内裏(花園天皇)一、子細同前、

と記していることである。熱田社領は新院である後伏見院管領の法金剛院領に付けず、伏見院自身が管領していたが、のちに内裏、すなわち花園天皇に譲るという条件で、このとき後伏見院に相伝したのである。神官員仲は代々の院宣によって成武郷の下地三町六反の相伝を認められたのであるから、熱田社領管領者が新院である後伏見院に交替したことによって、当然後伏見院に安堵されたはずであるし、平宰相も同様であったであろう。つまり元亨元年の熱田社領本所は、後伏見院ということになる。

なお『角川日本地名大辞典』23愛知県の項目「成武郷」には、⑧文書を「後宇多院女房奉書写」としている。確かに元亨元年に院政を執っていたのは後宇多院ではあるが、熱田社領は「後深草院以來正統につたはる」（『椿葉記』）という持明院統相伝の皇室領であるから、大覚寺統の後宇多院が相続するはずはない。また次に挙げる正中三年（一三二六）の「後伏見院処分状案」（書陵部蔵伏見宮文書『鎌倉遺文』第三十八巻二九三五〇号文書）により、それは明白であろう。

長講堂領・法金剛院領付熱田社領等讓二進之一、可レ有二御管領一、於二長講堂事一者、後深草院・先院(伏見院)御一期之間、有二御沙汰一、然而有二存旨一、自二當時一所二申付一也、殊致二寺院之興隆一、可レ被レ専二先皇之追修一者也、抑愚老(後伏見院)管領所々、始終悉可レ被レ讓二與量仁親王(光厳天皇)一、爲二嫡孫一可レ爲二領主一之器故也、努力不レ可レ有二依違一之狀如レ件、

正中三年二月十三日　判(後伏見院)

(31)「某宛行状写」林正木大夫家文書（『張州雑志』）巻第三十六。なおこの発給者は大宮司であるとみられるが、他の例では袖判をおくのが一般的である。

(32)「中世熱田社の権宮司家―馬場・田島家の所領・所職を中心に―」（『奈良史学』一三号、一九九五年）。

(33)『熱田神宮文書』宝庫文書五号。なお同書は本文書を「熱田宮権宮司家領注進状写」としているが、これは誤り。この点については、本書第二編第一章を参照。

(34)応永十九年十一月日「熱田太神宮祠官供僧等連署解」（京都御所東山御文庫記録『大日本史料』第七編之七）。

(35)前掲註(30)小島鉦作論文。次節【表2】祝師田島家関係文書の①②文書。

(36)前掲註(16)上村喜久子論文。

(37)この点については第二編第一章を参照。

(38)富田正弘氏は「祈禱は単なる神頼みではなく、軍事的な勢力範囲の誇示であり、祈禱状は一種の軍勢催促状又は禁制」と指摘されている（「中世東寺の祈禱文書について―古文書体系論と宗教文書―」『古文書研究』一一号、一九七七年）。

(39)⑥文書は断簡で年紀はみえないが、それを窺うには範広が当代の大宮司であったことが参考になる。『熱田大宮司千秋家譜』によると、範広はまず宝治二年（一二四八）三月十一日に死去した父能範の葬送日に庁宣により大宮司に任じられ八年間在職し、また康元二年（一二五七）正月十一日に還補しているから、⑥文書の年紀はこの二度の在職

期間のいずれかにあたる。幸いに『熱田惣検校尾張宿禰家譜』の親継の尻付に「正嘉二年（一二五八）八月賜二關東御下文一、文暦元年午十二月廿八日未剋、自二鎮皇門之前一火災起、而令レ焼二失私領名田等相傳之文書一」とあることは、二度目の在職期間に一致する。したがって前掲註(32)旧稿では「正嘉二年八月賜關東御下文」は⑥文書である可能性が高いと考えたのである。

しかし『愛知県史』（資料編八巻中世一、愛知県史編さん委員会、二〇〇一年）は、⑥文書の年紀を正元元年（一二五九）と推定している。その根拠は正嘉二年十二月二十四日付の「鎌倉幕府奉行人武藤景頼奉書写」粟田家文書（同書二四二号の一文書）を受けた大宮司が、翌正元元年の早い時期に幕府へ回答し、それによって幕府が最終的な判断を下したものと考えたのであろう。いまは『愛知県史』の見解にしたがい、旧稿を改めたい。なお念のために「鎌倉幕府奉行人武藤景頼奉書写」をあげておく。

（前欠）田参拾町・當宮南大門西屋敷等安堵御下文事、本御下文幷爲當知行否可二支申一仁之有無事、令二相尋一之處、於二本御下文一者、文暦元年焼失之時令二紛失一之間、前大宮司（藤原能範）之時、□〔文〕暦二年立二紛失之狀一、申二請宮中幷在地證判一之時、被二加判一□者、定被二知及一歟、可下令二注申一給上之由、所下被二仰下一候上也、恐々謹言、

正嘉二年十二月廿四日　　太宰權少貳景頼（武藤）奉判

謹上熱田大宮司殿（藤原範広）

(40)　竹内理三氏は源義仲入京のことが本書状にみえていることから、寿永二年七月二十八日を遠く離れない時と推定されている（「熱田神宮と源頼朝」『熱田風土記』四号、久知会、一九六三年）。しかし『熱田宮及大宮司文書写』（名古屋市鶴舞中央図書館蔵）には、本書状の年紀とみられる、

かしく、

寿永二年
七月十六日　　在御判
故奉忠後家殿

との断簡が書写されており、興味深い。

(41) 奉忠の遺領は後述の③文書にみえる「本宅并力王子已下名田」であるが、この名田には⑤文書㋑の長寛元年に奉忠が国免を受けた「大宮・八剱兩社新季大般若經料田拾參町陸段」も含まれていたとみられる（前掲註〈16〉上村喜久子論文）。

(42) これは一連の将軍家政所下文への書換によるものであろう。

(43) 前掲註(16)上村喜久子論文。

(44) 上横手雅敬氏は『吾妻鏡』建永元年（一二〇六）五月六日・二十四日条の伊勢神宮祭主大中臣能隆が家司加藤光員を幕府に訴えた記事から、光員は①能隆の家司、②鎌倉御家人、③院仕身分、という三重の性格をもつとされ、この種の重層的な主従関係は少なくなかったことを述べられている（『日本中世政治史研究』三四八頁、塙書房、一九七〇年）。

(45) 以下、権宮司職の在職期間は『尾治宿禰田島氏系譜』による。

(46) 為安郷の郷司職については、第二編第一章を参照。

(47) 『熱田大宮司千秋家譜』行氏の尻付。

(48) 『続日本紀』天長十年六月壬午（二十七日）条。

(49) 『尾治宿禰田島氏系譜』は仲継を頼継と記すが、「田島家譜」（『張州雑志』巻第三十六所収）には頼継の尻付に「舊記仲繼ニ作ル」とある。

(50) 『熱田惣検校尾張宿禰家譜』十三世員仲の尻付。

(51) 文和二年（一三五三）十二月十三日「熱田大宮司藤原忠広楠木御前禰宜職宛行状」（『熱田神宮文書』千秋家文書上

巻一一号)、貞和五年（一三四九）十一月七日「藤原範重寄進状写」(『熱田宮及大宮司文書写』名古屋市鶴舞中央図書館蔵)。
(52)　前掲註(26)『楓軒文書纂』。
(53)　前掲註(33)『熱田神宮文書』宝庫文書。
(54)　観応元年十月八日「中嶋祐俊寄進状案」(「妙興寺文書」一一六―一四号、『新編一宮市史』資料編5)。
(55)　社職は本章第二節①②文書の一円神領のように社領そのものに関わる俗的な職と、本文書の氷上宮禰宜職のような聖的な職との二種類があり、ともに給分が付帯する。なお熱田神宮文化研究員野村辰美氏より、氷上宮は代々久米家が社務として世襲しており、この田島家の同宮禰宜職は遷宮・神事などに熱田社から派遣されて祝詞を奏上する祝師のことであろう、との御教示を得た。
(56)　『熱田宮年代記』(『熱田神宮史料』造営遷宮編上巻、熱田神宮宮庁、一九八〇年)に、貞範の大宮司在職が応永二十四年にはじまることがみえる。
(57)　「応永二十六年大宮御遷宮供奉人差定」(『熱田神宮史料』造営遷宮編上巻九号)
(58)　文明元年（一四六九）十一月九日「熱田社社家奉行藤原季国紛失状写」(『熱田神宮文書』千秋家文書上巻二一号)。
(59)　延徳三年（一四九一）六月十四日「熱田大宮司代藤原月栖（季国）下知状写」如法院文書（『張州雑志』巻第五十四)。
(60)　「熱田社管領吉賀和建照宛行状」(『熱田神宮文書』千秋家文書上巻十八号)。因みに林家は代々開闔職を務める下級社家である。
(61)　正中二年（一三二五）三月十六日「熱田大宮司藤原朝重袖判左衛門尉遠秋奉書写」(『熱田神宮文書』千秋家文書中巻二九四号)、康永三年（一三四四）十二月二十六日「(熱田大宮司藤原高季カ)袖判円道奉書写」林正木大夫家文書（『張州雑志』巻第三十六)、明徳二年（一三九一）十一月十五日「熱田大宮司藤原某袖判左衛門尉某奉書写」(『熱田神宮文書』千秋家文書中巻二九七号)。
(62)　応永二十五年（一四一八）十月二十一日「左衛門尉常斉補任状写」(『熱田神宮文書』千秋家文書中巻三〇一号)。

(63) 例えば永享三年（一四三一）八月二十八日「熱田太神宮庁補任状」（『熱田神宮文書』千秋家文書上巻一九号）は、大宮司藤原持季が林重明を楠木社禰宜職に任じている。

第六章　織豊期における熱田大宮司家領の変遷

一、

第一編第三章で述べたように、室町期には藤原高範系列の大宮司家は幕府奉公衆として在京していたが、尾張本国に居住した大宮司代の系列は以後の大宮司職を継承するようになった。この系列は遅くとも天文三年（一五三四）八月に死去した千秋季通の代頃から尾張本国に居住し、織田氏との関係をもちはじめたようである。天文十三年織田信秀は美濃国稲葉山にて斎藤氏と戦ったが、その際、季通の孫季光は信秀に属し戦死し、次いでその子息季忠は永禄三年（一五六〇）桶狭間の戦において織田信長に従い討死した。ここに平安後期以来、武家的活躍をした大宮司家は、季忠の息季信に至りようやく本来の祭祀者としての立場に戻ることとなったのである。

さて経済的にみると、季忠までは尾張国智多郡羽豆崎に在城し、四、五万石を領有していたと伝えられる大宮司家も、その後はかなり衰退したようである。結局江戸初期に大宮司家領として愛智郡野並郷七百十七石の知行を安堵され明治に至るのであるが、織豊期の大宮司家領に関しては若干の文書が残存しており、その変遷の一端を窺うことができる。本章ではこれを用いて織豊期の大宮司家領について概略を述べるが、まず検討の対象および関連する文書の編年目録と文書そのものをあげておくことにしたい。

【熱田大宮司家領関係文書編年目録】（『熱田神宮文書』千秋家文書上・中巻より）

	年紀	西暦	文書名	千秋家文書番号
①	天正四・正・一〇	一五七六	織田信長朱印状写	三二
②	天正四・正・一一	一五七六	織田信忠判物	三三
③	天正四・正・一一	一五七六	佐久間信盛・同信栄連署副状写	二八八
④	天正四・三	一五七六	織田信忠判物写	二九〇
⑤	天正一〇・七	一五八二	織田信雄判物写	二九一
⑥	天正一一・八・二八	一五八三	曾我助乗・矢部甚兵衛連署書状	三二二
⑦	天正一二・三・二三	一五八四	徳川家康判物写	三五
⑧	文禄四・八・八	一五九五	豊臣秀吉朱印状	三七
⑨	文禄四・八・八	一五九五	豊臣秀吉朱印状写	三八
⑩	慶長六・二・七	一六〇一	伊奈忠次書状写	三一七
⑪	（慶長六カ）二・四	（一六〇一カ）	小笠原吉次書状	四〇
⑫	年未詳一二・二六		織田信益（長益）書状写	二九二

①熱田太宮神職、一圓ニ宛行訖、然而最前雖レ爲ニ沽却地一、今度改申付上者、悉以全可レ令ニ直務一状如レ件、

天正四
正月十日　　　　　　　　（織田）信長御朱印

千秋喜七(季信)〔郎脱〕殿

②熱田太宮神職、一圓ニ宛行畢、然而最前雖レ爲ニ沽却地一、今度改申付上者、悉以全可レ令ニ直務一狀如レ件、

天正四
正月十一日　　信忠(織田)（花押）

千秋喜七郎(季信)殿

③熱田太宮神職、一圓可レ有ニ御裁許一、然而最前雖レ爲ニ沽却地一、被レ任ニ　御朱印旨一、悉以御領知専要候、仍狀如レ件、

天正四
正月十一日　　佐久間甚九郎
信榮判
佐久間右衛門尉
信盛判

千秋喜七郎(季信)殿

④賀〔加〕藤圖書(順盛・順政)父子、引ニ得千秋沽却分拾四貫文一之所、其方江令ニ還附一上、不レ可レ有ニ相違一之狀、如レ件、

天正四
三月　日　　信忠(織田)御判

千秋喜七郎(季信)殿

⑤森河分七貫貳百文事、任ニ御判旨一、無ニ相違一全可ニ領知一之狀、如レ件、

天正拾年
七月　日　　信雄(織田)御判

淺井四郎左衛門尉殿

同女子たあ

⑥野なミ(並)の郷三百五拾貫文、此内百五十貫文たあへ被レ参候、相残分喜七郎(千秋季信)殿へ被レ遣候、尚以被レ遂二御糺明一、追而被二書載一、御判可レ被レ遣之旨御諚候、恐々謹言、

天正十一年八月廿八日　矢部甚兵衛判

たあ　曽我兵庫(助乗)　判

千秋喜七郎(季信)殿へ

⑦熱田太(大)宮司職之事

右上様(織田信長)井(織田)信雄任二御判形之旨一訖、但所々有レ之太(大)宮司領、為二其改替一、野波(並)之郷三百五十貫文、於二向後一不レ可レ有二相違一、殘而不足之所百貳十貫文之得替、三介殿(織田信雄)江申上可レ遣候、所如(仍カ)レ件、

天正十二年

三月廿三日　家康(徳川)書判

千秋喜七郎(季信)殿

⑧尾州丹羽郡赤見村内百五十五石五升事、令レ扶二助之一訖、全可二領知一候也、

文禄四

八月八日　◯(豊臣秀吉朱印)

千秋喜七郎（季信）殿

⑨尾張國海東郡下田内百五拾石事、令二扶助一畢、可二全領知一候也、

文禄四
八月八日御朱印（豊臣秀吉朱印）
千秋母（たあ）

⑩　已上
熱田大宮司領事、如二前々一被二仰付一候、并三刕高橋郡内舞木村・尾刕海東郡下田村・丹羽郡赤目村三ヶ所爲二替地一、野波（並）郷一圓山共ニ被レ下候間、全可レ有二社納一候、御朱印之儀者、秋中吾等上洛之砌、取可レ進候、先一筆如レ此候、以上、

（慶長六年）
丑二月七日　伊奈備前守
忠次　印判 書判
（千秋季信）
大宮司

⑪　以上
急度申遣候、仍野なミ（並）村一郷之儀、千秋（季信）ニ被二仰付一候間、指出可レ被レ取候間、爲レ其一書申入候、余人より申越候共、此折帋任レ理可レ申候、恐々謹言、

小笠原和泉守

〇（黒印、印字「秀次」）
吉次（花押）
（慶長六年カ）二月四日
野なミ村庄屋
百姓中ゑ

⑫志まのちきやう（知行）の事、御たあより御事わりの事ニ候間、その方へ進候、いらひハ御用のき可レ承候、恐々謹言、
十二月廿六日　　信益（織田長益）御判

二、

千秋季信について『熱田大宮司千秋家譜』は、次のように記している。

大宮司　紀伊守　童名喜七郎　母淺井備中女
ⓐ父季忠戰死、季信未胎内七ヶ月、已生而被レ養ニ育于淺井一、ⓑ及ニ于十五歳一、信長公蒙ニ於尋問拝謁一、乃賜ニ乎吉光一刀一、存ニ于今一爲ニ家珍一矣、ⓒ且曰、西國未レ入ニ我手一、及ニ于一天治平一者、如ニ本領一全可ニ宛賜一、先當分三河國高橋郡内舞木村・尾張國海東郡下田村・同國丹羽郡赤目村合三ヶ所可ニ領知一旨、伊奈備前守忠次等證書、ⓓ亦曰、大宮司者准ニ神祇伯一、其職重任也、三代戰死欲三已絶ニ其胤一、自レ今停ニ軍事一、永可レ守ニ於彼職一、并熱田宮社神職一圓被レ宛ニ行之一畢、便御父子賜ニ御朱印御判形一矣、（下略）

傍線ⓐによると、永禄三年（一五六〇）桶狭間の戦にて父季忠が戦死したとき、季信は母たあの胎内七ヶ月であったが、生後母方の浅井四郎左衛門尉に養育され、その費用としてであろうか永禄九年織田信長は浅井に森河分七貫二百文を給している。(7) このとき季信は僅か七歳で、もとより大宮司職にあったわけではなく、一族のなかから季重が大宮司代に選ばれていたようである。傍線ⓑによれば、天正二年（一五七四）季信は十五歳のとき信長に謁し、また時期は不明だが、傍線ⓒにみえる三河国高橋郡舞木村・尾張国海東郡下田村・同国丹羽郡赤目村の三ヶ村を給付された。(8) これが季信に関する具体的な所領名の初見である。(9) また傍線ⓓのように軍事を停められ、社務に専念するよう命じられている。

さて文書の上で確認すると、①文書から天正四年信長は季信に大宮司職の全てを給し、沽却地還付とその直務を命じたことが知られ、これには②文書の織田信忠判物と③文書の佐久間信盛・同信栄連署副状がつけられており、熱田社に対する信長の厚遇振りが窺われる。この沽却地還付の実例が④文書で、加藤順盛・同順政が千秋家より買得していた十四貫文の地を信忠が還付させている。

以上のように天正二〜四年にかけて信長は季信に大宮司職および所領安堵等を行ったが、前出『熱田大宮司千秋家譜』傍線ⓑⓒⓓはこれを一括してまとめたもののようである。文書の存在から考えれば、傍線ⓑは①②③文書に該当し天正四年に係るのは疑いないが、傍線ⓒの舞木村以下三ヶ村を示すのは⑩文書しか存在せず、しかも三ヶ村給付の時期は判然としない。

なお、①②③④文書にみえる沽却地直務に関することで、気がかりな二通の文書がある。ともに年未詳正月十六日付の信長家臣である菅谷長頼奉書、(10) 一通は加藤図書助宛で、(11) 一通は加藤隼人宛、(12) しかも全くの同文であるので加藤図書助宛をあげておこう。

昨夕申下刻被㆓仰出㆒候條、則以㆓使者㆒申入候、ⓐ仍千秋四郎息子・母儀近年雖㆘被㆓召使㆒候㆖、去年御意に被㆓相違㆒に付而、被㆓追出㆒候、就㆑其千秋治脚〔沽却〕之地、買徳〔得〕人かたへ如㆓先々㆒被㆓返遣㆒候、ⓑ宮中之儀に候へ者、兩人有㆓馳走㆒、可㆑被㆓返置㆒候、爲㆑其我等使者進㆑之候、早々被㆓仰出㆒之趣相届躰、先御返事待入候、恐々謹言、

正月十六日　　菅谷九右衛門
長頼（花押）

加藤圖書助殿　御宿所

傍線ⓐによると、千秋四郎（季忠）息子と母は近年信長に仕えていたが、去年何らかの勘気を蒙り追い出された。その結果、文言中に「買徳人かたへ如㆓先々㆒被㆓返遣㆒候」とあるように、どうも一旦は千秋家が沽却した土地は同家に返却され、それがまた買得人に返されたようである。しかし傍線ⓑによれば、「宮中之儀」つまり熱田社のことゆえ、今年正月になって信長は意を翻したのであろうか、千秋家沽却地を同家へ再び返却するよう熱田の有力者である「兩人（加藤図書助・同隼人）」に菅谷長頼を通して伝えている。おそらく買得人は両加藤氏だけではなかったであろうから、両氏が奔走して他の買得人が返却するよう説得してほしいことを要請したものとみられる。

さて問題はこの奉書の年紀である。『熱田大宮司千秋家譜』により千秋四郎息子を季信に比定し、①②③④文書の年紀以後に信長の勘気を蒙ったとすれば、この奉書の年紀は天正五年以降と考えられよう。しかしこの場合、この奉書の結末は確認できない。

かつて小島廣次氏はこれを天正四年とし、買得人の千秋家への沽却地返還が難行したことを予想して、信長がとくに両加藤氏に協力を要請したものと考えられた(13)。その根拠として、加藤氏の返還を示す④文書の日付が三月と遅れたことをあげられたのである。だが「如二先々一」の説明はなされなかったので、若干検討しておきたい。『熱田大宮司千秋家譜』から判断すると、天正二年季信は信長に所領を安堵され正式に仕えたようであるから、奉書の「近年」とは天正二年のことになり、翌三年に何らかの理由で信長に「追出」され、一旦は手中にしていた千秋家の旧沽却地はもとのように買得人に与えられたことになる。つまり「如二先々一」とは季信が信長に謁した天正二年以前の状態を指し、千秋家に対する第一回目の沽却地返還が天正二年の所領安堵、第二回目が天正四年①②③④文書となり、小島氏の所説は理解されるのである。

次に千秋四郎息子・母を、それぞれ季信・たあに比定しない場合を考えてみよう。『熱田大宮司千秋家譜』の季重の尻付には、

代（大宮司代）　五郎　猶子　實季直・季廣・季忠弟、住二于熱田古屋敷一、天文〔正カ〕二・三年對二于季信一雖レ論二彼職一、依レ爲二非分一、竟出家而逐電、

とある。これによると季重は季忠戦死後しばらく大宮司代を務めたようだが、天正二・三年、季信が十五・六歳のとき二人は大宮司職をめぐって争ったようである。良質な史料とはいい難いが、『塩尻』には次のような記事がある。

四郎季忠別腹の兄千秋五郎季重と家督を争ひしが、信長公、五郎が大宮司職を解して追出に及びし時、家傳の

舊記多くは散亡せしとかや。[14]

『熱田大宮司千秋家譜』と『塩尻』との記事の間には不明瞭な点があり、時期や人物が完全に一致するわけではないが、信長が季重の大宮司（代）職を解任したことは注目すべきである。ただこれを奉書の「去年」の事件とすれば、天正二年の季信への所領安堵は結び付かない。そこで史料の信憑性から①②③文書を所領安堵初出として採用すれば、その整合性は図れる。つまり、天正二、三年頃、季重が解任されたとき千秋家が取り戻した旧沽却地は再び買得人に返され、同四年信長が季信を大宮司職に任じ、かつ沽却地の直務を命じた。この沽却地の返還が難行したため買得人の一員である両加藤氏にこの奉書が出され、三月になってようやく加藤氏からの返還が成立したと解されるのである。勿論この解釈には季重が千秋四郎の息子ではないという、史料操作上に無理があるのは否めない。しかし奉書文言に「御意に被二相違一に付而、被二追出一候」とあるのは信長のかなり強い処断を示し、『熱田大宮司千秋家譜』と『塩尻』との記事がそれに符合することは見逃せないのである。

以上、大略まとまりのないまま可能性を述べてみたが、いずれも決定的な史料を欠き奉書の年紀が定まらない。『塩尻』が記す「家傳の舊記多くは散亡」という混乱によるのも一因であろう。なお、千秋四郎息子が『熱田大宮司千秋家譜』に記されていない季信の兄の可能性も考えられるが、これ以上の詮索は憶測になるので止めておき、これらの点は後考に俟ちたい。

三、

天正十年（一五八二）本能寺の変で織田信長が倒れ、その後継者を決定する清洲会議の結果、尾張国は織田信雄が領することになった。これによってまず同年七月⑤文書が出され、永禄九年（一五六六）浅井四郎左衛門尉に給付した森河分七貫二百文が、浅井と季信母たあに改めて安堵された。翌十一年八月⑥文書により野並郷三百五十貫文が給され、信雄の判物は後日渡されることになっていた。このうち二百貫文が季信に、残り百五十貫文は母たあに給されたが、天正十年代の早い時期に成立したと考えられる『織田信雄分限帳』には、「□□〔三百カ〕五十貫文、千秋喜七郎、ノナミノ郷」「百貫文、タア、ノナミノ郷内」とあり、貫高に異同がある。なお、野並郷三百五十貫文がこのとき新しく給付されたのか、または安堵なのか、安堵であれば何時給付されたのかなど、信雄の判物が見出せないので詳らかにすることはできない。

さて天正二〜四年頃に信長から給付された舞木村以下三ヶ村は、この時期どうなっていたのだろうか。⑦文書によると、徳川家康は所々に散在する大宮司家領の改替として野並郷三百五十貫文を給付した。その際、不足分百二十貫文は信雄より給付されることを付言しているが、具体的な領所は不詳である。ただ、⑥文書に野並郷三百五十貫文がみえていることから、⑦文書の不足分百二十貫文は舞木村以下三ヶ村の貫高分と考えるのが自然であり、しかも⑩文書はこれを証左している。そうすると⑥文書の天正十一年八月頃、大宮司家は野並郷三百五十貫文および舞木村以下三ヶ村のうち百二十貫文を領有していたことになろう。

なお⑦文書の年紀天正十二年には信雄が尾張国を領有しており、家康が大宮司家領を安堵したことについては若干の説明を要する。同年三月に始まった小牧長久手の戦において、家康は同月十三日信雄と清洲で会談し、十七日に小牧山を本陣とした。家康は尾張美濃国人らに本領安堵状[15]や知行宛行状を出す[16]とともに、三河・遠江両国に徳政令を下し[17]、また熱田加藤氏には徳政等免許状を与えた[18]。これらは家康の武士民衆に対する懐柔策であるが、当然のことながらそれに見合う強硬な手段もとった。一例をあげると、同年三月十九日熱田加藤氏に対して「其方両人早々人質被レ出候事、眞令ニ爲祝〔悦カ〕一候」[19]と伝え、人質差出を要求していたことが知られる。またこの書状には「千秋事、人質急速被レ出尤候、其外質物共取候て可レ然かたをは、千秋方被ニ相談一、速に出候様御才覺専一に候」と続けて、加藤氏をして季信に人質を要求している。そして季信がこの要求を承諾したので⑦文書が出されたわけである。

また⑫文書は織田信益（長益）が尾張国海部郡志摩を季信に知行させたものであるが、関係史料乏しく年紀を比定できないが、おそらく信雄の代に係るであろう。

四、

天正十八年（一五九〇）七月、豊臣秀次が尾張国領主になった。秀次に仕えた岡崎城主田中吉政は、同年九月尾張国内の上畠社・甚目寺・国府宮・熱田加藤隼人・熱田社・津島社などに書状を出している。そのうち国府宮・津島社宛書状をあげてみよう。

當社領分、光之宮〔国府宮〕之内を以ニ七拾貫文一、任ニ　御朱印之旨一、所務等之儀、如ニ先々一可レ被ニ仰付一候、中納言〔豊臣秀次〕殿御座次第ニ御書相調可レ進レ之候、恐々謹言、

天正十八年
九月七日　　田中兵部大輔
吉政判

光之宮社家中[20]

爲ニ御加増分一、津島之内、慶仁分之内を以ニ九拾壹貫文一、任ニ　御朱印之旨一、所務等之儀可レ被ニ仰付一候、中納言〔豊臣秀次〕様御座次第ニ御書相調、重而可レ進レ之候、恐々謹言、

天正十八年
九月十日　　　　田中兵部大輔
　　　　　　　　　吉政（花押）
津島神主
　御宿所(21)

文言中の「御朱印之旨」とは豊臣秀吉の意向であるが、朱印状そのものは伝わっていない。また、秀次の入国次第に「御書相調」えるとあり、給地権は秀吉ではなく秀次にあったようである。

文禄四年（一五九五）七月、秀次が謀叛の疑いにより関白・左大臣を解かれ切腹を命じられると、諸大名は豊臣秀頼に忠誠を尽くすことになった。秀吉は八月に法度六条および追加九条を発し、諸大名社寺以下の統制を法的に実施した。このような中、大名社寺に対して所領の宛行・安堵・加増が行われ、先の国府宮・津島社に対しても次のような朱印状が出された。

尾張國中島郡國符〔府〕宮内百五石事、令二寄附一畢、全可二領知一者也、
文禄四
八月三日　御朱印（豊臣秀吉）
　　　國符宮社家中(22)

尾州丹羽郡東野村内百三拾七石五斗事、令二扶助一訖、全可二領知一候也、
文禄四
八月八日（豊臣秀吉朱印）

すなわち秀吉から改めて所領を「寄附」「扶助」されたわけで、この八月に尾張国清洲城主となった福島正則には給地権がなかったことを示している。

さて叙上のような天正十八年および文禄四年の他社の状況からみて、熱田大宮司家も所領宛行・安堵等がなされたと思われるが、文禄四年に限って⑧⑨文書が残っている。(24) ⑧文書の「尾州丹羽郡赤見村」は大宮司家領としては初出であるが、⑨文書の「尾張國海東郡下田」は『熱田大宮司千秋家譜』および⑩文書にもみえている。文禄四年八月の大宮司家領が信雄の代から変更なく受け継がれていたとすると、季信の持分は野並郷の内二百貫文と赤見村の内百五十五石五升および舞木村・赤目村の内であり、母たあの持分は森河分七貫二百文と野並郷の内百五十貫文および下田村のうち百五十石となろう。

五、津島神主(23)

関ヶ原合戦直後の慶長五年（一六〇〇）十月、尾張国領主は福島正則から松平忠吉に替わった。翌年二月の⑩文書は家康が大宮司家領（野並郷三百五十貫文等を中核）と舞木村以下三ヶ村の替地として、全体で野並郷一円を山とともに給したことを伊奈忠次が知らせたものである。これより先、野並郷一円が季信に給されることに関連して、忠吉の家老小笠原吉次が⑪文書により同郷の指出を庄屋百姓等に命じた。これ以後、大宮司家は野並郷一円を領し、その石高七百十七石は江戸期を通じて変動はなかった。因みに大宮司家には歴代将軍の知行朱印状が出され、現在熱田神宮には徳川秀忠・家光・家綱・綱吉・吉宗・家重・家治・家斉・家慶・家定・家茂のものが所蔵されて

いる。(25)

〔補註〕

(1)『熱田大宮司由緒書』(『名古屋市史資料本』鶴舞中央図書館蔵)に「季通(中略)天文三年八月死去」とある。

(2)『言継卿記』天文二年七月二十八日条に「千秋左近將監季通〔奉公千秋庶子 熱田神人(大宮司)歟、〕鞠道之門弟に成候了、太刀・糸・貳百疋持來候了」とある。山科言継は七月二日尾張国に下向し、歓待した織田信秀ら一門は門弟になった。また同書同月二十九日条に季通が信秀とともに鞠を行ったことがみえ、本文のような解釈が成り立とう。

(3)『東国紀行』(『群書類従』巻第三四〇)天文十三年十一月条に「大宮司於二濃洲一うち死」とみえる。因みに『熱田大宮司家譜』(『熱田神宮文書』千秋家文書下巻、熱田神宮宮庁、一九九二年)には「天文十一年九月二十二日」とあるが、これは誤りであろう。

(4)『熱田大宮司千秋家譜』『信長公記』。

(5)本章第二節にあげた『熱田大宮司千秋家譜』季信の尻付には、傍線ⓒに信長によって軍事に関する活動を停止されたことがみえる。

(6)「熱田大宮司家由緒書上写」(『熱田神宮文書』千秋家文書　中巻、二八五号文書、熱田神宮宮庁、一九八九年)。

(7)「織田信長判物写」永禄九年十二月　日(『熱田神宮文書』千秋家文書中巻、二八九号文書)。

(8)三ヶ村全域の意ではなく、⑧⑨文書にみられるような一部であろう。

(9)『尾州寺社領証印之年月』(内閣文庫蔵)に「熱田社人中(中略)天正二年正月十日　信長　千秋喜七郎殿云々」とみえる。これが『熱田大宮司千秋家譜』の記す三ヶ村に係わるとも考えられるが、「天正二年正月十日」の年紀は四年の誤写で①文書を指すと思われる。また『熱田大宮司千秋家譜』の記事が天正四年に係るとするのが妥当のようではあるが、いましばらく季信十五歳のときとしておく。

(10)　菅谷長頼については、谷口克広「『御長』なる人物について」(『日本歴史』三一六号、一九七四年)を参照。
(11)　奥野高廣『増訂織田信長文書の研究』上巻九号文書。
(12)　『張州雑志』巻第五十八「熱田人物　加藤一族」。
(13)　「織田信忠の尾張・美濃支配について」(『金鯱叢書』第六輯、史学美術史論文集、一九七九年)。
(14)　『塩尻』巻二十(『日本随筆大成』十三、四一七頁)。
(15)　「徳川家康朱印状写」天正十二年三月十八日(中村孝也『新訂徳川家康文書の研究』上巻五六九頁)。
(16)　「徳川家康判物」天正十二年三月十九日(前掲註〈15〉書、上巻五七二頁)。
(17)　「徳川家康下知状」天正十二年三月三日(徳川義宣『新修徳川家康文書の研究』九三頁)。
(18)　「徳川家康徳政等免許状」天正十二年三月二十五日(前掲註〈15〉書、上巻五七八、五八〇頁)。
(19)　「徳川家康書状」天正十二年三月十九日(前掲註〈15〉書、上巻五七〇頁)。
(20)　「田中吉政副状写」(尾張大国霊神社文書『稲沢市史』資料編七、二〇六頁)。
(21)　「田中吉政副状」(津島神社文書『津島市史』資料編二、八三頁)。
(22)　「豊臣秀吉朱印状写」(尾張大国霊神社文書『稲沢市史』資料編七、二〇六頁)。
(23)　「豊臣秀吉朱印状」(津島神社文書『津島市史』資料編二、一五五頁)。
(24)　なお大宮司家領ではなく、熱田社領自体が安堵されたことを示す文書は、次の天正十八年九月十日の田中吉政書下が現存している(『熱田神宮文書』田島家文書四号文書〈熱田神宮宮庁、一九九七年〉)。

已上、

当知行分事、百七貫貳百拾文八屋郷内六拾八貫百四拾文須賀郷内百三拾貳貫百七拾貳文熱田内百貫文、都合四百八貫文、右之趣任二御朱印之旨一、所務等之儀如二先々一可レ被二仰付一候、中納言様(豊臣秀次)唑〔座〕次第御書相調、重而可レ進候、如レ件、

天正十八年
九月十日　　　　　　　　　　　　　　　　田中兵部大輔
　　　　　　　　　　　　　　　　　　　　吉政（花押）
熱田
社人中
　ゑ

(25)　大宮司家領に関する徳川将軍家朱印状については、『熱田神宮文書』千秋家文書上巻（熱田神宮宮庁、一九八三年）六三頁以下の文書および解説を参照されたい。

第三編　熱田社社家系図の諸問題

第一章　熱田大宮司千秋家譜

一、

熱田大宮司千秋家が遺した文書記録類は、明治四十一年（一九〇八）に設置された名古屋市史編纂掛による名古屋市史資料本、『熱田神宮文書』千秋家文書上中下巻、および『熱田神宮史料』年中行事編・造営遷宮編・縁起由緒編など[1]によって、その大略を知ることができる。また昭和二十年の東京大空襲で焼失した数千点におよぶ文書類は、戦前小島鉦作氏の精力的な調査によってカード目録が完成されており、そのうち現存する一、五八三点が千秋家文書下巻に収められ参考になる。これらの文書史料が貴重であることは言を俟たないが、一方これらのみでは大宮司家の歴史は断片的な解明しか期待できない。とくに織豊期より前代の文書に至っては、その数は僅少といわざるを得ないのである。

そこで参考となるのが、大宮司家の系図である。その代表的なものを成立順に記すと、①『園太暦』貞和二年（一三四六）十二月二十一日条所載の略系図、②『尊卑分脈』貞嗣卿孫熱田大宮司流、③『雑書並系図』[2]、④「熱田大宮司千秋系図」[3]、⑤『熱田大宮司千秋家譜』[4]、⑥「大宮司系譜」[5]、⑦『系図纂要』（㋐藤原朝臣姓熱田大宮司、㋑尾張宿禰姓）、⑧『熱田大宮司千秋家系』[6]などがある。これらの系図を活用して大宮司家の歴史を補うことは可能ではあるが、もちろんそれは部分的であって、しかも系図という性格上、史料的限界を有することは否定できない。

本章で検討する『熱田大宮司千秋家譜』は人物に関する尻付が豊富で、①～④系図や他の史料にみることのできない独自の記述があり、⑥〜⑧系図作成の規範となったものである。本書第一編において中世期における大宮司家の動静を武士的側面から考察したが、その際に問題となるのが『熱田大宮司千秋家譜』の尻付の傍証であり、その多くは困難なものであった。そこで本章では『熱田大宮司千秋家譜』の成立事情について考察し、中世部分については同時期の『尊卑分脈』および他の史料と対比し、これまでに判明した範囲で尻付の出典を掲げておきたい。

なお参考のために、神名・人名のみを記した『熱田大宮司千秋家譜』を356頁以下にあげておくことにする。

二、

まず前述した諸系図、とくに①〜⑤の系図について簡潔に述べておきたい。管見に及んだ藤原姓大宮司家系図のなかで成立年代の最も古いものは、洞院公賢の日記『園太暦』貞和二年（一三四六）十二月二十一日条所載の略系図である。この系図は、このとき大宮司職を競望した一門四人の銓擬の参考として朝廷に提出されたもので、藤原氏初代の大宮司季範より始め、この時点まで大宮司を輩出している系列、つまり『熱田大宮司千秋家譜』のⒶ系列範忠流（『熱田大宮司千秋家譜』は季忠とするが、以下範忠で統一する）・Ⓑ系列範信流・Ⓒ系列範昌〔雅〕流の三系列が記載されている。また歴代大宮司は右肩に合点が記され、四人の競望者には左肩にそれがあるが、官位官職等その他の事跡は全く記されていない。公賢の孫公定は②『尊卑分脈』を編纂したが、そのとき彼が①『園太暦』所載系図を参照したことはまず疑いなかろうし、大宮司家から諸史料の提出もあったであろう。『尊卑分脈』はその後増補されているが、江戸期に入るまでこれ以外の大宮司関係系図を見出せない。ただ元禄年間（一六八八〜一七〇四）から享保十八年（一七三三）にかけて天野《あまの》信景《さだかげ》が著した『塩尻』に、四郎季忠、別腹の兄千秋五郎季重と家督を争ひしが、信長（織田）公、五郎が大宮司職を解して追出に及びし時、家傳の舊記多くは散亡せしとかや。[7]

とあり、天正二、三年（一五七四～五）頃、大宮司家の「家傳の舊記」の多くは散失したようで、[8]この中には大宮司家に伝来していた系図類も含まれていた可能性は多分にあろう。

江戸期に入ると大宮司家系図の作成は盛んになるが、現在に伝わるものとしては、まず千秋家旧蔵の③『雑書並系図』があげられる。これに収められた系図は、藤原鎌足より始まり千秋季通に至るまでを記しているが、『尊卑分脈』と重なる部分はこれを写し、千秋高季の兄弟季国流を新たに作成したものと考えられる。ただ『熱田大宮司千秋家譜』は高季の祖父勝季の弟を季国としており異同がみられる。成立は季通の父季明の尻付にみえる最末記事が寛文十年（一六七〇）で、かつ貞享三年（一六八六）の幕府直轄の遷宮に大宮司として奉仕したにもかかわらずその記事がないことから、この間とみてよい。[9]

これに続くものが、④「熱田大宮司千秋系図」である。この系図は元禄七年（一六九四）六月十五日、季通が同家の所持する文書記録類等七十四通を書写して、尾張藩寺社奉行に提出した『元禄七年熱田大宮司家記録』[10]に収められている。内容は③『雑書並系図』とほとんど一致しており、これに貞享三年の遷宮記事と元禄五年の季通叙任記事とを加筆したものである。

さて⑤『熱田大宮司千秋家譜』は天照大神に始まり、尾張氏・藤原氏を経て、元禄十六年から享保十年の間大宮司職にあった千秋季成の正徳三年（一七一三）に至るまでの神・人物二百三十三名の実名・幼名・仮名・異名・法名・母名・官位・官職・大宮司補任年紀・在職期間・事跡などを記したものである。これは縦三一・五センチ、横

【熱田大宮司千秋家譜】

∴天照太神—正哉吾勝々速日天忍穂耳尊—天照国照彦火明櫛玉饒速日尊—天香語山命
　　　　　　　　　　　　　　　　　└天津彦々火瓊々杵尊
　　　　　　　　　　　　　　　　　　　　　　　　　　　　　　└宇摩志摩治命

天香語山命—┬天忍人命—瀛津世襲命
　　　　　└天忍男命—健額赤命—建箇草命—建田背命—建諸隈命—倭得玉命—┬弟彦命—淡夜別命
　　　　　　　　　　　　　　　　　　　　　　　　　　　　　　　└彦与曽命—┬大縫命
　　　　　　　　　　　　　　　　　　　　　　　　　　　　　　　　　　　　└小縫命

小縫命—乎止与命—┬建稲種命—┬尾治忠命—尾治刀彦—弟真根—寿句梨香—┬巳巳雄
　　　　　　　　│　　　　　└尾綱根命　　　　　　　　　　　　　└常兄—橿錫彦—┬荒坂与
　　　　　　　　└小止女命　　　　　　　　　　　　　　　　　　　　　　　　　└女子

荒坂与—┬針米加陀—面背—彦部輪尼—┬狭訓鹿—大勝部—畿敷—兄村—稲置見—稲与—与員
　　　└乙足　　　　　　　　　　└女子

与員—季与—維与—維仲—仲永—永時—連仲—維運—全連—勝連—吉次—吉恒—吉緒

吉緒—吉茂—有光—千光—千次—員胤—員信—員職

員職—┬季宗
　　　└

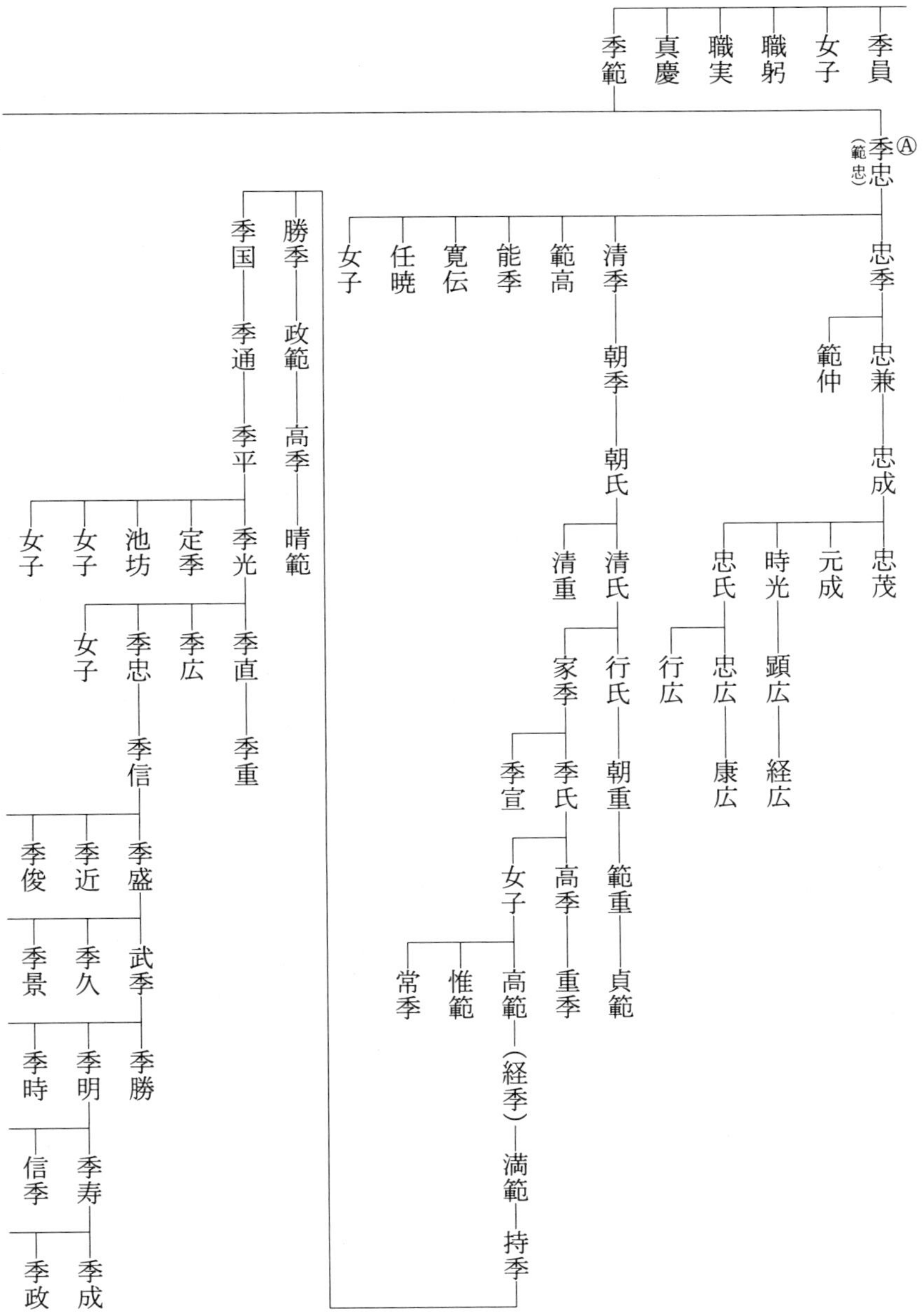
季員
女子
職躬
職実
真慶
季範
季忠Ⓐ
（範忠）
忠季
清季
範高
能季
寛伝
任暁
女子
忠兼
範仲
忠成
忠茂
元成
時光
忠氏
忠広
行広
康広
顕広
経広
朝季
朝氏
清氏
清重
行氏
家季
朝重
範重
貞範
季氏
季宣
高季
女子
重季
高範
惟範
常季
（経季）
満範
持季
勝季
政範
高季
晴範
季国
季通
季平
季光
定季
池坊
女子
女子
季直
季広
季忠
女子
季重
季信
季盛
季近
季俊
武季
季久
季景
季勝
季明
季時
季寿
信季
季成
季政

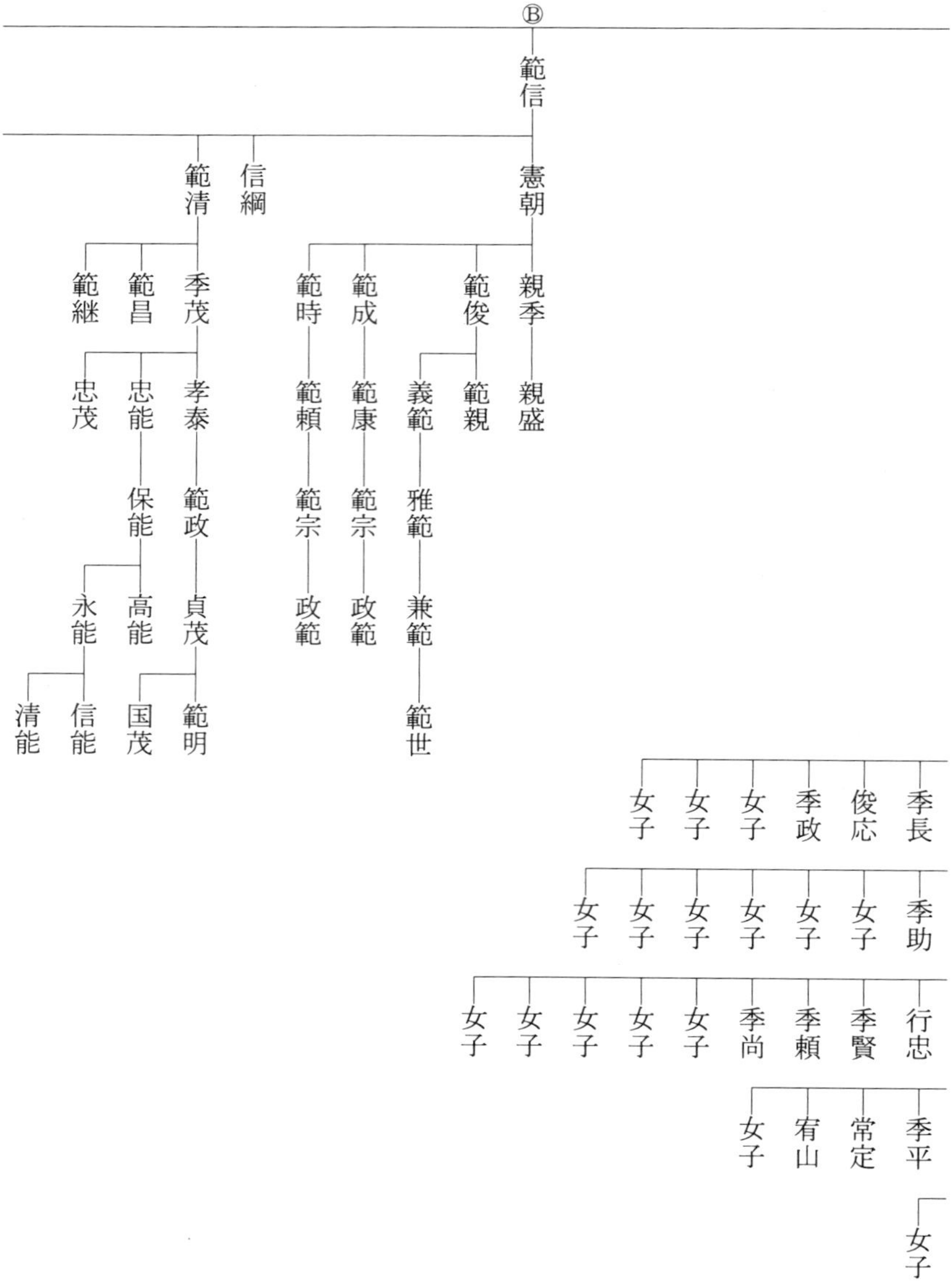
Ⓑ
範信
憲朝
信綱
範清
親季
範俊
範成
範時
季茂
範昌
範継
親盛
範親
義範
範康
範頼
孝泰
忠能
忠茂
雅範
範宗
範宗
範政
保能
兼範
政範
政範
貞茂
高能
永能
範世
範明
国茂
信能
清能
季長
俊応
季政
女子
女子
女子
季助
女子
女子
女子
女子
女子
女子
行忠
季賢
季頼
季尚
女子
女子
女子
女子
女子
季平
常定
宥山
女子
女子

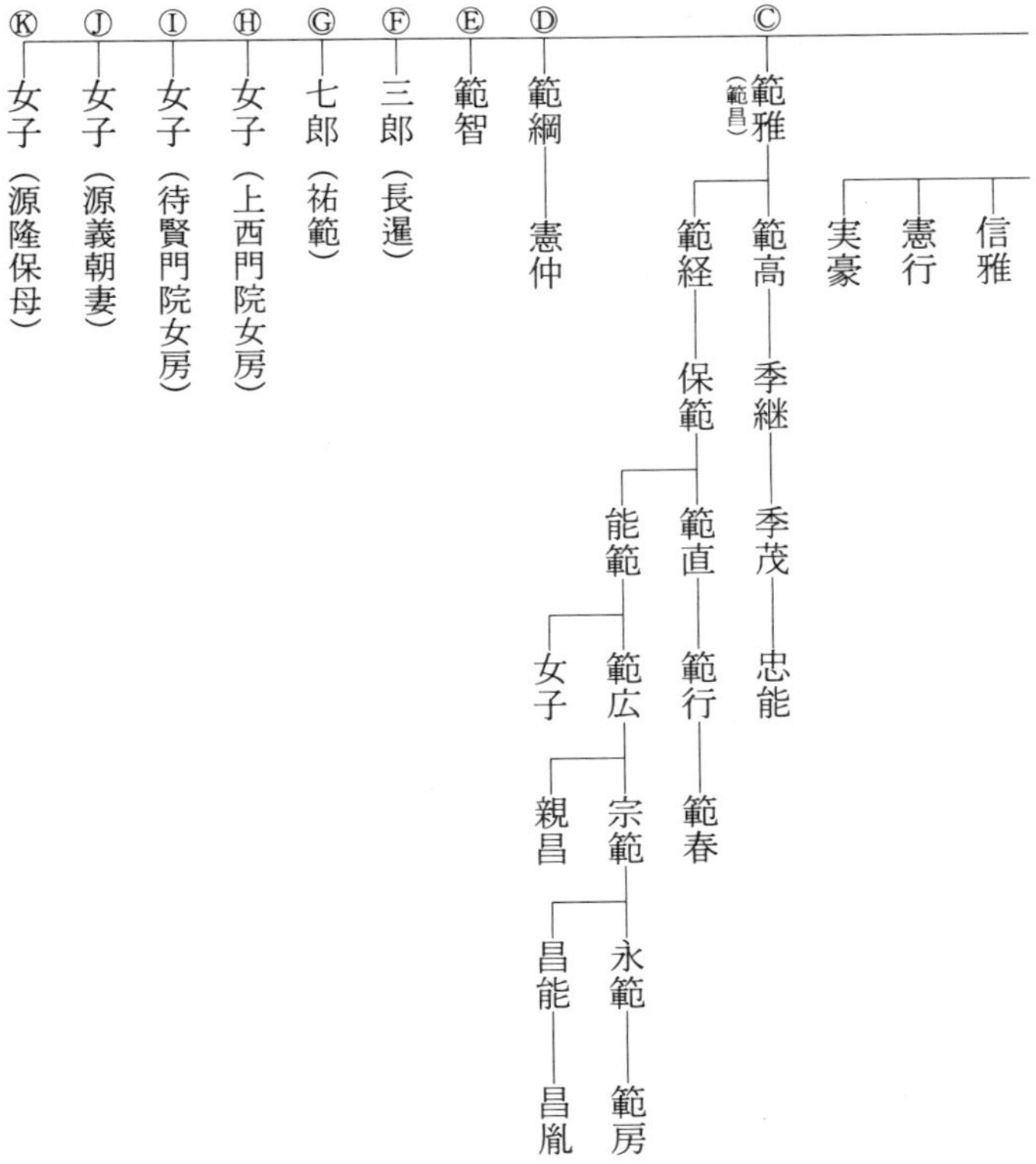

二二・七センチ、一筆で記された墨付五十枚の袋綴一冊で、外題に「大宮司家譜」とあり、随所に附箋・貼紙による注記がみられる。正徳三年六月、季成が徳川家継将軍宣下賀祝のため江戸に下向したことを最末記事としている

ことから、ほぼこの頃に近い時期の成立と考えられる。

この『熱田大宮司千秋家譜』は、先に記した①~④の系図と著しく異なる次の特徴がある。

Ⅰ　①~④の系図の書出が藤原鎌足（③④）・藤原季範（①②）という藤原氏であるのに対して、『熱田大宮司千秋家譜』は天照大神から尾張氏を経て藤原季範に結び付けるという、尾張氏の系図・所伝を採用していることである。

Ⅱ　江戸期を通じて大宮司であった千秋氏を①~④の系図はⒷ系列範信流としているのに対して、『熱田大宮司千秋家譜』はⒶ系列範忠流としていることである。

Ⅲ　③④の系図からみえる季国（江戸期大宮司家の祖）が高季の兄弟となっているのに対して、『熱田大宮司千秋家譜』では高季の祖父勝季の兄弟となっていることである。

Ⅳ　①~④の系図と比べて、『熱田大宮司千秋家譜』の人物の尻付が著しく豊富なことである。③④の系図は②系図の尻付をほとんどそのまま受け継いでいるが、⑥⑧の系図は『熱田大宮司千秋家譜』との共通点が多い。

このように大宮司家の系図は、①~④の『尊卑分脈』系と⑤⑥⑧の『熱田大宮司千秋家譜』系とに大別することができる。残る⑦『系図纂要』に収められた二本の系図は、㋐が『尊卑分脈』系に、㋑が『熱田大宮司千秋家譜』系に属する。以上によって、江戸期に入ってから元禄頃までは『尊卑分脈』系、以後は『熱田大宮司千秋家譜』系の系図が作成されるようになったことを確認できるのである。

三、

ところで、『熱田大宮司千秋家譜』の成立が正徳三年（一七一三）に近い時期とするにしても、それはこのとき全く新たに作成されたのであろうか。また『熱田大宮司千秋家譜』系の祖本のようなものが存在したのであろうか。そこでまず『熱田大宮司千秋家譜』の神代から尾張氏の時代までについて、若干検討しておきたい。

『熱田大宮司千秋家譜』の天照大神から尾張氏最後の大宮司員職までを通覧すると、これを作成するにあたり、参考にしたと思われるものとして、種々の類似点から『先代旧事本紀』巻五天孫本紀・巻十国造本紀をあげることができよう。しかし、これらには日本武尊の妃となった小止女命（宮簀媛）がみえないこと、尾張忠命より以下に比すべき人物が少ないことなどから、『先代旧事本紀』だけを参考にしたとは考え難い。そこで注目したいのが、旧権宮司祝師田島家に伝わる尾張氏の所伝を記した系図である。同家には種々の系図が伝わっているが、ここでは『尾張宿禰田島氏系譜』[11]と「田島家譜」[12]とをあげておきたい。『尾張宿禰田島氏系譜』は田中卓氏によって信憑性の高い古系図を新写書き継ぎしたものと評価された系図で、[13]天火明命から始め神代部分では『熱田大宮司千秋家譜』との間に系線の異同はあるものの類似するところがあり、また小止女命が記されているなど『先代旧事本紀』にみえない部分もある。「田島家譜」は尾張忠命の末孫稲君（『熱田大宮司千秋家譜』は稲置見）以下員信（員職父）までの二十一名の人物のうち、二名を除いて『熱田大宮司千秋家譜』との異同はみられない。このように、『熱田大宮司千秋家譜』が田島家（尾張氏）の所伝を用いたことは明らかであるが、とくに「田島家譜」には稲君から員胤（員信父）までを記した後に、「是迄之古證文ハ元祿十二卯之年中ニ大宮司治部依二所望一借ス、其後不レ返、大宮司方ニ有リ」との註記があり、これを裏付けるのである。以上のことから、『熱田大宮司千秋家譜』における神代から員職までの尾張氏に関わる部分は、『先代旧事本紀』に記された中央での所伝、および田島家の所伝を主に用いて、新しく尾張氏の系譜が作成されたと考えて大過ないであろう。

さて員職以前の部分が新しく作成されたとしても、これに続く藤原氏、つまり季範以降の系譜も新たに作成されたのであろうか。そこで『熱田大宮司千秋家譜』を検討すると、二、三の注目すべき尻付が認められるので、次にあげておきたい。

【親昌Ⓒ系列第七世代】

建武四〔五〕年正月、先帝官軍到二着于尾張國一、攝津大宮司入道源雄率二五百餘騎一馳加、

【満範Ⓐ系列第十二世代】

應永四・五年任レ之、近代天下亂世未二静治一、

【秀明Ⓐ系列第二十二世代】

大宮司官位敍任、自二中古一亂世至二于近代一中絶、（中略）近世天正二・三年季信依二于幼齢一、爲二介抱一祝師傍二附于季信左一、

親昌の尻付は、『太平記』巻第十九の「國司顯家卿以下、正月八日鎌倉ヲ立テ、（中略）前陣已ニ尾張國ノ熱田ニ著ケレバ、接〔摂〕津大宮司入道源雄、五百餘騎ニテ馳付」に符合する部分で、「先帝」とは後醍醐天皇のことである。天皇の崩御が延元四年（暦応二・一三三九）であることから、この部分は南朝の立場からすれば後村上天皇在世の延元四

年から正平二十三年（応安元・一三六八）までの間、また北朝の立場からすると光明天皇在世の建武五年（延元三・一三三八）から貞和四年（正平三・一三四八）の間の記録がもととなり、『熱田大宮司千秋家譜』作成時に『太平記』の記事と結び付けられたと考えることは可能であろう。次に満範の尻付「近代」は、すでに上村喜久子氏が述べられたように[14]、「應永四・五年任之」とある年紀から、季範以降満範以前の部分が遅くとも十五世紀前半頃までには作成されたものと考えることもできる。さらに万治二年（一六五九）から元禄五年（一六九二）の間に大宮司を務めた季明の「近代」「近世」という記載は、彼の最末記事が貞享三年（一六八六）であることから、これに近い時期に記されたことになろう。

これらの尻付を右のように考えるならば、『熱田大宮司千秋家譜』は季範以降、少なくとも三回の書き継が行われたとみることが充分可能ではある。しかし残念なことに、書き継がれていたと推測される『熱田大宮司千秋家譜』の祖本とでもいうべきものが、②『尊卑分脈』③『雑書並系図』④「熱田大宮司千秋系図」の系線や人物尻付の作成に用いられた形跡がないこと、つまり千秋氏がⒷ系列範信流に収められていることや、大宮司補任年紀・在職期間および親昌・満範・季明三名の右尻付がみられないことは、『熱田大宮司千秋家譜』の祖本自体の存在に肯定的な態度を示し難いのである。『熱田大宮司千秋家譜』は、神代から尾張氏までは『先代旧事本紀』や田島家の所伝・系図等を用い、藤原氏以降は①～④の系図を参考とするとともに、大宮司家や社家に伝わる文書記録類および史書・軍記物語等を利用して新たに作成されたと理解しておくのが、いまのところ穏当のようである。

では何故に『熱田大宮司千秋家譜』は、『尊卑分脈』系の系図と著しく異なる特徴をもち、特に本章第二節で述べたⅡの特徴である江戸期を通じて大宮司であった千秋氏の流を、Ⓐ系列範忠流として採用したのであろうか。これが次の問題である。

四、

『熱田大宮司千秋家譜』をみると、季範を初代として子孫の世代数の最も多いのがⒶ系列範忠の子息野田清季流であることから、この『熱田大宮司千秋家譜』が野田氏流の大宮司家によって作成されたことは明白である。神代→尾張氏→藤原氏（Ⓐ系列野田清季流）と続く世系を、大宮司家正当の系列と意識して作成されたことは容易に認められよう。但し、江戸期の大宮司家を輩出したこの野田氏が南北朝期以降、千秋氏を名乗るようになったことには注意を要する。

そこで注目しておきたい人物が、Ⓐ系列第十世代高範である。彼の実父はⒷ系列第八世代範世で『尊卑分脈』に「千秋宇治江五郎範世」と記される人物であり、母はⒶ系列第八世代季氏の娘である。この母は『園太暦』所収略系図・『尊卑分脈』では季氏の姉妹とあり、恐らく季氏の養女となったのであろう。範世が越前国丹生北郡宇治江村を本拠としていたことは確実で、母も宇治江村の西に隣接する野田郷の出自の可能性がある。高範はこのような父母の間に生まれ、越前とは深い関係があったものとみられる。(15)

ところが前出①〜⑧諸系図を比較すると、系線上、高範の一世代上の人物は次のようになる。

ⓐ　範世（Ⓑ系列）……①

ⓑ　政範（Ⓑ系列・範時曾孫）……②③④⑦ ― ㋐(16)

ⓒ　女子（Ⓐ系列・季氏女）……⑤⑥⑦ ― ㋑

ⓓ　女子（Ⓐ系列・家季女）……⑦ ― ㋐(17)

ⓔ　季氏（Ⓐ系列）……⑧

この中でⓒⓓの女子は、前述したように同一人物である。またⓔは高範が季氏の跡を継いだことを示し、ⓒと同一に扱ってよい。[18] 高範が貞和元・二年（一三四五・六）頃に千秋姓を名乗っていたことは、『園太暦』[19]『賢俊日記』[20]に明らかであり、ⓐⓑの千秋氏のいずれか、もしくは両者が正しい系線と考えられるが、右のように複数の記し方があることは、やはり高範に特別な事情が存在したものとみたい。『熱田大宮司千秋家譜』全体の中で女子の跡を継ぐ様式で記されているのは、高範のこの部分だけであり、『熱田大宮司千秋家譜』成立の事情がここにあるのではなかろうか。旧稿では、高範母が季氏の所領所職の一部を相続し高範に伝えたために、このような記載がされたと考えた。[21] このことに関しては変更する必要はないが、いま一つ考えておきたいことがある。それは大宮司職就任の資格に関する問題である。そこで、再三引用している『園太暦』貞和二年十二月二十一日条を検討しておきたい。

熱田大宮司事

熱田大宮司職間事、申狀等加二一見一返二獻之一、此内於二永能・高範一者、非二當職相續之流一候歟、代々補任輩、望二申之一時、無レ處于二對論一候、其外忠廣祖父忠成、雖二江家異姓一、爲二忠兼猶子一補レ之云々、實子流無二異過失一者難レ遮乎、但行氏文書已下、雖レ稱二相續之由一、不レ備二支證一、若可レ被二尋究一歟、抑又朝重補任之時、忠氏雖二訴申一、依レ有二事緣一閣レ之云々、先日與二當時一所存相違、何樣事候哉、所詮範重爲二淸季餘流一相續、可レ謂レ當二其仁一候歟、但父朝重違勅之人之由、載二高範申狀一候哉、而如二範幸〔イ重〕所レ進證文一者、季宣違勅狼藉之由、雖レ有二支證一、季宣・朝重違勅無二所見一候、尤不審候、縱又朝重雖レ有二其〆一、其後度々赦令、不レ可レ拘之上、範重無二與同儀一者、罰何可レ及レ次候哉、爲二社家一、以下堪二器用一之仁上、可レ被二撰補一候哉旨、存思給候、可下令二計披露一給上候哉、謹言、

十二月廿一日

右によると、貞和二年十二月、大宮司家一門の藤原忠広・同範重・同高範・同永能ら四人が大宮司職を競望したが、洞院公賢は申状・証文・略系図等を参考にこれを銓擬し、四人の中から範重が有資格者として相応しい旨を奏聞した。その理由は大略次のようなものである。

・永能・高範は大宮司職相続の流の出自ではない。
・忠広は祖父忠成が異姓大江氏の出自であるが、実子の流（藤原氏）の人物に特に過失がなければ、その人物が大宮司職に就くことを遮ることはできない。
・範重は清季の余流であり、相続の正当性がある。
・（以上の点をあげ）大宮司には「爲二社家一、以下堪二器用一之仁上、可レ被二撰補一」とした。

このように、当時南朝側に立っていたⒸ系列を除くと、Ⓐ系列の野田清季流のみが実子の流を汲む正当な系列であると、公賢は判断したのである。実際には範重が補任されたようであるが、可能性としては範重と同じくⒶ系列の忠広が選ばれる余地もあったわけであり、忠広はその後確実に補任されている[22]。少なくとも大宮司を輩出することができるのは、Ⓐ系列と認識されていた。すなわち、ここで問題としている高範は、このとき「非二當職相續之

流㆒と規定され、永能を含めてⒷ系列自体が大宮司を輩出できない庶流の位置にあったのである。

ところが『園太暦』の異本（『大日本史料』第六編之十所収）に高範は、

家季──女子┐
兼範──範世┘──高範

と記されており、高範が母の跡を継ぐような系線の引き方に注目すべきものがあることは了解されよう。そうすると『園太暦』所収の略系図を提出したのは、恐らくⒷ系列が大宮司を輩出できない庶流であることを認識していた高範であると思われ、そこには彼がⒶ系列野田氏流の一員であることを強調する意図があったものと考えられる。結局このとき高範は大宮司職に就くことはできなかったものの、その子孫は若干の例外を除いて大宮司を輩出することになり、その結果この系線の引き方を『熱田大宮司千秋家譜』作成者が採用したとみられるのである。

では「非㆓當職相續之流㆒」とされた高範流から、大宮司が補任されるようになったのは何故であろうか。高範は建武新政・南北朝期初頭から足利尊氏の近習的立場にあり、鎌倉期に在京人であった系譜をもつ政範の跡を継ぎ、京都での活動の場が与えられていたこと(23)、またその高範を頼り上京する一門もあったと思われ、しかも母が野田氏出自であることも加えて、室町幕府のもとで実力的には大宮司家一門の中で最右翼の位置にあったと考えられる。高範の孫満範は『熱田大宮司千秋家譜』に「野田上野守（マヽ）」、『熱田宮年代記』(24)に「所務野田上野守（マヽ）」とあり、また室町幕府奉公衆五番衆の系譜を引き、『熱田大宮司千秋家譜』にはみえない千秋民部少輔季貞は(25)、『看聞御記』(26)永享七年（一四三五）六月二十九日条に「熱田大宮司職事、千秋野田ニ被ㇾ補之由」とみえることなどから、高範以降に野田氏と千秋氏との結合がなされ、野田氏が京都を中心に活動する千秋氏に包括されていったものと推察できよう。こうして高範流千秋氏が大宮司家一門の主流となり、大宮司を輩出することになった。『熱田大宮司千秋家譜』の作成にあたり、大宮司家の嫡流が野田氏流であることが頗る強調されたのは叙上の理由と推定され、そこには高範とその母が大きな役割を果たしていたのである。

ただ以上のように述べてきたものの、『熱田大宮司千秋家譜』が何の目的のために正徳三年（一七一三）を遠く離れない時期に作成されたのか、今のところ全く不明とするしかない。後考に俟ちたい。

五、

次に『尊卑分脈』と『熱田大宮司千秋家譜』の中世部分についてみておきたい。両者ともに登場する人物の系線に異同があるのは朝氏以下の部分で、参考に『園太暦』所収の略系図もあわせて次頁に引用しておこう。これによると、行氏と家季とは兄弟、または従兄弟であるかの異同を系線上認められるが、『園太暦』所収の略系図が最も早い時期の成立であることを考慮すると、『熱田大宮司千秋家譜』の系線に問題があるのかもしれない。しかし、『熱田大宮司千秋家譜』の家季の項に別系として、「朝氏―泰重―家季」との尻付があることは、『熱田大宮司千秋家譜』作成者は、『園太暦』『尊卑分脈』もしくは同内容の系図を参考にしたにもかかわらず、これとは別の史料によってこの部分を作成したことになろう。また泰季・泰重・清重は、同一人物の可能性が残される。なおこの部分以外の系線をみると、人名に一部異名を記した部分があるほかは、『尊卑分脈』と『熱田大宮司千秋家譜』との間に大きな異同はない（勿論、先述した高範以降は除く）。

『園太暦』

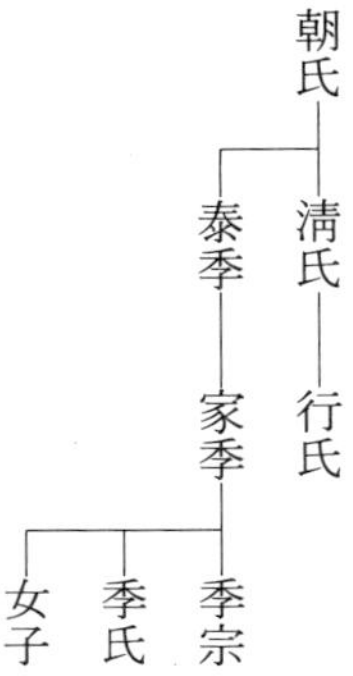

『尊卑分脈』

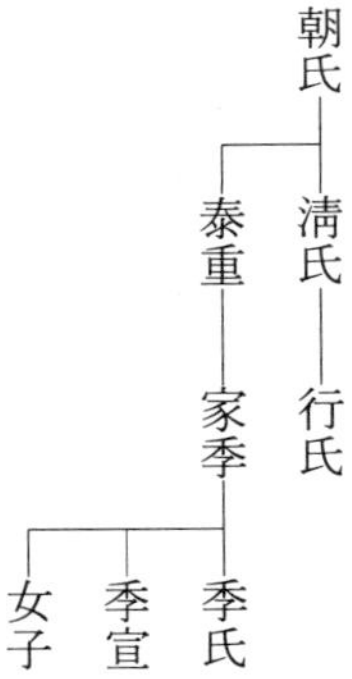

『熱田大宮司千秋家譜』

さて冒頭で述べたように、『熱田大宮司千秋家譜』の中世部分の人物尻付について、主に『尊卑分脈』と対比し、『尊卑分脈』にみえない尻付については、これまで判明した限りの史料をあげておきたい。その目的は、『熱田大宮司千秋家譜』独自の記述を整理することにある。

まず、藤原姓初代の大宮司季範についてみておこう。

大宮司　従四位下　額田冠者　①家紋三葉花柏、庶流不㆑着㆑花、實自㆓南家武智麻呂㆒十三世三河四郎大夫季兼子、母大宮司尾張姓員職女、謂㆓松御前㆒矣、前嫁㆓季兼㆒産㆓季範㆒、仕㆓参河國㆒而爲㆓尾張國目代㆒矣、②于㆑時、熱田太神宮有㆓佐久良花神詠靈告㆒、令㆓季範㆒補㆓大宮司職㆒、③爾以還㆓當家㆒改㆓尾張姓㆒爲㆓藤原姓㆒矣、委見㆓于玉葉集㆒、久壽二十二年〔月〕卒、六十六、

右に記した――部分は、『尊卑分脈』の当該人物注記およびその前後から知られる箇所である。[27] また‐‐‐部分は、『尊卑分脈』にはみえないものの、他の史料によって確認できる箇所である。因みに、①は『太平記』巻第十

四「官軍引退箱根事」、②③は『玉葉和歌集』二十神祇歌にみえる。そして　部分は、いまのところ『尊卑分脈』および他の史料によって確認がとれていない部分、つまり『熱田大宮司千秋家譜』独自の箇所である。このような整理を季範の子孫について行ったのが、以下の表である。

代数	名前	尻付
		Ⓐ系列　範忠（季忠）流
2	範忠	大宮司　嫡子　従四位上　内匠頭　母源行遠女、①保元元年七月亂世、大宮司範忠家子郎黨令レ従二官軍一、②亦平治元年十二月依レ爲二源義朝子舅一、雖レ不レ登二我身一、家子郎黨爲二加勢一指遣、保元三〔元〕年補レ之、在職三年、應保年中坐レ事、配二流周防國一、承安比後白河院北面諸大夫、候二下北面例〔列〕一、承安二年屬二于平相國家一、還補六年、 ※①『保元物語』官軍勢汰へ并びに主上三条殿に行幸の事。 ②『平治物語』源氏勢汰への事。
3	忠季	従五位下　藏人〔所脱〕雑色 ※『吾妻鏡』建保元年四月十七日・二十七日条、『尊卑』に「刑部丞」とみゆ。

3	清季	野田二郎　大宮司　改忠朝、自二保元三年(マヽ)一至二承安元年一、上西門院賜二聽宣一初任、
3	範行	藏人
3	能季	相模守
3	寛伝	號二額田式部僧都一、①住二参州瀧山寺一、 ※①『瀧山寺縁起』（『新編岡崎市史』史料・古代中世6）。
3	任暁	『家譜』に尻付なし。『尊卑』に「母美福門院上總」とみゆ。
3	女子	足利左馬頭義氏祖母、源義兼母、義康妻也、依レ之、義兼一旦補二大宮司一、
4	忠兼	大宮司　①従五位下　備中守　②範忠嫡子忠季子、治承二年依二二位殿命一、範忠讓二與忠兼一、初任職間三年、亦正治二年十二月十九日賜二廳宣一、同三年正月四日始於二海藏門一欲レ披レ之、然稱二新規一而於二紀大夫殿神前一開レ之、但社家等令二御請一、施行者同月十四日獻レ之、承元二年閏四月十九日就二關東一逝去、再任在職、 ※①②『尊卑』に「従五位上」「猶子」とみゆ。

4	範仲	高松院藏人　皇后宮大進
4	朝季	一旦補二大宮司一、鷹司冠者 ※『尊卑』に「和田義盛之亂、屬二足利義氏一、爲二義秀一被レ殺」とみゆ。『吾妻鏡』建保元年五月二日条に「鷹司官者隔二其中一、依二相支一、爲二義秀一被レ害、此間義氏得レ遁奔走」とみゆ。
5	忠成	大宮司　五條右近大夫　刑部少輔　實關東大膳大夫大江廣元男、忠兼猶子、父備中守忠兼逝去、忌中承元二〔年脱〕六月廿二日賜二廳宣一、同七月十七日拔レ之、先使高桑三郎能景、
5	朝氏	大宮司　野田三郎　淸季孫、朝季子、建長六年甲寅四月二日賜二廳宣一、先使〔高脱カ〕桑小左衞門尉成重、康元二年間在職、
6	忠茂	大宮司　忠成嫡子、承久三年辛巳、雖レ未レ賜二廳宣一、自二關東一押テ入二于社内一、同七月賜二廳宣一、 ※『尊卑』大江氏に「美濃守　從五下」とみゆ。
6	元成	早良大宮司　江判官代　忠成二男、嘉禎三年丁酉十一月賜二廳宣一、先使江右衞門尉信俊、 ※『尊卑』に元成みえず。

6	時光	號二行命大宮司一、右近將監　因幡守　忠成二男(マヽ)、永仁三年初任、正安二年二月廿二日還補、①神輿寄進、 ※『尊卑』に尻付なし。 ①『張州雜志』巻第四十「熱田宮神宝部之一」に「大宮司家書曰、正安年中大宮司右近將監時光造二進于神輿一云々」とみゆ。
6	忠氏	號二萩大宮司一、刑部權少輔　忠成子、嘉元四年七月廿三日初任、文保元年再任、①自二元應一元亨間、北條高時武權頻振二逆威一、犯二帝業一天下騷動、依レ于レ顯二後醍醐天皇御隱謀一、元弘元〔二〕年奉レ移二於隱岐國一、因レ茲正慶元年六月朔日、足利殿方隨二于光嚴院勅命一重補二大宮司一、綸旨同九日中野刑部左衛門尉持參入社、着二甲冑直垂一於二海藏門一披レ之、祝師仲衙〔衡〕以下等御請申文如二頃年一、②建武二年十二月十一日相州箱根竹下合戰、忠氏武氣太、進出雄壯之勢喚叫責戰、③同北山立二三葉柏紋簱一、備二於百騎計勢一競、 ※①『太平記』巻四「先帝遷幸事」・巻七「新田義貞賜二綸旨一事」。 ②③『太平記』巻十四「箱根竹下合戰事」「官軍引二退箱根一事」。
6	清氏	野田大郎
6	清重	大宮司　朝氏子、清氏・泰重弟云々、貞和六年前後彼職、有二支證一、 ※『尊卑』に清重みえず。『家譜』に泰重みえず。

		清氏は大宮司にあらず。詳細は本書第二章第三節を参照。
7	顕広	『家譜』『尊卑』に尻付なし。
7	忠広	萩大宮司　常陸介　左京亮　忠氏子、①曰常陸入道常端、貞和三年初任、至二同年十二月一、或云、應安年中在職、左京亮所レ携備前燒古器一瓶存二于今一、②常端好二風雅一、頓阿等恒會、爲二歌友一、 ※①貞治六年十二月五日「沙弥常端寄進状案」（妙興寺文書一六〇—9号・『新編一宮市史』資料編5、以下同じ）・応永十八年九月六日「上条久光・朝日範行連署起請文案」（妙興寺文書二五九号）。 ②『草庵集』雑部続編。
7	行広	大宮司　忠廣弟、一ニ曰子、貞和三年十二月十一日帶二院宣一、 ※『尊卑』に行広みえず。
7	行氏	大宮司　常陸介　朝氏孫、淸氏子、實忠成子、弘安七年八月補任、九月入部、正應三年二月六日、職間一ヶ月、同六年六月再任、
7	家季	本名家泰、朝氏三男、一云孫、朝氏―二男泰重野田小三郎―家季　號二藤澤大宮司一、日向守　刑部權少輔　永仁四年三月廿六日初任、嘉元二年二月再任、同三年正月解任、延慶三年十二月廿日重任、正和三年甲寅十二

		月御遷宮、①延文三年四月廿九日、依二于足利尊氏卿逝去一、家季入道、元明、 ※①『公卿補任』その他。
8	経広	大宮司　號二毛利四郎一、忠成子時光、顯廣・經廣、大江　嘉暦三年十二月賜二廳宣一、先使伊賀七郎、元德元年季宣自二補任之時一有二對論一、朝重猶不レ用レ之、仍以二關東御教書一、爲二守護御使一被二打渡一、朝重退出、同元德二年正月廿日經廣入社、 ※『尊卑』に「元德補レ之」とみゆ。
8	康広	萩①大宮司　忠廣子、②永和・康暦・永德有二證書一、 ※『尊卑』に康広みえず。 ①②『熱田宮年代記』（『熱田神宮史料』造営遷宮編上巻）。
8	季氏	一記二家季 ―― 季宗一旦補大宮司、／季氏／季宣 大宮司　上野介　家季嫡子、季宣兄、①建武二年職間有二證書一、②暦應三年、脇屋刑部卿義助、自二美濃國根屋城一郎黨召二連七十三人一微服潛行、而落二于尾張國波豆崎一、於二大宮司城一十餘日滯留、 ※①文和二年十二月十三日「熱田大宮司藤原萩忠広楠御前禰宜職充行状」（『熱田神宮文書』千秋家文書一一号、以下千秋家文書と記す）。

		②『太平記』巻二十二「義助被レ参二芳野一事并隆資卿物語事」。
8	季宣	大宮司　文保二年十月廿日初任、七歳着二狩衣一、夜陰遂二神拜一、亦元德元年己巳八月廿五日賜二廳宣一、先使小木四郎右衛門尉、然朝重不要之故、不二入社一而歸矣、其中間季宣逝去、即以二其弟一欲レ續二彼職一又卒、一記、季宣元德元年八月廿五日被レ下二院宣一、神職中雖レ爲レ披二見之一、彼地于二遠境一、不レ能レ入二宮中一、同正月廿日毛利四郎大江經廣初任、
9	範重	野田太郎　①大宮司　常陸介　朝重子、②貞和・貞治職間有二證書一、 ※①②貞和五年十一月七日「藤原範重寄進状案」（妙興寺文書一一六―一一〇号）。
9	高季	大宮司　季氏〔子脱〕　建武三年十二月二十六日高季入二宮社一、至二貞和三年一在職、
9	女子	『家譜』に尻付なし。父は季氏。『尊卑』に「高範母、千秋氏江五郎範世妻」とみえ、父は家季。
10	貞範	①野田大宮司　内匠頭　應永廿六年六月十七日御遷宮供奉立列、代管領吉賀和美作入道建照・同左衛門尉季泰、 ※『尊卑』に貞範みえず。 ①『応永二十六年大宮御遷宮供奉人差出』・「応永二十六年大宮遷宮祝詞」（『熱田神宮史料』造営遷

世代	名	記事
		宮編上巻)・『熱田宮年代記』。
10	重季	大宮司代　千秋掃部助　高季子云々、應永二十餘年、為二社務代管領一、 ※『尊卑』に重季みえず。
10	高範	左衞門尉　①大宮司　所望、實季範八世千秋宇治江五郎範世子、母高季妹、②為レ與二父母季範後胤一故所望、大宮司補レ之、③康永三年十月、二條為明卿・冷泉為秀卿・足利尊氏卿・同直義・高師直・頓阿・兼好二十餘輩、紀州高野山奉納和歌、高範同列詠吟焉、 ※『尊卑』では高範以降をⒷ系列子孫範時の曾孫政範の子孫とする。 ①②『園太暦』貞和二年十二月二十一日条。 ③『高野春秋』康永三年三月十八日条。『直義金剛三昧院奉納和歌』康永三年十月八日。
10	惟範	①康永四年八月廿九日天龍寺供養、將軍參詣、惟範供奉人、 ※『尊卑』に「三郎」とみゆ。 ①『園太暦』貞和元年八月二十九日条。
10	常季	大宮司代　左衞門尉高範弟云々、至德・嘉慶・康應・明德施行、 ※『尊卑』に常季みえず。

11	経季	高範子經季・滿範、従五位上　左近將監　駿河守　刑部少輔　法名淨善、 ※『家譜』に経季の名脱、尻付のみみゆ。また11世代常季と同一人物にて高範の養子か。
12	満範	①大宮司　野田上野守〔介カ〕　従五位上　左近將監　駿河守　刑部少輔　法名道珍、②應永四・五年任レ之、近代天下亂世未二静治一、雖レ補二彼職一在都、偶往二復于宮社一、猶二遥授官一、故沙彌全壽・法眼良珍類族如二家臣一、恒掌二於祭祀・公事等一、 ※①②『熱田宮年代記』・応永七年三月二十九日「熱田大宮司藤原野田満範開闔職補任状」（千秋家文書一五号）。
13	持季	①大宮司　従五位上　左近將監　駿河守　刑部少輔　法名常保、滿範子、②永享年中職掌、 ※①②『熱田宮年代記』・永享三年八月二十八日「熱田大宮司千秋持季楠木社禰宜職補任状」（千秋家文書一九号）。
14	勝季	①大宮司　従五位上　左近將監　駿河守　刑部少輔　持季子、②長祿二年卯月廿八日御遷宮、供奉立列如二先式一、管領社家奉行千秋掃部助季康、 ※①②『長禄二年熱田大神宮渡用御殿御遷宮供奉人差定』（『熱田神宮史料』造営遷宮編上巻）。

14	季国	①大宮司代　加賀守　勝季弟云々、②及二于晩年一曰二千秋月栖一、常好二歌詠一、都鄙譽レ之、③應仁二年十一月廿六日社家所持之有二證書等一、 ※『尊卑』に季国みえず。 ①③応仁二年十一月二十六日「熱田社社務代千秋季国下知状写」(千秋家文書二〇号)。 ②延徳二年十二月十三日「熱田大宮司代千秋季国月栖下知状写」(千秋家文書二九号)。
15	政範	①大宮司　従五位上　駿河守　刑部少輔　②千秋左近將監　法名祥運、勝季子、③寶徳・文徳(マヽ)之間、有二證書等一、 ※①②③『熱田年代記』・『伺事記録』延徳二年九月二日条。
15	季通	①大宮司　紀伊守　自二長享一至二延徳・明應・文亀・永正一、 ※『尊卑』に季通みえず。 ①『言継卿記』天文二年七月二十八日条。
16	高季	従五位上　左近將監　刑部少輔　駿河守　法名本譽、①一記曰、高季・季國兄弟、 ※①『雑書並系図』・「熱田大宮司千秋系図」。

16	季平	大宮司　加賀守　自㆓永正年中㆒至㆓大永・享祿㆒、 ※『尊卑』に季平みえず。
17	晴範	實卜部兼永三男、法名宗句、 ※『尊卑』に「從五上　左將監　刑部少輔　駿河守」とみゆ。
17	季光	大宮司　①紀伊守　當時國々所々合戰末㆑停、天文十一年九月廿二日、濃州稲葉山對陳〔陣〕、屬㆓于織田備後守㆒、 季光最胡〔期〕帶㆓癬丸㆒戰死、法名淨安、 ※『尊卑』に季光みえず。 ①『信長公記』巻首「みのゝ国へ乱入し五千討死之事」。
17		『家譜』に「定季左馬助」「池坊」「女子」「女子」とあるも、『尊卑』にみえず。
		Ⓑ系列　範信流
2	範信	星野　從四位下　式部丞　上野介　出家

3	憲朝	號㆓千秋㆒　八條院判官代　駿河守　本名有範、後改信綱、屬㆓關東㆒、
3	信綱	千秋　駿河守　建久八年賜㆓尾張國海東郡地頭職㆒、　※『尊卑』に「號㆓中隆〔條カ〕㆒」とみゆ。憲朝と同一人物。
3	範清	星野　上西門院藏人　左衞門大夫　本名範行、　※『尊卑』に「使」とみゆ。
3	信雅	高松院藏人
3	憲行	『家譜』『尊卑』に尻付なし。
3	実豪	少僧都　權僧都〔正カ〕　智泉坊阿闍梨院昭灌頂弟子、
4	親季	右馬助　下野守
4	範俊	『家譜』に尻付なし。『尊卑』に「左馬助　大學助」とみゆ。
4	範成	院藏人　※『尊卑』に「千秋」とみゆ。

4	範時	千秋　藏人　左近將監　六波羅評定衆　※『尊卑』に「或信綱子」とみゆ。
4	季茂	從五位下　藏人　出羽守　※『尊卑』に「星野」とみゆ。
4	範昌	藏人　左近將監
4	範継	進士大夫　改範季、
5	親盛	從五位下
5	範親	號ニ蜂屋冠者、
5	義範	『家譜』『尊卑』に尻付なし。
5	範康	從五位下　左近將監　※『尊卑』に「左近大夫　從五上」とみゆ。
5	範頼	『家譜』に尻付なし。『尊卑』に「藏人　或頼範」とみゆ。

5	孝泰	『家譜』に尻付なし。『尊卑』に「一宮藏人」とみゆ。
5	忠能	刑部少輔　參河守　昇殿
5	忠茂	號二篠田一、長門守　※『尊卑』は能茂。
6	雅範	『家譜』『尊卑』に尻付なし。
6	範宗	上野介　六波羅評定衆　次の範宗と同一人物か。
6	範宗	藏人　上野介　一條大宮篝　六波羅評定衆
6	範政	『家譜』に尻付なし。『尊卑』に「藏人」とみゆ。
6	保能	刑部少輔　參河守　昇殿
7	兼範	『家譜』『尊卑』に尻付なし。

		※嘉元四年八月二十一日「藤原兼範寄進状写」（福井県丹生郡越知神社文書・『福井県史』資料編5）に兼範みゆ。
7	政範	『家譜』に尻付なし。『尊卑』に「左衛門藏人　左衛門尉　使」とみゆ。次の政範と同一人物か。
7	政範	『家譜』に尻付なし。『尊卑』に「三河守　藏人」とみゆ。
7	貞茂	『家譜』に尻付なし。『尊卑』に「藏人」とみゆ。
7	高能	『家譜』『尊卑』に尻付なし。
7	永能	左衛門尉　左近將監　刑部少輔　従五位下　昇殿　①依二所望一補二大宮司一、 ※①『園太暦』貞和二年十二月二十一日条。
8	範世	『家譜』『尊卑』に尻付なし。
8	範明	『家譜』『尊卑』に尻付なし。

8	国茂	大宮司　依レ告二夢想一、一旦補レ之、
8	信能	四郎
8	清能	五郎
	©系列　範雅流	
2	範雅	五郎大宮〔司脱カ〕　一云九郎大宮司、雖レ爲二季範五男一、依レ告二靈夢一、先讓二範雅一、大宮司家庶子一流　一ニ作昌、後白河院上北面　保延三年八月得二父讓一、在職十九年、應保元年十月再任九年、治承五年三月還補、
3	範高	大宮司　判官代　藏人　左衞門尉　※『尊卑』に「使」とみゆ。
3	範経	號二鷹野大宮司一、範雅一男、元暦二年四月得レ讓、至二正治元年一、①建久四年十二月朔日、右大將頼朝卿熱田宮奉幣、使相模守源惟義參向、被レ獻二神馬一、幷大宮司範經賜二別祿一、②同六年七月朔日頼朝卿上洛、彼社獻二幣馬御劍一、範經直指、 ※①『吾妻鏡』建久四年十二月一日条。

		②『吾妻鏡』建久六年七月一日条。
4	季継	一旦大宮司、従五位下　非藏人　伯耆守
4	保範	號二五條大宮司一　従五位下　高松院藏人　承元二年戊辰五月賜二廳宣一、先使左京進、 ※『尊卑』に「改二補大宮司一不レ參レ社、下向之時於二合坂一卒」とみゆ。
5	季茂	従五位下　非藏人　出羽守
5	範直	白川大宮司　保範嫡子、承久二年九月賜二廳宣一、同十月五日被レ之、先使雜色、 ※『尊卑』に「但馬守」とみゆ。
5	能範	大宮司　號二後鷹野〔先カ〕一、保範二男、嘉祿元年七月賜二廳宣一、九月入部、先使藤馬允信光、雜色友弘、嘉禎四年戊戌閏二月還補、或使矢田左近將監、 ※『尊卑』に「承久參京方、永被二棄捐一」とみゆ。
6	忠能	一旦大宮司、従五位下　左近將監

6	範行	大宮司　但馬藏人　範直子、文永八年五月補任、承久参ニ京方一、永被ニ棄捐一、
6	範広	大宮司　能範嫡子、承久京方、被ニ棄捐一、伯耆守　寳治二年戊申三月十一日父逝去、葬送日賜ニ廳宣一、次年建長元年四月二日披レ之、在職八ヶ年、亦康元二年丁巳正月十一日賜ニ廳宣一、還補、先使六郎兵衞尉信廣、雑色友弘、
6	女子	内裏女房　大輔局
7	範春	大宮司　不レ入レ社、範行子、正應五年四月初任、 ※『尊卑』に尻付なし。
7	宗範	號ニ大喜大宮司一、範廣嫡子、伯耆守　文永二年十二月擧補、範廣存生時也、同八年十二月再任、弘安八年十一月還補、十二月廿五日入部、正應三年三月廿八日還補、職間三年、永仁五年二月五日還補、合五ヶ度重任、 ①正應四年二月二日祈年祭・十二所祭、夜半太神宮自ニ内院一出火回祿、宮社暫退轉、于レ時從ニ　主上造建一、同十二月廿六日御遷宮、 ※『尊卑』に「佐渡守」とみゆ。

		①『帝王編年記』正応四年二月二日条。
7	親昌	大宮司　攝津守　範廣二男、正和五年五月九日初任、一記、自㆓文保元年五月㆒至㆓同七月㆒、亦記、正慶二年七月廿一日賜㆓綸旨㆒、先使左衞門次郎、同廿六日令㆑入㆓社㆒披㆑之、即日社家等御請文進㆑之、後深草院・伏見院兩御代雖㆑被㆓召放㆒、同年八月二日還㆓附於地所㆒、即社家賜㆓綸旨㆒、使伯耆六郎、①建武四〔五〕年正月、先帝官軍到㆓着于尾張國㆒、攝津大宮司入道源雄率㆓五百餘騎㆒加、 ※①『太平記』巻十九「追㆓奥勢跡㆒道々合戦事」。
8	永範	大宮司　宗範嫡子、永仁六年四月廿日擧補、正安三年正月廿三日再任、乾元二年七月廿六日還補、嘉元三年正月二十六日還補、徳治二年五月重任、
8	昌能	大宮司　南朝祗候、宗範二男、永範弟、元弘元年八月七日入㆓彼宮㆒、至㆓建武元年㆒在職、①延元元年五月十〔廿〕九〔七カ〕日　主上山門臨幸、昌能供奉、 ※①『太平記』巻十六「聖主臨幸山門事」。
9	範房	大宮司　永範〔子脱〕、延慶二年七月廿五日擧㆓補大宮司㆒、一云、自㆓同二年三月十二日㆒再任、至㆓文保元年五年〔月〕㆒在職、

9	昌胤	大宮司　實永範三男、昌能養子、建武元年五月五日神輿神幸供奉、①正慶〔建武〕二年八月、朝敵北條高時二男相模二郎時行於㆓鎌倉㆒暫戰、負落㆓下尾張國㆒、于㆑時大宮司昌胤生㆓捕之㆒、遣㆓于京都㆒、 ※『尊卑』に昌胤みえず。 ①『太平記』巻十三「足利殿東国下向事付時行滅亡事」。なお『太平記』によると、大宮司が捕らえたのは三浦介入道道海。
		Ⓓ系列　範綱流
2	範綱	大學助大夫　直基
3	憲仲	安藝守　※『尊卑』に「安藝權守」とみゆ。
		Ⓔ系列　範智流
2	範智	法眼　日長三位　※『尊卑』に「號㆓粟田口㆒、又寺深井、藤九郎盛長々人云々」とみゆ。範智の子孫五代十九人『尊卑』にみゆ。

Ⓕ系列　長暹流		
2	長暹	粟田口法眼長暹　※『家譜』は「三郎」とする。『尊卑』に「諸寺執行」とみゆ。長暹の子孫二代四人『尊卑』にみゆ。
Ⓖ系列　祐範流		
2	祐範	三河法橋祐範　※『家譜』は「七郎」とする。祐範の子孫二代五人『尊卑』にみゆ。
ⒽⒾⒿⓀ系列　女性		
2	女子	上西門院女房　千秋尼
2	女子	待賢門院女房　千秋尼　大進局
2	女子	下野守源義朝妻、右大将頼朝卿母、
2	女子	左馬頭源隆保朝臣母、

六、

前節の表によって、次のようなことが知られる。

① 『尊卑分脈』『熱田大宮司千秋家譜』ともに記された人物の官位官職は、若干名を除いてはほとんど一致すること。

② 『熱田大宮司千秋家譜』には、明らかに後世の史書、軍記物語類等を採用した箇所があること。因みに『太平記』が用いられた人物、忠氏・季氏・親昌・昌能・昌胤の尻付は、すでに小島鉦作氏が指摘されたように、すべて昌能の記事と解すべきであり、『熱田大宮司千秋家譜』作成者の操作とみなければならない[28]。このような類の史料が用いられている部分は、慎重な吟味が必要である。

③ 『熱田大宮司千秋家譜』には、大宮司家の所有した文書記録から傍証できる部分があること。

④ いまのところ傍証できない『熱田大宮司千秋家譜』独自の尻付があること。その多くは、大宮司職補任・在職期間に関係している。

⑤ 『熱田大宮司千秋家譜』には、Ⓔ系列範智流・Ⓕ系列長暹流・Ⓖ系列祐範流の次世代以降が省略されていること。それはこの三流が僧籍の家柄であったためと、大宮司を輩出しなかったことによると考えられる。

⑥ 『尊卑分脈』に記されていないⒶ系列千秋持季の子息季国の流、すなわち明治初期まで大宮司を輩出した系列が『熱田大宮司千秋家譜』に記されていること。因みに季国の子季通は、山科言継の日記『言継卿記』天文二年（一五三三）七月二十八日条に、「千秋左近將監季通奉公千秋庶子熱田神人歟（大宮司）」とみえ、庶子の位置にあった。そのために『尊卑分脈』にみえないのであろう。

右に記した『熱田大宮司千秋家譜』の人物尻付で、特に問題となるのは④である。中世の大宮司職補任については、本書第一編第五章で述べたように、本所職をもつ皇室による補任、時の権力者の保証による「譲」による場合、国司庁宣による補任などが認められる。これは中世全期を通して、それぞれが一貫性をもって行われた補任形態ではなく、政治情勢によって左右されたのである。しかし、その補任年紀・形態・在職期間の多くは、『熱田大宮司千秋家譜』の尻付に求めざるを得ないのが実情である。また熱田神宮および旧大宮司家には、現在一通の補任状も伝わっておらず、僅かに『諸状案文』に文明十六年（一四八四）八月二十七日付「足利義尚御判御教書」（『大日本史料』第八編之十六所収）がみえる程度であり、その傍証は頗る困難を伴っている。ただ大宮司の発給文書・遷宮記録類・京都の日記類によって、『熱田大宮司千秋家譜』に記載する在職期間に大宮司であったことを証明できる場合もあり、更なる古記録類の精査を痛感するところである。また厳密にするならば、『尊卑分脈』と一致する尻付についても傍証をとらねばならないであろう。

〔補註〕

（1）これらの文書・史料集は、戦前熱田神宮において小島鉦作氏を中心として進められていた『熱田神宮史』（仮称）編纂を引き継ぎ、戦後改めて学術用に堪えうる神宮史本文編作成の準備作業として、現在進行中のものである。

（2）千秋家旧蔵、現熱田神宮所蔵。

（3）『熱田神宮文書』千秋家文書下巻（熱田神宮宮庁、一九九二年）所収。

（4）前掲註(3)および『神道大系』神社編「熱田」所収（神道大系編纂会、一九九〇年）。

（5）『張州雑志』巻第三十四所収。

（6）前掲註(3)に同じ。

(7)『塩尻』巻二十、『日本随筆大系』第三期十三巻所収。

(8)この事情については、本書第二編第六章を参照。

(9)これは『雑書並系図』自体の成立年代でなく、これに所収される系図そのものの成立としておきたい。なお季明まで数代の間、大宮司の官位叙任が途絶えていたが、寛文十年に季明が従五位下を勅許されたことも、この系図作成に関係があると思われ、その場合の成立年代は寛文十年にごく近い時期であろう。

(10)これについては、拙稿「元禄七年熱田大宮司家記録について」(『熱田神宮文書』千秋家文書中巻巻頭解説、熱田神宮宮庁、一九八九年)を参照。

(11)『神道大系』神社編「熱田」および『熱田神宮文書』田島家文書(熱田神宮宮庁、一九九七年)所収。

(12)『張州雑志』巻第三十六所収。

(13)「評(督)に関する新史料五点」(『日本上古史研究』一―一、一九五七年、のち同博士著作集6『律令制の諸問題』に再録、国書刊行会、一九八六年)。

(14)「尾張三宮熱田社領の形成と構造」(『日本歴史』二九四、一九七二年)。

(15)以上の点については、本書第一編第三章を参照。

(16)(17)『系図纂要』所収㋐「藤原朝臣姓熱田大宮司」には、本文ⓑⓓの部分に二度登場する。これは『尊卑分脈』系、『熱田大宮司千秋家譜』系両者を採用したためであり、したがって『尊卑分脈』にみえる高範以降晴範までの人物も二度記されている。

(18)『熱田神宮大宮司千秋家系』には、

季氏――女子(高範母)
　　└高範

とある。このような例として『熱田大宮司千秋家譜』『熱田大宮司千秋家系』には、

員職──女子（季範母）
　　　└季範

とみえている。

(19) 貞和元年八月二十九日条に、足利尊氏の天龍寺供養に供奉して、「於二佛殿辰巳角軒一、取二布施一千秋左衛門大夫高範傳レ之、」とある。

(20) 貞和二年三月二十日条に、「千秋右衛門大夫高範、自二將軍一爲二御使一來臨」とある。

(21) 拙稿「熱田大宮司家と足利将軍家」（『神道古典研究』一三、一九九一年）。

(22) 例えば文和二年七月二十日「尾張国国衙領英比郷文書案」醍醐寺文書（『新編一宮市史』資料編六・三五八号文書）、および本書第二編第一章を参照。また『熱田神宮文書』千秋家文書上巻（熱田神宮宮庁、一九八三年）所収の文和二年十二月十三日「熱田大宮司藤原萩忠広楠木御前禰宜職充行状」一三号文書の解説文も参照。

(23) 本書第一編第三章を参照。

(24) 『熱田神宮史料』造営遷宮編上巻（熱田神宮宮庁、一九八〇年）、『神道大系』神社編「熱田」所収。

(25) 千秋民部少輔季貞が奉公衆であることは、本書第一編第三章を参照。

(26) 「千秋野田」が季貞であることは、藤田英孝「室町時代の熱田大宮司職の補任について」（『神道大系』月報92、一九九〇年）を参照。

(27) 『尊卑分脈』の註記を他の史料によって傍証できる箇所もあるが、すべて割愛した。

(28) 「建武中興と熱田宮──熱田宮の官社列格問題の考察──」（『建武』三─一、一九三八年）。

第二章　田島丹波系図

一、

明治四年（一八七一）まで熱田社の権宮司家として祝師《のっとし》を勤めた尾張姓田島氏の系図には、本章で検討する「田島丹波系図」をはじめ、「田島家譜」、現存中最も記載が豊富で同家系譜の主軸とされる『尾治宿禰田島氏系譜』、「祝師田島家系図」、および「田島仲頼父方之系譜」などがある。これらの諸系図は田島氏の歴史的経緯を解明するための基本的な史料であることには間違いなく、概略的な解説が行われてきたことは有益であったが、系図自体の具体的な研究はこれまで管見におよんでいない。筆者自身も熱田社領研究の一環として、権宮司家の所領・所職を考察したときに田島氏の諸系図を一部利用したことはあるが、系図全体を検討することはなし得なかった。

そのようなか、飛岡秀樹氏は『田島氏系譜』に関する基礎的研究を口頭報告され、『尾治宿禰田島氏系譜』の尻付についてその出典史料を可能な限り提示し、「田島家譜」との比較表を提供された。それは田島氏の系図そのものに関する唯一の専論で有意義ではあったが、神代・古代部分に限定されたものであり、熱田大宮司職が尾張氏から藤原氏へ移動した十二世紀初頭以後、つまり中世部分について何ら言及がなされなかったことは、田島氏の系図の全体像を考察する上で問題が残されたことは否めない。

「田島家譜」『尾治宿禰田島氏系譜』の記述のうち、近世期に入るまでの部分は、おおよそ田島氏惣領家の当主を代々綴ること、つまり職の継承順序に主眼がおかれ、権宮司在職期間を知るには便利であるが、族的な広がりを確認するには困難な系図である。そこで本章では田島氏の諸系図のなかから、これまであまり注目されなかった「田島丹波系図」の検討を中心に進めてみたい。

この系図は十一世紀前半から十三世紀末までの間を記しており、「田島家譜」『尾治宿禰田島氏系譜』などとは異なり、一族の構成が詳細であるばかりか女性を数多く記し、その婚姻関係から尾張国在庁・国人・神官などと田島一族との結合について、かなり克明に知ることができるという特徴をもっている。管見の限り熱田社関係の系図でこのような特質をもつものはこの系図だけであり、中世の田島氏を考察するための貴重な史料として位置付けられるのである。また他の系図とはいくつかの点において異同があり、いまひとつの権宮司家馬場氏との関係についても、これまでの一般的理解を修正する新知見を与えてくれる。

以下このような観点から「田島丹波系図」についての分析を試みるとともに、中世熱田社の権宮司であった尾張氏について若干の私見を述べておきたい。

二、

「田島丹波系図」は尾張藩士内藤正参が編纂した『張州雑志』巻三十六に収められた写で、奥書に「永仁三年五月六日」（一二九六）の年紀を有し、いまのところ田島家の最も古い系図と考えられ、体裁は巻子本であったことを窺うことができる。ただ原本はもちろん、書写本の存在も確認することはできないため、書写の段階で加筆が行われたのか否か判断できない部分も多い。また系線の一部が切断しており、親子兄弟関係が不明なところはあるが、後述するように他の史料によって復元できるところもあり、おおよそ全体をながめることに問題はない。

なお本系図を活字化したものとして『熱田神宮文書』(5)の刊行をみたが、これは体裁上の制約によってであろうか

『張州雑志』所収の原型とは異なるものとなっているので、精確を期すために『張州雑志』の写真版を次頁以下に掲げて参考に具したい。(6)

まず本系図の内題「田島丹波系図」について考えておこう。系図冒頭をみて明らかなように、この内題部分は正参が『張州雑志』に採録するにあたって筆を加えたものとみられ、したがってこの内題は系図の原名ではない。では、正参がこの名称を付けた理由は何であろうか。「丹波」が田島氏の受領名であることは容易に予想できるが、『尾治宿禰田島氏系譜』によると、丹波守もしくは丹波を称した人物としては、寛永四年（一六二七）に権宮司に就いた仲盛をはじめ、仲秀・仲次・仲周・仲孝・仲広の六名を確認できる。そのうち『張州雑志』の熱田社・熱田町関係部分の各巻末に記載された、おそらくはその成稿年紀であろう安永元年（一七七二）から天明二年（一七八二）、および正参の没年天明八年の間に権宮司に在職した田島氏は、仲次・仲周父子の二人である。つまり正参がこの父子いずれかから借用書写したことから、受領名である「丹波」を内題に用いたものとみられる。

次に「伊勢尾張氏系図」の名称について検討してみよう。群書類従本系『尾張国熱田太神宮縁起』の巻末には、その成立年紀として「寛平二年十月十五日」と記されているが、これに続けて、

右大臣基房公、奉レ勅被レ尋二下當社縁起一、仍書二寫家本一獻二上(7)之一者也、
延久元年八月三日　大宮司従三位伊勢守尾張宿禰員信

との奥書がある。おそらくは、この尾張員信を始祖に用いたため、系図の名称に「伊勢」を付けたものとみられる。しかし『尾張国熱田太神宮縁起』の成立とする寛平二年（八九〇）については以前から疑問視されており、また藤原

田嶋丹波系圖

此一巻不ニ全備一紛失而残編ト是然レ氏古雅ナルユエ誌レ之

稲種公ノ子稲　御子ニ五

如縁記者稲種公者火明命十二代之孫尾張氏祖也

本姓建海　尾張氏別名也

伊勢尾張氏系圖　在朱鳥以後二十五代次第

火明御子　代末　稲種御子末葉

○大宮司尾張宿祢員信

一男東太夫貞頼　母者内大臣頼通公祗候人佐渡式部大丈成季三女子
貞頼八歳之時依難産廿五歳死去

二男西大夫信頼　母者呂使女
此生鳴海大夫○光頼

三男伊勢権守貞職 ― 季宗　一男大宮司
信濃国落下今伊那人々是也

女子松御前　太大宮司季範朝臣御女儀也
号職子是也

二男 季貞　大宮司

四男 職躬　樋口冠者

五男 職實　大宮司

六男 僧真慶　座主明勝房 ― 僧良慶　座主　臺徳子○
二字不分明

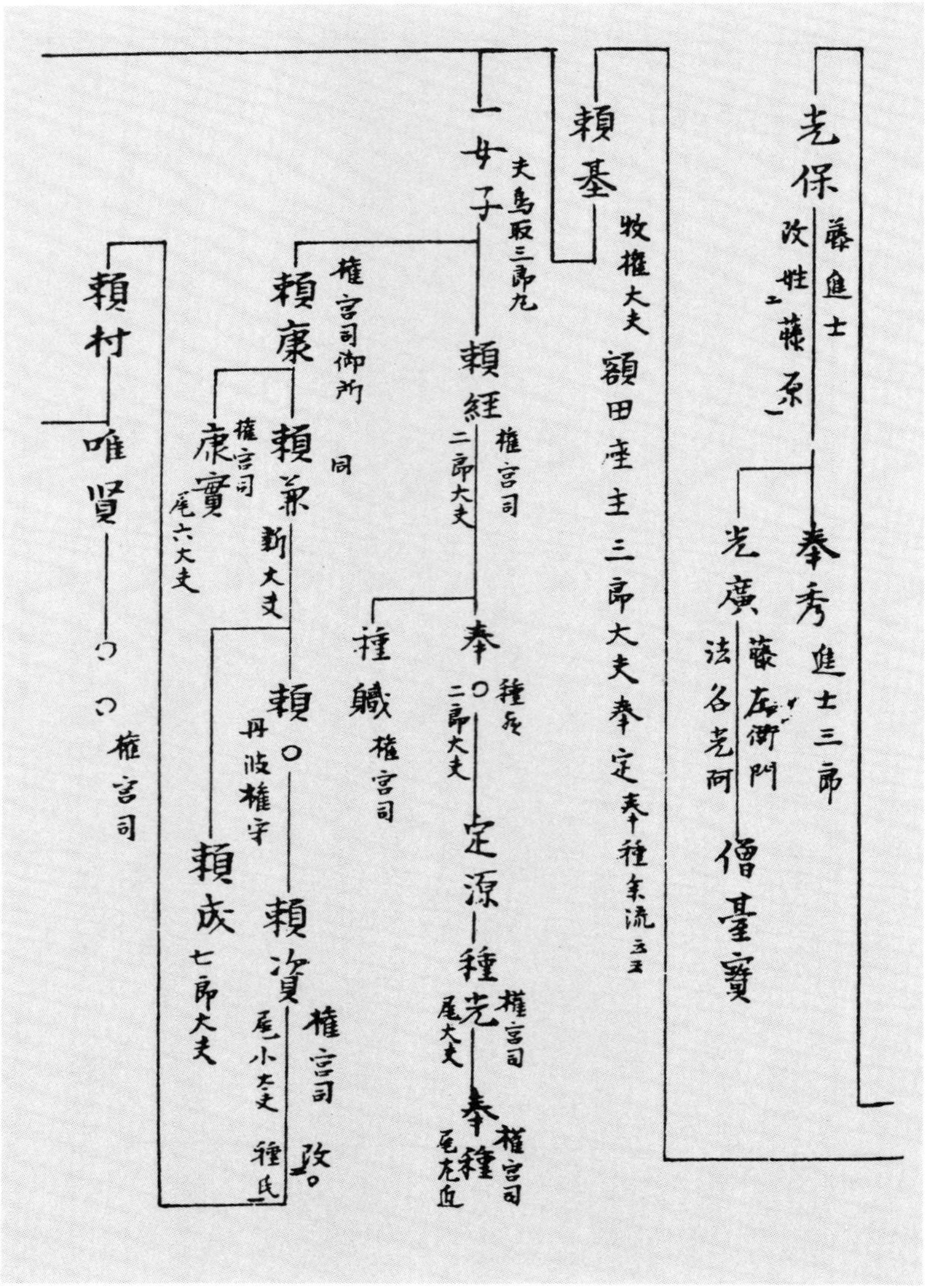

光保 藤進士 改姓二藤原
奉秀 進士三郎
光廣 藤左衛門 法名光阿
僧臺寶
頼基 牧権大夫
額田座主三郎大夫奉定
一女子 夫島取三郎九
頼経 権宮司 二郎大夫
種職 権宮司
奉○ 種氏 二郎大夫
定源
種光 権宮司 尾大夫
奉種 権宮司
頼康 権宮司御所
頼兼 同 新大夫
康實 権宮司 尾六大夫
頼○ 丹波権守
頼資 権宮司 尾小大夫
頼成 七郎大夫
頼村
唯賢
○○ 権宮司

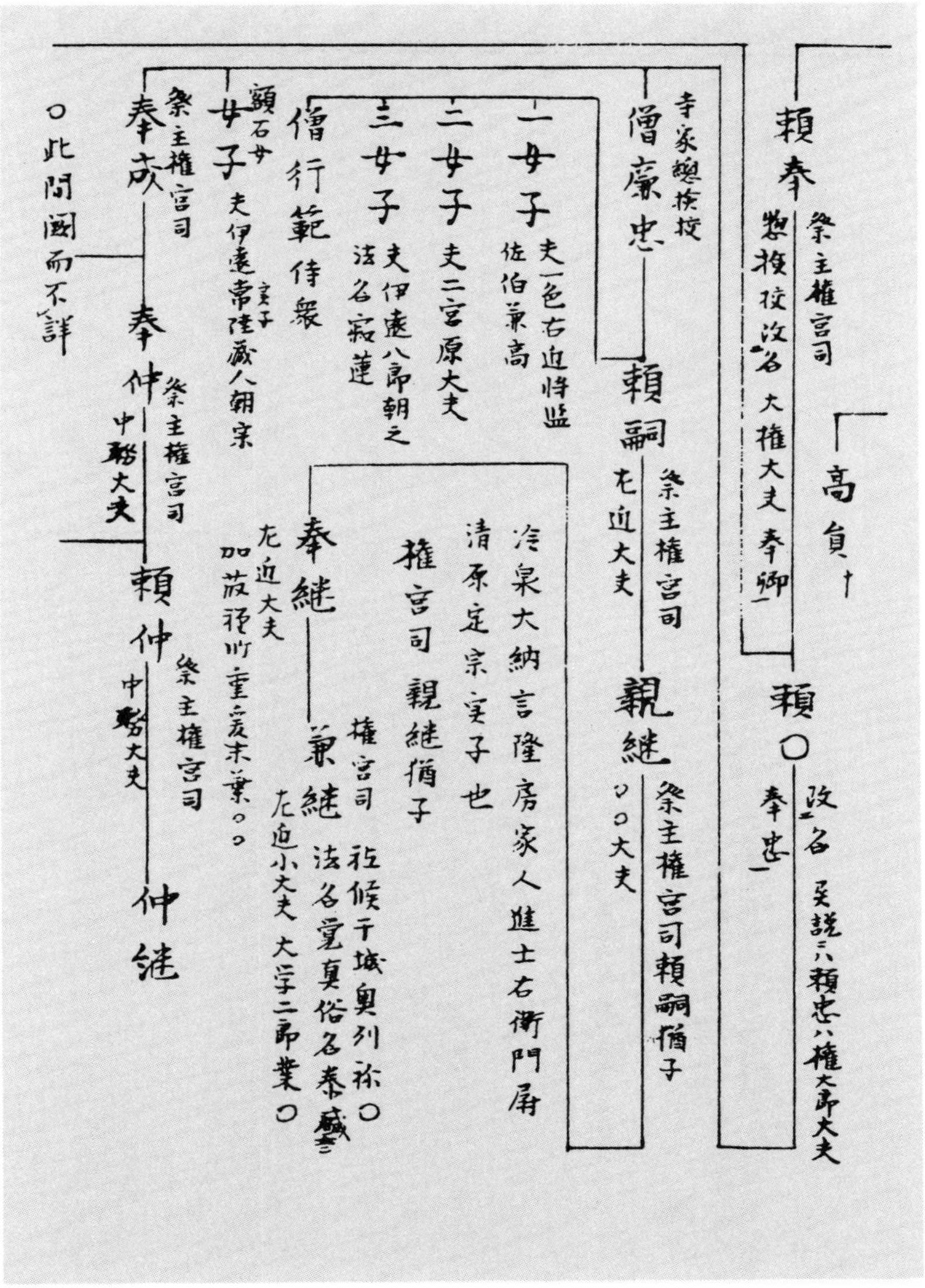
頼奉
祭主権宮司
惣検校改名大権大夫奉卿一
高貞十
頼〇
改名奉忠一
異説ニハ頼忠ハ権大郎大夫
僧豪忠
寺家惣検校
頼嗣
祭主権宮司
左近大夫
親継
祭主権宮司頼嗣猶子
〇〇大夫
一女子
夫一色右近将監
佐伯兼高
冷泉大納言隆房家人進士右衛門尉
二女子
夫二宮原大夫
清原定宗実子也
三女子
夫伊豫八郎朝之
法名寂蓮
権宮司
親継猶子
僧行範
侍衆
奉継
左近大夫
加茂禰町重宗末葉〇〇
兼継
権宮司
在候干城奥列祢〇
法名覚真俗名泰盛
左近小大夫
大学二郎業〇
女子
顕石女
夫伊豫常陸蔵人朝宗
実子
奉成
祭主権宮司
奉仲
祭主権宮司
中務大夫
頼仲
祭主権宮司
中務大夫
仲継
〇此間闕而不詳

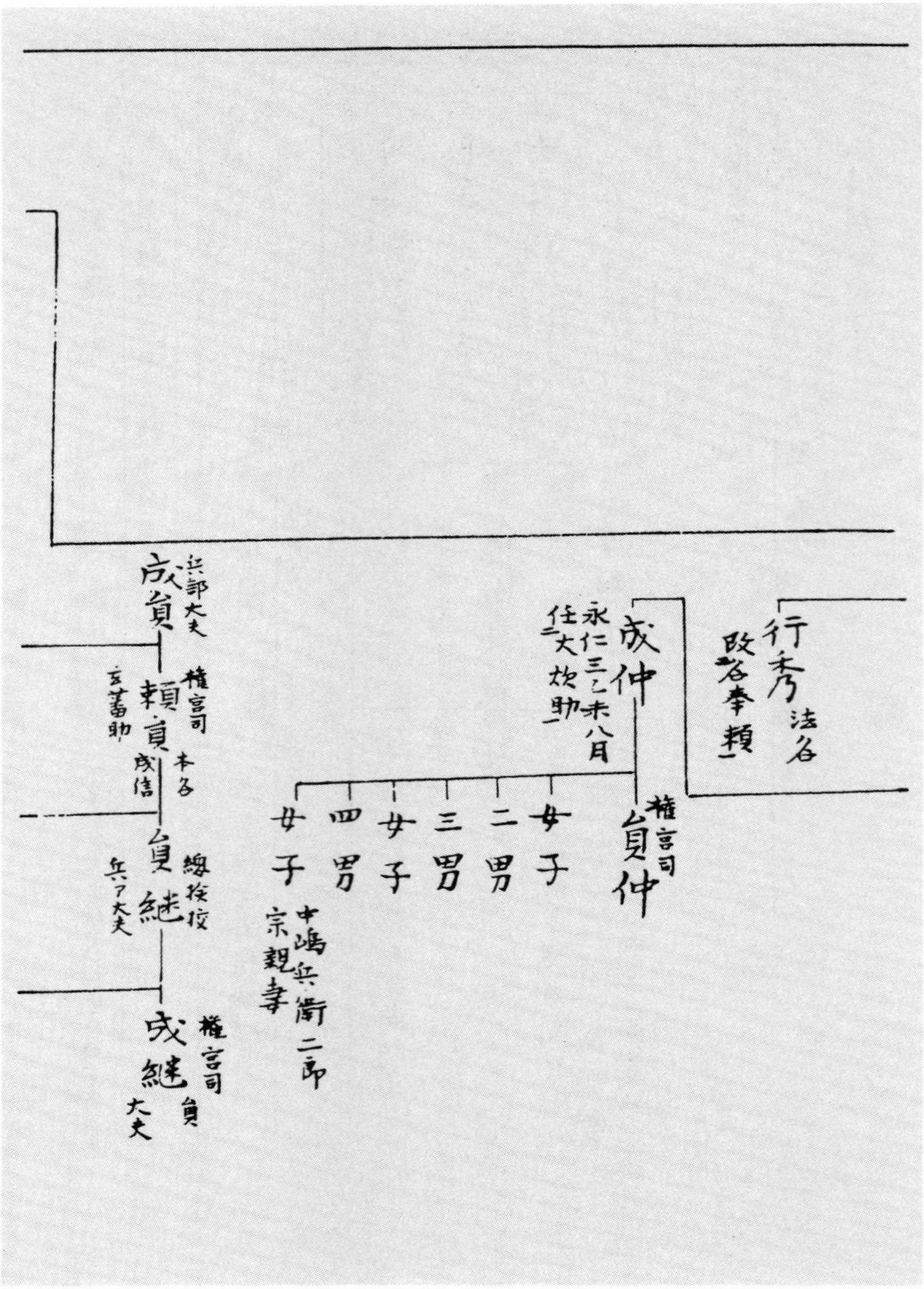
行秀 法名 政彦奉頼
成仲 永仁三乙未八月 任二大炊助一
貞仲 権宮司
女子
二男
三男
女子
四男
女子 中嶋兵衛二郎 宗親妻
成貞 兵部大夫
頼貞 権宮司 本名 成信 玄蕃助
貞継 總検校 兵ア大夫
成継 権宮司 貞 大夫

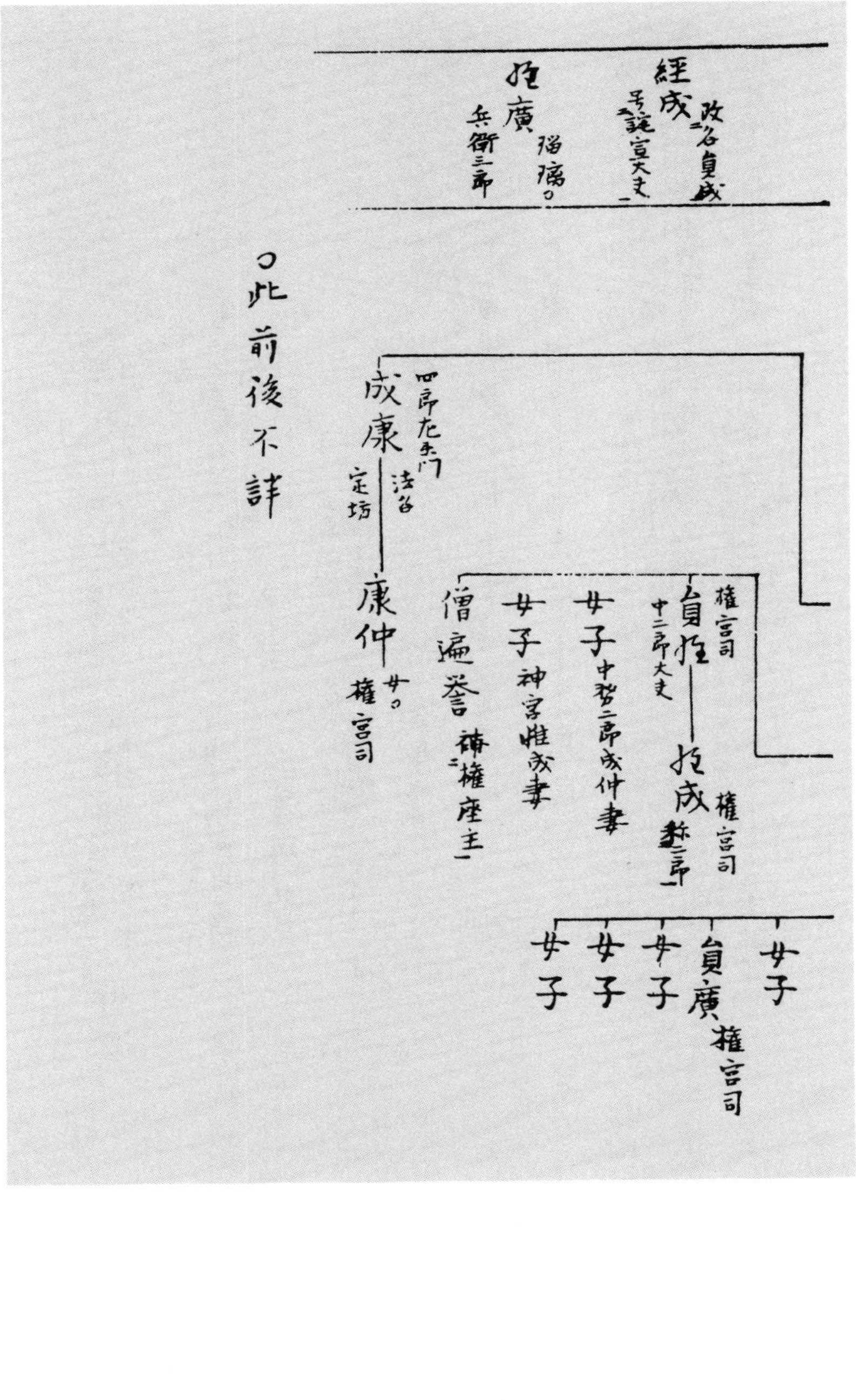

経成
改名貞成
経廣
兵衛三郎
此前後不詳
成康
四郎左衛門
法名定坊
康仲
権宮司
貞経
権宮司
十二郎大夫
女子
中務二郎成仲妻
女子
神宮惟成妻
僧遍誉
補二権座主
経成
権宮司
女子
女子
女子
貞廣
権宮司
女子

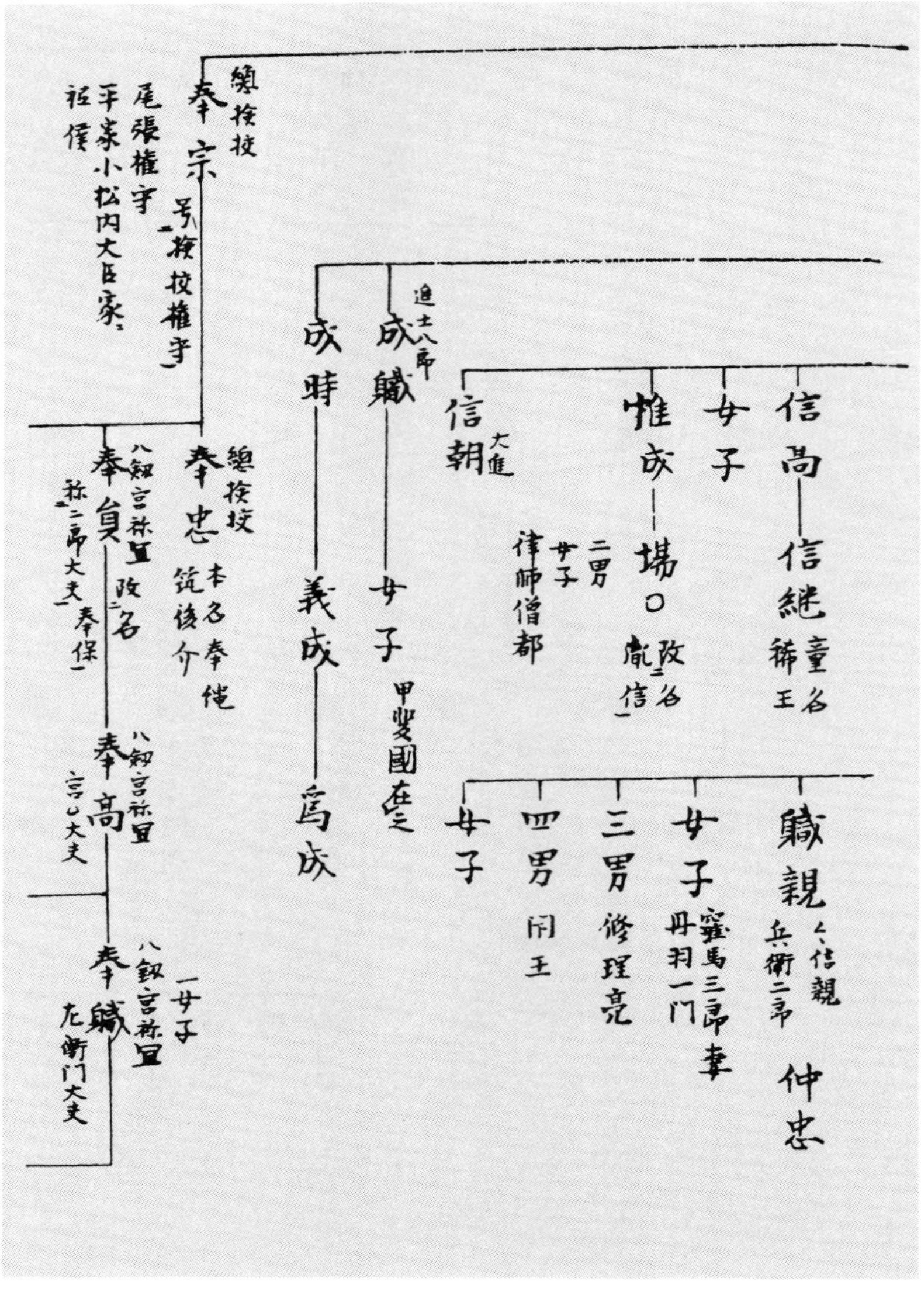
奉宗
検校
尾張権守
平家小松内大臣家祗候
号二検校権守一
奉忠
総検校
本名奉俊
筑後介
奉貞
八剣宮祢宜
改二名一奉保
祢二郎大夫
奉高
八剣宮祢宜
奉職
八剣宮祢宜
左衛門大夫
一女子
成時
義成
為成
成職
進士八郎
女子
甲斐国在之
信高
信継
童名
祢王
女子
惟成
場□
改二名一亀信
信朝
大進
二男
女子
律師僧都
職親
ゝ信親
兵衛二郎
仲忠
女子
寵馬三郎妻
丹羽一門
三男
修理亮
四男
閑王
女子

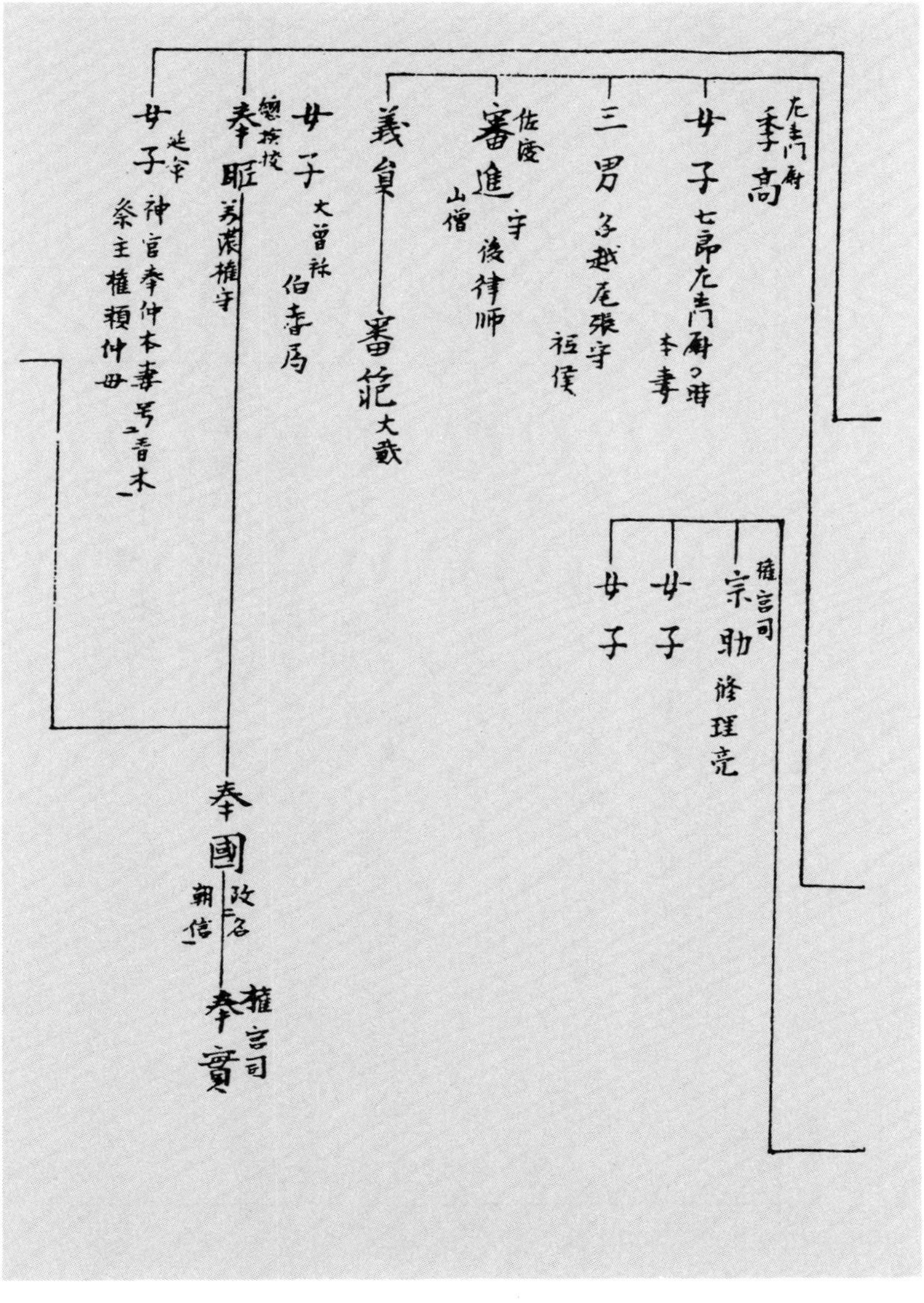

季高 左衛門尉

女子 七郎左衛門尉の母 本妻

三男 多越尾張守 祐僕

審進 佐渡守 山僧 後律師

義阜

審範 大蔵

女子 大曽祢伯耆局

奉暱 惣検校 美濃権守

女子 延命 神官奉仲本妻 号二香木 祭主権頼仲母

宗助 権言司 修理亮

女子

女子

奉國 改名 朝信

奉實 権言司

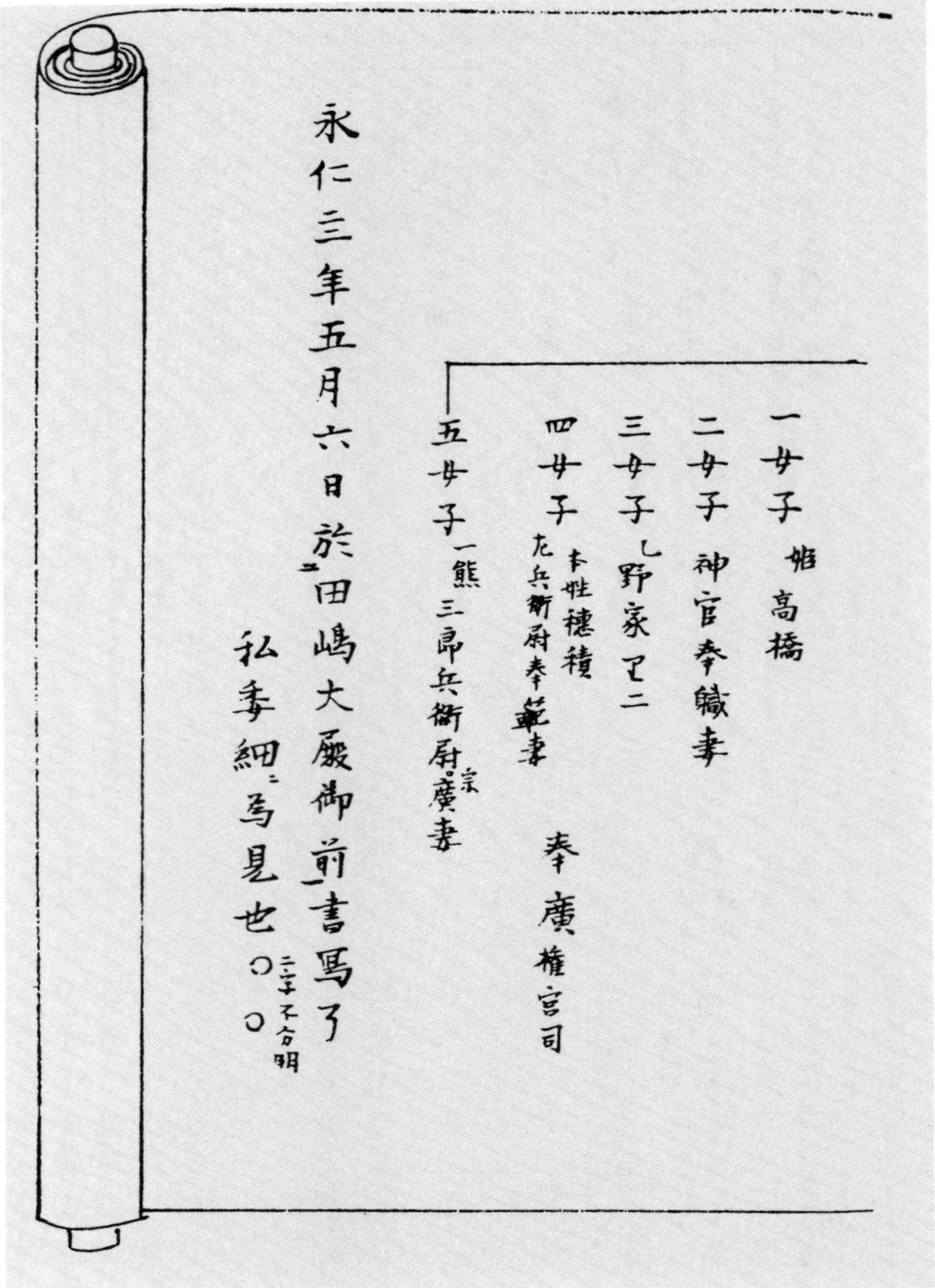

一女子　姑　高橋
二女子　神官奉職妻
三女子　乙野家了二
四女子　本姓穂積　左兵衛尉奉範妻
五女子　一熊　三郎兵衛尉宗廣妻
奉廣　權宮司

永仁三年五月六日於二田嶋大殿御前一書寫了
私季細ニ爲見世○○　二字不分明

基房はこのとき生まれてさえおらず、『公卿補任』に従三位尾張員信もみえないことから、奥書の真偽は論じるまでもなく明らかであろう。(8) それにもかかわらず、「田島丹波系図」の冒頭に「如㆓縁起㆒者、稲種公者火明命十二代之孫、尾張氏祖也」とあることは、系図作成者が群書類従本系祖本、もしくはそれに近い『尾張国熱田太神宮縁起』の奥書を参考にしたということになる。したがって『尾張国熱田太神宮縁起』の内容、またその奥書も信憑性がないという問題を超えて、遅くとも「田島丹波系図」が書写された永仁四年（一二九六）には尾張員信が伊勢守であったという所伝が、すでに存在していたことになるのである。

このように本系図は「田島丹波系図」と「伊勢尾張氏系図」という二つの名称を有するのであるが、次節以降で述べるように田島氏の系図と限定して考えてはならない。「伊勢」はともかく、「熱田尾張氏系図」とみておかなければ、混乱が生じる可能性は大きいであろう。なお本章では『熱田神宮文書』（田島家文書・馬場家文書）に付けられた名称を尊重して、「田島丹波系図」と称することにしておきたい。

三、

さて「田島丹波系図」は十一世紀前中期頃大宮司にあった尾張員信から書き起こし、その子孫計百十五人（尻付部分は除く）を記したものであるが、そのほとんどは員信の長男で権宮司田島氏の祖とされる員頼の子孫に連なっており、同氏を中心においた系図ということができる。一般的に神官家に伝わる系図は、その始祖を神々に求めることが多いものの、前述したようにこの系図は冒頭に「如㆓縁起㆒者、稲種公者火明命十二代之孫、尾張氏祖也」と記すだけで、とくに重要視しているわけではない。しかも壬申の乱における功臣で、『尾治宿禰田島氏系譜』に「白鳳十三年甲申十月、賜㆓宿禰姓㆒、持統天皇十年丙申五月八日己酉、授㆓直廣肆位㆒、賜㆓水田四十町㆒、以賞㆓壬申之功㆒」と特記されている尾張大隅についても、「在二朱鳥以後二十五代次第一」として名前すら挙げておらず、古代の系図（世代書）の存在を示しているにすぎない。つまりこの系図作成の目的に直接関係のない時代は、極力省略したということができよう。そうすると尾張宿禰員信を始祖としたことには、何か特別の理由が存在するはずである。いまのところ員信について語るべき確実な史料の存在を明らかにできないものの、以下のような推測は可能であると考えている。

「田島丹波系図」に員信の大宮司在職期間は記されておらず、そのため江戸期に成立した『熱田大宮司千秋家譜』[9]の長元五年（一〇三二）から寛徳二年（一〇四五）と、「田島家譜」の長元元年（一〇二八）から天喜二年（一〇五四）という記載に頼らざるを得ない。両者の間に異同はあるが、ともに藤原俊綱の尾張国司赴任時期である長久三年（一〇四二）を含んでいる。[10]また「田島丹波系図」によると、員信の室は「内大臣頼通公祗候人佐渡式部大夫成季三女子」とあり、[11]藤原頼通が内大臣であった期間は、寛仁元年（一〇一七）三月四日から治安元年（一〇二一）七月二十五日であるから年代的に無理はなく、俊綱が尾張国司であったときの大宮司は員信とみて大過ないであろう。

この俊綱の尾張国司赴任は、大宮司員信にとって思わぬ大事件をもたらした。『宇治拾遺物語』によると、当時「大宮司の威勢、國司にも増りて、國の者共、おぢ恐れたり」という権力を保持していた員信は、先例がないと称して俊綱への見参を怠ったため、不快に思った俊綱によって「しらん所ども點ぜよ」、つまり不正に集積した所領の没収を通達された。慌てた員信は俊綱のもとに出向いたが赦されず、捕縛監禁の処罰を被り「心うき事に候、御神はおはしまさぬか」と嘆いたというのである。[12]以後尾張氏の勢力は確実に衰微の一途をたどり、威信を回復することはなかったとみられる。そしてこれを証明するかのように、最終的には永久二年（一一一四）、尾張氏は南家藤原氏の一流に大宮司の地位を奪われてしまうのである。[13]

このような背景のもと、権宮司家に降格した尾張氏旧大宮司惣領家である田島氏が、全盛期の大宮司員信を系図の始祖とすることにより記憶に留め、権威を失墜した一族の結合と掌握とを図ることに、この系図作成目的のひとつがあったのではなかろうか。田島家旧蔵で現在熱田神宮所蔵の「祝師田島家系図」の員信の尻付に「第一代目大宮司」と象徴的に記されていることは、田島氏の員信に対する意識の強さが江戸期に入っても存続していたことを端的に示しているものと判断されるのである。

さて田島一族の結合と掌握とについては、いま少し述べておかなければならない。この系図には先述したように百十五人の人名が記されているが、その内訳は男性八十六人、女性二十九人で、全体の約四分の一を女性が占めている。この系図と重複する時代の「田島家譜」『尾治宿禰田島氏系譜』に記された女性は、員職の娘で初代の藤原氏大宮司になった季範の母ただ一人で、しかもこの女性は大宮司職が尾張氏から藤原氏へ移ったという特殊な事情によって記されているわけであるから、「田島丹波系図」は他の田島氏の系図と全く異なる目的で作成されたことは明白であろう。

そこで、「田島丹波系図」に現れる女性の一人に着目してみたい。員頼の子息頼基には、鳥取三郎丸の妻となった娘（一女子）と頼奉という息男があった。頼奉はこの系図の上では、初めて権宮司となり祭主を務め惣検校をも兼任しているが、これは頼基の嫡男として当然のことといってよい。しかし頼奉の姉とその子孫については、検討しておくべきことがある。彼女の夫鳥取氏については詳らかにできないが(14)、二人が儲けた子息には、この時期の尾張氏の通字「頼」が付けられ、また頼経には「権宮司」、頼康には「権宮司御所」との尻付がある。権宮司職という神官身分を有していることは、田島氏と鳥取氏とのより強固な結合を想定せざるを得ない。その結果、この系図には頼経・頼康を初代として七代におよぶ男系の子孫が記されており、しかもこの系列からは九人もの権宮司を輩出しているのである。これらは本章第四節で少しく述べるように、系図作成に際して鳥取氏の意志が反映されたと考えることもできよう。

具体的な史料を示すことはできないが、このようなことは頼基から頼経・頼康の母に譲与された所領（神領）が、彼女の子孫によって代々相伝されたことを示唆しているのではなかろうか。それは所領と権宮司職（神官職）とが一体化して譲与・相続の対象となったことを意味するとともに、男系ばかりではなく女系にもその対象が及んできたということである。この時期を正確に断定することは難しいが、彼女が藤原氏初代大宮司である季範と同世代であることから十二世紀前期と推定され、実に興味深いものがある。

熱田社は三種の神器の一つ草薙剣を奉斎する大社で、神階は康保三年（九六六）までに正一位となり[15]、十一世紀初頭には尾張国の「鎮主〔守〕」[16]として国内の精神的支柱の地位を確立し、その神威を背景に社領の集積を図った。その実力が先述したように、国司藤原俊綱との対立を引き起こしたのである。このような熱田社の長官である大宮司職の地位喪失が、尾張氏にとって没落を意味したことは想像に難くない。その様相は、久安六年（一一五〇）左大臣藤原頼長の家人尾張成重が語った「臣昔爲二熱田神主一、是以彼國有勢者、敬禮尤深、今貧賤向二彼國一、昔從者必有レ蔑、如何、況去二神主職一之日、誓言、不レ還二補此職一、不三復向二此國一矣」[17]という文言に集約されているが、地位喪失は神官という権威はもちろんながら、それまで集積した社領（尾張氏大宮司家の私的所領）を失うことをも意味する。[18]このような情況のもと、旧大宮司家尾張氏は在地における鳥取氏との婚姻結合によって族的な拡張を行い、新大宮司家藤原氏に一種の自衛闘争を試みたのではなかろうか。またこの系図には員頼以下の子孫と藤原大宮司家との間に一切の婚姻関係が認められず、しかも藤原季兼の室となった員職の娘の子孫、つまり藤原大宮司の系列は全く記されていないにもかかわらず、神宮寺座主となった真慶（尾張氏）の子孫については、その跡を四代にわたって綴っていることなどから、両者に基本的な対立の構図が存在したとみることは考えすぎであろうか。

このほか「田島丹波系図」には女性の配偶者が多く記載されており、また猶子として権宮司となった人物の実家が記されている場合もあるので、いくつか簡単に採り上げておきたい。

まず廉忠の次女の夫「二宮原大夫」についてみると、尾張『良峯氏系図』[19]には左に示す系列が載せられている。「二宮」は尾張国二宮大縣社のことで、良峯氏のなかでは高成がはじめて大宮司に就いている。この高成の大宮司職補任について上村喜久子氏は、尾張国丹羽郡郡司職の良峯惣領家世襲を定着させ一郡支配を実現した父季高の実力によるものと推定され、高春の弟高義が郡司職を継いだことなどから、季高流が郡務と二宮の祭祀権とを掌握したと述べられた[20]。この『良峯氏系図』によると、惣領家の高春は「原大夫」と号し、治承四年（一一八〇）の源頼朝挙兵にともない関東へ下り、また『吾妻鏡』によると、本領を安堵されて御家人の列に加わっている[21]。このような高春の母が上総介広常の妹であること、正治二年（一二〇〇）に廉忠が源頼家から所領安堵の下文を給されていること[22]を年代的に勘案すると、廉忠の次女の夫「二宮原大夫」は高春の子息で、同じく「原大夫」を名乗る高直ということになる。なお高直は高春が頼朝から安堵された地頭職を継ぎ大宮司職にあったが[23]、元久年間（一二〇四～六）以前に

季高（四度使十　従五位下／號二立木田大夫一、／自二保安四一、至二保延三一、／郡務十五年、）
　―高成（二宮大宮司　散位　従五位下／號原大夫／上總守／母（マヽ））
　　―高春（同大宮司　左衞門大夫　原大夫／母上總權介廣常妹、／治承四年參二關東一、／抽二軍忠一、預二御感一、）
　　　―高直（原大夫）
　　―高義（四度使十一　散位　従五位下／號二立木田大夫一、自二保延三年八月十二日湋（マヽ）郡務也、／自二保延三年一、至二承安元年一、郡務三十四年、）

その職を失ったようである。

次に員仲の妹の夫中嶋氏について述べておこう。この人物は承久の変において京方に加担したことで所領を収公され、のち屋敷田畠については還付された中嶋宣長であろう。[24] この一族の動向は鎌倉末まで不詳だが、元応二年（一三二〇）の中嶋承念の譲状には、彼の所領二十五ヶ所をまとめて「尾張國大介職」[25]と記してある。「大介職」は国守の別称だが、彼が国守であったことはなく知行国主から与えられた何らかの職とみられ、この頃までに中嶋氏は有力な在庁官人に成長していたようである。[26] 員仲の妹の夫中嶋宗親の名前は関係文書にみえないが、おそらくはこの一族で、「正介」[27]を名乗る惣領ではないものの承念と同世代の人物と推定される。

また親継の猶子となった奉継は、冷泉隆房の家人である進止右衛門尉清原定宗の実子である。隆房の子息隆宗は建久六年（一一九五）から正治元年（一一九九）まで尾張守にあったので、[28] 権宮司家と定宗の関係はここから生じたのかもしれない。

このように熱田社家尾張氏は一族内の神官ばかりではなく、尾張国内の有力神社や在庁官人などと婚姻関係を結ぶことにより、互いの血縁的結合を深めていたのである。

なお奉高の三男に「名越尾張守祇候」とあるのは、系図の世代を勘案すると寛元三年（一二四五）四月八日に尾張守となった名越時章のこととみられ、[29] 田島氏は国衙とのつながりはもちろん、北条氏との関係をも有していた。

四、

次に本節の参考に具するために、「田島丹波系図」全体と「田島家譜」『尾治宿禰田島氏系譜』、および「熱田惣検校尾張宿禰家譜」[30]の部分略系図とを、おおよそ世代を勘案して次頁以下に掲げておきたい。

〈田島丹波系図〉

- 尾張員信
  - 員頼
    - 頼基
      - 女子
        - 頼経 G
          - 奉□
            - 定源
              - 種光 G
                - 奉種 G
          - 種職 G
        - 頼康 G
          - 頼兼
            - 頼□
              - 頼資 G
                - 頼村
                  - 唯賢
                    - □□ G
                  - 高員
            - 頼成
          - 康実 G
      - 頼奉 SGK
        - 頼忠
          - 廉忠 K
            - 頼嗣 SG
              - 親継 SG
                - 奉継 G
                  - 兼継
            - 女子
            - 女子
            - 女子
            - 行範
          - 女子
          - 奉成 SG
            - ○此間闕而不詳
            - 奉仲 SG
              - 頼仲 SG
                - 仲継

- 行秀
- 成仲
  - 員仲 G
  - 女子
  - 二男
  - 三男
  - 女子

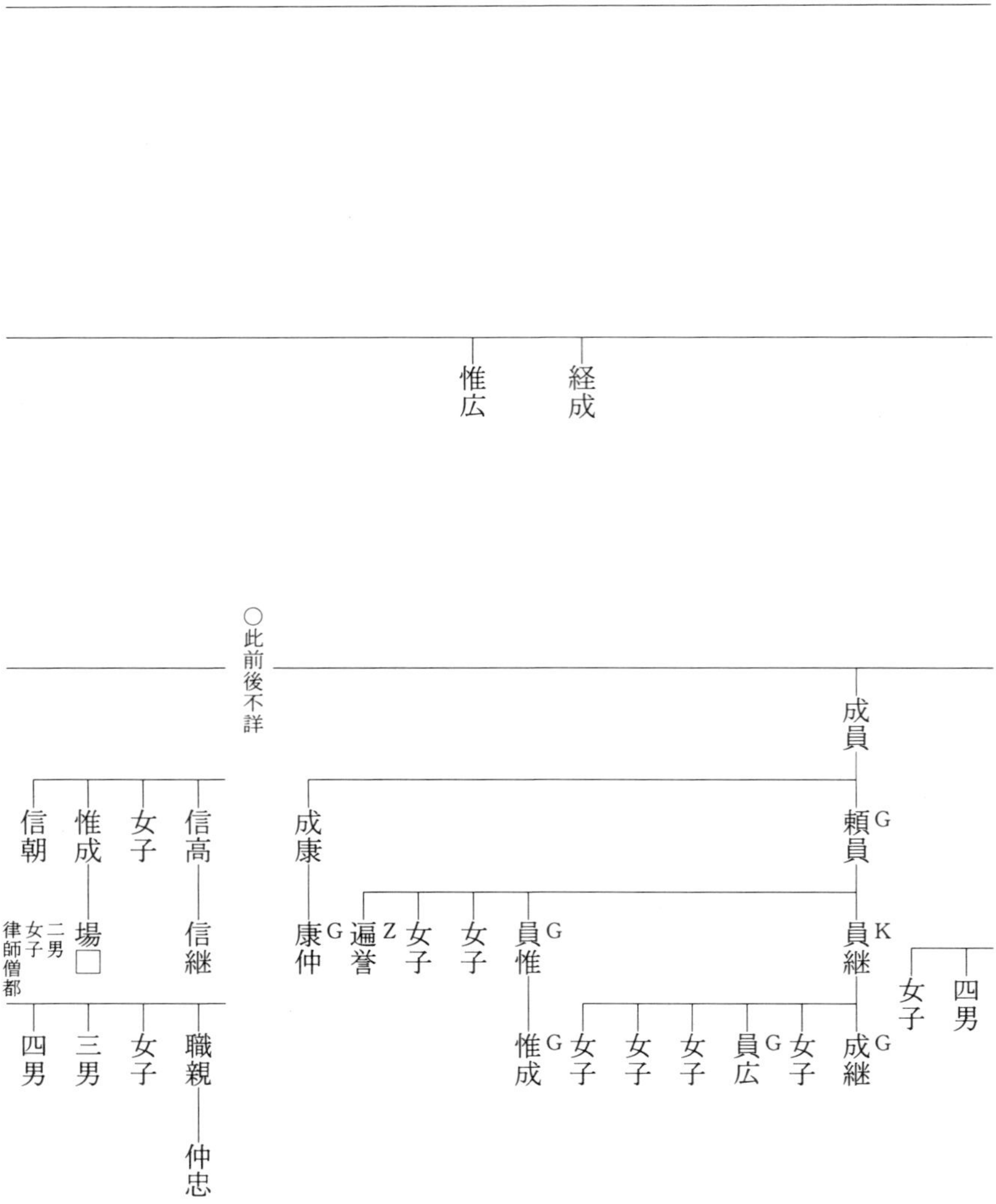

経成
惟広
○此前後不詳
成員
頼員 G
成康
員継 K
員惟 G
女子
女子
遍誉 Z
康仲 G
四男
女子
成継 G
女子
員広 G
女子
女子
女子
惟成 G
信高
女子
惟成
信朝
信継
場□
二男
女子
律師僧都
職親
女子
三男
四男
仲忠

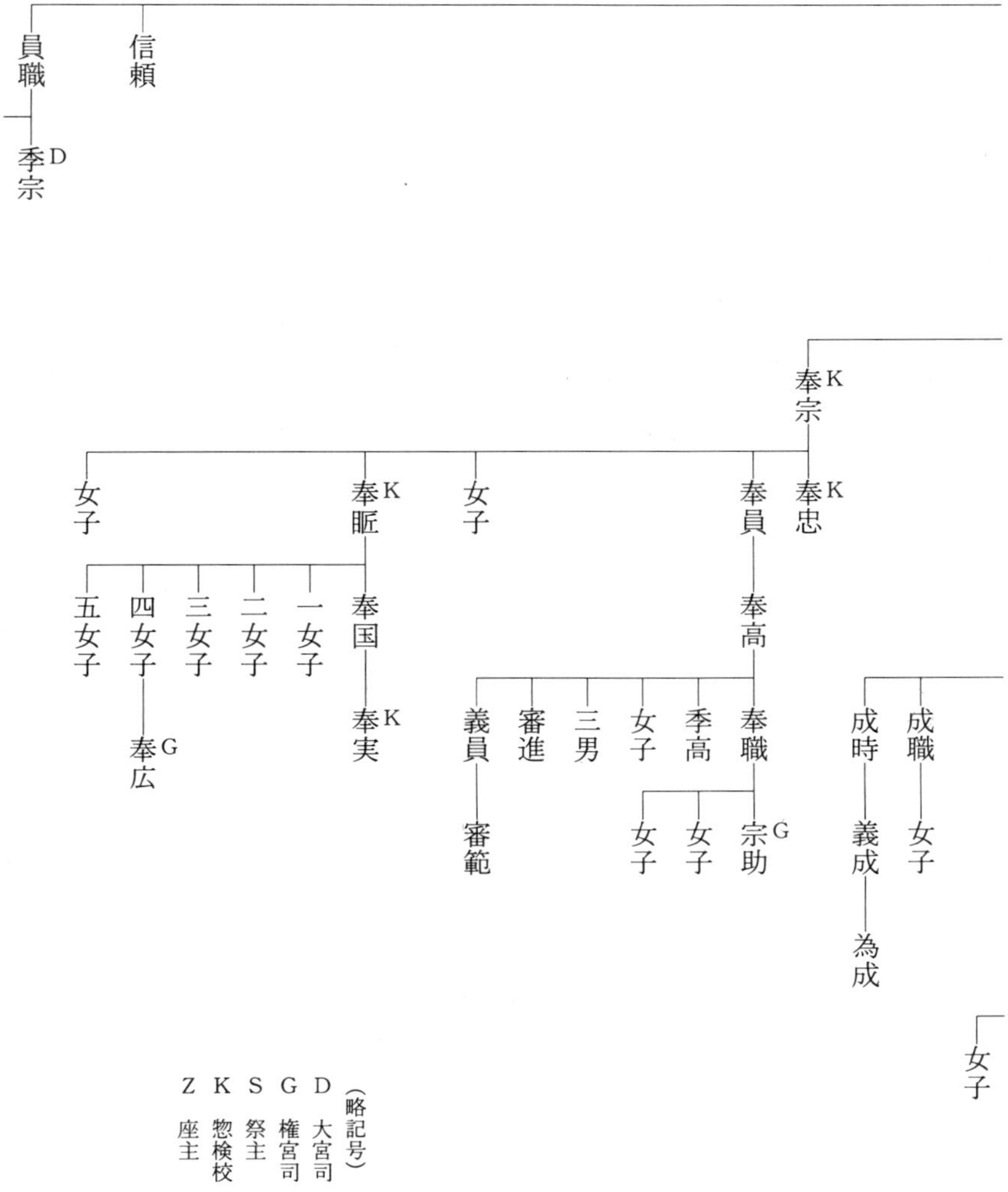
員職
信頼
季宗 D
奉宗 K
女子
奉眡 K
女子
奉員
奉忠 K
五女子
四女子
三女子
二女子
一女子
奉国
奉高
奉広 G
奉実 K
義員
審進
三男
女子
季高
奉職
成時
成職
審範
女子
女子
宗助 G
義成
女子
為成
女子
（略記号）
D　大宮司
G　権宮司
S　祭主
K　惣検校
Z　座主

（前頁より続く）

- 女子 ―（季範）―（女子）―（源頼朝）
- 季員 D
- 職躬
- 職実 D
- 真慶 Z ― 良慶 Z ― 光保
  - 奉秀
  - 光広 ― 台宝

〈田島家譜〉

員頼 ― 頼基 ― 頼奉 ― 頼忠
- 奉成 ― 奉仲（中務大夫）― 頼仲（中務大夫）― 頼継（中務大夫）（旧記、仲継ニ作）
- 奉宗 K（尾張権守）― 奉正 K（筑後守）

〈尾治宿禰田島氏系譜〉

員頼 D ― 頼基 G（世以権宮司兼祭主調之祝詞師）― 頼奉 G D
- 頼忠 G ― 奉成 ― 奉宗（中務大輔）― 奉仲（中務大輔）― 頼仲（中務大輔）― 頼継（中務大輔）
- 奉忠 K（継馬場家）― 康忠

〈熱田惣検校尾張宿禰家譜〉

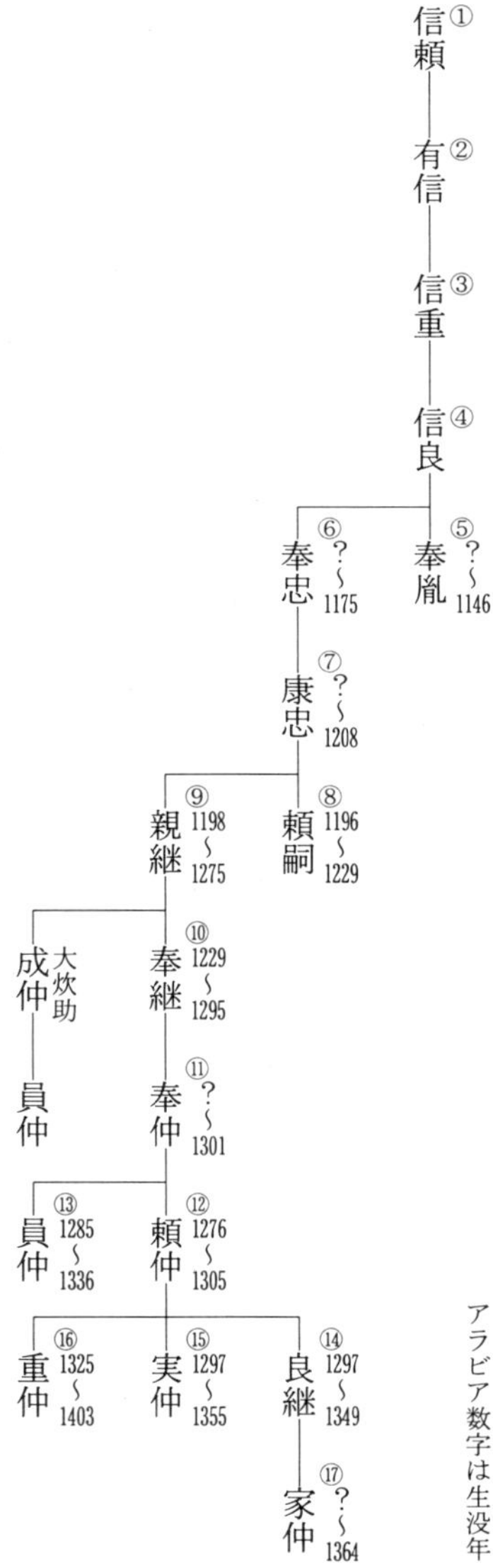

※○数字は惣検校就任順位
アラビア数字は生没年

○

まずここでは、員信の子息三人について触れておきたい。管見におよんだ系図の多くは、長男員頼が権宮司家田島氏、次男信頼が同じく権宮司家馬場氏を興し、三男員職が大宮司家を継承したことを伝えている。この間の事情を直接語ってくれる史料の存在をいまだ確認できないが、次のようなことが考えられる。それは、三人の母の出自についてである。「田島丹波系図」によると、員頼の母は前述したように当時内大臣であった藤原頼通の祇候人佐渡式部大夫成季の娘であり、また信頼の母は「召使女」であるが正式に員信の側室になったわけではないらしく、彼女はのちに鳴海氏との間に「鳴海大浦大□光頼」を生んでいる。このように員頼の母と信頼の母との間には身分の差を認められるが、三男員職の母については何ら記載がないため比較することはできない。ただ員頼の母が「員頼八歳之時、依二難産一二十五歳死去」していることは、員職の出産を指しているのかもしれない。したがってこの点から考えられることは、員頼と員職が同母兄弟で員頼が早世したということである。しかしそれならば、員職の尻付に「母同員頼」と記されてもよいはずであり、若干の問題は残ろう。

そこで注目したいのは、員職が伊勢権守に任官している所伝である。兄弟三人のなかで官職をもつのは員職だけであり、しかもそれが父員信が任官したという伊勢守と関連性をもつ官職であることは、二人の兄とは異なり特殊な事情があったものとみられる。『熱田大宮司千秋家譜』にみえる員信の在職期間である長元五年（一〇三二）から寛徳二年（一〇四五）、および「田島家譜」の長元元年から天喜二年（一〇五四）などの記載を無視して、員信の大宮司在職中に兄二人が死去したとか、実は員職が長男であったなどと推測を逞しくすることはできるが、事実としては員職が嫡子であったとみておくことが穏当であろう。やはり母の出自に関係するものであろうと考えられるが、これ以上は新史料の出現に期待したい。

それにしても「田島丹波系図」は員信を大宮司と記すものの、他の諸系図とは異なり三人の子息員頼・信頼・員職のいずれをも大宮司とはしておらず、員職の子息である季宗・季員・職実を大宮司としている。また『尾治宿禰田島氏系譜』は、員頼・信頼・員職ばかりか員頼の孫頼奉をも大宮司と記しているのである。このような混乱は、大宮司職をめぐって尾張氏に内紛があったことを窺わせられる。「田島丹波系図」によると、員職長男の季宗の尻付に「信濃國落下、今伊那人々是也」とあることなどは、この推測を一層深めるものといえよう。そうするとこのことは、どのような事情によるのであろうか。それは前節で述べたように、恐らく十一世紀中頃の国司藤原俊綱との対立から生じた尾張氏の凋落に関係するもので、具体的には大宮司職に付帯する社領の支配権と国衙勢力との関係であったに違いない。

国司の任務の一つとして、管轄国内神社の管理修造があった。その財源は神戸制や官物であったが、尾張国内にその例をみると十一世紀には官物外にその対象が広げられ、国司が官符・宣旨を受けて臨時徴収が行われるようになった。[31]しかし上村喜久子氏が指摘するように、熱田社の有する「國鎭《〔守〕》主熱田宮」という宗教的権威と「國司に増る」といわれた経済的実力は、国衙が推進しようとしていた「国衙勢力と有力神社との結合、領域的支配の再編」を必ずしも必要とするものではなかった。[32]ところが十一世紀中頃の国司との対立は社領点定をまねき、これまで大宮司の私領的性格が強かった社領支配は制限されるようになったと考えられる。そしてついに十二世紀初頭には藤原氏へ大宮司職が移る事態となったのであるが、この間、尾張氏社家内部では国衙側に反発した勢力もあったはずで、国衙側に立つ勢力との間に権力闘争があったとも推察されるのである。

　筆者はここに至る半世紀を熱田社が実質的な一宮制に組み込まれた時期と考えているが、この国衙側の要求に応えたのが大宮司員職であったのではあるまいか。そのため母の出自が不詳であっても父員信が有したらしい官職を継ぎ、また寛治三年（一〇八九）以前に娘を目代藤原季兼の室となし、国衙との関係を積極的に強めたのである。しかし『熱田大宮司千秋家譜』によると、員職の大宮司在職期間は寛徳（一〇四四〜四六）・応徳（一〇八四〜八七）年間というから、その後もしばらくは員職の子息三人によって大宮司職をめぐって混乱があったようである。結局季兼の子息で寛治四年に生まれた季範が永久二年（一一一四）に大宮司就任を迎えるのであるが、それは国衙側の介入による一族内紛の決着を意味するとともに、熱田社が一宮制に組織化された結果を如実に物語っているといえるのではなかろうか。[33]上村氏が指摘するように、以後確認される権宮司家の所領の性格がこれまでの社領（尾張氏大宮司家相伝所領、恐らく藤原大宮司家に移動）とは異なり免田系の料田畠であることは、[34]この証左といってよいのである。推測を重ねた嫌いはあるものの、いまのところこのように考えて後考に俟ちたい。

○

次に、「頼奉――頼忠――廉忠――頼嗣――親継」の系列について考えておきたい。この系列は田島氏の嫡流を伝える一流であるが、『尾治宿禰田島氏系譜』「熱田惣検校尾張宿禰家譜」では、いまひとつの権宮司家馬場氏の嫡流として記されていることに注意しておかなければならない。「田島丹波系図」の頼忠には「改名奉忠」とあり、頼忠と奉忠とを同一人物としているが、この所伝は他の系図には一切みえず、二人を別人として扱っている。それはこの「田島丹波系図」に、頼忠の弟奉宗の子息が同名の奉忠と記されていることに、その混乱の原因があるとみられる。そこで頼忠と、奉宗の子息奉忠とについて若干検討してみると、次のようなことがいえるであろう。

① 「田島丹波系図」によると、頼忠の父頼奉には「祭主・權宮司・惣檢校」の肩書があるのに、その嫡子頼忠に何ら記載がないのは彼が早世したためか、あるいは何らかの事由により、これらの職が相伝されなかったためとみられること。

② 「田島丹波系図」によると、奉宗が就いた惣検校職を奉忠が継ぎ嫡子として認められているにもかかわらず、その子孫が全く記されていないこと。

③ 伯父頼忠の生存中に甥奉忠が同一名を名乗ることは不自然であり、「田島丹波系図」404頁にあるように奉忠の本名は奉縄で、のちに改名して奉忠を名乗るようになったとみられること。

④ 「田島丹波系図」は兄弟姉妹を紙面の右から兄弟、次に姉妹の順というように男女を区別して記してはおらず、誕生順に兄弟姉妹を列記しているので、頼忠が奉宗の兄になることは動かない。そうすると頼忠と奉宗の子息奉忠とを同一人物とした場合、兄頼忠が弟奉宗の跡を継ぎ惣検校になったことになるが、系図にこのよう

な書き方をするであろうか。異論として奉宗が嫡子で頼忠が庶子との声が挙げられるかもしれないが、それは成り立たない。もしそうであれば、頼忠の子孫は「奉宗――奉忠」以下に続くはずだからである。

⑤長寛元年（一一六三）奉忠が国司平頼盛の庁宣を得て熱田本宮・八剣宮二社の新季大般若経料田として寄進した免田十三町六段の相伝を記した文書に、「一通　奉忠譲于子息廉忠状永〔承〕安五年三月十八日、一通　廉忠譲于子息頼嗣状永〔承〕元二年三月十一日、一通　頼嗣〔譲脱〕于親継状寛喜元年五月三日」とみえ、[35]「奉忠――廉忠――頼嗣――親継」の系列が文書の上で確認できること。

これら①②③④から頼忠の没後に甥の奉縄が田島惣領家の養子となり奉忠を名乗ったとみるのが、この系図の書き方からも妥当な見方と推察される。また奉宗は「田島丹波系図」に「尾張權守、平家小松内大臣家祗候」と記されており、平重盛の家人になっていたようである。尾張権守補任は朝廷からではなく平治の乱直後の国司平頼盛による任命かもしれないし、⑤の奉忠が頼盛から国免を得たことも平氏との関係が働いたのかもしれない。そうであれば田島氏内部において、この父子の有した中央・国衙とのパイプが、頼忠没後の惣領家相続を有利に進める一因になったであろう。つまり頼忠以降の系列は、次のようになるものと考えられる。

頼忠――奉忠┬廉忠
　　　　　　└奉成

さて先に述べたように、この系列は田島氏の一流であるにもかかわらず馬場氏の本流として記されている場合が多いのであるが、それは何故であろうか。熱田社神官の職掌を簡潔に解説した『熱田祠官略記』は「馬場権宮司補二惣検校一」、同じく『熱田祠官祠掌私記』は「惣検校と言ハ　馬場家　代々惣検校職ニ補ス」と記しているが[36]、実際いつ頃から惣検校と祝師とがこのように確定した分掌制になったのか判然としない。「田島丹波系図」をみて明らかなように、田島氏の人々が惣検校に就いている場合も少なくないのである。そこで「熱田惣検校尾張宿禰家譜」をみると、初代信頼から四代信良までの六人の男性は、すべて「信」を通字としているが、第五世代の奉胤・奉忠から最末記事の仲寛（天明元年〈一七八一〉誕生）に至るまで、「信」の文字は全く用いられていない。これは、のちにいう馬場惣領家が四代信良で断絶したことを示唆しているのではなかろうか。

そもそも、馬場氏が信頼の代から惣検校職を世襲したことさえ疑わしいのである。「田島丹波系図」によると、最初に惣検校としてみえるのは頼奉で、しかも祝師（祭主・権宮司）を兼ねており、その次の世代以降から祝師と惣検校との兼任が系図の上からはみえなくなる。また頼奉と同世代の人物に藤原氏初代大宮司の季範がいることは、この大宮司交替の時期に、権宮司職の職掌として祝師・惣検校が成立したものとみられる。以上のことは、この推測を一層強めるのである。したがって頼奉の子息頼忠・奉宗、あるいは「奉忠――廉忠・奉成」の世代頃に、田島氏のなかから祝師職と惣検校職とが分離成立したと考えるのが穏当である。しかし廉忠の子孫「頼嗣――親継」は惣検校ではなく、祝師になっていることからも明らかなように、それは祝師家と惣検校家という「家」に相伝される職ではなかったようである。のちに惣検校を家職として相伝するようになった馬場氏が、いつの頃か自家の系図を整理したとき、その始祖を信頼に求めたわけだが、それは田島祝師家との明確な区別ができる人物として、頼信をおいては他に誰もいなかったからなのである。

なおここで、田島氏と馬場氏の家格について述べておきたい。前出の『熱田祠官略記』は上位順に千秋大宮司・

馬場権宮司・田島権宮司と記しているが、『熱田祠官祠掌私記』では馬場氏と田島氏との順位が逆転している。それは両書に「権宮司依二年老一互上座」「馬場・田嶋之両家ハ依二年老一順座也」とあるように、権宮司個人の地位に関することであって、祝師と惣検校の職掌上の上下を規定しているわけではない。しかし現在熱田神宮では、田島氏を上位と考えているようなところがある。それは員信の長子員頼の系列が祝師、次子信頼の系列が惣検校をそれぞれ世襲したということと、祝師が神前での祝詞奏上という祭祀の中心を担う重要な職掌であるからという、今日までの一般的な理解にもとづくものにほかならない(37)。この見解は一見合理的であるかのように受け止められるが、それは決して正しい理解とはいえない。

　これまで述べてきたように、馬場氏始祖と伝えられる信頼の直系子孫は、遅くとも四代信良の代で絶えたとみられること、また頼奉が祝師・惣検校両職に就いているように、もともと員頼・信頼兄弟の代から両職が明確に分掌されていたものではなかったことなどは、少なくとも了解されよう。そして本系図の人物の記載順、および正元元年（一二五九）と推定される「将軍家（宗尊親王）政所下文写」(38)に廉忠が奉忠の嫡子と明記されていることからみて、「奉忠――廉忠」の系列が頼忠以後において権宮司家尾張氏の嫡流であることは明らかである。さらにその廉忠が惣検校、弟の奉成が祝師に就いていることから、当初尾張氏内部では惣検校が祝師よりも上位の地位として認識されていたことを窺うことができよう。のちに田島の地を離れ、熱田社北西の地である馬場に居を移して馬場姓を名乗るようになった田島惣領家廉忠の子孫こそが、旧大宮司尾張氏の本流なのであり、そもそも員頼を祝師田島氏始祖、信頼を惣検校馬場氏始祖と厳密に区別する見解自体が誤りであることを、ここでは強く喚起しておきたい。

　なお奉忠が源頼朝と関係が深く、廉忠以下の子孫が鎌倉幕府御家人となったことは、すでに本書第二編第五章で述べたので、ここでは繰り返さない。

○

次に奉成の直系である「奉仲――頼仲――仲継」、および「成仲――員仲」の系列についてみておきたい。「田島丹波系図」の「奉仲――頼仲――仲継」の系列は、「田島家譜」『尾治宿禰田島氏系譜』ともに異同はなく、いずれも田島氏の惣領家として記されているが、「熱田惣検校尾張宿禰家譜」では、「奉仲――頼仲」父子が馬場氏惣領家としてみえている。また「成仲――員仲」父子は「田島家譜」『尾治宿禰田島氏系譜』にはみえないが、「熱田惣検校尾張宿禰家譜」には馬場氏の庶流としてあるばかりか、「田島丹波系図」にみえる親継の直系子孫として記されている。このように「田島丹波系図」と田島・馬場両氏の他の系図との間では、この二系列に大きな異同が生じているのである。

そこで、正安元年（一二九九）八月日付の「尾張員仲申状写」(39)をみておこう。

散位員仲言上

欲下早且任二傍例一、且任二道理一、蒙中御下知上、神戸郷内今村禪祐房琳慶跡、祖父祝師頼仲傳領正任名畠壹段大事

副進

禪祐房琳慶讓狀案一通

祝師大夫仲繼(讓脱カ)狀案一通

親父大炊助讓狀案一通

神戸郷內當名主注文一通

件畠者、去承久三年三月十日、琳慶依レ爲二弟子一頼仲讓レ之、頼仲依レ有二要用一、爲二質券一入二置當宮(熱田宮)供僧慶圓一之

後、彼慶圓聟平三郎博奕之故、□□〔被カ〕二點召一畢、然者、祖父頼仲〔コノ間脫アルカ〕所科之上、嫡男祝師大夫仲繼□〔讓〕
□〔狀〕顯然也、如レ此舊領令二安堵一□〔者〕傍例也、先例也、可レ然者、任二道理一、返二給名主職一、任二先例一、地□□〔子麥〕段別壹斗爲
レ令二進濟一、□□〔恐々〕言上如レ件、
正□〔安〕元年八月　日

この申状は、員仲が愛知郡神戸《ごうど》郷（現名古屋市熱田区に比定）内の正住名一段大の名主職返給を申請したものであるが、この伝領過程に注目すると、

祝師 頼仲 ── 祝師 仲継
　　　　　└─ 大炊助 成仲 ── 員仲

という系譜ができる。つまり「田島丹波系図」の系線が切断している「成仲──員仲」父子の部分は、頼仲の子孫として連なることが文書の上から確認できるのである。

そうするとこの二つの系列が、「熱田惣検校尾張宿禰家譜」に馬場氏として記されているのは何故なのであろうか。417頁に示した「熱田惣検校尾張宿禰家譜」の「親継──奉継──奉仲──頼仲」の生存年間をみると、そのつながりに格別不審な点はない。しかしそれはこの家譜を単独でみた場合であって、他の史料と比較するとやはり問題がある。例えば頼仲についてみると、彼は「熱田惣検校尾張宿禰家譜」に「嘉元三年十月卒、歳三拾」とあるから建

治二年（一二七六）の生まれとなるが、前出「尾張員仲申状写」によると承久三年（一二二一）には生存が確認され一致しない。この頼仲を別人とみれば問題はないのであるが、頼仲の周辺に父奉仲や「大炊助成仲――員仲」が両方の系図に存在することを考慮すると、史料的価値や成立年代からいっても、先の文書「尾張員仲申状写」および「田島丹波系図」に信頼を置かなければならないだろう。但し生存年間に疑問はあるものの、「熱田惣検校尾張宿禰家譜」に「奉仲――頼仲」が記されたのは、両名が惣検校を兼任していたことを示す史料が存在していた事実を反映しているのかもしれない。頼仲の代までは祝師と惣検校との分掌が、いまだ明確ではなかったとも考えられるのである。

○

次に、「田島丹波系図」の奥書である「永仁三年五月六日、於二田嶋大殿御前一書寫了、私委細ニ爲レ見也、□□」にみえる「田嶋大殿」の人物比定を試みておきたい。

まず「田嶋大殿」について検討するために、「頼仲――仲継」に連なる人物をみておこう。「田島家譜」『尾治宿禰田島氏系譜』『熱田神宮舊神官世代書』など、「田島丹波系図」以降に作成された系図類は、仲継の跡を「仲広――仲経」としている。そしてこれらは共通して仲広から権宮司在職期間を記し始めているのであるが、このことは仲継と仲広との間に何らかの断絶があったことを予想させる。しかし仲広が仲継の跡を継いだことは、「田島丹波系図」よりのちに作成された「田島家譜」をはじめとする諸系図の一致するところであるから、問題はその仲広の家督継承の時期である。幸いにも仲広については、再三掲げる次の二通の袖判下文が残っている。

①　（花押影）

下　爲安郷

定補郷司職事

尾張仲廣

右、以レ人所レ定二補彼職一如レ件、有レ限御年貢幷恒例臨時院役・社役等、守二先例一、任二傍例一、無二懈怠一、可レ令二辨勤一、仍沙汰人・百姓等宜二承知一、勿二違失一、故以下、

正應三年三月十三日[40]

（花押影）

②

下　爲安郷

補任郷司職事

中務小大夫仲廣

右、以レ人爲二彼職一所二補任一也、早守二先例一、可レ致二沙汰一之狀如レ件、百姓等宜二承知一、勿二違失一、故以下、

正應六年七月十六日[41]

これら二通の文書は本書第二編第一章において検討したとおり、ともに大宮司発給のものであり、仲広は権宮司層の一員であった。ここでの関心において述べておくと、『熱田大宮司千秋家譜』によれば、①文書は藤原宗範が大宮司に還補した正応三年（一二九〇）三月二十八日から、およそ一年経過した翌年四月十三日の日付であることから、安堵状ではなく、仲広は為安郷の郷司職にこのときはじめて補任されたとみられる。同じく②文書は藤原行氏

が宗範の後任として再任された正応六年六月の直後の日付であることから、大宮司代替わりの安堵状であるが、注意すべきは仲広が①文書の「尾張仲廣」とは異なり、「中務小大夫仲廣」と記されていることである。「中務」は「奉仲――頼仲――仲継」三代にわたって田島氏惣領家が用いた官職名であることから、正応四年から同六年の間に仲広が仲継の跡を継いだとみることは可能であろう。

ところが永仁四年（一二九六）までに作成された「田島丹波系図」には、この仲広の名前がみえないのである。その理由として考えられることは、次の三点である。

① 仲広は「田島丹波系図」に記されている尾張氏と別系であること。

② 「田島丹波系図」の人物の誰かが改名して仲広を名乗ったこと。

③ 「田島丹波系図」には「〇此間闕而不詳」「〇此前後不詳」という二カ所の注記が付けられ、内藤正参が本系図を採訪したときには、すでに料紙が剥離していたようであり、確認のとれないところがある。その二カ所のうち前者の部分は「頼仲――仲継」につながる部分で、ここに仲広が位置していた可能性があること。

このうち①は頼仲の系列である成仲・員仲父子がいるので、別系の尾張氏が仲継の跡を継いだとは考えられない。また②は可能性として残すべきかもしれないが、人物比定が困難である。例えば「田島丹波系図」（本書402～403頁）の成員の末孫「権宮司員廣」が「仲」の通字を用いて仲広と改名したとみられなくもないが、それならば員広は遅くとも正応四年までには仲広になっているはずであるから、員広の肩に「改名仲廣」とあるべきである。404頁の職親の子息仲忠も同様である。しかし③については①②と異なり、可能性は高いと考えられる。それはともに祝師であった頼仲・仲継父子に近い人物が、家督を相続するのが自然であるからである。つまり仲継と仲広とは実際の親子関係ではなく、仲継の家系が絶え仲広がこれを継いだとは考えられないであろうか。先に示した仲継まで三代の名乗りは「中務大輔」であるが、仲広は「中務小大夫」であったことにも注意しておきたい。

そこでまず、その関係を【想定関係略系図1】のように想定してみよう。

【想定関係略系図1】

頼仲─┬─仲継
　　　├─仲広──仲経
　　　└─成仲──員仲

しかし、この想定は成り立たない。「田島丹波系図」の頼員の娘の一人に「中務二郎成仲妻」（403頁）とみえており、成仲は仲継の次弟ということになるのである。では次に本章第三節で述べた鳥取氏の妻となった女性を想起して仲継に妹がいたとすると、次頁の【想定関係略系図2】のようになり、また③に挙げた「○此前後不詳」の前の系線が頼仲の兄弟を示すものであるならば、【想定関係略系図3】のようになる。【想定関係略系図2】の場合、先の理由①を認めることになるが、やはり【想定関係略系図2】【想定関係略系図3】ともに成仲の存在が抵触するであろう。これらをともに活かすとすれば、仲継より先に成仲が死亡していた場合であるが、それは仲広が「中務」を名乗ったとみられる正応四年から六年には成仲の生存が確[42]認できるから困難である。ここでは成仲の生存中に、仲広

【想定関係略系図2】

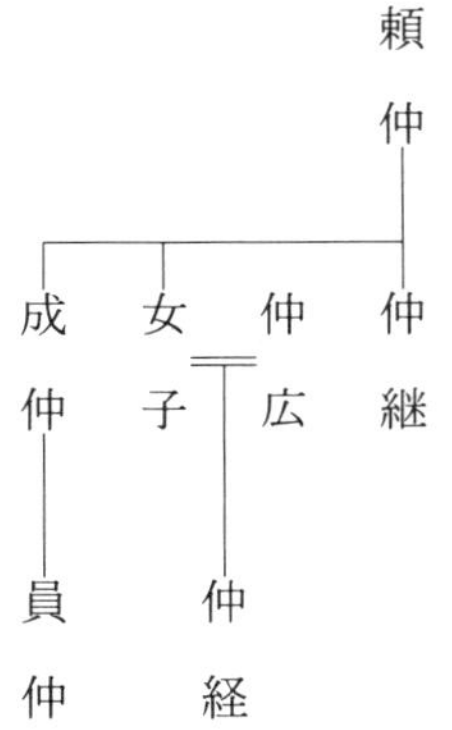

【想定関係略系図3】

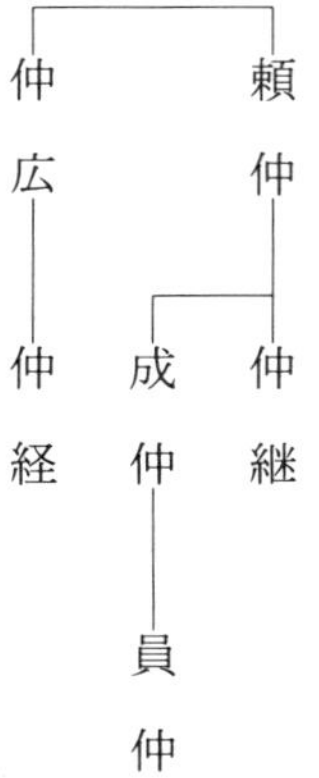

が仲継の跡を継いだとみておくべきであろう。しかしこれら想定の可否は措くにしても、成仲が惣領家と同じ「中務」を名乗りながら、仲継の跡を継がなかった理由は求めておかなければならない。

「田島丹波系図」の女性のなかで熱田社の神官の妻となった例を挙げてみると、「神官奉仲妻」「神官惟成妻」「神官奉職妻」とあり、必ず「神官某妻」と記載されている。そうすると「中務二郎成仲妻」という記載は、成仲が神官ではなかったことを示唆しているのではあるまいか。そこで「熱田惣検校尾張宿禰家譜」をみると、員仲には「舎兄頼仲早世、且頼仲之繼子楠若・松若等依二幼少一而、得二國廰幷大宮司之命一而爲二後見一、楠若丸繼二長年一而、文保元年讓レ職而退去」との尻付がある。舎兄頼仲が早世し、その継子楠若（良継）・若松（実仲）が幼少であったために、国衙と大宮司との命令により、後見役として惣検校を勤め、文保元年（一三一七）良継に譲ったというのである。この所伝の内容は、「熱田惣検校尾張宿禰家譜」のなかにおいて整合性は認められるが、その真偽を確認することはできない。前項で述べたように、「田島丹波系図」および前出「尾張員仲申状写」と「熱田惣検校尾張宿禰家譜」とでは、その内容、とくに年紀に齟齬が生じ、後者に錯簡があるとみられるのである。しかし国衙と大宮司の命による員仲の任権宮司は興味深く、もともと彼は在庁官人であったのかもしれない。ただ員仲の任権宮司は「田島丹波系図」に記されているのだから、この事実は動かしようがない。そしてこのことを「熱田惣検校尾張宿禰家譜」が惣検校就任として記したことには、何らかの事由があったとみたほうがよいであろう。つまり成仲は神官ではなかった可能性があり、子息の員仲が神官となり権宮司職に就いたものとみられるのである。

以上のようなことから、「田島丹波系図」が書写された永仁四年段階でいう「田嶋大殿」とは、永仁元年から権宮司に在職したという仲経、もしくは「大殿」という表記からその父仲広ということになるのではあるまいか。なお「田島家譜」などに記されている仲広の在職期間を直接引用せずに、このように回りくどい推測を重ねたのは、仲広・仲経父子が本系図にみえなかったためにほかならない。

○

最後に、「田島丹波系図」を永仁四年（一二九六）五月六日に書写した人物「私」について考えておきたい。まず第一に注目すべきことは、成仲に「永仁三乙未八月、任二大炊助一」との尻付があることである。本系図において年紀が記されている人物は成仲ただ一人で、しかも奥書の永仁四年の前年であることに関心がもたれよう。「田島丹波系図」によると成仲には権宮司の肩書がなく、「熱田惣検校尾張宿禰家譜」には「大炊介〔助〕　法名阿寛　愛智郡細地脇野地主」と記されるものの、任権宮司の形跡は認められない。また前掲「尾張員仲申状写」に「祝師大夫仲繼」「親父大炊助（成仲）」とあるように、成仲が祝師であったわけではなく、任権宮司も確定はしないのである。しかし成仲が地主であった「愛智郡細地脇野」は、熱田社領である「御油料所　細地脇曠野」[43]一町のこととみられ、この地が馬場氏重代の相伝地のひとつであることは、彼が神官であったことを否定するものではない、という指摘もあろう。事実、年代は大きく下がるが、文化十一年（一八一四）成立の『熱田神宮舊神官世代書』[44]には「二代目　同（権宮司尾張宿禰）大炊助成仲」と記されているのである。だがそれは員仲が成仲の所領を相伝し、さらに権宮司・惣検校に任じられ、のちの馬場氏に代々相伝された結果なのである。ただ「田島丹波系図」が、子息員仲を権宮司と記していることには注意しておく必要がある。

そこでいま一度、「尾張員仲申状写」をみておきたい。員仲は成仲から正住名一段大の名主職を譲渡されているが、その時期は判然としない。しかし一般的に考えたとき、父が子息に譲状を与えるのは、隠居もしくは病によって出家するときなどの場合であるから、員仲が名主職を譲られたのは成仲の大炊助任官後と考えられる。そして成仲が永仁三年八月大炊助に任官したこと、および「田島丹波系図」の員仲の肩には権宮司とあるから、翌四年五月六日までに員仲が権宮司に任じられたことの二点は動かない。そうすると、「田島丹波系図」が書写された永仁四年五月六日に極近い過去に、成仲の隠居もしくは死去にともない員仲は名主職を譲られ、さらに権宮司に任命されたものとみるべきであろう。任権宮司の理由は、前項で述べた「熱田惣検校尾張宿禰家譜」が伝えるようなことではなく、仲継の死亡による仲広の田島惣領家相続に関連する何らかの事情であったと、いまのところ考えている。この何らかの事情を説明できる具体的な史料の存在は明らかにできないが、一般的にいえることとして惣領家の断絶は分家の格上げをともなうことになる。仲広が田島惣領家を相続し当主として祝師を務めたことで、権宮司家を新たに一家創出したのではあるまいか。繰り返しになるが、神官を離れて庶流に位置する「成仲――員仲」の家格が神官家となり、員仲は権宮司層の一員になったとみられるのである。

以上のようなことが認められるならば、本系図の作成者は、惣領家を継ぎ一族の結合と掌握とを新たに図ろうとした仲広もしくは仲経と考えられる。そして新しく権宮司層に加わった員仲が、一族の広がりを認識する上で必要なものとして本系図を書写したのは、決して不思議なことではないのである。またこの場合、成仲の大炊助任官の年紀は員仲の加筆によるものとなろう。(45)

ところで本系図を模式化してみると、次頁のようになる。青山幹哉氏は「このような系線系図の視覚的・図形的特徴については、(中略)系図作成者の意図・動機を考える上での重要な手がかり」(46)となりうることを指摘されたが、「田島丹波系図」もこのような視点からいま少し考えてみたい。

この系図には二十九人の女性が記されているが、その中でも女性の跡を執拗に綴っているのは頼奉の姉で鳥取氏の妻となった女性だけで、本章第三節で述べたように系図作成において鳥取氏の意志が反映された可能性を否定することはできない。彼女の子孫に権宮司が散見するのは、鳥取という他姓を含めて権宮司層が形成されていることを示しているが、実はこの系列の子孫に気がかりになる人物がいる。401頁右端の高員がその人で、彼の肩には権宮司などの記載はみられないが、「ナ」という何らかを示す記号らしきものが付けられているのである。系図の上では、仲継・成仲および仲継の次弟とみられる仲広らと同世代である(頼忠の跡を奉忠が継いだとする本章の見解では、頼忠の子孫は一代下がる)。つまり高員は、惣領家交替の世代の人物なのである。故に高員の代を含めて二代の間権宮司に就いていなかったこの系列に、権宮司職の復活を試みようとして、高員が惣領家と同じ始祖とのつながりを説明するために、この「田島丹波系図」を作成したとみることは考えすぎであろうか。事実、高員の甥の某は権宮司に就くことができたのである。ただこの女性の子孫を記した系図上の紙面は『張州雑志』が示すような記載するのにゆとりのある空間であったのか、すなわち書写以前の原本どおりであったのかどうかは問題となるところである。もし原本にこの女性の子孫が他の女性と同様に記されておらず、且つその紙面が狭い空間であったのであれば、永

【「田島丹波系図」模式図】

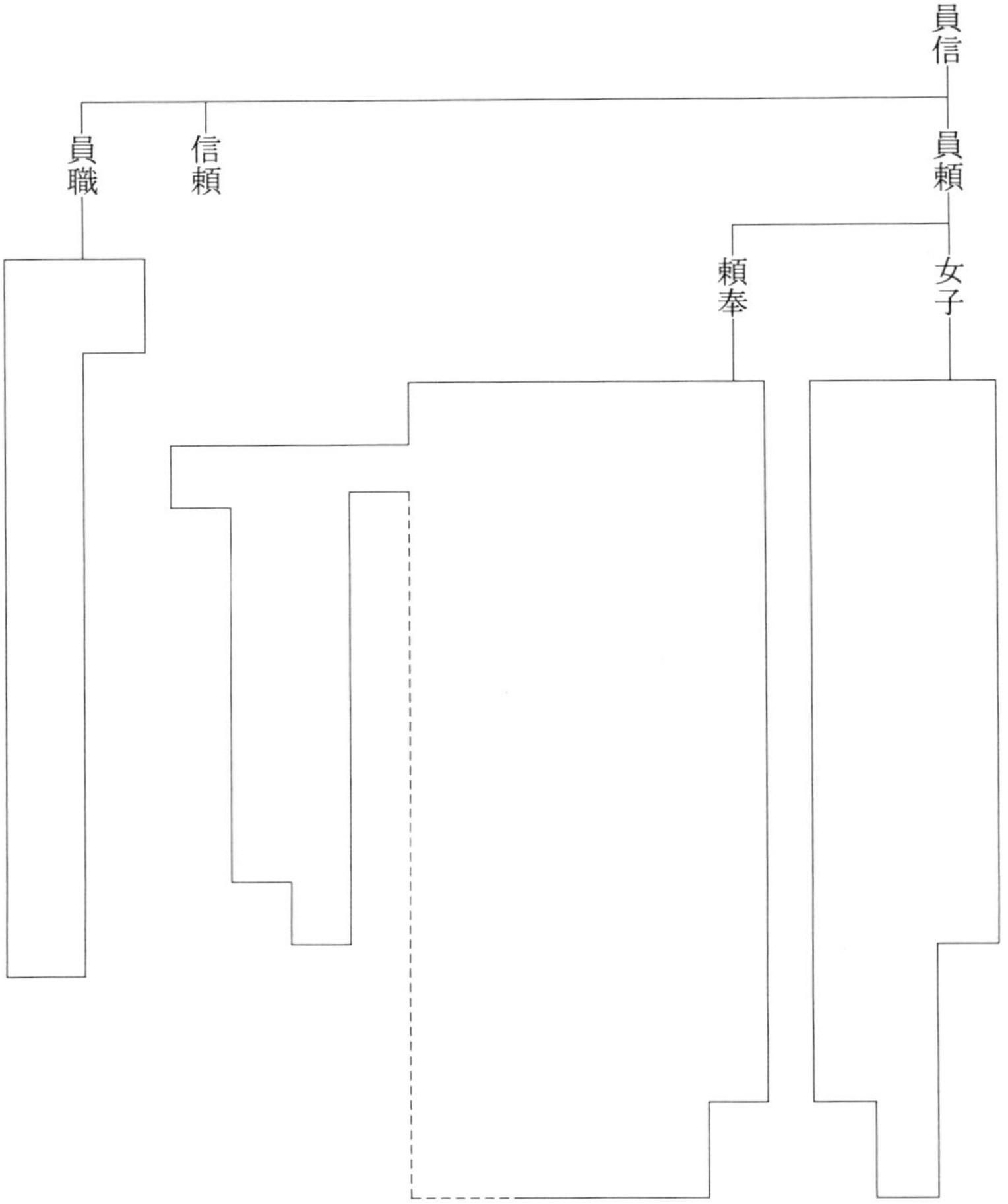

仁四年にこの系図を書写した「私」を高員に比定することも可能であろう。

ここまで『張州雑志』所収「田島丹波系図」の史料的限界を承知の上で述べてきたが、すでに不毛の議論となった感がある。いまとなってはこれ以上確かめる術もなく、原本の出現を切に期待する次第である。

五、

「田島丹波系図」作成の目的は、本章第三節と第四節において二つの可能性があることを述べたが、いずれとも決し難いものがある。それは作成者の比定もまた、三通りの可能性が存在するからである。いま我々が検討することのできる「田島丹波系図」が写本の写本とでもいうべき性格で、剝落している部分があることも一因ではあるが、関連傍証史料の少なさが解決の障壁となっていることは否定できない。しかしこの「田島丹波系図」は中世古系図の特色を有するもので、社家の族的な広がりを知るには有益な史料であるばかりか、鎌倉期の権宮司層に関連する残存史料が極めて少ないなか、貴重な存在といって過言ではない。しかも神話・伝承の世界や貴種と結び付けるなどの作為がみられないことは、本系図の価値を一層高めるものといえよう。『張州雑志』にこの系図を収録し、その理由を「此一巻不ニ全備一、紛失而殘編ト見、然レトモ古雅ナルユヱ誌レ之」と記した内藤正参の見識を讃えるべきなのである。

また本章では不十分なままに終わった女性の配偶者や、擬制的血縁関係である猶子の実家などの詳細な追跡検討は、尾張国内における社家尾張氏と国内外の諸勢力との政治的経済的利害関係をさらに明らかにできる可能性をもっている。

なお最後に重ねて申し添えておくが、この「田島丹波系図」を決して権宮司田島氏だけの系図と理解してはならない。中世熱田社の権宮司層を輩出した、旧大宮司尾張氏の系図として扱わなければならないのである。またのち江戸期に権宮司家で作成された系図は、この「田島丹波系図」をもとに各家所伝の諸史料・伝承および国史文献を加えたものであるが、なかには驚くほど改竄されたものもあるので、慎重な史料批判を行わなければならないことはいうまでもない。

〔補註〕

（1）祝師は祝詞師と記す場合もあるが、熱田社では一般に祝師を用いているのでそれに従いたい。祝師とは権宮司のなかで祭主を務める職を指し、また権宮司は同時期に二員とは限らず九員いたこともある（応永十九年十一月日「熱田太神宮祠官供僧等連署解」京都御所東山御文庫記録甲八十五諸社〈『大日本史料』第七編之十七〉所収）。なお惣検校は社内の庶事を監督する立場にあったというが（『熱田神宮史料』年中行事編上巻解説三「当宮の諸職掌」熱田神宮宮庁、一九七一年）、本書第二編第五章において述べたように祝師と惣検校とは対応する職掌用語であるから、惣検校とは神事の庶務に関わる役職であり、社内全般の庶務・経営を管轄したわけではない。

（2）尾崎久彌編『田島氏文書』の「田島氏現在古文書類総目録並ニ解題」（私家版、一九三七年）、小島鉦作・井後政晏校注『神道大系』神社編十九・熱田　解題六二～七〇頁（神道大系編纂会、一九九〇年）、『熱田神宮文書』田島家文書・馬場家文書系譜編四六八～四七二頁（熱田神宮宮庁、一九九七年）などを参照。

（3）拙稿「熱田社の権宮司家――馬場・田島家の所領・所職文書を中心に――」（『奈良史学』一三号、一九九五年）。なお本書第二編第五章を参照。

（4）第四十二回神道史学会研究大会、一九九六年。なお飛岡氏は成果の一部を「熱田宮祝師田島氏の歴史――田島氏系譜にみる――（一）（二）」（『あつた』一七六号・一九九七年、同一七八号・一九九八年）として報告されたが、神代部分の解説であり本章とは直接関係はなく続編の公表に期待したい。

(5) 前掲註(2)『熱田神宮文書』田島家文書・馬場家文書所収。なおそのほか本書には、『尾治宿禰田島氏系譜』が活字化され、「祝師田島家系図」と「田島仲頼父方之系譜」の写真版が収めてある。また「田島家譜」は『張州雑志』巻三十六所収。

(6)『張州雑志』所収の「田島丹波系図」写真版の掲載にあたっては、名古屋市蓬左文庫の下村信博氏のご尽力を得た（名古屋市博物館特別利用許可書〈蓬左文庫〉「一〇指令教蓬第一―六七号の二」）。記して謝意を述べたい。

(7)『群書類従』第二輯（巻第二十四）、神祇部所収。なお『群書類従』とは異なる系統の熱田神宮所蔵千秋家旧蔵本にはこの奥書がない。この旧蔵本は、大宮司千秋家の有した古写本を寛政二年（一七九〇）に氷上社務久米吉煕が書写したものをさらに模写したものである。井後政晏氏によると、この模本の書写年代は「中世において使用された異体字が多く使用されており、室町時代頃まで遡るものと推定される」という（前掲註〈2〉『神道大系』解題八頁）。

(8) 西田長男「尾張国熱田太神宮縁起」（『群書解題』第一所収、続群書類従完成会、一九六二年）。

(9) 前掲註(2)『神道大系』、『熱田神宮文書』千秋家文書下巻（熱田神宮宮庁、一九九二年）所収。

(10)『中右記』嘉保元年七月十四日条に俊綱が六十七歳で卒した記事があり、『宇治拾遺物語』巻三の十四「伏見修理大夫俊綱事」に十五歳で尾張守に就任したとあるから、赴任は長久三年と一応考えておく。なお上村喜久子氏は俊綱の赴任をその没年頃まで下げ十一世紀後半として考えられている（「尾張三宮熱田社領の形成と構造」〈『日本歴史』二九四号、一九七二年〉）。但しこの説話は伝承性が強いため確定したものとはいい難いが、熱田大宮司の権勢からくる横暴は、『今鏡』四「ふちなみの上　ふしもの雪のあした」や『宝物集』五「大外記定俊、少納言公経、修理大夫俊綱等前生ノ事」にもみえ、当時の一般的な理解を示していると考えられる。

(11)『公卿補任』第一篇二六五頁・寛仁元年条、同二七〇頁・同五年条。

(12)『宇治拾遺物語』巻三の十四「伏見修理大夫俊綱事」。

(13)「大宮司家系譜」（『張州雑志』巻三十四所収）の季範に「イ永久二甲午補二大宮司職一久壽二年今宮ニ祭ル」とある。
　なお大宮司交替の理由について『尊卑分脈』『熱田大宮司千秋家譜』などは、「靈夢」「靈告」によるものと記しているが、実情を伝えているとは到底思えない。その実態を明らかにする史料の存在を知らないが、尾張氏にとって単に社領の寄進というレベルを超えた深刻な問題があったものとみられる。

(14) 鳥取氏については本文に記したように、ほとんど知り得ない。ただ『延喜式』兵部省諸国駅伝馬条に「參河國驛馬鳥捕・山綱・渡津、各十疋」、また静岡県浜松市伊場遺跡出土の木簡に「□□驛家　宮地驛家　山豆名驛家　鳥取驛家」（『新編岡崎市史』六、史料　古代中世　八〇号「伊場遺跡出土木簡」、新編岡崎市史編さん委員会、一九八三年）とみえるだけである。ただ鳥取氏が鳥取駅と結び付くのであれば、以下のように考えることも可能かもしれない。

「田島丹波系図」によると、鳥取氏の妻となった女性の父頼基の下の部分に「額田座主三郎大夫奉定奉種餘流云云」との記載がある。この奉定が頼基の別名とは考え難く、また記述の位置は「三郎」の記載からこの女性の夫である「鳥取三郎」にかかるとみた方がよく、とくに「額田座主」には注意をしておきたい。『尊卑分脈』によると員信の娘婿藤原季兼には「住二參川國一、號二參川四郎大夫一」とあり、同じく子息で初代藤原大宮司の季範には「號二額田冠者一」とみえ、さらに季兼の兄弟季綱は三河守になったことがあることなどから、三河国との関係の深さが知られよう。季範は同国額田郡の瀧山寺に郡内の恵那河内郷を寄進しており、その子息孫は同寺に入門したり寺領確定・造営に関与するなど（『瀧山寺縁起』前掲『新編岡崎市史』所収）、瀧山寺はいわば藤原大宮司家の氏寺の観があった（以上、本書第一編第一章を参照）。奉定が就いていたとみられる「額田座主」がこの瀧山寺であれば、藤原大宮司家は額田郡の郡司的性格をもつ身分であったことから、隣接する碧海郡の鳥取氏と何らかの関係があったことも考えられる。さらに「頼基――女子」と「季兼――季範」とが同世代であることも、考慮しておくべきであろう。

(15)『日本紀略』康保三年三月二十二日条。

(16)『本朝文粋』巻十三、願文上。

(17)『台記』久安六年七月二十三日条。

(18) 一方、熱田社領自体はさらに拡大していったようである。すでに上村喜久子氏の研究に明らかなように（前掲註〈10〉同氏論文）、春部郡の醍醐寺領安食荘にみえる熱田社領はその典型である。康治二年（一一四三）に醍醐寺は停廃されていた安食荘の回復を求めて認められたが、その際に作成された検注帳によると（「尾張国安食荘検注帳案」醍醐寺文書三―五六一号〈『平安遺文』六巻二五一七号〉）、四至内には醍醐寺領以外の様々な所領が存在していた。そのなかでも熱田社領は田地五一町五反余・畠地四九町余・荒野一七八町余の計二七九町一反三〇〇歩を有し、安食荘全体からみても田地の約三分の一、畠地・荒野の約五分の二を占めるという広大なものであった。この社領は条里地域内のものと東西如意という地域全体とに分けられる。前者は小規模な開墾地を私領主が寄進したとみられる田畠で社領全体の一割弱を占め荒野はないが、後者は東西如意七ヵ里の二五二町すべてを占有していた。これらの田地は免田と推定されており、畠地も桑代糸をわずかに収めるだけで、熱田社から醍醐寺への負担は極めて少額なものであった。

このような好条件での社領化は、康治二年の安食荘再立券以前からの既成事実としてみなければならない。それは安食荘が天喜元年（一〇五三）以後国司に収公されていることから（「醍醐寺文書目録」『醍醐寺雑記』〈『鎌倉遺文』一巻八四号〉）、再立券の間までに国司と熱田大宮司との結託によって社領集積が図られたからといってよく、十二世紀初頭以降の社領集積拡大を推進したのは、藤原大宮司の時代とみるのが妥当なようである。すなわち上村氏が指摘するように、国家や国衙と関係の深い神社（安食荘では伊勢神宮・大県社・熱田社など）に国司が公田のうちから修理料などとして設定した免田が安食荘内に混在し、それが十二世紀半ばの四至内に複雑な領有関係をみせているのである。

(19)『続群書類従』第七輯上、系図部所収。
(20)上村喜久子「尾張『良峰氏』考」（『日本歴史』五七九号、一九九六年）。
(21)『吾妻鏡』元暦元年三月十三日条。
(22)正治二年八月「源頼家下文写」『熱田宮及大宮司文書写』所収（名古屋市鶴舞中央図書館所蔵・名古屋市史資料本）。
(23)永仁三年九月十二日「関東下知状案」九条家文書（『鎌倉遺文』第二十五巻一八九〇〇号文書）。
(24)『吾妻鏡』延応元年九月二十一日条。
(25)元応二年四月三日「中嶋承念譲状案」妙興寺文書（『新編一宮市史』資料編五―一一号・一九六三年、『鎌倉遺文』

第三十五巻二七四三〇号文書）。

(26) なお貞和四年（一三四八）に中島郡の妙興報恩禅寺を創建した滅宗宗興が中嶋氏一族の出身であることから、嘉慶二年（一三八八）までに中嶋氏は八九町九反の所領を寄進している。のち熱田社領の一部が同寺に寄進されるが、この点については本書第二編第三・四章を参照。

(27) 康安二年二月三日「源清貞売券」妙興寺文書（『新編一宮市史』資料編五―九六号、一九六三年）。

(28) 『公卿補任』第二篇二七頁・建保六年条。

(29) 『関東評定衆伝』二（『群書類従』第四輯、補任部所収）。

(30) 前掲註(2)『神道大系』、『熱田神宮文書』田島家・馬場家文書所収。

(31) 国司の管轄国内神社の管理修造については、宝亀八年三月十日付太政官符「督二課諸祝一、掃二修神社一事」、弘仁二年九月二十三日付太政官符「應下令二神戸百姓一修中理神社上事」（ともに『類聚三代格』巻第一、神社事）。また尾張国の例では、大江匡衡申状に「匡衡爲二尾張守一之時、（中略）又依二官符宣旨一、修二造國分尼寺・神社・諸定額寺十二箇處一、不レ申二請官物一」（寛弘六年正月十五日付「大江匡衡申美濃守」『本朝文粋』巻第六　奏上　中）とある。

(32) 「尾張二宮大県社考」（年報『中世史研究』二一号、一九九六年。）

(33) 白山芳太郎氏は三宮・熱田社の呼称の検討を通じて、「永万元年（一一六五）以降元久元年（一二〇四）までの約四十年間のいつの頃にか熱田への「三宮」の呼称が発生する。熱田内ではなく、一般から呼称しはじめたのであろう」（『真清田神社史』第四章「中世の真清田神社」二五二頁、真清田神社史編纂委員会、一九九四年）と述べられた。しかし国衙と熱田社との実質的な関係の考察を行わず、呼称のみにて熱田社の三宮を論じることには問題がある。また上村喜久子氏が熱田社領の考察を通して熱田社の地位を、「免田・造営料田等の形成、維持に関しては、国衙を介在させている点において基本的に一宮と同等の位置づけを与えられていると推察される」（前掲註〈32〉同氏論文）と指摘されたことにも、留意しておく必要があろう。呼称の如何にかかわらず、十二世紀初め頃には熱田社が実質的には一二宮制に組み込まれていたとみられる。

(34) 前掲註(10)上村喜久子論文。

(35) (文暦二年)「尾張親継申状案」粟田厳穂氏所蔵文書(『鎌倉遺文』補遺第二巻一一七二号文書)。

(36) 両者ともに前掲註(2)『神道大系』所収。

(37) 篠田康雄『熱田神宮』六〇頁(学生社、一九六八年)。篠田氏は一九五六～八六年まで熱田神宮宮司を務められていたことから、これは熱田神宮の公式見解とみてよい。

(38) 『熱田宮及大宮司文書写』所収(名古屋市鶴舞中央図書館所蔵、名古屋市史資料本)、『愛知県史』資料編8中世1、二四二(二)号文書(愛知県史編さん委員会、二〇〇一年)。

(39) 猿投神社文書(『鎌倉遺文』第二十六巻二〇二一九号文書)。

(40) 「熱田大宮司藤原宗範袖判下文写」田島家文書(前掲註〈2〉『熱田神宮文書』九の一号、『鎌倉遺文』第二十三巻一七五九四号文書)。

(41) 「熱田大宮司藤原行氏袖判下文写」田島家文書(前掲註〈2〉『熱田神宮文書』九の二号、『鎌倉遺文』第二十四巻一八二五六号文書)。

(42) 本文で述べたように、成仲は永仁三年八月大炊助に任官している。

(43) 文和三年十一月十日付「尾張伊賀守実仲譲状」粟田厳穂氏所蔵文書(「名古屋温故会史料葉書」所収、なおこの葉書は名古屋市鶴舞中央図書館に整理されている。および『愛知県史』資料編八中世1、一四二九号文書)。

(44) 前掲註(2)『神道大系』所収。

(45) なお系図作成者をこの員仲とすることも考えられるが、その場合はこの系図を仲広もしくは仲経に差し出したものとみられる。また永仁四年に書写した人物は、以下本論で述べる高員になるのかもしれない。

(46) 「中世系図学構築の試み」(名古屋大学文学部研究論集『史学』三九、一九九三年)。

【付記】 401頁の兼継の尻付に「権宮司、祗㆓侯于城奥州㆒、禰□〔宜〕」とある。兼継が権宮司であって、秋田城介安達氏に禰宜として祇候したことを伝えるもので興味深いが、関連史料は管見におよばない。これは祈禱奉公としての御家人役なのであろうか。それとも安達氏との特殊な関係（婚姻など）によるものであろうか。

第三章　熱田惣検校尾張宿禰家譜〈馬場氏家譜〉

一、

熱田社権宮司家で代々惣検校職を相続した尾張姓馬場氏の系図には、『張州雑志』巻三十五所収の「総検校尾張宿禰家譜」（以下、「尾張宿禰家譜」と記す）をはじめ、愛知県刈谷市立刈谷図書館村上文庫蔵で中尾義稲が編集した『蓬廬雑抄』巻一所収の「尾張氏系譜」（巻頭に「熱田大宮司家同総検校馬場家」と記載あり）、さらにもっとも記載が豊富な「熱田惣検校尾張宿禰家譜」（以下、「馬場氏家譜」と記す）、および家督継承年月と死亡年月などを簡潔に記載した「世代書」(1)などがある。

まず、四系譜の成立時期を確認しておきたい。「尾張宿禰家譜」は他の系図の最末世代にみえる馬場仲寛（「馬場氏系譜」に天明元年〈一七八一〉誕生）を記載していないので、このなかでは最も早い時期の成立とみられ、その正確な時期を明らかにできないが、最末記事の仲興（仲寛の父）の代にまとめられたものと考えられよう。次に残り三系譜尻付の最下限年代をみておくと、「尾張氏系譜」は仲寛の祖父仲雄の卒年寛政二年（一七九〇）、「馬場氏家譜」は仲寛の父仲興の卒年文化九年（一八一二）、「世代書」は仲雄が家督を継いだ寛政八年である。また「世代書」は前掲註（1）で述べたように文化十一年成立であることが明確であるから、成立は「尾張宿禰家譜」「尾張氏系譜」「馬場氏家譜」「世代書」という順序とみることはできよう。しかし「馬場氏家譜」に仲寛の卒年文化九年の記事があるにもかかわらず、「世代書」にこれがみえないことにやや不審は残るが、いずれにせよ両系譜の成立は相前後するものとみてまず大過ない。

熱田神宮ではこのうち「馬場氏家譜」を翻刻して、次のような解説を掲げている。

> ①「熱田惣検校尾張宿禰家譜」（「馬場氏家譜」）は、名古屋市鶴舞中央図書館所蔵名古屋市史資料本の一である『熱田旧家譜』所収で、明治四十四年に市史編纂当局が馬場仲義襲蔵本を写した旨の奥書がある。市史資料用箋墨付十三枚。中扉には「馬場氏系圖」とあるが、表題は本文巻頭の「熱田惣検校　尾張宿禰家譜」に拠った。
>
> ②内容は同家初祖信頼より三十世仲實〔寛〕までで、中世の人物を中心に、恐らくは文書によったものと思われる尻付が比較的詳細であり、相続についても父子間に限らず、続柄は叔父甥、祖父孫に及ぶものが系譜上に認められる。このような事柄を含めて、系譜一般にみられがちな明らかな作為、改竄の跡を見出し難く、書写原本未詳ながら、恐らくは仲實〔寛〕の頃にまとめられた同家伝来の確たる一本であったとみられる。[2]（①②筆者注）

①の部分は書誌学上の解説であり、本家譜は名古屋市史資料本を底本としていることから、現在原本は散逸したことが知られるだけで、とくに問題とすべき点は見当たらない。しかし②の内容についての解説は、「馬場氏家譜」の利用者にとって極めて危険なものがある。詳細な尻付があることは措くにしても、「明らかな作為、改竄の跡を見出し難」い、また「同家伝来の確たる一本」という表現には、些か問題があるのではなかろうか。そもそも「馬場氏家譜」には、代々書継が行われていたのかどうか判断する材料が認められないのであり、解説にもあるように「仲實〔寛〕の頃にまとめられた」ものとみられることから、後世の編纂系図ということを前提として考えておかなければならない。しかも本論で述べるように、「馬場氏家譜」と『張州雑志』所収の「尾張宿禰家譜」や『蓬廬雑抄』所収

の「尾張氏系譜」との間には、尻付の内容のみならず親子関係にまで異同が存在するばかりか、本人死亡後かなりの年月を経過してから子息が誕生するなどの甚だしい矛盾も認められるのである。少なくともこれらの点については、利用する際に慎重な姿勢が必要であろう。

そこで煩雑ではあるが、「馬場氏家譜」尻付の傍証をできうる限り掲げ、他の三系譜間との異同について確認検討を試みたい。この作業を通して本家譜の特色はもちろんであるが、信頼性について一応の結論を出すことを、本章の主目的とする。

二、

まず検討の準備史料としてかなりの長文ではあるが、「馬場氏家譜」「尾張宿禰家譜」「尾張氏系譜」および「世代書」の世代別人物の尻付対校表を次頁以下に掲げておきたい。表上段のアラビア数字は四系譜ともに馬場氏の祖とする信頼を第1代とする世代数で、おおよそ記事の内容ごとに排列を試みたものである。但し世代数・人名の排列順は、尻付記載が最も豊富で、本章の検討対象である「馬場氏家譜」を基準とした。さらに471～474頁に「馬場氏家譜」「尾張宿禰家譜」「尾張氏系譜」「世代書」を人名だけで綴った略系図を掲げておくので、とくに親子兄弟関係の異同について参照されたい。

【熱田社権宮司馬場家諸系譜対校表】

※各尻付は内容によって若干並べ換えた。

（網掛）四系図中独自の内容部分
（枠囲）同種記事で内容に異同のある部分

世代	人名	馬場氏家譜	尾張宿禰家譜（『張州雑志』）	尾張氏系譜（『蓬廬雑抄』）	世代書
1	信頼	元祖、號㆓馬場西大夫㆒、外從五位下、尾張國造祖建稲種命之嫡流、大宮司尾張宿禰員信之二男、天喜二年午三月、始而爲㆓熱田惣檢校㆒、治暦二午八月卒、歳五十七、　※父員信	元祖、號㆓馬場西大夫㆒、建稲種命之嫡流、大宮司尾張宿禰員信二男、天喜二午歳三月、始而爲㆓熱田總檢校㆒、延久二戌年八月十日卒、五十七歳、　※父員信	馬場家始祖、號㆓西大夫㆒、天喜二年甲午三月、始而熱田惣檢校、延久二年庚戌八月十日卒、年五十七、　※父員信	初代、惣檢校、權宮司、尾張宿禰、尾張宿禰員信次男、天喜貳年之頃社職、治暦貳年卒、　※父員信
2	有信	第二、惣檢校、從五位下、兵部少輔、尾張宿禰、延久元戌〔酉〕年自㆓三月㆒至㆓八月㆒而大神宮縁起勘文呈進、加判一列、	從五位下、兵部少輔、		貳代、惣檢校、權宮司、尾張宿禰、治暦貳年、父信頼跡家督、

	3 信重	信奉	女子	頼信
寛治四午年四月五日卒、 ※父信頼	第三世、惣検校、従五位下、尾張宿禰、天永元寅三月一日卒、 ※父有信	寛治元年卯十一月、従六位上、〔郷脱カ〕頭粟田朝臣守友爲二養子一、長承元年壬子九月十日卒、 ※父有信	山田次郎妻、 ※父有信	寛治二年辰九月、従六位下、厨家粟田朝〔臣脱〕重守爲二養子一、 ※父有信
寛治四午年四月五日卒、室者松嶋伊賀守女、 ※父信頼	正五位下、大膳大夫、天永元寅歳三月一日卒、 ※父有信	祠官新家、粟田郷頭大夫、長承元壬子年九月十日卒、 ※父有信	山田治郎妻、 ※父有信	祠官新家、粟田厨家大夫、 ※父有信
寛治四年午四月五日卒、 ※父信頼	天永元年庚寅三月一日卒、 ※父有信	祠官新家、粟田郷頭大夫、長承元壬子年九月十日卒、 ※父有信	山田治郎妻、 ※父有信	祠官新家、粟田厨家大夫、 ※父有信
寛治四年卒、 ※父信頼	三代、惣検校、権宮司、尾張宿禰、寛治四年父有信跡家督、天永元年卒、 ※父有信	人名なし	人名なし	人名なし

4			5	
信良	女子	女子	奉胤	奉忠
第四世、惣検校、従六位下、尾張宿禰、仁平二申正月廿三日卒、 ※父信重	妙光尼、 ※父信重	尻付なし ※父信重	第五世、惣検校、散位、尾張宿禰、久安二寅年十月卒、母堂藤原氏貞子、 ※父信良	第六世、惣検校兼権宮司、散位、尾張宿禰、
〔大〕太和守、仁平二申歳正月廿三日卒、 ※父信重	人名なし	人名なし	筑前守、承安二年十月二日卒、 ※父信良	弾正忠、
仁平壬申年正月廿三日卒、 ※父信重	尻付なし ※父信重	尻付なし ※父信重	承安二年壬辰十月二日卒、 ※父信良	弾正忠、
四代、惣検校、権宮司、尾張宿禰、天永元年、父信重跡家督、久安貳年三月卒、 ※父信重	人名なし	人名なし	五代、惣検校、権宮司、尾張宿禰、久安貳年、父信良跡家督、仁平貳年十月卒、 ※父信良	六代、惣検校、権宮司、尾張宿禰、

			6
	（女子）	（女子）	廉忠
兄奉胤依二早世一爲二當職一、長寛年中池大納言家、當國任中蒙二補任一、且所帶領地安堵之國免、承安五未歳三月十八日卒、※父信良	人名なし	人名なし	第七世、惣検校兼散位、尾張宿禰、權宮司、大學大夫、法名亦號二進士坊一、童名力王丸、建久三年母堂後家尼公、賜下
賜二建久三歳、關東御下文一、同九年八月三日卒、※父奉胤	松岡左近妻、※父奉胤	粟田民部妻、※父奉胤	法名進士坊、
建久三年、賜二關東御下文一、同九年八月三日卒、※父奉胤	人名なし	人名なし	法名進士坊、
仁平貳年、兄奉胤跡家督、承安五年三月卒、※父信良	人名なし	人名なし	七代、惣検校、權宮司、尾張宿禰、承安五年三月、父奉忠跡家督、

	可㆑令㆓故奉忠相傳之所帯知行㆒之旨關東御下文㆖、廉忠受㆓母堂㆒、正治二年八月亦賜㆓御下文㆒、承元二辰年三月十一日卒、※父奉忠	賜㆓正治二年、關東御下文㆒、※父奉忠	正治二年、賜㆓關東御下文㆒、※父奉忠	承元貳年三月卒、※父奉忠
奉光	次郎、遊㆓歷于鎌倉㆒、嘉禎三年十月十日卒、※父奉忠	正五位下、中務大輔、嘉禎三年十月十日卒、室者本田宮內女、※父廉忠	嘉禎三年十月十日卒、室者本田宮內女、※父廉忠	人名なし
頼秀	藤江龜満大夫、康治元戌年六月、於㆓知〔智〕多郡藤江邑㆒而出生也、保元年中起㆓新家㆒而爲㆓祠官㆒、※父奉忠	祠官、新家、藤江內藏助、承元二年八月三日卒、※父奉忠	藤江龜満大夫、出㆓生於智多郡藤江邑㆒、故爲㆑號、祠官、新家、承元二年八月三日卒、※父奉忠	人名なし
(家継)	人名なし	正嘉元巳年六月十一日卒、	正嘉元年丁巳年六月十一日	人名なし

7					
		（女子）	（女子）	頼嗣	親継
1		人名なし	人名なし	第八世、惣檢校、散位、尾張宿禰、寬喜元年丑五月三日卒、歳三拾四才、※父廉忠	第九世、惣檢校、散位、尾張宿禰、權宮司、大學大夫、亦任㆓兵部少丞㆒、後名員繼、養母藤原氏女賢子、法名淨忍、舍兄頼嗣早世、無㆓繼子㆒、故親繼爲㆓當職㆒、
2	※父奉光	加藤重兵衛妻、※父奉光	早世、※父奉光	人名なし	
3	卒、※父奉光	加藤重兵衛妻、※父奉光	早世、※父奉光	人名なし	妻者愛智彦大郎女、
4		人名なし	人名なし	（頼繼）八代、惣檢校、權宮司、尾張宿禰、承元貳年三月、父廉忠跡家督、寬喜元年卒、※父廉忠	九代、惣檢校、權宮司、尾張宿禰、大學大夫、寬喜元年五月、兄頼繼跡家督、

			8
	女子	(信親)	奉継
正嘉二年八月、賜㆓關東御下文㆒、文暦元年午十二月廿八日未尅、自㆓鎮皇門之前㆒火災起而、令㆑焼㆓失私領名田等相傳之文書㆒、建治元年亥十二月卒、歳七拾八、※父廉忠	尻付なし ※父廉忠	人名なし	第十世、權宮司、散位、尾張宿禰、大學頭、文永八年、賜㆓關東御下文㆒、
正嘉二年、賜㆓關東御下文㆒、建治元亥年十二月二日卒、※父家継	人名なし	尻付なし ※父家継	大學頭、文永八年、賜㆓關東御下文㆒、
正嘉二年、賜㆓關東御下文㆒、建治元乙亥年十二月二日卒、※父家継	人名なし	尻付なし ※父家継	大學頭、文永八年、賜㆓關東御下文㆒、
建治元年十二月卒、※父廉忠	人名なし	人名なし	十代、惣検校、權宮司、尾張宿禰、大學頭、建治元年十二月、父親繼跡家督、

9					
	女子	成仲	了性	妙円	奉仲
永仁三未年五月二日卒、年六十七、 ※父親継	尻付なし ※父親継	大炊介、法名阿寛、愛智郡細地脇野地主、 ※父親継	沙彌、彈正忠入道、初得ニ大宮司之命一、爲ニ山田郡尾張戸神社祠官一、後讓ニ仲範一而薙髪、號ニ了性一、山中建三立神宮寺一宇一、安三置藥師大菩薩尊像一、終ニ此地一、 ※父親継	尼、 ※父親継	第十一世、
永仁三年五月二日卒、 ※父親継	尻付なし ※父親継	大炊助、法名阿寛、 ※父親継	沙彌、彈正忠入道、 ※父親継	尼、 ※父親継	
永仁三年五月二日卒、 ※父親継	尻付なし ※父親継	大炊助、法名阿寛、 ※父親継	沙彌、 ※父親継	尼、 ※父親継	
永仁三年五月卒、 ※父親継	人名なし	人名なし	人名なし	人名なし	十二代、惣検校、

	仲範	員仲	時重	頼仲
				10
近江守、 正安三年丑六月五日卒、 ※父奉継	馬場西大夫、 爲二尾張戸神社神主一、 ※父奉継	尻付なし ※父成仲	貝越又治郎、 ※母妙円	第十二世、 但馬□、 室者愛智郡名和地頭小笠原 四郎女、 永仁五年正月十六日、同胞
近江守、 建武二年亥三月十八日卒、 ※父奉継	尻付なし ※父奉継	人名なし	貝越又四郎、 ※母妙円	但馬助〔介〕、
近江守、 建武二年乙亥三月十八日卒、 ※父良継	尻付なし ※父良継	尻付なし ※父成仲	貝越又次郎、 ※母妙円	但馬介、
權宮司、尾張宿禰、 近江守、 正安三年六月、父良繼 跡家督、 嘉元三年十月卒、 ※父良継	人名なし	人名なし	人名なし	十三代、惣検校、 權宮司、尾張宿禰、 但馬介、

	女子	女子	員仲
而生二一男子一、兄號二楠若丸一、弟號二松若丸一、嘉元三年十月六日卒、歳三拾、 ※父奉仲	餘語久左衞門室、 ※父奉仲	初爲二粟田郷頭守滿室一、有レ故而離別、後薙髪、號二妙禪尼一、 ※父奉仲	第十三世、常陸介、法名空圓、舍兄頼仲早世、且頼仲之繼子楠若・松若等依二幼少一而、
文和四年二月一日卒、四十三歳、 ※父奉仲	尻付なし ※父奉仲	粟田郷頭大夫守滿妻、 ※父奉仲	常陸介、
文和四年二月一日卒、年四十三、 ※父奉仲	餘語久左衞門室、 ※父奉仲	粟田郷頭大夫室、 ※父奉仲	常陸介、
嘉元三年十月、父奉仲跡家督、建武三〔二〕年三月卒、 ※父奉仲	人名なし	人名なし	十四代、惣検校、權宮司、尾張宿禰、常陸介、建武貳年三月、父頼仲跡家督、

		11
	氏仲	良継
得二國廳幷大宮司之命一而爲二後見一、楠若丸繼二長年而一、文保元年讓レ職而退去、法名空圓、住二東宮山神宮寺一、建武二年亥三月十八日寂、五十二、※父奉仲	西大夫、爲二尾張戸神社神主一、※父仲範	第十四世、民部少輔、童名楠若丸、文保二年、賜二外〔題脱カ〕安堵御下文一、建武二年十二月、將軍御上洛、被レ詣二當社一、良繼受レ命、
永和二年辰三月十日卒、室者粟田郷頭大夫守滿女、※父頼仲	人名なし	人名なし
永和二年丙辰三月十日卒、室者粟田郷頭大夫守滿女、※父頼仲	人名なし	民部、文保二年、賜二外〔題脱カ〕安堵御下文一、
貞和五年五月卒、※父頼仲	人名なし	十一代、惣檢校、權宮司、尾張宿禰、民部、永仁三年五月、父奉繼跡家督、

実仲

致㆓祈禱㆒、賞㆓其忠節㆒而給㆓禄品々・劔一雙㆒、暦應二年八月、賜㆓本領安堵御下文㆒、貞和年中、與㆓郷頭㆒厨家等有㆓異論㆒而、申㆓請國衙之廳裁㆒、然終當家爲㆓利運㆒、
同五年五月卒、
※父頼仲

第十五世、
伊賀守、
初起㆓新家㆒而、號㆓堀内次郎㆒、童名松若丸、舍兄良繼死去無㆓繼子㆒、仍㆑之而晩年立而爲㆓家督㆒、然以㆓多病之故㆒而、文和三年午十二月十日、讓㆓附家職所領嫡男家仲㆒、
明年未二月一日卒、

※18世代に仲近の男で天正十八年八月十日卒とみゆ、

正和四年二月十一日卒、
※父奉継

※18世代に仲近の男で天正十八年八月十日卒とみゆ、

正安三年六月卒、
※父奉継

十五代、惣検校、權宮司、尾張宿禰、
伊賀守、
貞和五年五月、父員仲跡家督、
文和四年二月卒、

	※父頼仲			※父員仲
重仲	第十七世、常陸介、始號二馬場與三郎一、住二古渡村細地脇野一、然舍兄良繼・實仲及愛姪〔甥カ〕家仲、續而死去、於レ是重仲又晩年歸二本家一、而相續者也、貞治六年十一月十四日、賜二勸修寺經俊卿奏聞狀一、應永十年五月廿八日卒、壽七拾九、※父頼仲	常陸介、貞治六年十一月十四日、賜二勸修寺殿奏聞狀一、應永十九年正月廿八日卒、※父家仲	常陸介、貞治六年十一月十四日、賜二勸修寺經俊卿奏聞狀一、應永十九年正月廿八日卒、※父家仲	十七代、惣檢校、權宮司、尾張宿禰、常陸介、貞治三年正月、父家仲跡家督、應永十年五月卒、※父家仲
女子	大喜仲久之室、※父頼仲	大喜肥後守仲久妻、※父家仲	大喜肥後守仲久室、※父家仲	人名なし
女子	柏井庄司鈴木重光妻、※父員仲	人名なし	人名なし	人名なし
員奉	御前大輔粟田守久養而爲レ子、	人名なし	人名なし	人名なし

	12 家仲	女子	仲忠
童名竹若、後任㆓従六位上掃部介㆒、初往㆓守久之家㆒、父得㆓員仲之譲㆒而兼㆓尾張戸神社祠官㆒、而収㆓納彼社之油断〔料〕田等㆒、是後代々御前役家、掌㆓此社之禰宜職㆒也、 ※父員仲	第十六世、美作権守、延文二年九月廿六日、賜㆓口宣案㆒、貞治三年正月卒、 ※父良継	尻付なし ※父重仲	左京亮、
	美作権守、延文二年九月廿六日、賜㆓口宣案㆒、至徳三年九月三日卒、 ※父員仲	人名なし	人名なし
	美作権守、延文二年九月廿六日、賜㆓口宣案㆒、至徳三年九月三日卒、 ※父員仲	人名なし	人名なし
	十六代、惣検校、権宮司、尾張宿禰、従五位下、美作権守、文和四年二月、父實仲跡家督、貞治三年正月卒、 ※父実仲	人名なし	人名なし

	13	14
仲忠	直仲	範仲
應永八年十一月卒、四十二、 ※父重仲	第十八世、下野守、父仲忠依㆓死去㆒而受㆓祖父重忠〔仲〕之譲㆒、而應永十年五月家督、同廿一年四月廿三日、賜㆓口宣案㆒、同廿六年遷宮、爲㆓執事㆒、同三十三年七月卒、年四拾一、 ※父仲忠	第十九世、近江守、嘉吉元年十月、賜㆓口宣案㆒、
	下野守、應永廿一年四月廿三日、賜㆓口宣案㆒、永享四年四月三日卒、 ※父重仲	近江守、嘉吉元年十月廿二日、賜㆓
	下野守、應永廿一年四月廿三日、賜㆓口宣案㆒、永享四年四月三日卒、 ※父重仲	近江守、嘉吉元年十月廿二日、賜㆓
	十八代、惣検校、權宮司、尾張宿禰、下野守、應永拾年五月、祖父重仲跡家督、同三拾三年七月卒、 ※父仲忠	十九代、惣検校、權宮司、尾張宿禰、近江守、應永三拾三年、父直仲跡家督、

15

	種継	女子	女子	朝仲
長禄二年遷宮、爲二執事一、 應仁三年丑四月三日、讓二神職幷所領等于二嫡男朝仲幷次男・女子等一、 同年七月三日卒、但今年改元、號二文明元年一、年六拾四、 ※父直仲	堀内彦次郎、 長禄二年遷宮供奉、 享徳元年申三月十日卒、 ※父直仲	二宮式部室、 ※父範仲	藤江兵部頼尚妻、 ※父範仲	第廿世、
口宣案一、 享徳元申年三月十日卒、 ※父直仲	人名なし	人名なし	藤江兵部大輔頼尚妻、 ※父範仲	
口宣案一、 長禄二年四月廿八日遷宮、 行列十六番供奉、 享徳元壬申年三月十日卒、 ※父直仲	人名なし	人名なし	藤江兵部頼尚室、 ※父範仲	
應仁三年七月卒、 ※父直仲	人名なし	人名なし	人名なし	廿代、惣検校、 權宮司、尾張宿禰、

				16
	仲奉	女子	女子	光仲
民部少輔、長禄二年遷宮供奉、延徳三年四月廿日卒、年六拾二、 ※父範仲	左京亮、文明元年起二新家一而、補二八劒宮奉仕之神官一、至二仲興一而稱二大喜一、依二居地之名一者也、 ※父範仲	妙法尼、 ※父範仲	青山與三兵衞妻、 ※父範仲	第二十一世、
左京亮、文明三年七月三日卒、四十六歳、 ※父範仲	人名なし	人名なし	人名なし	(克仲)
左京亮、文明三年七月三日卒、四十六、 ※父範仲	人名なし	人名なし	人名なし	(克仲)
民部少輔、應仁三年七月、父範仲跡家督、延徳三年四月卒、 ※父範仲	人名なし	人名なし	人名なし	廿一代、惣検校、權宮司、尾張宿禰、

		大學、始員職、後克仲、亦改㆓光仲㆒、天文十六年九月卒、歳七十六、 ※父朝仲	延徳三亥年四月廿日卒、 ※父朝仲	延徳三辛亥年四月廿日卒、 ※父朝仲	大學、延徳三年四月、父朝仲跡家督、天文拾六年九月卒、 ※父朝仲
	（女子）	人名なし	藤江幸大夫良邑妻、 ※父朝仲	藤江幸大夫良邑室、 ※父朝仲	人名なし
	仲興	大喜刑部大夫、 ※父仲奉	人名なし	人名なし	人名なし
17	利仲	第廿二世、美作、室者藤江良助女、永禄九年二月十九日卒、 ※父光仲	美作守、室者藤江良助女、永正八年九月三日卒、 ※父克仲（光仲）	美作守、室者藤江良助女、永正八年九月三日卒、 ※父克仲（光仲）	廿二代、惣検校、権宮司、尾張宿禰、美作、天文拾六年、父光仲跡家督、永禄九年二月卒、 ※父光仲

女子	秀秋	18 仲近	（実仲）
早世、 ※父光仲	童名繁丸、牧野備前養而爲レ子、 ※父光仲	第廿三世、民部、天正四年子三月廿日、織田信長賜二御書一、同十四年四月、豊臣關白賜二御書幷太刀一振一、慶長三年九月十日卒、謚英岳淨雄居士、 ※父利仲	人名なし（11世代にみゆ）
早世、 ※父克仲（光仲）	童名繁丸、爲二牧野備前子一、 ※父克仲（光仲）	民部、天文廿三年十二月二日卒、 ※父利仲	伊賀守、天正十八年八月十日卒、
早世、 ※父克仲（光仲）	童名繁丸、爲二牧野備前子一、 ※父克仲（光仲）	民部、天文廿三年十二月二日卒、 ※父利仲	伊賀守、天正十八年八月十日卒、
人名なし	人名なし	廿三代、惣検校、權宮司、尾張宿禰、民部、永祿九年二月、父利仲跡家督、慶長三年九月卒、 ※父利仲	人名なし（11世代にみゆ）

	19		20
	光仲	（頼安）	仲行
	第廿四世、民部、後改㆓左京亮㆒、寛永十六年卯九月六日卒、諡法岩淨性居士、※父仲近	人名なし	第廿五世、左京亮、寛永十六年九月家督、寛文四辰七月卒、諡月峯宗観居士、
※父仲近	後改㆓仲行㆒、寛文〔永〕十八年五月五日卒、八十一歳、※父実仲	人名なし	19世代光仲と同一人物
※父仲近	南大夫、後民部、後改㆓仲行㆒、寛永十二年五月五日卒、八十一、※父実仲	忠兵衞、※父実仲	19世代光仲と同一人物
	廿四代、惣検校、権宮司、尾張宿禰、民部、慶長三年九月、父仲近跡家督、寛永拾六年九月卒、※父仲近	人名なし	廿六代、惣検校、権宮司、尾張宿禰、正六位上、左京亮、寛文四年、父仲種跡家督、死去年月相知不㆑申候、

		21	22
	（光安）	仲種	春仲
※父光仲	人名なし	第廿六世、左京亮、寛文十二年十二月三日、貞享三年遷宮供奉、賜㆓口宣案㆒（寛文十二年に係るか）、享保七年遷宮供奉、敍㆓正六位上㆒、 ※父仲行	第廿七世、
19	人名なし	左京亮、寛文十年十二月三日、賜㆓口宣案㆒、 ※父光仲	
19	田島、 ※父頼安	左京亮、寛文十年十二月三日、賜㆓口宣案㆒、 ※父光仲	
※父仲種	人名なし	廿五代、惣検校、権宮司、尾張宿禰、左京亮、寛永拾六年九月、父光仲跡家督、寛文四年七月卒、 ※父仲行	廿七代、惣検校、権宮司、尾張宿禰、

						23
	女子	女子	仲秀	女子	女子	仲雄
大學、寛保二年戌七月六日卒、論實相大學居士、※父仲種	市川文左衛門妻、※父仲種	野本次郎兵衛妻、※父仲種	喜藏、※父仲種	尻付なし ※父仲種	尻付なし ※父春仲	第廿八世、
大學、室者御器所村武兵衛女、※父仲種	市川文左衛門妻、※父仲種	野木〔本カ〕次郎兵衛妻、※父仲種	喜藏、※父仲種	尻付なし ※父仲種	尻付なし ※父春仲	
大學、※父仲種	市川文左衛門室、※父仲種	野本治郎兵衛室、※父仲種	喜藏、※父仲種	尻付なし ※父仲種	母者愛智郡御器所村百姓武兵衛女、※父春仲	
大學、家督年月相知不レ申候、寛保貳年七月卒、※父仲種	人名なし	人名なし	人名なし	人名なし	人名なし	廿八代、惣検校、

	24			
	仲助	女子	女子	女子
左京、室者渡邊惣兵衛女、寛政二庚戌年十月　日卒、諡白峯京雪居士、※父春仲	嘉傳治、※父春仲	粟田利太夫守命室、※父春仲	市、早世、※父仲雄	內藤又兵衛室、
左京、室者渡部總兵衛女、※父春仲	嘉兵治、※父春仲	粟田利大夫守命室、※父春仲	早世、※父仲雄	內藤又兵衛室、
左京、母者愛智郡御器所村百姓武兵衛女、室者渡部惣兵衛女、寛政二庚戌年十月十八日卒、※父春仲	嘉傳治、※父春仲	粟田利大夫室、※父春仲	早世、※父仲雄	初內藤又兵衛室、後嫁ニ朝倉仙之右衛門、
權宮司、尾張宿禰、左京、寛保貳年七月、父春仲跡家督、寶暦拾四年正月隱居、※父春仲	人名なし	人名なし	人名なし	人名なし

	仲興	女子	某	仲直
※父仲雄	第廿九世、左京、後改㆓逢仲㆒、文化九壬申年六月日卒、諡本空道明居士、※父仲雄	尾崎治右衛門室、※父仲雄	早世、妾腹、※父仲雄	童名鍋太郎、妾腹、※父仲雄
※父仲雄	左京、※父仲雄	尻付なし ※父仲雄	(仲□) 早世、※父仲雄	人名なし
※父仲雄	左京、後改㆓逢仲㆒、安永三年五月、爲㆓郷代頭人㆒、※父仲雄	尾崎治右衛門室、※父仲雄	早世、妾腹、※父仲雄	妾腹、※父仲雄
	廿九代、惣検校、權宮司、尾張宿禰、左京、寶暦拾四年正月、父仲雄跡家督、寛政七年七月隱居、※父仲雄	人名なし	人名なし	人名なし

25				
某	童名岩蔵、早世、 ※父仲興	人名なし	岩蔵、早世、 ※父仲興	人名なし
女子	里嘉、 ※父仲興	人名なし	尻付なし ※父仲興	人名なし
仲寛	第三十世、左京、 童名翁之丞、 天明元辛丑年　月誕生、 ※父仲興	人名なし	(仲匡) 童名翁之丞、 寛政元酉年十一月廿六日首服、 ※父仲興	當職、左京、 寛政八年七月、父逢仲〔仲興〕跡家督、 ※父仲興
女子	尻付なし ※父仲興	人名なし	尻付なし ※父仲興	人名なし

【尾張氏系譜】（刈谷図書館本）

- 信頼
  - 有信
    - 信重
      - 信良
        - 奉胤
          - 奉忠
            - 廉忠
              - 奉光
                - 家継
                  - 親継
                    - 奉継
                      - 良継
                        - 奉仲
                          - 頼仲
                            - 員仲
                              - 家仲
                                - 重仲
                                  - 直仲
                                    - 範仲
                                      - 女子
                                      - 朝仲
                                        - 克仲
                                          - 利仲
                                            - 仲近
                                              - 実仲
                                                - 光仲
                                                  - 仲種
                                                    - 春仲
                                                      - 女子
                                                      - 仲雄
                                                        - 女子
                                                        - 女子
                                                        - 仲興
                                                          - 某
                                                          - 女子
                                                          - 仲匡
                                                          - 女子
                                                        - 女子
                                                        - 某
                                                        - 仲直
                                                      - 仲助
                                                      - 女子
                                                    - 女子
                                                    - 女子
                                                    - 仲秀
                                                    - 女子
                                                - 頼安
                                                  - 光安
                                          - 女子
                                          - 秀秋
                                        - 女子
                                - 女子
                          - 女子
                          - 女子
                        - 仲範
                    - 女子
                    - 成仲
                      - 員仲
                    - 了性
                    - 妙円
                      - 時重
                  - 信親
                - 女子
                - 女子
            - 頼秀
      - 女子
      - 女子
    - 信奉
    - 女子
    - 頼信

【尾張宿禰家譜】（『張州雑志』本）

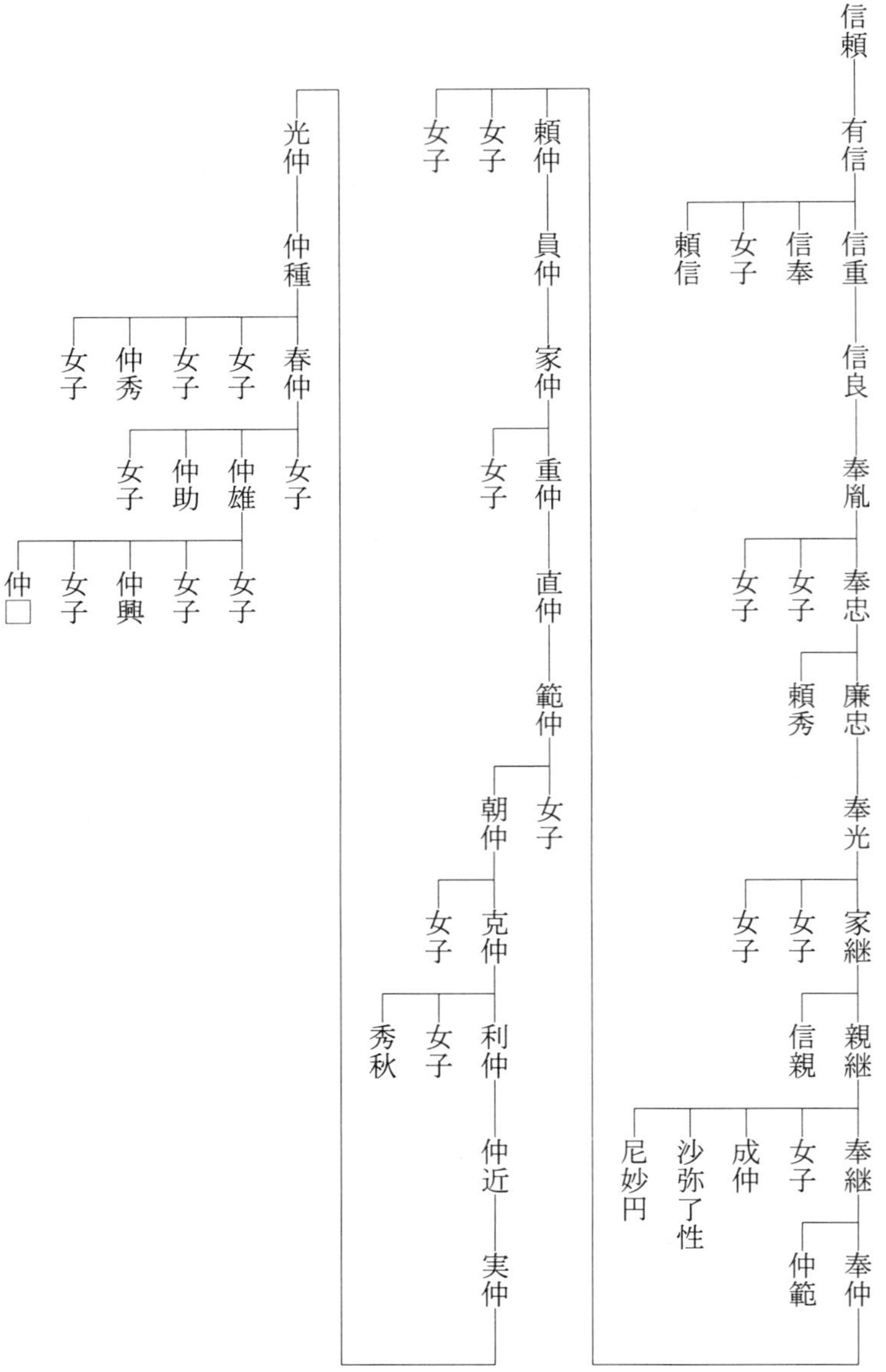

【馬場氏家譜】（名古屋市史資料本）

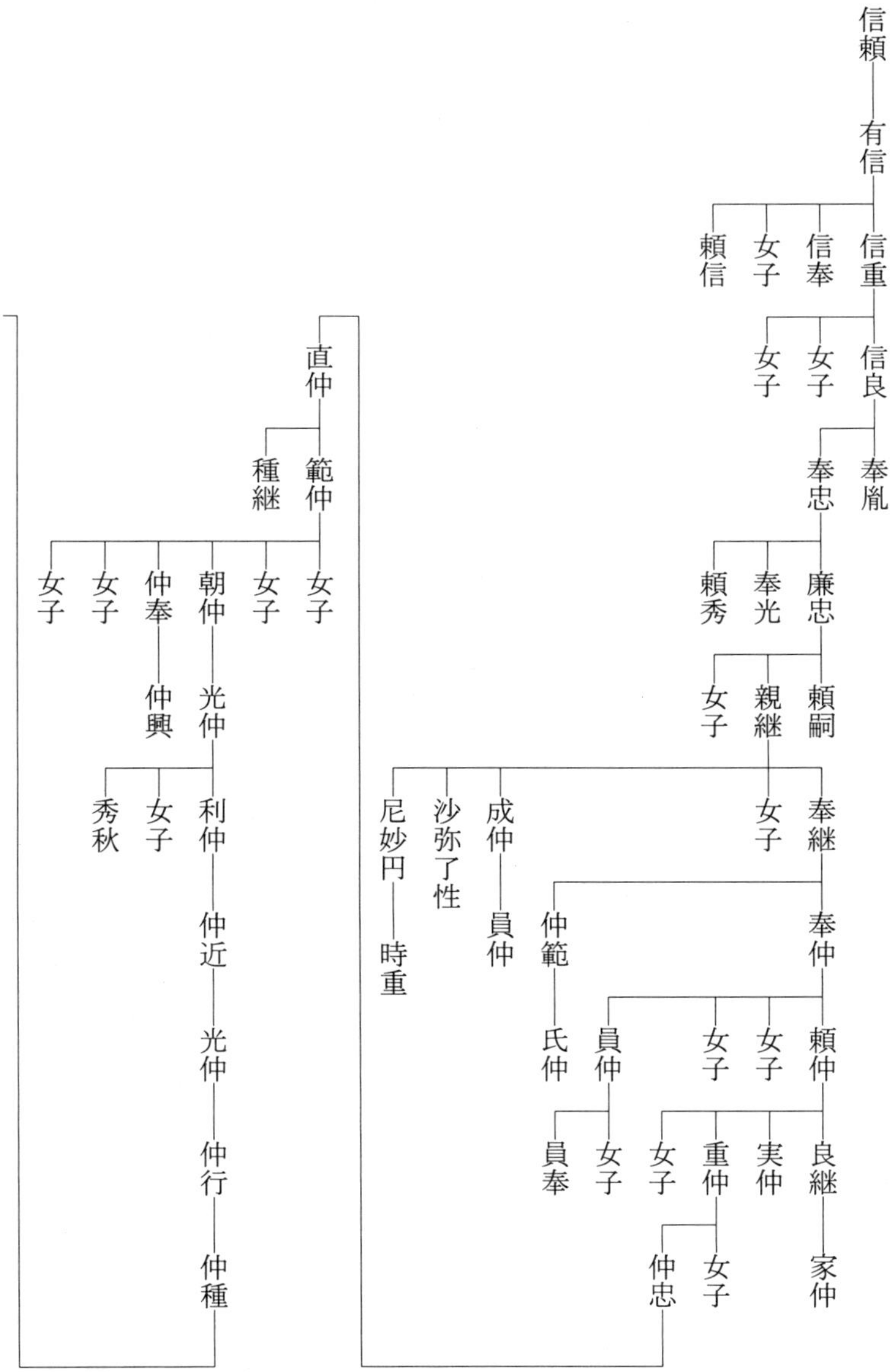

┬春仲
├女子
├女子
├仲秀
└女子

春仲┬女子
　　├仲雄
　　├仲助
　　└女子

仲雄┬女子
　　├女子
　　├仲興
　　├女子
　　├某
　　└仲直

仲興┬某
　　├女子
　　├仲寛
　　└女子

【世　代　書】（熱田神宮本）

信頼—有信—信重—信良┬奉胤
　　　　　　　　　　└奉忠—廉忠┬頼継
　　　　　　　　　　　　　　　└親継—奉継—良継—奉仲—頼仲—員仲—

—実仲—家仲—重仲—直仲—範仲—朝仲—光仲—利仲—仲近—光仲—仲種—

—仲行—春仲—仲雄—逢仲—仲寛

三、

次に前出対校表を利用しつつ、「馬場氏家譜」の各尻付（女性については一部を除いて本節末に記す）を中心に傍証を試みるが、他と共通する内容についても若干検討しておきたい。なお当然のことながら、原則として三系譜成立以前の史料を利用する。

第1世代【信頼】

信頼が「馬場西大夫」と号して「尾張國造祖建稲種命之嫡流、大宮司尾張宿禰員信之二男」であったことは、永仁四年（一二九六）以前に成立した「田島丹波系図」にみえる。(3)「外従五位下」の外位については他に一切みえず、「尾治宿禰田島氏系譜」に信頼が「従五位下」にあったとみえるだけで、これを傍証する確実な史料はない。また天喜二年（一〇五四）に熱田惣検校に就いたことを四系譜ともに記載しているが、これもまた同様に判然としない。しかも惣検校職の成立は、これより半世紀後の大宮司職が尾張氏を離れた頃とみられるのである。(4)

第2世代【有信】

有信を含むメンバーが延久元年（一〇六九）三月から八月に至り『尾張国熱田太神宮縁起』を正し、彼がその一人として加判したとある。これは群書類従本系『尾張国熱田太神宮縁起』の奥書に、「右大臣基房公、奉レ勅被レ尋ニ下當社縁起一、仍書ニ寫家本一獻ニ上之一者也、延久元年八月三日　大宮司従三位伊勢守尾張宿禰員信」(5)とあることに符合するものとみられるが、延久元年に基房はいまだ誕生しておらず奥書そのものに信憑性はない。ただし有信の尻付が、この奥書をもとに作成されたことは明らかであろう。また「従五位下、兵部少輔」については「尾張宿禰家譜」にみえるが、他の史料では明らかにできない。

第3世代【信重】【信奉】【頼信】

信重の「従五位下」については「尾張宿禰家譜」に「正五位下、大膳大夫」とみえるが、他に傍証がない。

信奉が粟田守友の養子になったことは、「尾張宿禰家譜」「尾張氏系譜」に「祠官新家、（粟田）郷頭大夫」とあること、頼信が粟田重守の養子となったことは同様に「祠官新家、粟田厨家大夫」とあることに対応する。「馬場氏家譜」がこれらを参考に記した可能性はあるが、系譜以外にその傍証を探し得ない。また信奉の「従六位上」、頼信の「従六位下」については、ともに不詳である。

第4世代【信良】

「従六位下」については不詳で、また「尾張宿禰家譜」に「大和守」とあるが、これも確認できない。

第5世代【奉胤】【奉忠】

奉胤の母を「藤原氏貞子」とするが、これは「藤原氏貞の女」なのか「藤原氏の女である貞子」なのか判断に悩むが、「女」ではなく「子」という表記、また本家譜の第7世代親継の尻付に「養母藤原氏女賢子」という記載の仕方があることから後者とみられる。なおこの藤原氏について、および「尾張宿禰家譜」に「筑前守」とあることは詳らかにできない。

奉忠は「田島丹波系図」に、田島氏の出自として現れる。「馬場氏家譜」では兄奉胤が早世したため跡を継いだことになっているが、奉胤は「田島丹波系図」にはみえず、確認できない。奉忠の父を「馬場氏家譜」「世代書」は信良とし、奉胤と奉忠とを兄弟とするが、「尾張宿禰家譜」「尾張氏系譜」は奉胤を父とする。この点については、「尾治宿禰田島氏系譜」[6]が奉忠の尻付に「繼二馬場家一、子孫世補二總検校一」と伝えていること、および「馬場氏家譜」に「兄奉胤依二早世一爲二當職一」とあることが参考になる。これらを勘案すると、奉忠は養子として馬場家に入り奉胤の跡を継いだようであり、「尾張宿禰家譜」「尾張氏系譜」は、その惣検校職相伝順位を親子関係とみなしたのであろう。しかし「馬場氏家譜」は奉胤が父信良より六年早く死去しているという異伝を記しており、奉胤の死去にともなって奉忠が信良の養子になったことを伝えているのである。これらの事実関係を確認することは、いまとなっては不可能であるが、「馬場氏家譜」がわざわざ作為的にこのような事情を記す理由も見当たらないので、いまのところ「馬場氏家譜」の記載が正しいと考えておきたい。ただ注意しておくべきことは、この世代以降それまで通字であった「信」がまったく用いられなくなることである。このことは信頼の系列が、前代信良で断絶したことを示唆しているようである。[7]

また奉忠は長寛年中（一一六三〜五）に尾張守であった平頼盛から惣検校に補され、国司庁宣によって所帯の領地が安堵されたとある。これについては七十年後の文暦二年（一二三五）、馬場親継が前年の熱田社炎上のとき焼失した「私領名田調度文書」の紛失証判を申請した申状に、「一、大宮（熱田社本宮）・八劔宮兩社新季大般若經料田拾參町陸段事　一通　神官奉忠宿禰申二給池大納言家御奉免廰宣一、一通　奉忠讓二于子息廉忠狀一永〔承〕安五年三月十八日、（中略）件料田者、去長寛年中池大納言家御任中、奉忠蒙二國免一、引二募講經供料田一畢」[8]とあり、若干意味の取り方は異なるものの、この申状を参考にしたもので、おそらく没年の承安五年（一一七一）も、これを用いたものとみられる。なお奉忠が頼盛によって惣検校に補任されたことは、明らかにできない。ただ平治の乱直後から長寛元年正月二十四日まで頼盛が尾張国司であったこと、[9]また「田島丹波系図」にみえる奉忠の父奉宗の尻付に「尾張権守、平家小松内大臣家祗候」とあり、この父子と平家との結び付きが窺われるのである。そうすると奉忠の惣検校就任には、政治的な背景が介在していたのかもしれない。

なお「尾張宿禰家譜」「尾張氏系譜」には、奉忠が建久三年（一一九二）に関東下文を受けたとあるが、これについては次の廉忠で述べる。

第6世代【廉忠】【奉光】【頼秀】

廉忠の「大學大夫、法名亦號二進士坊一」については不詳である。次に建久三年（一一九二）に父奉忠の遺領安堵の関東下文を母が受け、それを廉忠が相続したとある。この文書は建久三年十二月十日付の「将軍家（源頼朝）政所下文写」[10]のことであり、その内容と一致する。遺領のひとつに「力王子」名があり、これが廉忠の童名「力王丸」と関係しているのかもしれない。また正治二年（一二〇〇）八月に再び関東下文を受けたとあるが、これは廉忠宛本領安堵の「源頼家下文写」[11]のことである。なお廉忠の没年承元二年（一二〇八）は、前出文暦二年（一二三五）「尾張親継申状」の文言に「一通　廉忠讓二于子息頼嗣一状永（承）元二年三月十一日」とあるのを採用したものとみられる。

奉光は「遊二歴于鎌倉一」とあり、幕府との関係を窺わせられることに注意したい。寿永二年（一一八三）源頼朝が奉忠の後家尼に宛てた書状の文言には、故奉忠の祈禱奉公に対する深い感謝を述べたあとに、「すゑの子息一人まいらせられ候へ、心やすくたのみ候ハん」[12]とあり、頼朝は奉忠の子息を鎌倉にて引き立てる約定を伝えている。そうすると奉光の鎌倉遊歴は、この書状を承けてのことといえよう。「尾張宿禰家譜」によれば、奉光が庶子でありながら「正五位下、中務大輔」に叙任され、「本田宮内」という官職を有するらしい人物の娘を妻に迎えていることなどは、頼朝の奉忠に対する報恩の具現化であったとみられる。

頼秀は康治元年（一一四二）尾張国智多郡藤江邑で生まれ、保元年中（一一五六〜九）に新家を起こしたとあり、「尾張宿禰家譜」「尾張氏系譜」ともにこの内容を含んでいる。またこれら三系譜より若干早い成立とみられる「藤江系図」(13)には、元祖で奉忠の二男とある。以上のことを他の史料で確認することはできないが、正和五年（一三一六）の「熱田社領注進状案写」(14)に「藤江村」とみえ、熱田社領であったことが知られることから、「馬場氏家譜」の所伝がまったくの作為とは思えない。

第7世代【頼嗣】【親継】

頼嗣は寛喜元年（一二二九）五月三日に死去したとある。これは先に示した文暦二年（一二三五）「尾張親継申状」の文言に、「一通　頼嗣〔譲脱〕于親繼狀寛喜元年五月三日」とあることを採用したものとみられる。

親継の養母は藤原氏の娘賢子で法名を淨忍といい、舎兄頼嗣が早世し継子がいなかったため相続したとある。まず養母については、前出文暦二年「尾張親継申状」の文言に、「一神宮寺薬師講田一町五段并同法花經料田五町事（中略）以二此田一町五段一、令レ□〔引カ〕二募彼内一畢、其後元仁元年絹捌疋代仁令レ放二券親繼養母藤原氏淨忍一畢、藤原氏貞□□〔永元〕年譲二于親繼一畢」とみえることで傍証できる。

次に頼嗣と親継とが兄弟であったことであるが、「田島丹波系図」の親継には「頼嗣猶子」と記され異同があるので、若干検討しておきたい。右申状に「一通　頼嗣〔譲脱〕于親繼狀寛喜元年五月三日」とあり、これは「一通　奉忠譲二于子息廉忠一狀永〔承〕安五年三月十八日」や「一通　廉忠譲二于子息頼嗣一狀永〔承〕元二年三月十一日」との記載の仕方が異なり、傍線部分に親継は頼嗣の子息とも弟とも記されていないことから廉忠の直系子息（孫）ではないこと、また同じく「一大宮・八剱宮両社新季大般若経料田拾參町陸段事（中略）件料田者、去長寛年中池大納言御任中、奉忠蒙二國免一、引二募講經供料田一畢、親繼既四代相傳」との文言がみえることから、馬場惣領家が奉忠以来三代にわたって相伝した「大宮・八剱宮両社新季大般若經料田拾參町陸段」を親継が受け継いだことなどを指摘しておきたい。さらに正元元年（一二五九）と推定される親継宛「鎌倉将軍家（宗尊親王）政所下文写（断簡）」には、「本主曾祖父奉忠後家・祖父廉忠等（奉忠嫡子）、建久・正□〔治〕給二當家御下文一、相傳知行無二相違一之間、親繼得二其讓一領知之處」(15)との文言がみえ、親継の祖父は廉忠と明記されているが、それは相続上の関係とみておかなければならないであろう。

　これらから判断すれば、親継は頼嗣の猶子となって馬場家を継いだとみて誤りなく、「田島丹波系図」の記載を確認できるのである。そうすると「尾張宿禰家譜」「尾張氏系譜」が記すように、親継の実父は家継ということになるのだろうか。そこで「馬場氏家譜」の親継の尻付に着目すると、「大學大夫、亦任二兵部少丞一、後名員繼」とある。「田島丹波系図」には「祭主・權宮司・□□大夫」とみえるが、「田島丹波系図」には「馬場氏家譜」に記される親継の後名「員繼」なる人物が別に認められ、その尻付には「總檢校、兵部大夫」と記されている。つまり「田島丹波系図」の親継と員継との尻付を併せると、「馬場氏家譜」親継の内容とどうやら一致するようである。そうであれば親継の実父は、「田島丹波系図」に「權宮司・玄蕃助・本名成信」とある頼員ということになろう。ただ「田島丹波系図」を一見すると、親継と員継との間には二世代の開きがあるようにみえるが、この系図の系線は縦横いたるところで寸断しており、見方によっては一世代まで縮めることもできる。いまは尻付の記載を重視しておきたい。

　なお、文暦元年十二月二十八日の熱田社火災によって私領名田の相伝文書を焼失したという親継の尻付は、

熱田宮神官散位尾張宿禰親繼解、申請社家國衙□

請㆘早且任㆓先例傍例㆒、申㆓請社家幷國衙御證判㆒、備㆗後代龜□〔鏡〕㆖、去年十二月廿八日未尅令㆓燒失㆒私領名田調

度文書等子細狀、

合拾通

神宮寺修理料田拾町事

（中略）

一大宮・八劔宮兩社新季大般若經料田拾參町陸段事

（中略）

一神宮寺藥師講田一町五段幷同法花經料田五町事

（中略）

右件私領名田文□〔書〕等、去年十二月廿八日未尅、自㆓鎮皇門之西㆒災火出來、暴風起㆑巽之間、八劔宮拜殿・日〔割〕張宮

御殿炎上幷在家百餘宇燒亡之刻、今所㆓注進㆒之調度文書等倂以所㆑□〔令〕㆓燒失㆒也、然者早且任㆓先例傍例㆒、申㆓請社

家幷國衙御證判㆒、將□□□□□□□□□□□〔備後代之龜鏡、仍勒在狀以解〕（後欠）

と記す前出「尾張親継申状」に明らかであろう。

さらに正嘉二年（一二五八）八月の関東下文について、旧稿では先の親継宛「鎌倉将軍家（宗尊親王）政所下文写（断簡）」のことと考えたが、前掲註（15）で述べたようにこれとは別の下文であろう。ただ文暦二年の申状から二十年以上も経過して、幕府からようやく所領安堵を認められたことに驚きを禁じ得ないが、文暦二年の申状は熱田社

と国衙へ申請したものであり、親継が何らかの事情でさらに上級機関の安堵を必要とする事態に巻き込まれた可能性も残るものの、この間の経緯は不明である。

第8世代【泰継】【成仲】【了性】

泰継の官職「大學頭」と、文永八年（一二七一）に「關東下文」を受けたことについては他の史料に見当たらない。ただ「田島丹波系図」には、彼は親継の猶子で、実父は冷泉隆房の家人清原定宗とあり、冷泉隆房の子息隆宗が尾張守であったことは、この縁組みに影響しているのかもしれない。[16]

成仲の「大炊介〔助〕」は「田島丹波系図」に「永仁三乙未八月任二大炊助一」とみえ、また正安元年（一二九九）の子息員仲の申状には「親父大炊助譲状案一通」[17]とあり、事実として確認できる。法名「阿寛」については、「尾張宿禰家譜」「尾張氏系譜」ともに記しているが、他では確認できない。なお「愛智郡細地脇野地」については、彼の所領であったかどうか不明だが、面積一町の「熱田宮御油料所」で馬場惣領家の相伝知行地であった。[18]

沙弥了性には「彈正忠」や大宮司の命により山田郡尾張戸神社祠官となり、のちに剃髪して山中に神宮寺を建立したことなどの記載はあるが、いずれも確認することはできない。ただ尾張戸神社は尾張氏の氏神であったともいわれ、「熱田の奥の院」と称された。[19]

第9世代【奉仲】【仲範】【員仲】【時重】

この四人の尻付（員仲にはない）については確認できないが、四系譜ともに奉仲を近江守とすることでは一致する。また「田島丹波系図」によると、奉仲は奉成の子息で「祭主權宮司、中務大夫」とあるが、「馬場氏家譜」「尾張宿禰家譜」では奉継を父とし、「尾張氏系譜」「世代書」は良継とするなど異同がある。また員仲は、次世代の員仲と同一人物とみられる。これらについては、第11世代良継の項で一括して述べる。

なお時重には「貝越又治郎」とあるが、暦応二年（延元四年・一三三九）八月の「尾張良継申状案」に「貝越三郎藏人貝越井中地頭等爲二近隣之□一、令二存知一者」とみえ、貝越三郎蔵人は11世代良継との関係をもつ近隣の地頭であり、[20]この関係はそれ以前からあった。すなわち妙円が貝越某の妻となり父親継から配分継承した所領を子息時重に譲ったので、時重は馬場氏の諸系譜に登場するのであろう。姻族への所領譲与（恐らくは神領の移動）は、神官馬場氏にとって関心事であった。この時重の記載は当時の記録をもとにして作成されたものとみられるが、このような記載は馬場氏の他の系譜に照らしても彼ただ一人である。

第10世代【頼仲】【員仲】【氏仲】

頼仲の「但馬」については他の系譜も同様であり、「田島丹波系図」には「祭主権宮司、中務大夫」とあるが、系図以外では確認できない。また妻室を「愛智郡名和地頭小笠原四郎女」とするが、小笠原四郎は前出暦応二年（延元四年・一三三九）の「尾張良継申状案」に「小笠原二□〔郎カ〕四郎當國名和地頭（中略）爲二近隣之□一、令二存知一者」とある人物の父または祖父であろう。なお永仁五年（一二九七）双子の男児を儲けたとあることは、他に記録を探せない。

員仲は兄頼仲が早世し継子の双子が幼少であったので、国庁と大宮司の命により後見として惣検校を務め、文保元年（一三一七）良継に譲ったとあるが、これも他の史料で確認がとれない。なお頼仲・員仲については、次の11世代でさらに検討する。

氏仲は父仲範の跡を継いで尾張戸神社神主になったとあるが、確認できない。

第11世代【良継】【実仲】【重仲】【員奉】

良継は文保二年（一三一八）に安堵の下文を受けているが、これは前年員仲の跡を継いだことに対するものとみられるものの、いまだ管見に及ばない。建武二年（一三三五）十二月足利尊氏上洛の際に祈禱を命じられたことは、先の暦応二年（延元四年・一三三九）八月の「尾張良継申状案」にみえるばかりか、「足利尊氏御判御教書」が現存する。[21]また暦応二年に受けた本領の安堵状は、この申状に対するものであろう。なお文書自体の確認はできず、日付が申状と同じ八月であることに若干問題があるものの、申状の宛所が京都の尊氏とみられることから[22]、一ヶ月間の時間で申請を認められたものとみられる。また他の文献で確認はとれないが、貞和年中（一三四五～五〇）に郷頭厨家と何らかの対立があり国庁の裁断を受けたことがみえる。これは大宮司家と社家との相論に国衙が判断を示した例であり、事実にもとづく記載であろう。

さてここで良継の父について諸系譜をみると、「馬場氏家譜」は頼仲、「尾張宿禰家譜」には良継その人が登場せず、「尾張氏系譜」「世代書」は良継が頼仲の祖父となっている。そこで関連部分を抜き出しておくと、次のようになる。

親継―奉継―奉仲―頼仲―員仲　「尾張宿禰家譜」

親継―奉継―良継―奉仲―頼仲　「尾張氏系譜」

親継―奉継―奉仲―頼仲―良継　「馬場氏家譜」

親継―奉継―良継―奉仲―頼仲　「世代書」

親継は四系譜ともに建治元年（一二七五）に、同じく奉継は永仁三年（一二九五）五月に死去したとみえる。また奉継には「世代書」を除いて文永八年（一二七一）に関東下文（文書不詳）を下されたとの尻付があるので、親継・奉継父子を起点とすることができる。この四系譜のなかで共通する親子関係は、「親継――奉継」と「奉仲――頼仲」の部分であるが、「田島丹波系図」ではこれらを次のように記している。

廉忠――頼嗣――親継――奉継――兼継
│
└奉成――奉仲――頼仲――仲継
　　　　　　　　　　│
　　　　　　　　　　└成仲――員仲

本書第三編第二章で検討したように、「奉忠――頼仲――仲継――員仲」という惣検校職相伝は確認できるし、先に述べたように奉継が親継の猶子となったこともこの系図から知ることができる。しかし四系譜と異なるのは親継・奉継と奉仲・頼仲以下とはつながらないこと、一族ではあっても別家ということである。「田島丹波系図」の兼継には「権宮司、祇ニ候于城奥州、禰□〔宜〕」とあり、「城奥州」つまり秋田城介安達氏に神官（禰宜）として仕えていたようであるから、この系列から惣検校職は離れたものとみられる。したがって四系譜とも親継・奉継・奉仲・頼仲の部分を親子関係で示してはいるが、実際は惣検校職の相伝過程なのである。

なお観応二年（正平六年・一三五一）の良継譲状[23]が現存しているので、少なくとも同年段階で彼は生存していたことになる。すなわち良継の没年を正和四年（一三一五）とする「尾張氏系譜」と正安三年（一三〇一）とする「世代書」、そして貞和五年（正平四年・一三四九）とする「馬場氏家譜」の記載はすべて誤りとなる。ここに至り良継没年については解決の糸口を見付けることができず問題を残すが、「馬場氏家譜」の良継に関する尻付のうち没年以外は信憑性が高いことを指摘しておきたい。

また「田島丹波系図」にだけみえる仲継（頼仲子息）が改名して良継を名乗ったか、もしくは切断している仲継・成仲兄弟の間に良継が存在していた可能性も考慮しておく必要はある。しかし、そのいずれも成り立たない。その鍵となるのは員仲である。員仲の父を「尾張宿禰家譜」「尾張氏系譜」「世代書」は頼仲とし、「馬場氏家譜」は奉仲とする。ただし「尾張氏系譜」と「馬場氏家譜」には成仲の子息として、いま一人の員仲がみえ、「田島丹波系図」には、この員仲が権宮司であった記載がある。前出正安元年（一二九九）の「尾張員仲申状案」には、「祖父祝師頼仲、嫡男祝師大夫仲繼、親父大炊助（成仲）、員仲」という伝領過程と子孫関係が明白であり、また第三編第二章で述べたように、仲継は「田島丹波系図」が作成（書写の時期とは異なる）された永仁四年（一二九六）以前に死去したと考えられ、しかも前述したように良継は観応二年まで生存が確認できるから、仲継＝良継とすることはできない。さらに「田島丹波系図」の兄弟姉妹関係（系図の横軸）は誕生順に記されていること、この系図の頼員の娘の一人に「中務二郎成仲妻」との尻付があることから、成仲は仲継の次弟ということになり、良継が成仲の兄という想定は成立しないのである。そうするともっとも整合性のある理解は、「仲継――良継」という父子を想定すべきなのかもしれないが、これもまた確証があるわけではない。

次に実仲であるが、彼は伊賀守を称し、兄良継に継子がなかったため晩年になって家督を継ぎ、文和三年（正平九年・一三五四）十二月十日嫡男家仲へ譲り、翌年二月一日死去したことがみえる。このうち家仲へ譲与したことは、以下の「尾張（馬場）伊賀守実仲譲状」(24)によって明らかである。ただ文書では、日付が十二月ではなく十一月になっている。

讓付屋敷田畠曠野等事

合

一所　屋敷　熱田宮西 菖蒲池　四至　限㆑東律之木 限㆑西寶光安寺〔庵〕　限㆑南小路 限㆑北晾社路

一所　參町陸段　同宮領成武畠 加餘畠定、

一所　參町　同宮供御所 野依曠野

一所　壹町　同宮御油料所 細地脇曠野　母儀一胡〔期〕後、可㆓知行㆒也、

一　伍段　同宮供御所 塔迫田

右件屋敷并散在田畠曠野等者、伊賀守實仲重代相傳地也、爲㆓病躰㆒之間、相㆓副關東代々御下文并次第證文等㆒、嫡男家仲永所㆓讓付㆒也、敢付㆓親疎㆒、不㆑可㆑有㆓他妨㆒、仍爲㆓後日㆒讓渡之狀如㆑件、

文和三年十一月十日　　伊賀守實仲（花押）

なお「尾張宿禰家譜」「尾張氏系譜」に、この実仲は現れない。ただ「尾張宿禰家譜」「尾張氏系譜」の18世代には、仲近の子息として天正十八年（一五九〇）に死去した伊賀守実仲がみえるものの、逆にそのとき「馬場氏家譜」「世代書」には登場しない。

重仲は兄良継・実仲および甥家仲が死去したので、晩年相続し、応永十年（一四〇三）に七十九歳で死去したとある。しかし、この記述には実に奇妙な問題が存在する。これによると重仲の生年は正中二年（一三二五）となるが、父頼仲は重仲誕生前の嘉元三年（一三〇五）に死去したと記されており整合性がなく、さらに頼仲の没年は、「尾張

宿禰家譜」「尾張氏系譜」では文和四年（一三五五）、「世代書」では建武二年（一三三五）と異同があり、混乱が甚だしく判断できない。なお重仲の相続については、13世代直仲の項で検討する。

また貞治六年（正平二十二年・一三六七）十一月十四日に勧修寺経俊から奏聞状を受けた記載であるが、これは次にあげる「崇光上皇院宣写」(25)のこととみられる。

熱田社惣検校職并験大夫禰宜職以下所帯等、　奏聞之處、家仲當知行不レ可レ有ニ相違一由者、　院御氣色如レ此、悉レ之、以狀、

貞治六年十一月十四日　　在判

美作權守

ただし問題は、この院宣の宛所が美作権守家仲ということである。「馬場氏家譜」の記載では、17世代家仲は貞治三年に死去したとあり矛盾するが、文書の存在から家譜の誤りといえよう。また貞治六年の「勧修寺經俊卿」については不詳だが、このとき公卿だった観修寺氏は従一位前権大納言勧修寺経顕である。ただ『張州雑志』収載の本院宣には「在判」の部分に花押影が記されているが、経顕の花押とは異なる(26)。

員奉については他の三系譜にみえず、傍証史料にもまったく恵まれない。ただ尻付に「是後代々御前役家掌、此社之禰宜職也」という書き方は、「馬場氏家譜」が後世の編纂物であることの証左のひとつになるであろう。

第12世代【家仲】【仲忠】

家仲については第11世代で若干述べたが、貞治六年（正平二十二年・一三六七）に生存していたことが明らかな以上、貞治三年を没年とする「馬場氏家譜」の記載は誤りである。その没年は確定できないが、家仲は応安五年（文中元年・一三七二）八月日に譲状[27]を認めているので、それ以後ということになる。また「尾張宿禰家譜」「尾張氏系譜」はともに至徳三年（元中三年・一三八六）九月三日を死去の日付とするが、確認できない。なお延文二年（正平十二年・一三五七）九月二十六日付の口宣案は「世代書」を除いて共通するが、文書の存在を確認できず、恐らく内容は美作権守任官であろう。

仲忠は左京亮にあり、応永八年（一四〇一）十一月に四十二歳で死去したとあるが、いずれも確認できない。なお「田島丹波系図」[28]では職親の下に仲忠が位置するが系線はなく、また系図上職親の右側の部分が切断していること、および「田島丹波系図」の成立年代と仲忠の生年とは六十年ほどの隔たりがあることなどから、この仲忠とは別人であろう。ただし後世に職元の子息として加筆したものともみられるが、それは可能性にすぎない。

第13世代【直仲】

直仲は父仲忠の死去によって、応永十年（一四〇三）五月祖父重仲から家督を譲られたとある。しかし前項家仲で述べた応安五年（文中元年・一三七二）の「尾張（馬場）美作守家仲譲状写」には、これと異なる所伝が記されているので、次にあげておこう。

（前欠）

山田郡　野寄荒野参町

中嶋郡　弥耀名郷司職
山田郡　大金塔迫七段
□〔右〕件屋敷幷散在田畠等者、美作守家仲重代相傳之本領而、當知行無二相違一地也、然間任二則關東□〔代〕々御下知幷次第證文等一、常陸介重仲永所二讓付一□〔也〕、雖レ然一期後者、釼若丸直仲可レ被二讓與一者也、□〔如カ〕レ斯定置上者、敢不レ可レ成二其外者望一、仍爲二後日□一依二渡狀一如レ件、

應安五年八月　日　　　惣檢校美作守家仲（花押影）

これによると、家仲は重代相伝の本領を重仲に「譲付」しているが、その際に一期ののちは「釼若丸直仲」に「譲與」することを条件としているのである。「馬場氏家譜」は重仲と家仲とを叔父・甥の関係としており、文書の内容から常識的に判断すれば、直仲は家仲の子息ということになろう。すなわち、家仲は嫡子直仲が幼少であったため、一時的に重仲に惣領家の家督を譲り、重仲の跡は直仲が相続するという譲状を作成したものとみられる。したがってすべての系譜が記す「重仲――（仲忠）――直仲」は、惣検校職相伝を示しているのであって、血縁的直系を伝えているわけではない。

また応永二十一年の口宣案は現存しないが、下野守任官のことであろう。同二十六年の遷宮に執事として供奉したことは、「応永二十六年大宮御遷宮供奉人差定」(29)に「十六番　祝師尾張守仲稲　惣検校下野守直仲」とある。

第14世代【範仲】【種継】

嘉吉元年（一四四一）範仲への口宣案は確認できないが、近江守任官のことであろう。長禄二年（一四五八）の遷

宮に執事として供奉したことは、「長禄二年熱田大神宮渡用御殿御遷宮供奉人差定」[30]に「十六番　祝師尾張守仲清　惣検校近江守範仲」とある。また応仁三年（一四六九）四月三日に神官職・所領を嫡男朝仲や庶子へ譲っているが、譲状の確認はできない。

種継については、先の「長禄二年熱田大神宮渡用御殿御遷宮供奉人差定」に、「十九番　一御前　五郎丸能明　彦次郎種繼」とみえ、仮名を彦次郎といったこと、長禄二年の遷宮に供奉したことを確認できる。

第15世代【朝仲】【仲奉】

朝仲は右の「長禄二年熱田大神宮渡用御殿御遷宮供奉人差定」に、「廿二番　四御前　民部少輔朝仲　次郎眞繼」とあり、長禄二年（一四五八）の遷宮に供奉したことを確認できる。

仲奉は文明元年（一四六九）に新家を起こして八剣宮の神官に任じられ、仲興にいたって大喜姓を名乗ったとあるが、他の史料にみえない。ただ後世の史料ではあるが、元禄十六年（一七〇三）から宝永三年（一七〇六）頃に成立したとみられる「熱田祠官略記」[31]には、大喜氏が八剣宮神官であったとある。なお大喜姓を名乗ったという仲興は、「馬場氏家譜」では16世代に子息「大喜刑部大夫」としてみえる。また仲奉と同じ時期の寛正五年（一四六四）から明応六年（一四九七）まで権宮司祝師を務めた尾張（田島）仲奉という同名の人物もいるが、[32]彼は尾張守を称しており左京亮を名乗る八剣宮神官の仲奉とは別人であろう。

第16世代【光仲】【仲興】

光仲は始め員職、ついで克仲と名乗っていたようで、「尾張宿禰家譜」「尾張氏系譜」は克仲を採用している。

世代に同名の人物がみえるものの、これは別人である。なお光仲の没年を「尾張宿禰家譜」「尾張氏系譜」は延徳三年（一四九一）四月二十日とするが、この日付は「馬場氏家譜」では光仲の父朝仲のそれと一致しており、いずれの正否も傍証できない。仲興については、前項で述べた以外にはない。

第17世代【利仲】【秀秋】

利仲の尻付は、没年を除いて四系譜ともほぼ一致している。妻室の父藤江良助は「藤江系図」(33)にみえ、第6世代で述べた頼秀の子孫にあたる。また宝永三年（一七〇六）に書き改められた「田島仲頼父方之系譜」(34)の利仲に、「祝師職之家ヨリ分ル丶、此先祖系譜祝師家之系圖ニ有リ、祝師仲和之子仲安弟、惣檢校家ヲ續ク」との尻付があり、祝師田島仲安の弟利仲が馬場家を継いだことが知られる。(35)なお秀秋については「世代書」を除いて同じ記載であるが、牧野備前については未詳である。

第18世代【仲近】

天正四年（一五七六）織田信長、同十四年に豊臣秀吉から御書等を受けているが、手がかりは見当たらない。また仲近以降の人物には、諱が記載されている。なお「尾張宿禰家譜」「尾張氏系譜」は、この世代に仲近を父にもつ伊賀守実仲が天正十八年八月十日に死去したことを記すが、「田島仲頼父方之系譜」「尾治宿禰田島氏系譜」の仲近の子息やその近辺に実仲は現れない。

また仲近以降21世代仲種までは惣領（惣検校職相伝者）のみを綴り、兄弟姉妹を記載していない。この点「馬場氏家譜」全体からみて奇異なところで、四系譜ともに人物名が一致しない部分でもある。「馬場氏家譜」編纂時に関係史料がなかったものとみられるが、仲近の父田島利仲が馬場氏を継いだことに何か原因でもあるのであろうか。

第19世代【光仲】から第25世代【仲匡】

「馬場氏家譜」と「世代書」は19世代光仲と20世代仲行とを父子とするが、「尾張宿禰家譜」「尾張氏系譜」は同一人物としている。しかし「馬場氏家譜」において、光仲には「寛永十六年卯九月六日卒、法岩淨性居士」、仲行には「寛文四辰七月卒、月峯宗觀居士」と没年、とくに謚が記されていることを尊重すれば、二人は別人ということになろう。21世代の仲種が貞享三年（一六八六）と享保七年（一七二二）の遷宮に供奉したことは、当時の遷宮行列次第書によって確認できる。(36)また尻付の寛文十二年（一六七二）十二月三日は、正六位上と左京亮の叙任口宣案に係るであろう。但し寛文十年十二月三日に大宮司千秋季明が従五位下刑部大輔、権宮司田島仲秀が正六位上丹波守、同子息仲頼が正六位上内藏權頭に叙任されていることから、(37)「尾張宿禰家譜」「尾張氏系譜」が記すように仲種も寛文十年に叙任された可能性は高い。

その他の人物については、没年・謚などを記すだけでとくに検討するところはない。

【女性】

「馬場氏家譜」の系線上に登場する人物は七十七名であるが、そのうち二十六名は女性である。また長禄二年（一四五八）の遷宮に供奉し延徳三年（一四九一）に死去したとみえる15世代朝仲の姉妹、つまり中世までの女性は十五名を数える。そのうち十一名には尻付があり、八名には夫の氏名が記されているので、それを列挙しておきたい。なお朝仲の孫娘は早世したとあり、次に女性が登場するのは18世代春仲の姉妹であるため、朝仲の姉妹までを中世として採り上げた。

第3世代【山田次郎妻】… この女性の兄信重の没年が天永元年（一一一〇）、同じく信奉が長承元年（一一三二）、また弟頼信は寛治二年（一〇八八）に従六位下に叙していることなどから、女性は遅くとも十一世紀末には山田次郎の妻となったとみなければならない。十一世紀後半頃に美濃国から尾張国山田郡に移ったという清和源氏の重遠(38)の三男重貞は「山田先生」(39)と号して、保元の乱（一一五六年）で源為朝を搦め捕っていること(40)、また長男重実の子孫が山田姓を名乗っている(41)。これらのことから尾張氏と山田氏とは姻戚を結ぶまでの関係にあったようであるが、重遠が「川辺」「浦野」を称し、「山田」を名乗っていないこともあり、一世代早いようにも思える。この山田氏には興味深いものがあるものの、その事実確認は史料の新出に期待するほかないであろう。

第10世代【餘語久左衛門室】… 餘語氏が尾張国においてどのような一族であったか、詳細は不明である。ただ18世代仲近の娘について「尾治宿禰田島氏系譜」には「餘語助左衞門室」とあり、尾張氏との姻戚関係は継続していたともいえよう。

同【粟田郷頭大夫守満妻】… 熱田社祠官粟田氏であるが、守満については「藤江系図」にみえない。この女性には「有レ故而離別、後薙髪、號二妙禪尼一」との記載があり、守満との離婚を記している。理由は不明だが、特別な事情がなければこのような尻付は残さないであろうから、この記載自体は当時の記録をもとにした事実とみられる。おそらく妙禅尼の所領の伝領に関係するため、憚りなく記録が残ったのではなかろうか。

第11世代【大喜仲久室】… 熱田社祠官大喜氏であるが、当該時期に仲久は確認できない。

同【柏井庄司鈴木重光妻】… 柏井荘は尾張春日部郡（現春日井市）に位置し、熱田社との関係をみると、建武四年（延元二年・一三三七）に次の文書がみえる。

（藤原季氏）（花押影）

熱田太神宮領山田郡内野田村幷柏井庄内十五坪及玉野村等、各半分代官職事

召幡屋（守部）大夫政繼、任二社家往古例一、各半分可レ令二知行一之狀如レ件、

建武四年卯月五日[42]

これは大宮司藤原季氏が大内人守部政継を柏井庄内十五坪等の半分代官職に任じたもので、これらは熱田社領であったことが知られる。幸いにこの補任状の年紀と柏井庄司鈴木重光妻の父員仲の死亡年紀（建武二年）とは近く、鈴木重光は柏井荘が熱田社領と確認できる時期の荘司であったといえよう。この関係から、権宮司馬場氏との姻戚関係が結ばれたのかも知れない。

第15世代【二宮式部室】…　二宮は恐らく尾張国二宮大縣社を指し、鎌倉初期に大宮司となった良峯氏の末裔とみられる。「田島丹波系図」によると、第6世代廉忠の娘は「二宮原大夫」を夫としている。この原大夫は源頼朝の挙兵の際関東に下り、上総介広常の妹を母とする大縣社大宮司高春の子息高直であり、[43]鎌倉以前から馬場氏と良峯（二宮）氏とは通婚があった。元久年間（一二〇四～六）以前に高春は大宮司職を失っていたようであるから、[44]この二宮式部は大縣社の一社家であったのであろう。

同【藤江兵部大輔頼尚室】…　藤江氏は熱田社家のひとつで、第6世代頼秀の後裔にあたる。「藤江系図」の頼尚に「福大夫、長祿元年五月四日卒、稱二直海神璽一、室者馬場近江守範仲女」とある。なお【青山与三兵衛妻】については不詳。

このように女性達の夫は熱田社神官をはじめ、社領と地縁関係のある人物、他社の神官などが認められ、権宮司馬場家の血縁的結合の一端を窺うことができる。しかし「馬場氏家譜」は彼女達の跡を執拗に追って記載しているわけではないので、一族の結合、氏の意識を強く反映させるために作成された系図とは思えない。

四、

では次に、異同の多い没年記事について概観しておこう。さらに煩雑にはなるが、これら没年記事を一覧表にすると498～499頁のようになる。前節において必要に応じて個別に述べたところもあるが、この一覧表からはおおよそ次のようなことがいえよう。

①　全没年記事三十五例中の約半数十七例に異同があり、これほど相違する事例があることに驚きを禁じ得ない。考えられることは異伝が存在するか、もしくは作為したものか、あるいは編纂段階における系線の読み違えや転写の誤りなどの不手際などであるが、いまの段階では特定できない。

②　「尾張宿禰家譜」と「尾張氏系譜」とをみると、両方もしくは一方に没年記事がある二十七例のうち、二十四例が同一の没年を記している。しかも11世代の良継は「尾張宿禰家譜」に登場しないし、同じく19世代の光仲の没年寛文十八年は年号として存在しないので、寛文は寛永の誤りとみられ、また23世代の仲雄の没年記事は「尾張宿禰家譜」にみえない。そうすると両方に没年記事がある場合は、すべて同一没年ということになる。つまり没年記事から判断すると、「尾張宿禰家譜」と「尾張氏系譜」とは親子関係、もしくは同一の史料を用いて記されたものとみて大過ないであろう。

③「尾張宿禰家譜」「尾張氏系譜」と「馬場氏家譜」「世代書」との間には、十七例の異同があるが、そのうち「馬場氏家譜」と「世代書」のみが同一の事例は十一例である。残り六例のうち、「馬場氏家譜」の奉仲と「世代書」の良継とは没年が同じで、同様に頼仲と奉仲、員仲と頼仲、良継と員仲との没年が一致する。これら四例は「馬場氏家譜」と「世代書」とが同一の史料を用いて作成したにもかかわらず、いずれかが記載を誤ったとみることも可能である。最後の二例、すなわち、信良とその子息奉胤も月日は異なるが年代をみると、どうも「馬場氏家譜」「世代書」とで交錯しているようである。このようにみると「馬場氏家譜」と「世代書」とは、近い関係にあることは了解できるのではあるまいか。

④　しかしながら「馬場氏家譜」において近世期に入ってからの人物に謚と没年が記されている場合でも、「世代書」との異同がみられるのである。もっとも新しいところでは本家譜20世代仲行は「寛永十六年九月家督、寛文四辰七月卒、謚月峯宗観居士」とあるにもかかわらず、「世代書」では寛文四年（一六六四）に家督を継いだとある。またその子息仲種は貞享三年（一六八六）の遷宮に供奉しているにもかかわらず、「世代書」では寛文四年に死去したと記すのである。このようなことには、かなり注意を払うべきであろう。

以上のことから、ここに採り上げた四本の馬場氏諸系譜は、「尾張宿禰家譜」「尾張氏系譜」と「馬場氏家譜」「世代書」という二つの系統に、おおよそではあるが分けることはできよう。そもそも元祖で初代惣検校と記載されている信頼の没年からして、「尾張宿禰家譜」「尾張氏系譜」では延久二年（一〇七〇）、「馬場氏家譜」「世代書」では治暦二年（一〇六六）との異同がみられるのである。ただし四系譜の没年記事三十五例のうち十八例が同一であることから、編纂に際して利用した史料が全く別物ばかりというわけではない。

【没年記事一覧】異同欄の○印は異同ありを示す。

世代	人名	馬場氏系譜	尾張宿禰家譜	尾張氏系図	世代書	異同
1	信頼	治暦2・8	延久2・8・10	延久2・8・10	治暦2	○
2	有信	寛治4・4・5	寛治4・4・5	寛治4・4・5	寛治4・4	
3	信重	天永1・3・1	天永1・3・1	天永1・3・1	天永1・3	
	信奉	長承1・9・10	長承1・9・10	長承1・9・10	人名なし	
4	信良	仁平2・1・23	仁平2・1・23	仁平2・1・23	久安2・3	○
5	奉胤	久安2・10	承安2・10・2	承安2・10・2	仁平2・10	○
	奉忠	承安5・3・18	建久9・8・3	建久9・8・3	承安5・3	○
6	廉忠	承元2・3・11	記載なし	記載なし	承元2・3	
	奉光	嘉禎3・10・10	嘉禎3・10・10	嘉禎3・10・10	人名なし	
	頼秀	記載なし	承元2・8・3	承元2・8・3	人名なし	
	家継	人名なし	正嘉1・6・11	正嘉1・6・11	人名なし	
7	頼嗣	寛喜1・5・3	人名なし	人名なし	寛喜1・	
	親継	建治1・12	建治1・12・2	建治1・12・2	建治1・12	
8	奉継	永仁3・5・2	永仁3・5・2	永仁3・5・2	永仁3・5	
9	奉仲	正安3・6・5	建武2・3・18	建武2・3・18	嘉元3・10	○

10	頼仲	嘉元3・10・6	文和4・2・1	文和4・2・1	建武2・3	○
	員仲	建武2・3・18	永和2・3・10	永和2・3・10	貞和5・5	○
11	良継	貞和5・5	人名なし	正和4・2・11	正安3・6	○
	実仲	文和4・2・1	18代にみゆ	18代にみゆ	文和4・2	
	重仲	応永15・5・28	応永19・1・28	応永19・1・28	応永10・5	○
12	家仲	貞治3・1	至徳3・9・3	至徳3・9・3	貞治3・1	○
13	直仲	応永33・7	永享4・4・3	永享4・4・3	応永33・7	○
14	範仲	応仁3・7・3	享徳1・3・10	享徳1・3・10	応仁3・7	○
	種継	享徳1・3・10	人名なし	人名なし	人名なし	
15	朝仲	延徳3・4・20	文明3・7・3	文明3・7・3	延徳3・4	○
16	光仲	天文16・9	延徳3・4・20	延徳3・4・20	天文16・9	○
17	利仲	永禄9・2・19	永正8・9・3	永正8・9・3	永禄9・2	○
18	仲近	慶長3・9・10	天文23・12・2	天文23・12・2	慶長3・9	○
	実仲	11代にみゆ	天正18・8・10	天正18・8・10	11代にみゆ	
19	光仲	寛永16・9・6	寛文18・5・5	寛永12・5・5	寛永16・9	○
20	仲行	寛文4・7	19光仲と同一人物	19光仲と同一人物	年月不明	
21	仲種	記載なし	記載なし	記載なし	寛文4・7	
22	春仲	寛保2・7・6	記載なし	記載なし	寛保2・7	
23	仲雄	寛政2・10	記載なし	寛政2・10・18	記載なし	
24	仲興	文化9・6	記載なし	記載なし	記載なし	

五、

「馬場氏家譜」について検討してきたが、煩雑な手順を踏んだにしては得た成果は乏しい。しかし、「馬場氏家譜」の次のような特色や留意点は認められるであろう。

第一に実の親子関係ではなく、惣検校職の相伝過程を綴っている部分があることをあげておかなければならない。しかも養子関係を明確に記したり、それを窺わせるような箇所はほとんどみられず、他の史料によって確認される場合が多いのである。このようなことは、「馬場氏家譜」が惣検校職の相伝と、その正当性が馬場氏にあることを主張する目的として作成されたからとみられる。第18世代仲近から21世代仲種までは兄弟姉妹関係を一切記さず、惣検校職相伝者のみを綴っていることは、その証左である。また「世代書」は尾張藩寺社奉行に提出したものであるから、おそらく「馬場氏家譜」も同様な要請に基づいて編纂されたのではなかろうか。

第二に没年が他の系譜と著しく異なっている場合が多いという問題であるが、これはいずれかが正しく、もしくはいずれも誤りとしかいいようがない。しかも系譜尻付では親の死後に誕生した子息がいたり、また本人は死去しているにもかかわらず、そのあとの年紀の文書が存在したり、さらには近世に入っての十七世紀後半から十八世紀にかけての人物の没年に異同があるなどの混乱がみられるのである。文書によっては差出人・宛所が職名で記される場合が多く、人物比定に際しての「馬場氏家譜」の利用には慎重な姿勢が必要である。

第三に、やはり系図という史料の性格上、「馬場氏家譜」を全面的に信頼し利用することは困難である。馬場氏の古系図はもちろん、系図類の伝来はあまりなく、ここに紹介したものがほとんどすべてであり、それらの成立年代が十八世紀末から十九世紀初め頃に集まっていることもその大きな要因である。したがって「馬場氏家譜」が「明らかな作為、改竄の跡を見出し難く」「同家（馬場）伝来の確たる一本」という冒頭『熱田神宮文書』の解説には、慎重な態度で臨むことにしたい。いまは古系図の出現への期待と、傍証史料の精査が必要であろう。

第四に、そうはいっても現存する文書や史料と一致するところは多く、他の史料にみられない独自の記載もあることは、「馬場氏家譜」を一概に利用に堪えないものと断じることはできない。また母や妻および姉妹など女性の記載が意外に多く、姉妹の子孫をほとんど追ってはいないものの、婚姻相手が割合と記されている。これらのことは、当該期の婚姻・地縁関係を知る史料として貴重である。

〔補註〕

（1）この「世代書」には、尾張藩寺社奉行に提出した『熱田旧神官世代書』（文化十一年九月）および『熱田元神官一列由緒書』（文政五年九月）とがあり、原本はともに熱田神宮が所蔵している。なおこれらは惣検校に就いた人物だけが記載される一覧表で、他の系譜とは性格が異なる。本章では、前者『熱田神宮旧神官世代書』（以下、「世代書」と記す）を引用することにする。『神道大系』神社編十九熱田（神道大系編纂会、一九九〇年）所収。

（2）『熱田神宮文書』田島家文書・馬場家文書、四七一～二頁（熱田神宮宮庁、一九九七年）。

（3）『張州雑志』巻三十六所収。また活字化したものは、前掲註(2)書。この系図は大宮司職が藤原氏に移動してからの尾張氏を綴ったもので、他の系譜類と比較して信頼性がある。これについては、本書第三編第二章を参照。

（4）この点については、本書第三編第二章を参照。

（5）熱田神宮所蔵本にはこの奥書がみえない。

（6）前掲註(2)書所収。

（7）この点については、本書第三編第二章を参照。

（8）「（文暦二年）尾張（馬場）親継申状（断簡）」（粟田厳穂氏所蔵文書〈『鎌倉遺文』補遺第二巻一一七二号文書〉）。なお本文書については、本書第二編第五章を参照されたい。

（9）『公卿補任』第一篇四六二頁・仁安元年条。

（10）「将軍家（源頼朝）政所下文写」『熱田宮及大宮司文書写』（名古屋市鶴舞中央図書館所蔵「名古屋市史資料本」）所収。

將軍家政所下　尾張國熱田宮權宮司奉忠後□□〔家尼〕

可下早任二相傳一安二堵本宅一、令レ沙中汰力王子幷所□□私領田畠上事

右件本宅幷力王子已下名田、任二故奉忠之沙汰一、後家□〔尼〕無二相違一令二領掌一、可レ致二沙汰一之状如レ件、以下、

建久三年十二月十日　　案主

令民部少丞藤原在判　　知家事□□在□

別當前因幡守中原在判

（11）「源頼家下文写」前掲註(10)書所収。

下　熱田社講衆廉忠

可三早安二堵本所一事

右件廉忠可二安堵一之由、先度被二仰下一畢、今又仰二□□一、然者一事而無二相違一、可レ安二堵本所一者、依二鎌倉（源頼家）中將□〔殿

□〔仰〕一、以下、

正治二年八月

前〔掃部允惟宗脱カ〕

散位〔藤原朝臣脱カ〕

(12) 寿永二年（七月十六日ヵ）「源頼朝書状写」熱田神宮文書（『平安遺文』第八巻四一三四号文書）。なお本文書の月日については、本書第二編第五章を参照。

(13)「藤江系図」にみえる人物の尻付の下限年紀は明和五年（一七六八）。『張州雑志』巻第三十六所収。

(14) 正和五年十一月日、『楓軒文書纂』中巻五二九～三〇頁。

(15) 前掲註(10)文書所収。なお本文書は年紀を欠くが、正元元年と推定できる。これについては本書第二編第五章本文および註(39)を参照。

(16) 本書第三編第二章を参照。

(17) 正安元年八月日「尾張員仲申状写」猿投神社文書（『鎌倉遺文』第二十六巻二〇二一一号文書）。

(18) 文和三年十一月十日「尾張伊賀守実仲譲状」粟田厳穂氏所蔵文書（「名古屋温故会史料絵葉書」所収）。なおこの史料絵葉書は、名古屋市鶴舞中央図書館に整理収蔵されている。

(19) 尾張戸神社については式内社研究会編『式内社調査報告』第八巻東海道3・西岡寿一執筆部分・五二二～六頁（皇學館大学出版部・一九八九年）を参照。

(20) 粟田厳穂氏所蔵文書（『新編一宮市史』資料編六―五五三号、一九七〇年）。

(21)『熱田神宮文書』宝庫文書四号（熱田神宮宮庁、一九七八年）。なお本書解説は「尾治宿禰田島氏系譜」（前掲註〈2〉書所収）の記載から宛所「権宮司館」を建武二年に権宮司であった祝師田島仲衡とし、良継は祈禱に奉仕したとするが、そうであっても祈禱命令を受けたのであるから問題はない。

(22) 暦応二年八月の「尾張良継申状案」の宛所については、本書第二編第五章を参照。

(23) 観応二年五月二十二日「尾張（馬場）良継譲状」前掲註(2)書、田島家文書三号。

(24) 前掲註(18)粟田厳穂氏所蔵文書。

(25)『熱田神宮文書』千秋家文書上巻二四号（熱田神宮宮庁、一九八三年）。
(26)巻三十五「馬場家蔵古証状」所収。経顕の花押は『大日本史料』第六編之三十六、応安六年正月五日条参照。
(27)「尾張（馬場）美作守家仲譲状写」粟田竹大夫文書、前掲註(20)書、二五五号。なお本文第13世代【直仲】の項を参照。
(28)尻付に「今信親」とあり、「今」とは「田島丹波系図」が記された時点か書写されたときを示すものとみられ、この系図の原本が奥書の永仁四年（一二九六）以前に成立した中世古系図であることの証拠のひとつとしてあげられよう。
(29)『熱田神宮史料』造営遷宮編、三号文書（熱田神宮宮庁、一九八〇年）。
(30)前掲註(29)書、五号。
(31)前掲註(1)書所収。
(32)「尾治宿禰田島氏系譜」、明応六年五月二十一日「尾張仲奉譲状写」前掲註(25)書、千秋家文書三〇号。
(33)前掲註(13)書所収。
(34)熱田神宮所蔵。なお前掲註(13)『張州雑志』にも収載されているが、若干の異同がある。
(35)ただ「尾治宿禰田島氏系譜」では利仲は仲安の子息になっており、仲安の弟には和仲がみえるが、この利仲と和仲とは同一人物という説もある（前掲註〈25〉書四七一頁）。なおこの点については、熱田神宮文化研究員福井款彦氏からご教示を得た。
(36)「貞享三年正遷宮行列次第」「享保七年正遷宮供奉行列次第」、ともに『熱田神宮史料』造営遷宮編上巻（熱田神宮宮庁、一九八〇年）所収。
(37)霊元天皇口宣案写『熱田神宮文書』千秋家文書中巻三〇九・三一〇号文書（熱田神宮宮庁、一九八九年）、霊元天皇口宣案・前掲註(2)書、田島家文書一二～一五号文書。
(38)鈴木勝也氏は、承暦三年（一〇七九）八月源義家と源国房が争ったとき重遠の祖父重宗が国房に加担して討死するが、重遠は重宗の猶子となっていたため、以後尾張浦野に住した、との見解を出している（「中世足助氏に関する一考

察」『皇學館史学』一二号、一九九七年）。

(39)『尊卑分脈』第三篇六四頁。なお同書は重遠と重貞とを兄弟としているが、これは誤り。

(40)『兵範記』保元元年八月二十六日条。

(41)「和田系図」『続群書類従』巻百三十所収。

(42)「熱田大宮司藤原季氏半分代官職補任状写」守部家文書『大日本史料』第六篇之四所収。本文書の袖判は建武三年八月日「熱田太神宮庁補任状写」の袖判と同一で、当時の大宮司は藤原季氏と比定されている。前掲註(25)書、一〇号文書。

(43)『良峯系図』（『続群書類従』巻第百七十四所収）、『吾妻鏡』元暦元年三月十三日条。

(44)永仁三年九月十二日「関東下知状案」九条家文書（『鎌倉遺文』第二十五巻一八九〇〇号文書）。なお上村喜久子「尾張『良峯氏』考」（『日本歴史』五七九号、一九九六年）、および本書第三編第二章を参照。

終章

中世熱田社に関する問題を検討してみたが、依然として未解決の部分や未着手の問題も多いことは重々承知しているつもりである。ここではまず序章を除いて本書の各編章を要約し、次いで中世における熱田社の動向の概略および展望を述べておきたい。

第一編　熱田大宮司家の成立と展開

【第一章】藤原姓熱田大宮司家の成立と平治の乱

十一世紀後半、尾張国目代であった南家藤原季兼は熱田大宮司家と縁戚を結び、子息季範は大宮司を継ぎ、以後この子孫が世襲することになるが、これは尾張氏が藤原氏を領家と仰いだことにほかならない。季範は経済力・軍事力・宗教的権威をもって京都指向を強め、縁故関係からその子女の多くは鳥羽院周辺に位置するようになった。

平治の乱において、通説では季範の子息範忠は源義朝に属したことになっているが、戦後の彼の異常な立身と平氏追従からその矛盾が考えられ、古態本『平治物語』が語るように平清盛に属したものとみられる。それは範忠と義朝が義兄弟という以上に、範忠の京都における血縁・縁故関係（季範の従姉妹悦子は信西の伯母、範忠室は信西と関係の深い美福門院の女房上総、範忠と義朝室は異母兄弟の可能性）が優先したからである。また範忠と義朝は後白河院・上西門院と関係深いことは同様だが、義朝が両院を幽閉したことや、社領の本所が待賢門院・上西門院系列であることもその一因であった。

【第二章】鎌倉幕府と熱田大宮司家

治承・寿永の乱における大宮司家の活動には見るべきものがない。ただ源頼朝の外戚家であることから頼朝の情愛は深く、御家人化した人物も多い。とくに藤原憲朝は建久二年（一一九一）頼朝の推挙で駿河守に任じられるが、これは頼朝生存中に一般御家人が受領に任官することはなかったことから、大宮司一門は源氏に準じる特殊な門閥として位置付けられたとみられる。

承久の変において、大宮司家は皇室との関係から京方に属していたといわれているが、実は朝幕双方に分裂していた。それはこの一門が二元的な主従関係をもっていたことと、各々の基盤が西国・東国にあったためである。

【第三章】室町幕府と熱田大宮司家

大宮司家と足利氏との関係は、大宮司範忠の娘と足利義康との婚姻に始まり、源氏・足利家・大宮司家とは密接なものとなった。承久の変において大宮司家は朝幕に分裂するが、幕府方に属した方はそののち足利氏に被官化したようである。それは大宮司家の本貫であった三河国額田郡を足利氏が支配するようになったことも一因であろう。

南北朝期にあっても大宮司家は二分するが、その嫡流家となったのは北朝に属した千秋氏であった。この千秋氏は憲朝の系列下にあり、鎌倉以来越前国を拠点としていたが、一門内では庶流に位置し大宮司を輩出することはなかった。しかし京都を拠点とする足利氏にとって、在京人の系譜を引くこの系列が有効であったこと、およびもと嫡流であった野田大宮司家との結合によって、その位置付けを獲得したものとみられる。とくに足利尊氏に近侍した高範の存在には、注目しておくべきであろう。室町期には幕府の武力集団奉公衆として組織化され御料所を預かることになり、憲朝子孫の萩・星野・一宮・長山氏もおなじく奉公衆として勤仕している。

【第四章】熱田大宮司家の社家支配

大宮司発給文書には①「熱田太神宮庁」という書出をもつもの、②大宮司個人の下文・下知状、およびその変形として③大宮司家司の奉書・下知状の三類型がある。その内容は社職の補任・安堵、知行宛行・安堵などであるが、文書の用途面・大宮司の身分変化・宛所身分などによって文書様式を区別していない。そうすると大宮司は在京を常態としていたから、その居館を太神宮庁とみるべきで、京都で発せられたものが①類型、熱田社において発給したものを②類型と推察した。

また応永以降尾張国内土岐氏の内訌により「國中物忩」となり国衙領の未進・押領が広がり混乱した。応永七年（一四〇〇）に守護となった斯波義重が被官人を国衙領に配置し領国体制を強化すると、国人との対立が深まるようになった。守護支配から独立を保たなければならなかった大宮司は、社家支配の強化を試みた。そこで大宮司は将軍直属の奉公衆という政治的立場を活用して、応永二十六年の遷宮を将軍協賛と位置付けたのである。しかも在京を常としていたので代官を派遣しなければならず、そのため家司奉書・下知状があらわれ、しかも立場上並列の関係にあった権宮司家の所職所領の安堵・宛行を大宮司または代官が執行するようになってくる。それは守護領国支配体制に対する大宮司の危機意識と将軍近習としての性格から生じた必然的な選択肢であり、また熱田社支配を大宮司のもとに強化するものであった。

【第五章】熱田大宮司職の補任

古代においての熱田大宮司職の補任はそれを示す史料が残存せず詳らかにできないが、十二世紀初頭藤原氏へ職が移行すると、一定の傾向を見せるようになる。平安後期は「譲」であったが、鎌倉期には国司庁宣、南北朝期には院宣・綸旨、室町期には綸旨・将軍御判御教書と変化する。しかもこれらの手続き以外に、新任の大宮司は熱田社において権宮司以下の社家に対して庁宣・綸旨などを披露し、社家の請文を必要とした。とくに庁宣による補任は、社領形成の上で一宮制との関係を認識しなければならない。

また大宮司によっては、二度ならず五回にもおよんで重任する人物や、十六世紀になるまで一系列の世襲は確定しなかった。しかも南北朝・室町期には複数の人物が競望し、またこの職が本所皇室にとって一種の売官であったことがみとめられる。このような一族間の職をめぐる競望は、概していえば宗教的地位と一円神領の得分という権益の獲得を目指すものであった。また一方で大宮司職は、本所にとって「本所進止之職人」という経済的な存在でもあったのである。

第二編　熱田社領の構造と変質

【第一章】文和三年熱田社「一円御神領」注進状

文和三年（一三五四）の熱田社領注進状に記載された社領群について、小島鉦作氏は権宮司家領であるとされ、熱田神宮ではこれを支持している。これに対して上村喜久子氏は、当時大宮司の支配がもっとも直接的におよぶ社領と批判され、この問題はいまだに決着していない。

しかし本注進状は「熱田太神宮一円御神領」であり、もともとは大宮司直轄地に由来しているものの系譜をひく社領を含み、社領の中核となるものであった。一円神領は大宮司によって任命された郷司・政所・公文と称する在地機関によって経営され、彼らはその職に付帯する郷司給などの給分を得る代わりに、熱田社への年貢・労役の負担に責任をもった。しかし、これら在地機関を統轄し、一円神領の実質的経営権を掌握していたのは「熱田宮公文所」であり、その責任者・構成員が権宮司層とみられ、組織上大宮司に対して責任を負った。そして最終的には

「本所進止之職人」である大宮司が、本所への年貢納入負担などを請負ったものと考えられる。したがって、本文書名は小島鉦作氏が主張される「熱田宮権宮司家領注進状案」とみるべきではなく、例えば「熱田社一円神領注進状案」と改めなければならない。

またその作成目的は、次のように考えられる。文和三年注進状作成の前年に大宮司忠広の国衙領英比郷北方に対する濫妨と皇室への年貢未進事件が糾弾された。翌四年五月、後光厳天皇綸旨・足利義詮御教書を忠広に発し、年貢進済を厳命した。そして本注進状には、二つの事件に対する回答そのものとでもいうべき内容が含まれている。つまり、文和三年文書は忠広の命により一円神領の実質的経営権をもつ五名の権宮司によって作成され、忠広のもとに注進されたものである。忠広はこの文和三年文書、もしくは新たに作成した目録に請文を添えて本所後光厳天皇に提出したとみるのが自然である。本所に年貢納入の責任を負うのは、名義上大宮司なのである。

【第二章】熱田社一円神領補論

旧稿（「中世熱田社一円御神領の一考察」、本書では前章）において、文和三年（一三五四）注進状所載の社領は熱田社が検注権・夫役賦課権・郷司任免権など強い支配権をもつ一円神領と理解し、それは正和五年（一三一六）の別納社領注進状のものと性格が一致すると論じた。これに対して後藤武志氏は正和五年注進状の社領は一円神領ではなく国衙別納社領であり、それが発展したものが文和三年の一円神領であるとの批判を展開された。その根拠は正和五年注進状に「岩次御免田愛智郡」「福成御免田」とある免田の存在と、中島郡鈴置郷の例からもともと免田であった社領が順次、国衙別納社領、一円神領へと変質したことという。つまり国衙別納社領と一円神領とは、性格が異なるものと判断されたのである。

しかし後藤氏は散在性を特徴とする免田に「岩次御免田愛智郡」のように仮名や所在地が記されていることや、鈴置郷は「村」という領域的な所領として寄進されたことを見逃している。また永仁三年（一二九五）の国衙勘落によって収公された熱田社領が国衙別納であったことは確かだが、勘落以前と以後における国衙別納の社領構造を分析すると、それは同質で、熱田社の直接支配のおよぶ社領であったことが判明する。すなわち熱田社にとっては別納社領という文言は用いても、実質的にその支配体制は一円神領であったことは明らかなのである。

このような経緯を天福年間（一二三三〜四）と永仁三年の国衙勘落法を通じて考察し、正和五年注進状の性格を永仁三年以降いったん収公されたものが旧に復した社領と、この時点までに新たに別納社領となった社領の時間的経過を示した一覧であることを論じた。

【第三章】尾張国中島郡鈴置郷

熱田社領は鎌倉後期から国衙方による顚倒、南北朝期には守護勢力の押領によって、「一円御神領」と称される熱田社の最も支配力の及んでいたと考えられる社領でさえ、その経営力は著しく低下していた。大宮司萩忠広は、このような情況下において社領を保全するために、また南朝方大宮司一門との政治路線に一線を引き、熱田社自体が北朝方であることを、より明確にするために、足利氏の禅寺院保護政策を契機に鈴置郷を妙興寺末円光寺へ寄進した。これは熱田社領のいわば公的な社領であったが、この寄進以前より、大宮司家一門のうち平安期から鎌倉期にかけて足利氏と姻戚関係にあった野田大宮司家は、その相伝社領を尾張の有力国人である荒尾氏らとともに妙興寺へ寄進していたのである。

寄進によって熱田社は、鈴置郷から年に十貫文の色済を得るのみとなり下地支配権を失ったが、これは鈴置郷が社領として成立したときの神役徴収という得分権が留保されたものであり、寄進以前に比べて深刻な収益減少というものではなかったと推測される。それにもまして足利将軍の保護下におかれ、半済を逃れて守護勢力の支配を回避することができた。こののち萩大宮司家は荒尾氏や以後大宮司家の主流となる千秋氏一門とともに、奉公衆として幕府とさらに接近することになってゆくのである。

【第四章】熱田社領と妙興報恩禅寺領

鈴置郷の成立、および変質と同様の性格をもつ社領は他に多くの類例があると思われるが、一方では鈴置郷成立期のような神役のみ徴収し得て下地支配権を保持しない社領の存在もまた多かったことは容易に予想されよう。それらはある程度まとまった領域をもつ社領と散在的な社領とに分けられるが、特に後者の数量は社領全体からみて、実は無視できないものがあったと推測される。

第一に鈴置郷以外に熱田大宮司一門が妙興寺へ寄進した社領・所領で、それは熱田社への負担がある場合でも制約を受けることなく第三者への寄進売却はできたが、熱田社への負担義務はその地の作人、もしくは新所有者（妙興寺）に引き継がれた。そして妙興寺への寄進は幕府の禅寺院保護政策のもと幕府・守護からの臨時課役を免除されることになり、その部分を範重が逆に作人へ賦課し収益を得る権利を保持したものと考えられる。

第二に一門外の領主が同寺へ寄進し熱田社に負担のあるもので、①領域的なまとまりをもつものとして萩園村・落合郷、②散在性の社領をとりあげた。熱田社にとってこれらはともに、年貢徴収権のみ有する意味での社領であった。

【第五章】熱田社権宮司家の所領と所職

祝師・惣検校職は、十二世紀初頭の大宮司交替の渦中において成立したとみるのが穏当なようである。田島家の祝師は、神事において祭主として祝詞を奏上する役職を指すことに由来している。馬場家の惣検校は社内の庶事を監督する立場にあったというが、明確な職掌規定を見出せない。しかし、祝師と惣検校とは対応する職掌用語と考えられることから、惣検校とは神事の庶務に関わる役職とみられ、惣検校のみが熱田社内全般の庶務・経営、例えば社領に関わることまで管轄したわけではない。なお田島・馬場家の順座は祝師・惣検校在職者の年老によること、馬場家断絶のとき田島奉忠を養子相続に迎えていること、また馬場家も田島家と同様に祭主を務めた例があることなどから、両家は相互補完関係にあり、他姓を入れない旧大宮司尾張姓権宮司家として存続した。

両権宮司家の所領のうち料田は大宮司の直接支配を受けない私領的性格をもち、売買はできたが熱田社への負担は新所有者に引継がれ、また一円神領の郷司職・名主職や諸社禰宜職の給分は公的な性格が強く大宮司の安堵を必要としたが、質入した例もある。しかし馬場家については院・幕府の安堵例がみられ、田島家にはその例が皆無であることは、両家の著しい相違として認識しておく必要がある。

【第六章】 織豊期における熱田大宮司家領の変遷

室町期には藤原高範系列の大宮司家は幕府奉公衆として在京していたが、尾張本国に居住した大宮司代の系列は以後の大宮司職を継承するようになった。この系列は遅くとも天文三年（一五三四）八月に死去した千秋季通の代頃から尾張本国に居住し、織田氏との関係をもちはじめたようである。天文十三年織田信秀は美濃国稲葉山にて斎藤氏と戦ったが、そのさい季通の孫季光は信秀に属し戦死した。次いでその子息季忠は永禄三年（一五六〇）桶狭間の戦において織田信長に従い討死した。ここに平安後期以来、武家的活動が際立った大宮司家は、季忠の息季信に至り祭祀者としての立場に戻ることとなった。

季忠までは尾張国知多郡羽豆崎に在城し、四、五万石を領有していたと伝えられる大宮司家も、その後はかなり衰退したようである。しかし天正四年（一五七六）織田信長に沽却地を含めて安堵されたことにより、江戸初期に大宮司家領として愛知郡野並郷七百十七石が確定し明治に至る。その変遷の経緯を現存する熱田神宮文書によって明らかにした。

第三編　熱田社社家系図の諸問題

【第一章】熱田大宮司千秋家譜

『千秋家譜』は天照大神に始まり、尾張氏・藤原氏を経て、千秋季成の正徳三年（一七一三）に至るまでの神・人物二百三十三名の実名・幼名・仮名・異名・法名・母名・官位・官職・大宮司補任年紀・在職期間・事跡などを記したものである。その成立は、正徳三年六月、季成が徳川家継将軍宣下賀祝のため江戸に下向したことを最末記事としていることから、ほぼこの頃に近い時期と考えられる。系図の記事のなかには書継がおこなわれたようにみえる部分もあるが、神代から尾張氏までは『先代旧事本紀』や田島家の所伝・系図等を用い、藤原氏以降は本論①〜④の系図を参考とするとともに、大宮司家や社家に伝わる文書記録類および史書・軍記物語等を利用して、新たに作成されたものとみられる。

その特徴として、

ⓐ『尊卑分脈』『熱田大宮司千秋家譜』ともに記された人物の官位官職は、若干名を除いてはほとんど一致すること。

ⓑ明らかに後世の史書、軍記物語類等を採用した箇所があること。

ⓒ大宮司家の所有した文書記録から傍証できる部分があること。

ⓓいまのところ傍証できない独自の尻付があること。その多くは、大宮司職補任・在職期間に関係している。

ⓔⒺ系列範智流、Ⓕ系列長暹流、Ⓖ系列祐範流の次世代以降が省略されていること。それはこの三流が僧籍の

家柄であったためと、大宮司を輩出しなかったことによる。

ⓕ『尊卑分脈』に記されていないⒶ系列千秋持季の子息季国の流、すなわち明治初期まで大宮司を輩出した系列が『熱田大宮司千秋家譜』に記されていること。

の六点をあげることができる。

【第二章】田島丹波系図

熱田社権宮司田島氏の系図のなかで最も古い年紀永仁四年（一二九六）をもつ「田島丹波系図」は、中世古系図の写とみられ、系図に登場する百十五名のうち約四分の一を女性が占めている。女性の多くには嫁ぎ先が記されており、田島一族と尾張国諸勢力との結合をかなり克明に知ることができる。

系図の始祖に十一世紀中期頃の大宮司尾張員信をおいたのは、全盛期の旧大宮司家を記憶に留めるためであり、系図作成の事情の一つには十二世紀初めに大宮司職を喪失した尾張氏の一族結束を図る目的があったと考えられる。系図作成者は、十三世紀末期に断絶したとみられる田島惣領家を新たに相続した田島仲広もしくは子息仲経と推定できるが、尾張頼基の娘の夫鳥取氏とすることも可能である。

また従来、員信の子息員頼が田島氏始祖、信頼が馬場氏始祖とされ、当初から田島氏が祝師職、馬場氏が惣検校職を世襲していたといわれていたが、もともとは田島氏の惣領が個人で、また鎌倉期になってからは田島氏一族内で両職を兼ねていたことが明らかになった。馬場氏は早くに断絶したとみられ、そもそも信頼の代から惣検校を務めていたことさえ疑わしい。馬場という姓は、のちに惣検校を世襲するようになった田島氏の一流が田島の地を離れ、熱田社の北西馬場に居住した際に称したもので、系図の上ではこの系列こそが旧大宮司尾張氏の本流なのである。

なお江戸期になって盛んに作成された権宮司家の系図は、この「田島丹波系図」をもとに各家所伝の史料・伝承および国史文献を参考にしたものであり貴重なものといえるが、なかには著しく改竄された部分も多く、利用には慎重な姿勢が必要である。

【第三章】熱田惣検校尾張宿禰家譜（馬場氏家譜）

熱田社権宮司惣検校尾張姓馬場氏の系譜類のなかで最も記載内容が豊富な「熱田惣検校尾張宿禰家譜」（「馬場氏家譜」）は、馬場氏伝来の確たる系譜として尊重されているが、他の系譜類（「尾張宿禰家譜」「尾張氏系譜」「世代書」）との異同が甚だしい。そこで本章では「馬場氏家譜」の尻付をできうる限り他の史料からの傍証によって、その信頼性と特色とを検討した。

その結果、本家譜は親子関係を正確に伝えるものではなく、惣検校職の相伝過程を綴った部分があり、その養子関係も明確にしていない場合が多いことが判明した。故に本家譜は馬場氏の惣検校職相伝とその正当性を意図して、作成されたものとみてよい。また没年記事については、父の死後二十年を経て誕生した子息の例もあり、さらには本人死後の文書も存在するなど、混乱が著しい。これらの原因は惣検校馬場氏古系図・記録類の伝存が乏しく、検討の対象とした現存四系譜「馬場氏家譜」「尾張宿禰家譜」「尾張氏系譜」「世代書」の成立年代が十八世紀末から十九世紀初めに集中していることにあるとみられる。そのため本家譜を利用しての文書・史料などの人物比定には、慎重に対処しなければならない。

しかし他の文書や史料によって尻付の信憑性を確認できる部分も多く、独自性のある内容は今後さらなる傍証史料の精査を必要とはするものの、貴重であることには変わりない。また母や妻の出自、姉妹の嫁ぎ先が割合多く記載されていることは、馬場氏の姻戚・地縁関係を窺う上で有益であるばかりか、尾張国内での熱田社信仰の分布を知りうる手がかりになる可能性もあるといえよう。

○

十一世紀初頭までに尾張国の鎮守として位置付けられていた熱田社は、神威を背景として所領の集積を図り、中期頃には国司にも勝る実力を誇示するようになっていた。しかし国司との対立は大宮司尾張氏の凋落を招来し、その経緯を詳らかにはできないものの、十二世紀初頭には国衙在庁の有力者であった南家藤原氏の一流に大宮司職を譲る結果をもたらした。しかし熱田社の実力は衰えることなく、このころには「熱田明神荘」(1)と称する社領を形成しており、経営基盤を社領においていた。それはさらなる社領の拡大集積と上級者による保証を求めることになり、藤原大宮司は京都に在住し、やがて社領は皇室領として寄進されることになる。すなわちこの時期から熱田社の中世的な展開が始まったといってよく、進むべき方向性が確定したのである。

大宮司は後白河院の近習として、また平氏と結び付き、鎌倉期には源頼朝の外戚家として特殊な御家人の立場にあると同時に本所皇室との関係も深いものがあり、南北朝期には大宮司家も両統に分かれて争い、一方は室町幕府奉公衆として将軍に近侍したのである。このような中央権力者への接触と勤仕は宗教的な結び付きをともなうものであるとともに、権力者の信仰は尾張国内における神社信仰の中枢となるべきもののひとつでもあったといえよう。それと同時に熱田社側にとってより重大な関心事は、神社経営つまりその経済的基盤である社領の保護を期待するものであった。その意味において、尾張氏が藤原氏へ熱田社の代表権を譲り(これは大宮司職の譲渡ばかりではなく、社領の寄進という経済的側面も有する)、その藤原氏がさらに皇室へ社領を寄進したことは、中世期の熱田社の命運を支えるものとして充分に機能したといえるであろう。もちろん本所にとっても社領からの年貢は、その財政を支えるものとして欠くべからざるものとして伝領され続けたのである。

しかし大宮司一門の個人のレベルでは、大宮司職をめぐる争奪が激しく繰り返され、実に五度にわたり再任を遂げる人物まで登場した。それは宗教的権威を掌中にしようとするものではあったが、本質は大宮司職に付帯する社領からの収益にあったといえよう。その結果本所の裁定を必要とすることもあり、ついには室町時代になると大宮司職任料が課せられ一種の売官となった。大宮司職は、いわゆる「本所進止之職人」(2)となったのである。ここに本所と神社との関係は、聖的な構図よりも俗的な構図を一層露わにしたのであった。

大宮司は京都に居住していたため、大宮司就任や遷宮のときなどに熱田社へ下向して、通常の祭祀や社領経営は権宮司層に任せていたが、十三世紀末の国衙勘落による社領の国衙収公に端を発し、続く南北朝の動乱と室町幕府守護の社領押領などによる支配体制の弱体化に危機感を強め、社領の直接支配を目指して社家と社領支配の強化を試みるようになる。熱田社の直接支配のおよぶ社領を「一円御神領」と自称するようになるのは南北朝期からであり、これは熱田社内外に向けての支配権強化の宣言でもあった。文和年間（一三五二～六）には大宮司萩忠広が神人・家人を遣わして国衙領を濫妨・押妨し、本所への年貢を滞納するなどの非法を行ったが、これは前代にはみられない大宮司の積極的な行動とでもいうべきであろう。また一円神領を妙興報恩禅寺に寄進するなど、室町幕府の禅寺院保護政策に従い、社領の保全を図る努力も惜しんでいない。さらに大宮司の発給文書が建武年間（一三三四～八）以降、直状から「熱田太神宮庁」の書出をもつ様式のものが顕著となり、ついで応永年間（一三九四～一四二八）社務代・社家管領・大宮司代などと称する大宮司家司による奉書、やがて彼らの直状まであらわれてくる。しかも鎌倉時代には大宮司とはある意味で独立的な立場にあった、権宮司家の馬場・田島氏の世襲職への安堵状をも発給するようになったのである。

しかし奉公衆である千秋大宮司家は京都に留まり、最後には奉公衆が縮小して形骸化した将軍詰衆として幕府とその命運を共にすることになり、大宮司代として熱田社へ帰住した千秋氏庶家が社務をつかさどり、織田氏に属することになる。それでも大宮司の武家的な性格は消えることはなく、織田氏に従軍して戦場に臨み活躍するが、永禄三年（一五六〇）桶狭間の戦いで千秋季忠が戦死するにおよんで、織田信長より軍事に関する勤仕を止められ、祭祀者たる大宮司職に専念することになったのである。そして慶応四年（一八六八）閏四月、大宮司千秋（藤原）季福は尾張姓に復し(3)、明治九年（一八七六）没したことにより、熱田大宮司職の世襲は幕を閉じることになった。

○

以上中世の熱田社に関して述べてきたが、序章で断ったように本書は政治史・経済史的な考察に始終しており、信仰や生活との関わり、また文化史的な問題など、つまり神社のもつ社会全般との関わりについてはまったく触れることをしなかった。かつて平泉澄氏が著した『中世に於ける社寺と社会との関係』(4)のような壮大な構想をもちあわせてはいなかったし、それを達成する能力もまったくない。実のところこれらの問題については関心が薄かったからでもあるが、将来的には何らかの問題意識をもって解明する作業を進めなければならないと自覚している。本書のなかでこれにやや近いものをあげれば、社家の系図に関する部分である。とくに田島・馬場家の系図には社家以外の人々との通婚が記載されており、熱田社と地域との結び付きの一端を垣間見ることができる。

しかし縁戚関係を調査することは、史料の残存性の問題を含めて極めて困難なことである。それよりも熱田社の諸地域への勧請に着目して、熱田社信仰の分布を探索する方が懸命なのかもしれない。但しその場合、「熱田大神」と相殿の祭神である天照大神・素戔嗚尊や日本武尊に眼を奪われると問題が生じる。かといって尾張氏の宮簀媛・建稲種命にばかり注目してもならない。すなわちこの問題は熱田社の創始と密接な関係をもつのであり、「熱田大神」をどう解釈するか、また尾張氏の祖先神との関連性など、出発点から様々な障壁を抱えているのである。現在熱田神宮の公式見解は三種の神器のひとつである草薙剣を奉斎するという尊貴性を強調し、「熱田大神」とは「草薙神剣を御《み》霊代《たましろ》としてよらせられる天照大神のこと」と規定しているが、[5]境内には八剣宮という本宮と同じ祭神を祀る神社が鎮座する。この鎮座は天武天皇朱鳥元年（六八六）、大宝二年（七〇二）あるいは和銅元年（七〇八）とも伝えられるが、[6]やはり草薙剣をその根元においている。ただ八剣宮が尾張・美濃国内に多く分祠していることには、注目してよいであろう。これは中世期においてのことと推測されているが、[7]八剣宮の勧請が熱田社本宮とどう関係するのか、いまだに明確な論証を眼にしないのである。このような問題点を一挙に解決するような史料が今後発掘されるとは思えず、推論を重ねなければならないかもしれないが、一方では丹念なフィールドワークと民俗学的発想をもって挑む必要性は多分にあろうと考えている。

　また熱田社と社会との関係を一例だけ述べると、『沙石集』巻一の上「神明慈悲貴給事」に、

承久ノ亂ノ時、當國ノ住人オソレテ社頭ニアツマリ、ツイカキノ内ニ世間ノ資財雑具マデ用意シテ、所モナクアツマリ居タル中ニ、或ハ親ニオクレタルモ有、或ハウブヤナル者モ有、神官共制シカ子テ、大明神ヲオロシマイラセテ、御タクセンヲ仰グベシトテ、御神樂參セテ、諸人同心ニ祈請シケルニ、一ノ禰宜ニ託シテ、我天ヨリ此國ヘ下ル事ハ、萬人ヲハグクミタスケンタメ也、オリニコソヨレ、イムマジキゾト仰ラレケレバ、諸人

一同ニ聲ヲアゲテ、随喜渇仰ノ涙ヲナガシケリ、其時ノ人、今ニ有テカタリ侍ル、

とある。承久の変のとき尾張国の住人が戦乱を恐れて、熱田社頭に資財雑具を持ち込み避難してきた。そのなかには親の喪中の者や出産した者など、神社が忌む穢の人々も混じっていたが、神官らはこれを制止しかねていた。そこで熱田大明神に伺いを立てたところ、「天から下るのは万人を育み助けるためで、穢れを忌むのは時と場合によってのこと」という託宣があったので、諸人一同随喜の涙を流したというのである。これは仏教説話ではあるが、熱田大明神は難民を助ける「慈悲の神」として位置付けられている。つまり神社が緊急避難地としての機能をもっていたこと、すなわちアジールであったことを窺わせるものなのである。

この『沙石集』をいますこし検討すると、神社は人々の資財をも預かる、つまり財産の保管を請け負う機能も持ち合わせていたことを示している。時代は下がるが、織田信長が祝師田島仲安に充てた判物を次にあげておきたい。

敵味方預ケ物、俵物幷神田、爲レ何闕所之地候共、不レ〔可脱〕有ニ異見一候、門外江使入候事、竹木所望、郷質取立之事、一切令ニ免許一之上者、末代不レ可レ有ニ相違一者也、仍如レ件、

弘治参年
霜月廿七日　　　上総介 信長（花押写）

熱田祝師殿（田島仲安）(8)

これは仲安が、信長から屋敷内外の特権を認められたものである。そのなかで「敵味方預ケ物」と称する戦乱の

とき動産を社寺などの預ける習わしがあり、熱田社の権宮司田島氏は屋敷地でこれを請け負っていたことがわかる。また「門外江使入候事（中略）一切令㆓免許㆒」とは、屋敷地や門前地に逃れた人々を捕縛するために入部しないことを認めたものであり、先に述べたアジールの特権が認められていたのである。このような類例はほかにも多く存在するとみられ、熱田社の社会的な位置付けを考察する有効な手法のひとつとなろう。

○

なお最後に一言だけ述べておきたい。熱田神宮についての認識は、過去も現在も草薙剣・日本武尊伝承からくる国家第二の宗廟としての一般的な理解が先行しているといっても過言ではない。そのような理解は明治における国家的な方針によって著しく推進され、それが今日に至っても常識として受け止められているのである。僅かに戦前熱田神宮で計画され草稿まで完成していた『稿本熱田神宮史』[9]によって歴史学的な分析は始まったが、戦時中のことでもあり公刊の日を迎えることはなかった。現在そのあとを受け継いで熱田神宮では関連する文書・記録類の公刊を進め、『熱田神宮史〈本文編〉』（仮称）編纂に備えているが、種々の制約からその道程は必ずしも楽観を許さない。しかも編纂の基本的な方針は千秋家・馬場家・田島家などの「家分け」であり、またその採訪が所蔵の文書・記録類や旧蔵で焼失した文書の写本などに限定されているため、このままの状態で本文編が完成すると一面的な視点での神宮史となる可能性を否定できないものがある。そのような現況から筆者は専攻する中世に視点を求め、いくらかでも熱田社史の一助となることを願って本書をまとめたが、いまだに不明な点や取り組みを躊躇している問題もいくつか存在する。上記した熱田神宮の創始や社会との関係、さらには地方に鎮座する熱田社の国家史的な位置付けなどはその最たるものではあるが、いまはこれらを留保して将来に期するものとする。

〔補註〕

（1）『中右記』永久二年五月十六日条。

（2）（文和二年）七月二十日「尾張国国衙領英比郷熱田大宮市藤原忠広濫妨条々事書案」醍醐寺文書（『新編一宮市史』資料編六、三六〇号文書、一九七〇年）。

（3）「千秋家届井口上覚」千秋家文書焼失文書編年目録（『熱田神宮文書』千秋家文書下巻付録）および明治八年「千秋季福回答書写」千秋家文書中巻二一二号、明治八年七月「千秋季福回答書写」二一三号を参照。

（4）本書は平泉澄氏が東京帝国大学に提出した学位申請論文で、そのなかで今日に至っても評価が高いのはアジールについて考証した第三章「社会組織」である（至文堂、一九二六年、のち一九八二年に国書刊行会より復刻）。なお本書については『史学雑誌』三七巻八号（一九二六年）に学位論文審査報告が掲載されており、また拙稿でも紹介した（『日本』五〇巻一一号、二〇〇〇年）。

（5）『熱田神宮』七頁（熱田神宮宮庁、二〇〇〇年版）。

（6）『熱田宮旧記』（『神道大系』神社編熱田、神道大系編纂会、一九九〇年）および『尾張名所図会』。

（7）『式内社調査報告書』第八巻東海道、井後政晏執筆部分（式内社研究会、一九八九年）。

（8）弘治三年十一月二十七日「織田信長判物写」熱田神宮文書（田島家文書九号の七）。ほかに天正十二年四月四日「織田信雄判物写」九号の八、同年「徳川家康副状写」九号の九、年未詳「徳川家康副状ニ就キ田島家家伝書上下書」一〇号（熱田神宮宮庁、一九九七年）などがある。

（9）この編纂事業は、昭和十三年宮地直一・若山善三郎・小島鉦作・岡田米夫氏らによって着手された。『稿本熱田神宮史』は熱田文庫に所蔵されているが、閲覧はできない。

付録

【中世初期熱田大宮司人脈関係略系図】

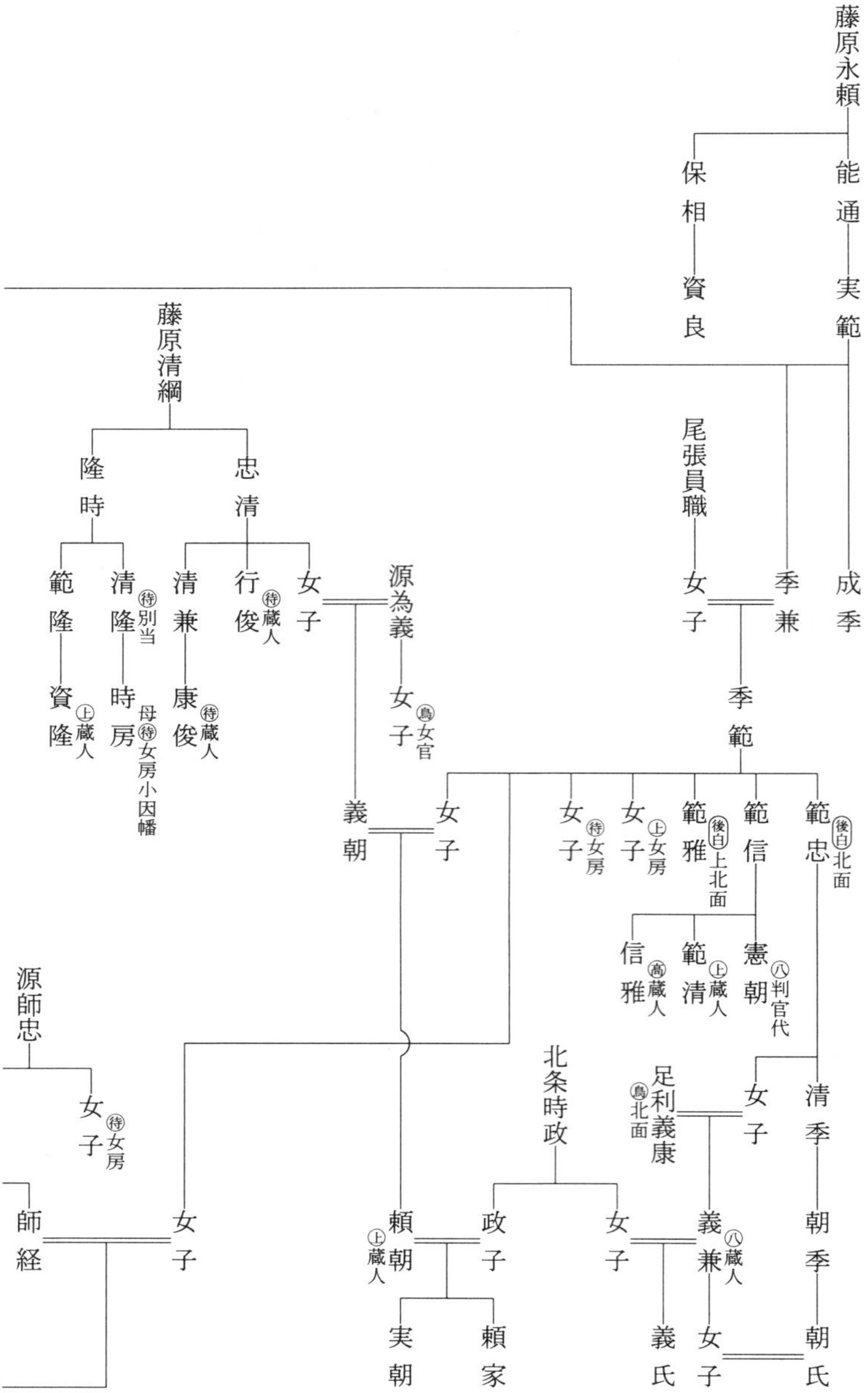

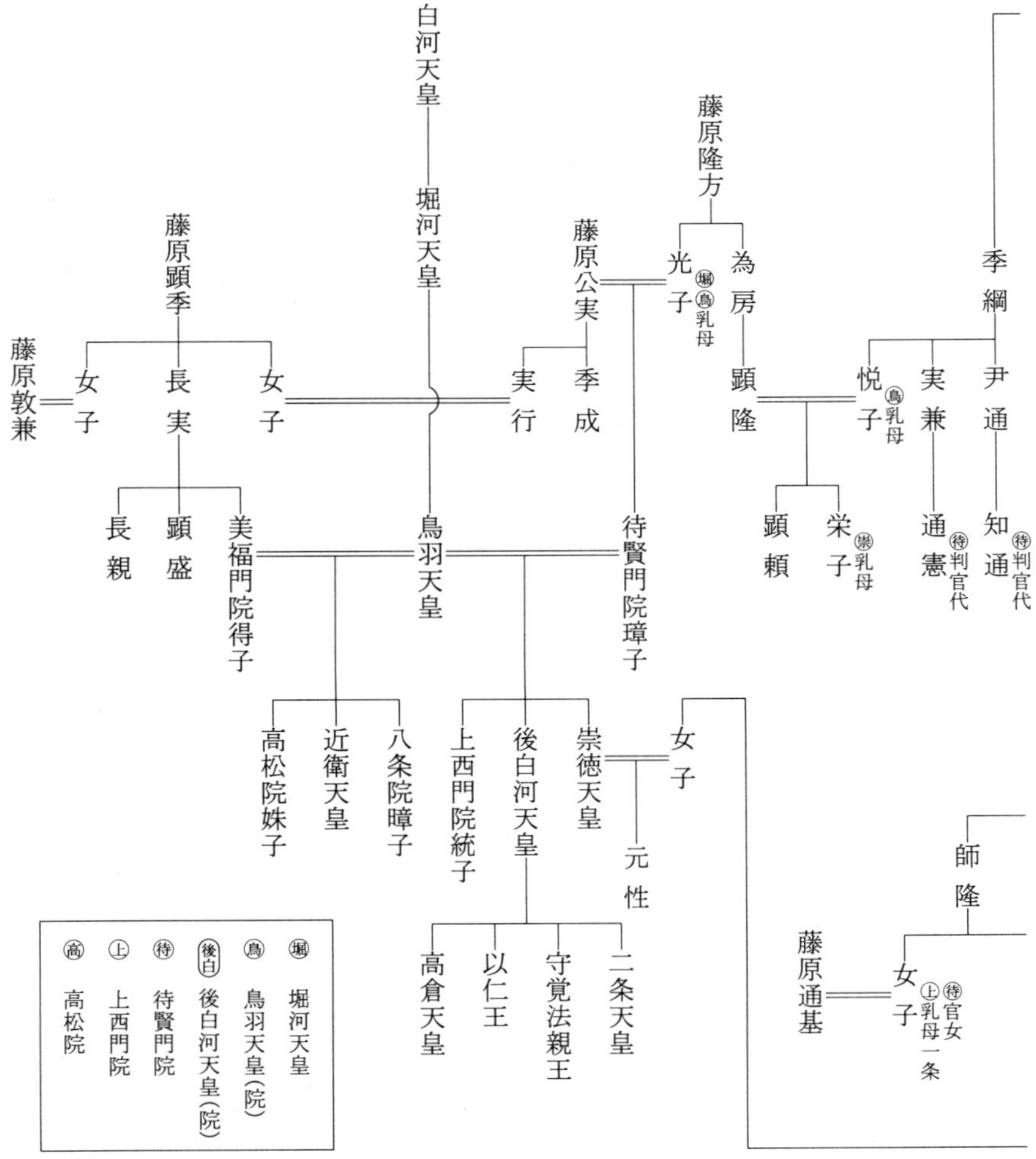

白河天皇
堀河天皇
鳥羽天皇
藤原顕季
藤原敦兼
女子
長実
女子
長親
顕盛
美福門院得子
藤原公実
実行
季成
待賢門院璋子
藤原隆方
光子 堀鳥乳母
為房
顕隆
顕頼
栄子 崇乳母
季綱
悦子 鳥乳母
実兼
尹通
通憲 待判官代
知通 待判官代
高松院姝子
近衛天皇
八条院暲子
上西門院統子
後白河天皇
崇徳天皇
女子
元性
高倉天皇
以仁王
守覚法親王
二条天皇
師隆
藤原通基
女子 待官女 上乳母 一条
堀 堀河天皇
鳥 鳥羽天皇(院)
後白 後白河天皇(院)
待 待賢門院
上 上西門院
高 高松院

古代・中世熱田社編年史料年表（稿本）

本編年史料年表（稿本）は平成九年～十二年度文部省科学研究費補助金基盤研究（C）（2）に採択された「古代・中世熱田社の編年史料年表（稿本）の作成」（課題番号：〇九六一〇三四六）の成果報告を訂正増補したものである。

はじめにこの作業の経緯について些か述べておきたい。筆者は昭和六十二年四月から平成四年三月までの五年間、熱田神宮文化研究員として熱田神宮史編纂に従事した。熱田神宮史編纂の基本方針は、神宮史本文編の準備作業として、熱田神宮に現存する文書・史料の翻刻が大原則であった。なかには戦災にあって焼失したものも多く、その場合には出来る限り復元することも視野に入れてある。つまり熱田神宮（大宮司・社家など）が所有していた文書・史料の蒐集・翻刻に主眼が置かれており、その方針は有意義で、神社の立場からすれば当然のことといえよう。現在刊行されている他の神社文書史料集をみても、基本的な姿勢はこれと変わることはない。その成果は今日までに『熱田神宮文書』として「宝庫文書」・「千秋家文書」上中下巻・「田島・馬場家文書」、『熱田神宮史料』としては「張州雑志抄」「年中行事編」上下巻・「造営遷宮編」上中下巻・「縁起由緒編」など合計十二冊が刊行されている。

文書史料の翻刻・解説を通して研究を進めるなかで、数本の中世熱田社関係の論文を公表したが、その際に利用した多くは部外史料であった。それは熱田神宮所蔵史料のほとんどが近世期のもので、中世史料のあまりの少なさによる理由からでもあるが、それよりもこのままでは本当に本文編に着手できるのか、というかすかな焦りと不安が芽生えたという記憶の方が強い。熱田神宮現蔵・旧蔵の文書史料の翻刻・復元に頼るだけでは、熱田社の研究は到底不可能であるという、至極当然なことに気付いたのである。つまり『大日本古文書』的な文書史料集も大切だが、同時に『大日本史料』のような編年史料集の作成は、最終的に熱田神宮史本文編を完成させる大目的をもつからには、より重要且つ不可欠で、効果的な作業と考えるようになったのである。

また熱田神宮史編纂委員長であった故小島鉦作博士との個人的な約束も大きな契機であった。博士の晩年には度々ご自宅へ赴き、熱田神宮文書の原稿補訂をお願いしていたが、その折々に、学問的・客観的・実証的な熱田神宮史を編纂するために必要な準備作業は編年史料の作成である、と語られるのであった。博士は昭和十三年、この編纂事業に参画され、戦後一時中断したとはいえ、昭和三十九年再開後も史料蒐集・翻刻に力を注がれた。その結果の心境として編年史料の作成を勧められたのであり、いまはこれをご遺命と理解している。

このような事情を踏まえて、現職についてから編年史料作成への想いは募るばかりであった。本来ならばこの作業は熱田神宮史編纂室においておこなわれるべきことではあるが、在職中にこの編纂基本方針を転換する余裕はなかったし、現在においても若干の内部史料はあるものの、種々の事情や制約から具体的な計画は立案されていないという。幸いにも平成九年度から文部省科学研究費補助金を受けることはできたが、個人での史料蒐集には限界があり、また不勉強のためにいまだ眼にしていない史料も多い。したがって本編年史料年表は当然不備なものであるには違いないし、しかも綱文と出典を挙げただけのもので、小島博士との約束を一部果たしたにすぎない。しかし今後更なる増補を目指し、将来の編年史料集作成に備える一歩として、また史料の誤読や未収史料について諸学兄各位からのご教示を切に願って、ここに収載するものとしたい。

【凡　例】

一、本編年史料年表（稿本）は、「熱田神宮古代中世編年史料集（仮称）」作成の準備作業である。
二、和暦・(西暦)・月日・綱文・出典の順に記した。
三、文書史料などの年代比定が複数年にわたる場合は、その下限に排列した。
四、綱文のなかには、明らかに史実とは認識しがたいものも採用している。
五、出典のうち活字刊行されているものは、できうる限りひろく利用されているテキストを提示したが、必ずしも統一しているわけではない。
六、史料閲覧の便宜を頂いた熱田神宮・名古屋市立鶴舞中央図書館・蓬左文庫および関係各位には感謝申し上げる。また刀剣奉納関連史料については、熱田神宮文化研究員福井款彦氏の格別なるご協力を得た。
七、本編年史料年表（稿本）、およびその並行作業である「熱田神宮古代中世編年史料集」（仮称）の作成において、史料原文入力を手伝ってくれた金沢工業大学卒業生の舘祐二・嶋野智之・田中克・敦賀恵利子・神祐里の各氏、および現在作業中の在学生の本吉允・岩山裕美・源元気の各氏に厚く御礼申し上げたい。

和暦(西暦)年月日	綱文（出典）
神代	素戔嗚尊、八岐大蛇の尾中の草薙剣を天神に献ず（古事記〈上巻〉、日本書紀〈神代上第八段〉、古語拾遺）。 天照大神、八坂瓊曲玉・八咫鏡・草薙剣を瓊瓊杵尊に授く（古事記〈上巻〉、日本書紀〈神代下第九段〉、古語拾遺）。 火明命、尾張連の始祖という（日本書紀〈神代下第九段〉）。
孝昭天皇29年正・3	尾張連の遠祖瀛津世襲の妹世襲足媛を孝昭天皇の皇后に立つ（古事記、日本書紀）。
孝安天皇元年8・1	世襲足媛を皇太后となす（日本書紀、簾中抄〈年中行事部帝王御次第孝安天皇条〉、水鏡〈上〉）。
孝元天皇御代	孝元天皇、尾張連らの祖意富那毗の妹葛城の高千那毗売を娶る（古事記）。
崇神天皇元年2・16	これより先、尾張大海媛、崇神天皇の妃となり、八坂入彦命・渟名城入姫命・十市瓊入姫命らを生む（古事記、日本書紀）。
崇神天皇6年是歳	践祚の神璽鏡剣を新鋳造するによりて、天照大神・草薙剣を磯城の神籬に奉遷す（古語拾遺）。

景行天皇27年10・13	日本武尊、尾張田子之稲置・乳近之稲置らを率いて、熊襲征伐に発つ（日本書紀）。
景行天皇40年10・7	倭姫命、草薙剣を日本武尊に授く（日本書紀、古語拾遺）。
是歳	日本武尊、東征の途次、尾張国造祖の美夜受比売（宮簀媛）の屋敷へ入坐す（古事記）。 日本武尊、駿河国において賊に背かれ、迎え火によりてこれを逃る、一に藂雲剣にて草を薙ぎはらうという、故に草薙剣と称す（日本書紀、尾張国熱田太神宮縁起）。 日本武尊、東征ののち宮簀媛を娶る、のち宮簀媛のもとに剣を置き、近江国伊吹山に向かい、山神の気にあたりて、伊勢国能褒野にて崩ず（日本書紀、古事記、尾張国風土記〈釈日本紀巻七・二十四〉、尾張国熱田太神宮縁起）。
景行天皇41年是歳	熱田社鎮座という（尾州熱田御造営書付）。
成務天皇御代	天別天火明命十世孫小止与命を尾張国造となすという（先代旧事本紀巻十〈国造本紀〉）。 ※6年に小止女命（宮簀媛）を尾張国造になすという（熱田大宮司千秋家譜）。
仲哀天皇4年是歳	氷上宮鎮座（熱田宮旧記、尾張志）。
応神天皇御代	建伊那陀（建稲種）宿禰は、尾張連の祖という（古事記）。
允恭天皇5年7・14	尾張連吾襲、反正天皇の殯宮大夫玉田宿禰に殺害さる（日本書紀）。

継体天皇元年（五〇七）3・14	継体天皇、尾張連草香の娘目子媛を妃となす、のち安閑・宣化天皇を生む（古事記、日本書紀、扶桑略記巻三、簾中抄〈年中行事部帝王御次第安閑天皇条〉、水鏡〈上〉）。
宣化天皇元年（五三六）5・1	宣化天皇、尾張連某を尾張国屯倉に遣わし、穀を筑紫国に運ばしむ（日本書紀）。
大化元年（六四五）5月	託宣により愛智郡司尾張宿禰忠命ら、熱田社大宮の地を松姤島より会崎機綾村に遷すという（熱田尊命記集説、あつたの記）。
大化2年（六四六）5・1	熱田大明神、尾張国愛智郡会崎松炬嶋機綾村に坐すという（「朱鳥官符写」熱田神宮文書〈千秋家文書〉上巻七号）。
天智天皇7年（六六八）是歳	沙門道行、（熱田社カ）草薙剣を盗み新羅へ逃亡すといえども、風雨によりこれを果たせず（日本書紀、尾張国熱田太神宮縁起、扶桑略記巻五、一代要記、元亨釈書巻二十一、尾張志、張州府志）。
天武天皇13年（六八四）12・2	尾張連ら五十氏、宿禰姓を賜う（日本書紀）。
朱鳥元年（六八六）6・8	天武天皇、熱田社に一万八千町の神領を寄すという（熱田宮旧記）。
6・10	天武天皇、草薙剣の祟りにより御病、よって草薙剣を熱田社へ送り置く、また熱田社に社守七名を置き、本宮・別宮諸社を経営せしむ（日本書紀、尾張国熱田太神宮縁起、扶桑略

	記巻五、一代要記、宝剣本紀〈尾張志所引〉、尾州熱田御造営書付)。
6・15	朱鳥官符到来す(「朱鳥官符写」熱田神宮文書〈千秋家文書〉上巻七号)。
是歳	尾張稲置見をはじめて大宮司に補任す、一説に大神宮司という(熱田大宮司千秋家譜、尾治宿禰田島氏系譜、熱田宮旧記)。
朱鳥2年(六八七)5・5	永宣旨(朱鳥官符)をもって熱田社諸祭の勤行を始むという(宝剣本紀〈尾張志所引〉、熱田宮旧記)。
持統天皇4年(六九〇)是歳	氷上社を沓脱島より大高に遷す、また持統天皇、祭祀領免田一百余町を寄すという(熱田宮旧記、尾張志、氷上天神社務家来目系譜〈氷上社記〉)。
持統天皇10年(六九六)5・8	壬申の功臣尾治宿禰大隅に直広肆を授け、水田四十町を賜う(日本書紀、続日本紀〈天平宝字元年十二月九日条〉、尾治宿禰田島氏系譜)。
文武天皇元年(六九七)正・29	官符到来す(熱田宮旧記、熱田宮略記)。
大宝2年(七〇二)11・13	持統太上天皇、尾張国に行幸し、尾治連若子麻呂・牛麻呂に宿禰姓を賜う(続日本紀)。 また、天智天皇七年の凶変の例に備え、国造尾張宿禰稲置・国守佐伯宿禰太麻呂に詔して、八剣宮を新造すという(名古屋寺社記録集十、熱田宮略記)。
和銅元年(七〇八)9・9	元明天皇勅して新剣を造り、八剣宮に納む(熱田宮略記、尾張志、熱田尊命記集説)。

是歳	熱田社造営（尾州熱田御造営書付）。
和銅2年(七〇九)5・5	尾張国愛智郡大領外従六位上尾張宿禰乎己志を外従五位下に叙す（続日本紀）。
和銅4年(七一一)是歳	尾張稲與、大宮司に任ず（熱田大宮司千秋家譜）。
和銅6年(七一三)是歳	氷上天神社務来目望世、尾張国愛智郡大領尾張乎己志の息乎幾與に社務職を譲与す（氷上天神社務家来目系譜〈氷上社記〉）。
霊亀2年(七一六)4・8	壬申の功臣従五位上尾張宿禰大隅の男正八位下稲置らに田地を賜う（続日本紀）。
養老4年(七二〇)5・21	八岐大蛇の尾中の草薙剣、今（日本書紀成立年）尾張国愛智郡吾湯市村熱田社にあり、熱田祝部所掌の神なり（日本書紀〈神代上第八段・景行天皇五十一年八月四日条〉、古語拾遺、古今集序註）。
天平元年(七二九)11・1	官符到来す（熱田宮旧記、熱田宮略記）。
天平9年(七三七)2・14	聖武天皇、従七位下尾張宿禰小倉を外従五位下に叙す（続日本紀）。
天平17年(七四五)正・7	聖武天皇、大安殿において五位以上を宴し、詔して外従五位上尾張宿禰小倉を外正五位下に叙す（続日本紀）。

天平19年（七四七）3・3	命婦従五位下尾張宿禰小倉を従四位下に叙し、尾張国造となす（続日本紀）。
天平勝宝元年（七四九）8・14	従四位下尾張宿禰小倉卒す（続日本紀）。
天平勝宝2年（七五〇）8・13	官符到来す（熱田宮旧記、熱田宮略記）。
天平宝字元年（七五七）12・9	太政官奏して、壬申の功臣従五位上尾治宿禰大隅の功を令条により上功となし、功田四十町を三世伝領となす（続日本紀）。
天平宝字2年（七五八）4・19	尾張連馬身、持統天皇の御代に壬申の功をもって小錦下に叙すといえども、姓を賜わらずにより子孫に宿禰姓を賜う（続日本紀）。
天平宝字5年（七六一）6・26	尾張宿禰若刀自を従五位下に叙す（続日本紀）。
神護景雲元年（七六七）正・24	官符到来す（熱田宮旧記、熱田宮略記）。
神護景雲2年（七六八）12・24	尾張国山田郡住人従六位下小治田連薬ら八人、尾張宿禰の姓を賜う（続日本紀）。
天応元年（七八一）正・15	正祝詞司大内人守部宿禰清稲、古記録を集め写し、熱田大神宮御鎮座次第神体本紀を著わすという（熱田大神宮御鎮座次第神体本紀奥書）。

3・21	官符到来す（熱田宮旧記、熱田宮略記）。
延暦元年（七八二）12・2	内掃部正外従五位下小塞宿禰弓張、申請によりて尾張姓を許さる（続日本紀）。
延暦八年（七八九）2・4	熱田社神官大原真人美気を尾張守に任ず（続日本紀）。
延暦九年（七九〇）3・10	熱田社神官大原真人美気を尾張守に任ず（続日本紀）。
延暦10年（七九一）5・1	正祝詞司大内人守部宿禰清稲、古記録を集め写し、熱田大神宮御鎮座次第本紀を著わすという（熱田大神宮御鎮座次第本紀奥書）。
延暦15年（七九六）8・10	内兵庫正従五位下尾張連（宿禰カ）弓張を遣わし、佐比川橋を造らしむ（日本後紀）。
10・27	外従五位下尾張宿禰弓張を主油正に任ず（日本後紀）。
11・5	尾張連大食、戦功により外従五位下に叙す（日本後紀）。
延暦18年（七九九）5・26	尾張国海部郡権掾阿保広成、朝制を憚らず、同郡少領尾張宿禰宮守をして六斎の日に寺林において鷹狩りを行う、よって同郡主政外従八位上刑部粳虫これを摘発するも、かえって解任せらる（日本後紀）。
延暦23年（八〇四）10・10	摂津介外従五位下尾張連粟人を従五位下に叙す（日本後紀）。

大同元年(八〇六)	※延暦年間、最澄、比叡山延暦寺を創建後、熱田社に参詣し百日密法を修すといい、また守部清稲、最澄・空海を招き、熱田大宮舞殿において七日間問答すという（熱田太神宮秘密百録、熱田宮旧記、大内人守部宿禰系図）。
4・8	官符到来す（熱田宮旧記、熱田宮略記）。
大同2年(八〇七)是歳	斎部広成、この頃熱田社、祈年・月次・新嘗の幣帛に与らざることを上聞す（古語拾遺）。
大同3年(八〇八)11・19	従七位上尾張連真綐〔縵〕を外従五位下に叙す（日本後紀）。
弘仁2年(八一一)4・24	従五位下尾張連粟人を主税頭に任ず（日本後紀）。
6・16	従五位下尾張連粟人を主計頭に任ず（日本後紀）。
9・23	太政官、熱田社神戸百姓の公役を停止し、同社・同神宮寺を修理せしむ（「太政官符写」「尾張国符写」熱田神宮文書〈千秋家文書上巻一・二号、平安遺文一巻八三・八四号〉）。
弘仁3年(八一二)正・12	従五位下尾張連粟人を丹後守に任ず（日本後紀）。
5・3	太政官、熱田社神戸百姓の公役を停止し、同社・同神宮寺を修理せしむ（「太政官符写」「尾張国符写」熱田神宮文書〈千秋家文書上巻一・二号、平安遺文一巻八三・八四号〉）。
弘仁6年(八一五)7・20	この日撰上の新撰姓氏録に尾張連の記載あり（新撰姓氏録）。

弘仁9年(八一八)	是歳、空海、熱田社神宮寺の不動院を建立すという（塩尻巻六「熱田社重修」、尾張志）。
弘仁13年(八二二)6・21	熱田神、従四位下を授けらる（日本紀略）。
天長元年(八二四)7・20	官符到来す（熱田宮旧記、熱田宮略記）。
天長10年(八三三)2・	是月、従八位上尾張連年長・無位同連豊野・無位同連豊山ら、忠宗宿禰の姓を賜う（続日本後紀）。
6・27	従三位熱田大神を正三位に叙し、封戸十五戸を付す（続日本後紀、新抄格勅符抄〈神封部〉）。
承和2年(八三五)12・12	尾張国日割御子神・孫若御子神・高座結御子神、熱田大神の御児神により名神に預る（続日本後紀）。
承和3年(八三六)4・	是月、尾張濱主、遣唐使に従い渡唐すという（名古屋寺社記録集十六）。
承和6年(八三九)正・7	正六位上尾張連濱主を外従五位下に叙す（続日本後紀）。
承和12年(八四五)正・8	外従五位下伶人尾張連濱主、龍尾道上において和風の長寿楽を舞う、齢百十三歳（続日本後紀）。
正・10	仁明天皇、尾張連濱主を清涼殿前に召し、長寿楽を舞わしむ（続日本後紀）。

承和13年(八四六)正・26	仁明天皇、外従五位下尾張連濱主を清涼殿前に召し舞を奏せしめ、従五位下に叙す（続日本後紀）。
承和14年(八四七)3・7	神祇官解により、太政官、熱田社神戸百姓の公役を停止し、同社・同神宮寺を修理せしめ、正八位下御船宿禰木津山を神宮寺別当に任ず（「太政官符写」「尾張国符写」熱田神宮文書〈千秋家文書上巻一・二号、平安遺文一巻八三・八四号〉）。 この日、仁明天皇の勅により、熱田社神宮寺を造建すという（異本厚見草補遺）。
嘉祥3年(八五〇)2・9	神祇官、尾張国司に熱田大神の神戸百姓らの公役を停止すべきことを移す（「神祇官移写」熱田神宮文書〈千秋家文書上巻三号、平安遺文一巻九四号〉）。
3・11	太政官、尾張国司に熱田大明神神戸の正税の班給停止を命ず（「太政官符写」熱田神宮文書〈千秋家文書上巻四号、平安遺文一巻九六号〉）。
9・22	尾張国司、愛智郡司に熱田大明神神戸の正税の班給停止を命ず（「尾張国符写」熱田神宮文書〈千秋家文書五号、平安遺文一巻九七号〉）。
9・26	文徳天皇即位の賀瑞を伊勢大神宮、賀茂大神社、尾張大神社（熱田社カ）に告ぐ（日本文徳天皇実録）。
10・7	熱田神を正三位に叙す（日本文徳天皇実録）。
仁寿2年(八五二)2・2	官符到来す（熱田宮旧記、熱田宮略記）。

貞観元年(八五九)正・27	京畿七道二百六十七社の神階を進め、正三位熱田神を従二位に叙す（日本三代実録）。
2・17	従二位熱田神を正二位に叙す（日本三代実録）。
2・19	正五位下守右中弁兼行式部少輔大枝音人を熱田神社等に遣わし、神位記・財宝を奉る（日本三代実録）。
4・8	官符到来す（熱田宮旧記、熱田宮略記）。
貞観2年(八六〇)2・15	熱田大明神の所望によって、奈良興福寺常楽会始まるという（三宝絵詞、諸寺縁起集〈護国寺本〉、諸寺縁起集〈菅家本〉、興福寺流記、類聚世要抄、興福寺年中行事、教訓抄、夜鶴庭訓抄）。
貞観6年(八六四)8・8	尾張国海部郡住人治部少録従六位上甚目連公宗氏・尾張医師従六位上甚目連公冬雄ら同族十六人、高尾張宿禰の姓を賜う（日本三代実録）。
貞観9年(八六七)10・	是月、大宮司正六位下尾張権介尾張維仲卒す（尾治宿禰田島氏系譜）。
貞観11年(八六九)正・8	正六位上尾張宿禰清海を外従五位下に叙す（日本三代実録）。
貞観16年(八七四)春	熱田社神宮寺別当正六位上尾張連清稲、熱田太神宮縁起を撰すという（尾張国熱田太神宮縁起）。

仁和元年（八八五）12・29	尾張国春部郡大領外正六位上尾張宿禰弟広、息男安文・安郷の終身調庸徭などの前納を請い許さる（日本三代実録）。
仁和2年（八八六）9・2	官符到来す（熱田宮旧記、熱田宮略記）。
寛平2年（八九〇）10・15	尾張守藤原村椙、神宮寺別当尾張連清稲編集の熱田社縁起に筆削を加えて三通写し、朝廷・社家・国衙に進上すという（尾張国熱田太神宮縁起）。
寛平10年（八九八）2・	是月、尾張宿禰栗主、三河権大目に任ず（大間成文抄〈第一臨時給〉）。
昌泰3年（九〇〇）正・23 4・27	印符到来す（熱田宮旧記、熱田宮略記）。 太政官、尾張国司に命じて、熱田神社祝荒田井高主・神戸尾張広宗ならびに神戸百姓らに他役を課すことを停止す（「太政官符写」熱田神宮文書〈千秋家文書上巻六号、平安遺文一巻八四号〉）。
延喜元年（九〇一）6・3	印符到来す（熱田宮旧記、熱田宮略記）。 ※延喜年間、広隆寺勧請の三十七所護法神に熱田神あり（山城州葛野郡楓野大堰郷広隆寺来由記）。
延長5年（九二七）12・26	熱田神社・日割御子神社・孫若御子神社・高座結御子神社、名神祭二百八十五座のうちに

	列す（延喜式〈神祇三臨時祭名神条〉）。 熱田社・鴨御祖社・別雷社の三社の神税穀、社用の外に他用せざることを定む（延喜式〈神祇三臨時祭三社名神条〉）。 熱田社において、毎年春秋二節、僧六十四口に金剛般若経一千経を転読せしめ、布施供養は神封物を充当すべきことを定む、延喜式〈神祇三臨時祭熱田二節経条〉）。 ※これより先、熱田神社、名神大に列す（延喜式〈神祇九神名上東海道条〉、拾芥抄、尾張国内神名帳）。
延長7年(九二九)7・21	印符到来す（熱田宮旧記、熱田宮略記）。
承平7年(九三七)8・1	印符到来す（熱田宮旧記、熱田宮略記）。
天慶3年(九四〇)正・6	東西の兵乱によりて、伊勢大神宮に奉幣し五畿七道の諸神に各一階を授く、このとき熱田社正一位に列するか（園太暦〈貞和三年十二月二十四日条〉）。
天慶8年(九四五)2・21	官符到来す（熱田宮旧記、熱田宮略記）。
応和3年(九六三)5・15 8・21	村上天皇、舞人尾張安居らを召し勅禄を賜う（日本紀略〈同十四日条〉）。 尾張国司従五位上藤原守平、同国海部郡大領尾張宿禰常村死去により、後任に尾張宿禰是種を申請す（類聚符宣抄巻七）。

康保元年（九六四）3・5	諸卿、南殿前の桜樹を翫め詠歌盃酒絃管に興ず、右近将監尾張安居、律呂舞を奉仕す（日本紀略）。
康保3年（九六六）3・22	尾張国、今月起りし正一位熱田大明神の怪異を言上す（日本紀略）。
天延元年（九七三）9・1	印符到来す（熱田宮旧記、熱田宮略記）。
長保4年（一〇〇二）12・9	尾張権守大江匡衡、熱田宮に子息挙周の蔵人に任ぜられんことを祈り祭文を呈す（朝野群載巻三文筆下〈祭文〉）。
寛弘元年（一〇〇四）10・14	尾張権守大江匡衡、熱田社において大般若経供養を行う（本朝文粋巻十三　願文上「神祠修繕」）。
寛仁元年（一〇一七）10・2	熱田社、後一条天皇の一代一度大神宝使奉幣に預る（左経記）。
治安2年（一〇二二）是歳	尾張宿禰員胤、大宮司に任ず（熱田大宮司千秋家譜、熱田宮旧記）。
長元5年（一〇三二）是歳	尾張員信、大宮司に任ず（熱田大宮司千秋家譜、熱田宮旧記）。
長久3年（一〇四二）是歳	尾張守橘俊綱、熱田大宮司の不遜に憤り、社領点定をほのめかして、召し立て捕縛すとい

	う（宇治拾遺物語巻三の十四「伏見修理大夫俊綱事」）。
天喜2年（一〇五四）3・	是月、尾張宿禰信頼、分家して権宮司惣検校職に就くという（熱田惣検校尾張宿禰家譜、尾治宿禰田島氏系譜、尾張志）。
是歳	尾張宿禰員頼、分家して権宮司祝師職に就くという（田島家譜、田島丹波系図、尾治宿禰田島氏系譜、尾張志）。
治暦2年（一〇六六）8・	是月、惣検校外従五位下尾張信頼卒す、五十七歳（熱田惣検校尾張宿禰家譜）。
延久元年（一〇六九）3・29	大宮司尾張員信ら、神記巻第一を注進すという（熱田太神宮秘密百録）。
4・	是月、大宮司尾張員信ら、神記巻第二・第三を記すという（熱田太神宮秘密百録）。
6・	是月、勅命により、治頭従三位尾張宿禰員頴〔胤カ〕・大宮司従四位下尾張宿禰員信ら、神記巻第四を注進す、また員信、伊勢国を賜うという（熱田太神宮秘密百録）。
8・	是月、治頭従三位兵部大輔尾張宿禰員頴〔胤カ〕、大宮司従三位伊勢守尾張宿禰員信ら、熱田太神本紀を勘申し、神記巻第五を注進すという（熱田太神宮秘密百録）。
寛治元年（一〇八七）11・	是月、尾張信奉を従六位上に叙す（熱田惣検校尾張宿禰家譜）。
寛治2年（一〇八八）9月是月	尾張頼信を従六位下に叙す（熱田惣検校尾張宿禰家譜）。
寛治4年（一〇九〇）4・5	惣検校従五位下兵部少輔尾張宿禰有信卒す（熱田惣検校尾張宿禰家譜）。

寛治7年（一〇九三）5・8	諸卿、氷上社の臥木起立の事を定む（百練抄）。
康和3年（一一〇一）10・7	尾張国目代藤原季兼（季範父）卒す（尊卑分脈、熱田大宮司千秋系図）。
天永元年（一一一〇）3・1	惣検校従五位下尾張宿禰信重卒す（熱田惣検校尾張宿禰家譜）。
永久2年（一一一四）5・13	熱田明神荘等の住人、尊勝寺領信濃荘の年貢を強奪す（中右記〈同日・十四日・十六日・十七日、九月二十二日・二十三日条〉）。
是歳	藤原季範を大宮司に補す、これより大宮司職、尾張氏より藤原氏に移る（大宮司系譜〈張州雑志巻三十四〉、尊卑分脈、熱田大宮司千秋家譜、玉葉和歌集）。
大治4年（一一二九）4・19	恂子内親王、斎院御禊、次いで紫野に入御、藤原季範、蔵人所前駈雑色としてこれに供奉す（中右記）。
長承元年（一一三二）9・10	惣検校従六位上尾張宿禰信奉卒す（熱田惣検校尾張宿禰家譜）。
保延3年（一一三七）8・	是月、藤原範雅、父季範の譲を得て大宮司職に就く、在職十九年（熱田大宮司千秋家譜、尊卑分脈）。
保延6年（一一四〇）10・2	前大宮司藤原季範、妻室（源行遠女）、三河国額田郡瀧山寺内の蓮華寺に、仏性灯油料とし

	て恵那河内郷を寄進す（「瀧山寺縁起」瀧山寺文書〈新編岡崎市史資料編古代中世6〉）。
康治元年（一一四二）6・	是月、尾張宿禰奉忠の三男頼秀、尾張国智多郡藤江邑に誕生す（熱田惣検校尾張宿禰家譜、藤江系図〈張州雑志巻三十六〉）。
久安2年（一一四六）10・	是月、惣検校散位尾張宿禰奉胤卒す（熱田惣検校尾張宿禰家譜）。
久安3年（一一四七）4・8	源頼朝、尾張国愛智郡幡屋村に誕生すという（張州雑志巻五十五「妙光山誓願寺源頼朝社」、塩尻巻一「源頼朝生地」）。
久安5年（一一四九）4・9	藤原範忠を兵部少丞に任じ、正六位上に叙す（本朝世紀）。
久安6年（一一五〇）7・23	右大臣藤原頼長、元熱田社神主尾張成重の困窮を憐れみ、尾張国海部郡日置荘の荘官を命ず、成重、小利を貪ることを潔しとせず、これを辞す（台記）。
仁平元年（一一五一）10・8	藤原範信、三河国額田郡瀧山寺本堂を再建すという（「瀧山寺縁起」瀧山寺文書〈新編岡崎市史資料編古代中世6〉）。
仁平2年（一一五二）正・23	惣検校従六位下尾張宿禰信良卒す（熱田惣検校尾張宿禰家譜）。
仁平3年（一一五三）3・28	祭除目、式部丞藤原範忠を従五位下に叙す（兵範記、本朝世紀）。

久寿2年（一一五五）12・2	前大宮司従四位下藤原季範卒す、六十六歳（尊卑分脈、熱田大宮司千秋家譜）。
保元元年（一一五六）7・	保元の乱、大宮司某（藤原範忠カ）、家子・郎等を与力として源義朝に派兵す（保元物語上巻〈金刀比羅本「官軍勢汰へ并びに主上三条殿に行幸の事」〉、〈内閣文庫蔵半井本「主上三条殿ニ行幸ノ事付官軍勢汰の事」〉、熱田大宮司千秋家譜）。
保元3年（一一五八）是歳	藤原範忠を大宮司職に補す（熱田大宮司千秋家譜）。 藤原（野田）清季、上西門院庁宣により大宮司職に就くという（熱田大宮司千秋家譜）。
平治元年（一一五九）3・1	源頼朝の母（大宮司藤原季範女）死去（公卿補任、平治物語下巻〈学習院大学図書館蔵本「頼朝遠流の事付盛康夢合せの事」〉、〈金刀比羅本「源頼朝遠流に宥めらるる事付けたり呉越戦ひの事」〉、塩尻巻三十「頼朝の母没年」）。 ※保元年間、尾張頼秀、新家藤江氏（のち粟田氏）を興し、祠官となる（熱田惣検校尾張宿禰家譜、藤江系図〈張州雑志巻三十六〉）。
12・26	平治の乱、源義朝室（大宮司藤原季範女）の実家、京都六条坊門烏丸にありとみゆ（平治物語上巻〈陽明文庫蔵（一）本「待賢門の軍の事」〉）。
12・27	平治の乱、大宮司某（藤原範忠カ）、子息・家子・郎等を与力として源義朝に派兵す（平治物語上巻〈金刀比羅本「源氏勢汰への事」、熱田大宮司千秋家譜）。
12・	是月、大宮司藤原範忠、駿河国駿河郡香貫において源義朝の子希義を搦め捕り平家へ進ずという（平治物語下巻〈学習院大学図書館蔵本「頼朝遠流の事付盛康夢合せの事」〉）。

是歳	平治の乱以前、藤原範忠、三河国額田郡瀧山寺の四至を定むという（「瀧山寺縁起」瀧山寺文書〈新編岡崎市史資料編古代中世6〉）。
永暦元年（一一六〇）正・	是月、源義朝、平治の乱に敗れ尾張国智多郡に落ちる途次、氷上社に太刀一口を献じ後栄を禱るという（張州府志）。
是歳	源頼朝伊豆国配流のとき、母方従兄弟僧任憲、郎従一人を付け送り、またのち毎月使者を配所へ差遣わす、（吾妻鏡〈文治四年十一月九日条〉）。
応保元年（一一六一）7・23	大宮司藤原範忠を左近衛将監に補す（山槐記）。
10・	是月、藤原範雅、大宮司職に再任、在職九年（熱田大宮司千秋家譜）。
11・29	前大宮司内匠頭藤原範忠、解官（山槐記）。
応保2年（一一六二）6・23	前大宮司藤原範忠、二条天皇呪詛の嫌疑により周防国へ配流せらる（百錬鈔、後清録記、尊卑分脈、熱田大宮司千秋家譜）。
長寛元年（一一六三）正・	是月、尾張奉忠、尾張国司平頼盛の国免を受け、熱田社本宮・八剣宮両社の新季大般若経料田十三町六段を引き募る（「尾張親継申状案」粟田家文書〈鎌倉遺文補遺二巻一一七二号〉）。
8・17	前尾張国司修理大夫平頼盛、留守所をして佐伯遠長に尾張国中島郡鈴置村の領掌を認む（「平頼盛下文案」白描五智如来図録裏文書〈平安遺文十巻補一〇三号〉）。
10・27	尾張国留守所目代惟宗朝臣、佐伯遠長をして尾張国中島郡鈴置村を領掌せしむ（「尾張国

	留守所下文案」白描五智如来図録裏文書〈平安遺文十巻補一〇四号〉)。
永万元年(一一六五) 6・	※永暦～長寛年間頃、熱田明神講式成る(熱田明神講式)。 是月、神祇官、熱田社等の諸社年貢を注進す(「神祇官諸社年貢注文」永万文書〈平安遺文七巻三三五八号〉)。 ※仁安年間頃、熱田社供僧少納言円定坊実曉、律師に補す(尾張志)。
承安2年(一一七二)	是歳、藤原範忠、平清盛に属し大宮司職に還補す(熱田大宮司千秋家譜)。
安元元年(一一七五)3・18 6・16	惣検校兼権宮司散位尾張奉忠、熱田本宮・八剣宮両社の新季大般若経料田十三町六段を子息廉忠に譲りて卒す(「尾張親継申状案」粟田家文書〈鎌倉遺文補遺二巻一一七二号〉、熱田惣検校尾張宿禰家譜)。 蓮華王院惣社に、八幡以下二十一社を鎮座せしめ、日前宮・熱田社等の本地正体を図す、但し日前宮・熱田社に本地の所見なきによりて鏡を用う(百錬抄)。 ※承安年間頃、藤原範忠、後白河院北面とみゆ(尊卑分脈、熱田大宮司千秋家譜)。
治承2年(一一七八)	是歳、二位殿(平時子)の命により、藤原範忠、大宮司職を孫の忠兼に譲る(熱田大宮司千秋家譜)。 青陽天、舞楽面崑崙八仙・二の舞(腫)・貴徳・納曾利等を修覆す(「舞楽面崑崙八仙・二の舞(腫)・貴徳・納曾利・還城楽・朱漆銘文」熱田神宮所蔵〈平安遺文金石部増補五〇七～五一〇号〉)。

治承3年(一一七九)11・17	太政大臣藤原師長解官、これよりのち尾張国に配流、月日を送り熱田宮に参詣し、神明法楽のため琵琶を弾き朗詠すという（玉葉、公卿補任、平家物語巻三「大臣流罪」、源平盛衰記巻十二「師長熱田社琵琶事」、十訓抄巻十「可庶幾才能事」）。
治承4年(一一八〇)6・16	大宮司藤原範忠を正五位下に叙す（「除目聞書」石清水八幡宮文書〈大日本古文書・石清水文書二巻六三二号〉）。
8・18	源頼朝、伊豆山法音尼を召し、毎日勤行の読経代誦所作を目録にして遣わす、その中に熱田・八剣宮あり（吾妻鏡）。
8・	是月、源頼朝、熱田太神宮に尾張国海東郡のうち一所を寄進すという（「伝源頼朝寄進状」熱田神宮文書〈宝庫文書付録〉）。
養和元年(一一八一)3・10	源行家、尾張国墨俣河において平重衡らと戦い敗れ、熱田社に籠る（吾妻鏡〈同月十九日条〉、平家物語〈長門本巻十二「墨俣河合戦」〉）。
3・	是月、藤原範雅、大宮司職に還補す（熱田大宮司千秋家譜）。
寿永元年(一一八二)是歳	源頼朝、母方従兄弟僧都寛伝を下野国日光山満願寺の第十九世座主となす（日光山列祖伝〈栃木県史史料編中世四〉）。
寿永2年(一一八三)7・16	源頼朝、惣検校尾張奉忠の後室に遺領安堵を伝う（「源頼朝書状写」熱田神宮文書〈馬場家文書二・三号、熱田宮及大宮司文書写、平安遺文八巻四二三四号〉）。

元暦元年（一一八四）7・20	源頼朝、鶴岡若宮の傍に熱田大明神を勧請し社壇を新造す、また貢税料所として相模国内の一村を寄進す（吾妻鏡）。
文治元年（一一八五）4・	是月、藤原範経、父範雅の譲りを得て大宮司職に就く（熱田大宮司千秋家譜）。
5・1	源頼朝、左兵衛佐局（熱田大宮司一族カ）に、備中国妹尾郷を崇徳院法華堂へ寄進せしことを伝う（吾妻鏡）。
9・8	源頼朝、惣検校尾張奉忠の後家尼に本宅・力王子名を安堵す、（「某施行状写」熱田神宮文書〈馬場家文書八六号〉）。建久3・12・10参看。
10・24	源頼朝、南御堂勝長寿院において父源義朝を供養す、頼朝母方の叔伯父前上野介藤原範信、これに供奉す（吾妻鏡）。
文治2年（一一八六）3・	是月、熱田社摂社上知我麻神社、正二位名神に進む（熱田宮略記）。 尾張国内神名牒に、熱田太神宮・正一位熱田皇太神宮などみゆ（尾張国内神名牒）。
6・26	伊勢神宮以下十二社に奉幣し、熱田社以下三社に官符を下して、宝剣の帰座を祈らしむ（玉葉、醍醐寺雑事紀巻十〈六月二十二日条〉）。
文治4年（一一八八）4・	是月、大宮司藤原範経、熱田社大物忌大師大夫大原武頼の申出により、小師大夫二員を置くという（「熱田大宮司藤原範経書下写」大物忌大師大夫家譜〈張州雑志巻三十五〉）。
11・9	源頼朝、母方従兄弟の僧任憲を引見す（吾妻鏡）。

文治5年（一一八九）9・10	鶴岡八幡宮末社熱田社祭（吾妻鏡）。
建久元年（一一九〇）2・22	源頼朝、院宣を奉じて諸国地頭および宇都宮・熱田宮・八幡宮などに伊勢神宮役夫工米の進済を命ず（吾妻鏡）。
4・18	幕府、美濃国土岐多良山地頭藤原仲経（大宮司藤原季範甥）に恒例の仏神役を勤仕すべきことを命ず（吾妻鏡）。
10・27	源頼朝、上洛の途次、熱田社に奉幣す（吾妻鏡、熱田宮旧記）。
12・1	源頼朝、任右大将拝賀のため仙洞御所・内裏に参ず、頼朝母方の従兄弟藤原範清、前三河守源範頼らとともに前駈を勤む（吾妻鏡、暦仁元年二月将軍参内記〈砂巌・愛知県史資料編八巻五二号〉）。
建久2年（一一九一）閏2・9	大宮司、熱田神宮寺如法院座主職について裁許を受く（「某書下写」「伝殷富門院庁下文写」密蔵院文書〈愛知県史資料編八巻五四号の二・三〉）。
6・5	源頼朝、母方の従兄弟藤原憲朝を駿河守に推挙す（玉葉、尊卑分脈、熱田大宮司千秋家譜）。
8・7	源頼朝、母方の従兄弟僧任憲の請により、僧勝実の熱田社領御幣田の押妨を停めて任憲に付せられんことを奏請す（吾妻鏡）。
8・27	鶴岡八幡宮若宮および末社熱田社の廻廊上棟（吾妻鏡）。
是歳	源頼朝、熱田社に幣帛使を差遣す（張州府志）。
建久3年（一一九二）12・10	源頼朝、権宮司尾張奉忠の後家に、本宅ならびに力王子以下名田私領田畠の相伝を改めて

	安堵す（「将軍家〈源頼朝〉政所下文写」粟田家文書〈熱田宮及大宮司文書写、愛知県史資料編八巻六九号）。
建久4年（一一九三）9・21	源頼朝、玄蕃助大夫藤原仲経（大宮司藤原季範甥）に美濃国土岐多良荘を改めて給す（吾妻鏡）。
9・26	源頼朝の外舅憲実法眼の後家鎌倉に来たる、大宮司故藤原季範の弟の後家たるによって、故上総介広常の遺跡を給す（吾妻鏡）。
12・1	源頼朝、相模守大内惟義を遣わして熱田社に奉幣す（吾妻鏡、熱田大宮司千秋家譜）。
建久5年（一一九四）8・8	源頼朝、相模国日向山参詣、頼朝母方の叔伯父藤原憲《（範）》信これに供奉す（吾妻鏡）。
9・28	幕府、伊勢神宮および熱田社に神馬・御剣を奉献す（吾妻鏡）。
10・25	鎌田正清の女、源義朝および正清のために勝長寿院において、如法経十種供養を修す、源頼朝・北条政子これに参じ、頼朝母方の叔伯父上野介藤原憲《（範）》信、布施取役を勤む（吾妻鏡）。
12・26	源頼朝、永福寺内新造薬師堂供養、頼朝母方の叔伯父上野介藤原憲《（範）》信、布施取役を勤む（吾妻鏡）。
建久6年（一一九五）7・1	源頼朝、上洛の途次、熱田社に奉幣す（吾妻鏡、熱田宮旧記、熱田大宮司千秋家譜）。
建久7年（一一九六）4・15	春宮権大進藤原仲頼解官および蔵人邦季爵を追われるにより、源頼朝、その後任として中条蔵人（頼朝母方の従兄弟藤原範清）を吹挙す（明月記）。

建久8年(一一九七)是歳	源頼朝、母方の従兄弟藤原信綱（憲朝）を尾張国海東郡地頭職に補す（尊卑分脈、熱田大宮司千秋家譜）。
正治元年(一一九九)3・8	上総介従四位下足利義兼卒す、母は大宮司藤原季範女（範忠の娘を養女となす）なり（尊卑分脈）。
正治2年(一二〇〇)8・	是月、源頼家、熱田社講衆廉忠の本所を安堵す（「源頼家下文写」粟田家文書〈熱田宮及大宮司文書写、愛知県史資料編八巻一〇〇号〉）。
12・19	藤原忠兼、庁宣により大宮司再任、翌年正月四日熱田社海蔵門において、これを披露せんと欲すれども、社家ら新規と称して紀大夫殿神前において開く、但し社家、請文は同月十四日に献ず（熱田大宮司千秋家譜）。
建仁元年(一二〇一)正・13	式部僧都寛伝、これより先、従兄弟源頼朝供養のために、三河国額田郡瀧山寺内に惣持禅院を建立しこの日供養す、また供僧十員を置き、料所として同郡内の十町を寄進し、頼朝等身大の仏像を造り胎内に頼朝の鬢と歯を納む（「瀧山寺縁起」瀧山寺文書〈新編岡崎市史資料編古代中世6〉）。
元久元年(一二〇四)9・14	額田式部僧都寛伝寂す、六十四歳（「瀧山寺縁起」瀧山寺文書〈新編岡崎市史資料編古代中世6〉）。
12・	是月、某、平光盛領尾張国海東郡海東中荘の熱田社領御路代田以下の作田検注を注進す

	（「海東中庄検注帳」久我家文書〈鎌倉遺文三巻一五一五号〉）。
建永元年（一二〇六）4・	是月、藤原賢子、熱田社神宮寺修理料田十町を、子息僧範明に譲与す（「尾張親継申状案」粟田家文書〈鎌倉遺文補遺二巻一一七二号〉）。
承元2年（一二〇八）3・11	惣検校尾張廉忠、熱田社本宮・八剣宮両社の新季大般若経料田十三町六段を子息頼嗣に譲与す（「尾張親継申状案」粟田家文書〈鎌倉遺文補遺二巻一一七二号〉）。
閏4・19	大宮司藤原忠兼、関東において逝去す（熱田大宮司千秋家譜）。
5・	是月、庁宣によりて、藤原保範を大宮司職に補す（熱田大宮司千秋家譜、尊卑分脈）。
6・22	庁宣によりて、藤原（大江姓）忠成を大宮司職に補す、翌月十七日、社家にこれを披露す（熱田大宮司千秋家譜、尊卑分脈）。
8・3	藤江頼秀卒す（藤江系図〈張州雑志巻三十六〉）。
建暦元年（一二一一）4・29	源実朝、郭公の声を聞きに永福寺へ渡る、北条泰時・大宮司藤原範雅の子息範高らこれに供奉す（吾妻鏡）。
建暦2年（一二一二）正・19	源実朝、鶴岡八幡宮参詣、相模守北条義時・前大膳大夫大江広元・大宮司藤原範雅の子息安芸権守範高らこれに供奉す（吾妻鏡）。
10・11	源実朝、大倉の新造堂舎（大慈寺）に渡る、文屋康秀の故事問答を聞き、これを大宮司藤原範雅の子息範高に記録せしめ、大慈寺の縁起の事始めとなすことを定む（吾妻鏡）。

建保元年(一二一三)2・2	源実朝眤近祗候の修理亮北条泰時・大宮司藤原範雅の子息安芸権守範高ら、幕府学問所番を命ぜらる、武蔵守北条時房これを奉行す（吾妻鏡）。
4・17	源実朝、和田朝盛の出家を惜しみ、大宮司藤原範雅の子息刑部丞忠季を使者として遣わす（吾妻鏡）。
4・26	後鳥羽上皇の山城国法勝寺九重塔供養にあたり、大宮司一門駿河前司中条（藤原）信綱・子息右馬助範俊ら警護を勤む（明月記）。
4・27	源実朝、和田義盛の許に御使として大宮司藤原範忠子息の刑部丞忠季を遣わし、蜂起を慰諭すといえども、義盛これを聴かず（吾妻鏡）。
5・2	和田合戦、足利義氏、幕府政所前の橋において朝夷名義秀と遭遇し合戦すれども苦戦す、大宮司一門鷹司冠者藤原朝季、義氏を救わんがために相支え戦死、この間、義氏遁れ奔走す（吾妻鏡）。 この日、大宮司一門安芸権守藤原範高、源実朝の命により、納涼の地を求め逍遥す（吾妻鏡）。
建保2年(一二一四)7・27	源実朝、大倉大慈寺供養、大宮司一門右馬助藤原範俊、前駈として供奉す（吾妻鏡）。
建保4年(一二一六)正・5	大宮司一門藤原信綱（憲朝）を従五位上、同弟範清を従五位下に叙す（明月記〈正月六日条〉）。
8・19	熱田社の御戸開かず、また焼失の怪異により軒廊御卜を行う（百錬抄）。
建保6年(一二一八)4・8	三条局、亡父法橋範智（熱田大宮司季範男）のため、遺跡山城国粟田口に一堂を建て供養

		す（吾妻鏡〈五月九日条〉）。
	3・16	大宮司藤原範雅の子息安芸権守範高、源実朝任左近衛大将の除目聞書を御前に置く、また安達景盛の任出羽介聞書を書写す（吾妻鏡）。
	6・27	源実朝、任左近衛大将拝賀のため鶴岡八幡宮参詣、大宮司一門藤原右馬助範俊らこれに供奉す、またこれを見物の北条政子・実朝御台所を大宮司一門藤原安芸権守範高警固す（吾妻鏡）。
	8・8	源実朝、直衣始により鶴岡八幡宮参詣、大宮司一門藤原右馬助範俊、行列の前駈を勤む（吾妻鏡）。
	12・2	北条義時の大倉新御堂薬師如来像供養、大宮司藤原範雅の子息安芸権守範高、布施取役を勤む（吾妻鏡）。
建保年間（一二一三～九）		熱田社領尾張国春日部郡落合郷検注帳を作成す（「落合郷検注帳案」妙興寺文書〈鎌倉遺文四巻二五〇一号〉）。
承久元年（一二一九）	正・27	源実朝右大臣拝賀のため鶴岡八幡宮に参詣し、公暁に殺害せらる、大宮司一門藤原左馬権助範俊、行列の前駈を勤む（吾妻鏡）。
	2・4	幕府縫殿別当女房三条局（大宮司一門法橋範智女、源頼朝従姉妹）、幕府より公暁の後見備中阿闍梨の遺跡の屋地を賜り、甥の僧少納言律師観豪を留守となす（吾妻鏡）。
	2・18	藤原頼経、鎌倉下向の途次に熱田社へ奉幣す（吾妻鏡）。
	是歳	僧良暹、尾張国愛智郡小舟津六町五段に国免を得て、一町五段を熱田社神宮寺薬師講田となす、また元仁元年これを尼浄忍（惣検校尾張親継養母）に売却す（「尾張親継申状案」粟

	田家文書〈鎌倉遺文補遺二巻一一七二号〉）。
承久2年(一二二〇)9・	是月、庁宣によりて、藤原範直を大宮司職に補す、翌十月五日、庁宣を社家に披露す（熱田大宮司千秋家譜、尊卑分脈）。
承久3年(一二二一)6・4	承久の変、幕府軍東海道大将軍北条相模守時房、熱田社に詣で上差を奉納す、次いで熱田大宮司某、火御子（美濃国ヵ）を固める京軍諸将打見・御料・寺本らをモロコシ（美濃国大唐ヵ）河にて破る、京軍敗戦により、これに与力せる大宮司一門棄捐せらる、また尾張国住人、熱田社頭に集まりて戦難を避けるという（承久記 下〈慈光寺本〉、尊卑分脈、熱田大宮司千秋家譜、沙石集巻一「神明慈悲貴給事」）。
7・	是月、これより前、藤原（大江姓毛利）忠茂、鎌倉より熱田社に入りて大宮司職に就く、七月、庁宣により正式に大宮司職に補す（熱田大宮司千秋家譜）。 ※この頃、尾張国山田郡住人右馬允明長、承久の変後捕らえられ鎌倉に連行さる、その途次、熱田社の講衆・神官ら、明長の身柄預かりを請うといえども許されず（沙石集巻二「薬師観音利益事」）。
11・3	北条義時室（伊賀朝光女）、産気あるにより、産所を幕府縫殿別当女房三条局（大宮司一門法橋範智女、源頼朝従姉妹）宅へ移すことを議す（吾妻鏡）。
11・13	北条義時室の産所を幕府縫殿別当女房三条局宅へ移す（吾妻鏡）。
11・23	北条義時室、産所幕府縫殿別当女房三条局宅にて女子出産（吾妻鏡）。
貞応2年(一二二三)4・8	海道記の作者某、熱田社参詣（海道記）。

嘉禄元年（一二二五）7・	是月、庁宣によりて、藤原能範を大宮司職に補す、追って九月熱田社に入部す（熱田大宮司千秋家譜・尊卑分脈）。
8・	是月、小野成政、熱田社等鎮守三社は巨多の修理料田あるといえども、惣社大国霊神社にはこれなきによりて申請す、よって尾張国司、成政をして修理料田二十町を引募らしむ（「尾張国司庁宣案」大国霊神社文書〈鎌倉遺文五巻三四〇一号〉）。
寛喜元年（一二二九）5・3	権宮司尾張頼嗣、熱田社本宮・八剣宮両社の新季大般若経料田十三町六段を養子尾張親継に譲与す（「尾張親継申状案」粟田家文書〈鎌倉遺文補遺二巻一一七二号〉）。
貞永元年（一二三二）是歳	大宮司一門の審範を鶴岡八幡宮供僧職に補す（鶴岡八幡宮寺供僧次第〈鶴岡八幡宮諸職次第・鶴岡叢書第四輯〉）。 尼忍浄（藤原賢子）、尾張国愛智郡小船津里の熱田社神宮寺薬師堂講田一町五段を養子権宮司尾張親継に譲与す、また愛智郡地頭禅尼、同里の田地五町を同法華経料田として寄進す（「尾張親継申状案」粟田家文書〈鎌倉遺文補遺二巻一一七二号〉）。
天福元年（一二三三）正・11	大宮司一門の審範を鶴岡八幡宮学頭に補す（八幡宮学頭次第〈鶴岡八幡宮寺諸職次第・鶴岡叢書第四輯〉）。
是歳	将軍藤原頼経、熱田社に幣帛使を差遣すという（張州府志巻四）。
文暦元年（一二三四）12・28	熱田社鎮皇門西より出火、暴風の間、八剣宮拝殿・日割宮炎上し、在家百余宇焼亡す、よっ

	て翌年惣検校尾張親継、焼失したる私領名田調度文書の紛失証判を大宮司ならびに国衙へ申請し、二月十七日認めらる（「尾張親継申状案」粟田家文書〈鎌倉遺文補遺二巻一一七二号、愛知県史資料編八巻一一五号〉、「鎌倉幕府奉行人武藤景頼奉書写」「将軍家政所下文写」粟田家文書〈愛知県史資料編八巻二四二号の一・二〉）。
是歳	足利義氏、鑁阿寺大御堂を建立す、その上棟札に「藤原朝氏私云、熱田大宮司殿」とみゆ（「鑁阿寺大御堂棟札写」灌頂庭儀之図裏書、鑁阿寺所蔵〈近代足利市史第一巻〉）。
嘉禎元年（一二三五）2・15	幕府、御所南面において涅槃経論義を行い、大宮司一門審範以下僧衆八人これを勤む（吾妻鏡）。
12・24	将軍藤原頼経、疱瘡を患う、よって幕府、祈禳のため伊勢内外宮・熱田社以下の諸社に使を遣わし、大般若経転読および神楽を修すべき旨を命ず（吾妻鏡）。
嘉禎2年（一二三六）正・	是月、大宮司藤原能範、江崎武明に熱田社南新宮祭の神事祭式奉仕を命ずという（「熱田大宮司藤原能範下文写」大物忌大師大夫家譜〈張州雑志巻三十五、鎌倉遺文七巻四九一四号〉）。
10・	是月、尾張国司、留守所をして承久三年以後、勅免・国免外の社領を顛倒して国衙領とし、十一町ごとに一町を神領となす（「尾張国国司庁宣案」性海寺文書〈鎌倉遺文七巻五〇七五号〉）。
嘉禎3年（一二三七）10・10	権宮司尾張奉忠の子息正五位下奉光卒す（熱田惣検校尾張宿禰家譜、総検校尾張宿禰家譜）。
11・	是月、庁宣によりて、大江元成を熱田大宮司に補す、早良大宮司と号す（熱田大宮司千秋家譜）。

暦仁元年(一二三八)閏2・	是月、藤原能範を大宮司職に還補す〈熱田大宮司千秋家譜、尊卑分脈〉。
10・18	将軍藤原頼経、鎌倉帰還の途次、熱田社に奉幣す〈吾妻鏡〉。
12・	是月、勧進上人阿願、熱田社領尾張国愛智郡笠寺敷地荒野三町を殺生禁断の地となし、神役・院役并びに検非違所使の入部を優免せられんことを本社熱田社に申請す、よって同社本所宣陽門院、熱田大宮司をしてこれを免除す〈「阿願解」笠覆寺文書〈鎌倉遺文七巻五三三六号〉、「宣陽門院庁下文」笠覆寺文書〈同前八巻五三七六号〉、参考「念阿弥陀仏寄進状」笠覆寺文書〈同前七巻五二六二号〉〉。 尾張国司、留守所に命じて、天福の宣旨に任せ熱田社領千騎名・重松名、真清田社修理田等を安堵す〈「尾張国司庁宣案」大国霊神社文書〈鎌倉遺文八巻五三六六号〉〉。
暦仁2年(一二三九)正・	是月、尾張国留守所、国司庁宣に任せて、熱田社領千騎名・重松名、真清田社修理田などの不入を安堵す〈「尾張国留守所下文」大国霊神社文書〈鎌倉遺文八巻五三七七号〉〉。
仁治3年(一二四二)8・16	東関紀行の作者某、熱田社参詣〈東関紀行〉。
寛元2年(一二四四)5・29	将軍藤原頼嗣の三日病回復祈禱のため、大宮司一門弁僧都審範ら十壇炎魔天供を行う〈吾妻鏡〉。
9・28	幕府縫殿別当尼三条局〈大宮司一門越後法橋藤原範智女〉卒去〈吾妻鏡〉。
寛元3年(一二四五)2・25	前将軍藤原頼経不例、よって回復祈禱のため大宮司一門弁僧都審範ら七壇薬師法を修す

	（吾妻鏡）。
4・17	沙門公性、先師僧正実豪（大宮司一門藤原範信男）の報恩用途地尾張国得永保・三河国稲束保などを、太政法印某に譲進す（「沙門公性譲状」如法院文書〈愛知県史資料編八巻二九五号〉、尊卑分脈）。
8・15	鶴岡八幡宮放生会、将軍藤原頼嗣の御後五位の一員として元大宮司前刑部少輔大江忠成これに供奉す（吾妻鏡）。
12・18	尾張俊村・同俊秀父子、尾張国中島郡の中島観音堂に熱田宮御油畠五段と立替たる畠以下を寄進す（「尾張俊村・同俊秀連署寄進状」宝生院文書〈鎌倉遺文九巻六五九八号〉）。
是歳	元大宮司大江忠成、鎌倉幕府評定衆に任ず（関東評定衆伝一）。
寛元4年（一二四六）7・18	尾張俊村・同俊秀父子、尾張国中島郡の中島観音堂に海西郡一乗寺東方の熱田八剣宮片屋修理料田一町五段を寄進す（「尾張俊村・同俊秀連署寄進状」宝生院文書〈鎌倉遺文九巻六七二四号〉）。
宝治元年（一二四七）6・11	元大宮司前刑部少輔大江忠成、兄季元（毛利入道西阿）の三浦泰村への加担（宝治合戦）に坐して評定衆を罷免さる（吾妻鏡）。
宝治2年（一二四八）3・11	大宮司藤原能範卒す、葬送の日、庁宣によりて、子息範広を大宮司職に補す、翌年四月二日庁宣を社家に披露す（熱田大宮司千秋家譜、尊卑分脈）。
建長3年（一二五一）正・11	将軍藤原頼嗣、鶴岡八幡宮参詣、出羽前司星野秀義（清範男季茂ヵ）諸大夫の一員として

	供奉す（吾妻鏡、尊卑分脈）。
建長6年(一二五四)4・2	庁宣によりて、藤原（野田）朝氏を大宮司職に補す（熱田大宮司千秋家譜、尊卑分脈）。
6・3	北条時頼邸において審範（熱田大宮司藤原季範曾孫）ら、法華八講を勤む（吾妻鏡）。
6・23	幕府、鶴岡八幡宮において、最勝王経講を修す、弁法印審範（大宮司藤原季範曾孫）ら、講衆を勤む（吾妻鏡）。
康元2年(一二五七)正・11	庁宣によりて、藤原範広を大宮司職に還補す（熱田大宮司千秋家譜、尊卑分脈）。
7・1	熱田神宮寺円定坊供僧慶潤、熱田大宮法華不断経・八剣宮最勝問答講を弟子若狭房に譲与す（「慶潤譲状」如法院文書〈愛知県史資料編八巻三六四号〉、「熱田社神宮寺円定坊供僧職相伝系図」如法院文書〈春日井市史第二篇「熱田神宮寺古記録15」〉）。
正嘉2年(一二五八)8・	是月、権宮司尾張親継関東下文を賜う（熱田惣検校尾張宿禰家譜）。
12・24	幕府、大宮司藤原範広に権宮司尾張親継の相伝所領に関する紛失状・当知行の正当性などについて注進を求む（「鎌倉幕府奉行人武藤景頼奉書写」粟田家文書〈愛知県史資料編八巻二四二号の一〉）。翌年、幕府、範広の請文により親継の相伝所領を安堵す（「将軍家政所下文写」同上〈同上二四二号の二〉）。
是歳	尾張仲広、祝師職に就く（尾治宿禰田島氏系譜）。
弘長元年(一二六一)2・20	鶴岡八幡宮仁王会、同社学頭弁法印審範（大宮司藤原季範曾孫）読師を勤む（吾妻鏡）。
9・3	弁法印審範（大宮司藤原季範曾孫）危篤により、北条時頼最後の対面のために鎌倉雪下北

	谷の宿坊を訪問す（吾妻鏡）。
9・4	鶴岡八幡宮供僧法印権大僧都審範（熱田大宮司藤原季範曾孫）入滅す（吾妻鏡）。
文永2年（一二六五）3・7	幕府、彼岸懺法講を修す、宗尊親王の御息所、鶴岡八幡宮に参詣し、七ヶ日参籠す、末社熱田社・三嶋社前の横廊四間をもって御局となし、西二間を以て寝所・念誦所となす（吾妻鏡）。
12・	是月、藤原宗範を大宮司職に補す（熱田大宮司千秋家譜、尊卑分脈）。
是歳	元大宮司大江忠成、京都において卒す（関東評定衆伝一）。
文永3年（一二六六）7・28	山田重泰、所領尾張国山田郡内鳥原村を熱田神宮寺座主民部卿遍範新儀濫妨するにより訴う、よって幕府、大宮司藤原宗範をして遍範に子細を尋ねしむ（「関東御教書写」熱田神宮文書〈千秋家文書中巻三〇八号〉）。
10・8	鷹司院、熱田社領別名中村・小鍋氷室・堀津北・相厩戸の四箇所に関する置文を記す（「鷹司院置文写」下郷家文書〈愛知県史資料編八巻三九八号の二〉、「熱田社領四箇所別名相伝系図」〈同上三九八号の一〉）。
	この頃、熱田社神宮寺に参籠中の盲目男、薬師如来の利益によって開眼すという（沙石集巻二「薬師之利益事」）。
文永7年（一二七〇）12・晦日	祭主権宮司兼惣検校兵部少丞尾張員継、熱田社踏歌祭頌文を書写す（「熱田神宮踏歌祭頌文」熱田神宮文書〈田島家文書一号〉）。

文永8年（一二七一）5・	是月、藤原範行を大宮司職に補す（熱田大宮司千秋家譜、尊卑分脈）。
12・	是月、藤原宗範を大宮司職に再任す（熱田大宮司千秋家譜、尊卑分脈）。
是歳	惣検校尾張宿禰奉継、関東下文を賜う（熱田惣検校尾張宿禰家譜）。
文永9年（一二七二）4・	是月、後嵯峨上皇の遺詔により、後深草上皇、長講堂領・播磨国衙領・熱田社領を管領すという（増鏡巻八「あすか川」）。
建治元年（一二七五）2・19	比丘尼浄戒・沙弥量意・尾張俊明ら、私領の熱田八剣宮修理田以下を尾張国中島郡の中島観音寺に寄進す（「浄戒・量意・尾張俊明等連署寄進状」宝生院文書〈鎌倉遺文十五巻一一八二二号〉）。
5・18	後深草上皇、鷹司兼平に熱田社領別名堀津郷・下中村郷・小鍋村・相厩戸郷を安堵す（「後深草上皇院宣案」広橋家文書〈愛知県史資料編八巻四二五号〉、「熱田社領四箇所別名相伝系図」〈同上三九八号の一〉）。
5・	是月、元大宮司備中刑部権少輔大江忠成跡、幕府より京都六条若宮八幡宮（左女牛八幡宮）の造営料十貫文の負担を命ぜらる（「六条八幡宮造営注文」六条八幡宮文書〈国立歴史民俗博物館所蔵文書〉）。
□・10	幕府、大宮司藤原宗範に、供御料所等のことは往古の状の旨に任せて沙汰すべきことを命ず（「関東御教書写」熱田神宮文書〈千秋家文書中巻二九三号〉）。
建治3年（一二七七）2・15	沙弥願浄、熱田社領尾張国春日部郡落合郷年貢絹および同郷内なす名の油田注文を作成す

	（「沙弥願浄年貢注文写」熱田神宮文書〈千秋家文書中巻三六三号〉、「沙弥願浄油田注文写」熱田神宮文書〈同前三六四号〉）。
弘安2年(一二七九)夏	尾張国長母寺の無住、沙石集を著し始む、そのなかに、母の遺骨を高野山に納める途次の性蓮房を忌みせずしてもてなせ、との熱田大明神の夢告を大宮司みると記載あり（沙石集巻一「神明慈悲ヲ貴給事」、元亨釈書巻十二「性蓮房」）。
10・20	十六夜日記の作者阿仏尼、熱田社へ参詣して、歌五首を詠む（十六夜日記）。
是歳	朱明天、熱田社舞楽面崑崙八仙を重修す（「舞楽面崑崙八仙貴徳朱漆銘文」熱田神宮所蔵）。
弘安3年(一二八〇)正・18	春の深山路の作者飛鳥井雅有、京より鎌倉へ下向の途次、熱田社の前を通過し、草薙剣などのことを記す（春の深山路）。
弘安4年(一二八一)4・26	鶴岡八幡宮、去年十一月十四日回禄、よって本日上棟、上野大蔵少輔入道、末社熱田社の造営を担当す（弘安四年鶴岡八幡宮遷宮記〈神道大系神社編二十鶴岡〉）。
弘安6年(一二八三)5・	是月、熱田太神宮庁、大法師覚遍を熱田社供僧職に補す（「熱田太神宮庁下文写」如法院文書〈張州雑志巻五十四、鎌倉遺文二十巻一四八六六号〉）。
弘安7年(一二八四)8・	是月、藤原（野田）行氏を大宮司職に補す、翌九月熱田社に入る（熱田大宮司千秋家譜、尊卑分脈）。
11・9	熱田大宮司（藤原行氏ヵ）、文永八年の鷹司院令旨に任せて、尾張国性海寺敷地二町三段半

	を安堵す（「熱田大宮司安堵状」性海寺文書〈愛知県史資料編八巻四九三号〉）。
是歳	朱明天、熱田社舞楽面崑崙八仙・還城楽・陵王を重修覆す（「舞楽面崑崙八仙・還城楽・陵王朱漆銘文」熱田神宮所蔵）。
弘安8年(一二八五)11・	是月、藤原宗範、大宮司職に三度目の還補、翌十二月、熱田社に入る（熱田大宮司千秋家譜、尊卑分脈）。
弘安9年(一二八六)正・4	亀山上皇御幸始、このために大宮司藤原宗範、馬二頭を用意す（「前豊前守憲説記」国立公文書館内閣文庫蔵〈愛知県史資料編八巻五一六号〉）。
正応元年(一二八八)11・26	権宮司尾張仲奉、熱田社踏歌頌文を書写す（「熱田社踏歌頌文奥書」熱田神宮文書〈田島家文書一・二号解説〉）。
正応2年(一二八九)3・	是月初旬、とはずがたりの作者後深草院二条、熱田社に七日間参籠す（とはずがたり巻四）。
4・	是月、熱田太神宮庁、大法師慶幸を熱田社供僧職に補す（「熱田太神宮庁補任状写」如法院文書〈張州雑志巻五十四、鎌倉遺文二十二巻一六九九〇号〉）。
正応3年(一二九〇)2・6	藤原（野田）行氏、熱田大宮司職に再任す、在職一ヶ月（熱田大宮司千秋家譜、尊卑分脈）。
3・28	藤原宗範、大宮司職に四度目の還補、在職三年（熱田大宮司千秋家譜、尊卑分脈）。
5・27	某、熱田社領のへり畠地の用途（銭）を給う（「定□書状」熱田神宮文書〈馬場家文書六号〉）。

	9・	是月、とはずがたりの作者後深草院二条、熱田社に参籠し華厳経三十巻を書写せんとすれども、大宮司これを疎むによりて、空しく帰洛す（とはずがたり巻四）。
正応4年（一二九一）	2・2	大宮司藤原宗範、祈年祭・十二所祭を奉仕す、この日夜半熱田社内院より出火、回禄（熱田大宮司千秋家譜、帝王編年記、続史愚抄）。またこのときとはずがたりの作者後深草院二条、熱田社に参籠、次いで伊勢参宮ののち熱田社に戻りて、華厳経を書写すという（とはずがたり巻四）。
	4・13	大宮司藤原宗範、尾張仲広を為安郷郷司職に補す（「熱田大宮司藤原宗範袖判下文写」熱田神宮文書〈田島家文書九号の一、鎌倉遺文二十三巻一七五九四号〉）。
	5・	是月、僧随胤、置文に山城国岩蔵寺領として熱田社領尾張国愛智郡御幣田（郷）を記す（「僧随胤置文」大覚寺文書〈愛知県史資料編八巻五五〇号〉）。
	6・16	後深草上皇皇女久子内親王に熱田大神の託宣下る（熱田太神宮御託宣記）。
	11・18	熱田社家長岡家に符節を納む（「符節墨書写」長岡大夫家文書〈張州雑志巻三十六、愛知県史資料編八巻五五一号〉）。
	11・	是月、熱田社御使沙弥妙業、熱田社領尾張国海東郡一百丁有里名郷司左衛門尉源某、同郷作田検見目録を注進す（「尾張有里名検見目録」長岡家文書〈張州雑志巻三十六、鎌倉遺文二十三巻一七七六五号〉）。
	12・26	伏見天皇、熱田社造営、この日遷宮（熱田大宮司千秋家譜、尾州熱田御造営書付、熱田宮旧記）。
正応5年（一二九二）	4・19	氷上社務以下諸家の家職・当役など、火上天神の御祓占によって定む（「氷上社務定文写」

4・	氷上神祠〈張州雑志巻三〉、愛知県史資料編八巻五五四号)。 是月、藤原範春を大宮司職に補任すといえども、熱田社に入らず(熱田大宮司千秋家譜、尊卑分脈)。
永仁元年(一二九三)4・	是月、鷹司兼平、熱田社別名堀津・下中村・小鍋・椙厩戸などを子息兼忠に譲与す(「鷹司兼平譲状案」鷹司家文書〈鎌倉遺文二十三巻一八一八二号〉、「熱田社領相伝別名系図」下郷家文書〈愛知県史資料編八巻三九八号の一〉)。
6・	是月、藤原(野田)行氏、三度大宮司職に補す(熱田社大宮司千秋家譜、尊卑分脈)。
7・16	大宮司藤原(野田)行氏、尾張仲広を為安郷郷司職に補す(「熱田大宮司藤原行氏袖判下文写」熱田神宮文書〈田島家文書九の二号、鎌倉遺文二十四巻一八二五六号〉)。
是歳	尾張宿禰仲経、祝師職に就く(尾治宿禰田島氏系譜)。
永仁2年(一二九四)10・5	大納言法印、熱田社領尾張国堀江御園を安堵さる(「後深草上皇院宣案」壬生家文書〈鎌倉遺文二十四巻一八六七二号〉)。
永仁3年(一二九五)5・2	惣検校尾張宿禰奉継卒す、六十七歳(熱田惣検校尾張宿禰家譜)。
8・	是月、尾張成仲を大炊助に任ず(「田島丹波系図」〈田島家文書系譜編、張州雑志巻三十六〉)。
是歳	藤原(大江姓毛利)時光を大宮司職に補す、行命大宮司と号す(熱田大宮司千秋家譜、尊卑分脈)。
永仁4年(一二九六)2・28	前大僧正頼助寂す、生前醍醐寺理性院のとき熱田社神宮寺座主職を勤む(「鶴岡八幡宮寺

		社務次第」鶴岡八幡宮文書〈神道大系神社編二十鶴岡〉、「理性院院務次第」醍醐寺文書〈続群書類従巻九十七、愛知県史資料編八巻五七七号〉）。
	3・26	藤原（野田）家季を大宮司職に補す、藤沢大宮司と号す（熱田大宮司千秋家譜、尊卑分脈）。
	5・6	某、田島大殿の御前にて伊勢尾張氏系図を書写す（「田島丹波系図奥書」〈田島家文書系譜編、張州雑志巻三十六〉）。
永仁5年（一二九七）	正・16	惣検校尾張頼仲に双子楠若丸（良継）・松若丸（実仲）誕生す（熱田惣検校尾張宿禰家譜）。
	2・5	藤原宗範、大宮司職に五度目の還補（熱田大宮司千秋家譜、尊卑分脈）。
	2・25	熱田社領本所後深草上皇、尾張国愛智郡成武郷の馬場家相伝地行地を安堵す（「後深草上皇女房奉書写」熱田神宮文書〈馬場家文書七号、鎌倉遺文二十五巻一九二八八号〉）。
永仁6年（一二九八）	4・20	藤原永範を大宮司職に挙補す（熱田大宮司千秋家譜）。
	5・30	これより先、落合行長、熱田社領尾張国春日部郡落合郷当知行地半分を同知範に和与す、よって落合知範、和与分を注す（「落合行長・知範和与状」妙興寺文書〈鎌倉遺文二十六巻一九七八一号〉、「熱田社領尾張国落合郷領主職和与状写」熱田神宮文書〈千秋家文書中巻三六五号〉）。
	9・1	後深草法皇、熱田社領尾張国春日部郡落合郷惣領主職につきて、落合行長に同知範への和与の外を相伝領掌せしむ（「後深草法皇院宣」妙興寺文書〈鎌倉遺文二十六巻一九七八〇号〉）。
	9・	是月、某、国衙濫責の熱田社領を注進す（「熱田社領注進状写〈断簡〉」猿投神社文書〈鎌

	倉遺文二十六巻一九八二七号〉)。※愛知県史資料編八巻五九七号参着。
正安元年(一二九九)3・22	僧唯心、尾張国春日郡安食上荘鎮守八剣大明神に金銅鶴丸文散兵庫鎖太刀を奉納す(「金銅鶴丸文散兵庫鎖太刀陰刻銘」熱田神宮所蔵)。
8・	是月、熱田社領尾張国智多郡大郷郷百姓ら、同郡荒尾郷村人観音冠者殺害につき訴えらるによりて陳言す(「熱田社領大郷郷百姓等陳状写」猿投神社文書〈鎌倉遺文二十六巻二〇二一八号〉)。
	是月、散位尾張(馬場)員仲、尾張国愛智郡神戸郷の内、祖父伝領の正住名畠地一段大の名主職返給を申請す(「尾張〈馬場〉員仲申状写」猿投神社文書〈鎌倉遺文二十六巻二〇二一九号〉)。
10・13	尾張(馬場)員仲、祖父祝師尾張頼仲伝領の正住名畠地一段大の相伝を認めらる(「尾張員仲申状写」猿投神社文書〈鎌倉遺文二十六巻二〇二二〇号〉)。
正安2年(一三〇〇)2・22	藤原(大江姓毛利)時光を大宮司職に還補す、また熱田社に神輿を寄進す(熱田大宮司千秋家譜、尊卑分脈)。
閏7・	是月、熱田社領時光・恒正名の百姓ら、大旱魃により内検を請う(「熱田社領時光・恒正名百姓等申状写」猿投神社文書〈鎌倉遺文二十七巻二〇五四四号〉)。
是歳	熱田社領宮吉、年貢糸絹漆等の散用状を注進す(「熱田社領宮吉年貢散用状写〈断簡〉」猿投神社文書〈豊田史料叢書猿投神社中世史料本朝文粋巻二紙背文書四号〉)。
	熱田社領尾張国智多郡大郷郷、早田検見目録を注進す(「熱田社領大郷郷早田検見注進状

	写」猿投神社文書〈豊田史料叢書猿投神社中世史料本朝文粋巻二紙背文書七号〉）。
正安3年(一三〇一)正・23	藤原永範を大宮司職に再任す（熱田大宮司千秋家譜、尊卑分脈）。
3・14	熱田社領忠宗政所、去年十二月二十三日年貢糸十五両、同二十八日四十両を進済し返抄を受け、その請文を進ず（「忠宗政所請文写」猿投神社文書〈鎌倉遺文二十七巻二〇七三一号〉）。
6・5	惣検校尾張奉仲卒す（熱田惣検校尾張宿禰家譜）。
8・7	某、後深草法皇院宣に任せて、落合行長に熱田社領尾張国春日部郡落合郷惣領職を返給し、年貢を全うすべきことを大宮司藤原永範に命ず（「某奉書写」熱田神宮文書〈千秋家文書中巻三六六号〉）。
是歳	鷹司兼忠、熱田社領別名堀津・下中村・小鍋・楫厩戸を姫君に譲与す（「熱田社領四箇所別名相伝系図」下郷家文書〈愛知県史資料編八巻三九八号の一〉）。
乾元元年(一三〇二)3・27	後深草法皇、正三位三条実躬に熱田社領内の一所を給す（実躬卿記）。
6・	是月、某、熱田社領尾張国延方名（粉酒小渕）は西嶋針渕内との高倉範春の主張を退け、名主らに安堵す（「某書状案」醍醐寺文書〈愛知県史資料編八巻六二〇号〉）。
嘉元元年(一三〇三)7・26	藤原永範、三度熱田大宮司職に還補す（熱田大宮司千秋家譜、尊卑分脈）。
11・20	熱田社領堀津中村政所より書状到着す（「熱田社領中村政所書状包紙写」猿投神社文書〈鎌倉遺文二十八巻二一六八〇号〉）。
11・	是月、熱田社領尾張国春日部郡朝日中郷公文橘兼末の請文到着す（「熱田社領朝日中郷公文橘兼末請文包紙写」猿投神社文書〈鎌倉遺文二十八巻二一六七九号〉）。

12・1	熱田社領美濃国狐穴郷政所の年貢請文到着す（「熱田社領狐穴郷政所請文包紙写」猿投神社文書〈鎌倉遺文二十八巻二一六九五号〉）。
嘉元2年（一三〇四）2・	是月、藤原（野田）家季を大宮司職に再任す（熱田大宮司千秋家譜）。
7・8	後深草法皇、長講堂領以下管領所々を伏見上皇へ譲与す（「後深草法皇処分状案」伏見宮家文書〈鎌倉遺文二十八巻二一八八八号〉）。
9・	是月、某、石清水八幡宮における流血の先例として、熱田社司親類の自害などを注進す（「石清水八幡宮社頭流血先例注進状写」〈「八幡宮寺縁事抄」、愛知県史資料編八巻六二九号〉）。
嘉元3年（一三〇五）正・26	大宮司藤原（野田）家季解任により、藤原永範、四度大宮司職に還補す（熱田大宮司千秋家譜、尊卑分脈）。
10・6	惣検校尾張頼仲卒す、三十歳（熱田惣検校尾張宿禰家譜）。
是歳	尾張員仲、舎兄惣検校尾張頼仲卒するによって、国庁ならびに大宮司の命を受けて頼仲遺児の後見となり惣検校職に就く（熱田惣検校尾張宿禰家譜）。
徳治元年（一三〇六）7・23	大江忠氏を大宮司職に補す、萩大宮司と号す（熱田大宮司千秋家譜、尊卑分脈）。
8・21	藤原兼範、越前国丹生北郡宇治江村源五郎名内の字柿木町の田二段を同国大谷寺弘法大師御影供料田として寄進す（「藤原兼範寄進状写」越知神社文書〈福井県史資料編五中近世三〉）。
11・18	沙弥覚蔵ら、尾張国中島郡南条下池部里内の今村三町五段を円覚寺へ寄進す、当村はもと覚蔵の先祖父貞親が私領を熱田太神宮御灯油畠地として寄進せるものなり（「覚蔵等連署

是歳	寄進状」円覚寺文書〈鎌倉遺文三十巻二二七七〇号〉）。 藤原国弘、三河国額田郡熱田八剣大明神の社殿を建立す（「岡崎市額田町八剣神社棟札写」額田町八剣神社所蔵〈愛知県史資料編八巻六五一号〉）。
徳治2年(一三〇七)5・	是月、藤原永範、五度大宮司職に重任す（熱田大宮司千秋家譜、尊卑分脈）。
徳治3年(一三〇八)7・7	尾張国梅須賀寺院主金剛仏子恵海（賢空）、熱田社に紙本墨書極細字法華経二巻を書写し奉納す（「極細字法華経奥書」熱田神宮所蔵）。
延慶2年(一三〇九)7・25	藤原範房を大宮司職に挙補す、一説に三月十二日再任し、文保元年五月まで在職という（熱田大宮司千秋家譜、尊卑分脈）。 ※これより先、熱田社領尾張国智多郡横須賀郷、本所一円進止となり、大宮司一門範実を預所職に補す、よって同一門範義・範守ら正安三年幕府知行安堵による別名の進止を主張し相論す（「範義書状」金沢文庫文書〈鎌倉遺文二十七巻二〇九五一～三号、同三十三巻二五三一六～二九号、愛知県史資料編八巻六七四～七号〉）。
延慶3年(一三一〇)12・20	藤原（野田）家季、三度大宮司職に還補す（熱田大宮司千秋家譜）。
応長元年(一三一一)閏6・17	道誓、熱田神宮寺如法院円定坊供僧筑後御房慶賢に、熱田中瀬の少輔七郎(田島中務少輔七郎仲経跡カ)跡を宛行うことを伝う（「道誓奉書写」熱田神宮文書〈千秋家文書上巻二三号〉）。

正和元年（一三一二）3・20	尼尊如、私領名田畠（熱田社領畠二箇所四段を含む）を性海寺に寄進す（「尊如寄進状」性海寺文書〈新編一宮市史資料編六の二三四号〉）。
12・	是月、伏見上皇、熱田社領を後伏見上皇に譲与し、のち法金剛院領に付して、花園天皇に譲進すべきことを定む（「伏見上皇処分状案」伏見宮御記録〈鎌倉遺文三十二巻二四七六七号〉）。
正和2年（一三一三）4・7	阿闍梨頼意、相伝私領尾張国愛智郡東条大宅郷内の熱田社領灯油料所細地脇荒野一町を、初物銭三十二貫代として権宮司尾張員仲に売却す（「阿闍梨頼意売券写」熱田宮及大宮司文書写）。
正和3年（一三一四）9・21	この日、六波羅探題、去る五月一日の新日吉社乱闘事件張本のひとり律師昌憲を糺明し、千秋上野前司に預く、また翌十月四日、同じく張本祐因を預く（公衡公記〈十月七日条〉）。
11・21	熱田太神宮庁、出雲行宗を五位職に補す（「熱田太神宮庁補任状写」熱田神宮文書〈千秋家文書中巻三〇六号〉）。
12・	是月、熱田社遷宮（熱田大宮司千秋家譜）。
正和4年（一三一五）4・11	京都衣笠殿において如法経十種供養、大宮司藤原家季、同用途として五百疋を納む（公衡公記）。
正和5年（一三一六）5・9	藤原親昌を大宮司職に補す、一説に翌文保元年五月より七月まで在職という（熱田大宮司千秋家譜、尊卑分脈）。

	10・18	熱田太神宮寺家政所、大法師公遍を講衆職に補す（「熱田太神宮寺家政所下文写」熱田妙法院文書〈張州雑志巻五十四・鎌倉遺文三十四巻二五九五七号〉）。
	11・	是月、某、熱田太神宮御領別納等を注進す（「熱田社領注進状写」楓軒文書纂中巻）。
	是歳	尾張仲衡、祝師職に就く（尾治宿禰田島氏系譜）。
文保元年(一三一七)	3・15	尾張（馬場）奉忠の後室、源頼朝より力王子名拝領の例にまかせ、この日より先、尼勝仏、幡屋屋敷を安堵さる（「某書下写」熱田地蔵院文書〈張州雑志巻五十五、鎌倉遺文三十四巻二六一一二号〉）。 萩（大江）忠氏を大宮司職に再任す（熱田大宮司千秋家譜、尊卑分脈）。
	是歳	惣検校尾張員仲、舎兄尾張頼仲の遺児楠若丸（良継）に惣検校職を譲り、出家して空円と号し、東宮山神宮寺に住す（熱田惣検校尾張宿禰家譜）。
文保2年(一三一八)	2・11	後伏見上皇、熱田社領尾張国愛智郡大腋郷のうち古布・矢梨子・衾田を後鳥羽院御影堂料所となす（「後鳥羽上皇院宣」水無瀬神宮文書〈鎌倉遺文三十四巻二六五四七号〉）。
	6・25	後伏見上皇、熱田社領尾張国上納戸を後鳥羽院御影堂修理料所となす（「後伏見上皇院宣」水無瀬神宮文書〈鎌倉遺文三十四巻二六七一九号〉）。
	10・20	野田季宣を七歳にて大宮司職に補す（熱田大宮司千秋家譜、尊卑分脈）。
	是歳	惣検校尾張良継の本領等を安堵す（熱田惣検校尾張宿禰家譜）。
元応元年(一三一九)	是歳	庁宣によりて、野田朝重を大宮司職に補す（熱田大宮司千秋家譜、尊卑分脈）。

元応2年(一三二〇)正・21	後伏見上皇、熱田社神宮寺座主法印御房に、熱田社御祈料所西田十八町のうち、供僧知行を除く五町余を宛行う(「後伏見上皇院宣写」妙法院文書〈張州雑志巻五十四、鎌倉遺文三十五巻二七三六二号〉)。
3・12	祝師尾張仲衡、熱田神宮寺祝詞を奏上す(「神宮寺祝詞」熱田神宮史料〈造営遷宮編上巻一号の一〉)。
元亨元年(一三二一)4月是月	熱田社領家平宰相、熱田社領尾張国愛智郡成武郷の尾張(馬場)員仲相伝分三町六反の安堵を権宮司尾張(田島)小大夫に命ず(「熱田社領家平宰相安堵状写」熱田神宮文書〈馬場家文書八号、鎌倉遺文三十六巻二七七七七号〉)。
元亨2年(一三二二)6・27	沙弥浄円ら、連署請文に円覚寺領尾張国春日部郡林・阿賀良村の開発は大宮司一門の郡司藤原範俊によることなどの由緒を記す(「尾張国林・阿賀良両村名主浄円等連署請文」円覚寺文書〈鎌倉遺文三十六巻二八〇七五号〉)。
元亨3年(一三二三)4・9	後伏見上皇、長講堂領・播磨国衙・熱田社領等の管領を花園上皇に要請すといえども、花園上皇固辞す(花園天皇宸記〈同日・十一日・十五日条、「後伏見上皇書状」静嘉堂文庫所蔵文書〈鎌倉遺文三十六巻二八三七五号〉、「後伏見上皇譲状」醍醐寺文書〈同上二八三七六号〉)。
正中元年(一三二四)7・20	尾張国海東中荘公文源高親、元久元年の注進状に任せて、三宮(熱田社)御路代田以下の

		作田検注帳を注進す（「海東中荘検注帳」久我家文書〈鎌倉遺文三巻一五一五号〉）。
	12・13	後伏見上皇、熱田社領延方名・永田郷を高倉範俊息女右衛門督（花園上皇侍女）に返付す（花園天皇宸記）。
正中2年（一三二五）	2・15	沙弥蓮浄、熱田社領尾張国中島郡南条三宅郷内国分・溝口村の田畠を円覚寺に寄進す（「沙弥蓮浄寄進状」円覚寺文書〈鎌倉遺文三十七巻二九〇〇一号〉）。
	3・16	大宮司藤原（野田）朝重、林重清を開闔職に補す（「熱田大宮司藤原〈野田〉朝重袖判左衛門尉遠秋奉書写」熱田神宮文書〈千秋家文書中巻二九四号〉）。
	8・3	大宮司某、伶人宮楠大夫資衡に尾張国海東郡一百丁内の衣縫十二坪のうち舞免田一町を給す（「熱田大宮司某下文字」林正木大夫家文書〈張州雑志巻三十六、鎌倉遺文三十七巻二九一七二号〉）。
	9・7	後伏見上皇、量仁親王（のち光厳天皇）立太子祈願のため、告文および般若心経を伊勢神宮・熱田社に奉納す（花園天皇宸記、「後伏見上皇告文写」伏見宮御記録〈愛知県史資料編八巻八五八号〉）。
	10・14	日野俊光、鎌倉より帰洛し、量仁親王の立太子不調を復命す、これより先、花園天皇に伊勢神宮・熱田社・北野社・春日社の夢告あり（花園天皇宸記）。
嘉暦元年（一三二六）	2・13	後伏見上皇、長講堂領および法金剛院領に熱田社領を付して花園上皇に譲進す（「後伏見上皇院宣」書陵部蔵伏見宮文書〈鎌倉遺文三十八巻二九三五〇号文書〉）。
	2・15	後伏見上皇、熱田社領尾張国愛智郡榎墓郷を後鳥羽天皇御影堂料所となす（「後伏見上皇譲状案」水無瀬宮文書〈鎌倉遺文三十八巻二九三五四号文書〉）。

6・15	某、紙本墨書般若心経一巻を熱田社に奉納す（「般若心経奉納奥書」熱田神宮所蔵）。
9・27	花園上皇、熱田社領尾張国粟野氷室を勅願料所として京都祇園社に寄進す（「祇園社記」八坂神社記録）。
嘉暦3年（一三二八）8・11	円信および庶子ら、薬王丸の熱田社領尾張国山田郡野依供御所畠七段相伝に異議なきことを約す（「円信証状写」馬場家蔵古証文〈張州雑志巻三十五、馬場家文書八七号、鎌倉遺文三十九巻三〇三三五号〉）。
12・	是月、庁宣によりて、大江（毛利）経広を大宮司職に補す（熱田大宮司千秋家譜）。
元徳元年（一三二九）8・25	庁宣によりて、野田季宣を大宮司職に補す、しかるに野田朝重と対論あるによりて熱田社に入れず、この間卒す、又一記に、季宣同日院宣を賜うも熱田社遠境の地たるによりて入社せずという（熱田大宮司千秋家譜、尊卑分脈）。
元徳2年（一三三〇）正・20	大宮司大江（毛利）経広、関東御教書・守護打渡状によって野田朝重を解任し、熱田社に入る（熱田大宮司千秋家譜、尊卑分脈）。
元弘元年（一三三一）7・11	この日、六波羅探題、日野俊基を召し取り鎌倉へ護送す、その途次、俊基、熱田八剣社を伏し拝む（太平記巻二「俊元徳3年基朝臣関東下向事」）。
8・7	藤原昌能を大宮司職に補す、よって昌能、熱田社に入る（熱田大宮司千秋家譜、尊卑分脈）。
元弘2年 正慶元年（一三三二）3・18	大宮司藤原経広、林重安を開闔職に補す（「熱田大宮司藤原経広袖判下文写」熱田神宮文書

		〈千秋家文書正慶元年上巻八号〉)。
	6・1	光厳天皇綸旨により、萩（大江）忠氏を重ねて大宮司職に補す、同月九日中野刑部左衛門尉綸旨を持参し熱田社へ入り、海蔵門において社家に披露す（熱田大宮司千秋家譜、尊卑分脈）。
元弘3年 正慶2年（一三三三）	5・9	これより先、熱田伯耆七郎（大宮司一門ヵ）、結城宗広に属し幕府軍と戦う（「結城宗広軍忠状案」結城家文書〈鎌倉遺文四十一巻三二一四五号〉）。
	7・21	綸旨により、藤原親昌を大宮司職に再任す、同月二十六日熱田社に入り綸旨を社家に披露す、即日社家請文を進ず、次いで八月二日、後深草院・伏見院の御代に没収されし地所を還付せらる（熱田大宮司千秋家譜、尊卑分脈）。
	是歳	後醍醐天皇、熱田社を官社に定むという（園太暦〈観応二年十二月十八日条〉）。
		この歳頃、熱田宮秘釈見聞成る（熱田宮秘釈見聞〈真福寺宝生院所蔵、熱田神宮史料由緒縁起編五号〉）。
建武元年（一三三四）	正・29	馬場殿において的始、星野左近蔵人・千秋左近蔵人、三番を務む（御的日記）。
	2・10	足利尊氏、林大夫に熱田社一社惣奉行を命ずという（「高師直奉書写」守部家文書〈東京大学史料編纂所蔵影写本〉）。
	5・5	大宮司藤原昌胤、熱田社神輿神幸に供奉す（熱田大宮司千秋家譜）。
	9・	是月、大宮司藤原昌能、龍寿社禰宜職を開闔所に付す（「熱田大宮司藤原昌能袖判下文写」熱田神宮文書〈千秋家文書上巻九号〉）。
建武2年（一三三五）	3・18	尾張員仲（空円）寂す、五十二歳（熱田惣検校尾張宿禰家譜）。

5・19	後醍醐天皇、宗暁をして円光寺領萩薗（熱田社への負担あり）を旧の如く管領せしむ（「後醍醐天皇綸旨案」妙興寺文書〈新編一宮市史資料編五巻一六〇号の八〉）。
9・15	大宮司藤原季氏、林真重を楠木社禰宜職に補す（「熱田大宮司藤原（萩）忠広充行状」熱田神宮文書〈千秋家文書上巻一一号〉）。
9・18	三浦時継一族二十余人、中先代の乱に敗れ大船にて尾張国愛智郡熱田浦に逃る、大宮司（藤原昌能ヵ）これを捕らえ、京都に送進す（「少別当朗覚書状案」到津文書〈大分県史料一巻・到津文書七〇号〉、太平記巻十三「足利殿東国下向事付時行滅亡事」）。※熱田大宮司千秋家譜では、元弘三年・正慶二年に大宮司昌胤が尾張国を落ち下る北条時行を捕らえ京都へ送るというも誤りなり。
10・14	足利尊氏、守部信成を熱田社祭主職に補す（「高師直奉書写」熱田神宮文書〈千秋家文書中巻二三〇号〉）。
11・19	足利尊氏・同直義、鎌倉において叛す、よって後醍醐天皇、新田義貞を大将として討伐軍を編成し、同日東下せしむ、熱田摂津大宮司藤原昌能これに従軍す（太平記巻十四「節度使下向事」）。
11・25	新田義貞、三河国矢作川において足利直義を破る、直義、遠江国鷺坂に退却するも、熱田摂津大宮司藤原昌能らに敗れ、同国手越に退く（太平記巻十四「矢矧・鷺坂・手越河原闘事」）。
12・11	新田義貞ら相模国箱根竹下において足利勢と合戦、大宮司藤原昌能、これに従い責戦すれども、義貞敗れ西走す（太平記巻十四「箱根竹下合戦事」「官軍引退箱根事」）。一説に萩（大江）忠氏、相模国箱根竹下合戦に責戦すという（熱田大宮司千秋家譜）。
12・25	足利尊氏、上洛の途次熱田社に参詣し、権宮司尾張仲衡および惣検校尾張良継に源頼朝の

		例に任せて祈禱の精誠を致すべき旨を命ず、また良継祈禱忠節の賞として、剣一双を賜う（「足利尊氏御判御教書」熱田神宮文書〈宝庫文書四号〉、「尾張良継申状案」粟田家文書〈新編一宮市史資料編六巻五五三号、愛知県史資料編八巻一一一一号〉、熱田惣検校尾張宿禰家譜）。
	是歳	野田季氏、この頃大宮司職に在職す（熱田大宮司千秋家譜、尊卑分脈）。
延元元年 建武3年（一三三六）	3・2	足利尊氏、筑前国多々良浜にて少弐頼尚と戦う、このとき「熱田の野田の大宮司」、足利重代の鎧・袖を着して臨む（梅松論下）。
	4・	是月、熱田摂津大宮司藤原昌能、建武政権武者所一番に属す（建武年間記）。
	5・27	後醍醐天皇、神器を奉じて東坂本に行幸、藤原昌能、これに供奉す（太平記巻十六「聖主又臨幸山門事」、熱田大宮司千秋家譜）。
	8・30	足利尊氏、光厳上皇の熱田社領再管領を了承す（「足利尊氏御内書写」京都東山御文庫文書〈愛知県史資料編八巻一〇二一号〉）。
	8・	是月、熱田太神宮庁、林真重を開闔職に補す（「熱田太神宮庁補任状写」熱田神宮文書〈千秋家文書上巻一〇号〉）。
	10・10	後醍醐天皇、京都還幸、大宮司昌能ら七百余騎これに供奉す、一説に昌能、新田義貞とともに北国へ落ちるという（太平記巻十七「東宮・義貞北国落附後醍醐天皇還幸事」〈毛利家本・金勝院本・天正本『大日本史料』第六篇之三〉）。
	12・26	野田高季を大宮司職に補す、よって高季、熱田社に入る（熱田大宮司千秋家譜、尊卑分脈）。
	12・27	光厳上皇、熱田社領尾張国堀津北方の荒野一色田畠を節折命婦に安堵せしことを大宮司野田高季に伝え、同地の引き渡しを命ず（「四条隆蔭奉書」熱田神宮文書〈宝庫文書三号、愛

	知県史資料編八巻一〇四七号〉、「前日向守頼治奉書写」祇園社記御神領部十三〈八坂神社記録三、愛知県史資料編八巻一〇四八号〉）。
延元2年 建武4年（一三三七）2・23	大宮司藤原季氏、足利尊氏の旨を奉じて落合行長に熱田社警固を命ず（「藤原季氏施行状」妙興寺文書〈新編一宮市史資料編五巻二五号〉）。 源信義、尾張国細地脇内古渡橋爪田地三段大を熱田社八剣宮灯油料として返付す（「源信義避状」粟田家文書〈愛知県史資料編八巻一〇五五号〉）。
3・3	節折命婦の請によりて、足利尊氏、尾張国堀津北方の荒野一色田畠に対する甲乙人の濫妨を停むことを命ず（「高師直奉書写」祇園社記御神領部十三〈八坂神社記録三、愛知県史資料編八巻一〇四九号〉）。
4・5	大宮司藤原季氏、社家幡屋政継に社領尾張国山田郡野田村・同春部郡柏井庄内十五坪・同玉野村などの半分代官職を給す（「熱田大宮司藤原季氏袖判書下写」守部家文書〈大日本史料六篇之四〉、愛知県史資料編八巻一〇五九号〉）。
延元3年 暦応元年（一三三八）正・	是月、後醍醐天皇軍尾張国に到着、摂津大宮司入道源雄（藤原親昌）五百余騎を率いてこれに加わる（太平記巻十九「追奥勢跡道々合戦事」、熱田大宮司千秋家譜）。
7・	是月、熱田神宮寺権座主祐尊、鐃鈸を奉納す（「鐃鈸針刻銘文」熱田神宮所蔵、愛知県史資料編八巻一〇八一号）。
10・23	光厳上皇、熱田社神宮寺薬師講田・同法華経料田尾張国愛智郡東条小舟津里における城九郎直盛の濫妨を止め、僧長継に知行せしむ、よって十二月十三日、荒尾宗顕・相野左衛門蔵人ら幕府の命により、これを執行す（「光厳上皇院宣」「洞院公賢御教書写」「差符写」「引

	付方頭人左京大夫施行状写」「荒尾宗顕打渡状写」栗田家文書〈熱田宮及大宮司文書写、愛知県史資料編八巻一〇八九号の一～五〉）。
延元4年 暦応2年(一三三九)8・16	後醍醐天皇、吉野において崩御、南朝方諸将に大宮司藤原昌能みゆ（太平記巻二十一「先帝崩御事」）。
8・	是月、惣検校尾張良継、幕府に所領文書等紛失証判を申請し認めらる（「尾張良継申状案」栗田家文書〈新編一宮市史資料編六巻五五三号、愛知県史資料編八巻一一一一号〉、熱田惣検校尾張宿禰家譜）。
11・	是月、円覚寺知事契智、尾張国篠木荘内玉野郷における大宮司らの濫妨を光厳上皇に重ねて奏上す（「円覚寺知事契智重申状案」円覚寺文書（愛知県史資料編八巻一一二〇号））。
興国元年 暦応3年(一三四〇)3・24	幕府、熱田社神宮寺薬師講田・同法華経料田尾張国愛智郡東条小舟津里における城九郎直盛の濫妨を止め、僧長継に知行せしむるよう重ねて守護に命ず（「引付方頭人左京大夫施行状写」「尾張守護高師泰遵行状写」栗田家文書〈熱田宮及大宮司文書写、愛知県史資料編八巻一〇八九号の六～七〉）。
興国2年 暦応4年(一三四一)9・18	脇屋義助、郎等七十三人とともに美濃国根尾城を脱して、大宮司〈野田季氏ヵ〉の尾張国智多郡波津ヶ崎城へ落ち、十余日逗留し吉野に赴く（太平記巻二十二「義助被参芳野事并隆資卿物語事」、熱田大宮司千秋家譜）。
興国4年 康永2年(一三四三)4・	是月、光厳上皇、熱田社領を法金剛院領に加えて興仁親王（のち崇光天皇）に譲与す（「光

	巌上皇置文」熊谷直之氏所蔵文書〈愛知県史資料編八巻一一五七号〉、「光厳上皇処分状」伏見宮御記録〈愛知県史資料編八巻一一五八号〉）。
興国5年 康永3年(一三四四)6・	是月、親重、尾張国愛智郡細地脇地を引き渡す、但し熱田八剣宮御灯油料の橋爪三段は追って沙汰あり（「親重避状」粟田家文書〈愛知県史資料編八巻一一七二号〉）。
10・8	足利直義、霊夢によりて足利尊氏・千秋高範ら二十余輩の詠歌を募り、高野山金剛三昧院に奉納す（「直義金剛三昧院奉納和歌」「同裏書」「短冊作者考」〈大日本史料六篇之八〉、熱田大宮司千秋家譜、尊卑分脈）。
12・26	大宮司某、伶人宮楠大夫資衡に尾張国海東郡一百丁内の清氏跡一町および同坪下田資儀跡三段を安堵す（「熱田大宮司某袖判円道奉書写」林正木大夫家文書〈張州雑志巻三十六、愛知県史資料編八巻一一七七号〉）。
是歳	勘解由小路兼綱、熱田社領別名堀津・下中村・小鍋・相厩戸を入道宰相中将より譲り受く（「熱田社領別名相伝系図」下郷家文書〈愛知県史資料編八巻三九八号の二〉）。
興国6年 貞和元年(一三四五)8・29	天龍寺供養、勅使・院使参向、足利尊氏・同直義これに候し、千秋駿河左衛門大夫高範・同参河左衛門大夫惟範・星野刑部少輔ら供奉す（園太暦、天龍寺供養記、熱田大宮司千秋家譜）。
正平元年 貞和2年(一三四六)3・20	千秋右衛門大夫高範、足利尊氏の使者として京都三条地の事について醍醐寺座主三宝院賢俊を訪ぬ（賢俊日記裏書〈新編一宮市史資料編六巻四四一号〉、愛知県史資料編八巻一一八九号）。

	11・3	大宮司某、宮楠大夫資衡に尾張国海東郡穂保郷を給分として宛行う、但し年貢二十五貫文の内十五貫文を舞装束料として調進すべきことを命ず（「熱田大宮司某宛行状写」林正木大夫家文書〈張州雑志巻三十六、愛知県史資料編八巻一一九九号〉）。
	12・21	洞院公賢、大宮司職を競望せる萩忠広・野田範重・千秋高範・星野永能ら四名を銓擬し、範重の推挙を奏す（園太暦）。
正平2年 貞和3年（一三四七）	3・	是月、萩忠広を大宮司職に補す（熱田大宮司千秋家譜、尊卑分脈、続草庵和歌集三）。
	10・9	大宮司某、友継忠親に給分として熱田社領一切経田内等の田畠を宛行う（「熱田大宮司某宛行状写」守部家文書〈東京大学史料編纂所蔵影写本、愛知県史資料編八巻一二一三号〉）。
	11・8	興国五年・康永三年～是歳のこの日、光厳上皇、熱田社領尾張国中島郡狐穴郷を前右馬権頭某に安堵す（「光厳上皇院宣案」東京国立博物館所蔵文書〈愛知県史資料編八巻一二一九号〉）。
	12・11	院宣によりて、萩行広を大宮司職に補す（熱田大宮司千秋家譜）。
正平3年 貞和4年（一三四八）		この頃、妙興寺開山滅宗宗興（円光大照禅師）、熱田宮の荒廃を憂いて修復し、同宮より社領尾張国中島郡鈴置郷を寄進さる（「円光大照禅師行状記」妙興寺文書〈新編一宮市史資料編五巻三八三号〉）。
正平4年 貞和5年（一三四九）	5・	是月、惣検校尾張良継卒すという（熱田惣検校尾張宿禰家譜）。※誤説なり、正平6年・観応2年5月22日条参看。

	7・18	大宮司藤原（萩）忠広、某に力王子名内の幡屋屋敷二段小を安堵す（「熱田大宮司藤原（萩）忠広下知状写」熱田地蔵院文書〈張州雑志巻五十五〉）。
	11・7	大宮司藤原範重、尾張国中島郡砥墓内の重代相伝地を万雑公事を除いて報恩寺（妙興寺）に寄進す（「藤原範重寄進状案」妙興寺文書〈新編一宮市史資料編五巻一一六号の一〇〉）。
	12・5	大宮司藤原範重、尾張国中島郡内の散在田畠を万雑公事を除いて報恩寺（妙興寺）に寄進す（「藤原範重寄進状案」妙興寺文書〈新編一宮市史資料編五巻一一六号の一一〉）。
正平5年 観応元年（一三五〇）	2・21	沙弥道智、尾張国愛智郡東条作良郷内の私領九段半を熱田社に講衆方供料米として寄進す（「沙弥道智寄進状写」粟田家文書〈張州雑志巻三十六、愛知県史資料編八巻一二六二号〉）。
	3・8	尾張国愛智郡石山寺の薬師如来坐像胎内に「仏工熱田宮□□□」の修補墨書銘あり（「薬師如来坐像胎内墨書修理銘」愛知県名古屋市守山区石山寺旧蔵〈愛知県史資料編八巻一二六四号〉）。
	10・25	大宮使〔司〕藤原清重、尾張国中島郡平野畠地八段を報恩（妙興）寺に十三貫文にて売寄進す（「藤原清重寄進状」「藤原清重売券」妙興寺文書〈新編一宮市史資料編五巻四九・五〇号〉）。
		※（貞和年間頃カ）熱田大宮司による社領尾張国春日部郡落合郷への新儀沙汰を停む、また同郷の神役目録を注進す（「左衛門督某奉書案」「熱田社領落合郷神役注文案」妙興寺文書〈新編一宮市史資料編五巻四七号の一・二〉）。
		※この頃某、熱田社に白紙金泥法華経七巻を奉納す〈熱田神宮宝物帳〉。
		※この歳前後に、野田清重、大宮司職在職という（熱田大宮司千秋家譜）。※清重は大宮司

	にあらず。
正平6年 観応2年（一三五一）正・16	千秋左衛門大夫高範ら、足利直義の陣に赴く（園太暦）。
5・22	惣検校尾張（馬場）良継、宝光庵方丈らに南新田経田以下の所領を譲りて、死後の供養を依頼し、同月卒す（「尾張良継譲状」熱田神宮文書〈田島家文書三号〉）。 ※これより先、良継、郷頭・厨家らと異論ありて、国庁に裁決を申請す（熱田惣検校尾張宿禰家譜）。
6・24	大宮司某、祝師尾張仲衡に尾張国葉栗郡誠五名を宛行う（「熱田大宮司某袖判宛行状写」熱田神宮文書〈田島家文書九号の三〉）。
12・18	北畠親房、熱田社を官社に列することなど、南朝の要求を洞院公賢に申し入る（園太暦）。 ※この歳以前、北畠親房、二十一社記を著し、熱田社を伊勢に次ぐ社格と記す（二十一社記）。
正平7年 文和元年（一三五二）3・26	南朝方大宮司藤原昌能・蜂屋・原ら、尾張国大山寺において美濃国守護代と合戦、また同二十九日熱田口にて合戦あり（園太暦〈四月五日条〉、「鷲見加賀丸軍忠状写」長善寺文書〈愛知県史資料編八巻一三五〇号〉）。
6・15	大宮司某、開闔林重弘を楠木社禰宜職に補す（「熱田大宮司某下文」熱田神宮文書〈千秋家文書上巻一二号〉）。
正平8年 文和2年（一三五三）7・20	大宮司萩忠広、尾張国衙領智多郡英比郷北方を濫妨す、また後光厳天皇綸旨を下し、幕府をして年貢進納を忠広に命ず（「尾張国国衙領熱田大宮司萩忠広濫妨条々事書案」「後光厳天皇綸旨案」醍醐寺文書〈新編一宮市史資料編六巻三五八・三六〇号、愛知県史資料編

		八巻一三八〇号の一・二〉）。
	7・21	足利義詮、大宮司萩忠広の尾張国智多郡英比郷北方の押妨を停め、熱田社領の年貢進済を命ず（「足利義詮御教書案」醍醐寺文書〈新編一宮市史資料編六巻三五九号、愛知県史資料編八巻一三八〇号の三〉）。
	8・10	足利義詮、大宮司萩忠広度々の沙汰に従わざるにより、綸旨の旨に任せ再び尾張国智多郡英比郷北方の押妨を止め、社領の年貢進済を命ず（「足利義詮御教書案」醍醐寺文書〈新編一宮市史資料編六巻三六五号、愛知県史資料編八巻一三八〇号の四〉）。
	8・23	尾張国衙領年貢納帳に、下用として熱田社御使路次粮物六百文とみゆ（「尾張国衙領年貢納帳」醍醐寺文書〈愛知県史資料編八巻一三八八号〉）。
	10・3	野田太郎成氏（大宮司範重男ヵ）の妙興寺へ寄進せる尾張国中島郡内散在田畠坪付を注す（「野田太郎寄進分妙興寺領坪付注文案」妙興寺文書〈新編一宮市史資料編五巻七〇号〉）。
	12・13	大宮司藤原（萩）忠広、開闔林真重の楠木社禰宜職を安堵す（「熱田大宮司藤原〈萩〉忠広充行状」熱田神宮文書〈千秋家文書上巻一一号〉）。
正平9年 文和3年（一三五四）	4・23	権宮司尾張仲衡ら、熱田社一円神領目録を注進す（「熱田社一円神領注進状案」熱田神宮文書〈宝庫文書五号〉）。
	7・28	荒尾宗顕・野田成氏ら尾張国中島・丹羽・葉栗諸郡散在田畠の妙興寺寄進を申請す、よって同国守護人土岐頼康・同代官頼澂ら足利尊氏に執進し、尊氏あらためてこれらを寄進す（「足利尊氏寄進状」妙興寺文書〈新編一宮市史資料編五巻七五号〉）。
	11・10	惣検校尾張伊賀守実仲、病体によりて嫡男家仲に家職・所領を譲与し、翌年二月一日卒す（「尾張伊賀守実仲譲状」粟田家文書〈名古屋温故会史料絵葉書、愛知県史資料編八巻一四

	二九号〉、熱田惣検校尾張宿禰家譜）。
正平10年 文和4年（一三五五）5・4	後光厳天皇、尾張国智多郡英比郷を国衙領となす（「後光厳天皇綸旨」醍醐寺文書〈新編一宮市史資料編六巻三七〇号、愛知県史資料編八巻一四三五号〉）。
正平11年 延文元年（一三五六）是歳	尾張仲種、祝師職に就く（尾治宿禰田島氏系譜）。
正平12年 延文2年（一三五七）2・18	光厳法皇、崇光上皇に長講堂領・法金剛院領・熱田社領・同別納・播磨国衙・同別納等を譲与す（椿葉記）。
7・4	刑部左衛門時末、尾張国中島郡南条三宅郷内中池部里三十坪の田地八段、熱田宮御米田たるによりて、尾張常陸介（馬場重仲カ）に安堵す（「刑部左衛門時末書下写」熱田神宮文書〈張州雑志巻三十五、馬場家文書八八号〉）。
5・	是月、某、熱田社領大般若経料尾張国春日郡法成寺などに対する押妨狼藉人の交名を注進す（「熱田社領押妨狼藉人等交名注文写」粟田家文書〈熱田宮及大宮司文書写、愛知県史資料編八巻一四六五号〉）。
9・26	惣検校尾張家仲を美作権守に補す（熱田惣検校尾張宿禰家譜）。 ※観応元年よりこの頃まで、熱田社供僧ら座主職をめぐり大宮司藤原忠広と争い、これを本所に訴う（「熱田社供僧等申状写」密蔵院文書〈愛知県史資料編八巻五四号の一〉）。
正平13年 延文3年（一三五八）4・29	足利尊氏薨去によりて、野田家季出家し元明と号す（熱田大宮司千秋家譜）。

正平14年 延文4年（一三五九）2・15	尾張国中島郡円光寺住持宗暁、同寺領萩薗村十八町の熱田社色成は生栗代二百文などの置文を記す（「宗暁置文」妙興寺文書〈新編一宮市史資料編五巻八一号〉）。
10・23	畠山国清、上洛の途次、熱田社において遅参の軍勢を待つ（園太暦〈十一月一日条〉、太平記巻三十四「畠山道誓上洛事」）。
12・	この頃、畠山国清、細川清氏・土岐頼康・佐々木道誉らに仁木義長討伐を謀る、河内国四条における南朝との合戦の際、義長、大宮司一門星野・行明氏が指揮下に属せざるを怒りて、両名の所領を没収し家人に給与せし事を清氏非難す（太平記巻三十五「新将軍帰洛事付擬討仁木義長事」）。
正平15年 延文5年（一三六〇）8月上旬	仁木義長配下の西郷弾正左衛門尉、三河国小河において関東下向途次の畠山国清を攻む、新田義高、大宮司一門星野・行明らとともに、西郷方を破るという（太平記巻三十五「南方蜂起事付畠山関東下向事」、「尾張小河・東池田事」）。
正平17年 貞治元年（一三六二）12・27	紀大夫社遷宮（「紀大夫社上葺祝詞」熱田神宮文書〈造営遷宮編上巻一号の二〉、熱田宮年代記）。
正平18年 貞治2年（一三六三）3・	是月、某、開闔職林家系図を古本より書写す（「熱田社開闔職林家系図写」熱田神宮文書〈千秋家文書中巻二九五号〉）。
12・	※正中十一年・延文元年～是歳の是月、祝師田島仲種・惣検校馬場家仲、仁王八講会供米の負担を社人に命ず（「惣検馬場家仲・祝師田島仲種連署書下」熱田神宮文書〈張州雑志

	巻三十六、田島家文書八〇号〉）。
正平19年 貞治3年（一三六四）正・	是月、惣検校尾張家仲卒す、よって尾張重仲本家を相続し、惣検校職に就くという（熱田惣検校尾張宿禰家譜）。※誤説、文中元年・応安5年8月是月参看。
正平20年 貞治4年（一三六五）12・12	伊勢神宮造宮所、崇光上皇院宣の旨に任せて、熱田社領尾張国春日部郡落合郷に造伊勢神宮役夫工米の乱責を停む（「造営所権禰宜某奉書」妙興寺文書〈新編一宮市史資料編五巻一二二号〉）。【参考】後光厳上皇、熱田社領尾張国春日部郡落合郷の造神宮役夫工米を停止せしむ（「後光厳上皇院宣」「後光厳上皇院宣副状」妙興寺文書〈新編一宮市史資料編五巻四四・四五号〉）。
正平21年 貞治5年（一三六六）〜	是歳よりのち、熱田講式成る（熱田講式）。
正平22年 貞治6年（一三六七）11・14	崇光上皇、尾張家仲に惣検校職および源大夫社禰宜職以下の所帯を安堵す（「崇光上皇院宣写」熱田神宮文書〈千秋家文書上巻二四号〉、熱田惣検校尾張宿禰家譜）。
12・5	大宮司沙弥常端（萩忠広）、社領尾張国中島郡鈴置郷の下地を萩薗円光寺に寄進す、但し熱田社への色済十貫文は納むべし（「熱田大宮司常端〈萩忠広〉寄進状案」妙興寺文書〈新編一宮市史資料編五巻一六〇号の九〉）。
	野田範重、貞和年間から貞治年間まで大宮司職に在職す（熱田大宮司千秋家譜、尊卑分脈）。

正平24年 応安2年(一三六九)	正・22	将軍足利義満の六条新八幡宮参詣に、千秋某、御沓役として供奉す（花営三代記）。
建徳元年 応安3年(一三七〇)	4・9	将軍足利義満の六条新八幡宮・北野社・祇園社参詣に、星野左近大夫、御沓役として供奉す（花営三代記）。
	12・	是月、熱田太神宮庁、尾張実仲の譲状に任せ、同秀仲に尾張国丹羽郡大間の御井料田五段を安堵す（「熱田太神宮庁安堵状写」熱田神宮文書〈千秋家文書中巻二九六号〉）。 ※正平十一年・延文元年～是歳の是月、祝師尾張（田島）仲種・惣検校同（馬場）家仲、社人に仁王八講会供米の負担を命ず（「惣検校馬場家仲・祝師田島仲種連署書下」熱田神宮文書〈田島家文書八〇号〉）。
建徳2年 応安4年(一三七一)	3・20	後光厳上皇、円光寺をして大宮司常端（萩忠広）の寄進せる尾張国中島郡鈴置郷を安堵す、但し色済は熱田社に納むべし（「後光厳上皇院宣案」妙興寺文書〈新編一宮市史資料編五巻一六〇号の一〇〉）。
	12・	是月、高蔵宮の八講会・彼岸会料米の負担を定む（「高蔵宮八講彼岸会料米配分定書」田島家文書〈張州雑志巻三十六、田島家文書七九号〉）。
文中元年 応安5年(一三七二)	2・10	将軍足利義満の六条新八幡宮参詣に、千秋駿河左近将監、御沓役として供奉す(花営三代記)。
	7・	是月、千秋駿河左近将監の代官、越前国吉田郡河合郷において新儀非法を行うにより、同庄雑掌に訴えらる（「越前国河合荘雑掌申状案」醍醐寺文書〈福井県史資料編二中世〉）。
	8・	是月、惣検校尾張家仲、屋敷・散在田畠・於保名郷司職等を尾張重仲に譲与す（「尾張家仲

		譲状写」熱田祠官家蔵古証文〈張州雑志巻三十六、新編一宮市史資料編六巻二五五号〉）。
文中3年 応安7年（一三七四）	4・28	将軍足利義満の社参に、千秋宮内少輔、御沓役として供奉す（花営三代記）。
		※応安年中、萩忠広、大宮司職在職という（熱田大宮司千秋家譜、尊卑分脈、続草庵和歌集三）。
天授元年 永和元年（一三七五）	3・27	将軍足利義満の石清水八幡宮参詣に、千秋左近将監、御沓役として供奉す（花営三代記、鹿苑院殿御元服記）。
	4・25	将軍足利義満参内、千秋右近将監、御傘役を勤仕す（鹿苑院殿御元服記、花営三代記）。
	5・10	権宮司尾張仲宗の所望によりて、京都四条金蓮寺住持浄阿、日本書紀巻十二を書写し奉納す（「金蓮寺住持浄阿寄進日本書紀巻十二奥書」熱田神宮文書〈宝庫文書六号〉）。
	6・10	権宮司尾張仲宗の所望によりて、京都四条金蓮寺住持浄阿、日本書紀巻四を書写し奉納す（「金蓮寺住持浄阿寄進日本書紀巻四奥書」熱田神宮文書〈宝庫文書六号〉）。
天授2年 永和2年（一三七六）	5・10	権宮司尾張仲宗の所望によりて、京都四条金蓮寺住持浄阿、日本書紀巻十三を書写し奉納す（「金蓮寺住持浄阿寄進日本書紀巻十三奥書」熱田神宮文書〈宝庫文書六号〉）。
	5・12	権宮司尾張仲宗の所望によりて、京都四条金蓮寺住持浄阿、日本書紀巻五を書写し奉納す（「金蓮寺住持浄阿寄進日本書紀巻五奥書」熱田神宮文書〈宝庫文書六号〉）。
	6・1	権宮司尾張仲宗の所望によりて、京都四条金蓮寺住持浄阿、日本書紀巻十五を書写し奉納す（「金蓮寺住持浄阿寄進日本書紀巻十五奥書」熱田神宮文書〈宝庫文書六号〉）。

天授3年 永和3年(一三七七)	3・	是月、権宮司尾張仲宗の所望によりて、京都四条金蓮寺住持浄阿、日本書紀巻十を書写し奉納す（「金蓮寺住持浄阿寄進日本書紀巻十奥書」熱田神宮文書〈宝庫文書六号〉）。
	7・	是月、権宮司尾張仲宗の所望によりて、京都四条金蓮寺住持浄阿、日本書紀巻六・八・十四を書写し奉納す（「金蓮寺住持浄阿寄進日本書紀巻六・八・十四奥書」熱田神宮文書〈宝庫文書六号〉）。
	11・4	権宮司尾張仲宗の所望によりて、京都四条金蓮寺住持浄阿、この日までに日本書紀全巻を書写し奉納す（「金蓮寺住持浄阿寄進日本書紀添状」熱田神宮文書〈宝庫文書六号〉）。
天授6年 康暦2年(一三八〇)	正・20	征夷大将軍従一位権大納言兼右近衛大将足利義満の御直衣始・網代始に、千秋刑部少輔、衛府侍として供奉す（鹿苑院殿御直衣始記）。
	12・25	将軍足利義満の従一位拝賀に、千秋刑部少輔、衛府侍として供奉す（花営三代記）。
弘和2年 永徳2年(一三八二)		是歳、尾張仲宗、祝師職に就く（尾治宿禰田島氏系譜）。
弘和3年 永徳3年(一三八三)	2・27	氷上社社務長慶、正応五年の氷上社社務定文を書写す（「氷上社社務定文写」氷上神祠〈張州雑志巻三、愛知県史資料編八巻五五四号〉）。
	8・15	大宮司藤原某、開闔林重弘の楠木社禰宜職を安堵す（「熱田大宮司某袖判下文」熱田神宮文書〈千秋家文書上巻一二号〉）。
元中3年 至徳3年(一三八六)		※永和・康暦・永徳年間中、萩康広、大宮司職に在職す（熱田大宮司千秋家譜）。

	2・10	尾張（馬場）重仲を常陸介に任ず（「後小松天皇口宣案写」熱田神宮文書〈田島家文書一一号の六〉）。※守部家文書〈東京大学史料編纂所影写本〉は十一月十日とある。
	2・25	楠木社に初めて神田寄進せらる（「熱田大宮司藤原〈萩〉康広下文」熱田神宮文書〈千秋家文書上巻一三号〉）。
元中4年 嘉慶元年（一三八七）	3・6	熱田楠木御前社の楠木、新木に化現するによりて、祝詞を奏上す（「楠木社奉崇祝詞」熱田神宮史料〈造営遷宮編上巻一号の三〉、熱田宮年代記）。
元中5年 嘉慶2年（一三八八）	6・27	大宮司藤原（萩）康広、開闔林重弘の楠木社禰宜職を返付す（「熱田大宮司藤原〈萩〉康広下文」熱田神宮文書〈千秋家文書上巻一三号〉）。
元中6年 康応元年（一三八九）	7・12	熱田太神宮政所、出雲光吉を五位職に補す（「熱田太神宮政所補任状写」熱田神宮文書〈千秋家文書中巻三〇四号〉）。
元中7年 明徳元年（一三九〇）	8・4	崇光上皇、醍醐寺座主理性院宗助を熱田神宮寺座主職に補す（「崇光上皇院宣案」醍醐寺文書〈新編一宮市史資料編六巻三八八号の一〉、「理性院院務次第」醍醐寺文書〈愛知県史資料編八巻五七七号〉）。
	8・7	尾張守護土岐満貞、戸蔵左近将監をして、醍醐寺座主宗助の熱田神宮寺座主職補任の事を宗助の代官に渡し付けしむ（「尾張国守護土岐満貞書下案」醍醐寺文書〈新編一宮市史資料編六巻三八五号〉）。
	9・2	幕府、尾張守護土岐満貞をして、土岐美濃守代官を退け、熱田神宮寺座主職・同座主領を

	理性院宗助の雑掌に沙汰し付けしむ(「室町幕府管領斯波義将施行状案」「尾張守護土岐満貞施行状案」醍醐寺文書〈新編一宮市史資料編六巻三八六・三八七号〉)。
元中8年 明徳2年(一三九一)5・7	崇光上皇、楠王丸に下されたる院宣を召し返し、熱田神宮寺座主宗助をして座主分領の内、尾張国智多郡英比郷以下七ヶ所を安堵す(「崇光上皇院宣案」醍醐寺文書〈新編一宮市史資料編六巻三八八号の二〉)。
5・12	幕府、一色詮範をして、熱田神宮寺座主領尾張国智多郡内英比郷を理性院に沙汰し付けしむ(「室町幕府管領細川頼元施行状案」「尾張国智多郡守護一色詮範遵行状案」醍醐寺文書〈新編一宮市史資料編六巻三八九・三九一号〉)。 同日幕府、土岐満貞をして、熱田神宮寺座主領尾張国大脇郷以下六ヶ所を理性院雑掌に沙汰し付けしむ(「室町幕府管領細川頼元施行状案」醍醐寺文書〈新編一宮市史資料編六巻三九〇号〉)。
5・	是月、熱田神宮寺座主領注文を記す(「熱田社座主領注文案」醍醐寺文書〈新編一宮市史資料編六巻三九二号〉)。
8・10	将軍足利義満、大宮司萩某跡美濃国春近内吉家郷を祇園社領となす(「布施某打渡状」八坂神社文書〈同文書一五八二号、室町幕府史料集成奉行人書編上四八号〉、「松田九郎左衛門打渡状」八坂神社文書〈同前一五八三号、同前四九号〉)。
11・15	大宮司某、粟田守真に政所御井修理田を宛行う(「熱田大宮司藤原某袖判左衛門尉某奉書写」熱田神宮文書〈千秋家文書中巻二九七号〉)。
是歳	祝師田島尾張守仲宗、田島小路に普済寺誓海を開山として、圓通寺を開基す、遠江国浜松

	普済寺の末寺なり（尾治宿禰田島氏系譜、尾張志、張州府志）。
明徳4年(一三九三)10・5	尾張国守護今川仲秋、惣検校尾張（馬場）重仲に祈禱を依頼す（「今川仲秋書下写」馬場家文書〈張州雑志巻三十五、馬場家文書八九号〉）。
10・7	右衛門佐源某、尾張国愛智郡内秋貞名を熱田社修理料所として寄進す（「右衛門佐源某寄進状写」熱田宮及大宮司文書写）。
是歳	尾張仲稲、祝師職に就く（尾治宿禰田島氏系譜）。
応永元年(一三九四)6・20	尾張国守護今川仲秋、祈禱祓到来を惣検校尾張重仲に謝し、愛智郡内秋貞名寄進の子細なき事を悦ぶ（「尾張国守護今川仲秋書状写」熱田神宮文書〈千秋家文書上巻二五号〉）。 ※至徳年間から明徳年間に至り、千秋常季（経季ヵ）、熱田大宮司代を勤む（熱田大宮司千秋家譜・尊卑分脈）。
応永2年(一三九五)2・23	熱田太神宮庁、林重弘の開闔職を安堵す（「熱田太神宮庁補任状」熱田神宮文書〈千秋家文書上巻一四号〉）。
応永3年(一三九六)10・13	足利義持、尾張守護今川仲秋をして被官人の熱田社領狐穴郷の押妨を停め、下地を大宮実尚の雑掌に渡付く（「室町将軍家〈足利義持〉御教書」熱田神宮文書〈宝庫文書七号〉）。
応永4年(一三九七)正・	是月、尾張国目代法眼光守、国衙正税の内、神講ならびに無沙汰の所々、熱田社寄進分英比郷二百貫文以下を注進す（「尾張国目代光守注進状」醍醐寺文書〈新編一宮市史資料編六

	巻三九七号〉）。
4・	是月、崇光上皇崩御の御百ヶ日後、長講堂領・法金剛院領・熱田社領・播磨国衙・同別納等を後小松天皇管領す（椿葉記）。
5・4	八剣宮の内陣を修す（熱田宮年代記）。
12・18	備前阿闍梨心範、宝剣御事を書写す（宝剣御事）。
応永5年（一三九八）閏4・	是月、権宮司尾張（田島）仲宗、熱田社二季祭礼料所尾張国丹羽郡今枝郷内九町三段の回復について神帳目録などを添えて請う（「田島仲宗訴状」熱田神宮文書〈田島家文書八一号〉）。 ※応永四年～五年頃、藤原（野田）満範を大宮司に補す（熱田大宮司千秋家譜、尊卑分脈）。
応永7年（一四〇〇）3・29	熱田太神宮庁、林宗重を開闔職に補す（「熱田太神宮庁補任状」熱田神宮文書〈千秋家文書上巻一五号〉）。
4・16	大宮司藤原（野田）満範、開闔林宗重に楠木社禰宜職を充行う（「熱田大宮司藤原満範袖判書下」熱田神宮文書〈千秋家文書上巻一六号〉）。
応永8年（一四〇一）正・11	大宮司藤原（野田）満範、笛役人林幸重に尾張国中島郡内の重包・一木を給分として宛行う（「熱田大宮司藤原〈野田〉満範下文写」熱田神宮文書〈千秋家文書中巻二九八号〉）。
7・24	大宮司藤原（萩）駿河守、林宗重の開闔職・楠木社禰宜職をともに安堵す（「熱田大宮司藤原〈萩〉駿河守補任状」熱田神宮文書〈千秋家文書上巻一七号〉）。

	11・	是月、尾張左京亮仲忠卒す、四十二歳（熱田惣検校尾張宿禰家譜）。
応永10年（一四〇三）	5・28	惣検校尾張重仲卒す、孫直仲、家督を継ぐ（熱田惣検校尾張宿禰家譜）。
	8・13	尾張国海東郡内国衙領正税熱田宮机料足等の注文を記す（「尾張国国衙領給人方所々注文案」醍醐寺文書〈新編一宮市史資料編六巻四〇八号〉）。
応永11年（一四〇四）	4・21	幕府、一色詮範をして、尾張国国衙別納智多郡英比郷に対する大宮司萩駿河守の押妨を停め、これを日野資家雑掌に沙汰し付けしむ（「室町幕府管領畠山基国施行状写」京都御所東山御文庫記録〈新編一宮市史資料編六巻五八〇号〉）。
	8・17	幕府、一色詮範をして、重ねて尾張国国衙別納智多郡英比郷に対する大宮司萩駿河守の押妨を停め、日野資家雑掌に沙汰し付けしむ（「室町幕府管領畠山基国施行状写」京都御所東山御文庫記録〈新編一宮市史資料編六巻五八一号〉）。
	9・24	幕府、一色詮範をして、三度尾張国国衙別納智多郡英比郷に対する大宮司萩駿河守の違乱を停め、日野資家雑掌に沙汰し付けしむ（「室町幕府管領畠山基国施行状写」京都御所東山御文庫記録〈新編一宮市史資料編六巻五八二号〉）。
	11・4	熱田社一の鳥居新造（熱田宮年代記）。
応永12年（一四〇五）	10・23	行阿弥を旦那として、熱田社の浜の鳥居を建立す（熱田宮年代記）。
応永15年（一四〇八）	是歳	一色修理大夫、紺紙金泥法華経八巻・同心阿弥陀経一巻を奉納す（熱田神宮宝物帳）。

応永17年(一四一〇)10・7	熱田太神宮庁、林宗重の開闔職を安堵す（「熱田太神宮庁補任状写」熱田神宮文書〈千秋家文書中巻二九九号〉）。
応永18年(一四一一)9・6	丹波国妙楽寺と尾張国妙興寺、尾張国中島郡鈴置郷につきて相論す、よって上条久光・朝日範行、当郷は旧熱田社領にて妙興寺に寄進されしものと起請文を捧ぐ（「上条久光・朝日範行連署起請文案」妙興寺文書〈新編一宮市史資料編五巻二五九号〉）。
応永19年(一四一二)2・2	大宮司藤原刑部少輔満範、蓬莱鏡一面を奉納す（「蓬莱鏡銘文」熱田神宮所蔵）。
2・3	熱田社宝殿に不慮の災あり（熱田宮年代記）。
11・	是月、熱田太神宮神官・供僧ら、知恩院隆秀による社領尾張国智多郡英比郷の押領を停め、もとの如く社家の進止となすべきことを請う（「熱田太神宮祠官供僧等連署解」京都東山御文庫記録甲八十五諸社〈大日本史料七編之十七〉）。
応永20年(一四一三)3・11	熱田大宮柱立（熱田宮年代記）。
11・4	熱田大宮新殿渡殿一宇の用材等を奉る（熱田宮年代記）。
11・14	熱田大宮棟上（熱田宮年代記）。
12・	是月、熱田大福田社遷宮、将軍足利義教、剣以下を奉献す（熱田宮）。
是歳	長講堂領・法金剛院領・熱田社領・播磨国衙別納等の目録を写書し、幕府に遣わす（「長講堂領・法金剛院領・熱田社領・播磨国衙別納目録写」京都御所東山御文庫記録〈新編一宮市史資料編六巻五八三号〉）。

応永21年（一四一四）	4・23	惣検校尾張直仲を下野守に任ず（熱田惣検校尾張宿禰家譜）。
	10・20	熱田楠木社の本楠木、新木に化現するによりて、大宮司藤原満範、供物等を奉る（熱田宮年代記）。
応永22年（一四一五）	6・24	熱田社社務某、八剣宮新殿の用材・宝物等を奉行す、また尾張国守護斯波義重御馬五疋・料足十貫を奉る（熱田宮年代記）。
	是歳	熱田大福田社、不慮の事により炎上す（熱田宮年代記）。
応永23年（一四一六）	10・22	熱田大宮東御門釿立、大宮司藤原某・祝師尾張仲稲・地下檀那ら引物を奉り、社務馬一疋を奉献す（熱田宮年代記）。
	11・2	熱田大宮東御門柱立（熱田宮年代記）。
	12・8	熱田大宮東御門棟上、社務馬二疋・御供物等を奉献す（熱田宮年代記）。
	12・15	熱田社中鳥居建立（熱田宮年代記）。
応永24年（一四一七）	6・18	熱田社海蔵門柱立、祝師尾張仲稲引物、社務馬三疋を奉献す（熱田宮年代記・「熱田海蔵門御柱立祝詞」名古屋市鶴舞中央図書館所蔵名古屋市史資料本〈造営遷宮編上巻二号〉）。
	9・14	熱田太神宮庁、祝師尾張仲稲を氷上社禰宜職に補し、氷上社領大般若田一町を充行う（「熱田太神宮庁補任状写」熱田神宮文書〈千秋家文書上巻二六号〉）。
	是歳	千秋重季を大宮司代に任ず（大宮司系譜〈張州雑志巻三十四〉、熱田大宮司千秋家譜）。 熱田八剣宮柱立（熱田宮年代記）。

応永25年（一四一八）10・21	大宮司藤原（野田）貞範、林重明を高蔵宮日番職に補す（「熱田大宮司藤原〈野田〉貞範補任状写」熱田神宮文書〈千秋家文書中巻三〇一号〉）。
12・2	熱田大宮御殿棟上、社務馬二疋奉献す（熱田宮年代記）。
応永26年（一四一九）3・22	幕府、熱田社遷宮に先立ち、法華経以下の神宝を奉献す（「熱田社御遷宮御神宝物注文写」田島家文書〈張州雑志巻三十六・田島家文書八四号〉）。
5・20	熱田社管領吉賀和建照、開闔林宗重に家屋敷を返付す（「熱田社管領吉賀和建照宛行状」熱田神宮文書〈千秋家文書上巻一八号〉）。
6・17	熱田社遷宮、将軍足利義持、剣・鏡等を献ず（「応永二十六年大宮御遷宮供奉人差定」熱田神宮文書〈造営遷宮編上巻三号〉、「応永二十六年大宮遷宮祝詞」名古屋市蓬左文庫所蔵〈張州雑志巻三十七、造営遷宮編上巻四号〉、熱田宮年代記、熱田大宮司千秋家譜、熱田惣検校尾張宿禰家譜、尾州熱田御造営書付）。 大宮司野田貞範、祝師尾張（田島）仲稲に、熱田大宮遷宮の功として社領神戸郷内の西田嶋屋敷を安堵す（「熱田大宮司野田貞範安堵状写」田島家文書〈張州雑志巻三十六、田島家文書八五号〉）。
7・16	真継、太刀（宗吉）一口（二尺七寸）を奉納す（熱田神宮奉納刀剣銘文、熱田神宮宝物帳）。 熱田社怪異、大なる光物、海より社頭に飛び入り、路次の民屋ことごとく顚倒す（満済准后日記〈同月十九日条〉）。
7・28	木下道家を檀那として熱田社鎮皇門柱立、大宮司野田貞範・吉賀和建照ら、各馬一疋を奉献す（熱田宮年代記）。

	11・13	重持・義人ら、妙興寺領公田分の熱田宮末社造営料段銭二十貫文を納む（「熱田宮末社造営料段銭納状」妙興寺文書〈新編一宮市史資料編五巻二九三号〉）。
応永27年（一四二〇）	4・9	舞楽面納曾利を修覆す（「舞楽面納曾利朱漆銘文」熱田神宮所蔵）。
	10・5	熱田源大夫社新造柱立（熱田宮年代記）。
応永28年（一四二一）	6・23	熱田社海蔵門棟上、野田内匠頭貞範・吉賀和美作入道建照、馬一疋を奉献す（熱田宮年代記、御造営年代記）。
	7・7	熱田住人少納言金剛仏子永禅、般若心経一巻を奉納す（熱田神宮宝物帳）。
	7・19	熱田太神宮庁、祝師尾張（田島）仲稲に坪江縁田嶋・坪麦畠二段を安堵す（「熱田太神宮庁宛行状写」熱田神宮文書〈田島家文書一一号の一二〉）。
	11・7	重持・緩ら、妙興寺領公田分の熱田社築地覆要脚料段銭二十貫文を納む（「熱田社築地覆要脚段銭納状」妙興寺文書〈新編一宮市史資料編五巻二九六号〉）。
応永29年（一四二二）	12・25	熱田大福田社遷宮、将軍足利義持、御剣・神馬を献ず、また檀那大森正栄、御殿桧皮葺等を調進す（熱田宮年代記、熱田宮略記）。
応永30年（一四二三）	11・2	将軍足利義量、石清水八幡宮参詣、千秋二郎持季、御ワラジ役として供奉す（花営三代記）。
	11・13	大宮司藤原満範・祝師尾張仲稲・惣検校尾張直仲ら三十六人、法楽歌仙百韻連歌を張行し、懐紙を奉納す（「応永三十年百韻連歌懐紙」熱田神宮文書〈熱田神宮奉納連歌上巻〉、熱田神宮宝物帳）。

応永31年(一四二四)7・3	越前国三方郡丹生浦、重代相伝私領の山を竹波在家「せんしう」らに沽却す(「越前国丹生浦山沽却注文」三方郡美浜町丹生区有文書〈福井県史資料編8中近世六〉)。
応永32年(一四二五)12・13	熱田源大夫社正殿柱立、野田内匠頭貞範・吉賀和建照ら、宝物を奉献す(熱田宮年代記)。
応永33年(一四二六)2・22	熱田王若宮遷宮、野田内匠頭貞範・吉賀和建照・地下旦那ら、宝物等を奉献す(熱田宮年代記)。
7・	是月、惣検校尾張下野守直仲卒す、四十一歳(熱田惣検校尾張宿禰家譜)。
9・	是月、大宮司某、尾張国中島郡鈴置郷一円所務を主張するによりて、妙興寺雑掌その停止を請う(「尾張国妙興寺雑掌申状案」妙興寺文書〈新編一宮市史資料編五巻三〇一号〉)。
10・29	尾張国中島郡鈴置郷につき熱田社と妙興寺相論す、同国守護代織田常松、下地は寺家当知行とするも、色済は先規に任せて社家に納むべきを織田常竹をして命ず(「尾張守護代織田常松遵行常」妙興寺文書〈新編一宮市史資料編五巻三〇二号〉)。
11・25	尾張国守護代織田常松、熱田社管領吉賀和建照の同国中島郡妙興寺領鈴置郷入部違乱を止む(「尾張守護代織田常松書状」妙興寺文書〈新編一宮市史資料編五巻三一七号〉)。
11・27	高蔵宮鳥居・熱田社一ノ鳥居建立(熱田宮年代記、「高蔵宮一ノ鳥居建立祝詞」熱田神宮文書〈造営遷宮編上巻一号の四〉)。
応永34年(一四二七)6・18	熱田社海蔵門柱立(熱田宮年代記)。
是歳	熱田八剣宮柱立(熱田宮年代記)。

正長元年（一四二八）正・23	熱田社社務代吉賀和建照、大宮司藤原（野田）貞範の意を受け、尾張仲清の祝師職相続を安堵す（「熱田社社務代吉賀和建照奉書写」熱田神宮文書〈千秋家文書上巻二八号〉）。
2・13	熱田太神宮庁、林重明を楠木社禰宜職に還補す（「熱田太神宮庁補任状写」熱田神宮文書〈千秋家文書中巻三〇二号〉）。
4・23	熱田太神宮庁、林重明を開闔職に補す（「熱田太神宮庁下知状写」熱田神宮文書〈千秋家文書中巻三〇〇号〉）。
	※応永年間、某、尾張国中島郡吉松保下地中分の地頭方坪付の熱田宮神講田等を注進す（「吉松保下地中分地頭方坪付注文（断簡）」妙興寺文書〈新編一宮市史資料編五巻一九五号〉）。
	※応永年間頃、妙興寺領尾張国中島郡鈴置郷、熱田社への色済あり（「妙興寺并末寺寺領目録」妙興寺文書〈新編一宮市史資料編五巻三三〇号〉）。
10・16	大宮司野田貞範の家臣吉川（吉賀和美作入道建照ヵ）、去月、鎌倉公足利持氏へ任征夷大将軍の院宣下るとの風説を伝う（満済准后日記）。
是歳	尾張仲清、祝師職に就く（尾治宿禰田島氏系譜）。
永享元年（一四二九）10・16	熱田神宮寺棟上（熱田宮年代記）。
永享2年（一四三〇）7・25	将軍足利義教右近衛大将拝賀、千秋刑部少輔、後衛府侍として供奉す（普広院殿御元服記）。
10・20	熱田源大夫社御崎正殿造営、大宮司千秋刑部少輔持季、馬一疋を奉献す（熱田宮年代記）。

永享3年(一四三一)	6・27	守部宗政、重代所職の大内人職以下を千光丸に譲る（「守部宗政譲状写」守部家文書〈東京大学史料編纂所影写本〉）。
	7・12	将軍足利義教、蜷川越中守親吉を一万部経料所尾張国熱田荘荘務となし、これを千秋刑部少輔に伝う（「御前落居奉書」室町幕府引付史料集成上巻四四号）。
	8・28	熱田太神宮庁、林重明を楠木社禰宜職に補す（「熱田太神宮庁補任状」熱田神宮文書〈千秋家文書上巻一九号〉）。
	9・5	大宮司千秋持季、去年の年貢一万疋未進（満済准后日記）。
	12・19	室町新造御所において幕府的始、千秋刑部少輔、三番を務む（御的日記）。
永享4年(一四三二)	正・17	幕府的始、千秋刑部少輔、三番を務む（御的日記）。
	8・27	幕府、尾張国守護代および千秋刑部少輔をして、同国宮道場倉の封を開かしむ（「御前落居奉書」室町幕府引付史料集成上巻九〇号）。
	9・13	権中納言飛鳥井雅世・法印尭孝、将軍足利義教の富士遊覧に供奉の途次、熱田社に参詣し、和歌を詠む（富士紀行・覧富士記）。
永享5年(一四三三)	6・20	権宮司尾張仲清、熱田社本宮の桁・大戸・棟木等を調進す（熱田宮年代記）。
	12・12	後花園天皇、熱田社領を父貞成親王に譲進す（「後花園天皇宸筆消息」「足利義教自筆御内書」熱田神宮文書〈宝庫文書一・二号〉、看聞御記）。
	12・17	将軍足利義教、大宮司千秋持季に貞成親王への年貢納入を命ず、よって持季、代官下野をもって年貢額（四百貫および別納数十ヶ所）を偽りて、三千疋の進納を貞成親王に伝う、

	こと露顕におよび、義教、四百貫の一括進済を厳命す〈看聞御記〈同月十七日・十八日・十九日・二十三日・二十六日・二十七日・二十九日条〉〉。
是歳頃	氷上宮社務天部宿禰吉清、社殿・施設等の寸法および末社の本地仏等を列記す〈「氷上宮御社立」久米吉彦氏所蔵文書〈造営遷宮編下巻二四号〉〉。
永享6年（一四三四）正・10	これより先、大宮司千秋持季、貞成親王への年貢四百貫一括完済せず、よってこの日、将軍足利義教近日完納を厳命す〈看聞御記〈永享五年十二月二十九日、同六年正月四日・十日・十五日・十六日条〉〉。
正・17	幕府的始、千秋刑部少輔、三番を務む〈御的日記〈同日・十六日・二十七日条〉〉。
2・10	将軍足利義教の男子義勝誕生により河原御祭執行、千秋刑部少輔、御撫物役等を勤仕す〈御産所日記〉。
3・26	将軍足利義教、千秋刑部少輔持季の大宮司職を改替し、星野義信を任ず〈看聞御記〈二月二十八日・三月二十六日条〉〉。
4・9	星野四郎義信、大宮司職任料一万疋を貞成親王に納む〈看聞御記〈同日・十日・十一日・十七日条〉〉。
6・11	大宮司星野四郎義信、代官民部丞をして、熱田社領国役細美布十段を貞成親王に献ず〈看聞御記〉。
7・25	大宮司星野四郎義信、年貢三千疋および八朔のことにて催促の細美布十段・干魚等を貞成親王に納む〈看聞御記〉。
8・6	源持経、熱田社代参を貞成親王に請い許さる、親王、神馬一疋・御剣一振・御幣百疋を遣わし、九月八日持経代参す〈看聞御記〈同日・同月二十八日・三十日、九月一・十三日・

年	月日	事項
		二十二日条〉）。
	9・29	大宮司星野四郎義信、熱田社年貢二千疋を貞成親王に納む（看聞御記）。
	12・8	権宮司尾張仲清、源大夫社正殿の柱六本を献納す、また大宮司星野四郎義信、馬一疋を献ず（熱田宮年代記）。
	12・9	大宮司星野四郎義信、代官をして年貢四千疋を貞成親王に納む（看聞御記）。
	12・28	大宮司星野四郎義信、熱田社年貢五千疋を貞成親王に納む（看聞御記）。
	12・29	大宮司星野四郎義信、折紙千疋等を持参し、社家所勘に従わず年内の年貢皆済困難を申すにより、貞成親王年内二百貫文、残余二百貫文は明春進納すべきことを命ず、また年貢三千疋を納む（看聞御記〈同日、永享七年正月十三日・二十九日条〉）。
永享7年（一四三五）	正・17	幕府的始、千秋刑部少輔、二番を務む（御的日記）。
	2・24	貞成親王、大宮司星野四郎義信の年貢無沙汰を将軍足利義教に伝え、皆済の下知あるべきことを、書状をもって三条実雅に申す、実雅このことを星野四郎に申すにより、翌日星野、貞成親王へ参じ、将軍への申し出取り消しを請い近日中の年貢皆済を約す、翌月五日三千疋を納む（看聞御記〈同日・二十五日、三月五日条〉）。
	3・19	貞成親王、大宮司星野四郎義信の年貢未進を将軍足利義教に披露するよう三条実雅へ書状をもって申す、よって義信、同月二十二日五千疋、二十九日四千疋、三十日四千疋、四月三日に皆済す（看聞御記〈同日・二十二日・二十九日・三十日、四月三日条〉）。
	4・11	熱田神宮寺九層宝塔柱立、大宮司星野四郎義信馬一疋、旦那萱津住人宣阿弥陀仏、馬一疋・宝物等を献納す（熱田宮年代記）。
	7・5	大宮司星野四郎義信、将軍足利義教に改替せられ、この日、花園天皇綸旨・将軍御判御教

		書をもって、千秋季貞を大宮司職に補す、次いで季貞、大宮司職任料一万疋（百貫文）を貞成親王へ進ず（看聞御記〈六月二十九日、七月四日・六日・二十二日・二十三日条〉）。
	8・29	鎌倉公方足利持氏、鶴岡八幡宮若宮別当尊仲に、下野国足利荘八幡宮別当職および同宮末社熱田宮の執務を兼務せしむ（「鎌倉公方足利持氏御判御教書」神田孝平氏所蔵文書〈栃木県史史料編中世三〉）。
	10・8	大宮司千秋季貞、年貢一万疋納入の音信を貞成親王へ致す、同月十三日、貞成親王へ年貢到来（看聞御記〈同日・十三日条〉）。
	10・17	これより先、前大宮司星野四郎義信、甲斐国へ討進の途次、遠江国において討死（看聞御記）。
	11・21	大宮司千秋季貞、年貢二千疋を貞成親王に納む（看聞御記）。
	12・7	大宮司千秋季貞、今月四日に上洛し、本日年貢八千疋を貞成親王に納む、これまで計二万疋進納す、次いで十三日、年貢二千疋を納む（看聞御記〈同日・十三日条〉）。
永享8年（一四三六）	正・17	幕府的始、千秋刑部少輔、二番を務む（御的日記）。
	2・4	大宮司千秋季貞、貞成親王に参じ剣を献上す（看聞御記）。
	10・27	熱田社家大喜式部少輔員清、地蔵院大門一所を寄進す（「大喜員清寄進状写」熱田地蔵院文書〈張州雑志巻五十五〉）。
	12・30	大宮司千秋季貞、今月十二日三千疋、十五日二千疋、十七日五千疋、二十二日二千疋の年貢を貞成親王へ納め、本日皆済す（看聞御記〈十二月十二日・十五日・十七日・二十二日・三十日条〉）。

永享9年（一四三七）正・17	幕府的始、千秋刑部少輔、二番を務む（御的日記）。
8・16	大宮司千秋季貞、国衙役細美布十段を貞成親王に献ず（看聞御記）。
8・26	これより先、熱田社神殿西御前の御扉開く（怪異ヵ）、社家ら貞成親王に注進せず（看聞御記）。
9・12	貞成親王、後花園天皇の将軍足利義教室町亭への行幸参の要脚一万疋、熱田社年貢を担保として、内裏御倉料足からの借用を申し入る（看聞御記）。
9・16	大宮司千秋季貞、年貢千疋を本年初めて貞成親王に納む（看聞御記）。
10・9	大宮司千秋季貞、年貢千疋を貞成親王に納む、親王、年貢納入について譴責すれども大宮司承引せず、次いで同月二十日、親王年貢無沙汰を再び譴責す、よって大宮司十二月二十七日百貫文、同二十九日七千疋、同三十日九千疋を納入し皆済す（看聞御記〈同日・二十日、十二月二十七日・二十九日・三十日条〉）。
永享10年（一四三八）正・17	幕府的始、千秋刑部少輔、二番を務む（御的日記）。
4・4	貞成親王、将軍足利義教に永享八年から九年分の折紙（進物金銭）一万千疋を進む、但し上様（義教愛妾・上﨟局）への未進分は、熱田社年貢を担保に借用し追って納む（看聞御記〈正月二十八日、三月十六日・二十一日、四月四日条〉）。
9・18	大宮司千秋季貞、関東公方足利持氏討伐（永享の乱）の従軍を命ぜられるにあたり、貞成親王へ暇乞に訪れ、年貢進済を約す（看聞御記〈同日・二十日条〉）。
11・9	熱田西今彦社遷宮（熱田宮年代記）。
12・18	大宮司千秋季貞、関東の陣中より貞成親王に再び年貢進納を言上し、翌日年貢一万疋を納

	む（看聞御記〈同日・二十日条〉）。
永享11年（一四三九）正・17	幕府的始、千秋刑部少輔、二番を務む（御的日記）。
8・28	熱田八剣宮廻廊柱立、檀那中瀬住人佐藤入道全阿弥、馬を献納す（熱田宮年代記）。
12・30	瑞雲庵浄透、尾張国中島郡山口保内の熱田社色成畠地一段を、代銭二貫五百文にて妙興寺畊雲庵に沽却す（「浄透売券」妙興寺文書〈新編一宮市史資料編五巻三五七号〉）。
永享12年（一四四〇）正・17	幕府的始、千秋刑部少輔、二番を務む（御的日記）。
8・28	後崇光上皇、当知行分の熱田社領四百五十貫、別納尾張国智多郡藪郷万余疋等の目録を記す（「伏見殿御領目録案」榎戸文書〈皇室制度史料皇族四〉）。
嘉吉元年（一四四一）正・17	幕府的始、千秋刑部少輔、二番を務む（御的日記）。
	※永享年間中、千秋持季、大宮司職を勤む（熱田大宮司千秋家譜、尊卑分脈）。
閏9・27	後花園天皇、勅書をもって、熱田社領のうち尾張国智多郡藪郷を別納として管領す（「後花園天皇御消息」伏見宮本〈皇室制度史料皇族四〉）。
10・	是月、尾張範仲を近江守に任ず（熱田惣検校尾張宿禰家譜）。
12・	是月、大宮司千秋民部少輔季貞、刀剣（国友）一口（二尺五寸二分）を奉納す（熱田神宮宝物帳）。
嘉吉2年（一四四二）5・26	熱田太神宮庁、吉政を五位職に補す（「熱田太神宮庁補任状写」熱田神宮文書〈千秋家文書中巻三〇五号〉）。

	6・17	惣検校尾張範仲・祝師同仲清ら、南新宮禰宜職について菖蒲池五郎丸に伝う（「守奥等連署起請文写」守部家文書〈東京大学史料編纂所影写本〉）。
	7・7	地蔵院兼珍、短刀（兼次）一口（八寸二分）を奉納す（熱田神宮奉納刀剣銘文、熱田神宮宝物帳）。
嘉吉3年（一四四三）	正・5	大宮司千秋季貞、改替せらる（看聞御記、同日・六日条）。
	7・7	某、刀（兼亮）一口を奉納す（熱田神宮奉納刀剣銘文）。 真継、短刀（国信）一口（九寸九分）を奉納す（熱田神宮宝物帳）。
	7・9	千秋民部少輔季貞、熱田社家より造替遷宮の下向を要請されるにつき、幕府に許可を求め認めらる、よって貞成親王に暇乞いを申し入る（看聞御記）。
	9・4	千秋民部少輔季貞を大宮司職に還補す（看聞御記）。
	9・5	貞成親王、大宮司千秋民部少輔季貞に去年未進分三万疋、当年分二万疋、計五万疋を、本年十一月・十二月までに進済すべきことを命じ、季貞請文を捧ぐも、ついに納めず（看聞御記、同日・六日、十一月一日、十二月三日・十一日・二十三日・二十五日・二十六日・二十九日条）。
	9・23	熱田大宮御殿上葺、千秋季貞、御剣・馬を奉納し、また檀那中瀬住人佐藤入道全阿弥、鵝眼三十疋・太刀二振・馬七疋等を献ず（熱田宮年代記）。
	9・29	熱田大宮棟上（熱田宮年代記）。
	11・1	某、剣（国次）一口を奉納す（熱田神宮奉納刀剣銘文）。
	12・23	足利三春（義成）的始、千秋民部少輔季貞、二番を務む（御的日記）。

文安元年(一四四四)正・17	幕府的始、千秋民部少輔季貞、二番を務む（御的日記）。
11・27	熱田源大夫社正殿棟上、遷宮、足利将軍家より剣一腰・馬一疋を賜う（熱田宮年代記）。
文安2年(一四四五)正・17	幕府的始、千秋左近将監勝季、三番を務む（御的日記）。
2・	是月、某、短刀（兼友）一口（八寸二分）を奉納す（熱田神宮奉納刀剣銘文、熱田神宮宝物帳）。
7・7	大宮司千秋左近将監勝季、梅花散双鶴鏡一面を奉納す（「梅花散双鶴鏡黒漆書銘」熱田神宮所蔵）。
文安3年(一四四六)正・17	幕府的始、千秋左近将監勝季、三番を務む（御的日記）。
8・27	貞成親王、熱田社領以下の所領を貞常親王に譲渡す（「後崇光院御譲状」伏見宮本〈皇室制度史料皇族四〉）。
文安4年(一四四七)正・17	幕府的始、千秋左近将監勝季、一番を務む（御的日記）。
6・30	熱田社家大喜仲尚、幡屋の相伝屋敷を地蔵院へ寄進す（「大喜仲尚寄進状写」熱田地蔵院文書〈張州雑志巻五十五〉）。
文安5年(一四四八)正・17	幕府的始、千秋左近将監勝季、三番を務む（御的日記）。
10・	是月、越前国大谷寺僧ら、地頭千秋による神田の押領沽却を訴う（「大谷寺寺僧申状案」越知神社文書〈福井県史資料編5中近世三〉）。

宝徳元年(一四四九)正・12	熱田社家大喜五郎左衛門員豊、逝去の後、幡屋玉井の屋敷を玉井小坊憲瑜に寄進する旨を約す（「大喜員豊寄進状写」熱田地蔵院文書〈張州雑志巻五十五〉）。
正・17	幕府的始、千秋左近将監勝季、三番を務む（御的日記）。
4・3	熱田大宮御供所新造、棟上、大宮司千秋持季馬一疋、檀那今路のユウ阿弥、馬五疋・太刀三振・絹三疋・小袖一重・宝物等を奉納す（熱田宮年代記）。
4・	是月、越前国大谷寺衆徒・山臥ら、地頭千秋による神田押領・神木切売・無理非法を訴う（「大谷寺衆徒・山臥等申状案」越知神社文書〈福井県史資料編5中近世三〉）。
10・	是月、熱田太神宮庁、行兼を五位職に補す（「熱田太神宮庁補任状写」熱田神宮文書〈千秋家文書中巻三〇三号〉）。 ※文安元年～宝徳元年頃成立の文安年中御番帳に、三番詰衆として千秋刑部少輔、四番衆として萩内匠助・同左京亮（在国衆）、五番衆として一宮大蔵大輔・長山右馬助、外様衆として千秋宮内大輔ら、大宮司一門の名みゆ（文安年中御番帳）。
宝徳2年(一四五〇)正・	是月、越前国越知山衆徒・山臥ら、地頭千秋による修理供田・九十石の押領沽却、神木切売等の無理非法を訴う（「大谷寺衆徒・山臥等申状案」越知神社文書〈福井県史資料編5中近世三〉）。
6・29	熱田社下馬橋新造、佐藤四郎左衛門、宝物・馬・太刀等を奉納す（熱田宮年代記）。
7・5	将軍足利義政直衣始、是日参内す、従五位上千秋駿河守持季、衛府侍を勤仕す（康富記）。
8・8	某、脇指（兼長）一口（一尺三寸七分）を奉納す（熱田神宮奉納刀剣銘文、熱田神宮宝物帳）。

宝徳3年(一四五一)4・26	大宮司千秋駿河守持季、宝物金銅装唐鞍一具を修復す（「金銅装金鞍居木裏修理銘文」熱田神宮所蔵）。
6・11	熱田大宮新渡用殿新造始む、将軍足利義政より剣一腰・神馬一を賜う、また大宮司千秋刑部少輔持季・幹縁沙門清徳・福聚寺祖明禅師および地下人ら、馬・絹等を奉献す（熱田宮年代記）。
10・16	貞成親王、熱田社領の年貢のうち千疋、毎年御所に進納せしことを関白一条兼良に伝う（「貞成親王書状」宮内庁書陵部所蔵文書〈福井県史資料編2中世〉）。
享徳元年(一四五二)正・17	幕府的始、千秋刑部少輔勝季、三番を務む（御的日記）。
享徳2年(一四五三)正・17	幕府的始、千秋刑部少輔勝季、三番を務む（御的日記）。
6・7	熱田社法楽百韻和歌張行（熱田神宮宝物帳）。
12・8	熱田大宮渡用殿棟上、千秋刑部少輔勝季馬一疋、中瀬住人浅井新左衛門信久、馬・太刀・鳥目等を奉献す（熱田宮年代記）。
享徳3年(一四五四)正・17	幕府的始、千秋刑部少輔勝季、三番を務む（御的日記）。
康正元年(一四五五)正・17	幕府的始、千秋刑部少輔勝季、三番を務む（御的日記）。
12・14	氷上社正殿上葺、大宮司千秋刑部少輔勝季馬一疋、檀那中道住人加藤三郎左衛門尉馬一疋・太刀一腰・鳥目等を奉献す（熱田宮年代記）。

	※宝徳二年～康正元年頃成立の永享以来御番帳に、三番衆として千秋駿河守・同刑部少輔、四番衆として萩内匠助入道・同八郎・同小太郎・同弥五郎、五番衆として千秋民部入道・長山左馬助入道、御台様御相伴衆として千秋中務少輔ら、大宮司一門の名みゆ（永享以来御番帳）。
康正2年（一四五六）正・17	幕府的始、千秋刑部少輔勝季、三番を務む（御的日記）。
6・1	幕府、諸国に公田段別五十文の造内裏段銭を課す、よって千秋刑部少輔勝季、加賀国熊坂荘の段銭四貫百十五文を京済す（康正二年造内裏段銭并国役引付）。
6・30	千秋勝季、従五位上に叙せらる（歴名土代）。
長禄2年（一四五八）4・28	熱田社渡用殿遷宮、大宮司千秋勝季・祝師尾張（田島）仲清・惣検校尾張（馬場）範仲ら供奉す、将軍足利義政、正殿五神に御衣・唐櫃五合を献ず（「長禄二年熱田大神宮渡用御殿御遷宮供奉人差定」熱田宮記録集〈熱田神宮史料造営遷宮編上巻五号〉・熱田宮旧記・熱田大宮司千秋家譜・熱田惣検校尾張宿禰家譜・塩尻巻二十「土用殿」・尾州熱田御造営書付）。
7・7	某、短刀（無銘）一口（九寸五分）を奉納す（熱田神宮奉納刀剣銘文、熱田神宮宝物帳）。
11・25	将軍足利義政、北野宮寺に千秋宮内少輔範安跡の越前国丹生郡糸生郷山方を寄進す（「足利義政寄進状」茨城県北野神社文書〈福井県史資料編2中世〉）。
12・15	宗□、幕府奉公衆千秋某の京都土御門地子両年分の無沙汰を幕府に訴う、この秋の三貫文以外を納めずという（「宗□書状」大徳寺文書〈大日本古文書十七の四巻一五四八号〉）。
寛正元年（一四六〇）4・2	将軍足利義政、千秋民部少輔入道浄祐跡の越前国丹生郡野田本郷を一色政熙に宛行う

		（「足利義政袖判御教書」内閣文庫所蔵文書〈福井県史資料編2中世〉）。
寛正2年(一四六一)	9・17	将軍足利義政、重ねて千秋民部少輔入道跡の越前丹生北郡野田郷を一色政熙に宛行う（「足利義政袖判御教書」青山文庫文書〈福井県史資料編2中世〉、「室町幕府奉行人連署奉書写」一色家古文書〈室町幕府文書集成奉行人奉書編上六一六号〉）。
	10・4	熱田大宮仮殿棟上、大宮司千秋刑部少輔某、馬・太刀等を奉献す（熱田宮年代記、「大宮棟上祝詞」熱田神宮文書〈造営遷宮編上巻一号の五〉）。
	11・2	氷上社遷宮、永徳三年九月二十六日の先例に慣って行列を定む（「氷上天神御遷宮之列」久米吉彦氏所蔵文書〈造営遷宮編下巻二五号〉）。
寛正4年(一四六三)	11・27	幕府奉公衆千秋某、京都土御門万里小路四半町に住す（「土御門敷地代官職補任状案」大徳寺文書〈大日本古文書十七の五巻一九一六号〉）。
寛正5年(一四六四)	4・5	将軍足利義政、日野富子とともに糺河原にて鞍馬寺塔婆勧進猿楽を観る、千秋刑部少輔勝季、富子のもとに供奉す（糺河原勧進猿楽日記〈後鑑所引〉）。
	5・	是月、幕府奉公衆千秋某、居住地京都土御門万里小路の地子年十貫文を長禄元年より寛正四年冬に至りて未進す（「土御門万里小路地子銭未進注文」大徳寺文書〈大日本古文書十七の四巻一五五〇号〉）。
	7・7	千秋刑部少輔勝季、木瓜紋散双鶴文鏡一面を奉納す（「鏡箱身ノ外底墨書銘」熱田神宮所蔵）。
	是歳	尾張仲奉、祝師職に就く（尾治宿禰田島氏系譜）。

寛正6年(一四六五)正・2	将軍足利義政、日野富子とともに、管領畠山政長邸へ御成始、千秋刑部少輔勝季、富子のもとに供奉す（親元日記）。
5・8	日野富子出産の御産所番役案（五番制）を定む、三番に千秋刑部少輔の名みゆ（親元日記）。
文正元年(一四六六)5・1	熱田十箇村衆議によって、幡屋口の土居は地蔵院住持の沙汰にて修理すべきことを請う（「熱田十箇村請状写」熱田地蔵院文書〈張州雑志巻五十五〉）。
5・18	醍醐寺管領の諸門跡所領として、熱田社領尾張国春日郡朝日下郷以下の文書目録を作成す（「醍醐寺方管領諸門跡所領等文書目録」醍醐寺文書〈新編一宮市史資料編六巻四三七号〉）。
8・19	星野四郎宗範、大嘗会天羽衣織所役を命ぜらる、次いで宗範、無足により所役勤め難き故、本領三河国星野荘の返還を請う（親長卿記補遺〈五月二十一日、六月十日、八月十九日、十月十六日、十一月十三日条〉）。
応仁2年(一四六八)11・26	熱田鈴御前社禰宜職儀部真幸、火災によりて相伝の同社禰宜職補任の御判文書を悪党に奪わる、よって社務代千秋季国これを保証す（「熱田社社務代千秋季国下知状写」熱田神宮文書〈千秋家文書上巻二〇号〉、熱田大宮司千秋家譜）。
文明元年(一四六九)4・3	惣検校尾張近江守範仲、家職・所領等を嫡男朝仲および子息女らに譲り、同年七月三日卒す、六十四歳（「尾張範仲譲状写」熱田宮及大宮司文書写、熱田惣検校尾張宿禰家譜）。
4・8	熱田社神宮寺常行堂柱立、大宮司千秋四郎馬一疋、檀那善阿弥馬・太刀・鳥目等を奉献す（「常行堂柱立祝詞写」春日井市密蔵院文書〈造営遷宮編上巻六号〉、熱田宮年代記）。

11・9	礒部真幸、西水向社権禰宜職補任状を盗賊に盗まるるによりて、熱田社社家奉行千秋季国、紛失状を発給す（「熱田社社家奉行藤原〈千秋〉季国紛失状写」熱田神宮文書〈千秋家文書上巻二一号〉）。
是歳	尾張仲奉、新家を起して熱田八剣宮神官に補す（熱田惣検校尾張宿禰家譜）。
文明2年（一四七〇）4・1	熱田太神宮庁、守部保当を五位職に補す（「熱田太神宮庁補任状写」守部家文書〈東京大学史料編纂所影写本〉）。
11・16	熱田大宮柱立、大宮司藤原左近将監政範・同加賀守、各馬一疋を奉納す（熱田宮年代記、「大宮柱立祝詞」熱田神宮文書〈造営遷宮編上巻一号の六〉）。
文明9年（一四七七）10・8	定久、太刀（無銘）一口（二尺七寸）を奉納す（熱田神宮奉納刀剣銘文、熱田神宮宝物帳）。
文明10年（一四七八）12・29	後土御門天皇、大宮司千秋政範に熱田社修造の勧進を聴す、よって沙門清徳、勧進を行なう（「後土御門天皇綸旨」元長卿記所収、「勧縁沙門清徳尾州熱田社幹縁疏并序」熱田神宮文書〈造営遷宮編上巻七号〉）。
文明11年（一四七九）3・	是月、沙門清徳、熱田社修造の勧進を始む（「勧進沙門清徳熱田大明神修造勧進状」熱田神宮文書〈宝庫文書八号〉）。 越前国千秋式部少輔季藤、清水寺再建のため、柱一本代二十貫文を寄進す（「清水寺再興勧進状并奉加帳」清水寺成就院文書〈東京大学史料編纂所影写本・福井県史資料編2中世〉）。

文明13年（一四八一）4・28	熱田大宮釿立、大宮司千秋政範、馬・太刀を奉献し、十方旦那有志をもって種々供物を奉る（熱田宮年代記）。
7・7	友久、剣（無銘）一口を奉納す（熱田神宮奉納刀剣銘文）。
文明16年（一四八四）7・7	円福寺十三代其阿、一万句発句短冊百十四枚を奉納す（「文明十六年一万句発句短冊」熱田神宮文書〈熱田神宮奉納連歌上巻〉、熱田神宮宝物帳）。
8・26	将軍足利義尚、星野宮内少輔政茂を大宮司職に補し、執奏して禁裏御料所の代官となす（諸状案文〈大日本史料第八編之十六〉、御湯殿上日記）。
11・11	大宮司星野宮内少輔政茂、鏡一面を奉納す（「鏡篋墨書」熱田神宮蔵〈大日本史料八編之十六〉）。
文明17年（一四八五）8・18	将軍足利義尚、大宮司星野宮内少輔政茂を改替し、千秋政範に還補せんことを禁裏に請う（十輪院内府記）。
12・25	開闔大夫長岡式部直保、熱田社年中行事を撰述す（「文明十七年年中行事写」名古屋市蓬左文庫所蔵〈張州雑志巻四十九、年中行事編上巻一号〉）。
文明18年（一四八六）11・3	相国寺林光院領加賀国江沼郡横北荘代官千秋伊豆守、六年間年貢を寺納せず、よって蔭涼軒主集証、同人以下の召喚を鹿苑院主瑞智に進言す（蔭涼軒日録〈同月三日・六日・七日、十二月九日〉）。

長享元年（一四八七）正・24	千秋伊豆守、相国寺林光院領加賀国江沼郡横北荘代官を免ぜらる、翌年春頃死去すというも不詳（蔭涼軒日録〈正月二十四日、十月二日・三日、十二月二十四日、長享二年九月二十四日〉）。
長享2年（一四八八）2・4	熱田太神宮庁、春季御祭高蔵宮以下の官幣使ならびに分配を差定む（熱田祭奠年中行事故実考所引「熱田太神宮庁差定写」名古屋大学付属図書館所蔵〈年中行事編下巻九号〉）。 熱田太神宮庁、春季御祭熱田東六社の官幣ならびに分配を差定む（熱田祭奠年中行事故実考所引「熱田太神宮庁差定写」名古屋大学付属図書館所蔵〈年中行事編下巻九号〉）。
2・23	星野政茂、相国寺林光院領加賀国江沼郡横北荘代官を奉るにつき、御園筑前守、その支証案文を差し出す（蔭涼軒日録）。
延徳元年（一四八九）3・10	尾張（馬場）種継卒すという（熱田惣検校尾張宿禰家譜）。
10・2	敷地彦右衛門尉、北野宮寺領加賀国福田荘を押領するにより、幕府、社家代官入部のときこれに合力し、所務を全うすべきことを千秋伊豆守に命ず（「室町幕府奉行人連署奉書」北野社家日記〈室町幕府文書集成奉行人奉書編上一六〇一号〉）。
10・13	願主正阿弥、檀那浅井備中道慶庵主ら、熱田宮神宮寺に梵鐘を寄進す（「熱田神宮寺梵鐘銘文」春日井市林島町林昌寺所蔵〈春日井市の文化財〉）。 ※長享元年〜延徳元年頃成立の長享元年九月十二日常徳院殿様江州御動座当時在陣衆着到に、三番衆として千秋駿河守、四番衆として萩又三郎信平、五番衆として千秋民部大輔政宗・星野宮内少輔、外様衆として千秋宮内大輔尚範ら、大宮司一門の名みゆ（長享元

		年九月十二日常徳院殿様江州御動座当時在陣衆着到）。
延徳2年（一四九〇）	正・23	前将軍足利義政を等持院に葬る、走衆萩三郎これに参列す（蔭凉軒日録）。
	9・2	萩入道某、禁裏に大宮司職を直接望むによりて、大宮司千秋駿河守政範、これを幕府に訴う（同事記録〈室町幕府引付史料集成上巻〉）。
	12・13	大宮司代藤原（千秋）季国、出雲公信正を社僧持宝坊の跡職に補す（「熱田大宮司代千秋季国（月栖）下知状写」熱田神宮文書〈千秋家文書上巻二九号〉）。
延徳3年（一四九一）	4・20	惣検校尾張民部少輔朝仲卒す、六十二歳（熱田惣検校尾張宿禰家譜）。
	4・	是月、惣検校尾張（馬場）光仲（克仲）、新戸田（所在地不詳）を相伝知行す（「熱田社惣検校馬場家新戸田職知行相伝系図」熱田神宮文書〈千秋家文書上巻三一号〉）。
	6・14	大宮司代千秋加賀入道藤原季国（月栖）、出雲公正に福楽寺の大坊職および承仕給分を宛行う（「熱田大宮司代藤原季国（月栖）下知状写」如法院文書〈張州雑志巻五十四〉）。
明応元年（一四九二）	4・19	後土御門天皇御製を発句として、勝仁親王・仁和寺宮・千秋月栖ら十五人、連歌を張行し、のちに懐紙を奉納す（「延徳四年万句第一懐紙」熱田神宮文書〈熱田神宮奉納連歌上巻〉、熱田神宮宝物帳）。
	4・22	桐・千秋政範・同月栖ら、連歌を張行し、のちに懐紙を奉納す（「延徳四年万句第十懐紙」〈熱田神宮奉納連歌上巻〉、熱田神宮宝物帳）。
	5・1	九条政基（カ）を発句人として、千秋月栖・尾張仲奉ら十三人、連歌を張行し、のちに懐紙を奉納す（「延徳四年万句第百懐紙」熱田神宮文書〈熱田神宮奉納連歌上巻〉、熱田神宮

	宝物帳）。 ※明応元年～二年頃成立の東山殿時代大名外様附に、三番衆として千秋刑部少輔、四番衆として萩修理亮、五番衆として千秋中務少輔・千秋次郎ら、大宮司一門の名みゆ（東山殿時代大名外様附）。
明応6年(一四九七)5・21	祝師尾張（田島）仲奉、祝師職以下諸職・私領等当知行分の惣領職を子息範和に譲与す（「熱田社祝師尾張〈田島〉仲奉譲状写」熱田神宮文書〈千秋家文書上巻三〇号〉、尾治宿禰田島氏系譜）。
11・6	将軍足利義澄、千秋民部少輔入道跡の越中国宮川荘・越前国野田本郷・同郷内元興寺領分代官職を、一色式部少輔政具に知行せしむ（「足利義澄袖判御教書」青山文庫文書〈福井県史資料編2中世〉）。
是歳	尾張仲和、祝師職に就く（尾治宿禰田島氏系譜）。※範和と仲和同一人物カ。
永正2年(一五〇五)5・26	熱田社鎮皇門柱立（熱田宮年代記、「鎮皇門柱立祝詞」熱田神宮文書〈造営遷宮編上巻一号の七〉）。
10・22	三条西実隆、勾当内侍東坊城松子の請により、禁裏御料尾張国愛智郡井戸田の代官没落による年貢未進について、大宮司某に情況注進を命ず（実隆公記）。
永正6年(一五〇九)9・	是月、尾張国愛智郡大高城主花井備中守、氷上社の社頭・供御所を修造遷宮す（「氷上社頭并供御所大高城主花井備中守修造御遷宮之列」久米吉彦氏所蔵文書〈造営遷宮編下巻二六号〉）。

永正10年(一五一三)3・27	熱田社下馬橋に新木を掛く（熱田宮年代記）。
4・	是月、知慶、勧進帳一巻を奉納す（熱田神宮宝物帳）。
永正11年(一五一四)11・11	熱田社海蔵門上葺（熱田宮年代記）。
永正12年(一五一五)3・27	熱田社下馬橋を新造す（熱田宮年代記）。
10・11	熱田社海蔵門上葺（熱田宮年代記）。
	宗成、小河新三郎より買得せる下地を妙興寺に寄進す、但し熱田社への色済五百文は進済すべし（「宗成寄進状」妙興寺文書〈新編一宮市史資料編五巻四六一号〉）。
永正13年(一五一六)3・11	十花千句連歌を張行す、のちに岩山民部少輔、巻子一巻に書写して奉納す（「永正十三年十花千句写」「同箱書」熱田神宮文書〈熱田神宮奉納連歌上巻〉）。
永正14年(一五一七)3・13	熱田社渡殿造営につき、枢落・釘隠等に永正十四年の刻銘を彫付く（「永正十四年大神宮渡用御殿内院注文」熱田宮及大宮司文書写〈造営遷宮編上巻九号巻頭解説〉）。
10・	是月、御前役、熱田社渡用御殿造営に関して、建具・祭具・装飾品・神宝等の注文を記す（「永正十四年大神宮渡用之御殿内注文」熱田宮及大宮司文書写〈造営遷宮編上巻九号〉）。
11・	是月、熱田社炎上による造替を終え、遷宮勅許を請うにより、後柏原天皇、綸旨を下し同月遷宮す（宣胤卿記〈同月六日条〉、同前紙背文書、尾州熱田造営書付、厚見草、名古屋寺社記録集十六）。

永正15年(一五一八)正・26	花井右近尉元範、角骨扇一本を奉納す（熱田神宮宝物帳）。
永正16年(一五一九)7・7	尾張国愛智郡星崎郷笠覆寺山崎利厳房桑範、霊夢によりて紙本墨書華厳経一巻を奉納す（「桑範華厳経寄進状」熱田神宮文書〈宝庫文書六二号〉）。
大永元年(一五二一)7・7	秀信、双鶴文鏡一面を奉納す（「双鶴紋鏡銘文」熱田神宮所蔵）。 ※千秋季通、長享年間より永正年間まで大宮司職を勤む（熱田大宮司千秋家譜）。
大永2年(一五二二)10・2	大徳寺如意庵の宗怡、土御門敷地の争論について、幕府奉公衆千秋晴季の地子銭未進催促状その他を幕府に進む（「土御門敷地証文注進状案」大徳寺文書〈大日本古文書十七の四巻一五五四号〉）。
大永3年(一五二三)2・	是月、熱田神宮寺如法院座主権大僧都良信、遷宮奉仕の式次第を記す（「御遷宮之次第」名古屋市蓬左文庫所蔵〈張州雑志巻三十七、造営遷宮編上巻一〇号〉）。
6・6	伊勢国神蓮社、唐金蓮花一本を奉納す（熱田神宮宝物帳）。
12・23	千秋将監晴季、従五位下に叙せらる（歴名士代）。
是歳	尾張仲安、祝師職に就く（尾治宿禰田島氏系譜）。
大永4年(一五二四)4・25	熱田源大夫社御崎殿上葺、祝師尾張仲安、祝詞を奏上す（熱田宮年代記、「源大夫社上葺祝詞」熱田神宮文書〈造営遷宮編上巻一号の八〉）。

大永5年(一五二五)7・7	三郎（尾張国海東郡松葉荘住人安井彦三郎吉久ヵ）、菱文散亀鶴柄鏡一面を奉納す（「菱文散亀鶴柄鏡銘文」「同前箱書」熱田神宮所蔵）。
7・	是月、尾張国海東郡松葉荘住人安井彦三郎吉久、畠山義就家臣吉原定慶（量風）筆の絹本墨画鷹図一幅を順海の取次をもって寄進す（「鷹図裏書」熱田神宮所蔵、熱田神宮宝物帳）。
大永6年(一五二六)3・27	これよりあと、連歌師柴屋宗長、熱田社に参詣す（宗長手記）。
大永7年(一五二七)4・1	連歌師柴屋宗長、熱田社参詣、次いで宮の宿にて連歌を興行す（宗長手記）。
享禄2年(一五二九)是歳	この頃、熱田神宮古絵図（享禄年中熱田古図）描かる（塩尻巻二十四「奥羽軍記」、張州雑志巻三十九「享禄年中熱田古図」）。
	※千秋季平、永正年間より享禄年間まで大宮司職を勤む（熱田大宮司千秋家譜）。
天文元年(一五三二)是歳春	某、金銅製大鈴一口を奉納す（「大鈴刻銘文」熱田神宮所蔵）。
12・	是月、森喜兵衛安貞、剣（無銘）一口を熱田社御師松岡小大膳に寄進す（熱田神宮奉納刀剣銘文）。
天文2年(一五三三)7・28	千秋左近将監季通、尾張国滞在中の山科言継を訪ね、鞠道の門弟となる（言継卿記）。
天文3年(一五三四)3・	是月、加藤某、脇指（法光）一口を奉納す（熱田神宮宝物帳）。

7・7	熱田住人彦二郎、短刀（来国俊）一口（九寸八分）を奉納す（熱田神宮宝物帳）。 ※大永元年～天文四年頃成立の貞助記五ヶ番衆に、三番衆として千秋刑部少輔の名みゆ（貞助記五ヶ番衆）。
天文5年（一五三六）3・10	将軍足利義晴の男子義輝誕生、これより先、千秋左近大夫将監晴季、御祈禱奉行を命ぜらる（御産所日記〈天文四年十一月一日、同五年二月二十一日、三月十日・十二日条〉）。
天文6年（一五三七）2・1	従五位下千秋晴季、従五位上・刑部少輔に叙任せらる（歴名土代）。
5・	是月、近益、太刀（雲次）一口（二尺七寸一分）を奉納す（熱田神宮奉納刀剣銘文、熱田神宮宝物帳）。
12・	是月、大徳寺塔頭如意庵雑掌、庵領土御門万里小路四町内の四半町を幕府奉公衆千秋晴季押領するにより、これを幕府に訴え三問三答におよぶ、これより先、如意庵、晴季の養父千秋高季に当知行の由縁を尋ぬ（「土御門敷地訴訟文書案」大徳寺文書〈大日本古文書十七の四巻一五五五号〉、「千秋高季書状」大徳寺文書〈大日本古文書十七の十巻二六五九号〉）。
天文7年（一五三八）3・20	後奈良天皇、幕府をして奉公衆千秋晴季に、土御門万里小路屋敷地を大徳寺塔頭如意庵に返付せしむよう伝奏勧修寺中納言尚顕に伝う、よって幕府、敷地返付の奏聞を請う（「後奈良天皇女房奉書」大徳寺文書〈大日本古文書十七の四巻一五五七号〉、「大館晴光書状」同前一五五九号）。
12・19	大徳寺塔頭如意庵と幕府奉公衆千秋晴季の土御門万里小路敷地の争論につき、六角定頼、幕府内談衆・奉行に意見を求む（「大館常興〈尚氏〉奉書」大徳寺文書〈大日本古文書十七

	の四巻一五五九号〉「大館常興〈尚氏〉書状案」同前一五六〇号・一五六一号、「大館常興〈尚氏〉奉書」同前一五五九号、「室町幕府奉行連署奉書」同前一五五九号、「大館常興〈尚氏〉書状」同前一五五九号、「六角定頼書状」同前一五五九号)。
天文8年(一五三九)2・25	幕府、奉公衆千秋晴季の主張を退け、大徳寺塔頭如意庵に土御門万里小路四町内の四半町敷地の領知を認む(「室町幕府奉行人連署奉書」大徳寺文書〈大日本古文書十七の十巻二六五八号〉、披露事記録〈室町幕府引付史料集成上巻〉)。
天文10年(一五四一)7・7	尾張国愛智郡星崎住人村瀬与助吉重、刀剣(吉行)一口(二尺八寸七分)を奉納す(熱田神宮宝物帳)。
7・	是月、岡本庄介、太刀(景光)一口(二尺六寸八分)を寄進す(熱田神宮奉納刀剣銘文、熱田神宮宝物帳)。
天文11年(一五四二)2・	是月、沙門某、熱田修造勧進状を記す(「勧進沙門某熱田太神宮修造勧進状」熱田神宮文書〈造営遷宮編上巻一一号〉)。
天文12年(一五四三)2・	是月、尾張国愛智郡大高城主水野大膳亮御内の村瀬隼人、勧進をして氷上社本殿を修造し、拝殿・鳥居を建立す(「氷上宮御遷宮之事」、「氷上宮記」久米吉彦氏所蔵文書〈造営遷宮編下巻二七号および巻頭解説〉)。
是歳	これより以前、熱田太神宮秘密百録なる(「熱田太神宮秘密百録」名古屋市鶴舞中央図書館所蔵名古屋市史資料本〈神道大系十九熱田〉)。

天文14年(一五四五)11・5	この日連歌師宗牧、那古屋に着す、これよりあと熱田社に参詣し、連歌会を興行す〈東国紀行〉。
天文15年(一五四六)正・10	権宮司尾張仲奉書写の仮名書踏歌祭頌文を某人書き写す（「熱田神宮踏歌祭頌文」熱田神宮文書〈田島家文書二号〉）。
8・	是月、某、刀（無銘）一口（二尺六寸）を寄進す〈熱田神宮奉納刀剣銘文・熱田神宮宝物帳〉。
12・11	延隆・元仲ら十九人、連歌を張行し懐紙を奉納す（「天文十五・十六年千句第一懐紙」熱田神宮文書〈熱田神宮奉納連歌上巻〉、熱田神宮宝物帳）。
12・18	足利左馬頭義藤（義輝）元服、千秋刑部少輔晴季、将軍足利義晴の御走衆を命ぜらる〈光源院殿御元服記〉。
天文16年(一五四七)正・25	良温・珠印ら二十人、連歌を張行し懐紙を奉納す（「天文十五・十六年千句第二懐紙」熱田神宮文書〈熱田神宮奉納連歌上巻〉）。
2・11	尾張仲奉・松察ら、連歌を張行し懐紙を奉納す（「天文十五・十六年千句第三・第四懐紙」熱田神宮文書〈熱田神宮奉納連歌上巻〉）。
2・	是月、某、太刀（兼吉）一口（二尺五寸八分）を奉納す〈熱田神宮奉納刀剣銘文、熱田神宮宝物帳〉。
3・11	長宣・陽順ら、連歌を張行し懐紙を奉納す（「天文十五・十六年千句第五・第六懐紙」熱田神宮文書〈熱田神宮奉納連歌上巻〉）。

	5・11	尾張国愛智郡東脇住人石田市右衛門、刀剣（無銘）一口（二尺五寸五分）を奉納す（熱田神宮宝物帳）。
	7・7	弥十郎定吉、短刀（長広）一口（七寸六分）を寄進す（熱田神宮奉納刀剣銘文・熱田神宮宝物帳）。
	8・22	珠印・延隆ら、連歌を張行し懐紙を奉納す（「天文十五・十六年千句第七・第八懐紙」熱田神宮文書〈熱田神宮奉納連歌上巻〉）。
	9・22	織田信秀、美濃国稲葉山城に斎藤利政を攻め敗績す、このとき大宮司千秋紀伊守季光、刀剣あざ丸を帯して戦死、これよりのちあざ丸所持の者、必ず眼を患うにより、丹羽長秀これを熱田大明神へ進納す（信長公記首巻「美濃国へ乱入し五千討死の事」「景清あざ丸刀の事」、塩尻拾遺巻二十「天文十七年稲葉山合戦」、熱田大宮司千秋家譜）。
	9・	是月、惣検校尾張（馬場）大学光仲卒す、七十六歳（熱田惣検校尾張宿禰家譜）。
	10・19	竹千代（徳川家康）戸田康光の謀計によりて尾張国へ赴き、大宮司千秋季直の許に暫く預けられる（熱田大宮司千秋家譜）。
	12・23	尾張仲奉・長宣ら、連歌を張行し懐紙を奉納す（「天文十五・十六年千句第九・第十懐紙」熱田神宮文書〈熱田神宮奉納連歌上巻〉）。
	是歳	某四郎、脇指（康光）一口（一尺一寸四分）を奉納す（熱田神宮奉納刀剣銘文、熱田神宮宝物帳）。
天文17年(一五四八)	2・3	従五位上千秋刑部少輔晴季、正五位下に叙せらる、また晴範に改名す（歴名土代）。
天文18年(一五四九)	7・	是月、尾張国愛智郡東脇住人佐橋彦五郎吉次、短刀（忠景）一口（九寸五分）を寄進す（熱

		田神宮奉納刀剣銘文・熱田神宮宝物帳）。
	11・	是月、織田信長、熱田社造営の人夫徴集認可など五ヶ条を熱田八ヶ村に示す（「藤原〈織田〉信長制札」加藤秀一氏旧蔵尾張国遺存織田信長史料写真集〈増訂織田信長文書の研究一号〉）。
天文19年（一五五〇）	11・25	山科言継邸の北隣に住す千秋刑部少輔晴季（晴範）、近江坂本より上洛す（言継卿記）。
	11・28	千秋刑部少輔晴季（晴範）、山科言継を訪ね雑談す（言継卿記）。
天文20年（一五五一）	正・7	千秋刑部少輔晴季（晴範）、山科言継へ年賀に参ず（言継卿記）。
	2・23	千秋刑部少輔晴季（晴範）、山科言継を訪ぬ（言継卿記）。
	4・	是月、尾張国葉栗郡嶋住人兼松弥四郎秀吉、脇指（無銘）一口（一尺五寸八分）を奉納す（熱田神宮奉納刀剣銘文、熱田神宮宝物帳）。
	10・	是月、近江国五郎左衛門吉広、脇指（無銘）一口（一尺七寸四分）を奉納す（熱田神宮奉納刀剣銘文、熱田神宮宝物帳）。
	是歳	戸田新兵衛門山、脇指（正景）一口（一尺七寸五分）を奉納す（熱田神宮宝物帳）。
天文21年（一五五二）	2・	是月、尾張国愛智郡中道住人安藤彦介、刀剣（無銘）一口（二尺三寸一分）を奉納す（熱田神宮宝物帳）。
	6・	是月、松岡又七郎助延、刀剣（無銘）一口（二尺二寸三分）を奉納す（熱田神宮宝物帳）。
天文22年（一五五三）	6・	是月、織田勘十郎信勝、絹本着色菅原道真坐像一幅を寄進す（「菅原道真坐像軸裏書」熱田

	神宮所蔵、熱田神宮宝物帳）。
8・10	中尾彦十郎内、洲浜亀双鶴松竹文鏡一面を寄進す（「洲浜亀双鶴松竹文鏡刻銘文」熱田神宮所蔵）。
天文23年（一五五四）7・7	尾張国愛智郡熱田堀之内町中正院（瀧坊）開祖良温法印、源氏物語（藍紙本）五十三冊を書写して奉納す（「源氏物語〈藍紙本〉箱書」熱田神宮所蔵、熱田神宮宝物帳）。
弘治3年（一五五七）11・27	織田信長、祝師尾張（田島）仲安に敵味方預ヶ物・闕所地没収等を免除す（「織田信長判物写」熱田神宮文書〈田島家文書九号の七〉）。
永禄元年（一五五八）11・27	織田信長、惣検校尾張（馬場）利仲に、敵味方預ヶ物・闕所地没収等を免除す（「織田信長判物」熱田神宮文書〈馬場家文書九号〉）。
永禄2年（一五五九）5・1	熱田太神宮庁、明年の郷頭人・補頭人の馬頭を差定む（「熱田太神宮庁差定写」名古屋大学付属図書館所蔵〈熱田祭奠年中行事故実考所引・年中行事編下巻九号〉）。
永禄3年（一五六〇）正・20	良純・永心ら、この日より三日間、連歌を張行し懐紙を奉納す（「永禄三年千句第二～第十・追加懐紙」熱田神宮文書〈熱田神宮奉納連歌上巻〉、熱田神宮宝物帳）。
2・6	元隆ら十三人、夢想連歌を張行し懐紙を奉納す（「永禄三年夢想百韻懐紙」熱田神宮文書〈熱田神宮奉納連歌上巻〉、熱田神宮宝物帳）。
5・19	織田信長、今川義元を尾張国田楽狭間に襲撃し、これを破る、大宮司千秋季忠、信長の先

	鋒を務め討死、一説に、信長熱田社に戦勝祈願のため参詣、祈願成就によりて、本宮を修復すという（信長公記首巻「今川義元討死の事」、信長記「よしもとかつせんの事」、熱田大宮司千秋家譜、熱田宮旧記）。
5・	是月、織田信長、脇指蜘蛛切丸（吉光亀王丸）一口を奉納すという（張州雑志巻四十一「蜘蛛切丸」）。
永禄4年（一五六一）2・1	元隆ら十四人、夢想連歌を張行し懐紙を奉納す（「永禄四年夢想百韻懐紙」熱田神宮文書〈熱田神宮奉納連歌上巻〉、熱田神宮宝物帳）。
11・1	願主某・真清ら、この日より三日間、祈禱連歌を張行し懐紙を奉納す（「永禄四年祈禱千句第一・第三・第六・第七・第九・第十一懐紙」熱田神宮文書〈熱田神宮奉納連歌上巻〉、熱田神宮宝物帳）。 ※永禄二年〜四年頃成立の貞助記詰衆に、二番衆として千秋次郎の名みゆ（貞助記詰衆）。
永禄5年（一五六二）3・17	織田信長、熱田神宮寺座主に六十六部経聖の尾張国中往反を許可す（「織田信長判物」密蔵院文書〈増訂織田信長文書の研究三一号〉）。
永禄6年（一五六三）4・17	元隆・全運ら、この日より三日間、連歌を張行し懐紙を奉納す（「永禄六年千句第一〜第十懐紙」熱田神宮文書〈熱田神宮奉納連歌上巻〉、熱田神宮宝物帳）。
7・25	是歳以前のこの日、熱田社遷宮の祝師役・礼銭等を定む、また織田信長奉行人ら、遷宮礼銭についての東脇村・大瀬村の紛争は、他の六ヶ村（市場・田中・神戸・宿今道・中瀬・須賀）宿老に評議せしめ、裁定すべきことを熱田社に伝う（「熱田太神宮遷宮祝師役次第覚

		書」「織田信長奉行人連署状」熱田神宮文書〈田島家文書一・二号〉）。
	7・	是月、大岸憲宗上人、遷宮における社僧奉仕次第の「熱田七社遷宮大事」を良信に伝授す（「熱田七社御遷宮大事」名古屋市蓬左文庫所蔵〈張州雑志巻三十七・造営遷宮編上巻一三号〉）。
	8・4	某、短刀（守家）一口（七寸二分）を奉納す（熱田神宮奉納刀剣銘文・熱田神宮宝物帳）。
	10・13	礒部真正ら、熱田源大夫社遷宮に使用の神宮寺座主の御護の返進を祝師尾張（田島）仲安に請う（「礒部真正等願書」田島家文書〈張州雑志巻三十六、田島家文書八二号〉）。
永禄8年(一五六五)	7・7	大橋与拾郎、鷹画一幅を奉納す（熱田神宮宝物帳）。
	7・	是月、鈴木助六、太刀（了戒）一口を奉納す（熱田神宮奉納刀剣銘文）。
永禄9年(一五六六)	2・19	惣検校尾張（馬場）利仲卒す（熱田惣検校尾張宿禰家譜）。
	7・7	森下又衛門、瑞花双凰文八稜鏡一面を奉納す（「瑞花双凰文八稜鏡刻銘文」熱田神宮所蔵）。
	12・16	右衛門尉清貞、笠覆寺東光院へ毎月十八日の御仏供田として、熱田社年貢を含めた計二石二斗・二貫目を寄進す（「右衛門尉清貞寄進状」笠覆寺東光院文書〈愛知県史料叢刊名古屋之一〉）。
永禄10年(一五六七)	正・	是月、いのふの（伊能ヵ）むく若、脇指（無銘）一口（一尺一寸）を奉納す（熱田神宮宝物帳）。
	7・28	連歌師紹巴、熱田に着す、八月五日熱田神宮寺座主御坊にて連歌会興行、同八日社頭にて放生会を覧じ、同十二日に日破明院近辺にて熱田社僧と連歌会興行（紹巴富士見道記）。

		※永禄六年～十年頃成立の永禄六年諸役人附に、申次として千秋左近将監輝季、三番衆として千秋月斎の名みゆ（永禄六年諸役人附）。
永禄11年（一五六八）	2・	是月、河村京三郎、太刀（兼房）一口（二尺六寸）を寄進す（熱田神宮奉納刀剣銘文、熱田神宮宝物帳）。
	5・17	朝倉義景、足利義昭を越前国一乗谷城に饗す、義景家臣千秋因幡守・同左京亮、辻固を勤む（朝倉亭御成記、朝倉始末記巻四「義昭公被為成于朝倉屋形次第附御能事」）。
	7・7	伊勢国住人八島又太郎光定、尺八一管を奉納す（「尺八木箱朱漆銘文」熱田神宮所蔵、熱田神宮宝物帳）。
	8・	是月、水野九蔵、刀剣（不詳）一口（二尺七寸四分）を奉納す（熱田神宮宝物帳）。
永禄12年（一五六九）	11・10	熱田中瀬町住人楠女、菊散双鶴文鏡一面を寄進す（「菊散双鶴文鏡針書銘文」熱田神宮所蔵）。
	11・	是月、江崎八郎九郎、菊散双鶴文鏡および双尾長鳥菊唐草文鏡各一面を熱田八剣宮に奉納す（「菊散双鶴文鏡刻銘文」「双尾長鳥菊唐草文鏡刻銘文」熱田神宮所蔵）。
元亀元年（一五七〇）	5・	是月、羽爾田宮千代、白銅鋳製松竹双鶴双桐鏡一面を寄進す（「松竹双鶴双桐鏡鋳造銘文」熱田神宮所蔵）。
	7・7	中瀬五郎右衛門、刀剣（無銘）一口（二尺二寸九分）を奉納す（熱田神宮宝物帳）。
	8・	是月、織田信長の御内熊若夫婦、真柄大刀（身六尺八寸・中子二尺六寸）を奉納す（「熱田皇大神宮真柄大刀等覚書」熱田神宮文書〈田島家文書八号〉）。

9・11	禁裏において、熱田宮法楽あり（言継卿記）。
11・1	尾張国愛智郡広井勝長小兵衛を願主として、熱田社正殿上葺（御造営年代記）。
元亀2年(一五七一)8・7	織田信長、青井意足に熱田社末社高倉宮遷宮の費用を寄付す（「織田信長書状」今井理一氏所蔵文書〈新編一宮市史資料編六巻一五二号〉、尾州熱田御造営書付）。
8・8	大久保与九郎、太刀（真行）一口（二尺四寸一分）を寄進す、（熱田神宮奉納刀剣銘文、熱田神宮宝物帳）。
元亀3年(一五七二)正・	是月、土橋甚四郎、刀剣（無銘）一口（二尺三寸）を奉納す（熱田神宮宝物帳）。
2・18	佐久間右衛門尉信盛、熱田社渡用殿造営（熱田宮年代記、御造営年代記）。
7・6	尾張国春日郡熊野荘住人溝口左京進、紙本墨書「天満大自在天神」の神号一幅を寄進す（「天満大自在天神神号裏書」熱田神宮所蔵、熱田神宮宝物帳）。
7・7	粟田善二郎、刀（無銘）一口を寄進す（熱田神宮奉納刀剣銘文）。
7・	是月、粟田善二郎、刀剣（無銘）一口（二尺三寸四分）を奉納す（熱田神宮宝物帳）。
10・18	願主慶林・慶春ら、熱田神宮寺に梵鐘を寄進す（「熱田神宮寺梵鐘銘文」名古屋市史地理編所引）。
天正2年(一五七四)是歳	千秋季信、織田信長に謁し刀剣（吉光）を賜うという（熱田大宮司千秋家譜）。
天正3年(一五七五)正・1	荒川新三郎、息災祈願のために刀（無銘）一口（二尺五寸五分）を奉納す（熱田神宮奉納刀剣銘文、熱田神宮宝物帳）。

正・	是月、小笠原左馬允興昌、太刀（宗吉）一口（二尺六寸一分）を奉納す（熱田神宮奉納刀剣銘文、熱田神宮宝物帳）。
2・10	助秀・聖秀ら、法楽連歌を張行し懐紙を奉納す（「天正三年表八句懐紙」熱田神宮文書〈熱田神宮奉納連歌上巻〉、熱田神宮宝物帳）。
5・5	尾張国甚目寺不動坊権少僧都証秀、脇指（兼音）一口（一尺五寸）を奉納す（熱田神宮宝物帳）。
5・11	織田信長、権宮司尾張仲安に恒例の御祓受領を謝す（「織田信長黒印状」熱田神宮文書〈宝庫文書一〇号〉）。
5・12	織田信忠、権宮司尾張仲安に恒例の御祓受領を謝す（「織田信忠書状」熱田神宮文書〈宝庫文書一一号〉）。
5・14	織田信長、三河国長篠において武田勝頼との合戦に臨むにあたり、熱田社に参詣し、戦勝を祈願す、戦勝後、駿馬を献じ八剣宮以下末社を修造すという（熱田宮旧記、熱田宮略記、信長公記巻八「三州長篠合戦の事」）。
7・7	尾張国春日郡篠木円慶寺住人乙、刀（信房）一口（二尺二寸八分）を寄進す（熱田神宮奉納刀剣銘文、熱田神宮宝物帳）。
	※天正二～三年頃、千秋季重と同季忠、家督を争うによりて、織田信長、季重の大宮司職を解く、このとき大宮司家の旧記、多く散亡すという（熱田大宮司千秋家譜、塩尻巻二十「熱田大宮司家の事」）。
天正4年（一五七六）正・10	織田信長、千秋季信に大宮司職を宛行い、沽却地を回復せしむ（「織田信長朱印状写」「織田信忠判物」「佐久間信盛・同信栄連署副状写」熱田神宮文書〈千秋家文書上巻三二・三三

		号・同中巻二八八号〉）。
	正・16	織田信長、千秋家沽却地買得人への返却要請を加藤順光に依頼す（「菅谷長頼奉書写」熱田加藤家史〈増訂織田信長文書の研究上巻九号〉）。
	2・	是月、沢井某、脇指（無銘）一口（一尺二分）を奉納す（熱田神宮宝物帳）。
	3・13	織田信忠、大宮司千秋季信に安土城普請の麻綱調達を命ず（「織田信忠書状」熱田神宮文書〈千秋家文書上巻三四号〉）。
	3・20	惣検校尾張（馬場）仲近、織田信長より御書を賜う（熱田惣検校尾張宿禰家譜）。
	3・	是月、織田信忠、加藤順盛・同順政父子に、千秋家より買得せし土地の還附を命ず（「織田信忠判物写」熱田神宮文書〈千秋家文書中巻二九〇号〉）。
	7・7	佐橋平八郎、絹本墨画葡萄画一幅を奉納す（熱田神宮宝物帳）。
	8・8	尾張国春日部郡熊野荘住人山田甚八郎吉久、真柄大刀（身七尺五寸・中子二尺五寸六分）を奉納す（「熱田皇大神宮真柄大刀等覚書」熱田神宮文書〈田島家文書八号〉）。
		尾張国春日井郡熊野荘住人山田某、短刀（兼宿）一口（七寸七分）を奉納す（熱田神宮奉納刀剣銘文、熱田神宮宝物帳）。
天正5年（一五七七）	4・13	須賀彦助、刀剣（無銘）一口（二尺五寸三分）を奉納す（熱田神宮宝物帳）。※熱田神宮奉納刀剣銘文では四月二十三日とする。
天正7年（一五七九）	7・7	尾張国愛智郡須賀住人大国屋又八、刀剣（無銘）一口（二尺七寸）を奉納す（熱田神宮宝物帳）。
是歳以前	9・19	織田信長、祝師尾張（田島）仲安に祈禱巻数・熨斗鮑の到来を謝し、小袖一重を贈る（「織

	田信長判物写」熱田神宮文書〈田島家文書九号の六〉)。
天正8年(一五八〇)5・5	須賀彦七、短刀(宗延)一口(六寸八分)を寄進す(熱田神宮奉納刀剣銘文、熱田神宮宝物帳)。
7・7	瀧山藤蔵政重、脇指(広光)一口(一尺五寸七分)を奉納す(熱田神宮奉納刀剣銘文、熱田神宮宝物帳)。
7・	是月、若山助左衛門尉安長、刀(無銘)を寄進す(熱田神宮奉納刀剣銘文)。 女ちやふ、刀剣(無銘)一口(二尺四寸)を奉納す(熱田神宮宝物帳)。
是歳	尾張仲定、祝師職に就く(尾治宿禰田島氏系譜)。 千秋季盛誕生(熱田大宮司千秋家譜)。
天正9年(一五八一)5・5	粟田助五郎守利、刀剣(守行)一口(二尺五寸)を奉納す(熱田神宮宝物帳)。※熱田神宮奉納刀剣銘文では、天正十九年とする。
6・	是月、前田義三郎、脇指(守光)一口(一尺二寸五分)を奉納す(熱田神宮宝物帳)。
天正10年(一五八二)7・7	中山五右衛門女、白銅鋳製亀甲地双鶴鏡一面を寄進す(「亀甲地双鶴鏡刻銘文」「同箱書」熱田神宮所蔵)。
7・	是月、織田信雄、浅井四郎左衛門尉と同女子たあ(千秋季信母)に森河分七貫二百文を宛行う(「織田信雄判物写」「織田信長判物写」熱田神宮文書〈千秋家文書中巻二九一・二八九号〉)。 岡本□介、太刀(景光)一口(二尺六寸八分五厘)を奉納す(熱田神宮奉納刀剣銘文)。

	9・15	祝師尾張（田島）肥後守仲安卒す（尾治宿禰田島氏系譜）。
天正11年（一五八三）	正・10	紹巴・家勝ら十四人、百韻連歌を張行し懐紙を奉納す（「天正十一年百韻懐紙」熱田神宮文書〈熱田神宮奉納連歌上巻〉、熱田神宮宝物帳）。
	5・	是月、上木三郎、刀剣（国宗）一口（二尺五分）を奉納す（熱田神宮宝物帳）。
	7・7	尾張国愛智郡高田住人蟹江助次郎、太刀（兼房）一口を寄進す（熱田神宮奉納刀剣銘文）。
		中山五右衛門尉信正、脇指（正宗）一口（一尺五寸九分）を奉納す（熱田神宮宝物帳）。
	8・27	織田信雄、熱田宮大工岡部又右衛門に尾張国中島郡赤池郷を充行う（「井村彦兵衛等連署書状写」張州雑志巻三十六岡部又右衛門〈新編一宮市史資料編六巻二五六号〉）。
	8・28	織田信雄、尾張国愛智郡野並郷三百五十貫の内、百五十貫を母たあに、残余を千秋季信に給す（「曾我助乗・矢部甚兵衛連署書状写」熱田神宮文書〈千秋家文書中巻三二一号〉）。
	10・5	織田信雄、熱田宮に御供料として二百貫文を寄進す（「織田信雄奉行人連署奉書」熱田神宮文書〈馬場家文書一〇号〉）。
天正12年（一五八四）	正・10	紹巴・家勝ら十七人、百韻連歌を張行し懐紙を奉納す（「天正十二年百韻懐紙」熱田神宮文書〈熱田神宮奉納連歌上巻〉、熱田神宮宝物帳）。
	3・19	徳川家康、千秋季信へ人質を出すことを加藤順政・同景延に命ず（「徳川家康書状」熱田加藤家史〈新訂徳川家康文書の研究〉）。
	3・23	徳川家康、千秋季信の大宮司職を安堵す、但し所々の大宮司家領の替地として野並郷三百五十貫文を給す（「徳川家康判物写」熱田神宮文書〈千秋家文書上巻三五号〉、熱田大宮司千秋家譜）。

4・4	織田信雄、祝師尾張（田島）仲定に敵味方預ヶ物・闕所地没収等を免除す（「織田信雄判物写」「徳川家康副状写」熱田神宮文書〈田島家文書九号の八・九〉）。
7・	是月、尾張国愛智郡高田住人蟹江宗一郎、刀（兼先）一口（二尺三寸二分）を進上す（熱田神宮奉納刀剣銘文、熱田神宮宝物帳）。
12・	是月、加藤又五郎、短刀（月山）一口（七寸）を寄進す（熱田神宮奉納刀剣銘文、熱田神宮宝物帳）。
天正13年（一五八五）正・4	紹巴・家勝ら十六人、百韻連歌を張行し懐紙を奉納す（「天正十三年百韻懐紙」熱田神宮文書〈熱田神宮奉納連歌上巻〉、熱田神宮宝物帳）。
7・7	加藤□安息女亀、白銅鏡一面を寄進す（「白銅鏡刻銘文」熱田神宮所蔵）。
天正14年（一五八六）正・4	紹巴・家勝ら十八人、百韻連歌を張行し懐紙を奉納す（「天正十四年百韻懐紙」熱田神宮文書〈熱田神宮奉納連歌上巻〉、熱田神宮宝物帳）。
4・	是月、惣検校尾張（馬場）仲近、関白豊臣秀吉より御書および太刀一振を賜う（熱田惣検校尾張宿禰家譜）。
7・7	菱田助左衛門、太刀（無銘）一口（二尺六寸五分）を奉納す（熱田神宮奉納刀剣銘文、熱田神宮宝物帳）。
8・8	このつぼ助七郎、刀（友重）一口（二尺六寸八分）を奉納す（熱田神宮奉納刀剣銘文、熱田神宮宝物帳）。
天正15年（一五八七）正・10	紹巴・家勝ら十二人、百韻連歌を張行し懐紙を奉納す（「天正十五年百韻懐紙」熱田神宮文

		書〈熱田神宮奉納連歌上巻〉、熱田神宮宝物帳〉。
	7・7	金蔵、短刀（来国光）一口（八寸六分）を奉納す（熱田神宮宝物帳）。
	7・	是月、水野甚蔵光吉、短刀（国光）一口（八寸）を奉納す（熱田神宮宝物帳）。※熱田神宮奉納刀剣銘文では天正十年とする。
天正16年（一五八八）	正・4	紹巴・家勝ら十五人、百韻連歌を張行し懐紙を奉納す（「天正十六年百韻懐紙」熱田神宮文書〈熱田神宮奉納連歌上巻〉、熱田神宮宝物帳）。
	7・7	玉林窓秋、逆修善根のために蓬莱文鏡一面を寄進す（「蓬莱文鏡箱身ノ外底墨書銘」熱田神宮所蔵）。
	8・	是月、美濃国加茂郡蜂屋住人岸小一郎、刀剣（兼舎）一口（二尺三分）を奉納す（熱田神宮宝物帳）。
天正17年（一五八九）	正・4	紹巴・家勝ら十六人、百韻連歌を張行し懐紙を奉納す（「天正十七年百韻懐紙」熱田神宮文書〈熱田神宮奉納連歌上巻〉、熱田神宮宝物帳）。
	7・7	尾張国愛智郡御器所住人千代女、白銅鋳製蓬莱鏡一面を寄進す（「蓬莱鏡線刻銘文」「同箱書」熱田神宮所蔵）。
	9・19	天正十三年～是年のこの日、織田信雄、大宮司千秋季信に、上方に贈る鱲魚三百許りの調達を命ず（「織田信雄書状」熱田神宮文書〈千秋家文書上巻三九号〉）。
天正18年（一五九〇）	正・9	紹巴・家勝ら十七人、百韻連歌を張行し懐紙を奉納す（「天正十八年百韻懐紙」熱田神宮文書〈熱田神宮奉納連歌上巻〉、熱田神宮宝物帳）。

	2・29	細川藤孝、小田原征伐のため尾張国熱田に居陣し、惣検校馬場宅に宿す（東国陣道記）。
	7・7	願主某、白銅鋳製洲浜松双鶴鏡一面を寄進す（「洲浜松双鶴鏡刻銘文」熱田神宮所蔵）。
	8・27	豊臣秀吉、尾張国熱田に宛て、伝馬申付以下の禁制を命ず（「豊臣秀吉禁制」熱田神宮文書〈千秋家文書上巻三六号〉）。
	9・10	豊臣秀次、熱田社当知行分八屋郷・須加〔賀〕郷・熱田等の計四百八貫文を安堵す（「田中吉政書下」熱田神宮文書〈田島家文書四号〉、「熱田太神宮領神領之覚書」熱田神宮文書〈千秋家文書中巻二五九号の三〉）。
	9・14	願主某・景延・陽慶ら、この日より三日間、千句連歌を張行し懐紙を奉納す（「天正十八年千句第一～第十懐紙」熱田神宮文書〈熱田神宮奉納連歌上巻〉、熱田神宮宝物帳）。
	10・12	光盛、馬場与二郎に預けし諸道具の請取りを謝す（「光盛請取状」熱田神宮文書〈馬場家文書一一号〉）。
	是歳	某、脇指（無銘）一口を奉納す（熱田神宮奉納刀剣銘文）。
天正19年（一五九一）	正・3	紹巴・家勝ら十五人、百韻連歌を張行し懐紙を奉納す（「天正十九年百韻懐紙」熱田神宮文書〈熱田神宮奉納連歌中巻〉、熱田神宮宝物帳）。
	5・1	豊臣秀吉母大政所、熱田社参、初穂銭百二十三貫文（熱田宮年代記）。
	5・5	粟田助五郎守利、刀剣（長光）一口（二尺四寸八分）を奉納す（熱田神宮宝物帳）。
	5・7	これより前、豊臣秀次、熱田社における神楽銭の配分を先規の如くすべきことを惣検校尾張（馬場）仲近に伝う（「嶋元成等連署奉書」熱田神宮文書〈馬場家文書一五号〉）。
	6・	是月、石田与三治、脇指（村正）一口（一尺一寸五分）を寄進す（熱田神宮奉納刀剣銘文、熱田神宮宝物帳）。

7・7	木藤彦左衛門吉次、刀（無銘）一口（二尺三寸七分）を寄進す（熱田神宮奉納刀剣銘文、熱田神宮宝物帳）。
7・25	願主・冨田左近丞、祈禱百韻連歌を張行し懐紙を奉納す（「天正十九年祈禱百韻懐紙」熱田神宮文書〈熱田神宮奉納連歌中巻〉、熱田神宮宝物帳）。
8・8	佐久間小十郎家信、刀剣（友行）一口（二尺五寸）を奉納す（熱田神宮宝物帳）。
12・26	天正十年～是年のこの日、織田信益、千秋季信に尾張国海部郡志摩を宛行う（「織田信益〈長益〉書状写」熱田神宮文書〈千秋家文書中巻二九二号〉）。
是歳	豊臣秀吉、熱田社重修、また大宮司千秋季信居宅を訪ぬ（熱田宮略記、尾張志、張州府志、尾州志、尾州熱田御造営書付、熱田大宮司千秋家譜）。
文禄元年（一五九二）正・18	紹巴・嘉昭ら十五人、百韻連歌を張行し懐紙を奉納す（「天正二十年百韻懐紙」熱田神宮文書〈熱田神宮奉納連歌中巻〉、熱田神宮宝物帳）。
文禄2年（一五九三）正・8	紹巴・嘉昭ら十七人、百韻連歌を張行し懐紙を奉納す（「文禄二年百韻懐紙」熱田神宮文書〈熱田神宮奉納連歌中巻〉、熱田神宮宝物帳）。
正・	是月、諸和弥市、短刀（兼吉）一口を奉納す（熱田神宮奉納刀剣銘文）。
2・19	少雲・成正ら、この日より三日間、千句連歌を張行し懐紙を奉納す（「文禄二年千句第一～第十・追加懐紙」熱田神宮文書〈熱田神宮奉納連歌中巻〉、熱田神宮宝物帳）。
5・	是月、水野久、脇指（国次）一口（一尺九寸四分）を奉納す（熱田神宮宝物帳）。
7・8	竹屋宗次郎、短刀（広次）一口（七寸五分）を奉納す（熱田神宮奉納刀剣銘文、熱田神宮宝物帳）。

是歳	豊臣秀吉を大施主、千秋季信を願主として、熱田社正殿上葺（御造営年代記）。
文禄3年(一五九四)7・7	織田越中守、刀（無銘）一口（二尺一寸四分）を寄進す（熱田神宮奉納刀剣銘文、熱田神宮宝物帳）。
	尾張国愛智郡大瀬子住人与助、刀剣（行次）一口（二尺三寸七分）を奉納す（熱田神宮宝物帳）。
12・	寺西拾左衛門の室、花菱双鶴鏡一面を奉納す（「花菱双鶴鏡銘文」熱田神宮所蔵）。
	是月、上野村住人水野久七、双鶴鏡一面を寄進す（「双鶴鏡刻銘文」熱田神宮所蔵）。
是歳	尾張国春日部郡清須荘寺野村住人大工勝宗左衛門、双鶴文鏡一面を寄進す（「双鶴文鏡刻銘文」熱田神宮所蔵）。
文禄4年(一五九五)5・5	松下小一郎守勝、刀剣（実阿）一口（二尺七寸五分）を奉納す（熱田神宮宝物帳）。
7・7	尾張国愛智郡住人四郎兵衛、太刀（頼次）一口（二尺六寸二分）を奉納す（熱田神宮奉納刀剣銘文、熱田神宮宝物帳）。
7・20	天正十八年～是歳のこの日、常閑（三好吉房）、田島仲定に汀鱠を贈られしことを謝す（「常閑〈三好吉房〉書状」熱田神宮文書〈田島家文書六号〉）。
8・8	豊臣秀吉、大宮司千秋季信に尾張国丹羽郡赤見村の内百五十五石余、母たあに海東郡下田の内百五十石を給す（「豊臣秀吉朱印状」「豊臣秀吉朱印状写」熱田神宮文書〈千秋家文書上巻三七・三八号〉）。
文禄5年(一五九六)正・	是月、水野藤八郎、刀（助光）一口（二尺五寸五分）を奉進す（熱田神宮奉納刀剣銘文、

	熱田神宮宝物帳)。
慶長2年(一五九七)8・	是月、石田伝十郎、刀剣(無銘)一口(二尺四寸四分)を奉納す(熱田神宮宝物帳)。 浅井吉蔵、脇指(兼国)一口(一尺五寸七分)を奉納す(熱田神宮宝物帳)。
慶長3年(一五九八)2・22	陽慶・休庵ら、この日より三日間、千句連歌を張行し懐紙を奉納す(「慶長三年千句第二・第四～第八・第十・追加懐紙」熱田神宮文書〈熱田神宮奉納連歌中巻〉、熱田神宮宝物帳)。
6・6	大野佐渡守、祝師尾張(田島)仲貞に大宮司千秋季信と和談し、天王社遷宮を早急に成就せんことを求む(「大野佐渡守書状写」田島家文書〈張州雑志巻三十六、田島家文書九一号〉)。
6・19	豊臣秀吉、熱田天王社を建立す、祝師尾張(田島)仲定建立祝詞を奏上す(熱田宮年代記、「天王社建立祝詞」熱田神宮文書〈造営遷宮編上巻一号の九〉)。
7・8	福島正則、米千石を熱田社に奉献し、豊臣秀吉の病平癒を祈念せしむ(「福島正則書状写」田島家文書〈張州雑志巻三十六・田島家文書八八号〉)。
7・11	後陽成天皇、豊臣秀吉平癒祈願のため勅使十六人を諸社寺へ遣わす、熱田社・清須社遠隔地により、両社神官祈願に出向く(御湯殿上日記)。
7・	是月、熱田八剣宮不動堂建立(熱田宮年代記)。
8・18	大宮司千秋季信、豊臣秀吉平癒祈願の供米五百石を社家に配分す(「熱田大宮司千秋季信置文」熱田神宮文書〈田島家文書七号〉、御湯殿上日記)。
9・10	惣検校尾張(馬場)仲近卒す(熱田惣検校尾張宿禰家譜)。

慶長4年(一五九九)8・	是月、浅野彈正長政を大檀那として、熱田八剣宮本社造営（熱田宮年代記、御造営年代記）。尾張国名古屋住人水越太兵衛友次、脇指（延舎）一口（一尺二寸五分）を奉納す（熱田神宮宝物帳）。
11・	是月、岡本藤右衛門、刀剣（友重）一口（二尺五寸六分）を奉納す（熱田神宮宝物帳）。
慶長5年(一六〇〇)4・16	慶長三年～是歳のこの日、福島正則、田島伝四郎の音信に謝す（「福島正則書状写」田島家文書〈張州雑志巻三十六・田島家文書八九〉）。
5・25	坂井信濃守、熱田社神馬の飼料入草を四女子村・牛立村・五女子村・八田村に命じ、毎日一荷請取るよう同社御馬屋別当に伝う（熱田祭奠年中行事故実考所引「坂井信濃守書状写」名古屋大学付属図書館所蔵〈年中行事編下巻九号〉）。
9・1	加藤清正、惣検校尾張（馬場）光仲に使札・御祓等の受領を謝し、社殿（鎮皇門）の普請とその扁額のことを尋ぬ（「加藤清正書状写」熱田神宮文書〈宝庫文書一二号〉、熱田宮）。
9・	是月、永井宅右衛門、脇指（氏善）一口（一尺七寸七分）を奉納す（熱田神宮宝物帳）。
11・	是月、斉藤理助長好、短刀（吉光）一口（六寸五分）を寄進す（熱田神宮奉納刀剣銘文、熱田神宮宝物帳）。
12・9	幸信・与好ら、この日より三日間、千句連歌を張行し懐紙を奉納す（「慶長五年千句第一～第六・第八～第十・追加懐紙」熱田神宮文書〈熱田神宮奉納連歌中巻〉、熱田神宮宝物帳）。
是歳	熱田八剣宮、宮中および大宮司宅焼亡、よって徳川家康、大宮司敷地を北方に移し、作事以下を直に命ず（熱田大宮司千秋家家譜、尾州熱田御造営書付）。

慶長6年(一六〇一)正・12	尾張国春日井郡西ノ方村住人加藤久八、短刀(吉光)一口(七寸三分)を奉納す(熱田神宮奉納刀剣銘文・熱田神宮宝物帳)。
2・4	尾張国領主松平忠吉の家老小笠原吉次、大宮司千秋季信をして、大宮司家領野並村一郷の指出提出を庄屋に命ず(「小笠原吉次書状」熱田神宮文書〈千秋家文書上巻四〇号〉)。
2・7	徳川家康、大宮司千秋季信に大宮司領を安堵し、三河国高橋郡舞木村・尾張国海東郡下田村・丹羽郡赤目村三ヶ村の替地として、尾張国愛智郡野並郷一円を山とともに給す(「伊奈忠次書状写」熱田神宮文書〈千秋家文書中巻三一七号〉)。
2・22	文禄三年～是年のこの日、徳川秀忠、惣検校尾張(馬場)光仲に、当年の祈念の御祓等の受領を謝す(「徳川秀忠書状」「青山忠成副状」熱田神宮文書〈馬場家文書三一・二六号〉)。
4・1	某、短刀(無銘)一口(九寸三分)を奉納す(熱田神宮宝物帳)。
5・	是月、松下小一郎守勝、諸願成就のために刀(無銘)一口(二尺六寸三分)を寄進す(熱田神宮奉納刀剣銘文、熱田神宮宝物帳)。
6・	是月、浅野弾正長政を大檀那として、八剣宮正殿上葺(熱田宮年代記、御造営年代記)。
7・2	徳川家康、熱田八剣宮再建にともない、今後の火災を免れるために熱田神宮寺座主屋敷および近辺の家屋破却を命ず、座主これに応ぜず家康に直訴せんとす(「小笠原吉次書状」熱田神宮文書〈千秋家文書中巻一九二号〉、「原田長次書状」同前一九三号、「小笠原吉次書状」同前一九四号、「熱田大宮司千秋季盛覚書控」同前一九五号、「熱田座主由緒覚」密蔵院文書〈春日井市史資料編続〉)。
慶長7年(一六〇二)正・29	是歳以前のこの日、徳川家康、惣検校尾張(馬場)氏の年始祝儀に謝す(「徳川家康書状」

		熱田神宮文書〈馬場家文書二〇号〉）。
	4・5	慶長五年～是年のこの日、加藤清正、熱田社造営を勧進によらず豊臣秀頼の独力で行うべしとの徳川家康の意向を惣検校尾張（馬場）光仲に伝う（「加藤清正書状」熱田神宮文書〈馬場家文書一三号〉）。
	4・18	是歳以前のこの日、徳川家康、惣検校尾張（馬場）氏に祈禱太麻拝領を謝す（「徳川家康書状」熱田神宮文書〈馬場家文書二一号〉）。
	5・	是月、浅井久八重正、短刀（無銘）一口（八寸）を寄進す（熱田神宮奉納刀剣銘文、熱田神宮宝物帳）。 林助五郎守直、短刀（祐定）一口（七寸五分）を寄進す（熱田神宮奉納刀剣銘文、熱田神宮宝物帳）。 塚本某、脇指（住貞）一口（一尺二寸）を奉納す（熱田神宮宝物帳）。
	12・20	慶長五年～是歳のこの日、徳川家康、祈禱の御祓・熨斗等の到来を惣検校尾張（馬場）光仲に謝す（「徳川家康書状」熱田神宮文書〈馬場家文書二二号〉）。
慶長8年（一六〇三）	9・27	長重・以春ら十五人、百韻連歌を張行し懐紙を奉納す（「慶長八年百韻懐紙」熱田神宮文書〈熱田神宮奉納連歌中巻〉）。
	12・5	伊勢国三重郡四日市代官水谷光勝、惣検校尾張（馬場）光仲に、徳川秀忠室（浅井氏・崇源院）より寄進の鐚十貫文を近日中に付すべきことを申入る（「水谷光勝書状」熱田神宮文書〈馬場家文書五三号〉）。
慶長9年（一六〇四）是歳		大宮司千秋季盛・大工岡部吉政・惣検校馬場光仲ら、清須城主松平忠吉造営の源大夫社用

	材の本数・材質・寸法等の請取を記す（「熱田源大夫神殿材木請取帳」熱田宮記録集〈造営遷宮編上巻一七号〉）。
慶長10年（一六〇五）3・	是月、尾張国愛智郡須賀町亀井道場宣阿弥陀仏、伝小野道風筆紙本墨書阿弥陀経（野跡）一巻を奉納す（「法印権大僧都隆勝阿弥陀経寄進状」「阿弥陀経見返」「同裏書」熱田神宮文書〈宝庫文書六一号〉）。
7・1	元隆・行信ら、この日より三日間、千句連歌を張行し懐紙を奉納す（「慶長十年千句第一〜第十・追加懐紙」熱田神宮文書〈熱田神宮奉納連歌中巻〉、熱田神宮宝物帳）。
9・	是月、尾張国愛智郡田島住人長岡小左衛門、刀剣（無銘）一口（二尺四寸五分）を奉納す（熱田神宮宝物帳）。
慶長11年（一六〇六）9・	是月、豊臣秀頼母淀、熱田神宮寺を再興す（熱田宮年代記・御造営年代記・尾張志）。
11・1	尾張国愛智郡東脇住人成岡坂松、短刀（兼次）一口（七寸七分）を奉納す（熱田神宮奉納刀剣銘文、熱田神宮宝物帳）。
慶長12年（一六〇七）4・28	小笠原吉次、豊臣秀頼施主の熱田神宮寺千部読経の導師争いにつき、大宮司千秋季盛・惣検校尾張（馬場）光仲・加藤順正らを喩す（「小笠原吉次書状」「同書状」熱田神宮文書〈馬場家文書一九・一八号〉）。
7・	是月、丹家善左衛門、病平癒祈願として、剣（信国）一口を奉納す（熱田神宮奉納刀剣銘文）。
8・	是月、大原与四郎武家、短刀（正家）一口（七寸六分）を寄進す（熱田神宮奉納刀剣銘文、

	熱田神宮宝物帳)。
9・23	吉長・良助ら、この日より三日間、千句連歌を張行し懐紙を奉納す(「慶長十二年千句第一～第十・追加懐紙」熱田神宮文書〈熱田神宮奉納連歌中巻〉、熱田神宮宝物帳)。
10・26	慶長五年～是年のこの日、伊勢国三重郡四日市代官水谷光勝、尾張国愛智郡米野村の年貢免相に付き、惣検校尾張(馬場)光仲に指示す(「水谷光勝書状」熱田神宮文書〈馬場家文書五二号〉)。
慶長13年(一六〇八)2・	是月、尾張国旧〔古〕渡の刀工長門守藤原氏雲、自作の脇指一口(一尺二寸二分)を奉納す(熱田神宮奉納刀剣銘文、熱田神宮宝物帳)。
	水野九兵衛、刀(無銘)一口(二尺四寸七分)を奉納す(熱田神宮奉納刀剣銘文、熱田神宮宝物帳)。
3・16	片桐且元、豊臣秀頼に病平癒祈禱の御祓・熨斗を披露せし旨を、惣検校尾張(馬場)光仲に伝う(「片桐且元書状」熱田神宮文書〈馬場家文書一六号〉)。
5・	是月、善左衛門、銅鋳製鳥居紋鏡一面を奉納す(「鳥居紋鏡鋳銘文」「同朱銘文」熱田神宮所蔵)。
8・1	徳川義直の尾張一国惣検地によりて、検地奉行彦坂光正ら大宮司家領愛智郡野並村を検地す、同月十日に検地帳成る、田四十九町八段六畝二歩・畠四町七段二十九歩・田畠合計五十四町五段七畝一歩(「熱田大宮司千秋家領野並村検地帳写」熱田神宮文書〈千秋家文書上巻七七号〉)。
慶長15年(一六一〇)5・	是月、水野九兵衛、刀(無銘)一口(二尺四寸五分)を寄進す(熱田神宮奉納刀剣銘文、

	熱田神宮宝物帳）。
11・1	尾張国愛智郡東脇住人江崎彦七郎、刀剣（正真）一口（二尺四寸八分）を奉納す（熱田神宮宝物帳）。
慶長16年（一六一一）11・	是月、三河国安濃荘住人平岩七兵衛元吉、太刀（兼武）一口（三尺三分）を奉納す（熱田神宮奉納刀剣銘文、熱田神宮宝物帳）。
慶長17年（一六一二）2・2	浅井庄三郎、短刀（国宗）一口（九寸九分）を奉納す（熱田神宮宝物帳）。
7・7	熱田中道町住人石丸・石千代、洲浜松竹双鶴文鏡一面を寄進す（「洲浜松竹双鶴文鏡刻銘文」「同前鏡箱身ノ外底墨書銘」熱田神宮所蔵）。
慶長18年（一六一三）5・5	大原佐左衛門、脇指（兼光）一口（一尺九寸二分）を奉納す（熱田神宮宝物帳）。
7・19	今道村住人九蔵、刀（無銘）一口（二尺三寸二分）を寄進す（熱田神宮奉納刀剣銘文、熱田神宮宝物帳）。
是歳	小瀬甫庵、信長記八冊を奉納す（熱田神宮宝物帳）。
慶長19年（一六一四）10・29	熱田社人幡屋村・堀之内・布瀑女村の十人組、幕府に対し不届の儀をせざること、および武士の宿泊を停めることを誓約し、誓紙を熱田奉行原田忠政に提出す（「熱田社人幡屋村十人組連署誓紙」熱田神宮文書〈千秋家文書上巻七九号〉、「熱田社人堀之内十人組連署誓紙」同前八〇号、「熱田社人布瀑女村十人組連署誓紙」同前八一号）。
12・1	尾張国愛智郡東脇住人江崎利兵衛、脇指（月山）一口（一尺三寸九分）を奉納す（熱田神

	宮宝物帳)。
元和元年(一六一五)3・	是月、鈴木源次郎、刀(不明)一口(二尺四寸九分)、および短刀(兼元)一口(一尺)を寄進す(熱田神宮奉納刀剣銘文、熱田神宮宝物帳)。
9・21	願主某・彦五丸ら十四人、夢想百韻連歌を張行し懐紙を奉納す(「慶長二十年夢想百韻懐紙」熱田神宮文書〈熱田神宮奉納連歌中巻〉、熱田神宮宝物帳)。
10・晦日	熱田社人吉大夫・宗大夫・捨大夫らの十人組、大坂牢人を一日も留め置かざることを誓約し、誓紙を熱田奉行原田忠政に提出す(「熱田社人吉大夫等十人組連署誓紙」熱田神宮文書〈千秋家文書上巻八二号〉、「熱田社人宗大夫等十人組連署誓紙」同前八三号、「熱田社人拾大夫等十人組連署誓紙」同前八四号)。
12・27	慶長十二年～是歳のこの日、徳川家康、熱田の豚を所望す、よって佐枝種長、大宮司千秋季盛惣検校尾張(馬場)光仲に申して求めしむ(「佐枝種長書状」熱田神宮文書〈馬場家文書三三号〉)。

あとがき

歴史に想いを馳せるようになったのは、いつのことだったのだろうかと、ふと考えてみた。父母は隆盛を誇った東映時代劇を封切りのたびに、赤子の私を背負って映画館に通ったそうである。その影響があるのだろうか。記憶にあるのは、小学生のときに見たNHK大河ドラマや民放の時代劇であるが、なかでも緒方拳の「太閤記」と中村錦之介の「真田幸村」はとくに印象が強く、その場にいるかの錯覚をもち、図画の宿題で幸村の最期の場面を描いた覚えがある。また同級生十名ほどで旗指物や火縄銃ならぬ長銃身の輪ゴム装塡の鉄砲を作り、自転車を騎馬隊に仕立て、しかもいくつかのルール（寝返りなし、戦死した場合ゆっくり百数えて自陣から復帰など）を決めて、わざわざ立田山《たつたやま》の裏手まで遠征して、二手に分かれ合戦のまねごとをした懐かしい思い出もある。

実家の近くをJR豊肥線が走っているが、「豊肥」の意味を理解できたのは、小学五年生か六年生の社会科の授業である。担任の先生から、熊本県は一時期、白川県と称したこともあり、その前は肥後国であって、もともとは火の国といった、と教えられた。その当時は、なぜそんなに名称が変遷するのか考えもしなかったが、サブテキストの歴史地図をみて地名を覚え学んだような記憶がかすかにある。はっきりしないが、地名からも歴史の世界に不思議を感じ取ったのかもしれない。

中学、高校と進み、趣味のひとつとしての歴史に対する興味は薄れることはなかった。しかし決まった解答を導く手法だけの日本史の授業は、それなりの知識を与えてはくれたが、やはり小学生のときに抱いた新鮮さと再会することはできなかった。ただ授業以外では、大東亜戦争に関する様々な書籍と映像から、何者にも止めることができない「時」の勢いという魔力が、現に存在したことを知り、強い衝撃を受けたことは忘れられない。そして司馬遼太郎の歴史小説を読みあさり、その世界に胸を躍らせながら安易に歴史を学ぶことを選び、奈良大学に入学した。すでに全国的な大学紛争は終熄しており穏やかな出発であったが、講義では初めて耳にする専門用語、諸先学の研究史の流れ、通説・異説、漢文史料、そして難解な様々なテキストと所謂ノート講義などが迫ってきた。それまでの歴史に対する甘い幻想・認識が吹っ飛んだ瞬間である。

三年次に、ゼミの松山宏先生から中世に関する論文の講読と報告を求められ、何故か松本新八郎氏の『玉葉』にみる治承四年」を選び、次いで『吾妻鏡』を分担講読し報告したのが、学問的な歴史との付き合いの始まりである。小学生のときから興味を抱いていた戦国期を選ばなかったのは、担当する先生がいらっしゃらなかったからである。四年次には掛け持ちであったが、内々で東野治之先生の古代史ゼミへの出席を許され、放課後には先生の研究会にも参加し、同級生の報告レジュメ史料に瞬く間に返り点を付けられる先生を隣の席で拝見して、早くそうなりたいと憧れたものである。

伊勢の皇學館大学大学院に進んでからは、徹底した史料主義である実証史学の大波、いや大津波に襲われた。荒川久寿男先生の新安書簡（新井白石と安積澹泊の往復書簡）の演習の宿題で、「金逸史（カ）」を探しなさいと申し渡され、一向に見つからず困っていたら、随分経って先生から「過去三十年にわたってお目にかかれないもの」と知らされたときの、何ともいいようのない妙な感動に微笑んだ覚えがある。田中卓先生の『日本書紀』（欽明・継体・天武天皇紀）では、とにかく展開の速さと広さと深さに戸惑うばかりか、聞いたこともない史料が続出し、さらに「史料の行間を読みとる」という、当時はもちろんいまも達成困難な離れ業を眼前にしながら、先生のお叱りを受けてばかりいた。谷省吾先生の山崎闇斎著『垂加草』では漢籍に悩まされ、一コマ九十分の演習で僅か一行の文章しか進まないという、驚くべき体験が一年間続いた。西山徳先生の『類聚三代格』では読み方を徹底指導され、演習のおわりにはいつも笑顔で「いい論文を書きなさい」と仰っていた。非常勤であった山口宗之先生（当時、九州大学）からは、江戸幕末関係の集中講義を受け、配布された膨大な枚数の史料に眼を回し、それが時間内に消化されたときは驚いたものである。同じく非常勤の丹羽友三郎先生（当時、三重短期大学）の関係外国史特殊講義では、『元史』爪哇（ジャワ）伝を講読し、固有名詞の区切りに大変苦労した思い出があり、当時のノートにはジャワ島の地図がたくさん残っている。

専攻の中世史は、指導教授であった鎌田純一先生と非常勤の上横手雅敬先生（当時、京都大学）にご教示いただいた。鎌田先生からは、一年間を通して前期を私が、後期を先輩の平泉隆房氏が毎週報告する演習を特別に開講していただいたことがあり、これは修士論文の週間報告というべきもので大変有り難いことであった。また先生には本書のテーマである熱田神宮への奉職に際してお世話になり、その感謝は言葉では言い尽くせない。上横手先生には集中講義の『吾妻鏡』演習で鎌倉時代の諸問題を学び、毎年秋になると必ず京都現地研修を開かれた。私はこれに七回も参加している。某日、京都大学の研究室で、校閲をお願いしていた五十枚の論文原稿がみるみるうちに二十枚に減少するという強烈なご指導を頂戴したことは、いまも記憶に新しい。

皇學館大学大学院在学中、恵良宏先生、渡辺寛先生、清水潔先生、上野秀治先生、白山芳太郎先生、岡田登先生には、倉史会・史学会や研究会また個人的に、ことあるごとに懇切なるご指導を頂いた。また院生時代から学会や研究会で親しくしていただいている他大学・諸機関の先生方、同年輩の諸学兄との出会いは、地方で学ぶものにとって大きな刺激であった。このように諸先生方の謦咳に接することができたのは実に幸運であり、ここに改めて頂戴した学恩の深さに感謝する次第である。

昭和六十二年四月、熱田神宮に文化研究員として神宮史編纂に携わることになったが、神宮についての知識はほとんどなく、日本武尊伝承と源頼朝の母が大宮司の娘であったという、僅か二点だけであった。これまでとはまったく異なる領域を経験することに一抹の不安もあったが、ここでの五年間はその後の研究指針を決定付けるものとなった。在職中、出版もしくは出版準備に関与したものに、『熱田神宮文書』では「千秋家文書」の中巻・下巻、「田島・馬場家文書」、『熱田神宮史料』では「造営遷宮編」下巻の計四冊がある。最初の仕事は旧大宮家である千秋家の諸系図を翻刻解説するものであったが、この作業を通じて大宮司家の活動を調査し、概要を認識できたことは、私の熱田社研究のうえで最も重要な位置を占めている。もとより本書執筆の契機になるとは、当時思いもしなかった。この作業を与えられた大学院の先輩でもある藤田英孝氏には、篤く御礼を申し上げたい。しかし熱田神宮には中世関係の文書・史料はほとんどなく、四年半ほど研究を進めるうちに外部史料蒐集の必要性を痛感するようになった。丁度その頃、神宮史編纂委員長であった小島鉦作先生から、「神宮史本文編作成のために、編年史料の準備を考えるように」と勧められた。もっともなことであったが、その矢先の平成四年三月、突然熱田神宮を離れることになり、この作業は計画段階で断念せざるを得なかった。

その後、母館皇學館大学と金沢工業大学の非常勤を兼任した。文学部と工学部の学生気質の違いに戸惑った時期もあったが、皇學館大学では後輩諸君とともに学び、金沢工業大学では工学部の学生諸君にいかに興味を持たせるか、という二種類の教授法を勉強させていただいた。その間、時間的な余裕だけはあまりにも豊富であったから、これまで取り組んでいなかった社会経済史の側面、すなわち社領の分析を行った。本書第二編の「熱田社領の構造と変質」に収めた論文のほとんどは、この時期に執筆したり、構想をめぐらしたものである。

平成七年十二月、縁あって金沢工業大学の専任となったが、本学は人間形成の一環として歴史教育に力を注いでおり、日本学研究所研究員を兼務することになった。一教員としての仕事は多いものの、恵まれた研究環境のもと、中断していた編年史料年表の作成を始める決心が付いた。平成九年から四年間の文部省科学研究費補助金（基盤研究(C)(2)・課題番号〇九六一〇三四六）の採択による成果が、本書付録の「古代・中世熱田社編年史料年表（稿本）」である。このことは平成八年八月に帰幽された小島先生との約束を、いささかなりとも果たせたのではないかと思っている。

その年表作成作業中に、これまでの研究をいつの日にかはまとめようと漠然と考えていたところ、金沢工業大学学長の石川憲一先生から、お目にかかるたびに、ときには電話や電子メールで「学位論文はまだですか」と、激励（督促?）がしばしば寄せられるようになった。正直に告白すると、このことが一書にまとめる作業開始の直接的なきっかけのひとつでもある。新たに執筆した論文や旧稿の再構成のために、思いの外時間を必要としたが、平成十三年五月、学位申請論文として皇學館大学に提出し、翌年三月に学位「博士（文学）」（論博第六号）を授与された。主査の上横手先生、副査の惠良先生、井後政晏先生には、数々の問題点や疑問点のご指摘を頂戴した。本書はその提出論文に、加筆修正を施したものである。

本書を神社史の分野において自己評価するならば、結局は熱田社という事例研究に過ぎないようにも思える。熱田社研究を始めてから十五年間という長い時間と、多くの紙幅を費やしたわりには、中世国家史や神社史のなかでの熱田社の位置付けをどこまで明らかになしえたのか、誠にもって心許ない。しかも他社との比較検討を、ほとんど行うことができなかったことも問題である。また「中世熱田社の構造と展開」という、大きな題名を掲げたにもかかわらず、祭祀や信仰の側面からのアプローチはまったく行っておらず、神社の社会的機能面の解明についても未着手となってしまった。これらは偏に私の無能と怠学がもたらした結果であり、今後の宿題として前向きに捉え直してゆきたい。

なお初出論文一覧は666頁以下に収めたが、本書ではこれらの論文を大きく改変したり、また複数の論文を再編成していることを、ここでお断わりしておきたい。

本書の題簽は、格別なるご厚意によって、旧男爵熱田大宮司家の御当主千秋季頼氏の揮毫に成るものである。千秋氏には諸系図原本の閲覧を快くお引き受け頂いたばかりか、このようなご厚情まで賜り、感謝に堪えない。また本書執筆に当たり、熱田神宮熱田文庫には史料閲覧の特別な配慮をお計りいただいた。とくに文化研究員の野村辰美氏、福井款彦氏には、度重なる質問にもかかわらず、常に懇切で明快な回答をお寄せ頂いた。出版に当たっては、平成十四年度科学研究費補助金（研究成果公開促進費・課題番号一四五〇七五）の交付に恵まれ、金沢工業大学日本学研究所のご支援も得ている。出版元である続群書類従完成会の小川一義氏には、『舜旧記』の校訂以来、校正作業でご苦労ばかりかけている。その他ご協力を頂いた各機関・各位、および「古代・中世熱田社編年史料年表（稿本）」の作成に参画し、いまも編年史料集の入力作業を支えてくれている金沢工業大学「熱研会」の学生諸君には、甚深の謝意を表したい。

最後に私事ながら、二点述べることをお許し願いたい。

ひとつは三年半におよぶ苦難の時期、私の相談相手となり、そして研究継続の激励を送り続けられた先生、先輩、友人各位には、衷心より御礼を申し上げたい。各位のお力添えがなければ、本書はおろか研究生活そのものもあり得なかったと確信する次第である。

ふたつ目は、誰もが経験することではあろうが、玩具や時計を分解して遊んでいた幼い私に、エンジニアへの夢を抱いた父の密かな期待を知りもせず、またほとんど相談もせずに文学部、次いで大学院への道を選び、学部卒業のとき用意してくれていた就職先を断ったことなどに、何ひとつとして口を挟まず、我が儘を許し、温かく見守ってくれたばかりか、辛酸をなめた冬の時代にも黙って物心両面から支えてくれた父母の恩徳である。

いまは唯々、頭を垂れ深謝するのみである。

平成十五年癸未　春正月

藤　本　元　啓

論文初出一覧

序　章〈新稿〉

第一編　熱田大宮司家の成立と展開

第一章　藤原姓熱田大宮司家の成立と平治の乱

「十一～十三世紀の熱田大宮司家とその一門」〈『神道史研究』三九巻一号、一九九一年〉の一部

「熱田大宮司家の一側面―軍事行動を中心に―」〈『軍事史学』二六巻四号、一九九一年〉の一部

「平治の乱と熱田社」〈『軍事史学』三四巻三号、一九九八年〉

第二章　鎌倉幕府と熱田大宮司家

「十一～十三世紀の熱田大宮司家とその一門」〈『神道史研究』三九巻一号、一九九一年〉の一部

「熱田大宮司家の一側面―軍事行動を中心に―」〈『軍事史学』二六巻四号、一九九一年〉の一部

「中世熱田社の二分立について」〈『あつた』一六七号、一九九五年〉の一部

第三章　室町幕府と熱田大宮司家

「熱田大宮司家と足利将軍家」〈『神道古典研究』一三号、一九九一年〉

「中世熱田社の二分立について」〈『あつた』一六七号、一九九五年〉の一部

第四章　熱田大宮司と社家支配

「中世熱田大宮司の発給文書」〈上横手雅敬編『中世の寺社と信仰』吉川弘文館、二〇〇一年を改稿〉

第五章　熱田大宮司職の補任

「中世熱田大宮司職の補任について」〈『日本宗教文化史研究』七号、二〇〇〇年〉

第二編　熱田社領の構造と変質

第一章　文和三年熱田社「一円御神領」注進状

「中世熱田社『一円御神領』の一考察—文和三年社領注進状を素材として—」〈『谷省吾先生退職記念神道学論文集』国書刊行会、一九九五年〉

第二章　熱田社一円神領補論

「熱田社一円神領補論」〈『日本学研究』（金沢工業大学日本学研究所）四号、二〇〇一年〉

第三章　尾張国中島郡鈴置郷

「熱田社領尾張中島郡鈴置郷について—南北朝期を中心に—」〈『神道史研究』四一巻四号、一九九三年〉

第四章　熱田社領と妙興報恩禅寺領

「熱田社領と妙興報恩禅寺領」〈『皇學館論叢』二六巻五号、一九九三年〉

第五章　熱田社権宮司家の所領と所職

「中世熱田社の権宮司家—馬場・田島家の所領・所職を中心に—」〈『奈良史学』一三号、一九九五年〉

「熱田社領成武郷関係文書二通」〈『史料』（皇學館大学史料編纂所所報）一五八号、一九九八年〉

第六章　織豊期における熱田大宮司家領の変遷

「織豊期における熱田大宮司家領の変遷―千秋季信を中心に―」
〈『史料』（皇學館大学史料編纂所所報）一〇四号、一九八九年〉

第三編　熱田社社家系図の諸問題

第一章　熱田大宮司千秋家譜
「『熱田大宮司千秋家譜』について」
〈『明治聖徳記念学会紀要』復刊七号、一九九二年〉

第二章　田島丹波系図
「熱田社権宮司『田島丹波系図』について」
〈『日本学研究』（金沢工業大学日本学研究所）創刊号、一九九八年〉

第三章　熱田惣検校尾張宿禰家譜〈馬場氏家譜〉
「熱田惣検校尾張宿禰家譜（馬場氏家譜）について」
〈『日本学研究』（金沢工業大学日本学研究所）二号、一九九九年〉

付　録　中世初期熱田大宮司人脈関係略系図
〈『神道史研究』三九巻一号、一九九一年〉の一部
古代中世熱田社編年史料年表（稿本）〈『日本学研究』（金沢工業大学日本学研究所）五号、二〇〇二年〉

終　章　〈新稿〉

藤本　元啓（ふじもと　もとひろ）

〔略歴〕
昭和30年　熊本県熊本市生まれ
昭和54年　奈良大学文学部史学科卒業
昭和60年　皇學館大学大学院文学研究科博士後期課程国史学専攻
満期退学
現　　在　金沢工業大学教授　　博士（文学）〈皇學館大学〉
〔勤務先住所〕
〒921-8501　石川県石川郡野々市町扇が丘７－１
金沢工業大学　金沢工業大学日本学研究所
〔主要単共著〕
『熱田神宮文書』千秋家文書中・下巻、熱田神宮宮庁、平成元・３年
『熱田神宮史料』造営遷宮編下巻、熱田神宮宮庁、平成５年
『舜旧記』（史料纂集）第６～８巻、続群書類従完成会、平成６・８・11年
『古代・中世熱田社の編年史料年表（稿本）の作成』
平成９～12年度文部省科学研究費補助金基盤研究(C)（２）研究成果報告書、平成13年

中世熱田社の構造と展開

平成十五年二月十一日　発行

定価　本体一五、〇〇〇円

著者　藤本元啓

発行者　太田史

発行所　続群書類従完成会
東京都豊島区北大塚一―一四―六
電話（〇三）三九一五―五六二一
振替口座　〇〇一二〇-三-六二六〇七

製版所　続群書類従完成会製版部
印刷所　株式会社平文社

ISBN4-7971-0739-1